CURSO DE PROTEÇÃO DE DADOS PESSOAIS
FUNDAMENTOS DA LGPD

O GEN | Grupo Editorial Nacional – maior plataforma editorial brasileira no segmento científico, técnico e profissional – publica conteúdos nas áreas de concursos, ciências jurídicas, humanas, exatas, da saúde e sociais aplicadas, além de prover serviços direcionados à educação continuada.

As editoras que integram o GEN, das mais respeitadas no mercado editorial, construíram catálogos inigualáveis, com obras decisivas para a formação acadêmica e o aperfeiçoamento de várias gerações de profissionais e estudantes, tendo se tornado sinônimo de qualidade e seriedade.

A missão do GEN e dos núcleos de conteúdo que o compõem é prover a melhor informação científica e distribuí-la de maneira flexível e conveniente, a preços justos, gerando benefícios e servindo a autores, docentes, livreiros, funcionários, colaboradores e acionistas.

Nosso comportamento ético incondicional e nossa responsabilidade social e ambiental são reforçados pela natureza educacional de nossa atividade e dão sustentabilidade ao crescimento contínuo e à rentabilidade do grupo.

ANA FRAZÃO
ANGELO PRATA DE CARVALHO
GIOVANNA MILANEZ

CURSO DE PROTEÇÃO DE DADOS PESSOAIS
FUNDAMENTOS DA LGPD

- O autor deste livro e a editora empenharam seus melhores esforços para assegurar que as informações e os procedimentos apresentados no texto estejam em acordo com os padrões aceitos à época da publicação, e todos os dados foram atualizados pelo autor até a data de fechamento do livro. Entretanto, tendo em conta a evolução das ciências, as atualizações legislativas, as mudanças regulamentares governamentais e o constante fluxo de novas informações sobre os temas que constam do livro, recomendamos enfaticamente que os leitores consultem sempre outras fontes fidedignas, de modo a se certificarem de que as informações contidas no texto estão corretas e de que não houve alterações nas recomendações ou na legislação regulamentadora.

- Fechamento desta edição: *27.04.2022*

- O Autor e a editora se empenharam para citar adequadamente e dar o devido crédito a todos os detentores de direitos autorais de qualquer material utilizado neste livro, dispondo-se a possíveis acertos posteriores caso, inadvertida e involuntariamente, a identificação de algum deles tenha sido omitida.

- **Atendimento ao cliente:** (11) 5080-0751 | faleconosco@grupogen.com.br

- Direitos exclusivos para a língua portuguesa
  Copyright © 2022 by
  Editora Forense Ltda.
  Uma editora integrante do GEN | Grupo Editorial Nacional
  Travessa do Ouvidor, 11 – Térreo e 6º andar
  Rio de Janeiro – RJ – 20040-040
  www.grupogen.com.br

- Reservados todos os direitos. É proibida a duplicação ou reprodução deste volume, no todo ou em parte, em quaisquer formas ou por quaisquer meios (eletrônico, mecânico, gravação, fotocópia, distribuição pela Internet ou outros), sem permissão, por escrito, da Editora Forense Ltda.

- Capa: Fabricio Vale

- **CIP – BRASIL. CATALOGAÇÃO NA FONTE.
  SINDICATO NACIONAL DOS EDITORES DE LIVROS, RJ.**

F927c
Frazão, Ana

Curso de proteção de dados pessoais: fundamentos da LGPD / Ana Frazão, Angelo Prata de Carvalho, Giovanna Milanez. – 1. ed. – Rio de Janeiro: Forense, 2022.

Inclui bibliografia e índice
ISBN 978-65-5964-583-1

1. Brasil. [Lei geral de proteção de dados pessoais (2018)]. 2. Proteção de dados – Legislação – Brasil. 3. Internet – Legislação – Brasil. 4. Direito à privacidade. I. Carvalho, Angelo Prata de. II. Milanez, Giovanna. III. Título.

22-77322   CDU: 343.45:004.738.5(81)

Meri Gleice Rodrigues de Souza – Bibliotecária – CRB-7/6439

SOBRE OS AUTORES

ANA FRAZÃO

Advogada e Professora-Associada da Universidade de Brasília – UnB. Ex-Conselheira do CADE. Ex-Diretora da Faculdade de Direito da UnB.

ANGELO PRATA DE CARVALHO

Advogado. Doutorando e Mestre em Direito pela Universidade de Brasília. Professor voluntário da Universidade de Brasília e Professor da Pós-Graduação em Direito Digital do UniCEUB.

GIOVANNA MILANEZ

Advogada. Pós-Graduada em Direito da Proteção de Dados na Faculdade de Direito da Universidade de Lisboa. Coordenadora Adjunta do Observatório da LGPD da Universidade de Brasília.

APRESENTAÇÃO

A edição da Lei Geral de Proteção de Dados brasileira, por mais que tenha sido marcada por uma série de intercorrências em seu processo legislativo, representa importante conquista para o ordenamento brasileiro no sentido da defesa de direitos constitucionalmente garantidos, dando concretude não somente à garantia de proteção à privacidade, mas a um novo direito fundamental, que veio a ser consagrado pela Emenda Constitucional 115, segundo a qual "é assegurado, nos termos da lei, o direito à proteção dos dados pessoais, inclusive nos meios digitais".

Diante disso, é natural que, como tem ocorrido no contexto brasileiro, sejam elaboradas diversas obras e estudos analíticos voltados a oferecer interpretações da nova legislação, de maneira a evidenciar seu modo de funcionamento e mesmo suas similaridades ou diferenças com o Regulamento Europeu de Proteção de Dados, clara inspiração para o direito brasileiro.

De toda sorte, por mais que as aproximações sejam possíveis, a promulgação da LGPD tem estimulado intensa produção intelectual destinada a demonstrar as peculiaridades da Lei brasileira e a estruturar os seus pressupostos dogmáticos à luz dos problemas concretos e dos fundamentos jurídicos que orientam a proteção à privacidade e a proteção de dados no Brasil.

A ainda incipiente experiência prática do Brasil com sua legislação de proteção de dados, nesse sentido, provoca inúmeros desafios, seja diante da também preliminar estruturação da Autoridade Nacional de Proteção de Dados e da escassa jurisprudência sobre a matéria, seja diante da já existente controvérsia doutrinária a respeito de diversos dispositivos da LGPD, notadamente no que se refere ao tratamento de dados sensíveis, à tutela dos interesses de vulneráveis, à proteção de dados em âmbito coletivo, entre outros temas de dificílima resolução – não obstante a sua essencialidade para a adequada aplicação da Lei.

Diante disso, a elaboração de um *Curso de Proteção de Dados Pessoais* é tarefa triplamente desafiadora, na medida em que se tem a missão de lidar com a principiante experiência prática das instituições brasileiras com a LGPD, com as inúmeras celeumas doutrinárias associadas à interpretação do aludido diploma e com a dificuldade de abordagem sistemática de uma disciplina que perpassa múltiplos domínios do direito.

No entanto, considerando a intensa demanda por explicações abrangentes sobre a LGPD, que ofereçam uma visão didática e sistemática a respeito do escopo da norma e de suas principais repercussões, decidiu-se por estruturar este trabalho em torno dos fundamentos da Lei Geral de Proteção de Dados brasileira, de maneira a endereçar, com a profundidade necessária e com as devidas preocupações transdisciplinares inerentes às matérias, os elementos que compõem a disciplina legislativa.

Este *Curso*, por conseguinte, não tem por intuito oferecer comentários a cada um dos artigos da LGPD – por mais que tenham sido os seus dispositivos amplamente analisados ou mesmo transcritos de forma destacada ao longo do texto, de maneira a facilitar a compreensão dos temas em discussão – ou mesmo instrumentos mnemônicos ou de mera consulta ocasional que são próprios da cultura manualística, mas sim oferecer as linhas orientadoras para o estudo da LGPD, partindo de uma robusta base teórica e perpassando as preocupações práticas que são essenciais à defesa dos direitos objeto da proteção legal.

Assim, com esta obra, construída a partir da prévia experiência prática e teórica dos coautores com a aplicação e análise da LGPD, pretende-se contribuir com a análise sistemática do arcabouço jurídico de proteção de dados no Brasil, cuja compreensão interessa não somente ao público com formação jurídica ou a estudantes de Direito, mas também àqueles que – como ocorre com extrema frequência na contemporaneidade, marcada pela transversalidade e pela onipresença dos fluxos de tratamento de dados – eventualmente se preocupem com a incidência da Lei Geral de Proteção de Dados brasileira, como é o caso de integrantes de qualquer organização que eventualmente realize tratamento de dados pessoais, desenvolvedores, pesquisadores de outras áreas do conhecimento, entre outros.

Ana Frazão
Angelo Prata de Carvalho
Giovanna Milanez

SUMÁRIO

CAPÍTULO I
HISTÓRICO E FUNDAMENTOS DA PROTEÇÃO DE DADOS NO BRASIL E NO MUNDO

I.1.	Aspectos introdutórios sobre a economia movida a dados	1
I.2.	Dados pessoais: uma questão de poder e de controle	5
I.3.	Fundamentos da proteção de dados pessoais diante do capitalismo de vigilância e seus riscos	12
I.4.	Histórico internacional da tutela de dados pessoais	17
I.5.	Histórico legislativo da LGPD	21
I.6.	Reconhecimento da proteção de dados pessoais como direito fundamental pelo Supremo Tribunal Federal e sua posterior inserção no texto constitucional	26
I.7.	Síntese conclusiva: alcance da proteção de dados pessoais	29

CAPÍTULO II
ÂMBITO DE APLICAÇÃO DA LEI GERAL DE PROTEÇÃO DE DADOS

II.1.	Aplicação territorial da LGPD e eficácia extraterritorial	31
	II.1.1. Aspectos introdutórios	31
	II.1.2. Operação de tratamento realizada no território nacional	33
	II.1.3. Atividade de tratamento que tem por objetivo a oferta ou o fornecimento de bens ou serviços ou o tratamento de dados de indivíduos localizados no território nacional	34
	II.1.4. Dados pessoais coletados no território nacional	36
II.2.	Aplicação material da LGPD	36
	II.2.1. Aspectos introdutórios	36
	II.2.2. Tratamento realizado por pessoa natural para fins exclusivamente particulares e não econômicos	38
	II.2.3. Tratamento realizado para fins exclusivamente jornalísticos e artísticos	38
	II.2.4. Tratamento realizado para fins exclusivamente acadêmicos	43

II.2.5.	Tratamento realizado para fins exclusivos de segurança pública, defesa nacional, segurança de Estado e atividades de investigação e repressão de infrações penais	45
II.2.6.	Hipóteses do inciso IV do art. 4º da LGPD	47

CAPÍTULO III
CONCEITOS E CLASSIFICAÇÕES DE DADOS PESSOAIS

III.1.	Conceito de dado pessoal	49
	III.1.1. Aspectos iniciais	49
	III.1.2. Elementos dos dados pessoais	52
III.2.	Conceito de dado pessoal sensível	56
III.3.	Conceito de dado anônimo (ou anonimizado) e pseudonimizado	60
III.4.	Conceito de dado pessoal disponível publicamente	63
III.5.	Metadados	67
III.6.	Síntese das categorias de dados e de seus respectivos regimes jurídicos	68
III.7.	Natureza jurídica dos dados	69

CAPÍTULO IV
PRINCÍPIOS DE APLICAÇÃO DA LGPD

IV.1.	Aspectos gerais	73
IV.2.	Princípio da boa-fé (LGPD, art. 6º, *caput*)	73
	IV.2.1. Aspectos fundamentais	73
	IV.2.2. A tríplice função da boa-fé objetiva	75
	IV.2.3. Boa-fé objetiva e privacidade contextual	76
IV.3.	Princípio da finalidade (LGPD, art. 6º, I)	77
	IV.3.1. Aspectos fundamentais	77
	IV.3.2. Conexão entre o princípio da finalidade e as bases legais	79
	IV.3.3. Princípio da finalidade e princípio da boa-fé	79
	IV.3.4. Novas finalidades atribuídas ao tratamento de dados	81
IV.4.	Princípio da adequação (LGPD, art. 6º, II)	85
IV.5.	Princípio da necessidade (LGPD, art. 6º, III)	86
IV.6.	Princípio do livre acesso (LGPD, art. 6º, IV)	87
IV.7.	Princípio da qualidade dos dados (art. 6º, V)	88
IV.8.	Princípio da transparência (LGPD, art. 6º, VI)	90
	IV.8.1. Aspectos fundamentais	90
	IV.8.2. Transparência e segredo de negócios	92
IV.9.	Princípio da segurança (LGPD, art. 6º, VII)	95
IV.10.	Princípio da prevenção (LGPD, art. 6º, VIII)	96
IV.11.	Princípio da não discriminação (LGPD, art. 6º, IX)	98
	IV.11.1. Aspectos fundamentais	98
	IV.11.2. Riscos dos julgamentos algorítmicos e das perfilizações	102

SUMÁRIO | **XI**

IV.11.3.	Riscos das discriminações estatísticas e das discriminações personalizadas..	103
IV.11.4.	Necessidade de regulação da utilização da inteligência artificial..	104
IV.11.5.	Controles necessários para evitar discriminações abusivas ou ilícitas..	105
IV.12.	Princípio da responsabilização e prestação de contas (LGPD, art. 6º, X)	109
IV.13.	Exemplos concretos de aplicação prática dos princípios da LGPD	111

CAPÍTULO V
TRATAMENTO DE DADOS PESSOAIS E AS BASES LEGAIS EXISTENTES NA LGPD

V.1.	O modelo *ex ante* de proteção de dados da LGPD....................................	115
V.2.	Características essenciais do modelo *ex ante* de proteção de dados: as cinco etapas de aplicação da LGPD	117
V.3.	Abordagem sistemática das bases legais para o tratamento de dados	120
V.4.	Cumprimento de obrigação legal ou regulatória pelo controlador..................	125
V.5.	Execução de políticas públicas pela Administração Pública.....................	127
V.6.	Realização de estudos por órgão de pesquisa	129
V.7.	Execução de contrato ou de procedimentos preliminares relacionados a contrato...	132
V.8.	Exercício regular de direitos em processo judicial, administrativo ou arbitral	136
V.9.	Proteção da vida ou da incolumidade física do titular ou de terceiro	138
V.10.	Tutela da saúde em procedimento realizado por profissionais de saúde, serviços de saúde ou autoridade sanitária..	139
V.11.	Proteção ao crédito..	143
V.12.	Garantia de prevenção à fraude e à segurança do titular em processos de identificação e autenticação de cadastro...	146
V.13.	Previsões adicionais para o tratamento de dados pessoais sensíveis	147

CAPÍTULO VI
CONSENTIMENTO NA LGPD

VI.1.	Aspectos fundamentais	151
VI.2.	Requisitos para o consentimento livre...	153
VI.3.	Requisitos para o consentimento informado.......................................	157
VI.4.	Requisitos para o consentimento inequívoco	158
VI.5.	Requisitos para o consentimento restrito à finalidade informada ao titular....	158
VI.6.	Requisitos adicionais do consentimento para dados sensíveis: manifestação específica e destacada..	159
VI.7.	Demais exigências da LGPD quanto ao consentimento..........................	160
VI.7.1.	A forma de manifestação do consentimento	160
VI.7.2.	A delimitação subjetiva do consentimento	165
VI.7.3.	A possibilidade de revogação do consentimento	165
VI.7.4.	O dever de transparência e informação dos agentes de tratamento....	166

CAPÍTULO VII
LEGÍTIMO INTERESSE NA LGPD

VII.1. Aspectos preliminares 169

VII.2. Exigências específicas do art. 10 da LGPD 169

VII.3. Disposições do RGPD sobre o interesse legítimo do controlador 172

VII.4. Legítimo interesse e *Legitimate Interest Assessment* (LIA) 176

    VII.4.1. Abordagem na União Europeia 176

    VII.4.2. Abordagem no Reino Unido 180

VII.5. Primeiras conclusões e exemplos concretos 182

CAPÍTULO VIII
TRATAMENTO DE DADOS PESSOAIS DISPONÍVEIS PUBLICAMENTE

VIII.1. Aspectos fundamentais 187

VIII.2. Tratamento equivalente de dados pessoais de acesso público 190

VIII.3. Tratamento equivalente de dados tornados manifestamente públicos pelo titular 195

VIII.4. Hipóteses dos §§ 3º e 4º do art. 7º da LGPD como bases legais autônomas 198

VIII.5. Tratamento posterior compatível de dados pessoais disponíveis publicamente 201

CAPÍTULO IX
TRATAMENTO DE DADOS PELO PODER PÚBLICO

IX.1. Aspectos fundamentais 209

IX.2. Tratamento de dados pelo Poder Público: proteção de dados, interesse público e publicidade 211

IX.3. Enquadramento do Poder Público como agente de tratamento 212

IX.4. A compreensão do art. 23 da LGPD: base legal autônoma ou regra complementar às bases legais dos arts. 7º e 11? 216

IX.5. Tratamento de dados pelo Poder Público e a questão do consentimento e do legítimo interesse 220

IX.6. Tratamento de dados pessoais pelo Poder Público e transparência 221

IX.7. Necessidade de indicação de encarregado 222

IX.8. Síntese 225

IX.9. Compartilhamento de dados tratados por órgãos públicos 226

    IX.9.1. Aspectos fundamentais 226

    IX.9.2. Compartilhamento de dados entre órgãos públicos 229

    IX.9.3. Compartilhamento de dados entre órgãos públicos e entidades privadas 230

IX.10. Responsabilização administrativa das pessoas jurídicas de direito público 235

IX.11. Divulgação de dados pessoais 237

CAPÍTULO X
A TUTELA DE DADOS SUJEITOS VULNERÁVEIS

X.1.	Crianças e Adolescentes	243
	X.1.1. A tutela das crianças e adolescentes no direito brasileiro	243
	X.1.2. Dados de crianças e adolescentes: o tratamento especial conferido pela LGPD	244
	X.1.3. O princípio do melhor interesse da criança e do adolescente na coleta de dados	248
	X.1.4. Bases legais para tratamento de dados de crianças e adolescentes: interpretação à luz do princípio do melhor interesse	251
	X.1.5. Dever de cuidado em relação a crianças e adolescentes	254
X.2.	Proteção de outros sujeitos vulneráveis	255

CAPÍTULO XI
RELATÓRIO DE IMPACTO À PROTEÇÃO DE DADOS

XI.1.	Disposições da LGPD sobre o tema	263
XI.2.	Disposições da RGPD sobre a avaliação de impacto de proteção de dados	265
XI.3.	Passo a passo para realização da avaliação de impacto	273

CAPÍTULO XII
AGENTES DE TRATAMENTO E ENCARREGADO

XII.1.	Controlador	279
	XII.1.1. Aspectos fundamentais	279
	XII.1.2. Quem pode ser controlador?	283
	XII.1.3. Controle singular e conjunto	284
XII.2.	Operador	289
XII.3.	Suboperador	292
XII.4.	Encarregado	295
XII.5.	Obrigações legais dos agentes de tratamento e do encarregado	300

CAPÍTULO XIII
DIREITOS DO TITULAR

XIII.1.	Necessária sistematização dos direitos dos titulares de dados	303
XIII.2.	Dimensão procedimental dos direitos previstos pelo Capítulo III da LGPD	308
XIII.3.	Regras gerais aplicáveis aos direitos dos titulares	309
XIII.4.	Confirmação da existência de tratamento e acesso aos dados (art. 18, I e II)	310
	XIII.4.1. Aspectos fundamentais	310
	XIII.4.2. Acesso a dados e a questão das inferências	313

CURSO DE PROTEÇÃO DE DADOS PESSOAIS – Frazão • Carvalho • Milanez

XIII.5. Correção de dados incompletos, inexatos ou desatualizados (art. 18, III) 314

XIII.6. Anonimização, bloqueio ou eliminação de dados (art. 18, IV)......................... 315

    XIII.6.1. Aspectos gerais.. 315

    XIII.6.2. Diferenças entre o direito à eliminação de dados e o direito ao esquecimento.. 316

    XIII.6.3. Medidas para assegurar a eficácia dos direitos de anonimização, bloqueio ou eliminação... 318

XIII.7. Portabilidade de dados (art. 18, V) 319

    XIII.7.1. Fundamentos e contornos iniciais do direito à portabilidade 319

    XIII.7.2. Portabilidade e desafios técnicos: a questão da interoperabilidade 322

    XIII.7.3. Principais diferenças entre a LGPD e o RGPD 324

    XIII.7.4. Relação entre o direito à portabilidade e o direito ao acesso 327

    XIII.7.5. Direito à portabilidade e segredo de negócios 328

    XIII.7.6. Direito à portabilidade e segurança 328

    XIII.7.7. Exceções à portabilidade 329

    XIII.7.8. Síntese 329

XIII.8. Eliminação de dados tratados com o consentimento (art. 18, VI) 330

XIII.9. Informações sobre o uso compartilhado de dados (art. 18, VII) 330

XIII.10. Informações sobre negativa de consentimento, revogação do consentimento e direito à oposição (art. 18, VIII e IV, e § 2º)... 332

XIII.11. Revisão de decisões automatizadas e informações sobre o tratamento automatizado de dados (art. 20).. 333

    XIII.11.1. Aspectos fundamentais 333

    XIII.11.2. Direito à revisão de decisões totalmente automatizadas: uma comparação entre a LGPD e o RGPD.. 335

    XIII.11.3. Direito à revisão de decisões totalmente automatizadas e participação de pessoa natural.. 339

    XIII.11.4. Direito à revisão de decisões totalmente automatizadas e devido processo legal 340

    XIII.11.5. Direito à revisão de decisões totalmente automatizadas e segredo de negócios 341

    XIII.11.6. Objeto do direito à revisão de decisões totalmente automatizadas 343

    XIII.11.7. Julgamentos automatizados e medidas preventivas 344

    XIII.11.8. Explicabilidade de julgamentos totalmente automatizados: busca de um objetivo inviável?.. 346

XIII.12. Questões procedimentais relacionadas ao exercício dos direitos do titular 348

CAPÍTULO XIV
TÉRMINO DO TRATAMENTO DE DADOS

XIV.1. Hipóteses de término do tratamento de dados... 351

XIV.2. Hipóteses de conservação dos dados após o término do tratamento.............. 356

CAPÍTULO XV
TRANSFERÊNCIA INTERNACIONAL DE DADOS

XV.1.	Aspectos fundamentais	359
XV.2.	Transferência internacional de dados na LGPD e multiplicidade de regimes..	360
XV.3.	Transferência internacional para países ou organismos internacionais que proporcionem grau de proteção de dados pessoais adequado ao previsto na LGPD (art. 33, I)	361
XV.4.	Garantias privadas de cumprimento dos preceitos da LGPD (art. 33, II)	363
XV.5.	Derrogações específicas (art. 33, III a IX)	366
XV.6.	Garantia de proteção adequada na transferência internacional de dados: experiência estrangeira	369
XV.7.	Diretrizes para construção da força normativa transnacional da LGPD	374

CAPÍTULO XVI
SEGURANÇA DA INFORMAÇÃO

XVI.1.	Aspectos fundamentais	377
XVI.2.	Segurança da informação na LGPD	382
XVI.3.	Medidas de segurança da informação e programas de *compliance*	385
XVI.4.	Sistematização das principais medidas de segurança da informação	390
XVI.5.	Papel da segurança da informação nos programas de *compliance* de dados	392
XVI.6.	Comunicação de incidentes de segurança	395

CAPÍTULO XVII
COMPLIANCE DE DADOS E GOVERNANÇA

XVII.1.	Aspectos fundamentais	403
XVII.2.	Contextualização sobre *compliance* de dados	404
XVII.3.	*Compliance* de dados no contexto dos demais programas de *compliance*	406
XVII.4.	Relação entre tecnologia e programas de *compliance* de dados	407
XVII.5.	Parâmetros previstos pela LGPD e o seu diálogo com os requisitos gerais dos programas de *compliance*	408
XVII.6.	Papel da ANPD	421

CAPÍTULO XVIII
RESPONSABILIDADE CIVIL E RESSARCIMENTO DE DANOS

XVIII.1.	Aspectos introdutórios	423
XVIII.2.	As funções da responsabilidade civil e a proteção de dados pessoais	425

XVI | CURSO DE PROTEÇÃO DE DADOS PESSOAIS – *Frazão • Carvalho • Milanez*

XVIII.3. O regime de responsabilidade na Lei Geral de Proteção de Dados: responsabilidade subjetiva ou objetiva? 428

    XVIII.3.1. Mapeamento da controvérsia 428

    XVIII.3.2. As diversas correntes doutrinárias sobre a natureza da responsabilidade civil na LGPD 432

    XVIII.3.3. Considerações críticas sobre o tema e busca de uma síntese 434

XVIII.4. Requisitos da responsabilidade civil na LGPD 437

    XVIII.4.1. A ilicitude configuradora de responsabilidade civil à luz da LGPD 437

    XVIII.4.2. A configuração do dano 440

    XVIII.4.3. Nexo causal na sistemática de responsabilidade civil estabelecida pela LGPD 441

XVIII.5. Extensão da responsabilidade dos agentes de tratamento e responsabilidade solidária 442

CAPÍTULO XIX
A AUTORIDADE NACIONAL DE PROTEÇÃO
DE DADOS E A RESPONSABILIZAÇÃO ADMINISTRATIVA

XIX.1. Aspectos fundamentais 445

XIX.2. Estrutura organizacional e funções legais da ANPD 446

    XIX.2.1. O Conselho Diretor e suas atribuições 448

    XIX.2.2. O Conselho Nacional de Proteção de Dados e suas atribuições.... 451

XIX.3. O papel dos incentivos na atuação da ANPD 452

XIX.4. Responsabilidade administrativa da LGPD no contexto das discussões sobre o Direito Administrativo Sancionador 454

XIX.5. Estrutura procedimental do processo administrativo sancionador na ANPD.... 458

    XIX.5.1. Aspectos gerais 458

    XIX.5.2. Processos de fiscalização e monitoramento 461

    XIX.5.3. Processo sancionador na ANPD e suas fases 463

REFERÊNCIAS 465

Capítulo I

HISTÓRICO E FUNDAMENTOS DA PROTEÇÃO DE DADOS NO BRASIL E NO MUNDO

I.1. ASPECTOS INTRODUTÓRIOS SOBRE A ECONOMIA MOVIDA A DADOS

O advento da economia digital transformou os mais diversos âmbitos do convívio social, da comunicação, da sociedade e da política. A marca essencial da atualidade é que o vetor de modificação das relações já existentes, bem como de criação e impulsionamento de novas relações, é a informação. Daí a necessidade crescente de dados, que são fontes ou meios de obtenção de informações cada vez mais complexas, sofisticadas e com alto grau de acurácia, que podem ser utilizadas para os mais diversos fins, notadamente os econômicos e os políticos.

É verdade que o tratamento de dados pessoais não é algo propriamente novo, considerando que obtenção, coleta, registro e processamento de dados foram e ainda são processos centrais de inúmeros progressos técnicos que marcaram a história da humanidade. Entretanto, o *Big Data* e o *Big Analytics* vêm possibilitando que o tratamento de dados ocorra de maneira muito mais eficiente, com mais velocidade, variedade, volume e precisão.

Mais do que isso, o *Big Data* e o *Big Analytics* permitem que, a partir da coleta e do registro de dados, sejam a eles atribuídos usos que não seriam sequer imagináveis poucos anos atrás, notadamente no que diz respeito à capacidade de predição e de elaboração de serviços personalizados. Não sem motivo, emergem também novos riscos quando o tratamento de dados passa ser realizado de maneira indiscriminada e arbitrária.

Vistos como o novo petróleo, os dados são hoje insumos essenciais para praticamente todas as atividades econômicas e tornaram-se eles próprios objeto de crescente e pujante mercado, no contexto do que Klaus Schwab denominou por "Quarta Revolução Industrial".[1] Não é sem razão que se cunhou a expressão *data-*

---

[1] SCHWAB, Klaus. *The fourth industrial revolution*. Genebra World Economics Forum, 2016. p. 56.

-*driven economy*, ou seja, economia movida a dados, para designar a centralidade da extração e do uso de dados pessoais no capitalismo do século XXI.

Importante característica dessa economia movida a dados é a intensificação da vigilância e a utilização de diversas técnicas para extrair das pessoas o maior número possível de informações. Daí já ser possível falar igualmente em capitalismo de vigilância,[2] como se explorará melhor adiante, e também em "datificação", termo que expressa a possibilidade de que todas as experiências humanas, mesmo as mais inocentes, possam ser convertidas em dados a respeito daqueles que as vivenciaram.

Mais do que um substrato ou insumo para outros negócios, a violação da privacidade tornou-se um negócio.[3] Quanto maior a violação da privacidade, maior é o número de dados e informações coletados sobre os indivíduos e maior o poder econômico, político e social que os agentes de tratamento passam a ter. Por outro lado, quanto maior o poder desses agentes, maiores são os incentivos e as formas pelas quais eles podem manter e ainda aumentar o processo de extração de dados, em um ciclo que se retroalimenta.

 Doutrina Brasileira – Ana Frazão

"Em instigante relatório de 2014, *Data Brokers: A Call for Transparency and Accountability*, a *Federal Trade Comission* norte-americana teve a oportunidade de fazer um mapeamento da indústria de dados e do papel dos *data brokers*, empresas que coletam informações pessoais dos consumidores e as revendem ou compartilham com outras.

Ocupando um papel importante na *data driven economy*, tais empresas, ao contrário das plataformas digitais, geralmente nunca interagem com os consumidores, os quais, exatamente por esse motivo, muitas vezes nem sabem da sua existência e muito menos da variedade de práticas por elas adotadas. Daí por que a finalidade do relatório foi, a partir do mapeamento das práticas de nove *data brokers*, entender como a indústria efetivamente funciona.

Em uma apertada síntese, as principais conclusões do estudo são:

(i) os *data brokers* coletam informações sobre os consumidores de diversas e numerosas fontes comerciais, governamentais e públicas (incluindo nesta última mídias sociais, blogs e internet);

(ii) os *data brokers* não usam apenas os dados crus (*raw data*) mas também os chamados dados derivados, que são as inferências já realizadas a partir dos dados crus;

(iii) os *data brokers* combinam dados obtidos on-line e off-line para atingirem os consumidores on-line;

---

[2] ZUBOFF, Shoshana. *The age of surveillance capitalism*: The fight for a human future at the new frontier of power. Nova York: Public Affairs, 2019.

[3] FRAZÃO, Ana. Fundamentos da Proteção dos Dados Pessoais. In: TEPEDINO, Gustavo; FRAZÃO, Ana; OLIVA, Milena. *Lei Geral de Proteção de Dados Pessoais e suas repercussões no direito brasileiro*. São Paulo: Revista dos Tribunais, 2020. p. 26.

(iv) as principais utilizações comerciais dos dados são *marketing*, serviços de mitigação de riscos e serviços de busca de pessoas;

(v) parte expressiva da coleta de dados ocorre sem o conhecimento dos consumidores;

(vi) a indústria dos dados é complexa, com muitas camadas de data brokers que oferecem e trocam dados uns com os outros, sendo frequente o intercâmbio e a compra e venda de informações entre eles;

(vii) os *data brokers* coletam e armazenam bilhões de dados que, na época da pesquisa, já cobriam praticamente todos os consumidores norte--americanos;

(viii) qualquer que seja a metodologia utilizada, os *data brokers* coletam mais informações do que usam;

(ix) uma das maiores aplicações dos dados é o desenvolvimento de modelos complexos para predizer o comportamento dos consumidores e para extrair inferências potencialmente sensíveis a respeito deles;

(x) apesar dos benefícios da atividade de tratamento de dados, muitos dos propósitos pelos quais os *data brokers* coletam e usam dados apresentam riscos para os consumidores;

(xi) as escolhas que os *data brokers* oferecem aos consumidores sobre os seus dados são amplamente invisíveis e incompletas, com grande ausência de transparência.

Apesar de alguns anos já terem se passado desde a pesquisa, há muitas evidências de que as práticas da indústria de dados continuam e ainda se intensificaram, mesmo alicerçadas em um ativo – os dados pessoais – que não pertence aos *data brokers*, mas tem sido utilizado como se assim fosse e – o que é pior – sem qualquer transparência ou *accountability*".[4]

Não é sem razão que se afirma que a atividade central dos chamados *data brokers* e dos agentes centrais da economia digital, como as grandes plataformas, é a de obter o maior número possível de informações a respeito dos cidadãos. Para Tim Wu,[5] o verdadeiro negócio desses agentes é de usar tais informações para influenciar consciências, pois quem conhece o íntimo das pessoas pode usar esse cabedal para manipulá-las para os mais diversos propósitos.

Todo esse manancial de dados tem valor não somente em razão das finalidades e aplicações já existentes, mas também diante do potencial de aplicações futuras, muitas das quais ainda não foram sequer mapeadas.

Como se pode ver, o fenômeno, longe de se restringir à seara econômica, apresenta inúmeras repercussões nas esferas individuais dos cidadãos, além de levar à total reestruturação das relações sociais e políticas. Consequentemente, os dados

---

[4] FRAZÃO, Ana. A indústria dos dados pessoais e os *data brokers*. Reflexões sobre os riscos da atuação de tais agentes no mercado de dados pessoais. *Jota*. Disponível em: https://www.jota.info/opiniao-e-analise/colunas/constituicao-empresa-e-mercado/a-industria--dos-dados-pessoais-e-os-data-brokers-20032019. Acesso em: 6 mar. 2021.

[5] WU, Tim. *The attention merchants: the epic scramble to get inside our heads*. New York: Knopf, 2016.

ganharam uma importância transversal, tornando-se elementos centrais para a compreensão das vidas e das liberdades individuais, assim como da sociedade e da própria democracia. Uma economia movida a dados está, portanto, intrinsecamente relacionada a uma sociedade movida a dados e também a uma política movida a dados, sendo que todas essas esferas se encontram em constante interação.

Dessa maneira, dados tanto se apresentam como relevante ativo social, político e econômico, a ser inclusive quantificado quando da avaliação do patrimônio das companhias, quanto constituem verdadeiros desdobramentos da personalidade dos indivíduos e, por conseguinte, merecem relevante proteção sob a esfera existencial.

Não obstante a importância da proteção dos dados pessoais, em muitos casos, tem sido sustentado por agentes econômicos e políticos que a perda da privacidade ou a violação aos dados pessoais é o necessário preço a pagar pela inovação e por novos serviços, especialmente os considerados "gratuitos" – em que os usuários não pagam em dinheiro, mas sim com seus dados pessoais – ou pela segurança nacional e objetivos correlatos. Haveria, em tais circunstâncias, o que os economistas chamam de *trade-off*, ou seja, um conflito de escolha, a impor a opção por um valor ou objetivo em detrimento do outro.

Entretanto, essa é uma forma excessivamente simplista de analisar a situação, que coloca o titular de dados em situação de extrema fragilidade, na medida em que seus dados pessoais passam a ser vistos como a contraprestação necessária para a fruição de serviços privados e públicos ou para o gozo de importantes direitos.

Embora haja poucas evidências de que esse *trade-off* realmente exista ou que, mesmo que existisse, exigiria tal grau de sacrifício dos titulares de dados pessoais, fato é que é de interesse de governos e de muitas empresas insistir nesse tipo de posição determinista. Daí os esforços para a difusão da narrativa de que a devassa dos dados pessoais ou a perda da privacidade são fenômenos irrefreáveis e mesmo positivos, diante dos benefícios que poderiam decorrer para os consumidores e cidadãos.

Entretanto, como se buscará apontar ao longo desta obra, são inúmeros os riscos da utilização desenfreada de dados pessoais, razão pela qual um dos maiores desafios dos tempos atuais é encontrar um ponto de equilíbrio entre a utilização eficiente dos dados pessoais – voltada à inovação e ao desenvolvimento econômico e tecnológico – e a proteção dos seus titulares – a fim de que os dados possam ser realmente o "novo petróleo", mas não se tornem o "novo plutônio".

É sob essa perspectiva que deve ser compreendida a Lei Geral de Proteção de Dados brasileira, que tem por objetivo assegurar patamares mínimos e obrigatórios de proteção dos dados pessoais a todos aqueles que estejam sujeitos à sua incidência.

Trata-se de uma das questões importantes do tempo presente, como bem ilustra Yuval Harari,[6] ao afirmar que "se não formos capazes de responder a essa pergunta logo, nosso sistema sociopolítico poderá entrar em colapso". Acrescenta o

---

[6]   HARARI, Yuval. *21 Lições para o Século XXI*. Tradução de Paulo Geiger. São Paulo: Companhia das Letras, 2018. p. 107.

Cap. I • HISTÓRICO E FUNDAMENTOS DA PROTEÇÃO DE DADOS NO BRASIL E NO MUNDO

autor que "se quisermos evitar a concentração de toda a riqueza e de todo o poder nas mãos de uma pequena elite, a chave é regulamentar a propriedade dos dados".[7]

▶ Dica de Leitura

⊗ Título do Livro: *The age of surveillance capitalism*: The fight for a human future at the new frontier of power. Nova York: Public Affairs, 2019.
Autora: Shoshana Zuboff.

⊗ Título do Livro: The attention merchants: the epic scramble to get inside our heads. New York: Knopf, 2016.
Autor: Tim Wu.

Como as redes sociais podem influenciar o comportamento dos seus usuários

⊗ Título da Notícia: Pesquisa aponta que amigos do Facebook incentivam voto de usuários da rede social[8].
Plataforma: UOL Notícias.

Breve resumo: "Em apenas algumas horas do dia 2 de novembro de 2010, dia de votação das últimas eleições para o Congresso dos Estados Unidos, uma simples mensagem no Facebook levou às urnas 340 mil pessoas que de outra forma teriam se abstido. A maior experiência social da história – que teve como amostragem os 61 milhões de norte-americanos em idade de votar que entraram no Facebook naquele dia – revela que as redes sociais são um modo eficaz de promover comportamentos no mundo real. E a mensagem é o menos importante; o principal é saber o que sua lista de amigos fez com ela. (...) Com essa imensa base de dados, Fowler e seus colegas puderam calcular que a mera mensagem informativa – o controle sem amigos – incrementou a participação em 60 mil eleitores. E que a mensagem social (a versão com amigos) aumentou em outros 280 mil participantes. No total 340 mil pessoas votaram graças à mensagem recebida".

▶ Dica de Vídeo

⊗ Título: O Dilema das Redes (*Social Dilemma*).
Plataforma: Netflix.

Breve resumo: O documentário ajuda a entender como diversos agentes disputam o tempo e a atenção dos usuários, inclusive por meio de manipulações e técnicas que estimulam o vício psicológico.

I.2. DADOS PESSOAIS: UMA QUESTÃO DE PODER E DE CONTROLE

Antes de ingressar na análise mais pormenorizada dos fundamentos que justificam a proteção de dados pessoais, é importante salientar algumas premis-

---

[7] HARARI, Yuval. *21 Lições para o Século XXI*. Tradução de Paulo Geiger. São Paulo: Companhia das Letras, 2018. p. 107.

[8] SAMPEDRO, Javier. Pesquisa aponta que amigos do Facebook incentivam voto de usuários da rede social. Disponível em: https://noticias.uol.com.br/internacional/ultimas-noticias/el-pais/2012/09/16/pesquisa-aponta-que-amigos-do-facebook-incentivam-voto-de-usuarios-da-rede-social.htm. Acesso em: 6 mar. 2022.

sas que são cruciais para a compreensão do problema. Em primeiro lugar, não é apenas a intimidade ou o segredo que merecem tutela, assim como é incorreta a suposição de que apenas pessoas que praticam ilícitos ou têm algo a esconder teriam interesse na proteção de privacidade.

Como apontam com bastante precisão Carissa Véliz[9] e Neil Richardson,[10] em dois importantes livros para a compreensão do tema, a razão de ser da proteção da privacidade e dos dados pessoais não é propriamente o resguardo do sigilo ou da intimidade, mas sim impedir que agentes de tratamento usem o imenso poder que decorre dos dados contra os seus titulares. Daí por que a tutela de dados pessoais não diz respeito propriamente a esconder aspectos privados das vidas dos indivíduos, mas sim a estabelecer o controle das informações a seu respeito e delimitar o poder que os agentes de tratamentos têm a partir dessas informações, inclusive para o fim de impedir que exerçam tal poder contra a população.

Vale ressaltar que o poder decorrente dos dados e da informação é extremamente plástico e dinâmico. Carissa Véliz,[11] por exemplo, o compara com a energia, no sentido de que facilmente se lhe pode transformar de um tipo em outro. Daí por que o poder dos dados está tão intimamente conectado ao poder econômico, ao poder político e ao poder social.

Ademais, em um mundo em que a informação é hoje a principal fonte de poder, o poder dos dados está igualmente relacionado a formas de *soft power* que, embora se baseiem na persuasão e não na violência física, podem levar a resultados tão ou mais eficientes do que as formas de constrangimento material, no sentido de que podem moldar opiniões e crenças das pessoas, a fim de que elas ajam menos no seu interesse e mais no interesse daqueles que titularizam o poder.

Por outro lado, o poder dos dados exige uma ressignificação da própria ideia de *hard power*, pois, como conclui Carissa Véliz,[12] quando grandes empresas coletam dados de seus usuários mesmo contra a sua vontade ou em casos nos quais estes tentam resistir, estão usando igualmente uma forma de *hard power*, cujo resultado final é a subjugação do indivíduo.

Ainda precisa ser destacado o fato de que o problema da privacidade não é apenas individual, mas apresenta importante dimensão coletiva, de forma que a proteção de dados não deixa de ser um valor social sob diversos aspectos. De fato, os dados de um indivíduo normalmente contêm informações também a respeito de outras pessoas, de forma que, quando se autoriza o tratamento de dados, normalmente também se está autorizando o tratamento de dados de terceiros.

Veja-se, nesse sentido, o caso dos dados genéticos, que envolvem informações sensíveis dos ascendentes, descendentes e demais familiares próximos do titular

---

[9] VÉLIZ, Carissa. *Privacy is power*: why and how you should take back control of your data. Londres: Bantam Press, 2020. p. 37.

[10] RICHARDSON, Neil. *Why privacy matters*. Oxford: Oxford University Press, 2021.

[11] VÉLIZ, Carissa. *Privacy is power*: why and how you should take back control of your data. Londres: Bantam Press, 2020. p. 27.

[12] VÉLIZ, Carissa. *Privacy is power*: why and how you should take back control of your data. Londres: Bantam Press, 2020. p. 29.

a que se referem; assim como o que ocorreu com o famoso escândalo *Cambridge Analytica*, em que o consentimento de um grupo relativamente reduzido de usuários acabou possibilitando a devassa dos dados pessoais dos seus contatos, ampliando consideravelmente o número de afetados pelo tratamento de dados.

Também do ponto de vista econômico, Daron Acemoglu[13] mostra que o controle sobre dados apresenta uma importante dimensão social, na medida em que há importantes externalidades no processo de coleta de dados.

Afinal, quando um indivíduo compartilha seus dados, ele normalmente também está compartilhando informações sobre terceiros, o que reduz o valor da informação das outras pessoas tanto para elas como para potenciais adquirentes, quanto plataformas ou outras companhias que lançam mão de soluções de inteligência artificial.

Além disso, outras questões precisam ser consideradas, a saber:

(i) Argumentos deterministas no sentido de que a violação da privacidade é o preço a ser pago para acesso a serviços privados e públicos mais eficientes devem ser vistos com reservas, uma vez que não há evidências que tais benefícios não poderiam ser atendidos por meio de tecnologias que respeitem a privacidade e os dados pessoais;

(ii) Argumentos deterministas no sentido de que a privacidade já acabou e não há mais nada a ser feito não resistem ao fato de que os dados são extremamente dinâmicos e mudam com extrema rapidez, de forma que se tornam desatualizados com muita facilidade. O fato de o ecossistema da economia movida a dados depender da atualização constante dos dados faz com que não exista nenhum empecilho para adotar novos modelos de negócios que, sem prejuízo de não poderem reverter o processo que culminou com os dados hoje já coletados, ao menos impeçam a coleta futura de dados e a sua respectiva atualização, o que já conferiria um importante grau de proteção aos titulares;

(iii) Argumentos deterministas no sentido de que não há como se evitar a inovação e o desenvolvimento tecnológico ignoram que nem todas as inovações são positivas, de forma que banimentos ou restrições de alternativas tecnológicas podem ser medida necessária para um desenvolvimento compatível com os direitos de titulares de dados;

(iv) Nem as tecnologias são necessariamente boas – tudo depende da finalidade que lhes é atribuída – nem são necessariamente neutras. No atual contexto, muitas das tecnologias de tratamento de dados têm sido escolhidas unilateralmente por poderosos agentes econômicos, em relação aos quais são consideráveis os incentivos para a priorização do interesse próprio sobre os interesses dos usuários;

---

13 ACEMOGLU, Daron. Harms of AI. Disponível em: https://papers.ssrn.com/sol3/papers.cfm?abstract_id=3922521. Acesso em: 6 mar. 2022. p. 6.

CURSO DE PROTEÇÃO DE DADOS PESSOAIS – *Frazão • Carvalho • Milanez*

(v) Não é possível o desenvolvimento da ciência e da tecnologia sem o necessário debate ético e o compromisso com os valores que devem orientar as nações e a própria humanidade;

(vi) A economia movida a dados exige uma ressignificação do poder de monopólio, a fim de reconhecer a sua presença quando um determinado agente econômico, mesmo quando não cobra diretamente pelos seus serviços – pelo menos por meio de remuneração em dinheiro, mas sim pela extração de dados – pode utilizar-se de estratégias exploratórias contra seus usuários sem correr o risco de perdê-los;

(vii) A economia movida a dados tem trazido consequências nefastas para o fluxo informacional, criando incentivos para a polarização e a fragmentação da sociedade, assim como para o negacionismo e o descrédito da ciência e da verdade. Tal processo, ao comprometer a capacidade de comunicação e interação entre os indivíduos, mostra-se extremamente nefasto para a democracia, podendo até mesmo inviabilizá-la;

(viii) A economia movida a dados tem contribuído para diversos problemas de saúde mental, especialmente em grupos vulneráveis, como as crianças, muitas das quais passam a ser viciadas nos serviços da economia da atenção;

(ix) A regulação de dados não é necessariamente incompatível com o progresso e com a inovação;

(x) Há relação umbilical entre autoritarismo e vigilância, não só porque governos autoritários se utilizam reiteradamente de técnicas de vigilância, mas também porque o excesso de vigilância é um incentivo para o autoritarismo, ao propiciar muita concentração de poder;

(xi) A reunião de muitos dados sem a devida segurança ou sem medidas que possam evitar o desvio de finalidade e assegurar a possibilidade de apagamento rápido e eficiente pode gerar riscos incalculáveis aos titulares de dados.

Diante de todos esses problemas, é importante refletir sobre em que medida vários dos modelos de negócios de dados já estariam tão viciados do ponto de vista estrutural que soluções pontuais simplesmente não teriam como ser eficazes. Daí por que é necessário avançar em discussões sobre arquitetura das plataformas e seus respectivos modelos de monetização, os quais podem estar levando a resultados contrários àqueles esperados em uma sociedade que prioriza a proteção de dados, a democracia e a proteção dos direitos fundamentais.

Com efeito, como é possível o debate democrático diante de um contexto de manipulação informacional, em que cada cidadão recebe uma versão dos fatos, muitas vezes sem qualquer correspondência com a realidade e com a ciência? Como é possível o debate democrático diante dos riscos da manipulação digital, por meio da qual os cidadãos, por meio de diversas técnicas, inclusive algumas que trabalham com o seu subconsciente, podem ser facilmente enganados e direcionados a agir de acordo com o interesse de outros em detrimento dos seus próprios?

Se a possibilidade de manipulação sempre existiu, o diferencial dos tempos atuais é que hoje ela pode ser feita a partir de um conhecimento praticamente absoluto do sujeito a ser manipulado e a partir de técnicas personalizadas que podem explorar suas fraquezas e vulnerabilidades, o que as torna muito mais eficazes.

Em muitos casos, algoritmos têm direcionado o fluxo informacional sem que mesmo as plataformas responsáveis entendam o que está acontecendo.

Assim, resta saber como uma regulação de proteção de dados pode ser realmente eficiente se, em muitos casos, nem mesmo se sabe o que é feito dos dados e para que fins são utilizados. Da mesma maneira, é difícil assegurar a proteção de dados quando diversos modelos de negócios priorizam outras finalidades, muitas das quais incompatíveis com a privacidade e com os direitos de titulares de dados pessoais.

Não é sem razão o número de denúncias contra grandes plataformas digitais que, embora ainda não tenham chegado a um resultado conclusivo, apontam para o risco de sérios problemas nesse ecossistema.

Para Carissa Véliz,[14] o resultado da atual economia movida a dados é o de que nossos dados pessoais estão sendo usados contra nós. Daí propor uma nova abordagem do assunto, estruturada em torno de alguns pilares, tais como (i) proibição da venda de dados; (ii) banimento de conteúdo personalizado e propaganda individualizada; (iii) imposição aos agentes de tratamento de deveres fiduciários diante dos usuários, de forma que apenas poderiam usar dados pessoais em benefício dos titulares; (iv) prevenção de conflitos de interesses; e (v) obrigação periódica de deletar dados.

Trata-se de proposta audaciosa e que vai muito além dos objetivos do RGPD e também da LGPD. Entretanto, ela deve ser ressaltada para mostrar (i) os riscos a que estão sujeitos os titulares de dados na atualidade, e que certamente devem ser considerados para a interpretação e a aplicação da LGPD, e também (ii) o fato de que a proteção de dados ainda é um tema em construção, de forma que a atual LGPD é um importante passo, mas provavelmente não será suficiente para resolver todos os problemas da economia movida a dados.

Tais advertências também precisam ser feitas para que se compreenda que a LGPD é apenas um dentre os diversos vetores para a regulação de dados pessoais, de forma que há que se assegurar a sua eficácia sobre outros vetores concorrentes que, como é o caso das soluções tecnológicas ou de mercado, não necessariamente assegurarão a necessária e adequada proteção aos dados pessoais.

Doutrina Brasileira – Ana Frazão

"Como se pode observar, a heterorregulação do mercado de dados pessoais precisa levar em consideração as outras fontes de regulação, tais como a autorregulação, a tecnologia e as soluções de mercado. Para isso, embora deva existir

---

14   VÉLIZ, Carissa. *Privacy is power*: why and how you should take back control of your data. Londres: Bantam Press, 2020.

uma influência recíproca entre todos esses fatores, a relação entre eles deve ser intermediada e conformada pela heterorregulação, a quem cabe preservar os direitos básicos dos titulares de dados, inclusive por meio da delimitação do alcance dos demais meios de regulação.

Se assim não for, é grande o risco de que as soluções de mercado sejam aquelas impostas unilateralmente pelos agentes econômicos mais poderosos e que acabem dominando todos os outros meios de integração social, inclusive o direito. Essa colonização tanto pode ocorrer direta como indiretamente, por meio da tecnologia e da própria manipulação da opinião pública, como representado pela seguinte figura:

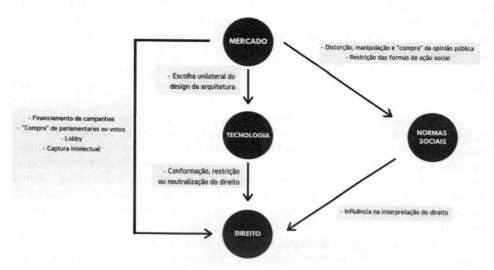

Logo, o advento da LGPD envolve a superação de abordagens simplistas ou excessivamente ingênuas, no sentido de que a lei resolveria todos os problemas. Diante dos riscos envolvidos, é necessária reflexão profunda sobre como a lei deve dialogar com as demais formas de integração social e que cuidados devem ser tomados para que suas previsões não sejam descumpridas ou neutralizadas".[15]

Dica de Leitura

- Título do Livro: *Privacy is power: why and how you should take back control of your data*. Londres: Bantam Press, 2020.
  Autora: Carissa Véliz.
- Título do Livro: *Why privacy matters*. Oxford: Oxford University Press, 2021.
  Autor: Neil Richardson.

---

[15] FRAZÃO, Ana. Objetivos e alcance da Lei Geral de Proteção de Dados. In: TEPEDINO, Gustavo; FRAZÃO, Ana; OLIVA, Milena. *Lei Geral de Proteção de Dados Pessoais e suas repercussões no direito brasileiro*. São Paulo: Revista dos Tribunais, 2020. p. 123-124.

Cap. I • HISTÓRICO E FUNDAMENTOS DA PROTEÇÃO DE DADOS NO BRASIL E NO MUNDO

Um ano após invasão do Congresso, por que mais de 30 milhões ainda dizem que Trump venceu eleição

- Título da Notícia: Um ano após invasão do Congresso, por que mais de 30 milhões ainda dizem que Trump venceu eleição. Disponível em: https://www.bbc.com/portuguese/internacional-59889865
  Plataforma: BBC

  Breve resumo: "Nossa pesquisa mostra que 71% dos eleitores que se identificam como republicanos dizem que Biden não foi eleito legitimamente. E outros 6% dizem não ter certeza. Então potencialmente três quartos dos republicanos acreditam até hoje que Trump ganhou", afirma o cientista político da Universidade de Massachussets, Amherst, Alexander Theodoridis. Theodoridis, que é um dos diretores de uma pesquisa sobre o assunto divulgada há uma semana e feita em parceria com o Instituto YouGov. Outros levantamentos apontam na mesma direção. Em novembro, o *Public Religion Research Institute* aferiu que 68% dos republicanos acreditavam que a eleição havia sido "roubada" de Donald Trump. Como cerca de 50 milhões de pessoas são registradas como eleitores republicanos nos EUA, as sondagens indicam que ao menos 35 milhões de americanos seguem convencidos de ter havido fraude eleitoral".

- Título do Artigo: Proteção de dados e democracia: a ameaça da manipulação informacional e digital. Disponível em: FRANCOSKI, Denise; TASSO, Fernando. *A Lei Geral de Proteção de Dados Pessoais. Aspectos práticos e teóricos relevantes no setor público e privado*. São Paulo: Revista dos Tribunais, 2021, p. 739-762.
  Autora: Ana Frazão.

- Título do Artigo: O negócio das *fake news* e suas repercussões. Uma leitura do problema à luz do livro 'As Origens do Totalitarismo' de Hannah Arendt. Disponível em: https://www.jota.info/opiniao-e-analise/colunas/constituicao-empresa-e-mercado/o-negocio-das-fake-news-e-suas-repercussoes-22072020.
  Autora: Ana Frazão.

- Título do Artigo: A delicada questão da monetização dos negócios de divulgação de conteúdos. O papel dos sistemas de monetização em criar incentivos para ilícitos. Disponível em: https://www.jota.info/opiniao-e-analise/colunas/constituicao-empresa-e-mercado/a-delicada-questao-da-monetizacao-dos-negocios-de-divulgacao-de-conteudos-16122020.
  Autora: Ana Frazão.

- Título do Artigo: O mercado da desinformação e suas repercussões sobre a democracia. Algumas das importantes conclusões que decorrem da recente decisão do TSE sobre a chama Bolsonaro-Mourão. Disponível em: https://www.jota.info/opiniao-e-analise/colunas/constituicao-empresa-e-mercado/mercado-desinformacao-repercussoes-democracia-03112021.
  Autora: Ana Frazão.

- Título da Notícia: Algoritmo ajuda discurso de direita e o Twitter não sabe o motivo.
  Plataforma: Yahoo Notícias. Disponível em: https://br.noticias.yahoo.com/algoritmo-ajuda-discurso-de-direita-e-o-twitter-nao-sabe-o-motivo-153634637.html.

  Breve resumo: "O estudo do Twitter, liderado pela equipe de ética, transparência e responsabilidade do aprendizado de máquina da empresa, ou META, analisou milhões de tweets de funcionários eleitos em sete países – Canadá, França, Alemanha, Japão, Espanha, Reino Unido e Estados Unidos – bem como centenas de milhões de tweets contendo links para artigos de veículos de notícias. Em todos os países, exceto na

Alemanha, a empresa descobriu que os tweets postados pela direita política foram amplificados mais do que os publicados pela esquerda política. Quando se trata de veículos de notícias, ocorre a mesma coisa. Os meios de comunicação com tendência à direita receberam mais amplificação algorítmica do que os meios de comunicação de tendência de esquerda. De acordo com seus critérios, o Twitter não classificou os meios de comunicação como esquerdistas ou direitistas, mas, em vez disso, usou uma classificação de pesquisadores terceirizados".

▶ Dica de Vídeo

● Título: Privacidade Hackeada.

Plataforma: Netflix.

Resumo: O documentário mostra como o negócio de dados pode ser utilizado para fins políticos, inclusive para influenciar ou mesmo alterar o resultado de eleições.

● Título: *US Elections – Fact* X *Conspiracy*[16].

Plataforma: BBC Newsnight. Disponível no YouTube.

Resumo: O vídeo mostra a relação entre o fluxo informacional da atualidade, concentrado em grandes plataformas ou *gatekeepers*, e a extensão do fenômeno da desinformação e das teorias de conspiração.

I.3. FUNDAMENTOS DA PROTEÇÃO DE DADOS PESSOAIS DIANTE DO CAPITALISMO DE VIGILÂNCIA E SEUS RISCOS

Do ponto de vista econômico, os dados desempenham papel central na medida em que podem ser convertidos em informações necessárias ou úteis para a atividade econômica. Consequentemente, os dados precisam ser processados para que possam gerar valor. Tal constatação obviamente não afasta a importância dos dados isolados ou "crus" (*raw data*), mas mostra que, sem o devido tratamento, dificilmente se poderá deles extrair o seu adequado potencial. Daí a interpenetração necessária entre *Big Data* e *Big Analytics* e a priorização crescente da qualidade e da profundidade do processamento dos dados.

Big Data	Big Analytics
• A coleta e armazenamento de grandes quantidades de dados.	• A implementação de soluções técnicas de análise em massa desses grandes conjuntos de informações.

O problema é que os dados pessoais têm sido amplamente utilizados por governos e grandes *players* econômicos em um contexto descrito por Frank Pasquale[17] como um *one way mirror* (isto é, um espelho de uma só face), possibilitando que tais agentes saibam tudo dos cidadãos, enquanto estes nada sabem dos primeiros.

---

[16] BBC Newsnight. US Election: Facts vs conspiracy. Disponível em: https://www.youtube.com/watch?v=oWz-o4WuqhM. Acesso em: 6 mar. 2022.

[17] PASQUALE, Frank. *The black box society:* The secret algorithms that control money and information. Cambridge: Harvard University Press, 2015.

Tudo isso acontece por meio de um monitoramento e vigília constantes sobre cada âmbito da vida das pessoas, de forma que, para além do contexto de economia movida a dados, produz-se o que Shoshana Zuboff[18] denominou por capitalismo de vigilância, de tal maneira que o acesso a dados se apresenta mesmo como nova forma de exercício de poder e controle – tanto no âmbito social quanto no econômico.

Consequentemente, é possível verificar que a economia movida a dados e o capitalismo de vigilância são duas faces de uma mesma moeda, pois, quanto maior a importância dos dados, mais incentivos haverá para o aumento da vigilância e, consequentemente, maior tenderá a ser o volume de dados coletados.

Daí a conclusão de Bruno Bioni de que, no cenário descrito, tem-se uma economia de vigilância e um verdadeiro varejo de dados pessoais.[19] Esse varejo, como visto, tem como mola propulsora a extração ampla e sem controles de informações dos indivíduos. Nesse ponto, fala-se em extração porque, como explica Shoshana Zuboff,[20] esta expressão traduz, de forma mais fidedigna, a circunstância de que os dados são normalmente retirados dos titulares sem o seu consentimento, sem a sua ciência e sem a devida contrapartida.

Portanto, é fundamental compreender o advento da Lei Geral de Proteção de Dados (LGPD) no contexto acima descrito, o que evidencia o seu importante papel de reforçar a autonomia informativa dos titulares dos dados e o necessário e devido controle que estes precisam exercer sobre os seus dados, a fim de se colocar um freio nas vicissitudes que possibilitaram a consolidação do estágio atual da economia movida a dados.

Mais do que uma mera proteção da individualidade ou da intimidade, a tutela dos dados pessoais constitui importante medida para endereçar outros dos graves problemas decorrentes do capitalismo de vigilância e de resguardar direitos fundamentais da mais alta relevância, como a liberdade, a igualdade, a cidadania e o próprio desenvolvimento da personalidade, como fica claro no art. 1º da LGPD:

> **LGPD, Art. 1º** Esta Lei dispõe sobre o tratamento de dados pessoais, inclusive nos meios digitais, por pessoa natural ou por pessoa jurídica de direito público ou privado, com o objetivo de proteger os direitos fundamentais de liberdade e de privacidade e o livre desenvolvimento da personalidade da pessoa natural.
>
> **Parágrafo único.** As normas gerais contidas nesta Lei são de interesse nacional e devem ser observadas pela União, Estados, Distrito Federal e Municípios.

---

[18] ZUBOFF, Shoshana. *The age of surveillance capitalism:* the fight for a human future at the new frontier of power. Nova York: Public Affairs, 2019.

[19] BIONI, Bruno Ricardo. *Proteção de dados pessoais. A função e os limites do consentimento.* Rio: Forense, 2019. p. 48.

[20] ZUBOFF, Shoshana. *The age of surveillance capitalism:* the fight for a human future at the new frontier of power. Nova York: Public Affairs, 2019. p. 8.

Por outro lado, há que se destacar que, se os dados são os insumos e os *inputs* da economia digital, os algoritmos são os principais instrumentos por meio dos quais os dados são processados e podem ser revertidos em resultados (*outputs*) a serem utilizados para as mais diversas finalidades. Muito além de aperfeiçoar estratégias econômicas já existentes, como seriam os casos do marketing personalizado (*target marketing*) e das classificações ou perfilizações (*profiling*), tais aplicações podem levar à total modificação do cenário econômico, político e social.

Atualmente, os algoritmos vêm sendo utilizados para análises extremamente complexas, que vão desde as respostas para perguntas sofisticadas de usuários até decisões e diagnósticos que, além de representarem uma verdadeira devassa na intimidade das pessoas, ainda terão impactos nas possibilidades e no acesso destas a uma série de direitos e oportunidades.

Não é novidade que algoritmos hoje podem decidir quem terá crédito e a que taxa de juros, quem será contratado para trabalhar em determinada empresa, qual a probabilidade de reincidência de determinado criminoso, quem deve ser atropelado por carros autônomos, dentre inúmeras outras circunstâncias.

Consequentemente, os algoritmos preocupam tanto quando acertam quanto quando erram. Preocupam quando acertam, pois podem revelar aspectos íntimos da personalidade que os indivíduos possivelmente prefeririam manter em segredo, até porque podem ser utilizados para tolher o exercício de direitos e oportunidades. Preocupam quando erram, pois desconfiguram as individualidades, atribuindo características que os sujeitos não possuem e que também podem ser utilizadas para tolher direitos e oportunidades, com o agravante de que tais decisões podem ser baseadas em juízos totalmente equivocados quanto à realidade.

Portanto, os riscos inerentes à economia movida a dados e ao capitalismo de vigilância são potencializados diante da cada vez mais ampla utilização de algoritmos sem limites éticos e jurídicos, assim como sem qualquer transparência. Muito mais do que um problema apenas de privacidade no sentido do direito à intimidade ou de ser deixado só, a proteção de dados, nesse contexto, é fundamento para a preservação da individualidade, da liberdade e da própria democracia.

Não é sem razão que o art. 2º da LGPD deixa claro os inúmeros princípios que fundamentam a proteção de dados, o que será um importante vetor interpretativo de toda o sistema protetivo estruturado pela Lei:

> **LGPD, Art. 2º** A disciplina da proteção de dados pessoais tem como fundamentos:
>
> I – O respeito à privacidade;
>
> II – A autodeterminação informativa;
>
> III – A liberdade de expressão, de informação, de comunicação e de opinião;
>
> IV – A inviolabilidade da intimidade, da honra e da imagem;
>
> V – O desenvolvimento econômico e tecnológico e a inovação;
>
> VI – A livre iniciativa, a livre concorrência e a defesa do consumidor; e
>
> VII – Os direitos humanos, o livre desenvolvimento da personalidade, a dignidade e o exercício da cidadania pelas pessoas naturais.

É diante desse contexto que a coautora Ana Frazão[21] sistematizou os fundamentos da proteção de dados pessoais da seguinte maneira:

(i) proteção de dados pessoais como forma de endereçar os efeitos nefastos do capitalismo de vigilância e contornar os efeitos adversos da violação da privacidade como um negócio;

(ii) proteção de dados pessoais como forma de endereçar os riscos que os algoritmos representam às liberdades individuais e à própria democracia;

(iii) proteção de dados pessoais como forma de endereçar o problema da opacidade e da ausência de accountability da economia movida a dados;

(iv) proteção de dados pessoais como forma de endereçar os riscos do poder crescente de grandes agentes, como as plataformas digitais, sobre os cidadãos.

Como se pode observar, a proteção de dados vai muito além da mera proteção da intimidade, mas busca assegurar os valores mais caros para um Estado Democrático de Direito: liberdade, igualdade, cidadania e democracia. Mesmo a privacidade passa a ser ressignificada para abranger dados até então insuscetíveis de coleta ou compreensão – como é o caso dos dados cerebrais – e para assegurar o objetivo final de autodeterminação informativa do titular sobre todos os seus dados.

Doutrina Brasileira – Ana Frazão

"Até pouco tempo atrás, o cérebro humano correspondia à última fronteira da privacidade, uma vez que pelo menos nossos pensamentos e emoções estavam a salvo de qualquer tipo de escrutínio que não fosse o exclusivamente pessoal. Entretanto, as neurotecnologias procuram, cada vez mais, ultrapassar os limites até então indevassáveis daquilo que os seres humanos têm de mais íntimo, para o fim de terem acesso a dados cerebrais, tentar compreendê-los e, a partir daí, criar um vibrante mercado.

Prova dessa afirmação são as recentes declarações do Facebook e da Neuralink, que anunciaram seus investimentos em tecnologias cuja finalidade é a de ler as nossas mentes. No caso do Facebook, o objetivo é conseguir captar pensamentos diretamente dos neurônios e traduzi-los em palavras por meio de algoritmos decodificadores. Já os propósitos da Neuralink são de usar fios condutores flexíveis implantados no cérebro a fim de controlar equipamentos como celulares ou computadores apenas com os pensamentos.

Apesar de tais notícias serem recentes, as preocupações com a proteção dos dados cerebrais não o é. Tanto é assim que, em 1999, já foi fundado o *Center for Cognitive Liberty & Ethics*, entidade criada com a preocupação de proteger a liberdade de pensamento diante de neurotecnologias cada vez mais intensas. O

---

21 FRAZÃO, Ana. Fundamentos da Proteção dos Dados Pessoais. In: TEPEDINO, Gustavo; FRAZÃO, Ana; OLIVA, Milena. *Lei Geral de Proteção de Dados Pessoais e suas repercussões no direito brasileiro*. São Paulo: Revista dos Tribunais, 2020. p. 26-49.

papel das recentes notícias não é, portanto, o de dar início às reflexões sobre o tema, mas sim de mostrar a relevância e a urgência de que enderecemos esse tipo de discussão, a fim de conter os riscos do chamado "neurocapitalismo".

Afinal, por mais que muitas companhias invistam hoje na neurotecnologia com nobres propósitos, como os de permitir que pacientes paralíticos possam controlar equipamentos com seus cérebros, os riscos de abusos são também muito grandes, ainda mais se os dados cerebrais passarem a ser usados para fins de manipulação da opinião e da própria personalidade das pessoas, com objetivos econômicos, políticos, religiosos, dentre outros. Assim, se já é impensável o avanço da tecnologia em qualquer seara sem o imprescindível debate ético, nesse assunto particular a reflexão ética torna-se ainda mais premente.

No interessante artigo jornalístico *Brain-reading tech is coming. The law is not ready to protect us*, de Sigal Samuel, defende-se a ideia de que, na era do neurocapitalismo, em que nossos pensamentos, desejos e emoções são submetidos a precisos escrutínios e mapeamentos, nossos cérebros precisam inclusive de novos direitos. Afinal, no atual contexto, tornou-se desatualizada a ideia defendida por George Orwell em seu famoso livro "1984", de que, no contexto de vigilância, a única coisa que continuava pertencendo verdadeiramente aos cidadãos eram poucos centímetros cúbicos dentro de seus crânios. A ironia dos tempos presentes é que estamos correndo o risco de perder o controle até mesmo sobre esses centímetros cúbicos.

Daí se defender a necessidade dos "direitos da mente" (*neurorights* ou *jurisprudence of the mind*), tal como já vem sendo buscado por iniciativas de alguns países, como o Chile, ou de algumas organizações internacionais, como a OCDE, de quem se espera em breve orientações para a utilização de dados cerebrais.

Outro ponto importante da reportagem é destacar a opinião de um dos estudiosos do assunto, Marcello Ienca, pesquisador do ETH de Zurique, extremamente preocupado com a comercialização de dados cerebrais. Segundo ele, deve-se pensar em pelo menos quatro direitos específicos para a neurotecnologia:

1. Direito à liberdade cognitiva, que envolve o direito de optar pelo uso ou não da neurotecnologia, sem que esta possa ser imposta às pessoas, tal como já vem ocorrendo na China;

2. Direito à privacidade mental, que requer a preservação da intimidade da mente, com importantes desdobramentos sobre garantias constitucionais centrais, tais como o direito ao silêncio e o direito de não se autoincriminar;

3. Direito à integridade mental, segundo o qual ninguém pode ser prejudicado física ou psicologicamente pela neurotecnologia, de forma que se deve evitar qualquer forma de manipulação da mente e, com maior razão, novas formas de lavagem cerebral, o que seria extremamente perigoso se utilizado por interessados em propagar doutrinas religiosas, políticas e terroristas, bem como para casos de *neuromarketing*. O direito à integridade mental também tem importante desdobramento sobre a segurança dos dados cerebrais, a fim de evitar que sejam hackeados ou sequestrados;

4. Direito à continuidade psicológica, que diz respeito ao direito de ser protegido contra alterações do seu senso de identidade, como a que ocorreria caso a empresa que implantou determinado aparelho no cérebro de alguém, que com ele desenvolveu verdadeira relação de simbiose, falisse e tivesse que remover o equipamento, caso em que haveria uma perda de identidade por parte do usuário.

Um dos pontos sensíveis das preocupações diz respeito ao *neuromarketing*, uma vez que o acesso a dados cerebrais permite a utilização cada vez maior de recursos que atuam no subconsciente das pessoas. Daí a necessidade de regulação da propaganda na hipótese de os anúncios serem propositalmente arquitetados para ultrapassar nossas defesas racionais e os recursos que temos para discernir o que é verdadeiro daquilo que não é.

Sob esse prisma, é interessante notar que as neurotecnologias são talvez o exemplo mais eloquente de como a proteção de dados na atualidade tem por fim proteger não somente a privacidade, mas também a própria liberdade e a identidade dos indivíduos. Da mesma forma, questões de isonomia e discriminações estão presentes na discussão, já que a utilização maciça desses dados e estratégias tende a prejudicar, de forma ainda maior, as camadas da população que têm menor informação ou não têm recursos para se contrapor minimamente a tais ofensivas".[22]

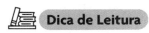

Dica de Leitura

⊙ Título do Livro: *The Black Box Society:* The Secret Algorithms That Control Money and Information. Cambridge: Harvard University Press, 2015.
Autor: Frank Pasquale.

I.4. HISTÓRICO INTERNACIONAL DA TUTELA DE DADOS PESSOAIS

O modelo atual da tutela jurídica dos dados pessoais no sistema normativo brasileiro está intrinsecamente ligado ao marco regulatório europeu, já que foi nele inspirado. Exatamente por isso, hoje, a disciplina brasileira da proteção de dados pessoais alcançou certo grau de harmonização sob a perspectiva internacional, a partir da previsão de institutos, ferramentas, conceitos e obrigações semelhantes na maioria das legislações de proteção de dados existentes, sejam elas nacionais, sejam supranacionais (no caso da União Europeia).

Tal fenômeno de convergência e padronização, historicamente, confunde-se com a própria origem das leis gerais de proteção de dados pessoais modernas. A Organização para Cooperação e Desenvolvimento Socioeconômico (OCDE) e o Conselho da Europa (CoE) pautaram a produção normativa que inspirou as leis de proteção de dados ao redor do mundo a partir do início da década de 1980, resultando em uma dinâmica de influências mútuas entre os diversos sistemas jurídicos, principalmente na Europa.

A própria origem da definição do conceito de dado pessoal como está hoje assentado na maior parte das leis gerais de proteção de dados, a exemplo da LGPD, remonta aos esforços desenvolvidos em conjunto pela OCDE, com a publicação das *Guidelines Governing the Protection of Privacy and Transborder Flows of Personal Data* em 1980, e pelo Conselho da Europa, com a aprovação do *Explanatory Report on the Convention for the Protection of Individual with Regard to Automatic*

---

[22] FRAZÃO, Ana. 'Neurocapitalismo' e o negócio de dados cerebrais. Disponível em: https://www.jota.info/opiniao-e-analise/colunas/constituicao-empresa-e-mercado/neurocapitalismo-e-o-negocio-de-dados-cerebrais-25092019. Acesso em: 6 mar. 2022.

Processing of Personal Data em 1981, demonstrando a notória continuidade dos elementos normativos relacionados à proteção de dados ao longo do tempo.[23]

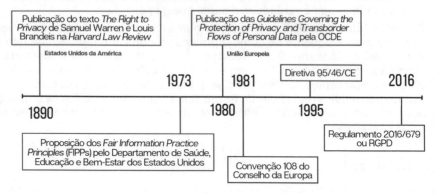

Sob a perspectiva internacional, há que se destacar, inicialmente, o que se considera o primeiro marco histórico relacionado ao direito à privacidade, qual seja o artigo *The right to privacy*, de Samuel Warren e Louis Brandeis, publicado em 1890 na *Harvard Law Review*.[24]

Nele, os autores consolidaram a jurisprudência à época existente sobre a temática para sinalizar o que chamaram de *right to be let alone*, ou seja, o direito de ser deixado em paz (ou sozinho), que pressupunha tradicionalmente uma dicotomia entre as esferas pública e privada. Somado a isso, o artigo já sinalizava uma preocupação que se tornaria cada vez mais concreta e expressiva ao longo dos anos seguintes: a constatação de um forte vínculo entre o progresso tecnológico e a tutela da privacidade.

Foi exatamente em virtude dessa preocupação, incrementada pelo crescimento exponencial dos bancos de dados e processos automatizados de tratamento de dados pessoais à época, nos Estados Unidos, que o Congresso americano, em 1960, deixou de aprovar um projeto de lei cujo objetivo principal seria a construção de uma base de dados centralizada no país, o *National Data Center*, sob o fundamento de que a proposta apresentava sérios riscos à privacidade dos cidadãos, a despeito de aumentar a eficiência da máquina estatal, devendo-se assim aguardar até que a proteção da privacidade fosse compreendida ao máximo, além de garantida na maior medida possível.

Outro marco importante foi, em 1973, o fato de o Departamento de Saúde, Educação e Bem-Estar dos Estados Unidos (*U.S. Department of Health, Education and Welfare*) ter proposto a observância dos célebres *Fair Information Practice*

---

[23] CORDEIRO, A. Barreto Menezes. Dados pessoais: conceito, extensão e limites. *Revista de Direito Civil*. v. 3, n. 2, p. 297-321, 2018.

[24] WARREN, Samuel. Brandeis, Louis. The right to privacy. *Harvard Law Review*. v. 4, n. 5, p. 193-220, dez. 1890.

Principles (FIPPs ou princípios para o tratamento leal da informação), como re sultado da análise a respeito do impacto do desenvolvimento tecnológico sobre a privacidade e da utilização massiva de dados pessoais em atividades de vigilância por agências governamentais, enunciando princípios que, até hoje, formam o núcleo principal das leis de proteção de dados ao redor do mundo.

No entanto, muito antes, na década de 1950, o direito à privacidade (ou vida privada) já era resguardado como direito humano pela Organização das Nações Unidas (ONU) na Declaração Universal de Direitos Humanos e na Convenção Europeia de Direitos Humanos, protegendo-se tanto a privacidade individual, quanto a familiar.

No contexto da União Europeia – notadamente em virtude de se tratar de iniciativa precursora ao Regulamento Geral de Proteção de Dados europeu (RGPD) –, destaca-se também a Convenção 108 do Conselho da Europa, editada em 1981, que foi o primeiro documento a vincular os Estados da Comunidade Europeia a internalizarem normas destinadas à salvaguarda de proteção de dados, inclusive com obrigações de qualidade e segurança dos dados. Especialmente importante é também a Diretiva 95/46/EC, de 1995, conhecida como a Diretiva Europeia de Proteção de Dados, que determinou a adoção, até 1998, de um amplo conjunto de obrigações destinadas à proteção de direitos de privacidade, abrindo caminho para a posterior edição do RGPD, inclusive criando as bases do direito fundamental à proteção de dados pessoais e do modelo *ex ante* de proteção de dados.

O modelo *ex ante* caracteriza-se essencialmente pela previsão de que o controlador (ou o responsável pelo tratamento, conforme o RGPD) somente poderá realizar atividades de tratamento de dados pessoais quando estiver amparado em uma base legal, restringindo assim as hipóteses de utilização dos dados, de forma a proteger preventivamente os direitos e as liberdades dos seus titulares.

O Regulamento Geral de Proteção de Dados *(EU) 2016/679* – também conhecido por sua denominação em língua inglesa *General Data Protection Regulation* (GDPR) – dispõe sobre a proteção das pessoas singulares no que diz respeito ao tratamento de dados pessoais. O RGPD foi adotado em 14 de abril de 2016 e tornou-se aplicável a partir de 25 de maio de 2018.

Como o RGPD é um regulamento, e não uma diretiva, suas diretrizes são diretamente vinculativas e aplicáveis aos Estados-membros, mas fornecem certa flexibilidade para que alguns aspectos do regulamento sejam ajustados individualmente pelos Estados-membros por meio de legislação nacional, a exemplo da idade mínima (entre 13 e 16 anos) para delimitar o escopo de incidência das regras específicas para o tratamento de dados de menores de idade (crianças e adolescentes).[25]

---

[25] O art. 8º do RGPD dispõe acerca de requisitos específicos relativos ao consentimento para o tratamento de dados pessoais de crianças. A regra geral prevê a exigência de consentimento dos pais para todos os menores de 16 (dezesseis) anos quando os serviços da sociedade da informação forem oferecidos diretamente a eles, e o consentimento, aqui, é o fundamento legal a partir do qual os dados pessoais seriam tratados. No entanto, os Estados-Membros

> Assim, seu objetivo é eliminar inconsistências em leis nacionais, ampliar o escopo de proteção da privacidade e proteção de dados e modernizar a legislação para desafios tecnológicos, econômicos e políticos atuais, a exemplo daqueles advindos do uso intensificado da internet.

De forma sintética, os mencionados FIPPs – princípios para o tratamento leal da informação – materializaram-se a partir da previsão de institutos relacionados à *publicidade* dos bancos de dados, à *exatidão e qualidade* dos dados pessoais armazenados, ao *livre acesso* aos bancos de dados pelos titulares, à utilização dos dados conforme a *finalidade* informada no momento da sua coleta e à *segurança* no armazenamento e utilização desses dados pessoais.

Decisão do Tribunal Constitucional Federal alemão sobre a Lei do Censo

Foi o pioneirismo alemão que contribuiu de forma decisiva e contínua para a consolidação do direito à proteção de dados pessoais como direito fundamental, refletindo-se tanto na esfera legislativa quanto na seara jurisprudencial. Isso porque o Tribunal Constitucional Federal alemão, em 1983, proferiu decisão histórica em um caso que tratava da coleta de dados pessoais sobre profissão, moradia e local de trabalho dos cidadãos alemães para fins estatísticos, conforme previsto na lei federal que regia o censo alemão de 1982, além de permitir o cruzamento das informações obtidas para o recenseamento com outros bancos de dados nacionais.

A despeito de ter confirmado a constitucionalidade da lei em geral, a decisão declarou nulos os dispositivos acerca da troca de dados. De acordo com essa decisão, o desenvolvimento tecnológico tornou possível o processamento de dados pessoais em proporção jamais vista, criando novas ameaças à personalidade humana até então impensáveis, o que demandaria uma proteção especialmente consolidada que conferisse aos indivíduos o poder de decidirem, por si próprios, quando e em que termos as suas informações pessoais poderiam ser divulgadas e utilizadas.

Assim, a Corte reconheceu, a partir da dignidade humana e do direito geral ao livre desenvolvimento da personalidade, a existência de um direito de personalidade autônomo à proteção dos dados pessoais, além da garantia constitucional à autodeterminação informativa. Tal reconhecimento consolidou a noção de controle do indivíduo sobre o fluxo dos seus dados pessoais, fortalecido a partir dos deveres de esclarecimento, informação, minimização e apagamento dos dados.

Dessa forma, o conceito de privacidade ganhou contornos cada vez mais relevantes para além do tradicional poder de exclusão, tornando mais significativa a compreensão da sequência "pessoa-informação-circulação--controle" do que "pessoa-informação-sigilo" como era anteriormente.

---

da União Europeia podem optar por desviar e baixar o limiar de idade para 15 (quinze), 14 (quatorze) ou 13 (treze) anos.

Cap. I • HISTÓRICO E FUNDAMENTOS DA PROTEÇÃO DE DADOS NO BRASIL E NO MUNDO

I.5.   HISTÓRICO LEGISLATIVO DA LGPD

Enquanto na Europa, na década de 1980, via-se a elaboração de legislações nacionais de proteção de dados pessoais e a consolidação do direito à autodeterminação informativa em reação a uma Diretiva da Comunidade Europeia; no Brasil testemunhava-se ainda a promulgação das primeiras leis estaduais relacionadas tão somente aos direitos de acesso e retificação de dados pessoais,[26] que prepararam o terreno para o debate posterior relacionado ao *habeas data*, introduzido na Constituição Federal de 1988, mais especificamente em seu art. 5º, LXXII.[27]

O *habeas data*, todavia, além de ter assumido a forma de um remédio constitucional e não propriamente de um direito autônomo ao acesso a dados, não foi suficiente para enfrentar o aumento crescente do processamento de dados pessoais – mesmo porque não se prestava propriamente a proteger a privacidade dos indivíduos, e sim a endereçar determinadas situações de abuso de poder que comprometessem informações dos cidadãos.

Sob um olhar sistemático, a Constituição Federal de 1988 inovou não somente ao prever a ação de *habeas data* (art. 5º, LXXII), mas também quanto aos direitos fundamentais relacionados à inviolabilidade da vida privada, da intimidade, da honra, da imagem, da casa, da correspondência, das comunicações telegráficas, dos dados e das comunicações telefônicas dos indivíduos (art. 5º, X, XI e XII). Contudo, ainda assim, ela não fez prosperar o entendimento no sentido de que fosse identificado, de imediato, um direito fundamental à proteção de dados pessoais nos dispositivos supramencionados.

> **CF/1988, Art. 5º** Todos são iguais perante a lei, sem distinção de qualquer natureza, garantindo-se aos brasileiros e aos estrangeiros residentes no País a inviolabilidade do direito à vida, à liberdade, à igualdade, à segurança e à propriedade, nos termos seguintes:
>
> (...)
>
> **X** – são invioláveis a intimidade, a vida privada, a honra e a imagem das pessoas, assegurado o direito a indenização pelo dano material ou moral decorrente de sua violação;
>
> **XI** – a casa é asilo inviolável do indivíduo, ninguém nela podendo penetrar sem consentimento do morador, salvo em caso de flagrante delito ou desastre, ou para prestar socorro, ou, durante o dia, por determinação judicial;

---

[26]   No Rio de Janeiro, a Lei Estadual 824, de 28 de dezembro de 1984, que "Assegura o direito de obtenção de informações pessoais contidas em bancos de dados operando no Estado do Rio de Janeiro e dá outras providências", e, em São Paulo, a Lei Estadual 5.702, de 5 de junho de 1987, que "Concede ao cidadão o direito de acesso às informações nominais sobre sua pessoa".

[27]   Art. 5º, CF/88: "LXXII – conceder-se-á *habeas data*: a) para assegurar o conhecimento de informações relativas à pessoa do impetrante, constantes de registros ou bancos de dados de entidades governamentais ou de caráter público; b) para a retificação de dados, quando não se prefira fazê-lo por processo sigiloso, judicial ou administrativo".

> **XII** – é inviolável o sigilo da correspondência e das comunicações telegráficas, de dados e das comunicações telefônicas, salvo, no último caso, por ordem judicial, nas hipóteses e na forma que a lei estabelecer para fins de investigação criminal ou instrução processual penal;
>
> (...)
>
> **LXXII** – conceder-se-á "habeas-data":
>
> **a)** para assegurar o conhecimento de informações relativas à pessoa do impetrante, constantes de registros ou bancos de dados de entidades governamentais ou de caráter público;
>
> **b)** para a retificação de dados, quando não se prefira fazê-lo por processo sigiloso, judicial ou administrativo;

Nos anos seguintes, o tema da proteção de dados pessoais, no Brasil, foi sendo pautado gradativamente no debate político, ainda que de forma bastante lenta, a partir da inserção, cada vez mais frequente, de diversos dispositivos normativos no ordenamento nacional, consolidando, assim, um ambiente propício à sistematização de uma lei geral em matéria de proteção de dados.

Nos anos que antecederam a elaboração da LGPD, já existiam alguns diplomas legais vigentes que dispunham sobre a proteção da privacidade e dos dados pessoais de forma esparsa e não uniforme.

Linha do Tempo dos Diplomas Normativos Brasileiros

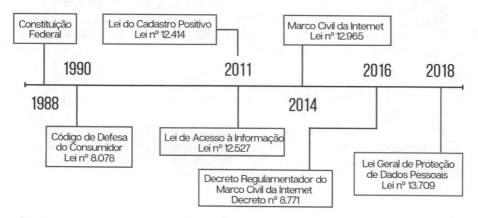

Por mais que tais diplomas normativos anteriores à LGPD não tutelassem de forma ampla o tratamento de dados pessoais, diversas normas federais começaram a disciplinar conceitos, direitos, procedimentos e institutos relacionados à utilização de dados pessoais em diversas searas do Direito.

Diploma Normativo	Disposições sobre proteção de dados pessoais
• Código de Defesa do Consumidor (CDC) • Lei 8.078/1990	• Ao estabelecer princípios e institutos adaptáveis a diversas situações, concentrou um volume significativo de demandas relacionadas à utilização de dados pessoais, que, muitas vezes, se confundiam com o próprio conceito de relações de consumo. O seu art. 43, por exemplo, determina que o consumidor deve ser avisado por escrito sobre a coleta dos seus dados pessoais para abertura de fichas, registros e cadastros, além de lhe garantir o acesso, a correção e a eventual atualização das informações pessoais arquivadas, consolidando, ainda na década de 1990, um entendimento geral acerca da existência de um direito do consumidor sobre os seus dados pessoais.
• Lei do Cadastro Positivo • Lei 12.414/2011	• Passou a disciplinar a criação de um banco de dados que garantisse facilidades aos denominados "bons pagadores", trazendo conceitos comuns à sistemática tradicional de proteção de dados pessoais já consolidada ao redor do mundo, como o conceito de dados sensíveis e os princípios que hoje formam o núcleo central da LGPD, a exemplo do princípio da finalidade, da minimização, da segurança e da transparência. Além disso, entre os principais direitos conferidos, destacam-se a utilização dos dados pessoais estritamente para finalidade a qual eles foram coletados, a transparência sobre os elementos e critérios utilizados na análise de risco e o condicionamento do compartilhamento dos dados à autorização do cadastrado.
• Lei de Acesso à Informação (LAI) • Lei 12.527/2011	• Trouxe uma definição de informação pessoal bastante similar ao conceito de dado pessoal adotado pela LGPD. Além disso, a legislação delimitou, a partir da regulamentação do princípio constitucional da transparência, um regramento específico para a proteção dos dados pessoais detidos pelo Poder Público.
• Marco Civil da Internet (MCI) • Lei 12.965/2014	• Implementou uma série de direitos e institutos relacionados à utilização de dados pessoais e estabeleceu princípios, garantias e deveres para o uso da Internet no Brasil. Embora seu texto reflita os direitos já resguardados no art. 5º da Constituição de 1988, não era a intenção do Marco Civil da Internet suprir a ausência de uma legislação mais geral e abrangente em matéria de proteção de dados, especialmente porque a salvaguarda quanto à utilização de dados pessoais depende aqui do uso da Internet. • De qualquer forma, referida legislação já passou a prever diversas regras típicas de proteção de dados pessoais, a exemplo do princípio da transparência (art. 7º, VI, VIII e XI), do princípio da segurança (art. 10, § 4º), da observância do contexto de coleta para utilização dos dados pessoais (art. 7º, VIII) e do direito dos usuários de impedir que seus dados, inclusive registros de conexão e de acesso à aplicação de Internet, sejam coletados, armazenados e utilizados sem o seu consentimento livre, expresso e informado (art. 7º, VII), em sintonia com o próprio conceito de consentimento que viria a ser adotado pela LGPD tempos depois.

As legislações destacadas acima certamente fomentaram os debates relacionados à necessidade de uniformização legislativa em matéria de proteção de dados no país. Contudo, elas não foram suficientes para que uma cultura jurídica de proteção de dados pessoais se consolidasse de forma definitiva no Brasil.

De qualquer forma, a década de 2010 foi relevante em termos legislativos no Brasil. Já em 30 de novembro de 2010, o Ministério da Justiça tornou pública a primeira versão do texto que foi utilizado como base direta para elaboração da Lei Geral de Proteção de Dados, hoje já aprovada.

O debate público foi realizado inteiramente via Internet e contou com a colaboração e participação de atores importantes, como o Comitê Gestor da Internet do Brasil (CGI.br) e a Fundação Getúlio Vargas, chegando a um total de 794 contribuições ao projeto.

Entre 2011 e 2015, o texto do Anteprojeto passou por diversas revisões, apesar de não existirem novas versões públicas do documento datadas desse período. Em 2015, uma nova versão do Anteprojeto de Lei de Proteção de Dados Pessoais foi publicizada pela Secretaria Nacional do Consumidor (Senacon) do Ministério da Justiça. A minuta foi novamente submetida a debate público – o último inclusive – e contou com 1.127 contribuições enviadas diretamente na plataforma do debate na Internet e mais 67 contribuições e demais comentários encaminhados via documento.

Após referido debate, o Ministério da Justiça e o Ministério do Planejamento, Orçamento e Gestão consolidaram uma nova versão do Anteprojeto e encaminharam o texto à Casa Civil da Presidência da República. Finalmente, em 13 de maio de 2016, o texto foi encaminhado ao Congresso Nacional, tendo sido protocolado na Câmara dos Deputados como PL 5.276/2016, que "dispõe sobre o tratamento de dados pessoais para a garantia do livre desenvolvimento da personalidade e da dignidade da pessoa natural".

No entanto, à época, o debate já estava mais abrangente e existiam outros projetos de lei em tramitação nas casas legislativas sobre o tema. Na Câmara dos Deputados, havia o PL 4.060/2012, de autoria do deputado Milton Monti (PR/SO). Já no Senado Federal, havia o PLS 330/2013, de autoria do senador Antônio Carlos Valadares (PSB/SE) e ainda foram propostos outros dois projetos, o PLS 131/2014 e o PLS 181/2014, que tramitaram conjuntamente com o PLS 330/2013 e foram integrados a ele nos termos do Substitutivo do relator senador Aloysio Nunes Ferreira (PSDB/SP).

Na Câmara dos Deputados, em agosto de 2016, criou-se uma Comissão Especial referente ao PL 4.060/2012, sob presidência da deputada Bruna Furlan (PSDB/SP) e relatoria do deputado Orlando Silva (PCdoB/SP). Após diversas audiências públicas e ajustes no texto, o Plenário da Câmara dos Deputados aprovou, em maio de 2018, por unanimidade, o parecer da referida Comissão Especial e a matéria seguiu para apreciação do Senado Federal como PLC 53/2018.

Já no Senado Federal, o PLC 53/2018 passou a tramitar conjuntamente com o PLS 330/2013, PLS 131/2014 e PLS 181/2014. Em junho de 2018, a Comissão de Assuntos Econômicos, sob relatoria do senador Ricardo Ferraço (PSDB/ES), apresentou relatório favorável ao PLC 53/2018 com emendas e prejudicial em relação aos demais. Referido relatório foi aprovado em julho de 2018 e, após requerimento de urgência, o PLC 53/2018 também foi aprovado pelo Plenário do Senado Federal por unanimidade, segundo assim para a sanção presidencial.

Cap. I • HISTÓRICO E FUNDAMENTOS DA PROTEÇÃO DE DADOS NO BRASIL E NO MUNDO

Compilado dos PLs antecedentes à LGPD

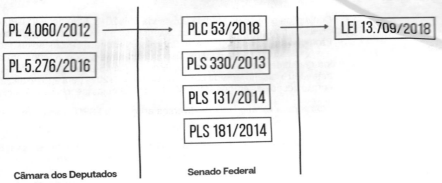

Tal contexto culminou na aprovação da versão final da Lei Geral de Proteção de Dados Pessoais (Lei 13.709 ou LGPD) tão somente em 14 de agosto de 2018, ou seja, quase oito anos após o início do primeiro debate público sobre o seu texto. No entanto, apesar de aprovada em 2018, a LGPD somente entrou em vigor tempos depois. Os artigos que se referem às sanções administrativas (arts. 52 a 54), inclusive, entraram em vigor após o início das atividades da Autoridade Nacional de Proteção de Dados (ANPD), conforme linha do tempo abaixo.

Linha do Tempo da Entrada em Vigor da LGPD

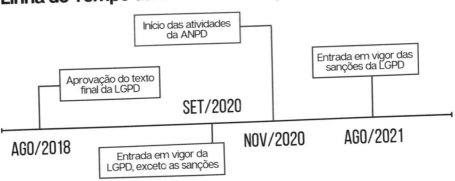

Legislação	Objeto
• Lei 13.709/2018	• Lei Geral de Proteção de Dados Pessoais (LGPD).
• Medida Provisória 869/2018	• Alterou a LGPD, dispondo diversas alterações no texto legal, bem como criou a Autoridade Nacional de Proteção de Dados. Convertida na Lei 13.853/2019.

Legislação	Objeto
• Lei 13.853/2019	• Convertida a partir da Medida Provisória 869/2018. Modificou a LGPD em diversos pontos e definiu as características da Autoridade Nacional de Proteção de Dados (ANPD) e do Conselho Nacional de Proteção de Dados e privacidade (CNPD) – cujos dispositivos haviam sido vetados em sua integralidade – de acordo com os arts. 55-A a 55-L da LGPD. Além disso, estendeu a *vacatio legis* da LGPD de fevereiro de 2020 para agosto de 2020, com exceção dos artigos sobre ANPD e CNPD, cuja vigência seria imediata.
• Medida Provisória 959/2020	• Prorrogou a *vacatio legis* de diversos artigos da LGPD. Convertida na Lei 14.010/2020.
• Lei 14.010/2020	• Especificou que os arts. 52, 53 e 54 da LGPD – referentes às sanções administrativas, entrariam em vigor em 1º de agosto de 2021.
• Decreto 10.474/2020	• Estabeleceu a estrutura regimental da ANPD e especificou elementos para o funcionamento do CNPD.

I.6. RECONHECIMENTO DA PROTEÇÃO DE DADOS PESSOAIS COMO DIREITO FUNDAMENTAL PELO SUPREMO TRIBUNAL FEDERAL E SUA POSTERIOR INSERÇÃO NO TEXTO CONSTITUCIONAL

Mais recentemente, as discussões em torno da matéria do direito à proteção de dados ganharam contornos constitucionais e chegaram ao Poder Judiciário, mais especificamente ao Supremo Tribunal Federal, a partir do julgamento das Ações Diretas de Inconstitucionalidade (ADIs) 6.387, 6.388, 6.389, 6.390 e 6.393 – propostas em face da Medida Provisória 954/2020 – e ao Poder Legislativo, diante da proposição da Proposta de Emenda à Constituição (PEC) 17/2019, que veio a tornar-se a Emenda Constitucional 115/2022.

> **O reconhecimento do direito fundamental à proteção de dados pessoais pelo Supremo Tribunal Federal brasileiro**
>
> Em maio de 2020, ao referendar a Medida Cautelar concedida pela Ministra Rosa Weber, relatora das ADIs 6.387, 6.388, 6.389, 6.390 e 6.393, o Supremo Tribunal Federal reconheceu o direito fundamental à proteção de dados como direito autônomo, extraído a partir da leitura e intepretação sistemática do texto constitucional brasileiro.
>
> Tratava-se da edição da Medida Provisória 954, de 17 de abril de 2020, que determinou que as empresas de telecomunicação prestadoras do Serviço Telefônico Fixo Comutado (STFC) e do Serviço Móvel Pessoal (SMP) compartilhassem, em meio eletrônico, dados pessoais de seus consumidores, mais especificamente a relação dos seus nomes, números de telefone e endereços, para que a Fundação Instituto Brasileiro de Geografia e Estatística (IBGE) realizasse entrevistas em caráter não presencial no âmbito de pesquisas domiciliares para a produção estatística oficial.[28]

---

[28] Curiosamente, a controvérsia do já citado julgamento do Tribunal Constitucional Federal alemão de 1983 tinha como pano de fundo a realização de pesquisas estatísticas para

Diante disso, quatro partidos políticos (PSB, PSDB, PSol e PCdoB) e o Conselho Federal da Ordem dos Advogados do Brasil (CFOAB) ajuizaram cinco ADIs, as quais defendiam a existência de graves vícios de inconstitucionalidade na Medida Provisória. Os requerentes alegaram, no mérito, a violação dos direitos fundamentais da dignidade da pessoa humana e da inviolabilidade da intimidade e da vida privada, além da garantia constitucional à autodeterminação informativa, acentuando ainda a necessidade de se tutelar expressamente acerca de um direito fundamental à proteção de dados à luz da Constituição de 1988.

Dentre os argumentos apresentados, a linha argumentativa que prevaleceu na decisão do STF foi a da desproporcionalidade entre os dados necessários para a pesquisa (dados amostrais) em comparação com aqueles cujo compartilhamento era determinado pela Medida Provisória, que representavam nada menos que a totalidade dos dados pessoais de todos os consumidores de operadoras de telefonia fixa e móvel, ou seja, mais de 200 milhões de brasileiros. Nesse sentido, a interpretação constitucional adotada pelo Plenário do STF foi a de que qualquer dado que possa levar à identificação de uma pessoa pode muito bem ser utilizado para formar perfis informacionais de grande valor para o mercado e especialmente para o Estado, merecendo, dessa forma, proteção constitucional.

Para o STF, a afirmação de um direito fundamental à proteção de dados pessoais advém de uma compreensão integrada do texto constitucional, baseada (i) no direito fundamental à dignidade da pessoa humana (art. 1º, III), (ii) na concretização da força normativa da proteção constitucional à intimidade e à vida privada (art. 5º, inciso X, da CF/88) diante dos novos riscos advindos do avanço tecnológico e ainda (iii) no reconhecimento da centralidade do *habeas data* como instrumento de tutela processual do direito à autodeterminação informativa (art. 5º, LXXII).

Outro traço marcante do julgamento foi o de ter ressaltado que a proteção aos dados pessoais está vinculada ao risco e também às necessárias salvaguardas. No caso concreto, entendeu-se que não havia mecanismo técnico ou administrativo para proteger os dados a serem compartilhados de acessos não autorizados, vazamentos acidentais ou utilização indevida, assim como para assegurar o sigilo, a higidez e, conforme o caso, o anonimato dos dados pessoais.

Assim, pela primeira vez, o Supremo Tribunal Federal ampliou a proteção constitucional destinada aos dados pessoais, adotando o conceito expansionista já previsto na LGPD e deslocando o eixo de proteção dos *tipos de dados* tratados (ou no fato de quão sensíveis ou íntimos são) para

---

elaboração do censo alemão de 1982 e era, portanto, análoga ao caso enfrentado em 2020 pelo STF. Ambos culminaram no debate a respeito dos riscos advindos da coleta massiva de dados pessoais pelo Estado e da possibilidade de cruzamento das informações retidas com aquelas constantes em outros bancos de dados estatais. Ver: MENDES, Laura Schertel. *Privacidade, proteção de dados e defesa do consumidor: linhas gerais de um novo direito fundamental*. São Paulo: Saraiva, 2014.

> a *forma* e a *finalidade* do próprio tratamento. Dessa forma, superaram o entendimento que antes prevalecia de limitação da tutela constitucional apenas às informações pertencentes à esfera privada ou íntima, conferindo destaque agora na forma pela qual o tratamento destes dados (públicos ou privados) poderia afetar a esfera de direitos e garantias fundamentais dos indivíduos como titulares.

A decisão proferida pelo STF é extremamente importante, já que sedimentou as bases para a compreensão da proteção de dados pessoais como direito fundamental autônomo, superando a ideia de que a tutela constitucional estaria restrita às informações privadas ou íntimas e conferindo destaque à forma de tratamento dos dados, sejam eles públicos ou privados.

Se dúvida havia sobre a estatura constitucional do direito à proteção de dados, esta foi efetivamente suplantada pela Emenda Constitucional 115/2022, que acresceu ao art. 5º da Constituição o inciso LXXIX: "É assegurado, nos termos da lei, o direito à proteção de dados pessoais, inclusive nos meios digitais".

Todo o processo que culminou no reconhecimento expresso da proteção de dados como um direito fundamental somente foi possível a partir da evolução do conceito de privacidade e da consideração do direito à proteção de dados pessoais como uma nova espécie autônoma do rol aberto de direitos da personalidade, o que conferiu maior elasticidade à cláusula geral da tutela da pessoa humana.

Isso porque, tradicionalmente, a privacidade tinha como núcleo de sua tutela jurídica o direito de ser deixado em paz ou sozinho (*right to be let alone*), pressupondo a prerrogativa do indivíduo de estar a salvo de interferências alheias, o que, na prática, é calibrado pela dicotomia entre as esferas pública e privada.

Ou seja, a distinção entre público e privado é exatamente o que normatizava o conteúdo do direito à privacidade em sua concepção tradicional, de caráter eminentemente individualista e vinculado à abordagem formal de um direito negativo de não intervenção. Por isso, a proteção constitucional, num primeiro momento, limitou-se ao sigilo do conteúdo das comunicações.

Assim, de um direito estático, sempre à espera de que o titular dos dados delimitasse quais informações deveriam ser retiradas do domínio público, o direito à privacidade sofreu uma mudança qualitativa considerável, tornando-se um direito de proteção dinâmica, aberto a diversas referências e contextos, com uma nova dimensão de caráter agora positivo.

Com efeito, a privacidade passou a ser definida também a partir da noção de controle do indivíduo sobre o fluxo dos seus próprios dados pessoais. Em outras palavras, trata-se do poder do indivíduo de decidir sobre a divulgação e uso dos seus dados, sobre quais informações da sua vida pessoal poderiam ser divulgadas publicamente e em que condições, além de ter conhecimento sobre *quem* sabe e *o que* sabem sobre o sujeito.

Essa reconfiguração possibilitou, sob uma visão sistemática, a consolidação do direito à autodeterminação informativa como um contraponto a qualquer operação de tratamento de dados que pudesse acarretar risco ou danos aos titulares, auxiliando na delimitação mais precisa do âmbito de salvaguarda do

Cap. I • HISTÓRICO E FUNDAMENTOS DA PROTEÇÃO DE DADOS NO BRASIL E NO MUNDO

direito fundamental à proteção de dados pessoais, que não recai propriam[...] sobre o caráter privado ou não do dado, mas sim sobre os riscos atribuídos ao seu tratamento por terceiros.

Destaca-se, contudo, que o direito à proteção de dados não foi construído a partir de uma mera evolução do direito à privacidade. Ele ganha autonomia própria, como novo direito da personalidade, a partir da constatação de que a sua tutela não está condicionada à dicotomia público-privado, demandando assim uma ampliação normativa que seja suficiente para proteger o titular e seus dados pessoais, independentemente do fato de a informação protegida ser íntima e privada ou pública e notória.

I.7. SÍNTESE CONCLUSIVA: ALCANCE DA PROTEÇÃO DE DADOS PESSOAIS

Com o advento do direito à proteção de dados, o centro gravitacional protetivo foi definitivamente alterado. Enquanto o direito à privacidade, ligado ao direito de ser deixado só, compreende a proteção do segredo, do sigilo ou de informações atinentes unicamente à vida privada de um indivíduo; o direito à proteção de dados pessoais pauta-se na ideia de que nenhum dado é inútil ou irrelevante e, por isso, até mesmo fatos públicos, que aparentemente não afetariam a esfera privada da pessoa, podem acabar revelando detalhes específicos sobre a personalidade dos indivíduos quando agregados a outros dados, representando, ao final, por vezes, uma inferência tão intrusiva quanto no primeiro caso.

Direito à Privacidade	Direito à Proteção de Dados Pessoais
• Direito de ser deixado em paz • Direito negativo de não intervenção • Direito de proteção estática • Proteção do segredo, do sigilo ou de informações atinentes unicamente à vida privada de um indivíduo	• Direito positivo de controle do indivíduo sobre o fluxo dos seus dados pessoais • Direito positivo de controle do indivíduo sobre o poder que decorre do acesso e tratamento de seus dados pessoais • Direito de proteção dinâmica • Direito instrumental ao livre desenvolvimento da personalidade, ao livre arbítrio, à igualdade, à cidadania e à democracia • Autodeterminação informativa • Proteção de quaisquer dados pessoais, inclusive fatos públicos

Exatamente por isso, o direito à proteção de dados pessoais busca tutelar também eventuais bancos de dados que não contenham dados pessoais relacionados à intimidade e à vida privada dos indivíduos, e sim dados pessoais públicos, partindo da premissa de que informações aparentemente inócuas ou triviais também podem ser integradas a outras a ponto de provocar danos ao seu titular, quaisquer que sejam.

Transcendendo, assim, a ideia de privacidade como mera *liberdade negativa*, passa-se a adotar a ideia de proteção de dados pessoais como um *direito positivo*, que confere ao titular protagonismo nos processos decisórios relacionados ao fluxo informacional dos seus dados, exigindo sua participação ativa e contínua e conferindo-lhe o direito de desenvolver livremente a sua personalidade.

Ademais, a proteção de dados pessoais também está intrinsecamente relacionada à tutela da liberdade e do livre arbítrio, da igualdade e da não discriminação, bem como da cidadania, nos termos dos fundamentos descritos no art. 2º da LGPD. Sob esta perspectiva, a proteção de dados pessoais relaciona-se diretamente com a própria preservação da democracia, a fim de impossibilitar que agentes econômicos e políticos possam se utilizar das vulnerabilidades e fragilidades das pessoas para manipulá-las com o objetivo de angariar vantagens indevidas ou mesmo de distorcer o resultado de eleições ou de deliberações.[29]

É por essa razão que a LGPD, ao dispor sobre o tratamento de dados pessoais pelo setor público e privado, em meios físicos ou digitais, busca proteger os direitos fundamentais de liberdade, igualdade, cidadania, privacidade e livre desenvolvimento da personalidade da pessoa natural. Para tanto, apresenta diversos elementos novos ao ordenamento jurídico brasileiro, integrando a ele institutos próprios da disciplina da proteção de dados já internacionalmente reconhecidos e consolidados, como conceitos, princípios, direitos do titular, regras de prestação de contas (*accountability*), elementos de análise de risco, dentre outros.

Isso demonstra que, apesar de lento e repleto de percalços, o caminho legislativo da LGPD foi capaz de (i) garantir a implementação de um instrumental jurídico amoldado ao perfil do ordenamento brasileiro, a despeito de sua grande inspiração em termos de institutos, garantias, direitos e princípios ter sido o Regulamento Europeu de Proteção de Dados, legislação com perfil exógeno à tradição jurídica pátria;[30] e (ii) introduzir o debate necessário acerca da atualização de paradigmas relacionados à regulação da privacidade e especialmente da proteção de dados no país.

---

[29]   Para mais informações sobre as relações entre proteção de dados e democracia, ver FRAZÃO, Ana. Proteção de dados e democracia: a ameaça da manipulação informacional e digital. In: FRANCOSKI, Denise; TASSO, Fernando. *A Lei Geral de Proteção de Dados Pessoais. Aspectos práticos e teóricos relevantes no setor público e privado*. São Paulo: Revista dos Tribunais, 2021.

[30]   A incorporação de institutos, princípios e regras do Regulamento (EU) 2016/679 fundamenta-se não somente no fato de que a regulação autônoma da proteção de dados já se encontrava bastante consolidada na União Europeia à época da elaboração e tramitação legislativa da LGPD, com instrumentos jurídicos próprios e teor prático bastante acentuado, mas também para efeitos de transferência internacional de dados, exigindo certa simetria entre tais marcos regulatórios, já que o Brasil deve atender aos parâmetros do RGPD em virtude dos impactos sobre as relações comerciais com os países europeus. Ver, nesse sentido: SARLET, Ingo Wolfgang. Fundamentos Constitucionais: o direito fundamental à proteção de dados. In: DONEDA, Danilo (coord.); SARLET, Ingo Wolfgang (coord.); MENDES, Laura Schertel (coord.); RODRIGUES JUNIOR, Otavio Luiz (coord.); BIONI, Bruno Ricardo (coord.). *Tratado de Proteção de Dados Pessoais*. Rio de Janeiro: Forense, 2021. p. 21-59.

Capítulo II

ÂMBITO DE APLICAÇÃO DA LEI GERAL DE PROTEÇÃO DE DADOS

II.1. APLICAÇÃO TERRITORIAL DA LGPD E EFICÁCIA EXTRATERRITORIAL

II.1.1. Aspectos introdutórios

A aplicação da LGPD encontra considerável abrangência territorial, de tal maneira que prevê sua aplicação independentemente **(i)** do *meio*, **(ii)** do *país de sua sede* ou **(iii)** do *país onde estejam localizados os dados pessoais*. Nesse sentido, ainda que os dados estejam localizados fora do Brasil, a LGPD será aplicável, desde que sejam observados os requisitos alternativos previstos no art. 3º da Lei, que nada mais são do que elementos de conexão com o território brasileiro.

> **Art. 3º, LGPD.** Esta Lei aplica-se a qualquer operação de tratamento realizada por pessoa natural ou por pessoa jurídica de direito público ou privado, independentemente do meio, do país de sua sede ou do país onde estejam localizados os dados, desde que:
>
> I – a operação de tratamento seja realizada no território nacional;
>
> II – a atividade de tratamento tenha por objetivo a oferta ou o fornecimento de bens ou serviços ou o tratamento de dados de indivíduos localizados no território nacional; *ou*
>
> III – os dados pessoais objeto do tratamento tenham sido coletados no território nacional.
>
> § 1º Consideram-se coletados no território nacional os dados pessoais cujo titular nele se encontre no momento da coleta.
>
> § 2º Excetua-se do disposto no inciso I deste artigo o tratamento de dados previsto no inciso IV do *caput* do art. 4º desta Lei.

Como se pode observar, as hipóteses dos incisos I, II e III do art. 3º da LGPD indicam a possibilidade de aplicação extraterritorial da LGPD. Contudo, em todas elas, é possível notar que a extraterritorialidade em questão tem seus contornos mitigados em virtude de uma conexão bastante próxima com o território brasileiro.

32 | CURSO DE PROTEÇÃO DE DADOS PESSOAIS – *Frazão • Carvalho • Milanez*

Basta ver que: **(i)** ou o tratamento foi realizado *no Brasil*; **(ii)** ou os titulares estão *no Brasil*; ou **(iii)** os dados pessoais foram coletados em território brasileiro,[1] ou seja, o titular a que se referem encontrava-se *no Brasil* no momento da coleta.

Nesse aspecto, cumpre destacar a influência do RGPD – o que, aliás, decorre de maneira muito mais evidente do diploma europeu, tendo em vista o trânsito livre entre países do bloco. Apesar de distintas, ambas as normas são aplicáveis para atos praticados fora do território. O inciso II do art. 3º da LGPD, por exemplo, equivale ao item 2 (a) do art. 3º do RGPD.

> **RGPD, Artigo 3º Âmbito de aplicação territorial.**
>
> 1. O presente regulamento aplica-se ao tratamento de dados pessoais efetuado no contexto das atividades de um estabelecimento de um responsável pelo tratamento ou de um subcontratante situado no território da União, independentemente de o tratamento ocorrer dentro ou fora da União.
>
> 2. O presente regulamento aplica-se ao tratamento de dados pessoais de titulares residentes no território da União, efetuado por um responsável pelo tratamento ou subcontratante não estabelecido na União, quando as atividades de tratamento estejam relacionadas com:
>
> a) A oferta de bens ou serviços a esses titulares de dados na União, independentemente da exigência de os titulares dos dados procederem a um pagamento;
>
> b) O controle do seu comportamento, desde que esse comportamento tenha lugar na União.
>
> 3. O presente regulamento aplica-se ao tratamento de dados pessoais por um responsável pelo tratamento estabelecido não na União, mas num lugar em que se aplique o direito de um Estado-Membro por força do direito internacional público.

Evidente, portanto, que a nacionalidade não é um elemento determinante para a aplicação quer da LGPD quer do RGPD, sobretudo diante do fato de que a proteção da privacidade, notadamente com o advento da internet, envolve necessariamente a tutela de direitos de nacionais que potencialmente transcenda as fronteiras domésticas. As regras de atração apresentadas na LGPD, de toda sorte, estão relacionadas de forma mais contundente com elementos do território brasileiro, independentemente da nacionalidade dos titulares.

A preocupação da lei é justificável diante da globalização e de uma série de características de mercados digitais, o que possibilita que cada vez mais titulares de dados no território nacional estejam submetidos a tratamentos de dados por empresas estrangeiras que ofertam seus serviços no Brasil, como se mostrará em seguida.

---

[1] A LGPD parece diferenciar *tratamento* de *coleta* no art. 3º, III. No entanto, o conceito de *tratamento* disposto no art. 5º, X, da LGPD já envolve todas as possíveis operações realizadas com dados pessoais, inclusive a *coleta*. Portanto, a utilização dos termos de forma redundante demonstra um cuidado na delimitação precisa do alcance territorial da LGPD.

Dessa maneira, é salutar que a LGPD procure assegurar sua aplicação mesmo diante de agentes estrangeiros ou de tratamentos de dados realizados no exterior, desde que preenchidos os requisitos do art. 3º da LGPD. Todavia, a depender do caso, haverá grandes dificuldades práticas para assegurar a eficácia da lei em tais situações.

> A aplicação normativa da LGPD depende, portanto, do enquadramento em um dos seguintes cenários fáticos:
> 1. Quando a operação de tratamento é realizada no Brasil;
> 2. Quando o tratamento tem por objetivo a oferta ou o fornecimento de bens ou serviços para indivíduos localizados no Brasil;
> 3. Quando o tratamento tem por objetivo o tratamento de dados pessoais de indivíduos localizados no Brasil; ou
> 4. Quando os dados pessoais forem coletados no Brasil.
>
> Portanto, para fins de alcance da LGPD, interessam:
> **(a)** O local do tratamento dos dados pessoais;
> **(b)** O local do titular dos dados;
> **(c)** O local em que são oferecidos os bens e fornecidos os serviços com base nos dados pessoais tratados; *ou*
> **(d)** O local da coleta dos dados pessoais.

II.1.2. Operação de tratamento realizada no território nacional

A primeira hipótese de aplicação da LGPD (art. 3º, I) é o exemplo mais evidente de incidência direta dentro das fronteiras do Estado brasileiro. Nesse sentido, se uma operação de tratamento de dados for realizada por um agente estrangeiro (mesmo sem sede no Brasil) em território nacional, ela estará sujeita às regras da LGPD.

Diante disso, uma empresa com sede no Brasil, seja matriz ou filial, controladora ou operadora de dados, e que realize operações de tratamento em território nacional estará sujeita às regras da LGPD.

> **A título de exemplo, a LGPD é aplicável quando:**
> - Uma empresa brasileira *coleta* dados pessoais de turistas estrangeiros *dentro do Brasil*.
> - Uma empresa norte-americana *armazena* os dados pessoais de cidadãos europeus em um *datacenter* localizado *dentro do Brasil*.

 Situação concreta

Jogo eletrônico desenvolvido em polo tecnológico brasileiro que, porém, tem como público alvo exclusivamente o mercado japonês. Diante disso, por mais que somente colete dados no Japão, todas as informações tratadas pela empresa são armazenadas exclusivamente no Brasil. A esse caso aplica-se a LGPD, por mais que não haja tratamento de dados de brasileiros.

II.1.3. Atividade de tratamento que tem por objetivo a oferta ou o fornecimento de bens ou serviços ou o tratamento de dados de indivíduos localizados no território nacional

A segunda hipótese de aplicação da LGPD (art. 3º, II), ao contrário da primeira e da terceira, em que os atos de tratamento e coleta são realizados no Brasil, tem como elemento-chave o fato de que os indivíduos estão localizados no Brasil, ainda que a operação de tratamento ocorra fora do território nacional.

Além disso, se a sede da empresa estiver localizada fora do Brasil, mas ela oferecer bens e prestar serviços para indivíduos que estejam no Brasil, a LGPD também será aplicável. Portanto, pouco importa o meio utilizado para o tratamento dos dados, a sua localização ou a nacionalidade dos titulares.

O elemento-chave dessa hipótese, portanto, é onde o indivíduo – destinatário dos bens e serviços e cujos dados são objeto do tratamento – está localizado (no Brasil). Ou seja, o critério não é a nacionalidade, mas a **localização geográfica** do fornecimento dos bens ou serviços ou do indivíduo. Por isso, mesmo estrangeiros, ainda que em férias ou por um período curso de estadia, se estiverem no Brasil, estão protegidos pela LGPD, ainda que o tratamento de dados não seja realizado no Brasil.

Há ainda que se avaliar se há intenção de efetivamente oferecer bens ou serviços a pessoas que se encontrem fisicamente no território brasileiro ou de tratar dados de titulares em território nacional. Nesse sentido, o Considerando 23 do RGPD oferece alguns parâmetros para o referido diagnóstico.

RGPD, Considerando 23.

A fim de evitar que as pessoas singulares sejam privadas da proteção que lhes assiste por força do presente regulamento, o tratamento dos dados pessoais de titulares que se encontrem na União por um responsável pelo tratamento ou subcontratante não estabelecido na União deverá ser abrangido pelo presente regulamento se as atividades de tratamento estiverem relacionadas com a oferta de bens ou serviços a esses titulares, independentemente de estarem associadas a um pagamento. A fim de determinar se o responsável pelo tratamento ou subcontratante oferece ou não bens ou serviços aos titulares dos dados que se encontrem na União, há que determinar em que medida é evidente a sua intenção de oferecer serviços a titulares de dados num ou mais Estados-Membros da União. O mero fato de estar disponível na União um sítio *web* do responsável pelo tratamento ou subcontratante ou de um intermediário, um endereço eletrônico ou outro tipo de contatos, ou de ser utilizada uma língua de uso corrente no país terceiro em que o referido responsável está estabelecido, não é suficiente para determinar a intenção acima referida, mas há fatores, como a utilização de uma língua ou de uma moeda de uso corrente num ou mais Estados-Membros, com a possibilidade de encomendar bens ou serviços nessa outra língua, ou a referência a clientes ou utilizadores que se encontrem na União, que podem ser reveladores de que o responsável

> pelo tratamento tem a intenção de oferecer bens ou serviços a titulares de dados na União.

Para identificar a aplicabilidade da LGPD nessa hipótese a partir da intenção no oferecimento de bens ou serviços, é importante considerar fatores objetivos, como aqueles elencados no Considerando 23 do RGPD e na jurisprudência do Tribunal de Justiça da União Europeia (TJUE).[2] Algumas importantes evidências são:

- O Brasil é designado como referência a clientes ou usuários a respeito do bem ou serviço oferecido;
- A empresa contrata um mecanismo de pesquisa para facilitar o acesso ao seu *site* por consumidores no Brasil;
- A empresa direciona campanhas de marketing e publicidade para um público-alvo no Brasil;
- Há menção de endereços e números de contato (telefone) no Brasil;
- Há menção de clientela internacional composta de clientes domiciliados no Brasil;
- Utiliza-se o português no *site*, por exemplo;
- Há a possibilidade de pagamento na moeda de uso corrente do Brasil (real);
- Há entrega de bens no Brasil.

Nesse sentido, o tratamento de dados pessoais realizado por plataformas de rede social (como *Facebook, Instagram, Twitter* e *LinkedIn*), de serviços de *streaming* (como *Netflix* e *Spotify*) ou até mesmo de serviços de armazenamento em nuvem (como *Microsoft* e *Google*), por exemplo, que são diariamente utilizadas por pessoas dos mais diversos países ao redor do mundo, encontram-se nitidamente dentro do âmbito territorial de incidência da LGPD no que diz respeito à oferta de tais serviços para indivíduos no Brasil. Nesses casos, inclusive, é possível enquadrar as hipóteses de tratamento em mais de um dos fatores objetivos destacados na lista acima.

> ### A título de exemplo, a LGPD é aplicável quando:
> - Uma empresa europeia oferta bens de consumo a turistas americanos que estão *viajando por alguns dias dentro do Brasil.*
> - Uma empresa americana fornece serviços bancários para brasileiros *residentes no Brasil.*
> - Uma empresa chinesa armazena os dados pessoais de indivíduos europeus que estão *morando temporariamente no Brasil* em *datacenter* localizado no Japão.

---

[2] Pammer vs. Reederei Karl Schlüter GmbH & Co and Hotel Alpenhof vs. Heller (Joint cases C-585/08 and C-144/09).

Situação concreta

Uma *fintech* britânica de grande sucesso e com milhões de usuários decide expandir suas atividades para o mercado brasileiro. Para tanto, não somente traduz seu aplicativo com vistas a oferecer seus serviços para o mercado brasileiro, mas também passa a aceitar pagamentos em moeda brasileira e inicia estratégia de marketing para angariar clientes brasileiros. O fato de o aplicativo estar disponível em português, a forma de pagamento incluir a moeda de uso corrente no Brasil e os álbuns de fotografia poderem ser entregues por correio no Brasil demonstra que existe uma intenção por parte da empresa em oferecer seus serviços a indivíduos localizados no Brasil. Consequentemente, o tratamento de dados realizado pelo aplicativo inglês como controlador de dados refere-se à oferta de serviço a indivíduos localizados no Brasil.

II.1.4. Dados pessoais coletados no território nacional

A terceira e última hipótese de aplicação da LGPD (art. 3º, III) é pautada por lógica de mais fácil compreensão, já que a LGPD incide sempre que a operação de coleta for praticada dentro do território brasileiro. Nessa linha, o § 1º do art. 3º da LGPD dispõe expressamente que "consideram-se coletados no território nacional os dados pessoais cujo titular nele se encontre no momento da coleta". Significa dizer que não é relevante se o titular dos dados é residente ou domiciliado no Brasil, mas sim se os seus dados pessoais foram coletados enquanto ele estava em território brasileiro, independentemente da sua nacionalidade.

A título de exemplo, a LGPD é aplicável quando...

- Uma empresa americana trata dados pessoais de cidadãos europeus residentes na Itália. No entanto, *no momento da coleta* de tais dados, os *indivíduos* estão viajando *dentro do Brasil*.
- Uma empresa chinesa *coleta* dados pessoais de brasileiros *residentes no Brasil* e armazena tais dados em *datacenter* localizado na Indonésia.

II.2. APLICAÇÃO MATERIAL DA LGPD

II.2.1. Aspectos introdutórios

No que diz respeito à matéria que atrai a incidência da LGPD, o *caput* do art. 3º prevê a *regra geral* de aplicação da LGPD a qualquer operação de tratamento de dados pessoais realizada por pessoa natural ou por pessoa jurídica de direito público ou privado, adotando conceito extremamente abrangente de tratamento, já que o art. 5º, X, o define como "toda operação realizada com dados pessoais, como as que se referem a coleta, produção, recepção, classificação, utilização, acesso, reprodução, transmissão, distribuição, processamento, arquivamento, armazenamento, eliminação, avaliação ou controle da informação, modificação, comunicação, transferência, difusão ou extração".

Em contraponto ao aludido dispositivo, o art. 4º dispõe sobre as *exceções*, ou seja, as hipóteses de não aplicação da LGPD.

LGPD, Art. 4º Esta Lei não se aplica ao tratamento de dados pessoais:

I – realizado por pessoa natural para fins exclusivamente particulares e não econômicos;

II – realizado para fins exclusivamente:

a) jornalístico e artísticos; ou

b) acadêmicos, aplicando-se a esta hipótese os arts. 7º e 11 desta Lei;

III – realizado para fins exclusivos de:

a) segurança pública;

b) defesa nacional;

c) segurança do Estado; ou

d) atividades de investigação e repressão de infrações penais; ou

IV – provenientes de fora do território nacional e que não sejam objeto de comunicação, uso compartilhado de dados com agentes de tratamento brasileiros ou objeto de transferência internacional de dados com outro país que não o de proveniência, desde que o país de proveniência proporcione grau de proteção de dados pessoais adequado ao previsto nesta Lei.

RGPD, Artigo 2º Âmbito de aplicação material.

1. O presente regulamento aplica-se ao tratamento de dados pessoais por meios total ou parcialmente automatizados, bem como ao tratamento por meios não automatizados de dados pessoais contidos em ficheiros ou a eles destinados.

2. O presente regulamento não se aplica ao tratamento de dados pessoais:

a) Efetuado no exercício de atividades não sujeitas à aplicação do direito da União:

b) Efetuado pelos Estados-Membros no exercício de atividades abrangidas pelo âmbito de aplicação do título V, capítulo 2, do TUE;

c) Efetuado por uma pessoa singular no exercício de atividades exclusivamente pessoais ou domésticas;

d) Efetuado pelas autoridades competentes para efeitos de prevenção, investigação, detecção e repressão de infrações penais ou da execução de sanções penais, incluindo a salvaguarda e a prevenção de ameaças à segurança pública.

Adianta-se, desde já, que o fato de as hipóteses mencionadas serem exceções à LGPD não quer dizer que não haja proteção aos titulares de dados nesses casos. Veja-se que, na hipótese do inciso III, o próprio § 1º do art. 4º prevê a necessidade de legislação específica, "que deverá prever medidas proporcionais e estritamente necessárias ao atendimento do interesse público, observados o devido processo legal, os princípios gerais de proteção e os direitos do titular previstos nesta Lei".

As hipóteses de exceção à LGPD também não afastam a cláusula geral de proteção da personalidade que decorre tanto da Constituição Federal como do Código Civil. Logo, não se pode concluir que as exceções da LGPD são hipóteses de ausência de proteção, mas tão somente de ausência da ampla proteção prevista especificamente pela LGPD.

Feitas essas advertências, cabe analisar detidamente cada uma das hipóteses de exceção acima elencadas.

II.2.2. Tratamento realizado por pessoa natural para fins exclusivamente particulares e não econômicos

A primeira hipótese de inaplicabilidade da LGPD é bastante objetiva e indica que **não** estão sujeitas às regras da Lei as atividades de tratamento realizadas por pessoas naturais (físicas) para fins exclusivamente particulares (especialmente domésticos) que não possuam qualquer intuito econômico.

Vale ressaltar que o fato de não incidir a LGPD nessas hipóteses não quer dizer que não haja outras formas de proteção para dados pessoais tratados por pessoas naturais para fins não econômicos. Joyceane Bezerra de Menezes e Hian Colaço[3] mostram, por exemplo, como o regime protetivo dos direitos da personalidade pode justificar a confidencialidade de mensagens enviadas ou trocadas entre pessoas naturais.

 Situações concretas

- Comunicações, e-mails e mensagens privadas trocadas entre pessoas naturais para fins não econômicos;
- Listas de nomes de participantes em festas e eventos, que podem conter inclusive outros dados, como documento de identidade e CPF;
- Números telefônicos e endereços registrados em dispositivos móveis ou mesmo agendas físicas;
- Informações pessoais para acesso a portarias de residências.

É essencial que as atividades elencadas acima não possuam qualquer intuito econômico. Portanto, comunicações com objetivo de obtenção de vantagem financeira, a exemplo de troca de mensagens sobre negociações de compra e venda e prestação de serviços entre particulares e o armazenamento de dados pessoais em celulares corporativos de representantes comerciais, não são abrangidos pela exceção do art. 4º, I, da LGPD.

II.2.3. Tratamento realizado para fins exclusivamente jornalísticos e artísticos

A liberdade de imprensa ou jornalística é fundamental para a democracia pois, por meio dela, é possível fomentar espaços de comunicação social e debates acerca dos mais diversos assuntos de interesse comum dos cidadãos. Para que

---

[3] MENEZES, Joyceane Bezerra de; COLAÇO, Hian Silva. Quando a Lei Geral de Proteção de Dados não se aplica? O tratamento de dados sensíveis à luz da Lei 13.709/2018. In: TEPEDINO, Gustavo; FRAZÃO, Ana; OLIVA, Milena Donato. *Lei Geral de Proteção de Dados e suas repercussões no direito brasileiro*. São Paulo: Thomson Reuters Brasil, 2019. p. 168-172.

tais objetivos possam ser cumpridos, é fundamental o acesso à informação pelos veículos e profissionais da imprensa.

Nesse aspecto, a LGPD conta com hipótese de afastamento especificamente relacionada às atividades desenvolvidas por profissionais do jornalismo e órgãos de comunicação na divulgação de notícias. Afinal, são muitos os casos em que, no desempenho de sua atividade, o profissional da imprensa precisará divulgar, para além do conteúdo informativo, também certos dados pessoais, a exemplo do nome e da imagem de um indivíduo.

Para a compreensão do tema, é fundamental considerar a extensão que a liberdade de imprensa goza no direito brasileiro, tendo sido consagrada, dentre outros julgados, por decisões como a proferida na ADPF 130, julgada pelo Supremo Tribunal Federal em 2009, que reconheceu a não recepção da integralidade da Lei de Imprensa editada na ditadura pela ordem constitucional de 1988.

Consequentemente, não se pode obrigar o profissional do jornalismo a omitir dados relevantes para a notícia, da mesma forma que não faria sentido supor que um jornalista fosse obrigado a utilizar pseudônimos sempre que fosse fazer referência a uma pessoa natural.

É certo que tais conclusões não legitimam o jornalismo abusivo, que invade de forma desnecessária, inadequada e desproporcional a vida privada das pessoas ou viola seus direitos de personalidade. Daí por que hipóteses de abuso poderiam ser consideradas como fora da exceção prevista pela LGPD, que se destina a fins exclusivamente jornalísticos, partindo da premissa de que tais fins são lícitos e perseguidos de forma adequada e regular.

De toda sorte, casos assim podem ser resolvidos igualmente por meio da aplicação do regime geral de proteção aos direitos da personalidade constantes da Constituição Federal e do Código Civil.

Diante disso, conclui-se que, para que a atividade de tratamento desses dados possa enquadrar-se na exceção de aplicação da LGPD, é fundamental que o jornalismo seja exercido de forma regular e legítima, segundo a sua função social e para atingir o interesse público, em direção oposta a iniciativas puramente oportunísticas ou comerciais para aumentar a audiência de um veículo de comunicação.

Não há dúvidas de que, no que se refere à imprensa sensacionalista ou à chamada "indústria de fofocas", haverá bons fundamentos para afastar a isenção do art. 4º e aplicar a LGPD e toda a estrutura protetiva dos direitos da personalidade. O mesmo pode ser dito de veículos de difusão de *fake news* e desinformação, que muitas vezes se utilizam de roupagem jornalística para encobrir o seu verdadeiro propósito ilícito.

Verdade seja dita que nem sempre será fácil definir com precisão o que pode ou não ser considerado um veículo jornalístico, ainda mais na atualidade, em que cada indivíduo pode ser considerado uma mídia própria, no sentido de que pode produzir e difundir conteúdos em larga escala na internet. Por outro lado, como a profissão de jornalista não é regulamentada, a atividade jornalística pode ser exercida, em princípio, por qualquer pessoa.

Todavia, não se pode ignorar que o jornalismo tem compromisso com a informação e a apuração da verdade, razão pela qual a exceção da LGPD não pode ser aplicada a veículos que não têm instrumentos para a checagem dos fatos ou não apresentam nenhum mecanismo de controle editorial. Com maior razão, a exceção da LGPD não pode ser aplicada a veículos cujo verdadeiro propósito é o oposto do jornalismo: a desinformação.

Por outro lado, mesmo no que diz respeito a veículos jornalísticos, é importante destacar que a inaplicabilidade da LGPD apenas se destina a sua atividade-fim, não abrangendo outras atividades, como a publicidade e o relacionamento com clientes atuais e potenciais.

 Situações concretas

Cenário 1: Inaplicabilidade da LGPD (art. 4º, II, "b")

Um consórcio de jornalistas publica reportagem investigativa sobre a manutenção, por diversas personalidades brasileiras, de contas bancárias em paraísos fiscais. A reportagem foi subsidiada com planilhas que continham não somente informações financeiras, mas dados pessoais que permitiram efetivamente que se identificassem os brasileiros que constavam da lista de potenciais sonegadores. Apesar de os resultados serem obtidos através do tratamento de dados pessoais, a LGPD não se aplica, já que a finalidade da reportagem é meramente informativa e se encontra dentro do que se espera da atuação de uma imprensa livre e responsável.

Cenário 2: Aplicabilidade da LGPD

Um portal de notícias faz uso de *cookies* que coletam dados sobre o comportamento de seus usuários na internet e trata esses dados para a finalidade de direcionar publicidade. Nesse caso, ainda que o *site* seja de conteúdo jornalístico, a LGPD é aplicável.

Ainda que a LGPD não seja aplicável, é fundamental ponderar algumas questões no tratamento dos dados pessoais para fins jornalísticos.

> **Ponderações necessárias acerca da atividade de jornalismo, segundo o *Information Comissioner's Office* do Reino Unido[4]**
> - Analisar e fundamentar o motivo pelo qual houve o entendimento de que os dados estão sendo tratados para fins de jornalismo;
> - No caso de ausência de ciência prévia do titular sobre o tratamento, considerar se a notificação é possível nas diferentes fases da reportagem ou da investigação;
> - Somente utilizar métodos de disfarce caso haja certeza da justificativa do interesse público;
> - Somente coletar informações sobre a saúde, vida sexual ou criminal de alguém caso haja convicção de que é relevante e de que o interesse público em o fazer justifica suficientemente o tratamento de tais dados;

---

[4] INFORMATION COMISSIONER'S OFFICE (ICO). *Data protection and journalism: a quick guide*. Londres: ICO, 2014.

- Avaliar a relevância da reportagem, até que ponto a informação pode ser verificada, o nível de intrusão e o impacto potencial sobre o titular e terceiros;
- Avaliar quais informações pessoais são realmente passíveis de publicação, a fim de equilibrar o nível de intrusão na privacidade e vida dos titulares e potenciais danos que a publicação pode causar.

Doutrina Brasileira – Sérgio Branco

"Uma dúvida que subsiste é o limite da interpretação desses usos. O que caracteriza uso jornalístico, especialmente levando em consideração que, no Brasil, o exercício do jornalismo independe de diploma? (...) Uma vez que o objetivo deste item é proteger a liberdade de expressão, parece-nos que a interpretação mais abrangente é desejável, pois do contrário o intérprete estaria impondo critérios não previstos pelo legislador".[5]

Já em relação às atividades artísticas ou de fins artísticos, estas podem ser classificadas como aquelas que resultam do engenho e criatividade da pessoa. Dessa forma, para fins da exceção à aplicação da LGPD, entende-se por obra artística ou de fins artísticos aquela que é fruto da capacidade criativa. O art. 7º da Lei de Direitos Autorais (Lei 9.610/1998), inclusive, inclui a obra artística no rol daquelas que resultam do espírito criativo humano.

Nesses casos, apesar de a LGPD não se aplicar, há que se observar ainda as outras legislações brasileiras que tratam de alguma forma da questão, a exemplo da Lei de Direitos Autorais e o Código Civil.

É o que acontece no caso de fotos artísticas que retratam indivíduos, em que, a despeito de a LGPD não ser aplicável especificamente em relação às fotos – desde que, é claro, a elas não seja atribuída finalidade distinta da que motivou a obra artística, tais como reconhecimento facial ou tratamento automatizado – há que se proteger o direito de imagem de quem é fotografado, bem como os direitos autorais do fotógrafo.

O RGPD dispõe sobre o tratamento realizado para fins exclusivamente jornalísticos ou para fins de expressão artística ou literária no Considerando 153 e no art. 85, autorizando que os Estados-Membros estabeleçam isenções ou derrogações sobre princípios, direitos do titular dos dados, responsável pelo tratamento e subcontratante, transferência de dados pessoais para países terceiros e organizações internacionais, autoridades de controle independentes, cooperação e coerência e situações específicas de tratamento de dados, a fim de conciliar o direito à proteção de dados pessoais com a liberdade de expressão e de informação.

---

[5] BRANCO, Sérgio. As hipóteses de aplicação da LGPD e as definições legais. In: MULHOLLAND, Caitlin. *A LGPD e o novo marco normativo no Brasil*. Porto Alegre: Arquipélago, 2020, p. 27.

RGPD, Considerando 153

O direito dos Estados-Membros deverá conciliar as normas que regem a liberdade de expressão e de informação, nomeadamente jornalística, acadêmica, artística e/ou literária com o direito à proteção de dados pessoais nos termos do presente regulamento. O tratamento de dados pessoais para fins exclusivamente jornalísticos ou para fins de expressão acadêmica, artística ou literária deverá estar sujeito à derrogação ou isenção de determinadas disposições do presente regulamento se tal for necessário para conciliar o direito à proteção dos dados pessoais com o direito à liberdade de expressão e de informação, tal como consagrado no artigo 11 da Carta. Tal deverá ser aplicável, em especial, ao tratamento de dados pessoais no domínio do audiovisual e em arquivos de notícias e hemerotecas. Por conseguinte, os Estados-Membros deverão adotar medidas legislativas que prevejam as isenções e derrogações necessárias para o equilíbrio desses direitos fundamentais. Os Estados-Membros deverão adotar essas isenções e derrogações aos princípios gerais, aos direitos do titular dos dados, ao responsável pelo tratamento destes e ao subcontratante, à transferência de dados pessoais para países terceiros ou para organizações internacionais, às autoridades de controlo independentes e à cooperação e à coerência e a situações específicas de tratamento de dados. Se estas isenções ou derrogações divergirem de um Estado-Membro para outro, deverá ser aplicável o direito do Estado-Membro a que esteja sujeito o responsável pelo tratamento. A fim de ter em conta a importância da liberdade de expressão em qualquer sociedade democrática, há que interpretar de forma lata as noções associadas a esta liberdade, como por exemplo o jornalismo.

RGPD, Art. 85. Tratamento e liberdade de expressão e de informação.

1. Os Estados-Membros conciliam por lei o direito à proteção de dados pessoais nos termos do presente regulamento com o direito à liberdade de expressão e de informação, incluindo o tratamento para fins jornalísticos e para fins de expressão académica, artística ou literária.

2. Para o tratamento efetuado para fins jornalísticos ou para fins de expressão académica, artística ou literária, os Estados-Membros estabelecem isenções ou derrogações do capítulo II (princípios), do capítulo III (direitos do titular dos dados), do capítulo IV (responsável pelo tratamento e subcontratante), do capítulo V (transferência de dados pessoais para países terceiros e organizações internacionais), do capítulo VI (autoridades de controlo independentes), do capítulo VII (cooperação e coerência) e do capítulo IX (situações específicas de tratamento de dados) se tais isenções ou derrogações forem necessárias para conciliar o direito à proteção de dados pessoais com a liberdade de expressão e de informação.

3. Os Estados-Membros notificam a Comissão das disposições de direito interno que adotarem nos termos do nº 2 e, sem demora, de qualquer alteração subsequente das mesmas.

II.2.4. Tratamento realizado para fins exclusivamente acadêmicos

O trabalho acadêmico está relacionado às atividades de desenvolvimento de conhecimento e da pesquisa científica realizadas primordialmente no âmbito de universidades e outras instituições de pesquisa, de tal maneira que não faria sentido supor que um diploma de proteção de dados pessoais serviria para obstar o desenvolvimento da ciência e da reflexão sobre assuntos relevantes.

Basta dizer que inúmeras pesquisas empíricas, que vão das áreas de saúde às ciências sociais, dependem necessariamente de dados pessoais ou de dados anonimizados que, portanto, terão como origem os dados pessoais. Daí por que eventual restrição a essa utilização poderia trazer graves prejuízos ao progresso científico, o que justifica a exceção da LGPD com o objetivo legítimo de incentivar e mesmo viabilizar diversos estudos e pesquisas considerados fundamentais.

De toda sorte, vale a pena ressaltar que a LGPD, nesse ponto, não prevê propriamente uma exceção para as atividades acadêmicas, uma vez que as sujeita à observância das bases legais previstas nos arts. 7º e 11, conforme se trate de dados não sensíveis ou sensíveis. Daí por que, a rigor, a atividade acadêmica consiste mais em uma hipótese de aplicação mitigada da LGPD do que propriamente uma hipótese de exceção.

Assim como acontece com a atividade jornalística, também não é trivial conceituar o que pode ser caracterizado como atividade acadêmica. É necessário estar vinculado a um programa formal escolar ou universitário, por exemplo? Ou qualquer pessoa pode ser considerada acadêmica quando pratica a respectiva atividade?

Uma vez que o objetivo da exceção é proteger a educação, a ciência e a inovação, além da liberdade de expressão inerente a tais propósitos, parece ser desejável a compreensão mais abrangente, sobretudo quando se tratar de dados não sensíveis. Do contrário, o intérprete estaria impondo critérios formais – como frequentar uma escola ou universidade para caracterizar uso acadêmico – que limitariam o exercício de um direito constitucionalmente previsto, estabelecendo uma hierarquia entre direitos fundamentais.[6]

Entretanto, algumas observações precisam ser feitas. Como já se antecipou, no caso de atividade acadêmica, há a necessidade expressa de que o agente de tratamento enquadre a atividade em pelo menos uma das bases legais previstas nos arts. 7º e 11 da LGPD – respectivamente para dados pessoais e dados sensíveis – conforme disposto expressamente na própria alínea. Portanto, não se trata propriamente de uma hipótese de exceção de aplicação, mas sim de mitigação da incidência da LGPD.

Por outro lado, as bases legais específicas para a realização de estudos (art. 7º, IV, e 11, II, "c") fazem referência à figura do órgão de pesquisa. Assim, somente

---

[6]   Nesse sentido: BRANCO, Sérgio. As hipóteses de aplicação da LGPD e as definições legais. In: MULHOLLAND, Caitlin. *A LGPD e o novo marco normativo no Brasil*. Porto Alegre: Arquipélago, 2020. p. 27.

órgãos de pesquisa poderão se socorrer destas bases legais, devendo os demais interessados em realizar atividades acadêmicas se utilizar de outras bases.

Acresce que, assim como já se observou em relação às atividades jornalísticas, há de se ter especial cuidado em relação a iniciativas que, sob uma roupagem acadêmica, atendem a propósitos bem distintos, incluindo os de desinformação. Daí por que a existência de relação formal com instituição de pesquisa, bem como a observância de metodologias científicas, embora não sejam pressupostos obrigatórios para a atividade acadêmica, podem ser parâmetros importantes para a sua identificação.

Ademais, a atividade de tratamento de dados pessoais realizada para fins exclusivamente acadêmicos deve observar as mesmas ponderações da exceção de fins jornalísticos e artísticos (*vide* item anterior), especialmente no que se refere à publicização do trabalho científico e dos dados por ele utilizados. Nesses casos, devem ser sopesados o interesse público e os direitos do titular dos dados, razão pela qual, aliás, a LGPD, em diversas oportunidades, faz referência à relevância de, sempre que possível, os dados decorrentes de pesquisas acadêmicas serem disponibilizados de maneira anonimizada.

Contudo, mesmo nessa hipótese, devem ser prestigiados o controle e a fiscalização da pesquisa por comitês de ética, bem como a utilização de termo de consentimento livre e esclarecido, exigências que decorrem dos padrões adotados pela própria comunidade científica e muitas vezes encontram pontos de sobreposição com a LGPD.

Se a pesquisa acadêmica disser respeito a estudo em saúde pública com base em dados pessoais sensíveis, deverão ser observadas igualmente todas as determinações do art. 13 da LGPD.

> **LGPD, Art. 13.** Na realização de estudos em saúde pública, os órgãos de pesquisa poderão ter acesso a bases de dados pessoais, que serão tratados exclusivamente dentro do órgão e estritamente para a finalidade de realização de estudos e pesquisas e mantidos em ambiente controlado e seguro, conforme práticas de segurança previstas em regulamento específico e que incluam, sempre que possível, a anonimização ou pseudonimização dos dados, bem como considerem os devidos padrões éticos relacionados a estudos e pesquisas.
>
> § 1º A divulgação dos resultados ou de qualquer excerto do estudo ou da pesquisa de que trata o *caput* deste artigo em nenhuma hipótese poderá revelar dados pessoais.
>
> § 2º O órgão de pesquisa será o responsável pela segurança da informação prevista no *caput* deste artigo, não permitida, em circunstância alguma, a transferência dos dados a terceiro.
>
> § 3º O acesso aos dados de que trata este artigo será objeto de regulamentação por parte da autoridade nacional e das autoridades da área de saúde e sanitárias, no âmbito de suas competências.
>
> § 4º Para os efeitos deste artigo, a pseudonimização é o tratamento por meio do qual um dado perde a possibilidade de associação, direta ou

indireta, a um indivíduo, senão pelo uso de informação adicional mantida separadamente pelo controlador em ambiente controlado e seguro.

O Considerando 153 e o art. 85 do RGPD, destacados no tópico anterior, também dispõem sobre o tratamento realizado para fins de expressão acadêmica, autorizando que os Estados-Membros estabeleçam isenções ou derrogações sobre princípios, direitos do titular dos dados, responsável pelo tratamento e subcontratante, transferência de dados pessoais para países terceiros e organizações internacionais, autoridades de controle independentes, cooperação e coerência e situações específicas de tratamento de dados, a fim de conciliar o direito à proteção de dados pessoais com a liberdade de expressão e de informação.

Nesse sentido, ao contrário da LGPD, que excluiu a matéria da sua incidência normativa, o RGPD delegou aos Estados-Membros, por meio de disposições amplas e abertas, o dever de regular a matéria, incluindo hipóteses de exceção ou revogação.

II.2.5. Tratamento realizado para fins exclusivos de segurança pública, defesa nacional, segurança de Estado e atividades de investigação e repressão de infrações penais

O inciso III do art. 4º da LGPD descreve atividades de tratamento de dados de competência exclusiva do Poder Público que são de *interesse público*. Nessas hipóteses, por conseguinte, a LGPD não é aplicável.

Situações concretas

- Investigação de suspeita de fraude financeira;
- Investigação de ilícitos criminais;
- Monitoramento de organizações criminosas por vídeo, sensores e áudio;
- Combate às infrações penais, ao crime organizado, à fraude digital e ao terrorismo.

Trata-se, assim, de situações nas quais, por imperativo de proteção de ordem pública e da aplicação da lei, notadamente em investigações criminais, afasta-se a aplicação da LGPD pelo simples fato de que se faz necessário acessar e eventualmente tratar determinados dados pessoais para que se atinja os objetivos últimos das aludidas investigações.

No entanto, importa notar que se trata ainda de disposições bastante gerais sobre a matéria, que tem sido objeto de discussões específicas para a criação de uma "LGPD Penal", isto é, uma lei de proteção de dados especificamente relacionada à segurança pública e a investigações criminais.

Vale ressaltar que tal projeto não contempla, entretanto, as questões de defesa nacional e segurança do Estado, tema que é de fundamental importância, considerando os riscos de que o interesse público relacionado a tais objetivos seja utilizado como um "cheque em branco" para justificar a invasão na privacidade dos cidadãos, reforçando a vigilância de Estados e até mesmo incentivando ou

CURSO DE PROTEÇÃO DE DADOS PESSOAIS – *Frazão • Carvalho • Milanez*

reforçando governos autocráticos – potencialmente chegando ao que se denomina "tecnoautocracia".

Trata-se, portanto, de um dos temas mais preocupantes da atualidade, uma vez que está conectado com os próprios pressupostos da cidadania e da preservação de regimes democráticos. Não é sem razão que a própria LGPD dispõe sobre parâmetros a serem observados nessas hipóteses, acenando para a necessidade de legislação específica que regule as "medidas proporcionais e estritamente necessárias ao atendimento do interesse público, observados o devido processo legal, os princípios gerais de proteção e os direitos do titular previstos nesta Lei" (LGPD, art. 4º, § 1º).

Destaca-se ainda que os parágrafos do art. 4º estabelecem diversas limitações às hipóteses dispostas no inciso III, a fim de conciliar as peculiaridades do interesse público relacionado aos assuntos ali contidos e a necessidade de observância da LGPD. Por essa razão, observa-se que não foi intenção da LGPD criar propriamente uma exceção absoluta à incidência de suas normas, mas tão somente reconhecer que, em face das peculiaridades de tais hipóteses, é necessária legislação específica para conformar e adaptar – e não para afastar – a proteção da LGPD.

> **LGPD, Art. 4º**
>
> **§ 1º** O tratamento de dados pessoais previsto no inciso III será regido por legislação específica, que deverá prever medidas proporcionais e estritamente necessárias ao atendimento do interesse público, observados o devido processo legal, os princípios gerais de proteção e os direitos do titular previstos nesta Lei.
>
> **§ 2º** É vedado o tratamento dos dados a que se refere o inciso III do *caput* deste artigo por pessoa de direito privado, exceto em procedimentos sob tutela de pessoa jurídica de direito público, que serão objeto de informe específico à autoridade nacional e que deverão observar a limitação imposta no § 4º deste artigo.
>
> **§ 3º** A autoridade nacional emitirá opiniões técnicas ou recomendações referentes às exceções previstas no inciso III do *caput* deste artigo e deverá solicitar aos responsáveis relatórios de impacto à proteção de dados pessoais.
>
> **§ 4º** Em nenhum caso a totalidade dos dados pessoais de banco de dados de que trata o inciso III do *caput* deste artigo poderá ser tratada por pessoa de direito privado, salvo por aquela que possua capital integralmente constituído pelo poder público.

Enquanto não for editada a legislação específica, não há que se cogitar, entretanto, da ampla e irrestrita possibilidade do Estado de tratar dados dos cidadãos para fins de segurança ou defesa nacional sem qualquer limite, até porque, mesmo em relação a tais assuntos, a atividade estatal continua subordinada ao regime administrativo próprio, baseado em importantes princípios, tais como a legalidade, a moralidade e a motivação.

Não obstante, a própria LGPD oferece igualmente critérios gerais a serem observados nessas hipóteses, tanto de ordem material – devido processo legal, os princípios gerais de proteção e os direitos do titular (art. 4º, § 1º) – como de ordem procedimental – relatório de impacto à proteção de dados pessoais (art. 4º, § 3º).

Também em razão da aplicação direta de garantias constitucionais a casos assim – de que é exemplo o princípio da proporcionalidade, que exige que atuação estatal seja necessária, adequada e proporcional – e do próprio direito fundamental à proteção de dados, tal como já reconhecido pelo Poder Legislativo e também pelo Supremo Tribunal Federal, que exige propósito legítimo e salvaguardas proporcionais aos riscos de tratamento de dados, é fundamental que o Poder Público possa pautar sua política de defesa e segurança nacional a partir de tais parâmetros.

Entretanto, não se pode ignorar que o caráter sigiloso de várias dessas iniciativas estatais compromete consideravelmente a fiscalização e o controle social. É por essa razão que deve ser prioridade absoluta a edição da lei específica prevista no § 1º do art. 4º da LGPD, a fim de conciliar a atuação do Estado com a proteção mínima que deve ser assegurada aos titulares de dados e com a preservação do ambiente democrático.

> **▣ Dica de Leitura**
>
> ✳ Título do Artigo: Sorria: o Estado brasileiro está de olho em você. A urgência de se assegurar uma política efetiva de proteção de dados por parte do Poder Público. Disponível em: https://www.jota.info/opiniao-e-analise/colunas/constituicao-empresa--e-mercado/sorria-o-estado-brasileiro-esta-de-olho-em-voce-26052021.
>
> Autora: Ana Frazão

II.2.6. Hipóteses do inciso IV do art. 4º da LGPD

A última exceção material à LGPD diz respeito aos dados provenientes de fora do território nacional e que não sejam objeto de comunicação, uso compartilhado de dados com agentes de tratamento brasileiros ou objeto de transferência internacional de dados com outro país que não o de proveniência, desde que o país de proveniência proporcione grau de proteção de dados pessoais adequado ao previsto nesta Lei.

Esta hipótese se contrapõe diretamente à regra geral de aplicabilidade da LGPD disposta no *caput* do art. 3º, que prevê a aplicação da Lei a qualquer operação de tratamento de dados pessoais realizada por pessoa natural ou por pessoa jurídica de direito público ou privado. Isso porque, ao tratar dados pessoais – na qualidade de operador – oriundos do exterior e que não estejam relacionados a indivíduos localizados no Brasil, não haverá a aplicação da LGPD.

O inciso IV ainda dispõe sobre outras regras, como o não compartilhamento ou comunicação com agentes brasileiros ou a transferência internacional com países que não o de origem.

A exceção do art. 4º, IV, da LGPD somente será aplicável quando cumpridos os seguintes requisitos cumulativos:

- Os dados pessoais são oriundos de um país estrangeiro, ou seja, eles não foram coletados em território brasileiro;

- Não há comunicação ou uso compartilhado de dados com agentes brasileiros;
- Não há transferência internacional de dados pessoais com outro país que não o de proveniência; e
- O país de proveniência deve ter grau de proteção de dados adequado ao previsto na LGPD.

Capítulo III

CONCEITOS E CLASSIFICAÇÕES DE DADOS PESSOAIS

III.1. CONCEITO DE DADO PESSOAL

III.1.1. Aspectos iniciais

Inicialmente, é fundamental compreender qual o exato escopo de salvaguarda da LGPD, já que o objeto jurídico por ela tutelado é especificamente o *dado pessoal*, cuja delimitação conceitual torna-se imprescindível à interpretação do alcance normativo da Lei. Portanto, só terá repercussão jurídica o dado que atrair o qualificador pessoal para si, ou seja, que estiver *relacionado a uma pessoa natural identificada ou identificável*, nos termos previstos pelo art. 5º, I, da LGPD.

O conceito de dado pessoal adotado pela LGPD não é inédito, mas idêntico à definição já prevista na Lei de Acesso à Informação (LAI) e no Regulamento Geral de Proteção de Dados europeu (RGPD), cuja construção, por sua vez, remonta à década de 1980 e especialmente aos esforços desenvolvidos pela OCDE e pelo Conselho da Europa no sentido do desenvolvimento da um arcabouço inicial da tutela de dados pessoais.

Analisando comparativamente os conceitos de dado (ou informação) pessoal adotados historicamente, é possível identificar duas distintas abordagens de técnica legislativa. De um lado, um conceito *restrito* de dado pessoal construído nos Estados Unidos, delineado a partir de uma perspectiva *reducionista* de política regulatória de proteção de dados, e por outro lado, um conceito *amplo* de dado pessoal plasmado na Europa e no Brasil, baseado em uma perspectiva *expansionista* de política regulatória.

O conceito *restrito* ou *reducionista* caracteriza-se por limitar a qualificação de dado pessoal àquele que esteja relacionado tão somente a uma pessoa identificada, ou seja, alguém que se conhece e se individualiza em meio a uma coletividade. Esse processo é operado a partir de identificadores, que mantêm relação privilegiada e próxima com o indivíduo a que se referem, e podem ser diretos (como nome) ou indiretos (como número do CPF, nacionalidade ou CEP da residência).

Normalmente, essa concepção é implementada a partir da tipificação legal de quais identificadores específicos são qualificados como informação pessoal. Ou seja, se o dado analisado se enquadrar em uma das categorias elencadas na Lei, ele se torna um dado pessoal por ela tutelado.

50 CURSO DE PROTEÇÃO DE DADOS PESSOAIS – *Frazão* • *Carvalho* • *Milanez*

Já o conceito *amplo* ou *expansionista,* tal como adotado pela LGPD, caracteriza--se por alargar o alcance da qualificação do dado pessoal, incluindo no escopo de proteção legal não somente a informação pessoal relacionada à pessoa *identificada,* mas também à pessoa *identificável.*

Nesse caso, os dados que tenham o potencial de conduzir à individualização de uma pessoa também estão sob a tutela jurídica da lei protetiva de dados, ainda que não se verifique a presença de identificadores diretos ou indiretos. Isso porque certos dados podem acabar levando à individualização do titular, especialmente quando tratados em conjunto com dados adicionais ou suplementares, a partir de técnicas de cruzamento de dados, como o endereço IP, que identifica usuários na rede.

Para confirmar se um dado pode ser qualificado como pessoal, é indispensável uma *análise contextual,* que depende do tipo de informação que pode ser extraída de uma base de dados e dos desdobramentos que o tratamento dos dados pode ter sobre o indivíduo. Ou seja, o foco não está exatamente no dado e na existência de identificadores (diretos ou indiretos), mas na forma pela qual ele é utilizado e no seu *potencial* de identificação.

A análise contextual também é fundamental para identificar o que pode ser um dado sensível, já que dados aprioristicamente não sensíveis – como sobrenomes e CPFs, por exemplo – podem, a depender do caso, revelar informações sensíveis sobre os seus titulares, tais como etnia, ponto que será mais bem desenvolvido a seguir.

Portanto, o conceito *expansionista* acaba tendo maior aderência à realidade, abrangendo também bases de dados não estruturadas, que dificilmente seriam alcançadas pelo conceito *reducionista.*

Exemplos de legislações	
Conceito *Restrito* ou *Reducionista*	**Conceito *Amplo* ou *Expansionista***
• *Children's Online Privacy Protection Act* (CO-PPA) • *California Consumer Privacy Act* (CCPA)	• Diretiva 95/46/CE • Regulamento 2016/679 (RGPD) • Lei 12.527/2011 (LAI) • Decreto 8.771/2016 • Lei 13.709/2018 (LGPD)

Em suma, os conceitos adotados pelo RGPD e pela LGPD definem o dado pessoal como sendo qualquer *informação relacionada a pessoa natural identificada ou identificável.*

> **LGPD, Art. 5º** Para os fins desta Lei, considera-se:
>
> **I –** Dado pessoal: informação relacionada a pessoa natural identificada ou identificável;

> **RGPD, Art. 4º Definições.**
>
> Para efeitos do presente regulamento, entende-se por:
>
> 1) Dados pessoais: informação relativa a uma pessoa singular identificada ou identificável (titular dos dados); é considerada identificável uma pessoa

> singular que possa ser identificada, direta ou indiretamente, em especial por referência a um identificador, como por exemplo um nome, um número de identificação, dados de localização, identificadores por via eletrônica ou a um ou mais elementos específicos da identidade física, fisiológica, genética, mental, económica, cultural ou social dessa pessoa singular;

Assim, é possível elencar alguns exemplos comuns de dados pessoais:

Exemplos concretos de dados pessoais	
1. Nome	10. Endereço
2. Prenome	11. Estado civil
3. CPF	12. Profissão
4. RG	13. Nacionalidade
5. Idade	14. Número de telefone
6. Número de passaporte	15. Dados bancários
7. CNH	16. Escolaridade
8. Título de eleitor	17. Contas de e-mail
9. Filiação	18. *Cookies*

Ainda que ambos os diplomas apresentem os mesmos elementos conceituais básicos e possam ser exemplificados de forma similar, há distinções entre eles. A diferença mais marcante em relação ao conceito de dado pessoal é que a LGPD não define o que significa a expressão *identificável*, enquanto o RGPD apresenta detalhes adicionais.

Basta ver que, em seu Considerando 26, o RGPD esclarece que, para determinar se o indivíduo é *identificável*, deve-se considerar o critério *dos meios suscetíveis de ser razoavelmente utilizados* para identificar direta ou indiretamente uma pessoa natural, quer pelo responsável pelo tratamento (ou controlador, como é denominado na LGPD), quer por um terceiro.

Tal critério ainda deve ser balizado por fatores objetivos, como custo e tempo de trabalho para a identificação, estado da arte da tecnologia existente e a própria evolução tecnológica, na tentativa de que o conceito adotado seja suficientemente amplo para antecipar evoluções futuras e abarcar todas as "zonas cinzentas" possíveis.

> **RGPD, Considerando 26.**
>
> (...) Para determinar se uma pessoa singular é identificável, importa considerar todos os meios suscetíveis de ser razoavelmente utilizados, tais como a seleção, quer pelo responsável pelo tratamento quer por outra pessoa, para identificar direta ou indiretamente a pessoa singular. Para determinar se há uma probabilidade razoável de os meios serem utilizados para identificar a pessoa singular, importa considerar todos os fatores objetivos, como os custos e o tempo necessário para a identificação, tendo em conta a tecnologia disponível à data do tratamento dos dados e a evolução tecnológica. (...)

A questão da reversibilidade é fundamental para distinguir, por exemplo, um dado pessoal de um dado anonimizado, já que este último pressupõe um processo que não possa ser razoavelmente revertido e, exatamente por isso, estaria fora do escopo de proteção da LGPD.

> **LGPD, Art. 5º** Para os fins desta Lei, considera-se: (...)
>
> **III –** dado anonimizado: dado relativo a titular que não possa ser identificado, considerando a utilização de meios técnicos razoáveis e disponíveis na ocasião de seu tratamento;

III.1.2. Elementos dos dados pessoais

Para compreender melhor as repercussões práticas do conceito *expansionista* de dado pessoal na LGPD, há que se analisar separadamente cada um dos seus vocábulos nucleares – "informação", "relacionada a", "pessoa natural" e "identificada ou identificável", conforme aponta António Barreto Menezes Cordeiro.[1]

Afinal, esses quatro pilares constituem os requisitos legais cumulativos para a caracterização do dado como pessoal e delimitam, assim, o alcance normativo da LGPD.

a) Informação

A expressão *informação* suscita interpretação ampla, na mesma lógica da perspectiva expansionista do próprio conceito, partindo do pressuposto que toda informação é relevante e nenhum dado é inútil ou insignificante.

Sob o ponto de vista da *natureza* da informação, depreende-se da LGPD que a definição de dado pessoal abrange quaisquer dimensões do indivíduo, sejam elas objetivas (como o resultado de um exame indicando a presença de certa substância no sangue de uma pessoa) ou subjetivas (como informações, opiniões e avaliações a respeito de alguém). Além disso, aparentemente, a informação poderia ser verdadeira, comprovada, falsa, incompleta, inexata, incorreta, e, ainda assim, estar inclusa no conceito.

Da perspectiva do *conteúdo* da informação, o conceito abrange todos os aspectos relacionados ao indivíduo, sejam eles públicos ou privados, familiares ou sociais, físicos ou mentais, profissionais, amorosos, políticos, ideológicos, culturais, ou quaisquer outras informações relacionadas a atividades desenvolvidas pela pessoa em causa, como seus hábitos, suas preferências e inclinações, sua rotina e seu tempo livre.

Por fim, quanto ao *formato*, a LGPD aplica-se independentemente do meio ou suporte de que consta a informação. Dessa forma, inclui meios físicos ou eletrônicos/digitais, a exemplo da memória de um computador, CD, *pen drive*, nuvem, HD externo, papel, mural, entre outros. O conceito também não faz distinção em relação ao modo de apresentação das informações, abrangendo aquelas disponíveis em formato alfabético, gráfico, fotográfico, numérico ou acústico.

---

[1] Ver: CORDEIRO, A. Barreto Menezes. Dados pessoais: conceito, extensão e limites. *Revista de Direito Civil*. v. 3, n. 2, p. 297-321, 2018.

b) Relacionada/relativa a

O segundo elemento do conceito de dado pessoal – *relacionada/relativa a* – é crucial, já que permite a identificação precisa de quais relações e ligações são relevantes para o conceito, delimitando o seu âmbito material de aplicação. Em suma, este elemento indica que os dados se referem a uma pessoa se disserem respeito à sua identidade, características ou comportamento ou se a informação for utilizada para determinar ou influenciar a forma como ela é tratada ou avaliada.

Contudo, o dado relativo a uma pessoa abrange muito mais informações sobre ela, já que existem até mesmo fragmentos de informação que podem ser facilmente relacionados ao indivíduo ainda que não lhe digam respeito diretamente. Nesse sentido, é perfeitamente possível, por exemplo, que um dado que trate inicialmente de um objeto revele informações sobre o seu dono ou outras pessoas a ele relacionadas. A mesma lógica pode ser aplicada a dados que tratem de processos ou eventos.

Para uma análise pormenorizada desse vocábulo, seguindo a sistematização proposta pelo Grupo de Trabalho do Artigo 29º no Parecer 4/2007,[2] é fundamental compreender os três elementos *alternativos* (e não cumulativos) – conteúdo, finalidade e resultado – que confirmam se o dado é ou não relativo a uma pessoa.

Grupo de Trabalho do Artigo 29

O Grupo de Trabalho do Artigo 29º (*Working Party Article 29*) foi um grupo de trabalho/órgão consultivo europeu independente que lidava com as questões de privacidade e proteção de dados pessoais à época da vigência da Diretiva 95/46/CE. Ele era composto por um representante da autoridade de proteção de dados de cada Estado-Membro da União Europeia.

Em 25 de maio de 2018, com a entrada em vigor do RGPD, o Grupo de Trabalho do Artigo 29 foi substituído pelo Conselho Europeu de Proteção de Dados (EDPB).

As principais atividades do Grupo de Trabalho do Artigo 29 incluíam:

- Prestar assessoria especializada aos Estados-Membro da União Europeia em matéria de privacidade e proteção de dados à luz da Diretiva 95/46/CE;
- Promover a aplicação consistente da Diretiva 95/46/CE em todos os Estados-Membro da União Europeia; e
- Elaborar recomendações, pareceres, guias, opiniões e outros documentos sobre a aplicação da Diretiva 95/46/CE e sobre questões relacionadas ao tratamento de dados pessoais e privacidade na Comunidade Europeia.

---

[2] GRUPO DE TRABALHO DO ARTIGO 29.º PARA PROTEÇÃO DE DADOS. *Parecer 4/2007 sobre o conceito de dados pessoais, adotado em 20 de junho de 2007.* 01248/07/PT. WP 136. 2007.

Por *conteúdo*, entende-se aquela informação que incida sobre a pessoa, ou seja, que a torne objeto central de análise, independente da finalidade do tratamento, de quem está realizando-o (controlador ou terceiro), bem como do impacto da informação no indivíduo. Por exemplo, as análises clínicas referem-se nitidamente aos pacientes, assim como a avaliação profissional refere-se ao trabalhador, o registro criminal ao cidadão e uma pasta de determinada empresa com o nome de um cliente específico refere-se a ele próprio.

Já o elemento *finalidade* indica as situações nas quais um dado é considerado como relativo a determinada pessoa por ser utilizado com o objetivo de avaliá-la, tratá-la de determinada forma ou influenciar o seu comportamento. Em vários casos, ainda que a pessoa não seja o objeto central de análise, pode ser, ainda assim, identificada e individualizada a partir do dado pessoal.

O último elemento – *resultado* – surge quando, ainda que o dado não incida sobre a pessoa (conteúdo) e nem busque avaliá-la ou influenciá-la (finalidade), é provável que o seu tratamento tenha algum impacto nos direitos, interesses, garantias ou liberdades do indivíduo, considerando as circunstâncias do caso concreto específico. O resultado potencial, contudo, não precisa necessariamente ser de grande impacto, sendo suficiente que a pessoa apenas seja tratada de forma diferente em virtude do uso de seus dados.

Repete-se, em favor da clareza, que os três elementos supramencionados são alternativos e não cumulativos. Ou seja, basta que um esteja presente para que o dado seja relativo a determinada pessoa. Além disso, destaca-se que a mesma informação pode ser relativa a várias pessoas simultaneamente, já que a ligação entre o dado e o indivíduo pode se fazer de forma independente por quaisquer desses elementos.

Portanto, para analisar se um dado é realmente relativo a alguém, torna-se indispensável um exame individual para cada dado em questão à luz das circunstâncias do caso concreto.

c) Pessoa natural

A LGPD exige, ainda, que a informação seja relativa especificamente a uma pessoa natural, de sorte que restringe o seu âmbito de aplicação a atributo baseado na natureza do titular.

Nesse sentido, pessoa natural é o indivíduo, a pessoa singular, o ser humano em sentido universal, nos termos do Código Civil, que é reconhecido como sujeito de direito, independente da sua nacionalidade, observadas, por óbvio, as hipóteses de aplicação material da LGPD previstas no seu art. 3º.

Por isso, assim como já ocorre no RGPD, conforme dispõe o seu Considerando 14, excluem-se do âmbito de aplicação da LGPD os dados relacionados a coisas, objetos, animais – ressalvadas as hipóteses em que é possível inferir informações acerca do seu dono ou pessoas a eles relacionadas – e a pessoas jurídicas – ressalvadas as hipóteses em que é possível inferir informações sobre seus sócios ou administradores, a exemplo do empresário individual ou mesmo da razão social do Microempreendedor Individual (MEI), que representa o próprio nome completo do empresário pessoa natural.

> **RGPD, Considerando 14.**
> A proteção conferida pelo presente regulamento deverá aplicar-se às pessoas singulares, independentemente da sua nacionalidade ou do seu local de residência, relativamente ao tratamento dos seus dados pessoais. O presente regulamento não abrange o tratamento de dados pessoais relativos a pessoas coletivas, em especial a empresas estabelecidas enquanto pessoas coletivas, incluindo a denominação, a forma jurídica e os contatos da pessoa coletiva.

Já em relação às pessoas falecidas, ao contrário do RGPD, que expressamente exclui os seus dados do amparo legal no Considerando 27, não há previsão expressa na LGPD quanto à tutela ou não dos dados pessoais de tais pessoas.[3] Entretanto, considerando que o próprio Código Civil reconhece a possibilidade de proteção dos direitos da personalidade do morto, nos termos dos parágrafos únicos dos arts. 12 e 20, não há razão para afastar a proteção da LGPD aos falecidos.

> **RGPD, Considerando 27.**
> O presente regulamento não se aplica aos dados pessoais de pessoas falecidas. Os Estados-Membros poderão estabelecer regras para o tratamento dos dados pessoais de pessoas falecidas.

Evidentemente que o afastamento desses elementos do âmbito de aplicação não significa que sejam discussões de menor importância. Basta ver que mesmo a opção legislativa de restrição da incidência da LGPD a pessoas naturais foi amplamente questionada, tendo em vista a possibilidade de reconhecimento de determinados dados e informações associados a pessoas jurídicas.

Não obstante, por mais que outras situações de tutela de direitos possam vir a existir, devem ser endereçadas por intermédio de outros instrumentos jurídicos, tendo em vista que o âmbito de aplicação da LGPD está restrito a pessoas naturais.

d) Identificada ou identificável

Finalmente, o último pilar é a expressão identificada ou identificável, que é o diferencial do conceito expansionista de dado pessoal. Aqui, para determinar se o indivíduo é identificável (já que os casos em que a pessoa se encontra identificada são mais evidentes), deve-se considerar o critério dos meios suscetíveis de ser razoavelmente utilizados para identificar direta ou indiretamente a pessoa natural.

Contudo, ainda assim, deve-se considerar inclusive a possibilidade de camuflar identidades, valendo-se primordialmente de técnicas de anonimização, pseudonimização e até mesmo encriptação (cifragem ou criptografia).

---

[3] A tutela de dados pessoais *post mortem* comumente está associada à tutela póstuma de direitos de personalidade ou mesmo pela tutela de bens digitais pelo direito sucessório, questão bastante debatida pela doutrina brasileira. Ver, nesse sentido: TEIXEIRA, Ana Carolina Brochado; LEAL, Lívia Teixeira. *Herança digital*: controvérsias e alternativas. Indaiatuba: Foco, 2021.

CURSO DE PROTEÇÃO DE DADOS PESSOAIS – *Frazão • Carvalho • Milanez*

Nesse sentido, é certo que, para que o dado seja pessoal e, por conseguinte, tutelado pelo regime jurídico da LGPD, ele deve possuir todos os elementos cumulativos do conceito, ou seja, (i) ser uma informação, (ii) que esteja relacionada a alguém, (iii) mais especificamente a uma pessoa natural, (iv) cujo vínculo com o dado tenha pelo menos o potencial de identificá-la.

III.2. CONCEITO DE DADO PESSOAL SENSÍVEL

A LGPD criou uma tipologia especial para aqueles dados que, em virtude do seu *conteúdo*, oferecem uma vulnerabilidade específica e que podem implicar riscos e vulnerabilidades potencialmente gravosas aos direitos e garantias fundamentais dos titulares. Surge, então, a categoria de dados pessoais sensíveis, conceituada no art. 5º, II, da LGPD.

> **LGPD, Art. 5º** Para os fins desta Lei, considera-se:
>
> **II** – Dado pessoal sensível: dado pessoal sobre origem racial ou étnica, convicção religiosa, opinião política, filiação a sindicato ou a organização de caráter religioso, filosófico ou político, dado referente à saúde ou à vida sexual, dado genético ou biométrico, quando vinculado a uma pessoa natural;

É importante entender que o tratamento diferenciado e mais rigoroso aos dados pessoais sensíveis decorre precisamente do potencial de discriminações e abusos inerente ao tratamento de tais dados. Logo, é visceral a conexão entre a proteção de dados sensíveis e os princípios da igualdade e da não discriminação.

A partir da definição legal de dado pessoal sensível, surge a controvérsia sobre se a mencionada descrição é exaustiva ou não.[4] O § 1º do art. 11 da LGPD sugere uma visão ampliativa dos dados sensíveis, entendendo que devem ser considerados como tais todos os dados cujo tratamento revele dados pessoais sensíveis. Consequentemente, nos termos da conclusão de Bruno Bioni,[5] a definição

---

[4] A doutrina diverge quanto à taxatividade ou não do rol de dados pessoais sensíveis do art. 5º, II, da LGPD. Defendendo a taxatividade: "É salutar que o conceito de dados sensíveis seja taxativo e não meramente exemplificativo, exatamente como se dá na União Europeia e em outros países. Em razão de sua especialidade e das diversas restrições impostas ao seu tratamento, é efetivamente recomendável que dados sensíveis sejam normalmente definidos de modo taxativo, em *numerus clausus*, tal como feito pela LGPD, e não de forma aberta e genérica como previam projetos de lei anteriores" (LEONARDI, Marcel. Legítimo interesse. *Revista do Advogado*. n. 144, dez/2019. p. 68). Em sentido contrário: "Já no que tange à sensibilidade do dado, o legislador optou por conceituação exemplificativa, fazendo referência a informações de caráter racial, étnico, político, sindical, religioso, filosófico, de saúde, sexual, genético ou biométrico. (...) Por conta disso, é inviável conceber rol taxativo de dados sensíveis, já que eles são definidos pelos efeitos potencialmente lesivos do seu tratamento. Nesse sentido, o próprio legislador reconhece que se aplicam as regras relativas ao tratamento de dados sensíveis aos dados pessoais que, posto não serem em si sensíveis, podem vir a revelar dados sensíveis (LGPD, art. 11, § 1º)" (KONDER, Carlos Nelson. O tratamento de dados sensíveis à luz da Lei 13.709/2018. In: TEPEDINO, Gustavo (coord.); FRAZÃO, Ana (coord.); DONATO, Milena (coord.). *Lei Geral de Proteção de Dados Pessoais e suas repercussões no Direito Brasileiro*. 2. ed. São Paulo: Thomson Reuters, 2020. p. 449 e 451).

[5] BIONI, Bruno. *Proteção de dados pessoais*: A função e os limites do consentimento. Rio de Janeiro: Forense, 2018. p. 102-103.

de dados pessoais sensíveis se desloca das discussões sobre intimidade para se concentrar na possibilidade de um efeito lesivo.

> **LGPD, Art. 11. § 1º** Aplica-se o disposto neste artigo a qualquer tratamento de dados pessoais que revele dados pessoais sensíveis e que possa causar dano ao titular, ressalvado o disposto em legislação específica.

É sob essa perspectiva que se deve entender o § 1º do art. 11 da LGPD, especialmente no que se refere à questão do dano. Obviamente que a finalidade do artigo foi a de ressaltar que a mera possibilidade de dano satisfaz o critério para que o dado seja sensível. É igualmente certo que preenchem a exigência legal todos os dados que possibilitam informações com potencial discriminatório, ainda mais diante do atual contexto da economia movida a dados, em que novas inferências se tornam possível com extrema rapidez, tanto a partir de dados sensíveis, quanto a partir de dados aprioristicamente não sensíveis, mas que podem se tornar sensíveis de acordo com os dados deles derivados.

Ademais, considerando a vinculação entre a proteção de dados pessoais sensíveis e a proibição de discriminações indevidas, é de todo salutar incluir nessa definição os dados com potencialidade discriminatória. Sob essa perspectiva, dados como os relacionados à violência doméstica, por exemplo, podem ser considerados sensíveis.

Doutrina Brasileira – Caitlin Mulholland

"A título de ilustração, dois casos relatam os malefícios do perfilhamento (*profiling*), com uso de dados pessoais que geraram tratamento discriminatório. Os casos ocorreram nos EUA e se referiram à contratação de serviços médicos e de segurança. No primeiro caso, algumas seguradoras utilizarem dados pessoais relacionados às vítimas de violência doméstica, acessíveis em bancos de dados públicos. O resultado do tratamento dos dados levou a uma discriminação negativa, ao sugerir que mulheres vítimas de violência doméstica não poderiam contratar seguros de vida, saúde e invalidez. Em outro caso, relacionado a dados de saúde, quando uma pessoa tem um derrame, alguns bancos, ao descobrir tal fato, começam a cobrar o pagamento dos empréstimos realizados".[6]

Também é importante conferir especial atenção a (i) dados sensíveis que, como é o caso daqueles que podem ser capturados pelo reconhecimento facial, permitem inferências sobre outros dados sensíveis da mais alta importância, tal como a orientação sexual; e (ii) à questão dos perfis.

No que diz respeito aos perfis, como explica Caitlin Mulholland,[7] com base nos ensinamentos de Rodotà, mesmo dados não sensíveis podem se tornar sensíveis quando utilizados para elaboração de um perfil, o que recomendaria extremo rigor para a circulação desse tipo de informação.

---

[6] MULHOLLAND, Caitlin. O tratamento de dados pessoais sensíveis. In: MULHOLLAND, Caitlin. *A LGPD e o novo marco normativo no Brasil*. Porto Alegre: Arquipélago, 2020. p. 125.

[7] MULHOLLAND, Caitlin. O tratamento de dados pessoais sensíveis. In: MULHOLLAND, Caitlin. *A LGPD e o novo marco normativo no Brasil*. Porto Alegre: Arquipélago, 2020. p. 126.

58 CURSO DE PROTEÇÃO DE DADOS PESSOAIS – *Frazão* • *Carvalho* • *Milanez*

Feitos esses esclarecimentos, apresenta-se a seguinte tabela ilustrativa, com alguns exemplos de dados pessoais sensíveis.

Categoria de dado pessoal sensível	Exemplo concreto
• Dado sobre origem racial ou étnica	• A pessoa X é *branca*. • A pessoa X é *árabe*. • A pessoa X é *indígena*. • A pessoa X é *negra*.
• Dado sobre convicção religiosa	A pessoa X é *católica*.
• Dado sobre opinião política	• A pessoa X *defende as ideias da socialdemocracia*.
• Dado sobre filiação a sindicato ou a organização de caráter religioso, filosófico ou político	• A pessoa X é *filiada ao Partido dos Trabalhadores*. • A pessoa Y é *filiada ao sindicato dos bancários*. • A pessoa Z é *filiada à Igreja Universal*.
• Dado referente à saúde ou vida sexual	• A pessoa Y *tem determinada deficiência*. • A pessoa Y é *homossexual*. • A pessoa Z é *heterossexual*.
• Dado referente à identidade de gênero	• A pessoa X é *cisgênero*. • A pessoa Y é *transgênero*.
• Dado genético ou biométrico	• *O DNA* da pessoa X é um dado genético. • *A impressão digital* da pessoa X é um dado biométrico.

Como se verá ao longo do livro, a discussão sobre dados sensíveis não é meramente terminológica, mas tem por objetivo associá-los a regime diferenciado de proteção, mais rígido que aquele aplicável aos dados pessoais em geral, protegendo o titular de eventual distinção ou diferenciação por conta de aspectos específicos da sua personalidade que podem ser usados indevidamente contra os titulares dos respectivos dados.

Isso porque, como já se adiantou, os dados sensíveis são particularmente suscetíveis de utilização para fins discriminatórios, como exclusão, segregação e estigmatização, de forma que o seu tratamento pode atingir negativamente a dignidade do titular dos dados, lesionando sua identidade pessoal e, muitas vezes, até mesmo a sua privacidade.

Mais do que isso, a utilização indevida de dados pessoais sensíveis pode restringir ou mesmo impedir o acesso dos titulares de dados a determinados serviços, produtos ou oportunidades sociais, bem como sujeitá-los a práticas indevidas – como a discriminação abusiva de preços por parte de fornecedores de produtos ou serviços – ou impedir que eles exerçam determinadas opções de vida, comprometendo a própria liberdade e o livre desenvolvimento da personalidade dos indivíduos.

Há, ainda, a possibilidade de determinados dados pessoais, quando tratados para finalidades específicas e em contextos próprios, tornarem-se dados pessoais sensíveis para fins de classificação na LGPD. Nesse sentido, dados de localização geográfica, hábitos de compras, preferências de filmes e histórico de pesquisa podem, em determinados contextos, identificar a orientação religiosa, política e até sexual do titular.

No Capítulo IV, que trata da não discriminação, serão abordados vários exemplos de dados sensíveis que podem ser usados para reforçar preconceitos ou estigmatizações. Por ora, adianta-se que também há casos de dados sensíveis que estão sujeitos a regimes especiais ainda mais rigorosos do que os da LGPD, como é o exemplo de informações relacionadas à infecção pelos vírus da imunodeficiência humana (HIV) e das hepatites crônicas (HBV e HCV) e de pessoa com hanseníase e tuberculose.

A Lei 14.289, de 2 de janeiro de 2022, estabelece a obrigatoriedade do sigilo em relação a tais dados no âmbito dos serviços de saúde, estabelecimentos de ensino, locais de trabalho, administração pública, segurança pública, processos judiciais e mídias escrita e audiovisual. O descumprimento da obrigação de sigilo sujeita o agente público ou privado infrator às sanções previstas na LGPD (art. 52), bem como às demais sanções administrativas cabíveis, e obriga-o a indenizar a vítima por danos materiais e morais, nos termos do Código Civil.

Além disso, quando a informação for divulgada por agentes que, por força de sua profissão ou do cargo que ocupam, estão obrigados à preservação do sigilo, e essa divulgação ficar caracterizada como intencional e com o intuito de causar danos ou ofensa, as penas pecuniárias ou de suspensão de atividades (art. 52 da LGPD), bem como as indenizações pelos danos morais causados à vítima serão aplicadas em dobro.

Situações concretas

Situação 1: Quando a análise dos artistas, filmes, livros, músicas, dentre outros gostos do usuário conduzir à conclusão de que este tem determinada orientação sexual ou posicionamento político.

Situação 2: Quando dados de geolocalização permitirem que, em virtude dos estabelecimentos frequentados pelo usuário, sejam construídas conclusões sobre seus hábitos alimentares pouco saudáveis ou, ainda, que o usuário seria alcoólatra.

Situação 3: Quando o sobrenome ou mesmo o prenome for suficiente para que se chegue a conclusões sobre a origem étnica do sujeito.

Considerando a velocidade e a crescente expansão do *big analytics*, uma série de dados que hoje podem ser considerados não sensíveis – e até mesmo banais – podem, em um futuro muito próximo, possibilitar inferências sobre aspectos sensíveis dos indivíduos, com grande potencial de discriminação.[8]

Aliás, mesmo na atualidade, diante da opacidade dos julgamentos algorítmicos e da grande assimetria informacional entre cidadãos e agentes de tratamento, pouco se sabe sobre o potencial de utilização mesmo de dados não sensíveis.

---

[8] Recentemente, o Parlamento Europeu aprovou o *Digital Services Act* (DAS) ou Lei dos Serviços Digitais, proibindo o uso dos dados pessoais sensíveis para anúncios on-line e publicidade direcionada. Disponível em: https://edri.org/our-work/european-parliament--approves-rights-respecting-dsa-proposes-ban-on-use-of-sensitive-personal-data-for--online-ads/.

CURSO DE PROTEÇÃO DE DADOS PESSOAIS – Frazão • Carvalho • Milanez

De toda sorte, é inequívoco que a compreensão do que é um dado sensível é necessariamente dinâmica e funcional, precisando ser constantemente atualizada diante do potencial de risco que os tratamentos respectivos possibilitam.

III.3. CONCEITO DE DADO ANÔNIMO (OU ANONIMIZADO) E PSEUDONIMIZADO

O dado anônimo ou anonimizado é a antítese do dado pessoal, na medida em que não possibilita a referência a pessoa identificada ou identificável. Segundo o art. 5º, III, da LGPD, o dado anonimizado é aquele relativo a um indivíduo que não possa ser identificado. Para que isso aconteça, o processo de anonimização deve ser permanente e irreversível, de acordo com os meios técnicos razoáveis e disponíveis na ocasião do tratamento.

> **LGPD, Art. 5º** Para os fins desta Lei, considera-se:
>
> **III** – Dado anonimizado: dado relativo a titular que não possa ser identificado, considerando a utilização de meios técnicos razoáveis e disponíveis na ocasião de seu tratamento;

Exatamente por isso, nos termos do art. 12, *caput*, da LGPD, *o dado anonimizado não é considerado dado pessoal para fins legais*, salvo quando o processo de anonimização for reversível, a partir da utilização exclusivamente de meios próprios ou com esforços razoáveis, ou se for utilizado para formação de perfil comportamental sobre determinada pessoa (art. 12, § 2º). A disciplina legal demonstra novamente que o foco da proteção não está no dado em si, mas no seu tratamento e suas repercussões na esfera do indivíduo.

> **LGPD, Art. 12.** Os dados anonimizados não serão considerados dados pessoais para os fins desta Lei, salvo quando o processo de anonimização ao qual foram submetidos for revertido, utilizando exclusivamente meios próprios, ou quando, com esforços razoáveis, puder ser revertido.
>
> **§ 1º** A determinação do que seja razoável deve levar em consideração fatores objetivos, tais como custo e tempo necessários para reverter o processo de anonimização, de acordo com as tecnologias disponíveis, e a utilização exclusiva de meios próprios.
>
> **§ 2º** Poderão ser igualmente considerados como dados pessoais, para os fins desta Lei, aqueles utilizados para formação do perfil comportamental de determinada pessoa natural, se identificada.

Para determinar o que seria esforço razoável, é importante levar em consideração fatores objetivos, tais como o custo e o tempo necessários para reverter o processo de anonimização, as tecnologias disponíveis e a utilização exclusiva de meios próprios (art. 12, § 1º, da LGPD). Ou seja, se, para a correlação entre um dado e um indivíduo, for necessário um esforço fora do razoável, não há que se falar em dado pessoal, já que o espectro do conceito *expansionista* da LGPD é delimitado pelo critério da razoabilidade.

A ressalva do § 1º importante porque, a rigor, com os recentes avanços tecnológicos, há sempre o risco de que todo processo de anonimização possa ser, de alguma forma, revertido, com a consequente reidentificação dos titulares dos dados. Daí a solução de se definir o procedimento a partir da segurança do meio técnico utilizado, a partir de critérios de razoabilidade, inclusive no que diz respeito aos custos.

De toda sorte, até em razão das crescentes possibilidades de tecnologias capazes de reverter dados anonimizados, há hoje importante discussão sobre se o legislador deveria ter depositado tantas expectativas na anonimização. Por outro lado, sem possibilitar a utilização de dados anonimizados, haveria um comprometimento grave dos avanços científicos e tecnológicos que se esperam em uma economia movida a dados.

Trata-se, portanto, de questão de alta complexidade, que certamente ainda merecerá bastante atenção da comunidade jurídica até se encontrar um ponto de equilíbrio.

 Situação concreta

Uma prefeitura acaba de criar sua própria guarda municipal e necessita de dados sobre criminalidade em seus bairros com vistas a mais eficientemente distribuir seu contingente. No entanto, os dados sobre criminalidade são mantidos pela Polícia Militar, gerida pelo governo estadual, que possui bases de dados contendo inquéritos criminais, boletins de ocorrência, dentre outras informações que serviriam para que se conhecesse os níveis de criminalidade em cada região. No entanto, a prefeitura não precisaria de documentos que identificassem criminosos ou suspeitos, mas simplesmente informações sobre a frequência, o tipo de crime e o local onde ocorreram, dados estes que não poderiam ser utilizados para reidentificar os autores dos delitos. Aqui, trata-se de um cenário de **anonimização**.

Exemplos de Técnicas de Anonimização

Supressão de Atributos ou Mascaramento
Substituição dos atributos por algum valor fixo de texto predefinido ou, em alguns casos, uma tarja preta.

Agregação de Dados
Os registros individuais não são necessários e, por isso, armazenam-se tão somente os dados agregados.

Generalização ou Recodificação
Os atributos são trocados por informações mais abrangentes e genéricas, que não sejam capazes de identificar o titular. Por exemplo, converter a idade de uma pessoa numa faixa etária.

Perturbação de Dados
É realizada uma ligeira modificação nos atributos, a fim de que não seja possível identificar a informação.

Em meio a essa discussão, há quem defenda a existência de um gradiente de categorias que superam a lógica binária existente entre dado pessoal e dado anônimo. É nesse contexto, então, que surge o *dado pseudonimizado*.

> **LGPD, Art. 13. § 4º** Para os efeitos deste artigo, a pseudonimização é o tratamento por meio do qual um dado perde a possibilidade de associação, direta ou indireta, a um indivíduo, senão pelo uso de informação adicional mantida separadamente pelo controlador em ambiente controlado e seguro.

A pseudonimização, segundo o art. 13, § 4º, da LGPD, é o tratamento pelo qual um dado perde a possibilidade de associação – direta ou indireta – a um indivíduo, o que pode ser revertido apenas pelo uso de informação adicional mantida separadamente pelo controlador em ambiente controlado e seguro.

Dessa forma, por meio da técnica de pseudonimização, é possível substituir um atributo (normalmente um atributo único) por outro, como um processo de disfarce ou mascaramento da identidade, especialmente de identificadores diretos.

Ou seja, as informações deixam de estar conectadas a um titular específico e, para que ele seja novamente identificado, é necessário recorrer a informações suplementares mantidas em ambiente separado. Nesse sentido, a utilização de técnicas criptográficas, por exemplo, é uma forma de pseudonimização.

Contudo, ao contrário do dano anônimo, o dado pseudonimizado é considerado dado pessoal e, portanto, o seu tratamento continua sujeito às regras da LGPD.

 Situação concreta

Uma determinada companhia mantém cadastro de empregados. Em determinado momento, introduz sistema biométrico para ingresso nas dependências da empresa e, para tanto, realiza novo cadastro junto à prestadora terceirizada que fornece os aparelhos e os serviços de manutenção necessários ao acesso via biometria. Para este cadastro, os funcionários não precisam estar identificados por seus nomes, mas por qualquer outro conjunto de caracteres que possa individualizar cada sujeito. Nesse caso, é perfeitamente possível que a companhia empregadora reverta o processo. Exatamente por isso, aqui, trata-se de um cenário, na verdade, de **pseudonimização**.

Logicamente que a ideia de dados anonimizados também precisa ser compreendida diante da crescente expansão do conceito de identificadores. Não é sem razão que, em seu Considerando 30, o RGDP adverte que os titulares podem ser associados a identificadores por via eletrônica, fornecidos pelos respectivos aparelhos, aplicações, ferramenta e protocolos como endereços IP e cookies.

> **RGPD, Considerando 30.**
> As pessoas singulares podem ser associadas a identificadores por via eletrônica, fornecidos pelos respetivos aparelhos, aplicações, ferramentas e protocolos, tais como endereços IP (protocolo internet) ou testemunhos de conexão (cookie) ou outros identificadores, como as etiquetas de identificação por radiofrequência. Estes identificadores podem deixar vestígios que, em especial quando combinados com identificadores únicos e outras informações recebidas pelos servidores, podem ser utilizados para a definição de perfis e a identificação das pessoas singulares.

Tais identificadores podem deixar vestígios que, quando combinados com identificadores únicos e outras informações recebidas pelos servidores, podem ser utilizados para a definição de perfis e a identificação das pessoas singulares. Logo, não há que se cogitar de dado anonimizado quando for possível associá-lo a qualquer identificador do usuário.

O critério para conceituar determinado dado como anonimizado é, portanto, a segurança da preservação da sua dissociação em relação aos titulares. Como isso envolve um exame das tecnologias e alternativas disponíveis, o § 3º do art. 12 da LGPD, determina que a ANPD poderá dispor sobre padrões e técnicas a serem utilizados em processos de anonimização e realizar verificações acerca de sua segurança.

> **LGPD, Art. 12. § 3º** A autoridade nacional poderá dispor sobre padrões e técnicas utilizados em processos de anonimização e realizar verificações acerca de sua segurança, ouvido o Conselho Nacional de Proteção de Dados Pessoais.

III.4. CONCEITO DE DADO PESSOAL DISPONÍVEL PUBLICAMENTE

Ao contrário do que muitos pensam, os dados públicos e os dados tornados manifestamente públicos pelo titular não estão fora do alcance protetivo da LGPD, ainda que estejam sujeitos a pressupostos de tratamento menos rígidos do que os dos demais dados.

Com efeito, a LGPD expressamente prevê parâmetros para a utilização de tais dados nos §§ 3º, 4º e 7º do art. 7º:

> **LGPD, Art. 7º § 3º** O tratamento de dados pessoais cujo acesso é público deve considerar a finalidade, a boa-fé e o interesse público que justificaram sua disponibilização.
>
> **§ 4º** É dispensada a exigência do consentimento previsto no *caput* deste artigo para os dados tornados manifestamente públicos pelo titular, resguardados os direitos do titular e os princípios previstos nesta Lei.
>
> **§ 7º** O tratamento posterior dos dados pessoais a que se referem os §§ 3º e 4º deste artigo poderá ser realizado para novas finalidades, desde que observados os propósitos legítimos e específicos para o novo tratamento e a preservação dos direitos do titular, assim como os fundamentos e os princípios previstos nesta Lei.

a) Dado pessoal de acesso público

A definição de dado pessoal de acesso público não está prevista expressamente na LGPD, mas pode ser construída implicitamente a partir do seu texto e da ideia de privacidade contextual. Embora não existam dados que sejam de caráter público por natureza, há dados que, a depender do *contexto* pelo qual são publicamente acessíveis, podem se submeter a um regime de tratamento diferenciado.

É fundamental, portanto, esclarecer possíveis critérios de identificação desta subcategoria conceitual de dados. Isso porque o vocábulo nuclear da subcategoria – *de acesso público* – torna o seu alcance normativo bastante amplo, abarcando qualquer dado pessoal que tenha sido divulgado intencionalmente por um terceiro e que seja de livre acesso por qualquer cidadão, ou seja, esteja disponível, em algum nível, para o público geral.

Exemplos de dados pessoais de acesso público

1. Dados pessoais cuja divulgação é obrigatória por lei, como o fato de alguém ser proprietário de um imóvel, sócio de uma empresa ou até mesmo casado, bem como nome, cargo e renda de servidores públicos para fins de transparência;

2. Dados geridos pela Administração Pública, como a distribuição de ações judiciais, os protestos, os registros de nascimento, a inscrição em cadastro de contribuintes;

3. Dados pessoais constantes em bancos de dados públicos, como da Receita Federal (em que o CPF é consultado normalmente para fins de confirmação de titularidade para operações financeiras), do Repositório do TSE, de cartórios públicos, diários oficiais, diários de justiça e sites públicos da internet, do Datasus, do Inep, do sistema SIDRA do IBGE, entre tantos outros;

4. Dados pessoais que constam de cadastros públicos e podem ser facilmente encontrados na Internet;

5. Dados pessoais disponibilizados pelo Poder Judiciário em processos judiciais;

6. Dados pessoais abertos – a exemplo das iniciativas Cepesp Data (para dados eleitorais) e Brasil.io (para dados da Covid-19);

7. Informações de interesse geral ou coletivo de divulgação pública obrigatória por órgãos e entidades públicas em decorrência da Lei de Acesso à Informação; entre tantos outros.

Como contraponto à LGPD, que estabelece parâmetros para o tratamento de dados pessoais de acesso público, visando especialmente à proteção e à autodeterminação informativa do titular, tem-se o regime da Lei de Acesso à Informação (LAI), que define o que é informação de acesso público *a contrario sensu*, ou seja, de forma ampla e sem parâmetros concretos para o tratamento desses dados.

> **LAI, Art. 4º** Para os efeitos desta Lei, considera-se: **III** – *informação sigilosa*: aquela submetida temporariamente à restrição de acesso público em razão de sua imprescindibilidade para a segurança da sociedade e do Estado;

> A qualificação de um dado pessoal como de acesso público, para fins da LGPD, deve considerar essencialmente os seguintes critérios de identificação:
> 1. A publicidade ampla do dado, ou seja, seu livre acesso pelo público geral; e
> 2. A divulgação do dado por terceiros que não o próprio titular.

Dessa maneira, um dos pontos mais importantes e sensíveis do tratamento de dados públicos diz respeito ao necessário diálogo entre a LGPD e outras leis que, a exemplo da LAI, criam obrigações de transparência. Aliás, existe o receio compreensível de que a LGPD seja utilizada incorretamente pelo Poder Público para a manutenção em sigilo de dados que deveriam ser públicos.

Doutrina Brasileira – Ana Carla Harmatiuk e Carlos Pianovski Ruzyk

"Tomando tal ponto como premissa, conclui-se que são passíveis de veiculação e conhecimento dados pessoais não anonimizados que sejam indispensáveis ao atendimento da transparência pública, afastando-se do conhecimento público os que fujam a este escopo".[9]

b) Dado pessoal tornado manifestamente público pelo titular

A definição da categoria dos dados pessoais tornados manifestamente públicos pelo titular também pode ser extraída de uma leitura sistemática da LGPD, por não haver uma definição expressa e delimitada em seu texto.

Para compreendê-la de maneira satisfatória, faz-se necessário analisar separadamente os seus dois vocábulos nucleares, quais sejam "tornados (...) pelo titular" e "manifestamente públicos", já que eles, em conjunto, definem o alcance normativo da hipótese de dispensa do consentimento prevista no art. 7º, § 4º, da Lei.

Dado tornado público pelo titular

O primeiro elemento nuclear da definição é um dos grandes diferenciais dessa categoria de dados. Isso porque, aqui, é requisito obrigatório que a disponibilização da informação tenha se dado por iniciativa única e exclusiva do próprio titular e nunca de terceiros. Ou seja, essa categoria não abrange todos os dados de acesso público, mas apenas aqueles que o próprio indivíduo tornou públicos, pressupondo assim um ato deliberado e intencional do titular.

Nesse sentido, há uma grande diferença entre (i) o indivíduo divulgar ativamente seus dados e estar ciente disso e (ii) o indivíduo concordar com a divulgação dos seus dados pessoais por terceiros. Por exemplo, quando o Poder Público divulga os nomes, cargos e renda dos servidores públicos, evidentemente tais informações não foram tornadas públicas pelo titular. Situação diversa é aquela na qual o próprio indivíduo indica, em uma publicação no perfil público de uma rede social, o valor do seu salário e o cargo que ocupa.

---

[9] MATOS, Ana Carla Harmatiuk; RUZYK, Carlos Eduardo Pianovski. Diálogos entre a Lei Geral de Proteção de Dados e a Lei de Acesso à Informação. TEPEDINO, Gustavo; FRAZÃO, Ana; OLIVA, Milena. *A Lei Geral de Proteção de Dados e suas repercussões no Direito Brasileiro.* São Paulo: Revista dos Tribunais, 2020. p. 213.

Assim, para que o dado pessoal seja realmente considerado como tornado manifestamente público pelo titular, deve restar inequívoca sua pretensão e expectativa de que seus dados sejam tratados em momento ulterior. É importante, dessa forma, avaliar se o indivíduo intencionalmente adotou as medidas que tornaram os seus dados manifestamente públicos ou se o ato foi não intencional ou acidental. Além disso, deve-se analisar se a decisão tomada foi consciente, ou seja, se o titular compreendia, no momento da divulgação, que os seus dados tornar-se-iam manifestamente públicos a partir daquele momento, bem como se ele desejava e esperava que esses dados continuassem a ser tratados posteriormente.

Portanto, por óbvio, dados revelados por terceiros não se encaixam na hipótese de dispensa de consentimento do art. 7º, § 4º, da LGPD. Essa, inclusive, já é a interpretação extraída do RGPD na hipótese de autorização do tratamento de dados pessoais de categorias especiais (dados sensíveis) – que tenham sido tornados manifestamente públicos pelo titular – sem consentimento explícito ou outra base legal.

Manifestamente público

O segundo elemento nuclear da definição pressupõe que os dados pessoais estejam realisticamente acessíveis ao público em geral. Ou seja, a informação deve estar manifestamente pública. A questão, aqui, não é se a informação está teoricamente acessível ao público, mas se, na prática, ela pode ser acessada pelo público geral de forma irrestrita.

Nesse sentido, divulgações para um público limitado não podem ser consideradas manifestamente públicas para fins legais. Ora, os dados não são necessariamente públicos apenas porque uma pessoa específica tem acesso a eles, mas somente caso todos possam acessá-los indistintamente.

A publicação de informações em perfis de redes sociais é um caso limítrofe que merece destaque.

- **Situação 1** – Se o indivíduo faz uma postagem em um perfil público de rede social, os dados, por óbvio, serão plenamente acessíveis por quem quer que seja e podem, nesse sentido, ser considerados manifestamente públicos.

- **Situação 2** – Em um segundo caso, se o perfil da rede social for privado ou as configurações de privacidade da publicação em específico estiverem ajustadas para que apenas amigos e familiares consigam visualizá-la, não é possível demonstrar, de forma realística, que as informações foram tornadas manifestamente públicas. De toda sorte, as redes sociais têm ressignificado o conceito de amigo, de forma que, a depender do número de pessoas que terão acesso a determinada

Cap. III • CONCEITOS E CLASSIFICAÇÕES DE DADOS PESSOAIS | **67**

informação, será possível cogitar do atendimento ao requisito do dado tornado manifestamente público pelo titular.

- **Situação 3** – A questão fica mais complexa, contudo, em situações nas quais o titular faça uma postagem que se torna pública em virtude das configurações padrão da rede social, mas que intencionalmente era destinada apenas a familiares e amigos. Aqui, é mais difícil ainda demonstrar que alguém tornou as informações manifestamente públicas, ou seja, que o titular intencionalmente divulgou os seus dados pessoais de forma que estes pudessem ser visualizados por todos de forma irrestrita e utilizados ulteriormente. Mais uma vez, a extensão do número de amigos pode ser um fator importante para a análise do que pode ser considerado manifestamente público ou não.

Para confirmar se os dados pessoais foram tornados manifestamente públicos pelo titular, é fundamental analisar:

1. Quem divulgou os dados (se foi o próprio titular ou um terceiro);

2. O contexto no qual o dado foi tornado público (se há alguma espécie de restrição ou "filtro"); e

3. A intenção do titular no momento da divulgação. Somente assim, será possível compreender quem realisticamente pode (ou deveria poder) acessá-lo e tratá-lo na prática.

▶ Dica de Leitura

⊙ Título do Livro: O tratamento de dados pessoais disponíveis publicamente e os limites impostos pela LGPD. Rio de Janeiro: Processo, 2021.

Autora: Giovanna Milanez Tavares

III.5. METADADOS

Tema cada vez mais presente nas discussões a respeito da proteção de dados pessoais é o dos metadados, assim entendidos como as informações necessárias à identificação de determinados dados. Pode-se mencionar, nesse sentido, informações a respeito do autor, da data de modificação, do tamanho do arquivo, do diretório ou pasta, dentre outros elementos e circunstâncias que qualifiquem um determinado conjunto de dados ou informações.

Por mais que metadados aparentemente não despertem grandes preocupações, no contexto de análise de *big data* a agregação de metadados pode provocar impactos semelhantes ou até maiores do que a exploração de dados sensíveis, além do fato de poder ser menos onerosa do que a verificação do conteúdo de determinadas informações.

A título de exemplo, na hipótese de um determinado governo que procura perseguir opositores, é muito mais fácil identificá-los a partir da inclusão em listas de transmissão de e-mails do que mediante a análise do conteúdo das mensagens que trocam.[10] Significa dizer que, em última análise, metadados podem inclusive revelar informações sobre dados pessoais ou sensíveis de um determinado titular, situação que se agrava em larga medida em virtude do emprego massivo de ferramentas de *big analytics* baseadas em inteligência artificial, de tal maneira que a própria distinção entre dados e metadados acaba se esmaecendo.[11]

Partindo da premissa de que o conceito de dado pessoal é a "informação", "relacionada a", "pessoa natural" e "identificada ou identificável", sempre que os metadados cumprirem tais requisitos serão considerados dados para efeitos da aplicação da LGPD.

▶ Dica de Leitura

⊗ Título da Reportagem: *NSA Files: Decoded. What the revelations mean for you*
Disponível em: The Guardian[12]

III.6. SÍNTESE DAS CATEGORIAS DE DADOS E DE SEUS RESPECTIVOS REGIMES JURÍDICOS

Em resumo, é possível categorizar os dados, à luz da LGPD, da seguinte forma:

Categoria	Dispositivo da LGPD	Regime Jurídico	Característica principal
• Dados pessoais diretos	Art. 5º, I	• Aplicação integral da LGPD (Bases legais do art. 7º)	• Identificam uma pessoa natural sem que sejam necessárias informações adicionais.
• Dados pessoais indiretos	• Art. 5º, I	• Aplicação integral da LGPD (Bases legais do art. 7º)	• Tornam uma pessoa natural identificável, mas, para identificá-la individualmente, demandam informações suplementares.
• Dados pessoais sensíveis (diretos ou indiretos)	• Art. 5º, II	• Aplicação integral da LGPD (Bases legais do art. 11)	• Dados sobre origem racial ou étnica, convicção religiosa, opinião política, filiação a sindicato ou a organização de caráter religioso, filosófico ou político, dado referente à saúde, gênero ou à vida sexual, dado genético ou biométrico.

---

[10] BRKAN, Maja. The Essence of the Fundamental Rights to Privacy and Data Protection: Finding the Way Through the Maze of the CJEU's Constitutional Reasoning. *German Law Journal*, v. 20, p. 864-883, 2019. p. 873.

[11] BRKAN, Maja. The Essence of the Fundamental Rights to Privacy and Data Protection: Finding the Way Through the Maze of the CJEU's Constitutional Reasoning. *German Law Journal*, v. 20, p. 864-883, 2019. p. 873.

[12] Disponível em: https://www.theguardian.com/world/interactive/2013/nov/01/snowden-nsa-files-surveillance-revelations-decoded#section/5.

Categoria	Dispositivo da LGPD	Regime Jurídico	Característica principal
• Dados pessoais de acesso público	• Art. 7º, § 3º	• Aplicação da LGPD adaptada à natureza dos dados (Fundamentos legais do art. 7º, §§ 3º e 7º)	• Dados pessoais divulgados publicamente por terceiros com livre acesso pelo público em geral (publicidade e acessibilidade amplas).
• Dados pessoais tornados manifestamente públicos pelo titular	• Art. 7º, § 4º	• Aplicação da LGPD adaptada à natureza dos dados (Fundamentos legais do art. 7º, §§ 4º e 7º)	• Dados pessoais divulgado intencionalmente pelo próprio titular de forma manifestamente pública.
• Dados pessoais pseudonimizados	• Art. 13, § 4º	• Aplicação da LGPD adaptada à natureza dos dados	• Perdem a possibilidade de associação ao titular, mas podem reidentificá-lo a partir do uso de informação adicional, mantida separadamente pelo controlador.
• Dados anônimos ou anonimizados	• Art. 5º, III	• Não serão considerados dados pessoais para fins da LGPD (art. 12, *caput*)	• Referem-se especificamente ao titular que não pode ser identificado, considerando os meios técnicos razoáveis e disponíveis no momento do seu tratamento.

III.7. NATUREZA JURÍDICA DOS DADOS

Ainda que não seja perfeitamente possível oferecer posicionamento conclusivo a respeito da natureza jurídica dos dados pessoais, é importante ao menos tentar mapear as principais reflexões a respeito do assunto e suas eventuais consequências práticas.

Já se viu no Capítulo I que os dados são fontes de poder – provavelmente a maior fonte de poder da época presente – e que, em razão da sua dinamicidade e mutabilidade, funcionam como uma verdadeira energia, na medida em que deles podem decorrer determinados tipos de poder que posteriormente se transmudam em outros.

Ademais, também já se viu que a proteção de dados pessoais apresenta uma importante dimensão coletiva, o que gera um desafio adicional para as tentativas de se entender a sua natureza jurídica.

Daí por que tentar compreender os dados pessoais a partir de categorias rígidas ou de conceitos jurídicos tradicionais pode ser missão verdadeiramente impossível ou que leve a resultados bastante reducionistas. Isso não impede, entretanto, que algumas aproximações e diálogos com conceitos jurídicos possam ser feitos, até para facilitar a compreensão do problema e das soluções jurídicas que se mostrem viáveis para ele.

Nesse sentido, utilizando-nos das categorias jurídicas tradicionais, vale lembrar que, ao mesmo tempo em que dados pessoais podem ser compreendidos como desdobramentos da personalidade dos indivíduos, também podem ser vistos como bens econômicos ou elementos diante dos quais esses indivíduos exercem relação próxima à de propriedade, de tal maneira que podem agir no sentido de sua proteção e defesa ou, ainda, podem vir a explorá-los economicamente, considerando-os verdadeiros ativos financeiros.

É verdade que, a partir de uma perspectiva estritamente econômica, considerar dados como bens sobre os quais se exerce direitos de propriedade – ou direitos semelhantes – atribui aos indivíduos um grau elevado de autonomia, tanto individual – inclusive no que diz respeito à proteção de prerrogativas individuais tipicamente associadas ao direito de propriedade – quanto coletiva, tendo em vista os efeitos *erga omnes* que são próprios do direito de propriedade.[13]

Trata-se, por conseguinte, de compreensão capaz de empoderar os indivíduos quanto aos dados associados a eles próprios. Todavia, a conformação proprietária parece não abarcar por completo a complexidade dos dados pessoais, seja em razão da sua dimensão coletiva, seja porque, por mais que se trate de ativo apreciável economicamente e que pode ser eventualmente objeto de negócios jurídicos relevantes, dados pessoais consistem em elementos intimamente atrelados à personalidade de seus titulares, razão pela qual é compreensível que o seu regime jurídico em grande medida se aproxime também daquele previsto para os direitos de personalidade.

Como se sabe, os direitos da personalidade têm como objeto a própria pessoa ou desdobramentos desta, razão pela qual apresentam uma relevantíssima dimensão existencial que se sobrepõe inclusive a suas eventuais dimensões econômicas. Daí por que os bens que são objeto das relações jurídicas inerentes aos direitos da personalidade são muito distintos dos bens que são objeto das relações jurídicas inerentes aos direitos reais, como é o caso da propriedade.

De fato, a própria disponibilidade é colocada em xeque quando se trata de direitos da personalidade, nos termos do que prevê o art. 11 do Código Civil. Assim, a aproximação dos dados pessoais aos direitos da personalidade vem acompanhada da indagação sobre quais seriam os contornos da autonomia privada e os limites de disposição de que gozariam os seus titulares.

Consequentemente, na gestão dos dados pessoais por seus titulares, há uma constante tensão entre a disponibilidade total dessas informações, que decorreria da autodeterminação informativa, e as restrições à autonomia privada que tornam direitos de personalidade "intransmissíveis e irrenunciáveis, não podendo o seu exercício sofrer limitação voluntária", como se depreende do art. 11 do Código Civil.

É necessário, por conseguinte, que se desenvolvam soluções capazes de, diante, dessas tensões, adequadamente equilibrar a autodeterminação informativa e os interesses patrimoniais dos titulares de dados pessoais com a efetiva proteção de situações existenciais que sejam consideradas indisponíveis, especialmente diante de vulnerabilidades evidentes.

Nesse sentido, ao passo que o Código Civil estabelece as principais diretrizes para a compreensão do sentido dos direitos de personalidade – assim municiando a LGPD, em larga medida, de elementos para a construção de seu arcabouço protetivo – também outros diplomas precisam ser levados em consideração, especialmente os que se destinam à proteção a direitos de vulneráveis, como é o caso do Código de Defesa do Consumidor e da Consolidação das Leis Trabalhistas.

---

[13] AMSTUTZ, Marc. Dateneigentum: Funktion und Form. *Archiv für die civilistische Praxis.* v. 218, n. 2-4, ago. 2018.

Aliás, é fundamental que se reconheça que a discussão sobre proteção de dados é campo fértil para o desenvolvimento do chamado diálogo das fontes, destinado justamente a fornecer um arcabouço protetivo capaz de abarcar as complexidades da vida diária marcada por constantes, intensos e abarcantes processos de tratamento de dados.

Soma-se a isso o fato de que, por mais que a legislação brasileira garanta que apenas o titular explorará economicamente tais direitos, de forma que terceiros dependerão de sua autorização – conforme estabelece o art. 20 do Código Civil ("Salvo se autorizadas, ou se necessárias à administração da justiça ou à manutenção da ordem pública, a divulgação de escritos, a transmissão da palavra, ou a publicação, a exposição ou a utilização da imagem de uma pessoa poderão ser proibidas, a seu requerimento e sem prejuízo da indenização que couber, se lhe atingirem a honra, a boa fama ou a respeitabilidade, ou se se destinarem a fins comerciais") –, os dados pessoais estão constantemente sujeitos a interferências de terceiros interessados em sua exploração econômica.

Aliás, como se verá adiante, o consentimento é apenas uma das bases legais para o tratamento de dados, havendo várias outras bases que possibilitarão o tratamento, mesmo que sem a autorização do titular. Dessa maneira, a regra geral de autorização do titular, que resolve tão bem os problemas de muitos direitos da personalidade, não necessariamente funcionará para os dados pessoais, pelo menos na mesma extensão com que é aplicada aos demais direitos da personalidade.

Todas essas considerações mostram como é difícil definir, de modo preciso, a natureza jurídica dos dados pessoais, pois nem a referência aos direitos de propriedade nem a referência aos direitos da personalidade podem ser suficientes para compreender a sua dinâmica e como podem ser exercidos e tutelados. Daí a referência à ideia de *titularidade* para tentar definir os dados pessoais, a fim de enfatizar a ideia de poder de controle.

Doutrina Brasileira – Roberta Mauro Medina Maia

"O conceito de titularidade exprime, portanto, não apenas a ideia de poder de controle sobre um bem jurídico, mas, também e consequentemente, o sentido de atribuição do mesmo, com regras claras disponíveis a respeito de seus modos de utilização e disposição. Se os dados pessoais são hoje bem jurídico – daí a inequívoca necessidade de tutelá-los –, precisava o legislador determinar a quem pertencem, fosse relativamente aos seus aspectos extrapatrimoniais – principal justificativa da crítica de Daniel Solove aos que enxergavam a privacidade dos dados pessoais apenas como o objeto de um direito de propriedade –, fosse relativamente a seus aspectos patrimoniais, decorrentes do valor econômico que lhes foi atribuído pela sociedade digital. Na esfera extrapatrimonial, o emprego da expressão "titularidade" deve remeter à ideia de autodeterminação informativa, ou seja, o direito assegurado ao titular de controlar a coleta, o uso e o destino de seus dados".[14]

---

14   MAIA, Roberta Mauro Medina. A titularidade de dados pessoais prevista no art. 17 da LGPD: direito real ou pessoal? In: TEPEDINO, Gustavo; FRAZÃO, Ana; OLIVA, Milena. *Lei Geral de Proteção de Dados Pessoais e suas repercussões no direito brasileiro*. São Paulo: Revista dos Tribunais, 2020.

O próprio texto do art. 17 da LGPD faz menção à expressão "titularidade", ao prever que "Toda pessoa natural tem assegurada a titularidade de seus dados pessoais e garantidos os direitos fundamentais de liberdade, de intimidade e de privacidade, nos termos desta Lei".

É importante destacar que a invocação da natureza jurídica de titularidade, longe de reduzir o poder do titular sobre o dado pessoal, tem a finalidade de potencializá-lo. Partindo-se da premissa fixada por Carissa Véliz[15] de que dados são poder, atribuir a relação de titularidade ao indivíduo significa imbuir-lhe de inafastável poder de autodeterminação, razão pela qual a sua esfera individual fica ainda mais protegida diante do tratamento indevido por agentes de tratamento que venham a explorar as suas informações.

De toda sorte, a eventual natureza jurídica dos dados pessoais como titularidade certamente não será suficiente para resolver vários dos importantes problemas relacionados ao seu exercício e proteção. Basta lembrar que, ainda que se trate de uma titularidade, seria uma espécie extremamente multifacetada e complexa, com desdobramentos simultaneamente existenciais – em relação aos quais pode haver dúvidas quanto à disponibilidade – e patrimoniais e ainda com uma importante dimensão coletiva.

Acresce que a noção de titularidade pode não se adequar aos dados públicos e aos dados tornados públicos pelo titular, que envolvem situações que se afastam da esfera individual.

Dessa maneira, é compreensível não haver maior consenso nem em torno da natureza jurídica dos dados nem em torno do conjunto das consequências que decorreriam da sua definição como titularidade. É fundamental, portanto, que a discussão sobre a natureza jurídica dos dados sempre venha acompanhada das advertências feitas anteriormente, assim como das necessárias preocupações funcionais e principiológicas.

---

[15] VÉLIZ, Carissa. *Privacy is power. Why and how you should take back control of your data.* Bantam Press, 2021.

Capítulo IV

PRINCÍPIOS DE APLICAÇÃO DA LGPD

IV.1. ASPECTOS GERAIS

O art. 6º da LGPD contém os princípios essenciais do tratamento de dados. Entretanto, é importante destacar que não se trata de descrição exaustiva, pois, como já se viu, os arts. 1º e 2º, da LGPD, também preveem diversos outros princípios e fundamentos que, além de incidirem diretamente sobre o tratamento de dados, ainda serão importantes vetores interpretativos para se compreender o alcance dos princípios constantes do art. 6º da Lei.

O mesmo pode ser dito da disciplina das bases de dados e dos direitos dos titulares, a partir da qual será possível extrair importantes referenciais para que se entenda a extensão dos princípios do art. 6º, da LGPD. Logo, é fundamental reiterar a necessidade de interpretação sistemática da lei, sobretudo no que diz respeito à parte principiológica.

Também vale a pena advertir que vários dos princípios previstos no art. 6º da LGPD apresentam diversas zonas de sobreposição uns com os outros, sendo que, em muitos casos, o sentido de um deles é aclarado por outro e vice-versa. Essa é mais uma razão pela qual é fundamental que os princípios sejam vistos também em sua perspectiva dinâmica e diante do conjunto valorativo que oferecem ao intérprete.

Com essas ressalvas, passa-se a examinar cada um dos princípios do art. 6º da LGPD, buscando explorar também as principais conexões que os unem.

IV.2. PRINCÍPIO DA BOA-FÉ (LGPD, ART. 6°, *CAPUT*)

IV.2.1. Aspectos fundamentais

A aplicação do princípio da boa-fé (art. 6º, *caput*, da LGPD) implica a observância obrigatória das legítimas expectativas dos titulares, ou seja, remete à ideia de respeito e atendimento às situações de confiança alheias, bem como no cumprimento de padrões de honestidade e lealdade.

Mais do que isso, a referência ao princípio da boa-fé enfatiza a necessária observância dos aspectos concretos de cada situação sob análise pois, a depender do tipo de relação entre o titular dos dados e os agentes de tratamento e as circunstâncias do próprio tratamento, distintos graus de confiança podem surgir.

Assim, a boa-fé objetiva é o princípio que impõe o respeito às expectativas de confiança que foram concreta e legitimamente criadas em face de cada titular de dados, diante das circunstâncias de cada tratamento de dados.

> **LGPD, Art. 6º** As atividades de tratamento de dados pessoais deverão observar a *boa-fé* e os seguintes princípios: (...)

Assim, quando a LGPD estabelece que a boa-fé deve ser observada nas atividades de tratamento de dados pessoais, está impondo uma regra de conduta (boa-fé objetiva), ou seja, um padrão de comportamento leal, baseado em uma conduta proba e transparente, que se materializa a partir da observância dos interesses legítimos e das expectativas razoáveis do titular, no contexto de um tratamento que não lhe cause qualquer tipo de abuso, lesão ou desvantagem.

Aliás, um dos importantes corolários da boa-fé objetiva é precisamente a vedação ao abuso de direito, cláusula geral que é de fundamental importância para orientar o tratamento de dados.

Segundo Judith Martins-Costa,[1] a boa-fé tem o condão de produzir uma série de relações qualificadas pela finalidade do vínculo – no caso, a relação de tratamento de dados pessoais –, de tal maneira que orienta a eficaz consecução das utilidades buscadas pelos sujeitos envolvidos. Na medida em que é axiologicamente orientada, a boa-fé oferece parâmetros de correção tanto nas atividades em proveito próprio quanto alheio, sintetizados na ideia de que "ser correto é ser leal (...) ao fim comum conjuntural ou ao pontualmente estabelecido".[2]

Dessa forma, a observância da boa-fé objetiva exige que a relação entre o controlador e o titular dos dados tenha como alicerces fundamentais a lealdade (a partir da tutela da confiança) e a transparência.

O RGPD, inclusive, emprega a expressão *tratamento leal* e não *boa-fé* ou *boa-fé objetiva*. Exatamente por isso, ressalta a importância da tríade licitude, lealdade e transparência, realçando que a licitude que se espera na proteção de dados não é apenas a formal, mas sim a substancial.

> **RGPD, Artigo 5º Princípios relativos ao tratamento de dados pessoais.**
> 1. Os dados pessoais são: (a) Objeto de um tratamento lícito, leal e transparente em relação ao titular dos dados (*licitude, lealdade e transparência*);

A lealdade, contudo, ganha papel de destaque, especialmente quando considerada sob o ponto de vista da tutela da confiança e da legítima expectativa do titular. À luz da noção de lealdade, pode o indivíduo confiar que os seus dados pessoais serão adequadamente tratados e protegidos pelos agentes de tratamento, sempre em conformidade com a LGPD.

---

[1] MARTINS-COSTA, Judith. *A boa-fé no direito privado:* critérios para sua aplicação. São Paulo: Saraiva, 2018.

[2] MARTINS-COSTA, Judith. *A boa-fé no direito privado:* critérios para sua aplicação. São Paulo: Saraiva, 2018. p. 574-575.

Em outras palavras, como ocorre nas relações privadas em geral, a confiança torna-se um valor indispensável também para a aferição da regularidade do tratamento de dados pessoais, ao considerar, no final das contas, a legítima expectativa que foi criada no titular dos dados pessoais.

> **Critérios para avaliar a legítima expectativa do titular, segundo Helen Nissenbaum**[3]
>
> - O *contexto* no qual os dados se inserem, ou seja, qual é o ambiente que estrutura o fluxo informacional analisado;
> - Os *agentes* envolvidos, isto é, quem são os emissores, receptores e demais sujeitos ligados ao fluxo informacional;
> - Os *atributos* da informação analisada; e
> - Os *princípios* aplicáveis ao fluxo informacional, ou seja, se ele está condicionado a alguma restrição, como a confidencialidade.

IV.2.2. A tríplice função da boa-fé objetiva

Segundo Judith Martins-Costa,[4] a boa-fé objetiva tem uma tríplice função: (i) interpretativo-integrativa, (ii) limitadora de direitos e faculdades contratuais e (iii) criadora de direitos anexos. Tais funções se projetam com intensidade na proteção de dados, tendo em vista que a garantia da confiança é fundamental para orientar a interpretação e a aplicação da LGPD, para limitar direitos dos agentes de tratamento e para reforçar diversos deveres anexos, ainda que não previstos de forma expressa, dentre os quais o de cuidado e proteção do titular de dados e transparência.

O princípio da boa-fé, portanto, ganha, na LGPD, uma função limitadora, que restringe, de certa forma, a liberdade de conduta das partes (especialmente dos agentes de tratamento), ao considerar certas práticas como possivelmente abusivas e ao incentivar a transparência e previsibilidade nas relações jurídicas.

Da mesma maneira, o princípio tem uma função expansiva, agregando ao tratamento de dados todos os deveres laterais que sejam necessários para a proteção da confiança dos titulares de dados.

Não é sem motivo que Judith Martins-Costa assevera que a boa-fé objetiva tem por uma de suas funções "direcionar as partes a observarem o pactuado nos lindes traçados pelo contrato e pelo Ordenamento",[5] o que sem dúvidas pode se aplicar à tutela dos dados pessoais para que sejam observados, nas relações concretas, os parâmetros normativos que conformam os processos de tratamento de dados pessoais.

---

[3] NISSENBAUM, Helen. *Privacy in context: technology, policy, and the integrity of social life.* Palo Alto: Stanford University Press, 2010. p. 182.

[4] MARTINS-COSTA, Judith. *A boa-fé no direito privado:* critérios para sua aplicação. São Paulo: Saraiva, 2018. p. 321.

[5] MARTINS-COSTA, Judith. *A boa-fé no direito privado:* critérios para sua aplicação. São Paulo: Saraiva, 2018. p. 472.

Diante disso, o tratamento dos dados pessoais à luz do princípio da boa-fé não pode ser invasivo ou abusivo, nem mesmo buscar vantagens indevidas, mas deve cumprir com todos os requisitos de uma conduta leal e confiável segundo os padrões de comportamento esperados de agentes de tratamento, assim protegendo as legítimas expectativas do titular, que confia na postura do agente e nas obrigações por ele assumidas perante a LGPD.

Consequentemente, fundamental critério de análise da licitude do tratamento desses dados é a própria expectativa do indivíduo em uma situação concreta específica.

Situação concreta

Na hipótese de um adolescente ser matriculado em uma instituição educacional, é corriqueiro que forneça dados pessoais, incluindo fotografias, para o preenchimento de cadastros. É perfeitamente esperado, portanto, que a escola utilize os dados pessoais do estudante para o preenchimento de cadastros governamentais e mesmo para a emissão de carteira estudantil. No entanto, na ausência de autorização específica, na hipótese de o referido aluno obter bom desempenho em um vestibular, não se pode presumir que haveria a legítima expectativa do titular de que sua fotografia e seu nome seriam expostos em cartazes em frente à escola como publicidade da instituição. Tal situação, que antes era tutelada pela aplicação do sistema protetivo dos direitos de personalidade, torna-se agora igualmente sujeita à incidência da LGPD.

IV.2.3. Boa-fé objetiva e privacidade contextual

Para a compreensão do alcance da boa-fé objetiva no tratamento de dados, é importante a referência à Teoria da Privacidade Contextual de Helen Nissenbaum.[6] Isso porque, considerando que o tratamento deve obrigatoriamente observar as legítimas expectativas dos titulares, torna-se necessário, por óbvio, uma análise caso a caso, sob pena de soluções genéricas deixarem a descoberto problemas associados a situações concretas relevantes.

A tutela da proteção de dados, assim, não é delimitada por um propósito único e inflexível, mas orientada por uma gama de expectativas no contexto de uma relação específica. Exatamente por isso, a privacidade contextual mostra-se tão útil, na medida em que ela consegue ser elástica o suficiente para possibilitar novos usos compatíveis dos dados pessoais que não poderiam ser previamente especificados de forma exaustiva no texto da LGPD, a exemplo da situação concreta acima.

Tal observação é ainda mais relevante diante de contratos de adesão ou de contratos eletrônicos, nos quais, diante da vulnerabilidade do aderente, tão ou mais importantes do que as cláusulas contratuais podem ser as legítimas expectativas que decorrem da privacidade no contexto específico em que se travam as relações entre agentes e titulares de dados.

---

[6] Ver: NISSENBAUM, Helen. *Privacy in context: technology, policy, and the integrity of social life*. Palo Alto: Stanford University Press, 2010.

Cap. IV • PRINCÍPIOS DE APLICAÇÃO DA LGPD | **77**

Se o agente de tratamento garantir previsibilidade ao fluxo informacional e tratar os dados pessoais de acordo com as legítimas expectativas do titular, no final das contas, o indivíduo exercerá domínio sobre suas informações, observando-se, assim, o princípio da boa-fé no tratamento.

Evidentemente que o agente de tratamento deverá sempre observar as garantias específicas constantes da LGPD ou de legislação específica. Porém, o atendimento às disposições gerais oriundas da boa-fé certamente já oferece salvaguardas fundamentais aos direitos dos titulares.

Dessa maneira, observa-se que a boa-fé objetiva também está associada aos deveres de informação, sigilo perante terceiros e transparência, a serem observados pelos agentes de tratamento, razão pela qual tratamentos de dados ocultos, não informados ou informados de maneira incompleta não são admissíveis.

Por fim, deve ser destacado que o fato de a boa-fé objetiva ter sido prevista logo no *caput* do art. 6º ressalta o quanto tal princípio não apenas se relaciona com todos os demais princípios, como é também vetor de interpretação de todos eles.

IV.3. PRINCÍPIO DA FINALIDADE (LGPD, ART. 6°, I)

IV.3.1. Aspectos fundamentais

O princípio da finalidade, previsto mais especificamente no art. 6º, I, da LGPD, exige que o tratamento de dados pessoais seja realizado para propósitos legítimos, específicos, explícitos e informados ao titular, sem a possibilidade de tratamento posterior de forma incompatível com essas finalidades.

> **LGPD, Art. 6°** As atividades de tratamento de dados pessoais deverão observar a boa-fé e os seguintes princípios:
>
> I – **finalidade**: realização do tratamento para propósitos legítimos, específicos, explícitos e informados ao titular, sem possibilidade de tratamento posterior de forma incompatível com essas finalidades.

A origem histórica do princípio da finalidade

O princípio da finalidade adotado na LGPD é resultado da construção histórica de regras de caráter procedimental cuja origem recomenta a década de 1980, mais especificamente a adoção das Diretrizes para a Proteção da Privacidade e Fluxo de Dados Pessoais Transfronteiriços pela OCDE, que dispunha sobre os *Fair Information Practice Principles* (FIPPs).

Dentre tais princípios, dois ganham destaque:

(1) Princípio da especificação da finalidade ou da limitação para fins de tratamento (*Purpose Specification Principle*); e

(2) Princípio da limitação do uso (*Use Limitation Principle*).

O princípio da finalidade também foi enunciado na Convenção para a Proteção dos Indivíduos com Relação ao Processamento Automatizado de Dados Pessoais (ou Convenção 108) em 1981, a qual exigia que os

> dados fossem armazenados para fins legítimos e específicos e não fossem utilizados de modo incompatível com essa finalidade.[7]

O princípio da finalidade exige, portanto, (i) a legitimidade e a especificidade do propósito do tratamento de dados, (ii) a explicitação e a informação ao titular e (iii) a adstrição do tratamento à finalidade informada ao titular no momento da coleta ou tão logo possível (como em situações emergenciais de tutela saúde e para proteção da vida e incolumidade física do titular ou de terceiro), de acordo com base legal específica que autoriza o tratamento.

Somente assim será possível confirmar que o tratamento é realmente adequado e razoável, sendo indispensável a transparência quanto à mencionada finalidade, até diante da possibilidade de o titular ou de outros interessados controlarem e monitorarem os processos de tratamento de dados, assegurando-se assim o princípio da autodeterminação informativa.

Com isso, busca-se resolver um dos principais problemas do chamado capitalismo de vigilância: a coleta de dados em volume superior ao que seria necessário para o tratamento pretendido ou o desvirtuamento da finalidade originária da coleta de dados para outras não previstas.[8]

Daí por que, como se verá adiante, novas finalidades que possam ser atribuídas ao tratamento precisam ser compatíveis com as finalidades originárias, sob pena de não mais serem justificáveis à luz da base legal que justificou o tratamento de dados.

Nesse sentido, o entendimento relativo ao princípio da finalidade foi construído especialmente a partir da lógica normativa europeia. Isso porque, o RGPD, em seu art. 5º (1) (b) dispõe acerca do princípio da limitação dos propósitos (*Purpose Limitation*), que exige que os dados pessoais sejam coletados para finalidades específicas, explícitas e legítimas e não sejam tratados posteriormente de maneira incompatível com as finalidades originais.

> **RGPD, Artigo 5º Princípios relativos ao tratamento de dados pessoais.**
> 1. Os dados pessoais são: (b) recolhidos para finalidades determinadas, explícitas e legítimas e não podendo ser tratados posteriormente de uma forma incompatível com essas finalidades; o tratamento posterior para fins de arquivo de interesse público, ou para fins de investigação científica ou histórica ou para fins estatísticos, não é considerado incompatível com as finalidades iniciais, em conformidade com o artigo 89º, nº 1 (*limitação das finalidades*);

---

[7] A respeito do tema, ver: OLIVEIRA, Marco Aurélio Bellizze; LOPES, Isabela Maria Pereira. Os princípios norteadores da proteção de dados pessoais no Brasil e sua otimização pela Lei 13/709/2018. In: TEPEDINO, Gustavo; FRAZÃO, Ana; DONATO, Milena (coords.). *Lei Geral de Proteção de Dados Pessoais e suas repercussões no Direito Brasileiro*. 2. ed. São Paulo: Thomson Reuters, 2020. p. 71.

[8] Ver: ZUBOFF, Shoshana. *The age of surveillance capitalism:* the fight for a human future at the new frontier of power. Nova York: Public Affairs, 2019. p. 89.

IV.3.2. Conexão entre o princípio da finalidade e as bases legais

Antes ou no momento em que os dados são coletados, ou tão logo for possível, as finalidades do tratamento devem ser minuciosamente especificadas para assegurar a observância do princípio e para que seja possível confirmar, em um eventual novo tratamento, que elas estão abarcadas pelo propósito apresentado inicialmente.

Assim, é evidente que a discussão sobre as finalidades do tratamento está intrinsecamente associada às bases legais que justificarão cada tratamento, pois a pertinência destas apenas poderá ser avaliada diante do propósito do tratamento.

Se a base legal for o consentimento, o atendimento ao princípio da finalidade será crucial para tornar lícito o tratamento, até por possibilitar que o titular deixe de consentir com o tratamento de dados.

De toda sorte, o princípio da finalidade deverá ser atendido diante de qualquer outra base legal (por exemplo, a execução de um determinado contrato), assim como para eventual mudança de base legal que possa ocorrer em virtude de alterações supervenientes do próprio tratamento. Em todas essas situações, há de se ter a completa vinculação ao princípio da finalidade e à transparência a que deve atender.

Diante do exposto, o princípio da finalidade é provavelmente o critério mais importante para o tratamento de dados, já que permite ao agente valorar a razoabilidade da utilização de determinados dados pessoais para uma finalidade específica, fora da qual haveria real abusividade.

Novamente, aqui, o princípio da finalidade determina se o tratamento de um dado pessoal recai ou não no campo da ilicitude, tendo em vista que tratar dados em desconformidade com os fins informados não é permitido pela LGPD.

IV.3.3. Princípio da finalidade e princípio da boa-fé

Diante do que já foi exposto, é fácil observar a correlação entre o princípio da finalidade ao princípio da boa-fé, já que o primeiro também está ligado à limitação do tratamento dos dados aos propósitos pretendidos no momento da sua coleta, bem como às expectativas legítimas e razoáveis do titular, impedindo assim que os dados sejam utilizados ao bel prazer de quem os controle, a exemplo da situação concreta abaixo.

Situações concretas

Violação do princípio da finalidade

- **Situação 1** – Quando o agente de tratamento informa ao titular que os dados estão sendo coletados para fins de contratação de um serviço de telefonia móvel, mas os dados pessoais são utilizados para fins de publicidade direcionada;

- **Situação 2** – Quando o agente de tratamento informa ao titular que os dados pessoais serão compartilhados com uma empresa de benefícios de vale-refeição, mas eles também são compartilhados com *bureaus* de crédito;

80 CURSO DE PROTEÇÃO DE DADOS PESSOAIS – *Frazão • Carvalho • Milanez*

⊙ **Situação 3**[9] – Uma empresa de transporte público exige que os motoristas de ônibus, todos os dias antes de iniciar seu turno, soprem em um bafômetro para verificar a presença de álcool. A hora e a data do teste são registradas junto com informações sobre o resultado do teste. Esse procedimento está integrado a um sistema de entrada/saída. Quando os motoristas de ônibus começam seu turno de trabalho, eles são obrigados a segurar seu cartão magnético de identificação no bafômetro e depois soprá-lo. O objetivo do tratamento, conforme especificado em lei e informado aos funcionários, é verificar a presença de álcool no organismo durante o turno de trabalho, o que seria igualmente compatível com as regras trabalhistas aplicáveis, diante da função exercida pelo empregado.[10] Entretanto, sem o conhecimento dos motoristas, o sistema de bafômetro também é utilizado para verificar se os motoristas cumpriram suas obrigações de jornada de trabalho (ou seja, se chegam pontualmente no início do seu turno). Aqui, o uso posterior é incompatível.

Observância do princípio da finalidade

⊙ **Situação 1**[11] – Uma empresa coleta dados pessoais para oferecer serviços vinculados a um aplicativo de condicionamento físico. A finalidade específica é a análise dos dados pessoais para recomendação de uma rotina de exercícios personalizada. No entanto, há um tratamento adicional dos dados para identificação de erros técnicos no aplicativo e implementação de melhorias no sistema. Referido tratamento será compatível, já que a melhoria da eficiência do aplicativo está vinculada à finalidade original e pode ser razoavelmente esperada dos usuários (titulares dos dados pessoais).

Nesse sentido, conforme assinala Danilo Doneda,[12] o princípio da finalidade tem uma série de implicações, a saber: (i) Exige uma correlação necessária entre o uso de dados pessoais e a finalidade informada ao titular no momento da coleta; (ii) Limita o acesso de terceiros a bancos de dados; (iii) Serve como parâmetro para julgar se determinado tratamento de dados é adequado e razoável e está de acordo com a finalidade informada no momento da coleta; (iv) Exige que o agente estabeleça a finalidade do tratamento de forma expressa e limitada, já que ele será considerado ilegítimo caso a finalidade seja ampla ou genérica.

---

[9] Adaptado de: ARTICLE 29 DATA PROTECTION WORKING PARTY. Opinion 03/2013 on purpose limitation, adopted in 2 April 2013, 2013.

[10] A 1ª Vara do Trabalho de Dourados do Tribunal Regional do Trabalho da 24ª Região, inclusive, já decidiu nesse mesmo sentido no Processo 0024177-39.2021.5.24.0021. Neste caso, o juiz concluiu que, após a entrada em vigor da LGPD, a empresa só pode realizar exame etílico no empregado sem o seu consentimento (a) se se tratar de motorista profissional (artigo 168, § 6º, da CLT) ou de trabalhador que, caso exerça sua atividade embriagado, coloque em risco a própria saúde ou de terceiros, em razão do princípio da necessidade; (b) se ele for informado explicitamente sobre qual é a finalidade da realização do exame; e (c) nas hipóteses do art. 11 da LGPD – de forma cumulativa.

[11] Adaptado de: International Association of Privacy Professionals. European Data Protection Law and Practice. Executive Editor Eduardo Ustaran, CIPP/E. Partner, Hogan Lovells. 2018, Chapter 6.3.

[12] DONEDA, Danilo. *Da privacidade à proteção de dados pessoais.* Rio de Janeiro: Renovar, 2006, p. 216. Ver também: MENDES, Laura Schertel. O direito fundamental à proteção de dados pessoais. *Revista de Direito do Consumidor*, v. 20, n. 79, jul./set. 2011.

Observe-se, por conseguinte, que o atendimento ao princípio da finalidade informada ao titular constitui salvaguarda que não pode ser afastada pelo simples fato de existir base legal para o tratamento, uma vez que não pode o agente de tratamento, sob o argumento de que possui autorização legal para tratar dados – inclusive para efeito de dispensar a obtenção do consentimento do titular (por exemplo, na utilização de dados para análise de crédito) – deixar de informar que o faz.

Somado a isso, há que se destacar que os dados pessoais não podem ser tratados posteriormente de forma incompatível com as finalidades originais que são legítimas, específicas, explícitas e foram informadas ao titular no momento da coleta. Caso o agente queira tratar os dados pessoais para uma nova finalidade, esta deve também ser legítima e específica, bem como deve ser informada ao titular, como será mais bem desenvolvido na seção seguinte.

Diante do quadro descrito, é fácil verificar a importância da especificação da finalidade, pois é esta que determina, em suma, os propósitos para os quais os dados pessoais serão tratados e, indiretamente, até mesmo quais dados pessoais são necessários, adequados e relevantes para o cumprimento de tais propósitos.

Dessa forma, são estabelecidos os limites específicos das finalidades para as quais o agente de tratamento pode utilizar os dados coletados, condicionando a sua própria conformidade legal. Uma finalidade verdadeiramente específica é aquela que é suficientemente detalhada ao ponto de delimitar quais operações de tratamento podem ser realizadas.

Ainda, se a finalidade for específica, ela também garantirá previsibilidade ao titular e facilitará a própria avaliação da legalidade e mesmo de compatibilidade do tratamento posterior.

IV.3.4. Novas finalidades atribuídas ao tratamento de dados

Para que o tratamento posterior seja legítimo, a nova finalidade também deve ser legítima, ou seja, deve estar em conformidade com a lei em sentido amplo, o que, a depender do contexto do tratamento, pode envolver não apenas a LGPD, mas também o Código de Defesa do Consumidor (CDC), a Consolidação das Leis do Trabalho (CLT), o Marco Civil da Internet (MCI), a Lei de Acesso à Informação (LAI), a Constituição Federal, ou até mesmo entendimentos judiciais ou administrativos que sirvam para interpretar esses diplomas.

Exatamente por isso, a legitimidade de uma determinada finalidade pode alterar-se com o passar do tempo, a depender do desenvolvimento tecnológico e das mudanças socioeconômicas e culturais.

Não basta, entretanto, que a nova finalidade seja tão somente específica e legítima. Ela deve ser também compatível com a finalidade original. Ou seja, ainda que seja confirmada a especificidade e a legitimidade da nova finalidade escolhida para o tratamento posterior, ele só poderá ser realizado caso essa nova finalidade seja também compatível com aquela que justificou a coleta do dado pessoal em momento anterior.

Exatamente por isso, o papel do princípio da finalidade no tratamento posterior não é impedir o uso dinâmico dos dados pessoais e nem mesmo vedar, de forma absoluta, a reutilização de dados, mas restringir o tratamento para novas finalidades incompatíveis com a finalidade original e oferecer uma abordagem normativa balanceada em termos de deveres e obrigações.

Concilia-se, de um lado, a tão necessária previsibilidade e segurança jurídica para o titular e, de outro, a necessidade de certo grau de flexibilidade para os agentes de tratamento utilizarem tais dados para novas finalidades.[13]

Além disso, destaca-se que a própria redação do princípio da finalidade no art. 6º, I, da LGPD, é marcada por uma dupla negativa, ou seja, pela proibição da incompatibilidade ("sem possibilidade de tratamento posterior de forma incompatível com essas finalidades"), o que indica que a lei brasileira optou por conferir certa flexibilidade à utilização posterior dos dados pessoais, desde que exista compatibilidade com as finalidades originais.

Nesse ponto, a LGPD aproximou-se bastante do modelo regulatório europeu, que já disciplinava o princípio da finalidade a partir dessa perspectiva desde a Diretiva 96/45/CE em seu art. 6º (1). No mesmo sentido, o RGPD também dispõe acerca do princípio da finalidade a partir da proibição da incompatibilidade, ou seja, a partir da dupla negativa em seu art. 5º (1).

Assim, o fato de o tratamento posterior ser realizado para uma nova finalidade, diferente daquela que justificou a coleta, não implica automática e necessariamente a incompatibilidade do novo tratamento. Tal análise deve ser feita caso a caso e, por isso, novamente aqui, a já mencionada teoria da privacidade contextual ganha um papel de destaque.

Nesse contexto, é fundamental destacar os critérios elaborados pelo Grupo de Trabalho do Artigo 29 no Parecer 3/2013 sobre a limitação da finalidade, elaborado à luz da Diretiva 96/45/CE, para avaliar a compatibilidade entre a finalidade original e a finalidade posterior do tratamento de dados pessoais.

Tais critérios, que já estão previstos expressamente no art. 6º (4) do RGPD e têm sido amplamente adotados pela doutrina brasileira, são: (i) a relação entre a finalidade para a qual o dado foi inicialmente tratado e a finalidade do tratamento posterior; (ii) o contexto no qual o dado foi coletado e as expectativas legítimas e razoáveis do titular quando à utilização posterior; (iii) a natureza do dado e o impacto do tratamento posterior sobre o titular; e (iv) as garantias aplicadas pelo agente para assegurar um tratamento adequado e prevenir qualquer impacto indevido sobre o titular.

> **RGPD, Artigo 6º Licitude do tratamento.**
>
> 4. Quando o tratamento para fins que não sejam aqueles para os quais os dados pessoais foram recolhidos não for realizado com base no consentimento do titular dos dados ou em disposições do direito da União ou dos Estados-Membros que constituam uma medida necessária e proporcionada

---

[13] Nesse sentido: WIMMER, Miriam. O regime jurídico do tratamento de dados pessoais pelo Poder Público. In: DONEDA, Danilo (coord.); SARLET, Ingo Wolfgang (coord.); MENDES, Laura Schertel (coord.); RODRIGUES JUNIOR, Otavio Luiz (coord.); BIONI, Bruno Ricardo (coord.). *Tratado de Proteção de Dados Pessoais*. Rio de Janeiro: Forense, 2021. p. 281.

> numa sociedade democrática para salvaguardar os objetivos referidos no artigo 23°, n° 1, o responsável pelo tratamento, a fim de verificar se o tratamento para outros fins é compatível com a finalidade para a qual os dados pessoais foram inicialmente recolhidos, tem nomeadamente em conta:
>
> (a) Qualquer ligação entre a finalidade para a qual os dados pessoais foram recolhidos e a finalidade do tratamento posterior;
>
> (b) O contexto em que os dados pessoais foram recolhidos, em particular no que respeita à relação entre os titulares dos dados e o responsável pelo seu tratamento;
>
> (c) A natureza dos dados pessoais, em especial se as categorias especiais de dados pessoais forem tratadas nos termos do artigo 9°, ou se os dados pessoais relacionados com condenações penais e infrações forem tratados nos termos do artigo 10°;
>
> (d) As eventuais consequências do tratamento posterior pretendido para os titulares dos dados;
>
> (e) A existência de salvaguardas adequadas, que podem ser a cifragem ou a pseudonimização.

Em relação ao *primeiro critério*, o foco deve estar na natureza da relação entre a finalidade que justificou o tratamento original e aquela que se pretende alcançar com o tratamento posterior.

Nesse caso, é possível, por exemplo, que, na avaliação de compatibilidade, identifique-se que o propósito do tratamento posterior já estava mais ou menos abarcado pela finalidade original ou então ele pode até mesmo ser assumido como uma etapa lógica seguinte dela em virtude da existência de um nexo entre elas.

De qualquer forma, é certo que, quanto maior o distanciamento entre a finalidade da coleta e a finalidade do tratamento posterior, mais difícil será alcançar um resultado positivo na avaliação de compatibilidade.

Quanto ao *segundo critério*, é fundamental avaliar as expectativas legítimas do titular, ou seja, o que ele espera ou poderia razoavelmente esperar caso os seus dados pessoais fossem tratados posteriormente para um novo propósito à luz do contexto e da finalidade que justificaram a coleta.

Isso porque, quanto mais inesperada ou surpreendente for a nova utilização, menor será a probabilidade de que o tratamento posterior seja considerado compatível. Por isso, é fundamental ponderar três importantes aspectos na avaliação deste critério:

1. A natureza da relação entre o agente de tratamento e o titular, refletindo-se, inclusive, quanto a práticas costumeiras que são geralmente esperadas em contextos e relações idênticas à que está sendo analisada;

2. A diferença de poderes entre o agente de tratamento e o titular, especialmente se há algum tipo de obrigação em fornecer tais dados pessoais, já que, se a liberdade de escolha for mínima ou inexistente (como no caso de obrigação legal), o tratamento posterior será ainda mais questionável; e

3. O contexto da coleta, já que, quanto mais específico e restritivo ele for, maiores serão as limitações para o tratamento posterior, devendo-se considerar especialmente as expectativas legítimas do titular naquela situação, a fim de conferir previsibilidade e segurança jurídica ao tratamento posterior.

Já em relação ao *terceiro critério*, reitera-se que a própria racionalidade da LGPD é proteger o titular contra eventuais impactos negativos decorrentes do tratamento indevido dos seus dados. Nesse sentido, dados pessoais cuja natureza é sensível, por exemplo, implicam a existência de um risco de dano ao titular maior ainda.

Portanto, na avaliação de compatibilidade do tratamento posterior, há que se considerar todas as possíveis consequências relevantes, sejam elas positivas ou negativas. Quanto mais negativo ou incerto for o impacto do tratamento posterior, menor a probabilidade de que ele seja considerado compatível à LGPD.

Por fim, quanto ao quarto e último critério, sua importância se dá especialmente em virtude das eventuais compensações que podem ser adotadas para viabilizar a mudança de finalidade no tratamento posterior, como fornecer informações adicionais aos titulares, permitir o *opt-out* (auto exclusão) ou o *opt-in* (auto inclusão), coletar consentimento específico para o novo tratamento e adotar medidas que assegurem que os dados não sejam utilizados para tomar quaisquer decisões a respeito do titular a que se referem, dentre outras.

A avaliação de compatibilidade, nesse sentido, é bastante complexa e essencialmente contextual. Não é possível, de pronto, avaliar – em abstrato – se determinada nova finalidade é ou não compatível sem avaliar todos os critérios acima expostos.

É possível constatar, assim, que não basta que a nova finalidade seja apenas específica e legítima; ela deve ser também compatível com aquela que justificou a coleta do dado num primeiro momento, ainda que não seja idêntica a ela.

Confirmação da legitimidade do tratamento posterior para nova finalidade

- A nova finalidade já estava mais ou menos abarcada pela finalidade original ou então ela pode ser assumida como uma etapa lógica seguinte em virtude da existência de um nexo entre elas?

- O que o titular espera ou poderia razoavelmente esperar caso os seus dados pessoais fossem tratados posteriormente para uma nova finalidade à luz do contexto e da finalidade que justificaram a coleta?

- É possível prever o impacto do tratamento posterior sob o titular, ou seja, todas as possíveis consequências negativas ou positivas, ou o impacto é incerto?

- O agente de tratamento adotará compensações para assegurar que os dados não sejam utilizados de forma incompatível com a finalidade original, por exemplo?

Por fim, é indispensável destacar que a avaliação de compatibilidade representa o núcleo essencial da hipótese autorizativa prevista no art. 7º, § 7º, da LGPD. Isso porque, para realizar tratamento posterior de dados pessoais disponíveis publicamente – ou seja, para novas finalidades – deve-se garantir que a nova finalidade seja legítima, específica e compatível em relação àquela que justificou a disponibilização pública do dado num primeiro momento.

IV.4. PRINCÍPIO DA ADEQUAÇÃO (LGPD, ART. 6º, II)

O princípio da adequação, disciplinado no art. 6º, II, da LGPD, determina que deve haver compatibilidade entre o tratamento e as finalidades informadas ao titular, de acordo com o contexto do tratamento.

> **LGPD, Art. 6º** As atividades de tratamento de dados pessoais deverão observar a boa-fé e os seguintes princípios:
>
> II – **adequação**: compatibilidade do tratamento com as finalidades informadas ao titular, de acordo com o contexto do tratamento;

> **RGPD, Artigo 5º Princípios relativos ao tratamento de dados pessoais.**
> 1. Os dados pessoais são: (c) adequados, pertinentes e limitados ao que é necessário relativamente às finalidades para as quais são tratados (*minimização dos dados*);

Nesse sentido, o agente de tratamento possui uma dupla obrigação. De um lado, informar a finalidade e a extensão do tratamento de dados ao titular de forma clara e específica. De outro, garantir que os limites informados sejam realmente observados.

O princípio da adequação impõe, portanto, a análise da relação entre as finalidades pretendidas pelo tratamento e os meios utilizados para tal, exigindo que estes sejam adequados, ou seja, compatíveis, proporcionais e não excessivos para os fins pretendidos. Em decorrência, o princípio da adequação não apenas guarda grande correspondência com o princípio da necessidade, que será exposto a seguir, mas também com o princípio da boa-fé e com a cláusula geral de vedação ao abuso de direito.

Com efeito, o princípio da adequação tem grande correspondência com o princípio da proporcionalidade, que tende a ser desdobrado em três juízos: (i) necessidade, (ii) adequação e (iii) razoabilidade. Exatamente por isso, adequação e necessidade são etapas fundamentais para saber se a finalidade legítima pretendida pelo tratamento está sendo alcançada por meios igualmente legítimos.

 Situações concretas

Violação do princípio da adequação
- **Situação 1** – Quando o agente de tratamento informa o titular que os dados serão compartilhados com algumas empresas prestadoras de serviço, mas

comercializa-os no mercado a partir da venda de pacotes de dados em plataformas *e-commerce*.

○ **Situação 2** – Quando o agente de tratamento informa ao titular que os seus dados pessoais serão anonimizados, mas realiza um processo de pseudonimização apenas.

IV.5. PRINCÍPIO DA NECESSIDADE (LGPD, ART. 6°, III)

O princípio da necessidade, previsto no art. 6º, III, da LGPD, dispõe que o tratamento deve ser limitado ao mínimo necessário para a realização de suas finalidades, com abrangência dos dados pertinentes, proporcionais e não excessivos em relação às finalidades do tratamento de dados.

> **LGPD, Art. 6°** Art. 6º As atividades de tratamento de dados pessoais deverão observar a boa-fé e os seguintes princípios:
>
> III – **necessidade**: limitação do tratamento ao mínimo necessário para a realização de suas finalidades, com abrangência dos dados pertinentes, proporcionais e não excessivos em relação às finalidades do tratamento de dados;

> **RGPD, Artigo 5° Princípios relativos ao tratamento de dados pessoais.**
>
> 1. Os dados pessoais são:
>
> (c) adequados, pertinentes e limitados ao que é necessário relativamente às finalidades para as quais são tratados (*minimização dos dados*);
>
> (e) conservados de uma forma que permita a identificação dos titulares dos dados apenas durante o período necessário para as finalidades para as quais são tratados; os dados pessoais podem ser conservados durante períodos mais longos, desde que sejam tratados exclusivamente para fins de arquivo de interesse público, ou para fins de investigação científica ou histórica ou para fins estatísticos, em conformidade com o artigo 89º, nº 1, sujeitos à aplicação das medidas técnicas e organizativas adequadas exigidas pelo presente regulamento, a fim de salvaguardar os direitos e liberdades do titular dos dados (*limitação da conservação*);

Como já se esclareceu na seção anterior, é umbilical a relação entre o princípio da necessidade e o princípio da adequação, pois ambos oferecem balizas que deverão simultaneamente orientar a escolha do meio pelo qual o tratamento será feito.

Não é sem razão que o próprio RGPD menciona a minimização de dados, ressaltando que o tratamento de dados deve ser feito sempre da forma menos intrusiva e mais protetiva dos direitos do titular.

Diante disso, é evidente que tal princípio veda, por exemplo, o tratamento excessivo dos dados, tanto em termos quantitativos (dados excessivos), quanto em termos qualitativos (dados desproporcionais para a finalidade que justificou a publicização) – razão pela qual mantém também relação bastante próxima com o princípio da finalidade.

Assim, o agente de tratamento deve limitar-se a utilizar somente os dados indispensáveis e verdadeiramente pertinentes ao tratamento que realiza.

É importante destacar, ainda, que o princípio da necessidade se materializa em diversos momentos ao longo do texto da LGPD, a exemplo do dispositivo abaixo.

> **LGPD, Art. 10. § 1º** Quando o tratamento for baseado no legítimo interesse do controlador, somente os dados pessoais *estritamente necessários para a finalidade pretendida* poderão ser tratados.

Tal artigo limita a coleta de dados pessoais ao estritamente necessário para o cumprimento da finalidade inicialmente informada ao titular e determinam que tais dados serão eliminados quando o tratamento chegar ao fim, quando eles se tornam desnecessários.

 Situações concretas

Violação do princípio da necessidade

- **Situação 1** – Quando uma loja de eletrodomésticos exige a identificação do tipo sanguíneo e a coleta da impressão digital para a comercialização dos produtos na loja.
- **Situação 2** – Quando a empresa exige que o titular informe sua orientação sexual e sua religião durante o processo seletivo para uma vaga de emprego.
- **Situação 3** – Não haveria violação ao princípio da necessidade na hipótese de serem solicitados dados sobre orientação sexual e sobre origem racial ou étnica em um processo seletivo que tenha por objetivo estimular a contratação de pessoas negras, LGBTQIAP+ ou integrantes de outras minorias, porque aqui a finalidade do tratamento de dados seria legítima.

IV.6. PRINCÍPIO DO LIVRE ACESSO (LGPD, ART. 6º, IV)

O princípio do livre acesso, disciplinado no art. 6º, IV, da LGPD, exige que os agentes de tratamento garantam aos titulares consulta facilitada e gratuita sobre a forma e a duração do tratamento, bem como sobre a integralidade de seus dados pessoais.

> **LGPD, Art. 6º** As atividades de tratamento de dados pessoais deverão observar a boa-fé e os seguintes princípios:
> IV – **livre acesso**: garantia, aos titulares, de consulta facilitada e gratuita sobre a forma e a duração do tratamento, bem como sobre a integralidade de seus dados pessoais;

O princípio do livre acesso está materializado explicitamente no art. 9º e de forma implícita nos arts. 18, 19 e 20 da LGPD. O art. 9º especificamente determina que o titular tem direito ao acesso facilitado às informações nele destacadas sobre o tratamento de seus dados, que deverão ser disponibilizadas de forma clara, adequada e ostensiva:

88 CURSO DE PROTEÇÃO DE DADOS PESSOAIS – *Frazão • Carvalho • Milanez*

> **LGPD, Art. 9º** O titular tem direito ao acesso facilitado às informações sobre o tratamento de seus dados, que deverão ser disponibilizadas de forma clara, adequada e ostensiva acerca de, entre outras características previstas em regulamentação para o atendimento do princípio do livre acesso:
>
> I – finalidade específica do tratamento;
>
> II – forma e duração do tratamento, observados os segredos comercial e industrial;
>
> III – identificação do controlador;
>
> IV – informações de contato do controlador;
>
> V – informações acerca do uso compartilhado de dados pelo controlador e a finalidade;
>
> VI – responsabilidades dos agentes que realizarão o tratamento; e
>
> VII – direitos do titular, com menção explícita aos direitos contidos no art. 18 desta Lei.

Todos os dispositivos mencionados indicam formas pelas quais o titular dos dados pode requerer e acessar as informações que lhe digam respeito, bem como exercer os seus direitos legalmente previstos.

Portanto, exige-se do agente de tratamento a disponibilização de procedimento que realmente garanta a possibilidade de o titular obter informações precisas acerca do tratamento dos seus dados pessoais.

O princípio do acesso a dados, além de suas relações com o princípio da transparência e da *accountability*, tem papel fundamental e estratégico para assegurar o controle e a autodeterminação informativa por parte do titular de dados. De fato, é por esta via que muitas vezes os titulares poderão saber as informações necessárias para avaliar se determinado tratamento de dados a seu respeito existe e se é lícito.

Considerando a dinamicidade de vários tratamentos de dados, o princípio do acesso a dados também assegura ao titular saber se houve modificações ou mesmo a extinção do tratamento de dados, bem como se outros tratamentos com finalidades compatíveis ou não com o originário estão em curso.

IV.7. PRINCÍPIO DA QUALIDADE DOS DADOS (ART. 6º, V)

O princípio da qualidade dos dados, previsto no art. 6º, V, da LGPD, exige que os agentes de tratamento garantam aos titulares exatidão, clareza, relevância e atualização dos dados, de acordo com a necessidade e para o cumprimento da finalidade de seu tratamento. Ou seja, os dados pessoais tratados devem ser exatos, objetivos, claros, relevantes e estar sempre atualizados.

> **LGPD, Art. 6º** Art. 6º As atividades de tratamento de dados pessoais deverão observar a boa-fé e os seguintes princípios:
>
> V – **qualidade dos dados**: garantia, aos titulares, de exatidão, clareza, relevância e atualização dos dados, de acordo com a necessidade e para o cumprimento da finalidade de seu tratamento;

> **RGPD, Artigo 5º Princípios relativos ao tratamento de dados pessoais.**
> 1. Os dados pessoais são: (d) Exatos e atualizados sempre que necessário; devem ser adotadas todas as medidas adequadas para que os dados inexatos, tendo em conta as finalidades para que são tratados, sejam apagados ou retificados sem demora (*exatidão*);

> **RGPD, Considerando 29.**
> (...) Os dados pessoais deverão ser adequados, pertinentes e limitados ao necessário para os efeitos para os quais são tratados. Para isso, é necessário assegurar que o prazo de conservação dos dados seja limitado ao mínimo. Os dados pessoais apenas deverão ser tratados se a finalidade do tratamento não puder ser atingida de forma razoável por outros meios. A fim de assegurar que os dados pessoais sejam conservados apenas durante o período considerado necessário, o responsável pelo tratamento deverá fixar os prazos para o apagamento ou a revisão periódica. Deverão ser adotadas todas as medidas razoáveis para que os dados pessoais inexatos sejam retificados ou apagados.

O princípio da qualidade dos dados tem grande relação com os princípios do livre acesso e da transparência, já que eles garantem o conhecimento do titular sobre suas informações, bem como sobre os meios adequados para que as informações incongruentes ou equivocadas sejam prontamente corrigidas.

No entanto, este princípio se materializa de forma mais contundente no inciso III do art. 18 da LGPD, que estabelece o direito à correção ou retificação de dados incompletos, inexatos ou desatualizados.

> **LGPD, Art. 18.** O titular dos dados pessoais tem direito a obter do controlador, em relação aos dados do titular por ele tratados, a qualquer momento e mediante requisição:
> III – *correção de dados incompletos, inexatos ou desatualizados*;

É importante notar, nesse ponto, que a noção de qualidade dos dados abrange, porém não se resume à *atualidade* dos dados. Em outras palavras, embora dados desatualizados certamente não atendam às exigências de qualidade, o princípio tem escopo muito mais amplo, apresentando-se como mecanismo de avaliação da aptidão dos dados em questão para o atingimento da finalidade do tratamento.[14] Assim, caso os dados não atendam aos requisitos de qualidade, dificilmente atenderão também ao princípio da finalidade.

De toda sorte, a qualidade e a atualidade de dados têm papel importantíssimo igualmente para evitar discriminações indevidas, razão pela qual apresenta grandes conexões com o princípio da não discriminação.

---

[14] Ver: DIMITROVA, Diana. The Rise of the Personal Data Quality Principle. Is it Legal and Does it Have an Impact on the Right to Rectification? Disponível em: https://papers.ssrn.com/sol3/papers.cfm?abstract_id=3790602. Acesso em: 8 out. 2021.

Com efeito, como os dados pessoais têm sido utilizados para fazer inferências e julgamentos sobre as pessoas – dos quais dependerão seu acesso a direitos ou a bens ou serviços, como é o caso de crédito, seguro, dentre inúmeros outros – é inequívoco que tais dados precisam ser fidedignos para os fins pretendidos, sob pena de levarem a julgamentos indevidos e potencialmente nefastos para as pessoas.

Tal aspecto é particularmente relevante porque várias das características das pessoas são dinâmicas, de forma que as bases de dados utilizadas para determinadas finalidades precisam estar atentas para tal fato, utilizando somente os dados que sejam corretos e atuais.

IV.8. PRINCÍPIO DA TRANSPARÊNCIA (LGPD, ART. 6°, VI)

IV.8.1. Aspectos fundamentais

O princípio da transparência, disposto no art. 6º, VI, da LGPD, exige que os agentes de tratamento garantam, aos titulares, informações claras, precisas e facilmente acessíveis sobre a realização do tratamento e os respectivos agentes de tratamento, observados os segredos comercial e industrial.

> **LGPD, Art. 6°** Art. 6º As atividades de tratamento de dados pessoais deverão observar a boa-fé e os seguintes princípios:
>
> VI – **transparência**: garantia, aos titulares, de informações claras, precisas e facilmente acessíveis sobre a realização do tratamento e os respectivos agentes de tratamento, observados os segredos comercial e industrial;

RGPD, Considerando 39.

O tratamento de dados pessoais deverá ser efetuado de forma lícita e equitativa. Deverá ser transparente para as pessoas singulares que os dados pessoais que lhes dizem respeito são recolhidos, utilizados, consultados ou sujeitos a qualquer outro tipo de tratamento e a medida em que os dados pessoais são ou virão a ser tratados. O princípio da transparência exige que as informações ou comunicações relacionadas com o tratamento desses dados pessoais sejam de fácil acesso e compreensão, e formuladas numa linguagem clara e simples. Esse princípio diz respeito, em particular, às informações fornecidas aos titulares dos dados sobre a identidade do responsável pelo tratamento dos mesmos e os fins a que o tratamento se destina, bem como às informações que se destinam a assegurar que seja efetuado com equidade e transparência para com as pessoas singulares em causa, bem como a salvaguardar o seu direito a obter a confirmação e a comunicação dos dados pessoais que lhes dizem respeito que estão a ser tratados. As pessoas singulares a quem os dados dizem respeito deverão ser alertadas para os riscos, regras, garantias e direitos associados ao tratamento dos dados pessoais e para os meios de que dispõem para exercer os seus direitos relativamente a esse tratamento. Em especial, as finalidades específicas do tratamento dos dados pessoais deverão ser explícitas e legítimas e ser determinadas aquando da recolha dos dados pessoais. (...)

> **RGPD, Considerando 58.**
> O princípio da transparência exige que qualquer informação destinada ao público ou ao titular dos dados seja concisa, de fácil acesso e compreensão, bem como formulada numa linguagem clara e simples, e que se recorra, adicionalmente, à visualização sempre que for adequado. Essas informações poderão ser fornecidas por via eletrônica, por exemplo num sítio web, quando se destinarem ao público. Isto é especialmente relevante em situações em que a proliferação de operadores e a complexidade tecnológica das práticas tornam difícil que o titular dos dados saiba e compreenda se, por quem e para que fins os seus dados pessoais estão a ser recolhidos, como no caso da publicidade por via eletrônica. Uma vez que as crianças merecem proteção específica, sempre que o tratamento lhes seja dirigido, qualquer informação e comunicação deverá estar redigida numa linguagem clara e simples que a criança compreenda facilmente.

O princípio da transparência deve ser observado não apenas no momento de coleta dos dados pessoais, mas ao longo de todo o processo de tratamento de dados, inclusive após o término. Referido princípio está materializado nos seguintes dispositivos da LGPD:

> **LGPD, Art. 10. § 2º** O controlador deverá adotar medidas para *garantir a transparência do tratamento de dados* baseado em seu legítimo interesse.

> **LGPD, Art. 20. § 1º** O controlador deverá fornecer, sempre que solicitadas, *informações claras e adequadas a respeito dos critérios e dos procedimentos* utilizados para a decisão automatizada, observados os segredos comercial e industrial.

Como já se viu anteriormente, o princípio do livre acesso é uma das formas de se assegurar a transparência na relação entre titulares de dados e agentes de tratamento. Entretanto, é importante destacar que o princípio da transparência tem também outras importantes dimensões, tais como aquela que se projeta na relação entre agentes de tratamento e a Autoridade Nacional de Proteção de Dados (ANPD), assim como na relação entre agentes de tratamento e a sociedade como um todo.

Exemplos que demonstram que a transparência transcende o direito do titular de dados pessoais são tratamentos de dados que ilicitamente manipulam eleitores para subverter os resultados de um determinado processo eleitoral ou que são utilizados para julgar o grau de periculosidade de réus sob julgamento, a fim de auxiliar o juiz penal na dosimetria da pena aplicada.

É inequívoco que, diante do interesse público relacionado a casos assim, os agentes de tratamento devem explicações não somente aos titulares de dados, mas também à ANPD e a toda a sociedade também.

Aliás, como já se viu no Capítulo I, a privacidade e a proteção de dados também apresentam importante dimensão coletiva,[15] o que mostra que, em diversos aspectos, a interpretação dos princípios da LGPD deve considerar o interesse social do tratamento de dados, o que certamente deve se projetar no princípio da transparência.

IV.8.2. Transparência e segredo de negócios

A própria LGPD limitou a aplicação do princípio da transparência em face da existência de segredos comercial e industrial, ou seja, de qualquer tipo de informação ou conhecimento que, em razão do seu alto valor para estratégias comerciais e concorrenciais de determinado agente, possa afetar o agente econômico em questão. O fundamento da proteção do segredo de negócios é o de que o sigilo é ferramenta para impedir práticas abusivas como o desvio de clientela e outras modalidades de concorrência desleal.[16]

O chamado segredo de negócio, cabe notar, está diretamente relacionado à capacidade individual de geração de lucro futuro de um determinado agente econômico, de tal maneira que, caso determinados dados sejam indevidamente obtidos e explorados por outros agentes, pode-se causar consideráveis danos aos negócios da empresa em questão.

Daí dizer Pedro Pais de Vasconcellos que "Há segredos comerciais e industriais que têm de ser preservados, há oportunidades de negócio que não convém partilhar, há listas de clientela e de fornecedores, há estudos de mercados que custam caro e devem manter-se confidenciais, há projectos comerciais e industriais que têm de manter-se secretos".[17]

Não é sem motivo, aliás, que diversos microssistemas jurídicos que garantem direitos de acesso à informação ou à transparência encontram limites justamente nos segredos de negócio, como ocorre com a própria LGPD. É o caso também, por exemplo, do art. 22 da Lei de Acesso à Informação (Lei no 12.527/2011):

> **LAI, Art. 22.** O disposto nesta Lei não exclui as demais hipóteses legais de sigilo e de segredo de justiça nem as hipóteses de segredo industrial decorrentes da exploração direta de atividade econômica pelo Estado ou por pessoa física ou entidade privada que tenha qualquer vínculo com o poder público.

---

[15] Ver: VÉLIZ, Carissa. *Privacy is power*: why and how you should take back control of your data. Londres; Bantam Press, 2020.

[16] Ver: SIQUEIRA, Antonio Henrique Albani. Capítulo I – Disposições Preliminares. In: FEIGELSON, Bruno (coord.); SIQUEIRA, Antonio Henrique Albani (coord.). *Comentários à Lei Geral de Proteção de Dados: Lei 13.709/2018*. São Paulo: Thomson Reuters Brasil, 2019. p. 39.

[17] VASCONCELLOS, Pedro Pais. *A participação social nas sociedades comerciais*. Coimbra: Almedina, 2006. p. 204.

No caso da economia movida a dados, a discussão sobre segredo de negócios projeta-se especialmente sobre os algoritmos que têm sido utilizados por várias empresas nos seus tratamentos de dados, os quais têm sido caracterizados por extrema opacidade e falta de transparência.

Daí a discussão sobre como compatibilizar o segredo de negócios com a transparência, partindo-se da premissa de que o primeiro não pode ser absoluto, até porque, ao contrário da propriedade intelectual, não tem nem mesmo mecanismos para equilibrar os interesses privados do titular com os interesses públicos.

Entretanto, não se trata de questão simples. A tensão – ou, no jargão econômico, o *trade off* – entre transparência e segredo de negócios é certamente uma das mais complexas e delicadas de toda a LGPD. De toda sorte, há bons fundamentos para sustentar, no que se refere a sistemas algorítmicos, que, embora o segredo de negócios possa ser invocado para proteger o acesso à integralidade do código, não exime os agentes de oferecerem os critérios básicos do tratamento, a fim de que ele seja razoavelmente inteligível e suscetível de controle.

Também há discussões sobre se, a exemplo do que se prevê na própria LPI, não se poderia abrir o código em processos judiciais submetidos ao sigilo ou *se e em que medida* o segredo de negócios poderia ser oposto também ao próprio regulador.

Doutrina Brasileira – Ana Frazão

Caso Decolar: Geopricing e Geoblocking

"Em 2018, o Departamento de Proteção e Defesa do Consumidor (DPDC) da Secretaria Nacional de Relações de Consumo do Ministério da Justiça multou a empresa Decolar em R$ 7.500.000,00 (sete milhões e quinhentos mil reais), chamando atenção para a questão da discriminação de consumidores pelo critério geográfico, tanto para efeitos da diferenciação dos preços de acomodações (*geo pricing*), como para efeitos da negativa de oferta de vagas (*geo blocking*).

A decisão foi proferida diante de representação apresentada pela empresa concorrente Booking, segundo a qual consumidores situados em São Paulo eram ofertados com valores de hospedagem até 29% (vinte e nove por cento) superiores àqueles ofertados no mesmo momento para consumidores situados em Buenos Aires.

A Booking também demonstrou que vinha recebendo e-mails de hotéis solicitando uma prática de preços mais altos em relação aos consumidores brasileiros, a exemplo da Decolar. Em documentos juntados aos autos, mostrou ainda haver diferenças de preços de mais de 80% para consumidores brasileiros em comparação com estrangeiros, bem como falta de vagas para brasileiros, com recusas frequentes e injustificadas.

Os fatos apontados, que deram ensejo à condenação da Decolar, representam a concretização daquele que é um dos maiores temores decorrentes da crescente utilização de dados dos usuários por plataformas digitais: a discriminação de consumidores a partir de dados pessoais, especialmente quando estes são coletados e utilizados sem a ciência ou a autorização informada do consumidor.

Em paralelo, o Superior Tribunal de Justiça (STJ), no âmbito do Recurso em Mandado de Segurança 0033948-98.2018.8.19.0000,[18] considerou razoável a

---

[18] "Recurso ordinário em mandado de segurança. Ação civil pública. Decretação de segredo de justiça. Ilegalidade. Existência. Geodiscriminação. *Geo-pricing. Geo-blocking*. Processo coletivo.

manutenção do segredo de justiça da Ação Civil Pública originária apenas em relação aos direitos de propriedade intelectual, ou seja, no que diz respeito ao algoritmo adotado pela Decolar e eventual perícia de informática relativa a tal algoritmo em toda a base de dados adotada para a operação do sistema de reservas eletrônicas – ora investigado em razão da possível prática discriminatória".[19]

 Situações concretas

Violação do princípio da transparência

- **Situação 1** – Quando a empresa não informa a qualificação completa do controlador ou o contato do encarregado.
- **Situação 2** – Quando as informações relacionadas ao tratamento dos dados não são de fácil acesso ou não estão claras e completas.
- **Situação 3** – Quando o titular de dados não tem as informações adequadas sobre o tratamento automatizado de dados.

 Dica de Leitura

- Título do Artigo: Transparência de algoritmos x segredo de empresa. As controvérsias a respeito das decisões judiciais trabalhistas que determinam a realização de perícia no algoritmo da Uber. *Jota*. https://www.jota.info/opiniao-e-analise/colunas/constituicao-empresa-e-mercado/transparencia-de-algoritmos-x-segredo-de-empresa-09062021.
Autora: Ana Frazão

Publicidade. Necessidade, com resguardo apenas dos direitos de propriedade intelectual. 1. As práticas de 'geodiscriminação' – discriminação geográfica de consumidores –, como o *geo-pricing* e o *geo-blocking*, desenvolvem-se no contexto da sociedade de risco e da informação, por intermédio de algoritmos computacionais, e – se comprovados – possuem a potencialidade de causar danos a número incalculável de consumidores, em ofensa ao livre mercado e à ordem econômica. 2. O processo coletivo, instrumento vocacionado à tutela de situações deste jaez, é moldado pelo princípio da informação e publicidade adequadas (*fair notice*), segundo o qual a existência da ação coletiva deve ser comunicada aos membros do grupo. 3. A publicidade, erigida a norma fundamental pelo novo Código de Processo Civil (Art. 8º), garante transparência e torna efetivo o controle da atividade jurisdicional, motivo pelo qual também representa imperativo constitucional conforme se depreende do *caput* do art. 37 e do inciso IX do art. 93. 4. Não se desconhece que, em hipóteses excepcionais, é possível a decretação de sigilo de processos judiciais, conforme dispõe o art. 189 do CPC/2015. No entanto, na hipótese, tendo em vista os princípios que informam o processo coletivo e as garantias constitucionais e legais que socorrem os consumidores, o que na verdade atende o interesse público ou social é a publicidade do processo, que versa sobre possível prática de 'geodiscriminação'. 5. Outrossim, conforme requerido pelo próprio Ministério Público do Estado do Rio de Janeiro e com o escopo de, a um só tempo, resguardar o interesse público e preservar direitos de propriedade intelectual, considero razoável a manutenção do segredo de justiça tão somente no que diz respeito ao algoritmo adotado pela Decolar.com Ltda. e à eventual perícia de informática relativa a tal algoritmo em toda a base de dados adotada para a operação do sistema de reservas eletrônicas. 6. Recurso ordinário em mandado de segurança conhecido e parcialmente provido".

[19] FRAZÃO, Ana. *Geopricing* e *geoblocking*: as novas formas de discriminação de consumidores. Os desafios para o seu enfrentamento. *JOTA*, 2018. Disponível em: https://www.jota.info/opiniao-e-analise/colunas/constituicao-empresa-e-mercado/geopricing-e-geoblocking-as-novas-formas-de-discriminacao-de-consumidores-15082018.

IV.9. PRINCÍPIO DA SEGURANÇA (LGPD, ART. 6°, VII)

O princípio da segurança, previsto no art. 6º, VII, da LGPD, determina que sejam utilizadas, no tratamento, medidas técnicas e administrativas aptas a proteger os dados pessoais de acessos não autorizados e de situações acidentais ou ilícitas de destruição, perda, alteração, comunicação ou difusão.

Em outras palavras, o princípio da segurança pretende proteger não apenas a proteção dos dados contra divulgações indevidas, mas também a qualidade dos dados, evitando adulterações.

Para isso, deverão ser adotadas todas as medidas compatíveis com o risco do tratamento de dados, tanto as de ordem técnica como as de ordem administrativa.

Medidas de ordem técnica	Medidas de ordem administrativa
• Utilização de tecnologias e procedimentos de segurança.	• Utilização de soluções organizacionais que restrinjam, controlem e protejam os dados contra acessos indevidos, o que é particularmente importante em grandes organizações.

Em uma realidade cada vez mais marcada por incidentes de segurança e vazamento de dados, o princípio da segurança ressalta a responsabilidade de todos aqueles que têm acesso a dados pessoais, na medida em que poderão responder por tais incidentes, ainda que não tenham sido causados diretamente por eles.

Não é sem razão que o princípio da segurança está associado ao princípio da prevenção e da responsabilização.

> **LGPD, Art. 6º** As atividades de tratamento de dados pessoais deverão observar a boa-fé e os seguintes princípios:
>
> **VII – segurança**: utilização de medidas técnicas e administrativas aptas a proteger os dados pessoais de acessos não autorizados e de situações acidentais ou ilícitas de destruição, perda, alteração, comunicação ou difusão;

> **RGPD, Artigo 5º Princípios relativos ao tratamento de dados pessoais.**
>
> 1. Os dados pessoais são: (f) tratados de uma forma que garanta a sua segurança, incluindo a proteção contra o seu tratamento não autorizado ou ilícito e contra a sua perda, destruição ou danificação acidental, adotando as medidas técnicas ou organizativas adequadas (*integridade e confidencialidade*);

> **RGPD, Considerando 29.**
>
> (...) Os dados pessoais deverão ser tratados de uma forma que garanta a devida segurança e confidencialidade, incluindo para evitar o acesso a dados pessoais e equipamento utilizado para o seu tratamento, ou a sua utilização por pessoas não autorizadas.

O princípio da segurança busca proteger os dados não só de acessos indevidos, mas também de utilizações indevidas. Isso porque um vazamento, por exemplo, facilita o uso dos dados para finalidades distintas daquelas que justificaram a sua coleta, inclusive para propósitos discriminatórios. Afinal, em muitos casos, os incidentes de segurança têm por objeto uma variedade de dados já organizados, agregados e provavelmente cruzados para que fosse possível extrair alguma informação relevante ao agente de tratamento.

Nesse sentido, destacam-se alguns dispositivos da LGPD que materializam o princípio da segurança.

Materialização do princípio da segurança na LGPD

LGPD, Art. 46. Os agentes de tratamento devem *adotar medidas de segurança, técnicas e administrativas aptas a proteger os dados pessoais de acessos não autorizados e de situações acidentais ou ilícitas de destruição, perda, alteração, comunicação ou qualquer forma de tratamento inadequado ou ilícito.*

LGPD, Art. 47. Os agentes de tratamento ou qualquer outra pessoa que intervenha em uma das fases do tratamento *obriga-se a garantir a segurança da informação* prevista nesta Lei em relação aos dados pessoais, mesmo após o seu término.

LGPD, Art. 48. O controlador deverá comunicar à autoridade nacional e ao titular a *ocorrência de incidente de segurança* que possa acarretar risco ou dano relevante aos titulares.

IV.10. PRINCÍPIO DA PREVENÇÃO (LGPD, ART. 6°, VIII)

O princípio da prevenção, disciplinado no art. 6º, VIII, da LGPD, exige que sejam adotadas medidas para prevenir a ocorrência de danos aos titulares em virtude do tratamento inadequado dos seus dados pessoais.

Tal aspecto é de fundamental importância quando se sabe que muitos dos danos decorrentes de tratamentos ilícitos de dados são irreversíveis ou de difícil reversão. Por essa razão, a prioridade dos agentes de tratamento deve ser evitar o dano, sem prejuízo da sua responsabilidade administrativa e civil pelos danos que porventura possam surgir.

Outro importante foco do princípio da prevenção é o dever de mitigação de danos, o que é particularmente importante em casos de vazamento de dados, a fim de que os agentes de tratamento possam conter os prejuízos e prevenir, dentre do possível, que o dano se alastre indevidamente.

LGPD, Art. 6° As atividades de tratamento de dados pessoais deverão observar a boa-fé e os seguintes princípios: (...)

VIII – **prevenção**: adoção de medidas para prevenir a ocorrência de danos em virtude do tratamento de dados pessoais;

Cap. IV • PRINCÍPIOS DE APLICAÇÃO DA LGPD | **97**

> **RGPD, Artigo 5º Princípios relativos ao tratamento de dados pessoais.**
> 1. Os dados pessoais são: (f) tratados de uma forma que garanta a sua segurança, incluindo a proteção contra o seu tratamento não autorizado ou ilícito e contra a sua perda, destruição ou danificação acidental, adotando as medidas técnicas ou organizativas adequadas (*integridade e confidencialidade*);

> **RGPD, Considerando 78.**
> (...) Para poder comprovar a conformidade com o presente regulamento, o responsável pelo tratamento deverá adotar orientações internas e aplicar medidas que respeitem, em especial, os princípios da proteção de dados desde a concepção e da proteção de dados por defeito. Tais medidas podem incluir a minimização do tratamento de dados pessoais, a pseudonimização de dados pessoais o mais cedo possível, a transparência no que toca às funções e ao tratamento de dados pessoais, a possibilidade de o titular dos dados controlar o tratamento de dados e a possibilidade de o responsável pelo tratamento criar e melhorar medidas de segurança. (...)

> **RGPD, Considerando 90.**
> Nesses casos, o responsável pelo tratamento deverá proceder, antes do tratamento, a uma avaliação do impacto sobre a proteção de dados, a fim de avaliar a probabilidade ou gravidade particulares do elevado risco, tendo em conta a natureza, o âmbito, o contexto e as finalidades do tratamento e as fontes do risco. Essa avaliação do impacto deverá incluir, nomeadamente, as medidas, garantias e procedimentos previstos para atenuar esse risco, assegurar a proteção dos dados pessoais e comprovar a observância do presente regulamento.

Assim, é fundamental, inclusive, que os agentes de tratamento formulem regras de boas práticas e de governança para o tratamento de dados pessoais, facilitando a adequação às disposições da LGPD, bem como tomem todas as cautelas e medidas preventivas possíveis para evitar danos aos titulares.

Da mesma maneira, é indispensável a regulamentação e a criação de incentivos por parte da ANPD, a fim de que os agentes de tratamento possam entender que medidas e tecnologias são consideradas adequadas para atender aos padrões esperados de segurança.

Nesse sentido, destacam-se alguns dispositivos legais que materializam o princípio da prevenção:

> **Materialização do princípio da prevenção na LGPD**
> **LGPD, Art. 32.** A autoridade nacional poderá solicitar a agentes do Poder Público a publicação de relatórios de impacto à proteção de dados pessoais e sugerir a *adoção de padrões e de boas práticas* para os tratamentos de dados pessoais pelo Poder Público.

> **LGPD, Art. 49.** Os *sistemas* utilizados para o tratamento de dados pessoais devem ser *estruturados de forma a atender aos requisitos de segurança, aos padrões de boas práticas e de governança e aos princípios gerais* previstos nesta Lei e às demais normas regulamentares.

> **LGPD, Art. 50.** Os controladores e operadores, no âmbito de suas competências, pelo tratamento de dados pessoais, individualmente ou por meio de associações, poderão formular *regras de boas práticas e de governança* que estabeleçam as condições de organização, o regime de funcionamento, os procedimentos, incluindo reclamações e petições de titulares, as normas de segurança, os padrões técnicos, as obrigações específicas para os diversos envolvidos no tratamento, as ações educativas, os mecanismos internos de supervisão e de mitigação de riscos e outros aspectos relacionados ao tratamento de dados pessoais.

IV.11. PRINCÍPIO DA NÃO DISCRIMINAÇÃO (LGPD, ART. 6°, IX)

IV.11.1. Aspectos fundamentais

O princípio da não discriminação, disposto no art. 6º, IX, da LGPD, proíbe a realização do tratamento para fins discriminatórios ilícitos ou abusivos.

> **LGPD, Art. 6°** As atividades de tratamento de dados pessoais deverão observar a boa-fé e os seguintes princípios: (...)
>
> IX – **não discriminação**: impossibilidade de realização do tratamento para fins discriminatórios ilícitos ou abusivos;

RGPD, Considerando 71.

O titular dos dados deverá ter o direito de não ficar sujeito a uma decisão, que poderá incluir uma medida, que avalie aspetos pessoais que lhe digam respeito, que se baseie exclusivamente no tratamento automatizado e que produza efeitos jurídicos que lhe digam respeito ou o afetem significativamente de modo similar, como a recusa automática de um pedido de crédito por via eletrónica ou práticas de recrutamento eletrónico sem qualquer intervenção humana. Esse tratamento inclui a definição de perfis mediante qualquer forma de tratamento automatizado de dados pessoais para avaliar aspetos pessoais relativos a uma pessoa singular, em especial a análise e previsão de aspetos relacionados com o desempenho profissional, a situação económica, saúde, preferências ou interesses pessoais, fiabilidade ou comportamento, localização ou deslocações do titular dos dados, quando produza efeitos jurídicos que lhe digam respeito ou a afetem significativamente de forma similar. (...) A fim de assegurar um tratamento equitativo e transparente no que diz respeito ao titular dos dados, tendo em conta a especificidade das circunstâncias e do contexto em que os dados pessoais são tratados, o responsável pelo tratamento deverá utilizar procedimentos matemáticos e estatísticos adequados à definição de perfis, aplicar medidas técnicas e organizativas que garantam designadamente que os fatores que introduzem imprecisões nos dados pessoais são corrigidos e que o risco de erros é minimizado, e proteger os dados pessoais de modo a que sejam tidos em conta os potenciais riscos para os interesses e direitos do titular dos dados e de forma a prevenir, por exemplo, efeitos discriminatórios contra pessoas singulares em razão da sua origem racial ou étnica, opinião política, religião ou convicções, filiação sindical, estado genético ou de saúde ou orientação sexual, ou a impedir que as medidas venham a ter tais efeitos. A decisão e definição de perfis automatizada baseada em categorias especiais de dados pessoais só deverá ser permitida em condições específicas.

RGPD, Considerando 75.

O risco para os direitos e liberdades das pessoas singulares, cuja probabilidade e gravidade podem ser variáveis, poderá resultar de operações de tratamento de dados pessoais suscetíveis de causar danos físicos, materiais ou imateriais, em especial quando o tratamento possa dar origem à discriminação, à usurpação ou roubo da identidade, a perdas financeiras, prejuízos para a reputação, perdas de confidencialidade de dados pessoais protegidos por sigilo profissional, à inversão não autorizada da pseudonimização, ou a quaisquer outros prejuízos importantes de natureza económica ou social; quando os titulares dos dados possam ficar privados dos seus direitos e liberdades ou impedidos do exercício do controlo sobre os respetivos dados pessoais; quando forem tratados dados pessoais que revelem a origem racial ou étnica, as opiniões políticas, as convicções religiosas ou filosóficas e a filiação sindical, bem como dados genéticos ou dados relativos à saúde ou à vida sexual ou a condenações penais e infrações ou medidas de segurança conexas; quando forem avaliados aspetos de natureza pessoal, em particular análises ou previsões de aspetos que digam respeito ao desempenho no trabalho, à situação económica, à saúde, às preferências ou interesses pessoais, à fiabilidade ou comportamento e à localização ou às deslocações das pessoas, a fim de definir ou fazer uso de perfis; quando forem tratados dados relativos a pessoas singulares vulneráveis, em particular crianças; ou quando o tratamento incidir sobre uma grande quantidade de dados pessoais e afetar um grande número de titulares de dados.

Diante disso, o maior cuidado aqui é justamente a forma pela qual os dados pessoais serão tratados. Isso porque, apesar de inicialmente não parecer, em um mundo de *Big Data* e *Big Analytics*, tudo revela tudo (*everything reveals everything*).[20]

A dificuldade do princípio da não discriminação é que, como se sabe, o princípio da igualdade admite, em certa medida, a desigualdade entre desiguais, desde que para finalidades legítimas e de acordo com discrímens que se mostrem adequados, justos e pertinentes para as finalidades pretendidas.

---

[20] Nesse sentido: SUGIMOTO, Cassidy; EKBIA, Hamid; MATTIOLI, Michael. What If Everything Reveals Everything? In: SUGIMOTO, Cassidy; EKBIA, Hamid; MATTIOLI, Michael. *Big data is not a monolith.* Cambridge: MIT Press, 2018.

O problema da economia movida a dados é que a quantidade de informações sobre as pessoas é cada vez maior – muitas delas obtidas por meio de inferências, cruzamentos ou agregações – e os julgamentos a seu respeito são feitos por processos decisórios cada vez mais complexos e obscuros, como é o caso dos julgamentos algorítmicos. Todos esses aspectos não apenas ampliam as possibilidades de discriminações indevidas, como podem também dificultar a sua identificação e controle.

Não obstante, é inequívoco que a LGPD pretende proteger o titular de possíveis inferências discriminatórias que possam ser feitas a partir dos seus dados em relação à sua vida, personalidade, estado físico, fisiológico e comportamental, especialmente a partir de métodos de coleta e cruzamento massivo de dados, que podem ser utilizados para promover a discriminação por raça, idade, gênero ou condição social, conforme apontam Carlos Affonso Souza, Eduardo Magrani e Giovana Carneiro.[21]

Vale ressaltar que a questão de discriminações indevidas, mais do que um receio ou suspeita, tem sido uma realidade no tratamento de dados. São muitos os autores recentes que alertam para o problema, dentre os quais Cathy O'Neil,[22] para quem os julgamentos algorítmicos têm regularmente discriminado indevidamente grupos mais vulneráveis, como pobres, mulheres e negros, e Safiya Noble, que trata do tema da discriminação no contexto dos motores de busca.[23] Tal análise igualmente exige a reflexão sobre a necessidade de congruência entre a finalidade legítima do tratamento e os dados usados para atingi-la. Um dos exemplos de distorção consta da obra de Cathy O'Neil já mencionada,[24] ao salientar que algoritmos utilizados por companhias de seguros de carro privilegiam motoristas ricos, mesmo com mau histórico de direção, em detrimento dos motoristas em situações de maior vulnerabilidade econômica, mesmo com bom histórico de direção.

 Doutrina Brasileira – Ana Frazão

Discriminação de consumidores via Geopricing e Geoblocking

"No que diz respeito à primeira questão, é interessante notar que o Código de Defesa do Consumidor, embora não tenha regras específicas para o *geo pricing* ou o *geo blocking*, tem cláusulas gerais e regras abrangentes que possibilitam a averiguação da ilicitude de tais práticas.

Não é sem razão que a Nota Técnica que apenou a empresa Decolar fundamentou-se em direitos básicos do consumidor, tais como a igualdade nas contratações, a

---

[21] SOUZA, Carlos Affonso; MAGRANI, Eduardo; CARNEIRO, Giovana. Lei Geral de Proteção de Dados Pessoais: uma transformação na tutela dos dados pessoais. In: MULHOLLAND, Caitlin. *A LGPD e o novo marco normativo no Brasil*. Porto Alegre: Arquipélago, 2020. p. 60.

[22] O'NEIL, Cathy. *Weapons of math destruction:* how big data increases inequality and threatens democracy. Nova York: Crown, 2016.

[23] NOBLE, Safiya Umoja. *Algorithms of Opression. How Search Engines Reinforce Racism*. New York: New York University Press, 2018.

[24] FRAZÃO, Ana. Discriminação algorítmica: por que algoritmos preocupam quando acertam e erram? Mapeando algumas das principais discriminações algorítmicas já identificadas. *JOTA*, 2021. Disponível em: https://www.jota.info/opiniao-e-analise/colunas/constituicao--empresa-e-mercado/discriminacao-algoritmica-por-que-algoritmos-preocupam-quando--acertam-e-erram-04082021. Acesso em: 6 mar. 2022.

Cap. IV • PRINCÍPIOS DE APLICAÇÃO DA LGPD | **101**

informação e a proteção contra abusos de toda sorte, assim como em vedações específicas constantes do próprio Código, tais como elevar sem justa causa o preço de produtos ou serviços ou recusar a venda de bens ou a prestação de serviços diretamente a quem se disponha a adquiri-lo mediante pronto pagamento. (...)

É certo que o cerne de todas essas condutas diz respeito à razoabilidade do fator de diferenciação, a fim de se saber se há razão econômica legítima que justifique o tratamento distinto ou se, ao contrário, este pode ser considerado uma violação à igualdade entre os consumidores. Em face disso, a própria Nota Técnica afasta a existência de motivo razoável:

> 'O direito à igualdade nas contratações pressupõe que não se discrimine preços sem motivo razoável. Se a precificação geográfica se desse, por exemplo, em razão do FRETE, ou seja, do custo do transporte do produto, não haveria que se falar em discriminação. Mas não é o caso que se apresenta'.

De acordo com a Nota Técnica, no caso da Decolar, a única razão da discriminação de preços era a informação geográfica, o que, no seu entender, justificaria a abusividade da conduta e a violação à igualdade entre os consumidores.

Este ponto é interessante porque um dos pilares do regime capitalista é a livre precificação, consequência direta da livre iniciativa. Entretanto, como qualquer outro qualquer direito, a livre iniciativa não pode ser considerada absoluta, estando sujeita aos critérios do abuso de direito, inclusive naquilo em que este é densificadora por meio das condutas vedadas previstas no Código de Defesa do Consumidor e na Lei Antitruste, dentre outros diplomas legislativos.

Sob essa perspectiva, é bastante persuasiva a argumentação da Nota Técnica, no sentido de que teria havido abusividade, ainda mais se considerarmos que o critério geográfico foi aplicado de forma linear a todos os consumidores brasileiros sem qualquer justificativa econômica razoável, o que evidenciou a tentativa da empresa de se locupletar o máximo possível.

Verdade seja dita que as discussões sobre discriminações comportamentais não são triviais, até porque, do ponto de vista econômico, há racionalidade em se cobrar mais dos consumidores que estão dispostos a pagar mais por determinado produto ou serviço. A grande questão aqui é saber se esse tipo de lógica de mercado é compatível com o ordenamento jurídico, especialmente nos casos em que as empresas só têm condições de fazer a mencionada diferenciação em razão da coleta e da utilização dos dados dos usuários, o que muitas vezes ocorre sem a autorização informada e até mesmo sem a ciência destes.

Desta maneira, sendo abusiva a coleta dos dados, a utilização superveniente deles em prejuízo do consumidor passa a ter a sua licitude seriamente comprometida, caso em que a racionalidade econômica da conduta deve ser contrastada com os parâmetros jurídicos que já definem os limites para a precificação de bens e serviços e para a diferenciação de consumidores, os quais obviamente podem e devem se aplicar também ao mundo virtual, ainda que com as adaptações necessárias".[25]

---

[25] FRAZÃO, Ana. Geo pricing e geo blocking. As novas formas de discriminação de consumidores e os desafios para o seu enfrentamento. *JOTA*. Disponível em: http://www.professoraanafrazao.com.br/files/publicacoes/2018-08-15.Geo_pricing_e_geo_blocking_As_novas_formas_de_discriminacao_de_consumidores_e_os_desafios_para_o_seu_enfrentamento.pdf. Acesso em: 6 mar. 2022.

🎬 Dica de Leitura

- Título da Notícia: Michael B. Jordan vira suspeito de chacina no Ceará[26]
  Plataforma: Terra
- Série Discriminação Algorítmica
  Autora: Ana Frazão
  Plataforma: JOTA
- Título: Linha do Tempo do Racismo Algorítmico: casos, dados e reações.[27]
  Site: Tarcízio Silva. Pesquisa, Métodos Digitais, Ciência, Tecnologia e Sociedade

🎬 Dica de Vídeo

- Título do Documentário: Coded Bias
  Plataforma: Netflix
  Resumo: O documentário explora como os julgamentos algorítmicos podem reproduzir e até mesmo reforçar discriminações, com especial foco nas discriminações raciais.

IV.11.2. Riscos dos julgamentos algorítmicos e das perfilizações

Diante das preocupações inerentes à não discriminação, é necessário que se reflita igualmente sobre os limites de julgamentos e perfilizações de indivíduos.

No seu livro *Privacy is power. Why and how you should take back control of your data*,[28] Carissa Véliz faz uma interessante contextualização da discussão, ao ressaltar alguns dos perfis que têm sido utilizados para os mais diversos fins, incluindo os comerciais: pessoas que foram vítimas de estupro, incesto ou outros abusos sexuais, pacientes de AIDS ou de doenças sexualmente transmissíveis, homens com impotência sexual, dentre outros.

Em face desse quadro, conclui a autora que os interessados nesse tipo de categorização agem como verdadeiros predadores, que sentem o "cheiro de sangue", para o fim de encontrar e explorar as vulnerabilidades das pessoas.

Aliás, a autora chama a atenção também para a perigosa utilização política da exploração de perfis e características sensíveis das pessoas, afirmando que diversas plataformas proveram ferramentas que ajudaram a administração Trump a identificar, monitorar e deportar imigrantes, mesmo no contexto de políticas altamente questionáveis, como as que separavam as crianças de seus pais.[29]

---

[26] UOL NOTÍCIAS. Disponível em: https://www.terra.com.br/diversao/cinema/michael-b--jordan-vira-suspeito-de-chacina-no-ceara,3d2c9b2d613c24372959eb66869e2aa10ooyfjnk.html.

[27] Disponível em: https://tarciziosilva.com.br/blog/destaques/posts/racismo-algoritmico--linha-do-tempo/.

[28] VÉLIZ, Carissa. *Privacy is power. Why and how you should take back control of your data*. Bantam Press, 2021.

[29] VÉLIZ, Carissa. *Privacy is power. Why and how you should take back control of your data*. Bantam Press, 2021.

Uma das conclusões de Carissa Véliz é que alguns julgamentos simplesmente não poderiam ser feitos, tais como os decorrentes de inferências sensíveis sub-reptícias, dentre os quais se incluem diagnósticos que são feitos a partir de gestos ou comportamentos corriqueiros das pessoas – a forma como usam seus smartphones, como digitam ou como movimentam seus olhos – mas que permitem a identificação de (i) habilidades cognitivas; (ii) problemas de saúde, como perda de memória, dislexia, depressão; e (iii) informações sensíveis, como orientação sexual, etnia, visões políticas e religiosas, traços de personalidade, inteligência, felicidade, uso de substâncias viciantes, circunstâncias familiares (como a separação dos pais), dentre inúmeras outras.[30]

Diante desse contexto, verifica-se que uma das raízes do problema da discriminação algorítmica encontra-se na premissa equivocada de que todos os julgamentos sobre seres humanos são possíveis.

Logo, é imprescindível diferenciar, com urgência, que tipos de perfis, julgamentos e diagnósticos, por qualquer que seja o meio utilizado – incluindo as inferências – devem ser considerados inadmissíveis e, consequentemente, proibidos.

IV.11.3. Riscos das discriminações estatísticas e das discriminações personalizadas

Diante da crescente utilização de algoritmos para os julgamentos dos indivíduos, surge também o risco da chamada discriminação estatística, em que o indivíduo é julgado a partir das características do grupo a que pertence, sem qualquer recurso para que possa haver alguma individualização.

É interessante observar que os problemas da discriminação estatística ocorrem mesmo quando os dados estão corretos, assim como as próprias estatísticas. Aliás, é comum se dizer que quanto mais arraigado um preconceito for na vida real, mas os algoritmos tenderão a enquadrá-lo como um padrão e a replicá-lo se não houver nenhum cuidado para conter esse processo.

Não obstante, não há dúvida de que os problemas da discriminação estatística se tornarão ainda mais graves quando os dados não são de qualidade ou quando há falhas na própria utilização da metodologia estatística ou na interpretação dos seus resultados, como acontece nas hipóteses em que se confunde correlação com causalidade.

No que se refere à qualidade dos dados utilizados pelos sistemas algorítmicos, nem sempre há os incentivos adequados para assegurá-la, o que é particularmente preocupante em relação a dados que podem mudar rapidamente, como as preferências ou hábitos dos indivíduos. Se não houver mecanismos para a desconsideração de dados ultrapassados e para a devida utilização apenas de dados atuais e fidedignos, os primeiros podem funcionar como poderosos ruídos para manter ou incluir indivíduos em determinados grupos por conta de um critério que não faz mais sentido no presente.

O que é irônico de todo esse processo de julgamentos e classificações de indivíduos é que, da mesma forma que pode ser ruim ser julgado apenas pelo critério

---

[30] VÉLIZ, Carissa. *Privacy is power. Why and how you should take back control of your data.* Bantam Press, 2021.

estatístico, ou seja, pelas características gerais do grupo a que se pertence, pode ser ainda pior ser julgado por dados sensíveis e características personalíssimas que, devidamente identificadas pelos sistemas algorítmicos, podem permitir que estes conheçam a pessoa melhor do que seus familiares ou ela mesma.

Esse tipo de situação pode dar margem a discriminações com alto grau de individualização e sofisticação, inclusive por meio da exploração indevida das fragilidades e vulnerabilidades das pessoas. Daí por que não há dúvidas de que os algoritmos preocupam tanto quando erram quanto quando também acertam, pois tanto os erros quanto os acertos possibilitarão diversas formas de discriminações inaceitáveis.[31]

IV.11.4. Necessidade de regulação da utilização da inteligência artificial

As dificuldades para vedar discriminações indevidas são tantas que, não obstante a existência do RGPD, a Europa caminha agora para a regulação da inteligência artificial, a fim de tratar dos chamados riscos inaceitáveis, assim considerados aqueles que representam clara ameaça à segurança, à vida e aos direitos das pessoas, o que inclui sistemas ou aplicações que manipulam comportamentos humanos a fim de limitar o livre-arbítrio ou sistemas que permitem o *social scoring* por parte de governos.[32] Em casos assim, a solução talvez não seja o controle de resultado das análises algorítmicas, mas sim o próprio banimento do tratamento de dados para tal fim.

Não é sem razão que a proposta de regulação da União Europeia sobre inteligência artificial está lastreada na preocupação de se evitar qualquer tipo de discriminação indevida, razão pela qual se baseia em diversas vedações, dentre as quais a utilização de sistemas que, por meio de técnicas subliminares e que vão além da consciência das pessoas, têm por fim distorcer o seu comportamento, de maneira que seja possível causar dano físico ou psicológico à própria pessoa ou a outrem.[33]

De toda sorte, o trabalho da Comissão Europeia também mapeou, ao lado dos riscos inaceitáveis, aqueles que devem ser considerados como altos riscos, tais como (i) acesso a infraestruturas críticas, de que é exemplo transporte, na medida em que podem submeter a vida e a saúde dos cidadãos a riscos; (ii) as aplicações educacionais ou de treinamento, que podem determinar o acesso a educação ou cursos profissionais; (iii) componentes de segurança dos produtos, como é o caso dos robôs que auxiliam em cirurgias; (iv) procedimentos para acesso a empregos e gerenciamento de trabalhos, o que inclui sistemas de recrutamento; (v) serviços essenciais privados ou públicos, o que inclui o *credit scoring*, em razão do seu potencial de impedir o acesso de cidadãos a empréstimos; (vi) *enforcement* jurídico, que se refere a sistemas que podem interferir em direitos fundamentais das pessoas, como os que avaliam a confiabilidade das provas; (vii) questões afetas a

---

[31] Recentemente, o Parlamento Europeu aprovou o *Digital Services Act* (DAS) ou Lei dos Serviços Digitais, proibindo o uso dos dados pessoais sensíveis para anúncios on-line e publicidade direcionada. Disponível em: https://edri.org/our-work/european-parliament-approves--rights-respecting-dsa-proposes-ban-on-use-of-sensitive-personal-data-for-online-ads/.

[32] Disponível em: https://ec.europa.eu/commission/presscorner/detail/en/IP_21_1682.

[33] Disponível em: https://eur-lex.europa.eu/resource.html?uri=cellar:e0649735-a372--11eb-9585-01aa75ed71a1.0001.02/DOC_1&format=PDF.

migração, asilo e administração de controle de fronteiras; e (viii) questões afetas à administração da justiça e de processos democráticos.[34]

É importante verificar que vários dos exemplos considerados de alto risco assim o são precisamente em razão do seu alto potencial de discriminações indevidas, o que pode acontecer tanto quando o algoritmo erra, quanto também quando o algoritmo acerta.

Havendo alto risco, a proposta da União Europeia é de que os sistemas correspondentes estejam submetidos a diversas obrigações antes de serem colocados no mercado, tais como (i) adequada avaliação de riscos e sistemas de mitigação de danos; (ii) alta qualidade das bases de dados que alimentam os sistemas e minimizam riscos de resultados discriminatórios; (iii) registro e rastreabilidade da atividade; (iv) documentação detalhada para prover todas as informações necessárias do sistema e seus propósitos, inclusive para o fim de que autoridades possam avaliar o seu *compliance*; (v) clara e adequada informação para o usuário; (vi) adequada supervisão humana para minimizar os riscos; e (vii) alto nível de robustez, segurança e acuidade.

Observa-se, portanto, que os problemas de resultados ilícitos ou discriminatórios apenas podem ser evitados de forma eficiente se a programação dos sistemas algorítmicos for orientada pelo respeito aos direitos daqueles que serão impactados por esses direitos.

Daí a necessidade de que, paralelamente à LGPD, haja também uma regulação adequada da inteligência artificial no Brasil, a partir de uma iniciativa que não seja meramente principiológica e evasiva, tal como a que atualmente vem marcando o debate legislativo.[35]

IV.11.5. Controles necessários para evitar discriminações abusivas ou ilícitas

Para avaliar os riscos de discriminações indevidas é fundamental examinar (i) a qualidade, a atualização e a licitude dos dados usados para o julgamento; (ii) a licitude e a legitimidade do julgamento em si; e (iii) a pertinência e a congruência entre esses dados e as finalidades pretendidas pelo tratamento.

Especialmente nos casos de julgamentos algorítmicos baseados em métodos quantitativos e estatísticos, também será fundamental avaliar as medidas adotadas para a individualização adequada dos sujeitos que estão sob julgamento, a fim de se evitar os riscos de discriminações estatísticas.

Todas essas questões rompem com a naturalização dos julgamentos algorítmicos que tanto vem caracterizando os nossos tempos, em que se parte da premissa de que todos os dados podem ser utilizados para todos e quaisquer tipos de julgamentos. Mais do que isso, rompem também com as ideias de que (i) todos os dados podem ser utilizados para todos os julgamentos, ainda que a ausência de congruência possa ser um fator de agravamento de discriminações

---

[34]   Disponível em: https://ec.europa.eu/commission/presscorner/detail/en/IP_21_1682.
[35]   Sobre o tema, ver FRAZÃO, Ana. Marco da Inteligência Artificial em análise. Série. *Jota*. Disponível em: https://www.jota.info/opiniao-e-analise/colunas/constituicao-empresa- -e-mercado/marco-inteligencia-artificial-15122021. Acesso em: 6 mar. 2022.

indevidas; e (ii) os julgamentos algorítmicos, especialmente quando baseados em métodos estatísticos, podem ser a última ou a única palavra sobre os indivíduos.[36]

Se é lícito e razoável que agentes econômicos possam fazer suas avaliações de risco e investimento, as grandes questões dizem respeito a saber (i) quais são os limites para suas análises, (ii) que dados não podem ser considerados para tal objetivo, (iii) que dados, diante do seu potencial discriminatório, devem ser tratados com cuidado adicional ou contrabalançados com outros dados, a fim de assegurar resultados que não restrinjam indevidamente os direitos das pessoas sob julgamento e (iv) como complementar os julgamentos algorítmicos de forma a suprir suas limitações e, dessa forma, evitar discriminações indevidas, como a discriminação estatística.

Uma coisa é certa: nem todos os dados podem ser utilizados para fins comerciais ou políticos e, mesmo aqueles que podem, devem ser utilizados para finalidades lícitas e congruentes, sempre se respeitando os direitos dos usuários. É fundamental responder, portanto, as seguintes perguntas: *para que fins, como e por intermédio de quais salvaguardas podem ser julgadas as pessoas?*

Com isso, evidencia-se a importância de que o problema da discriminação algorítmica seja atacado desde a origem, na programação, realçando a importância do fator estrutural e preventivo. Afinal, o controle de resultados de sistemas algorítmicos – tarefa que é sabidamente complexa – pode ser insuficiente, ainda mais quando o ecossistema de programação pode gerar incentivos para discriminações.

Ainda que não seja simples mapear todas as possibilidades de discriminação ilícita, como bem apontam Laura Mendes, Marcela Mattiuzzo e Monica Fujimoto,[37] um bom referencial para identificá-las é o proporcionado pela Lei 7.716/1989 que, ao tratar do crime de racismo, veda que o critério racial seja considerado para os seguintes efeitos:

(i) impedir ou obstar o acesso de alguém, devidamente habilitado, a qualquer cargo da Administração Direta ou Indireta, bem como das concessionárias de serviços públicos;

(ii) negar ou obstar emprego em empresa privada, bem como impor tratamentos diferenciados para efeitos de concessão de equipamentos necessários, ascensão funcional, obtenção de benefício profissional e valor de salários;

(iii) recusar ou impedir acesso a estabelecimento comercial, negando-se a servir, atender ou receber cliente ou comprador;

(iv) recusar, negar ou impedir a inscrição ou ingresso de aluno em estabelecimento de ensino público ou privado de qualquer grau;

---

[36] Para o aprofundamento do tema, ver FRAZÃO, Ana. Discriminação algorítmica. Série. *JOTA*. Disponível em: https://www.jota.info/opiniao-e-analise/colunas/constituicao-empresa--e-mercado/discriminacao-algoritmica-16062021. Acesso em: 6 mar. 2022.

[37] MENDES, Laura Schertel; MATTIUZZO, Marcela; FUJIMOTO, Mônica Tiemy. Discriminação Algorítmica à luz da Lei Geral de Proteção de Dados. In: DONEDA, Danilo (coord.); SARLET, Ingo Wolfgang (coord.); MENDES, Laura Schertel (coord.); RODRIGUES JUNIOR, Otavio Luiz (coord.); BIONI, Bruno Ricardo (coord.). *Tratado de Proteção de Dados Pessoais*. Rio de Janeiro: Forense, 2021. p. 432-433.

(v) impedir o acesso ou recusar hospedagem em hotel, pensão, estalagem, ou qualquer estabelecimento similar;

(vi) impedir o acesso ou recusar atendimento em restaurantes, bares, confeitarias, ou locais semelhantes abertos ao público;

(vii) impedir o acesso ou recusar atendimento em estabelecimentos esportivos, casas de diversões, ou clubes sociais abertos ao público;

(viii) impedir o acesso ou recusar atendimento em salões de cabeleireiros, barbearias, termas ou casas de massagem ou estabelecimento com as mesmas finalidades;

(ix) impedir o acesso às entradas sociais em edifícios públicos ou residenciais e elevadores ou escada de acesso a estes;

(x) impedir o acesso ou uso de transportes públicos, como aviões, navios barcas, barcos, ônibus, trens, metrô ou qualquer outro meio de transporte concedido;

(xi) impedir ou obstar o acesso de alguém ao serviço em qualquer ramo das Forças Armadas;

(xii) impedir ou obstar, por qualquer meio ou forma, o casamento ou convivência familiar e social.

Vale também ressaltar que, em razão da equiparação promovida pelo Supremo Tribunal Federal no âmbito da Ação Direta de Inconstitucionalidade por Omissão (ADO) 26, o mesmo raciocínio desenvolvido para o racismo aplica-se também à LGBTfobia.[38] Ademais, é preciso considerar que inúmeras outras leis apresentam critérios importantes para serem considerados, tais como:

(i) A Lei 9.029/1995, que trata das práticas discriminatórias nas relações de trabalho, prevendo, em seu art. 1º, que "É proibida a adoção de qualquer prática discriminatória e limitativa para efeito de acesso à relação de trabalho, ou de sua manutenção, por motivo de sexo, origem, raça, cor, estado civil, situação familiar, deficiência, reabilitação profissional, idade, entre outros, ressalvadas, nesse caso, as hipóteses de proteção à criança e ao adolescente previstas no inciso XXXIII do art. 7º da Constituição Federal";

(ii) O Estatuto do Idoso, cujo art. 4 prevê que "Nenhum idoso será objeto de qualquer tipo de negligência, discriminação, violência, crueldade ou opressão, e todo atentado aos seus direitos, por ação ou omissão, será punido na forma da lei";

(iii) O Estatuto da Pessoa com Deficiência, cujo art. 4º afirma que "Toda pessoa com deficiência tem direito à igualdade de oportunidades com as demais pessoas e não sofrerá nenhuma espécie de discriminação", complementando o § 1º que "Considera-se discriminação em razão da deficiência toda forma de distinção, restrição ou exclusão, por ação ou omissão, que tenha o propósito ou o efeito de prejudicar, impedir ou anular o reconhecimento ou o exercício dos direitos e das liberdades

---

[38] STF, ADO 26, rel. Min. Celso de Mello, Tribunal Pleno, j. 13.06.2019.

fundamentais de pessoa com deficiência, incluindo a recusa de adaptações razoáveis e de fornecimento de tecnologias assistivas".

Embora os diplomas legislativos mencionados tratem de grupos específicos, é inequívoco que os critérios por eles propostos para evitar discriminações abusivas adequam-se normalmente também para outros grupos, razão pela qual podem ser importantes referenciais para a interpretação da LGPD.

Por fim, ainda deve ser feito um alerta sobre a segurança, pois não há como se separar a temática da discriminação algorítmica de discussões mais amplas sobre a licitude do tratamento de dados e sobre os procedimentos de segurança. Afinal, um dos maiores riscos de incidentes é a utilização dos dados para finalidades outras que não as que justificaram originariamente o tratamento, incluindo fins ilícitos ou discriminatórios.

Sobre o tema, vale lembrar a polêmica envolvendo o Pegasus, sistema desenhado para auxiliar governos na luta contra o crime e o terrorismo, mas que acabou sendo utilizado para rastrear jornalistas, advogados e ativistas. A tecnologia despertou preocupações no Brasil quando o governo Bolsonaro tentou adquiri-la, projeto que acabou não sendo levado adiante.[39] De toda sorte, o caso evidencia os riscos de perseguições e discriminações por motivos políticos e o seu potencial de reforçar tendências autoritárias de governos.

> **Materialização do princípio da não discriminação na LGPD**
>
> **LGPD, Art. 20.** O titular dos dados tem direito a solicitar a revisão de decisões tomadas unicamente com base em tratamento automatizado de dados pessoais que afetem seus interesses, incluídas as *decisões destinadas a definir o seu perfil pessoal, profissional, de consumo e de crédito ou os aspectos de sua personalidade.*
>
> **§ 2º** Em caso de não oferecimento de informações de que trata o § 1º deste artigo baseado na observância de segredo comercial e industrial, *a autoridade nacional poderá realizar auditoria para verificação de aspectos discriminatórios em tratamento automatizado* de dados pessoais.

> **LGPD, Art. 21.** Os dados pessoais referentes ao exercício regular de direitos pelo titular não podem ser *utilizados em seu prejuízo*.

 Situações concretas

Violação do princípio da não discriminação
- **Situação 1** – Quando uma determinada empresa oferece serviços diferenciados a consumidores em virtude de sua orientação sexual;

---

[39] BBC. Pegasus: o que é o sistema que espionou jornalistas, ativistas e advogados. Disponível em: https://www.bbc.com/portuguese/internacional-57885795. Acesso em: 6 mar. 2022.

Cap. IV • PRINCÍPIOS DE APLICAÇÃO DA LGPD | **109**

- ⊛ **Situação 2** – Quando uma determinada companhia discrimina consumidores com preços diferenciados em virtude de sua localização geográfica (*geopricing*);
- ⊛ **Situação 3** – Quando uma determinada plataforma digital não aceita usuários que expressem determinados posicionamentos políticos exclusivamente em virtude dessa característica;
- ⊛ **Situação 4** – Quando uma determinada empresa coleta dados relacionados ao gênero em processos seletivos a fim de contratar tão somente homens para cargos de chefia.

IV.12. PRINCÍPIO DA RESPONSABILIZAÇÃO E PRESTAÇÃO DE CONTAS (LGPD, ART. 6°, X)

O princípio da responsabilização e prestação de contas, previsto no art. 6º, X, da LGPD, exige que os agentes de tratamento demonstrem a adoção de medidas eficazes e capazes de comprovar a observância e o cumprimento das normas de proteção de dados pessoais e, inclusive, da eficácia dessas medidas. Consequentemente, passa a ser ônus dos agentes de tratamento a demonstração de que tomaram as providências necessárias para cumprir o regime de proteção de dados pessoais.

Como já se viu, o princípio da prestação de contas está intrinsecamente associado ao princípio da transparência, assim como o princípio da responsabilização está intrinsecamente associado ao princípio da prevenção, tendo em vista que todos eles exigem que agentes de tratamento adotem uma estrutura organizacional compatível com o risco assumido, apta a proteger os titulares de dados pessoais e a demonstrar a efetividade das medidas adotadas.

Por essas razões, o princípio da responsabilização e da prestação de contas precisa ser compreendido à luz das partes da LGPD que tratam (i) da segurança e das boas práticas para tratamento de dados (Capítulo VII) e (ii) da responsabilidade e do ressarcimento de dados (Capítulo VI, Seção III).

> **LGPD, Art. 6°** As atividades de tratamento de dados pessoais deverão observar a boa-fé e os seguintes princípios:
>
> X – **responsabilização e prestação de contas**: demonstração, pelo agente, da adoção de medidas eficazes e capazes de comprovar a observância e o cumprimento das normas de proteção de dados pessoais e, inclusive, da eficácia dessas medidas.

> **RGPD, Artigo 5° Princípios relativos ao tratamento de dados pessoais**.
>
> 2. O responsável pelo tratamento é responsável pelo cumprimento do disposto no n° 1 e tem de poder comprová-lo (*responsabilidade*).
>
> **RGPD, Considerando 146**.
>
> O responsável pelo tratamento ou o subcontratante deverão reparar quaisquer danos de que alguém possa ser vítima em virtude de um tratamento que viole o presente regulamento responsável pelo tratamento. O responsável pelo tratamento ou o subcontratante pode ser exonerado da responsabilidade se provar que o facto que causou o dano não lhe é de modo algum

imputável. O conceito de dano deverá ser interpretado em sentido lato à luz da jurisprudência do Tribunal de Justiça, de uma forma que reflita plenamente os objetivos do presente regulamento. Tal não prejudica os pedidos de indemnização por danos provocados pela violação de outras regras do direito da União ou dos Estados-Membros. Os tratamentos que violem o presente regulamento abrangem igualmente os que violem os atos delegados e de execução adotados nos termos do presente regulamento e o direito dos Estados-Membros que dê execução a regras do presente regulamento. Os titulares dos dados deverão ser integral e efetivamente indemnizados pelos danos que tenham sofrido. Sempre que os responsáveis pelo tratamento ou os subcontratantes estiverem envolvidos no mesmo tratamento, cada um deles deverá ser responsabilizado pela totalidade dos danos causados. Porém, se os processos forem associados a um mesmo processo judicial, em conformidade com o direito dos Estados-Membros, a indemnização poderá ser repartida em função da responsabilidade que caiba a cada responsável pelo tratamento ou subcontratante pelos danos causados em virtude do tratamento efetuado, na condição de ficar assegurada a indemnização integral e efetiva do titular dos dados pelos danos que tenha sofrido. Qualquer responsável pelo tratamento ou subcontratante que tenha pago uma indenização integral, pode posteriormente intentar uma ação de regresso contra outros responsáveis pelo tratamento ou subcontratantes envolvidos no mesmo tratamento.

Portanto, é fundamental que o agente de tratamento tenha a capacidade de demonstrar a eficácia das medidas que adotou para cumprir com as disposições da LGPD, que inclusive preveem a necessidade de manutenção de registro das operações de tratamento de dados pessoais pelo controlador.

Nesse sentido, destacam-se alguns dispositivos da LGPD que materializam o presente princípio:

> **Materialização do princípio da responsabilização e prestação de contas na LGPD**
>
> **LGPD, Art. 10, § 3º** *A autoridade nacional poderá solicitar ao controlador relatório de impacto à proteção de dados pessoais*, quando o tratamento tiver como fundamento seu interesse legítimo, observados os segredos comercial e industrial.

> **LGPD, Art. 31.** Quando houver infração a esta Lei em decorrência do tratamento de dados pessoais por órgãos públicos, *a autoridade nacional poderá enviar informe com medidas cabíveis para fazer cessar a violação.*

> **LGPD, Art. 42.** O controlador ou o operador que, em razão do exercício de atividade de tratamento de dados pessoais, *causar a outrem dano patrimonial, moral, individual ou coletivo*, em violação à legislação de proteção de dados pessoais, *é obrigado a repará-lo.*

> **LGPD, Art. 45.** As hipóteses de violação do direito do titular no âmbito das relações de consumo permanecem *sujeitas às regras de responsabilidade previstas na legislação pertinente.*

> **LGPD, Art. 50.** Os controladores e operadores, no âmbito de suas competências, pelo tratamento de dados pessoais, individualmente ou por meio de associações, poderão formular regras de boas práticas e de governança que estabeleçam as condições de organização, o regime de funcionamento, os procedimentos, incluindo reclamações e petições de titulares, as normas de segurança, os padrões técnicos, as obrigações específicas para os diversos envolvidos no tratamento, as ações educativas, os mecanismos internos de supervisão e de mitigação de riscos e outros aspectos relacionados ao tratamento de dados pessoais.

IV.13. EXEMPLOS CONCRETOS DE APLICAÇÃO PRÁTICA DOS PRINCÍPIOS DA LGPD

O Guia "Como proteger seus dados pessoais",[40] elaborado pelo Núcleo de Proteção de Dados do Conselho Nacional de Defesa do Consumidor em parceria com a ANPD e a Senacon, traz um exemplo concreto elucidativo acerca da aplicação prática dos princípios da LGPD em uma compra realizada pelo consumidor:

	Qual é o objetivo desse tratamento de dados? Para que ele serve?	
Pergunta 1	Para uma loja realizar a entrega de um produto comprado pelo consumidor no endereço por ele indicado, é preciso que ela colete tal informação pessoal.	**Princípio da Finalidade**
	Que dados são necessários para atingir esse objetivo?	
Pergunta 2	No caso de uma entrega, é necessário coletar o nome da pessoa, o endereço de entrega e um telefone para contato (no caso de não ser possível localizá-la no endereço indicado).	**Princípio da Necessidade**
	Os dados que são utilizados efetivamente servem para alcançar esse objetivo?	
Pergunta 3	Se for possível realizar a entrega do produto com base nas informações coletadas da pessoa, a resposta é afirmativa, mas, se os dados não servirem para este objetivo, o tratamento deve fundamentar-se em outra finalidade. Por exemplo, o CPF do consumidor pode ser necessário para emitir a nota fiscal, mas não para realizar a entrega do produto.	**Princípio da Adequação**

---

[40] SENACON. Como proteger seus dados pessoais: Guia do Núcleo de Proteção de Dados do Conselho Nacional de Defesa do Consumidor em parceria com a ANPD e a SENACON. Brasília: Senacon, 2021.

Pergunta 4	**A pessoa consegue saber que esse tratamento está sendo realizado e por quem ele é realizado?**	**Princípio do Livre Acesso e da Transparência**
	Se a pessoa entrar em contato com a loja, ela precisa ser informada de que o tratamento está sendo realizado para o objetivo de entrega do produto. Além disso, a loja deve informar quais dados que estão sendo usados para tal finalidade, bem como se é ela em específico que está tratando os dados como agente de tratamento. Inclusive, se for o caso, o consumidor deve ser informado a respeito de contratos que a loja tenha com outras empresas para fazer a entrega do produto (como uma transportadora).	
Pergunta 5	**Os dados são atualizados e precisos?**	**Princípio da Qualidade dos Dados**
	Se não forem, a entrega sequer será possível. Nesse sentido, a loja deve se preocupar em ter informações corretas e atualizadas, inclusive para atingir o objetivo do tratamento. Por óbvio, as informações podem mudar ao longo do tempo. Por isso, é importante ter mecanismos que permitam que a pessoa atualize as suas informações (por exemplo, se ela for realizar uma nova compra, é necessário confirmar se o endereço permanece o mesmo).	
Pergunta 6	**Os dados estão seguros e medidas de prevenção de problemas foram adotadas?**	**Princípio da Segurança e da Prevenção**
	É importante que os dados estejam armazenados em sistemas seguros e que somente pessoas autorizadas tenham acesso a eles. A loja não deve permitir que todos os funcionários acessem o endereço do consumidor, mas apenas aqueles que realmente precisam da informação para executar o trabalho – quem faz o contato com a transportadora, por exemplo.	
Pergunta 7	**Os dados são utilizados de forma discriminatória, isto é, de modo a tratar diferentemente situações que deveriam ser tratadas de forma semelhante?**	**Princípio da Não Discriminação**
	É indispensável que o tratamento de dados não cause efeitos discriminatórios para o consumidor, uma vez que a LGPD proíbe a discriminação abusiva e ilícita.	
Pergunta 8	**O tratamento de dados ocorre de forma transparente e de modo que outros atores possam controlar e acompanhá-lo?**	**Princípio da Responsabilização e Prestação de Contas**
	O princípio da responsabilização e prestação de contas exige que o agente de tratamento demonstre ter adotado medidas que comprovem o cumprimento da legislação de proteção de dados.	

Em sentido semelhante, igualmente é necessário ressaltar a relevância desse tipo de salvaguarda diante de soluções automatizadas. É o que faz o relatório da ONG Transparência Brasil a respeito do uso da inteligência artificial pelo Poder Público.[41] Confira-se:

---

[41] TRANSPARÊNCIA BRASIL. Uso de inteligência artificial pelo poder público. Disponível em: https://www.transparencia.org.br/downloads/publicacoes/Recomendacoes_Governanca_Uso_IA_PoderPublico.pdf. Acesso em: 24 fev. 2022.

	Bases de dados representativas e apropriadas para o contexto
Recomendação 1	"O objetivo é prevenir e eliminar/mitigar os vieses dos algoritmos e dos dados de treinamento que poderiam reforçar situações de violência estrutural (como racismo, machismo, LGBTQIfobia, entre outros) em serviços públicos e investigações do aparato de segurança. A estruturação dos bancos de dados de treinamento são questões centrais da análise, não só porque podem impactar direitos relacionados à privacidade e proteção de dados, mas também porque podem ser determinantes para formar ou não vieses potencialmente discriminatórios".
	Necessidade de supervisão humana como salvaguarda para a revisão de decisões automatizadas
Recomendação 2	"Recomendamos, assim, que a Autoridade Nacional de Proteção de Dados (ANPD), órgão responsável por zelar, implementar e fiscalizar o cumprimento da LGPD em todo o território nacional, deve interpretar a condicionante do artigo 20 de forma expansiva, já que uma interpretação restritiva do "unicamente" cria um cenário em que o direito à revisão quase nunca poderá ser reivindicado".
	Efetiva proteção dos dados pessoais do cidadão
Recomendação 3	"Ou seja, a coleta dos dados deve ser feita estritamente para prestação e melhoria do serviço proposto – com uma finalidade adequada, bem definida e com critérios submetidos ao rigor dos direitos fundamentais. Neste sentido, é necessário que as pessoas sejam informadas com transparência sobre a finalidade da coleta de seus dados pessoais e sobre como estão sendo utilizados. É importante entender como foram armazenados os dados para a criação da ferramenta usada por determinado órgão governamental, caso contrário, este serviço estará em desconformidade com os parâmetros estabelecidos pela LGPD".
	Transparência e explicabilidade dos sistemas
Recomendação 4	"Mecanismos de *accountability* e transparência são necessários para que a sociedade civil possa exercer controle social na utilização de ferramentas de inteligência artificial pelo poder público e minimizar os riscos de violações a direitos. Uma maior transparência do poder público em relação ao uso de algoritmos e tomada de decisão automatizada é importante até mesmo para se avaliar a eficiência dessas ferramentas. Mesmo que não existam ameaças a direitos fundamentais, deve-se avaliar como elas estão sendo usadas, se há um ganho, de fato, na sua utilização, ou ainda, se a ferramenta não está ocasionando prejuízos, como acentuar diferenças sociais e a opressão a grupos marginalizados".

Capítulo V

TRATAMENTO DE DADOS PESSOAIS E AS BASES LEGAIS EXISTENTES NA LGPD

V.1. O MODELO *EX ANTE* DE PROTEÇÃO DE DADOS DA LGPD

O Brasil adotou, na LGPD, o modelo *ex ante* de proteção de dados, presente no cenário internacional desde a edição da Diretiva 95/46/CE da União Europeia, mas consolidado definitivamente a partir do RGPD, principal inspiração da Lei brasileira.

Este modelo regulatório caracteriza-se essencialmente pela previsão de que o controlador (ou o responsável pelo tratamento, conforme o RGPD) somente poderá realizar atividades de tratamento de dados pessoais quando estiver amparado em uma base legal, restringindo assim as hipóteses de utilização dos dados, de forma a proteger preventivamente os direitos e as liberdades dos seus titulares.

Exemplos de instrumentos legais de regulação *ex ante* previstos na LGPD

- Bases legais para o tratamento de dados pessoais

Dispositivos legais: art. 7º, I a X.

- Avaliações de impacto à proteção de dados pessoais

Dispositivos legais: arts. 7º, IX; e 50, § 2º, I, "d".

- Relatórios que devem ser enviados à ANPD

Dispositivos legais: arts. 4º, § 3º; 5º, XVII; 10, § 3º; 32; 38 e 55-J, XIII.

- Mecanismos de certificação

Dispositivos legais: arts. 33, II, "d"; e 35, *caput*, §§ 3º e 4º.

Como contraponto, nos Estados Unidos, adotou-se o modelo *ex post* de proteção de dados, em que o Estado se abstém de promover uma regulação abrangente sobre o tema, incentivando empresas e associações a adotarem estratégias de autorregulação, ressalvadas algumas poucas normas concebidas para setores da indústria específicos.

Tal abordagem culmina na inexistência de uma regulamentação geral a respeito da proteção de dados pessoais, confirmando o caráter subjetivo do direito à privacidade no país e o foco na proteção contratual. Ou seja, as organizações devem cumprir com aquilo que se comprometem contratualmente com o titular dos dados, o que é feito normalmente nas políticas de privacidade.

Não se pode ignorar, por óbvio, a relevância das políticas de privacidade também nos sistemas de regulação *ex ante*, na medida em que tais documentos se apresentam como importantes ferramentas de transparência quanto ao escopo do tratamento de dados e, por conseguinte, de atendimento aos princípios que orientam a aplicação de normas como a LGPD.

Aliás, é importante destacar, desde já, que a LGPD, longe de se basear apenas no modelo comando-controle – previsão de obrigações e sanções pelo seu descumprimento – também aposta consideravelmente no *compliance* e na autorregulação.

A diferença é que, no caso brasileiro, assim como na Europa, as iniciativas individuais não se dão diante de um vazio regulatório, mas sim a partir de princípios, direitos e bases legais previamente definidos pelo legislador e também pela ANPD, mas que podem ser operacionalizadas por diferentes alternativas, de acordo com o perfil, o porte e os riscos dos tratamentos de dados assumidos por cada agente de tratamento.

Cria-se, portanto, um modelo mais próximo ao de corregulação ou autorregulação regulada, em que a regulação *ex ante* é uma base fundamental – mas não exaustiva – para orientar o comportamento dos agentes de tratamento, sem prejuízo do importante papel das políticas de privacidade para adaptarem e até mesmo ampliarem o pacote regulatório básico oferecido pela LGPD e pela ANPD.

Logo, enquanto nos sistemas *ex post* as políticas de privacidade se apresentam como as principais fontes de proteção dos direitos de titulares de dados, nos sistemas *ex ante*, como o Brasil, as políticas de privacidade são vistas no contexto de uma autorregulação regulada, como será mais bem explicado no Capítulo XVII.

A preocupação maior nos Estados Unidos, nesse sentido, acaba sendo o *enforcement a posteriori*, a partir de modelo repressivo e não preventivo, este último construído normalmente a partir da consolidação de padrão abrangente de privacidade que seja aplicável a todas as atividades de tratamento de dados – como ocorre na União Europeia e no Brasil.

Mais uma vez, destaca-se que os modelos europeu e brasileiro não dispensam a repressão a condutas lesivas. Porém, a principal diferença, em relação ao modelo norte-americano, é que se destacam por oferecer de antemão aos agentes de tratamento os parâmetros a serem observados na implementação de seus objetivos, assim esclarecendo inclusive as situações nas quais o tratamento é indevido ou irregular.

Cabe salientar, nesse sentido, que o modelo norte-americano é comumente alvo de críticas em virtude da ausência de uma legislação federal abrangente, com elementos de proteção que existem tão somente de maneira fragmentária e muitas vezes apenas em nível estadual, de tal maneira que os titulares tendem a ficar desguarnecidos diante do tratamento de dados não raro regulado unilateralmente por intermédio de soluções contratuais.[1]

---

[1] Ver: GODDYEAR, Michael P. A rising tide lifts all consumers: penumbras f foreign data protection laws in the United States. *Richmond Journal of Law & Technology*, v. 27, n. 2, 2020.

Aliás, considerando as características dos mercados digitais, recentes estudos feitos nos Estados Unidos sobre plataformas digitais já reconheceram que a proteção aos consumidores, inclusive – mas não somente – no que diz respeito à proteção dos dados pessoais, não pode ser feita tão somente por meio de soluções de mercado, exigindo uma devida regulação *ex ante*.[2]

Modelo *ex ante*	Modelo *ex post*
1. Foco na prevenção. 2. Sistema preventivo. 3. Existência de uma lei geral que regulamenta o tema e define um padrão legal objetivo mínimo. 4. Definição de um padrão legal objetivo mínimo.	1. Foco no *enforcement a posteriori.* 2. Sistema repressivo. 3. Não há regulamentação geral sobre o tema. O foco é a proteção contratual, a exemplo das políticas de privacidade. 4. Avaliação das violações de dados na medida em que elas ocorrem.
Exemplos: Brasil e União Europeia.	**Exemplo:** Estados Unidos.

V.2. CARACTERÍSTICAS ESSENCIAIS DO MODELO *EX ANTE* DE PROTEÇÃO DE DADOS: AS CINCO ETAPAS DE APLICAÇÃO DA LGPD

Como se viu na seção anterior, em virtude justamente das insuficiências do *enforcement a posteriori*, materializou-se na LGPD – na linha do que já se adotava no RGPD – uma racionalidade regulatória e normativa *ex ante* e horizontal de proteção de dados.

O caráter *ex ante* do modelo regulatório de proteção de dados adotado pela LGPD caracteriza-se essencialmente pela exigência prévia de requisitos para o tratamento dos dados (racionalidade preventiva), enquanto a horizontalidade manifesta-se a partir da extensão da esfera de aplicação da Lei, atingindo todos os setores econômicos da sociedade, incluindo o setor público.

> **O conceito amplo de tratamento de dados**
>
> A LGPD optou por conceituar *tratamento* de forma ampla em seu art. 5º, X.
>
> Dessa forma, *tratamento* envolve qualquer operação realizada com dados pessoais, incluindo aquelas que se referem a coleta, produção, recepção, classificação, utilização, acesso, reprodução, transmissão, distribuição, processamento, arquivamento, armazenamento, eliminação, avaliação ou controle da informação, modificação, comunicação, transferência, difusão ou extração.

---

[2] Ver: STIGLER COMMITTE ON DIGITAL PLATAFORMS. *Final Report*. 2019. Disponível em: https://www.chicagobooth.edu/research/stigler/news-and-media/committee-on-digital--platforms-final-report. Ver também: SUBCOMMITTEE ON ANTITRUST, COMMERCIAL AND ADMINISTRATIVE LAW OF THE COMMITTEE ON THE JUDICIARY. *Investigation of Competition in Digital Markets Majority Staff Report and Recommendations*. 2020. Disponível em: https://judiciary.house.gov/issues/issue/?IssueID=14921.

Operações de tratamento de dados, segundo o Glossário LGPD do SERPRO [3]

- Acesso: possibilidade de comunicar-se com um dispositivo, meio de armazenamento, unidade de rede, memória, registro, arquivo, visando receber, fornecer, ou eliminar dados.
- Armazenamento: ação ou resultado de manter ou conservar um dado em repositório.
- Arquivamento: ato ou efeito de manter registrado um dado embora já tenha perdido a validade ou esgotada a sua vigência.
- Avaliação: ato ou efeito de calcular valor sobre um ou mais dados.
- Classificação: forma de ordenar os dados conforme algum critério estabelecido.
- Coleta: recolhimento de dados.
- Comunicação: transmitir informações pertinentes a políticas de ação sobre os dados.
- Controle: ação ou poder de regular, determinar ou monitorar as ações sobre o dado.
- Difusão: ato ou efeito de divulgação, propagação, multiplicação dos dados.
- Distribuição: ato ou efeito de dispor de dados de acordo com algum critério estabelecido.
- Eliminação: ato ou efeito de excluir ou destruir dado do repositório.
- Extração: ato de copiar ou retirar dados do repositório em que se encontrava.
- Modificação: ato ou efeito de alteração do dado.
- Processamento: ato ou efeito de processar dados.
- Produção: criação de bens e de serviços a partir do tratamento de dados.
- Recepção: ato de receber os dados ao final da transmissão.
- Reprodução: cópia de dado preexistente obtido por meio de qualquer processo.
- Transferência: mudança de dados de uma área de armazenamento para outra, ou para terceiro.
- Transmissão: movimentação de dados entre dois pontos por meio de dispositivos elétricos, eletrônicos, telegráficos, telefônicos, radioelétricos, pneumáticos etc.
- Uso compartilhado: comunicação, difusão, transferência internacional, interconexão de dados pessoais ou tratamento compartilhado de bancos de dados pessoais por órgãos e entidades públicos no cumprimento de suas competências legais, ou entre esses e entes privados, reciprocamente, com autorização específica, para uma ou

---

[3] SERPRO. *Glossário LGPD*. Disponível em: https://www.serpro.gov.br/lgpd/menu/a-lgpd/glossario-lgpd.

> mais modalidades de tratamento permitidas por esses entes públicos, ou entre entes privados (art. 5º, XVI, da LGPD).
>
> - Utilização: ato ou efeito do aproveitamento dos dados.

Em suma, referido modelo, pelo menos como foi incorporado pela União Europeia e pelo Brasil, sustenta-se a partir de duas premissas fundamentais, quais sejam (i) a adoção de um conceito expansionista de dado pessoal, partindo da premissa de que não existem mais dados irrelevantes ou inúteis no atual contexto do processamento eletrônico massivo de dados[4] e (ii) a necessidade de que todo e qualquer tratamento de dados pessoais fundamente-se em uma base legal.

Há que se observar, contudo, que a segunda premissa – observância obrigatória de uma das bases legais para o tratamento – ganha posição de destaque. Isso porque, no fim e ao cabo, é ela que determina as condições iniciais de legalidade e legitimidade para a utilização dos dados pessoais, sem prejuízo da necessária observância dos princípios do art. 6º e dos demais direitos previstos na LGPD.

Ou seja, o tratamento somente é permitido nas hipóteses legais autorizativas e desde que os indivíduos tenham todos os seus direitos respeitados, tais como o de saber exatamente quais dados estão sendo coletados, para quais finalidades e, ainda, com quem estão sendo compartilhados.

Repisa-se que é obrigação do controlador conferir um fundamento (base legal) a uma operação de tratamento de dados, já que é ele que toma as decisões referentes ao tratamento (art. 5º, VI, da LGPD). Caso o operador, responsável por realizar o tratamento de dados pessoais em nome do controlador (art. 5º, VII, da LGPD), indique bases legais para as atividades de tratamento, ele atrairá para si as responsabilidades do controlador, já que se equipara a ele.

> ### Modelo de aplicação da LGPD em 5 níveis
>
> Propõe-se um modelo de 5 níveis para a aplicação da LGPD,[5] a partir do qual torna-se necessário analisar:
>
> 1. A identificação da espécie de dado objeto do tratamento (se pessoal, sensível, pseudonimizado, de acesso público ou manifestamente tornado público pelo titular), a partir da qual se estabelecerá as possibilidades de base legal;
> 2. A existência de base legal para o tratamento dos dados;

---

[4] A constatação foi feita pelo Tribunal Constitucional Federal alemão na década de 1980, na decisão que consolidou o direito à autodeterminação informativa. Ver também: MENDES, Laura Schertel; DONEDA, Danilo. Comentário à nova Lei de Proteção de Dados (Lei 13.709/2018): o novo paradigma da proteção de dados no Brasil. *Revista de Direito do Consumidor*, São Paulo, v. 120, 2018.

[5] Há doutrinadores que propõem um modelo de três níveis, a exemplo de Laura Schertel Mendes. Ver: MENDES, Laura Schertel. A Lei Geral de Proteção de Dados Pessoais: um modelo de aplicação em três níveis. In: SOUZA, Carlos Affonso; MAGRANI, Eduardo; SILVA, Priscila (Coord.). *Lei Geral de Proteção de Dados – Caderno Especial*. São Paulo: Revista dos Tribunais, 2019. p. 46). Ver também: MENDES, Laura Schertel. *Privacidade, proteção de dados e defesa do consumidor*: linhas gerais de um novo direito fundamental. São Paulo: Saraiva, 2014. p. 203-204.

3. A observância dos princípios dispostos na LGPD;
4. A observância dos direitos do titular dispostos na LGPD;
5. A observância de programas e procedimentos de conformidade específicos para garantia do direito à proteção de dados pessoais.

A primeira etapa do modelo é identificar qual é o tipo de dado envolvido, a fim de se estabelecer o regime jurídico aplicável, nos termos do que já foi consolidado na tabela constante da Seção III.5. Em seguida, é evidente que qualquer tratamento de dados pessoais só pode ser iniciado se pelo menos uma das bases legais de tratamento estiver atendida. Exatamente por isso, esse segundo nível de aplicação da LGPD é condicionante e pressuposto fundamental para a realização de toda e qualquer atividade de tratamento.

V.3. ABORDAGEM SISTEMÁTICA DAS BASES LEGAIS PARA O TRATAMENTO DE DADOS

A LGPD dedica dois artigos específicos para disciplinar as bases legais para tratamento de dados: o art. 7º – para o tratamento de dados pessoais – e o art. 11 – para o tratamento de dados sensíveis.

O primeiro elenca especificamente 10 (dez) fundamentos – ou bases legais – para o tratamento de dados pessoais e dispõe em seus parágrafos sobre as bases legais necessárias para os dados públicos ou tornados públicos pelo titular.

O segundo prevê também um elenco de bases legais para o tratamento de dados sensíveis, sem reproduzir a orientação do RGPD, que vê o tratamento de dados sensíveis como algo proibido como regra, prevendo as exceções em que pode ocorrer. Ademais, a LGPD prevê bases legais extremamente amplas, muitas das quais muito próximas àquelas previstas para os dados não sensíveis.

Doutrina Brasileira – Caitlin Mulholland

"A lei estabelece como regra geral a possibilidade de tratamento de dados pessoais sensíveis, desde que realizadas somente em determinadas hipóteses, isto é, exclusiva e unicamente nos casos previstos nos incisos e itens do artigo 11 da LGPD. Pela técnica legislativa, estamos diante de uma norma permissiva, ainda que restritiva. Diferentemente da lei brasileira, o regulamento europeu (GDPR) prevê como regra geral a vedação ao tratamento de dados pessoais sensíveis em seu art. 9º, I, ao estatuir que 'é proibido o tratamento de dados pessoais que revelem a origem racial ou étnica, as opiniões políticas, as convicções religiosas ou filosóficas, ou a filiação sindical, bem como o tratamento de dados genéticos, dados biométricos para identificar uma pessoa de forma inequívoca, dados relativos à saúde ou à vida sexual ou orientação sexual de uma pessoa'. Ou seja, trata-se de norma proibitiva, com a previsão de situações excepcionais que autorizam o tratamento de dados pessoais sensíveis".[6]

---

6   MULHOLLAND, Caitlin. O tratamento de dados pessoais sensíveis. In: MULHOLLAND, Caitlin. *A LGPD e o novo marco normativo no Brasil*. Porto Alegre: Arquipélago, 2020. p. 136-137.

Para além dos incisos previstos pelo art. 7º, há outros dispositivos legais dispersos no texto da LGPD que também podem ser considerados bases legais para o tratamento de dados ou que cumprem funções muito próximas às das bases legais. Isso porque, muito embora o *caput* do art. 7º indique que o tratamento "somente poderá ser realizado" nas hipóteses dos incisos, não parece lógico que a LGPD exija uma taxatividade extrema diante de outros dispositivos da lei que cumprem a mesma função.

Dessa forma, a imposição do *caput* do art. 7º, a bem da verdade, é a de que os dados pessoais somente sejam tratados caso haja um fundamento legal para tanto, ainda que não seja algum daqueles dispostos nos incisos do art. 7º e do art. 11 da LGPD.[7] Exatamente por isso, outros quatro dispositivos legais podem se apresentar, a depender do entendimento, como bases legais autônomas ou como fundamentos adicionais para o tratamento de dados, quais sejam: (i) os §§ 3º e 4º do art. 7º da LGPD, (ii) o § 1º do art. 14 da LGPD e (iii) o *caput* do art. 23 da LGPD.

> **LGPD, Art. 7º, § 3º** O tratamento de dados pessoais cujo acesso é público deve considerar a finalidade, a boa-fé e o interesse público que justificaram sua disponibilização.

> **LGPD, Art. 7º, § 4º** É dispensada a exigência do consentimento previsto no *caput* deste artigo para os dados tornados manifestamente públicos pelo titular, resguardados os direitos do titular e os princípios previstos nesta Lei.

> **LGPD, Art. 14, § 1º** O tratamento de dados pessoais de crianças deverá ser realizado com o consentimento específico e em destaque dado por pelo menos um dos pais ou pelo responsável legal.

> **LGPD, Art. 23.** O tratamento de dados pessoais pelas pessoas jurídicas de direito público referidas no parágrafo único do art. 1º da Lei nº 12.527, de 18 de novembro de 2011 (Lei de Acesso à Informação), deverá ser realizado para o atendimento de sua finalidade pública, na persecução do interesse público, com o objetivo de executar as competências legais ou cumprir as atribuições legais do serviço público, desde que:
>
> I – sejam informadas as hipóteses em que, no exercício de suas competências, realizam o tratamento de dados pessoais, fornecendo informações claras e atualizadas sobre a previsão legal, a finalidade, os procedimentos e as práticas utilizadas para a execução dessas atividades, em veículos de fácil acesso, preferencialmente em seus sítios eletrônicos;
>
> II – VETADO; e

---

[7] Ver: WIMMER, Miriam. Proteção de dados pessoais no Poder Público: incidência, bases legais e especificidades. In: ASSOCIAÇÃO DOS ADVOGADOS DE SÃO PAULO (AASP). Revista do Advogado. *Lei Geral de Proteção de Dados Pessoais*, n. 144, dez. 2019, p. 131. Ver também: BAIÃO, Renata Barros Souto Maior; TEIVE, Marcello Muller. O artigo 23 da LGPD como base legal autônoma para o tratamento de dados pessoais pelo poder judiciário. In: TEPEDINO, Gustavo (coord.); FRAZÃO, Ana (coord.); DONATO, Milena (coord.). *Lei Geral de Proteção de Dados Pessoais e suas repercussões no Direito Brasileiro*. 2. ed. São Paulo: Thomson Reuters, 2020. p. 315.

122 | CURSO DE PROTEÇÃO DE DADOS PESSOAIS – *Frazão • Carvalho • Milanez*

III – seja indicado um encarregado quando realizarem operações de tratamento de dados pessoais, nos termos do art. 39 desta Lei;

IV – VETADO.

No entanto, apesar de as quatro hipóteses legais destacadas terem em comum o fato de estarem localizadas de forma dispersa ao longo da LGPD, ou seja, fora do rol do art. 7º, elas se diferem em relação ao critério que justifica a autonomia do fundamento.

Dispositivo	Fundamento legal	Critério
Art. 7º, § 3º	Tratamento equivalente de dados pessoais de acesso público	Essa base ou fundamento legal tem como critério a *categoria dos dados pessoais tratados*. Somente pode ser utilizada quando os dados pessoais objeto do tratamento forem de acesso público, considerando ainda todos os outros critérios e condições abordadas no Capítulo VIII.
Art. 7º, § 4º	Tratamento equivalente de dados pessoais tornados manifestamente públicos pelo titular	Essa base ou fundamento legal tem como critério a *categoria dos dados pessoais tratados*. Somente pode ser utilizada quando os dados pessoais objeto do tratamento tiverem sido tornados manifestamente públicos pelo próprio titular, considerando ainda todos os outros critérios e condições abordadas no Capítulo VIII.
Art. 14, § 1º	Tratamento de dados pessoais de crianças mediante o fornecimento de consentimento parental	Essa base ou fundamento legal tem como critério a *categoria dos titulares* cujos dados pessoais são tratados. Somente pode ser utilizada quando os dados pessoais objeto do tratamento identificarem ou tornarem identificável uma categoria específica de titular, qual seja a de crianças – pessoa natural (ou pessoa física) de até 12 (doze) anos de idade incompletos, conforme o art. 2º do Estatuto da Criança e do Adolescente (ECA).[8]
Art. 23, *caput*	Tratamento de dados pessoais pelo Poder Público para execução de competências legais ou cumprimento das atribuições legais do interesse público	Essa base ou fundamento legal tem como critério a *finalidade específica* do tratamento dos dados pessoais. Isso porque, as inúmeras atividades desempenhadas pelo Poder Público – que não se resume à Administração Pública, mas abrange também, por exemplo, o Poder Judiciário – transcendem a execução de políticas públicas (única finalidade inicialmente autorizada pelo inc. III do art. 7º da LGPD). Assim, essa base ou fundamento legal, de maior amplitude, somente pode ser utilizada quando os dados pessoais forem tratados pelo Poder Público para execução de competências legais ou atribuições legais do serviço público.

Observa-se, portanto, que, a partir de uma ideia de taxatividade mitigada, é possível interpretar os arts. 7º e 11 de tal forma que as hipóteses para o tratamento de dados pessoais não fiquem adstritas aos fundamentos expressamente relacio-

---

[8] Art. 2º, ECA: "Considera-se criança, para os efeitos desta Lei, a pessoa até doze anos de idade incompletos, e adolescente aquela entre doze e dezoito anos de idade".

nados nos seus incisos, além dos fundamentos legais independentes localizados fora dos incisos dos arts. 7º (para dados pessoais) e 11 (para dados sensíveis).

Base Legal	Dispositivo Legal	Aplicabilidade	
		Dados Pessoais	Dados Sensíveis
Consentimento do titular	Art. 7º, I Art. 11, I	Sim	Sim
Cumprimento de obrigação legal ou regulatória pelo controlador	Art. 7º, II Art. 11, II, "a"	Sim	Sim
Execução de políticas públicas pela Administração Pública previstas em leis e regulamentos ou respaldadas em contratos, convênios ou instrumentos congêneres	Art. 7º, III	Sim	Não
Execução de políticas públicas pela Administração Pública previstas em leis ou regulamentos	Art. 7º, III Art. 11, II, "b"	Sim	Sim
Realização de estudos por órgão de pesquisa	Art. 7º, IV Art. 11, II, "c"	Sim	Sim
Execução de contratos ou de procedimentos preliminares relacionados a contrato e exercício regular de direitos[9]	Art. 7º, V (específico para contratos) Art. 7º, VI (específico para exercício regular de direitos em processos) Art. 11, II, "d" (abarca tanto a hipótese de contratos como outros exercícios regulares de direito, inclusive em processos)	Sim	Sim
Proteção da vida ou da incolumidade física do titular ou de terceiro	Art. 7º, VII Art. 11, II, "e"	Sim	Sim
Tutela da saúde em procedimento realizado por profissionais de saúde, serviços de saúde ou autoridade sanitária	Art. 7º, VIII Art. 11, II, "f"	Sim	Sim
Atendimento aos interesses legítimos do controlador ou de terceiro	Art. 7º, IX	Sim	Não

---

[9] A hipótese do art. 11, II, "d", parece, em princípio, ser semelhante à hipótese do art. 7º, V, da LGPD. No caso de contratos de prestação de serviços advocatícios, por exemplo, tanto dados pessoais quanto dados sensíveis podem vir a ser tratados para execução do contrato em si.

Base Legal	Dispositivo Legal	Aplicabilidade	
		Dados Pessoais	Dados Sensíveis
Proteção ao crédito	Art. 7º, X	Sim	Não
Garantia de prevenção à fraude e à segurança do titular em processos de identificação e autenticação de cadastro	Art. 11, II, "g"	Não há previsão no art. 7º, mas a intepretação finalística da LGPD indica que sim	Sim

Fundamento Legal independente	Dispositivo Legal	Aplicabilidade	
		Dados Pessoais	Dados Sensíveis
Tratamento equivalente de dados pessoais de acesso público	Art. 7º, § 3º	Sim	Não há menção nesse sentido na LGPD
Tratamento equivalente de dados tornados manifestamente públicos pelo titular	Art. 7º, § 4º	Sim	Não há menção nesse sentido na LGPD
Tratamento posterior compatível de dados pessoais disponíveis publicamente	Art. 7º, § 7º	Sim	Não há menção nesse sentido na LGPD
Tratamento de dados pessoais de crianças com o consentimento específico e em destaque dado por pelo menos um dos pais ou pelo responsável legal *(fora da hipótese de consentimento parental, ver discussões do Capítulo X sobre a possibilidade de aplicação das demais bases legais)*	Art. 14, § 1º	Sim, desde que compatível com o princípio do melhor interesse da criança e as demais proteções específicas	Sim, desde que compatível com o princípio do melhor interesse da criança e as demais proteções específicas
Tratamento de dados pessoais pelo Poder Público para atendimento de sua finalidade pública, na persecução do interesse público, com o objetivo de executar as competências legais ou cumprir as atribuições legais do serviço público *(ver discussões do Capítulo IX sobre a interpretação sistemática entre o art. 23 e as demais bases legais para tratamento de dados pelo Poder Público)*	Art. 23	Sim	Sim

Cumpre ressaltar, no entanto, que inexiste qualquer tipo de hierarquia entre as bases legais ou fundamentos indicados acima. Ou seja, para que o tratamento seja legítimo, basta que o agente o fundamente corretamente em qualquer uma delas. Exatamente por isso, é imprescindível analisá-las de forma pormenorizada.

Vale igualmente ressaltar que, qualquer que seja a base ou fundamento legal, há de se observar o modelo de cinco etapas já descrito, sendo imperiosa a obediência aos princípios da LGPD (terceira etapa), aos direitos dos titulares (quarta etapa) e aos programas de conformidade (quinta etapa).

Cap. V • TRATAMENTO DE DADOS PESSOAIS E AS BASES LEGAIS EXISTENTES NA LGPD | **125**

Ainda que fosse dispensável, o § 6º do art. 7º da LGPD reitera que "A eventual dispensa da exigência do consentimento não desobriga os agentes de tratamento das demais obrigações previstas nesta Lei, especialmente da observância dos princípios gerais e da garantia dos direitos do titular". Isso quer dizer que as demais bases ou fundamentos legais precisam observar os princípios e os direitos do titular da mesma forma que na hipótese de consentimento.

As bases legais do consentimento, do legítimo interesse, a do art. 23 da LGPD, a prevista para dados de crianças e aquelas relacionadas ao tratamento de dados pessoais públicos ou disponíveis publicamente serão oportunamente abordadas em capítulos apartados, considerando sua maior complexidade.

As demais bases seguem discriminadas a seguir.

V.4. CUMPRIMENTO DE OBRIGAÇÃO LEGAL OU REGULATÓRIA PELO CONTROLADOR

O inciso II do art. 7º e o inciso II, "a", do art. 11 da LGPD trazem a hipótese de cumprimento de obrigação legal ou regulatória pelo controlador.

> **Aplicável para o tratamento de *dados pessoais***
> **LGPD, Art. 7º** O tratamento de dados pessoais somente poderá ser realizado nas seguintes hipóteses: **II** – para o cumprimento de obrigação legal ou regulatória pelo controlador;

> **Aplicável para o tratamento de *dados sensíveis***
> **LGPD, Art. 11.** O tratamento de dados pessoais sensíveis somente poderá ocorrer nas seguintes hipóteses: **II** – sem fornecimento de consentimento do titular, nas hipóteses em que for indispensável para: **a)** cumprimento de obrigação legal ou regulatória pelo controlador;

> **RGPD, Art. 6º Licitude do tratamento.**
> **1.** O tratamento só é lícito se e na medida em que se verifique pelo menos uma das seguintes situações: **c)** O tratamento for necessário para o cumprimento de uma obrigação jurídica a que o responsável pelo tratamento esteja sujeito;

Em casos assim, o tratamento de dados é considerado necessário para atender ao interesse público que justifica a diretriz legal ou regulatória em questão, inclusive diante do fato de que não pode a LGPD servir de óbice para o atendimento a outras normas vigentes no ordenamento.

Ou seja, a relação jurídica entre o controlador e o titular exige que os dados sejam tratados para que o primeiro cumpra com alguma obrigação prevista em lei ou exigência da Administração Pública.

Nesse sentido, cumpre destacar que o termo "obrigação legal ou regulatória" deve ser interpretado de forma ampla. Isto é, para fundamentar o tratamento dos dados nesta base legal, é possível que a obrigação esteja prevista em lei federal, lei estadual, lei distrital, lei municipal, decretos, resoluções ou demais atos normativos expedidos por agências reguladoras ou outros entes ou órgãos do Poder Público.

Desde que se trate de obrigação aparentemente legítima e também exigível dos agentes de tratamento, estes poderão invocar a base legal respectiva.

Mesmo que o titular não possa se opor ao tratamento fundamentado nessa base legal, o controlador deverá observar todos os princípios pertinentes, especialmente no que se refere (i) à limitação do tratamento à finalidade específica de cumprimento da determinação legal ou regulatória, (ii) à adoção dos meios adequados e necessários para tal, bem como (iii) à preocupação com todos os direitos do titular.

Situações concretas

- **Situação 1** – Os provedores de aplicações de internet (a exemplo dos portais de comércio eletrônico e das redes sociais – Facebook, Twitter, Instagram etc.) são obrigados, diante da previsão expressa do art. 15 [10] do Marco Civil da Internet (Lei 12.965/2014 ou MCI), a manter os registros de acesso a aplicações de internet (conjunto de informações referentes à data e hora de uso de uma determinada aplicação de internet a partir de um determinado endereço IP – dados pessoais) pelo prazo de 6 (seis) meses. Nesse sentido, o armazenamento desses dados tem como fundamento o cumprimento de uma obrigação legal e, por isso, está amparado no art. 7º, II, da LGPD.

- **Situação 2** – Uma instituição financeira contrata a empresa A que presta serviços de processamento e armazenamento de dados e de computação em nuvem. No entanto, após alguns anos, a instituição financeira decide contratar um novo prestador de serviços, a empresa B. Nesse caso, a empresa A possui a obrigação regulatória de transferir os dados pessoais armazenados para o novo prestador de serviços ou para a instituição financeira contratante e ainda excluir todos eles após a sua transferência e confirmação da integridade e disponibilidade dos dados recebidos, conforme previsto no art. 17, IV, "a" e "b",[11] da Resolução CMN 4.893/2021.

- **Situação 3**[12] – Uma transportadora exige que seus motoristas profissionais (contratados sob o regime celetista) realizem exames toxicológicos de larga escala de detecção periodicamente para verificar o consumo de substâncias psicoativas. O tratamento desses dados referentes à saúde (dados sensíveis) tem

---

[10] Art. 15. O provedor de aplicações de internet constituído na forma de pessoa jurídica e que exerça essa atividade de forma organizada, profissionalmente e com fins econômicos deverá manter os respectivos registros de acesso a aplicações de internet, sob sigilo, em ambiente controlado e de segurança, pelo prazo de 6 (seis) meses, nos termos do regulamento.

[11] Art. 17. Os contratos para prestação de serviços relevantes de processamento, armazenamento de dados e computação em nuvem devem prever: IV - a obrigatoriedade, em caso de extinção do contrato, de: a) transferência dos dados citados no inciso I do *caput* ao novo prestador de serviços ou à instituição contratante; e b) exclusão dos dados citados no inciso I do *caput* pela empresa contratada substituída, após a transferência dos dados prevista na alínea "a" e a confirmação da integridade e da disponibilidade dos dados recebidos;

[12] Ver, nesse sentido: CONFEDERAÇÃO NACIONAL DOS TRANSPORTES. Guia de Boas Práticas de Proteção de Dados no Setor de Transporte. 2021. p. 89.

como fundamento os arts. 168, §§ 6º e 7º,[13] e 235-B, VII,[14] da CLT, que estipulam a necessidade de realização de exames toxicológicos com janela de detecção mínima de 90 (noventa) dias por motoristas profissionais celetistas para substâncias psicoativas que causem dependência ou comprometam a capacidade de direção. Além disso, a Portaria 116/2015 do Ministério do Trabalho e Previdência Social regulamenta a realização dos exames toxicológicos previstos na CLT. Assim, o tratamento realizado tem como fundamento o cumprimento de uma obrigação legal e, por isso, está amparado no art. 11, II, "a", da LGPD.

- ✪ **Situação 4** – Um hospital armazena os prontuários médicos por até 20 anos. Isso se deve justamente em virtude de obrigação legal imposta pelo art. 6º[15] da Lei 13.787/2018.

V.5. EXECUÇÃO DE POLÍTICAS PÚBLICAS PELA ADMINISTRAÇÃO PÚBLICA

A LGPD também admite o tratamento de dados pessoais e dados sensíveis para a realização de políticas públicas por parte da Administração. O maior desafio interpretativo é definir, portanto, o que pode ser considerado política pública, expressão normalmente utilizada para definir uma ação administrativa coordenada em busca de determinado objetivo relevante.

> **Aplicável para o tratamento de *dados pessoais***
>
> **LGPD, Art. 7º** O tratamento de dados pessoais somente poderá ser realizado nas seguintes hipóteses: III – pela administração pública, para o tratamento e uso compartilhado de dados necessários à execução de políticas públicas previstas em leis e regulamentos *ou respaldadas em contratos, convênios ou instrumentos congêneres*, observadas as disposições do Capítulo IV desta Lei;

> **Aplicável para o tratamento de *dados sensíveis***
>
> **LGPD, Art. 11.** O tratamento de dados pessoais sensíveis somente poderá ocorrer nas seguintes hipóteses: II – sem fornecimento de consentimento do titular, nas hipóteses em que for indispensável para: b) tratamento com-

---

[13] Art. 168. § 6º Serão exigidos exames toxicológicos, previamente à admissão e por ocasião do desligamento, quando se tratar de motorista profissional, assegurados o direito à contraprova em caso de resultado positivo e a confidencialidade dos resultados dos respectivos exames. § 7º Para os fins do disposto no § 6º, será obrigatório exame toxicológico com janela de detecção mínima de 90 (noventa) dias, específico para substâncias psicoativas que causem dependência ou, comprovadamente, comprometam a capacidade de direção, podendo ser utilizado para essa finalidade o exame toxicológico previsto na Lei nº 9.503, de 23 de setembro de 1997 – Código de Trânsito Brasileiro, desde que realizado nos últimos 60 (sessenta) dias.

[14] Art. 235-B. São deveres do motorista profissional empregado: VII – submeter-se a exames toxicológicos com janela de detecção mínima de 90 (noventa) dias e a programa de controle de uso de droga e de bebida alcoólica, instituído pelo empregador, com sua ampla ciência, pelo menos uma vez a cada 2 (dois) anos e 6 (seis) meses, podendo ser utilizado para esse fim o exame obrigatório previsto na Lei nº 9.503, de 23 de setembro de 1997 – Código de Trânsito Brasileiro, desde que realizado nos últimos 60 (sessenta) dias.

[15] Art. 6º Decorrido o prazo mínimo de 20 (vinte) anos a partir do último registro, os prontuários em suporte de papel e os digitalizados poderão ser eliminados.

> partilhado de dados necessários à execução, pela administração pública, de políticas públicas previstas em leis ou regulamentos;

Para os dados sensíveis, existe a exigência adicional de que apenas políticas públicas baseadas em leis ou regulamentos podem justificar o tratamento, o que mostra o maior rigor com que a LGPD protege tais dados. No caso de dados pessoais não sensíveis, basta que a política pública esteja respaldada em contratos (em que há interesses opostos e diversos), convênios (em que há interesses paralelos e comuns) ou instrumentos congêneres.

Outra observação importante é que, por uma questão de falha técnica, o art. 11, II, "b", fala em "tratamento compartilhado de dados", expressão que deve ser entendida como tratamento de dados de forma geral e não apenas como compartilhamento de dados. Tais pontos serão mais bem explorados ao se examinar a questão do tratamento de dados pelo Poder Público, no Capítulo X.

Conceitos importantes	
Uso compartilhado de dados	O uso compartilhado de dados, conforme definido no art. 5º, XVI, da LGPD, compreende: • A comunicação, difusão, transferência internacional, interconexão de dados pessoais; • O tratamento compartilhado de bancos de dados pessoais por órgãos e entidades públicos no cumprimento de suas competências legais; ou • O tratamento compartilhado de bancos de dados pessoais entre órgãos e entidades públicos e entes privados, reciprocamente, com autorização específica, para uma ou mais modalidades de tratamento permitidas por esses entes públicos, ou entre entes privados.
Política pública	As políticas públicas podem ser definidas como programas de ação do governo para a realização de objetivos socialmente relevantes e politicamente determinados em um espaço de tempo definido.[16] Ou seja, são aquelas atividades realizadas por entes públicos com o objetivo de solucionar ou ao menos endereçar demandas da sociedade.

Para os dados sensíveis, a LGPD exige igualmente o cumprimento de uma obrigação adicional: que os órgãos e entidades públicas deem publicidade à dispensa de consentimento para o seu tratamento, informando os titulares, de forma clara e atualizada, em veículos de fácil acesso, preferencialmente em seus *sites*, a respeito da previsão legal que autoriza o tratamento, da finalidade para a qual ele é realizado (art. 11, § 2º), bem como dos procedimentos e práticas utilizados para tanto.

> **LGPD, Art. 11, § 2º** Nos casos de aplicação do disposto nas alíneas "a" e "b" do inciso II do *caput* deste artigo pelos órgãos e pelas entidades públicas, será dada publicidade à referida dispensa de consentimento, nos termos do inciso I do *caput* do art. 23 desta Lei.

---

[16] BUCCI, Maria Paula Dallari. Políticas Públicas e direito administrativo. *Revista de Informação Legislativo*, 1997, p. 95.

Tais disposições garantem a ampla divulgação dos atos administrativos e a transparência necessária para que os administrados (aqui, titulares dos dados) exerçam um controle maior sobre a legitimidade e legalidade da conduta pública.[17]

Isso não quer dizer que, no tocante aos dados pessoais não sensíveis, o Poder Público não tenha o dever de informação. Por mais que a LGPD tenha demonstrado preocupação específica com os dados sensíveis, é inequívoco que, até mesmo em razão da incidência dos princípios previstos no art. 6º da Lei, também é fundamental que o tratamento de dados pessoais (não sensíveis) também seja compatível com a transparência e os direitos dos titulares de dados.

Vale ressaltar que, como a atividade da Administração Pública não se restringe à execução de políticas públicas, é possível cogitar que o art. 23 da LGPD tenha criado outra base legal para justificar o exercício de atribuições ou competências administrativas que dependam de tratamento de dados. Tal questão será vista posteriormente, no Capítulo XIV.

Por fim, é importante que, além dos princípios do art. 6º da LGPD, o ente público observe os princípios do art. 37, *caput*, da CF/88, que regem a atividade da Administração Pública: legalidade, impessoalidade, moralidade, publicidade e eficiência.

Situações concretas

- Tratamento de dados pessoais para implementação de saneamento básico;
- Tratamento de dados pessoais para pagamento de auxílios à população, a partir de programas como o Auxílio Brasil;
- Coleta de dados pessoais para cadastro de empresas para receber incentivos fiscais;
- Campanhas de vacinação no sistema de saúde pública;
- Tratamento de dados para realização de projetos voltados à educação de crianças e adolescentes;
- Controle de qualidade do ensino público.

V.6. REALIZAÇÃO DE ESTUDOS POR ÓRGÃO DE PESQUISA

Também se admite o tratamento de dados pessoais para fins de pesquisa. É o que prevê o art. 7º, IV, da LGPD ao mencionar "a realização de estudos por órgão de pesquisa, garantida, sempre que possível, a anonimização dos dados pessoais".

> **Aplicável para o tratamento de *dados pessoais***
> **LGPD, Art. 7º** O tratamento de dados pessoais somente poderá ser realizado nas seguintes hipóteses: **IV** – para a realização de estudos por órgão de pesquisa, garantida, sempre que possível, a anonimização dos dados pessoais;

---

[17] FRAJHOF, Isabella Z.; MANGETH, Ana Lara. As bases legais para o tratamento de dados pessoais. In: MULHOLLAND, Caitlin. *A LGPD e o novo marco normativo no Brasil*. Porto Alegre: Arquipélago, 2020. p. 74.

> **Aplicável para o tratamento de *dados sensíveis***
>
> **LGPD, Art. 11.** O tratamento de dados pessoais sensíveis somente poderá ocorrer nas seguintes hipóteses: **II** – sem fornecimento de consentimento do titular, nas hipóteses em que for indispensável para: **c)** realização de estudos por órgão de pesquisa, garantida, sempre que possível, a anonimização dos dados pessoais sensíveis;

Esta base legal está em conformidade com o art. 4º, II, "b", da LGPD, pois já se viu que este artigo, longe de prever propriamente uma imunidade ou isenção para atividades acadêmicas, submete-as às bases legais dos arts. 7º e 11. O grande problema é que, como já se viu no Capítulo II, atividades acadêmicas devem ser interpretadas de forma ampla, enquanto a base legal ora sob exame menciona expressamente os órgãos de pesquisa, exigindo, portanto, uma institucionalização da atividade acadêmica.

Parece-nos que a única forma de interpretar coerentemente os distintos dispositivos é realmente no sentido de que a base legal referente aos arts. 7º, IV, e 11, II, "c, da LGPD apenas pode ser utilizada pelos órgãos de pesquisa, sem prejuízo de que outras atividades acadêmicas menos institucionalizadas – e eventualmente não realizadas por órgãos de pesquisa formalmente constituídos – possam se utilizar das demais bases legais, incluindo o consentimento.

Conceitos importantes	
Órgão de pesquisa	O órgão de pesquisa, conforme definido no art. 5º, XVIII, da LGPD, é o órgão ou entidade da Administração Pública direta ou indireta ou pessoa jurídica de direito privado sem fins lucrativos legalmente constituída sob as leis brasileiras, com sede e foro no Brasil, que inclua em sua missão institucional ou em seu objetivo social ou estatutário a pesquisa básica ou aplicada de caráter histórico, científico, tecnológico ou estatístico.
	• Exemplo de órgão de pesquisa público: Instituto de Pesquisa Econômica Aplicada (IPEA)
	• Exemplo de órgão de pesquisa privado: Fundação Getúlio Vargas (FGV) As pessoas jurídicas de direito privado com fins lucrativos não podem fundamentar o tratamento dos seus dados nessa base legal, já que não estão abarcadas pelo conceito de órgão de pesquisa da LGPD.

O dispositivo recomenda que, sempre que possível, seja garantida a anonimização dos dados pessoais ou dados sensíveis tratados, de forma a evitar a exposição do titular ou colocá-lo em uma posição de vulnerabilidade.

Dessa forma, caso o agente de tratamento opte por não aplicar a técnica da anonimização à base de dados utilizada, deverá justificar tal escolha, especialmente diante dos princípios da segurança, prevenção e responsabilização e prestação de contas.

Em acréscimo, o art. 13 da LGPD determina que, quando um órgão de pesquisa utilizar dados pessoais na realização de estudos em saúde pública, deverá (i) tratá-los exclusivamente dentro do órgão; (ii) tratá-los estritamente para a finalidade de realização de estudos e pesquisas; (iii) mantê-los em ambiente controlado e seguro; (iv) anonimizá-los ou pseudonimizá-los sempre que possível; e

(v) observar os devidos padrões éticos relacionados aos estudos e às pesquisas – a exemplo do Código de Ética da instituição.

Note-se que, mais uma vez, a LGPD mostra-se protetiva quanto ao titular, prevendo a necessidade de que o agente de tratamento utilize a técnica de anonimização e pseudonimização sempre que possível.

Acontece, porém, que a indicação da relevância da anonimização "sempre que possível" produz relevante espaço de insegurança, mitigando em certa medida a força da base legal para tratamento de dados e colocando em dúvida a extensão da autorização decorrente do inciso IV do art. 7º da LGPD, a sugerir a necessidade de regulamentação das normas supramencionadas.

> **LGPD, Art. 13.** Na realização de estudos em saúde pública, os órgãos de pesquisa poderão ter acesso a bases de dados pessoais, que serão tratados exclusivamente dentro do órgão e estritamente para a finalidade de realização de estudos e pesquisas e mantidos em ambiente controlado e seguro, conforme práticas de segurança previstas em regulamento específico e que incluam, sempre que possível, a anonimização ou pseudonimização dos dados, bem como considerem os devidos padrões éticos relacionados a estudos e pesquisas.
>
> § 1º A divulgação dos resultados ou de qualquer excerto do estudo ou da pesquisa de que trata o *caput* deste artigo em nenhuma hipótese poderá revelar dados pessoais.
>
> § 2º O órgão de pesquisa será o responsável pela segurança da informação prevista no *caput* deste artigo, não permitida, em circunstância alguma, a transferência dos dados a terceiro.
>
> § 3º O acesso aos dados de que trata este artigo será objeto de regulamentação por parte da autoridade nacional e das autoridades da área de saúde e sanitárias, no âmbito de suas competências.
>
> § 4º Para os efeitos deste artigo, a pseudonimização é o tratamento por meio do qual um dado perde a possibilidade de associação, direta ou indireta, a um indivíduo, senão pelo uso de informação adicional mantida separadamente pelo controlador em ambiente controlado e seguro.

Por fim, destaca-que que, embora esse dispositivo não se dirija diretamente à atividade empresarial, pode ser importante para ela, já que diversos empresários se utilizam de pesquisas científicas e convênios com muitas instituições de pesquisa.

Situação concreta

- Um órgão de pesquisa realiza a coleta de dados pessoais de cidadãos para apurar a diversidade religiosa no Brasil. Para tanto, coleta tão somente informações sobre a convicção religiosa dos cidadãos, sem identificá-los, ou seja, de forma anonimizada. A partir das informações, é possível apurar o percentual de cidadãos praticantes de cada uma das religiões no Brasil. Nesse cenário, o tratamento está amparado no art. 11, II, "c", da LGPD.

V.7. EXECUÇÃO DE CONTRATO OU DE PROCEDIMENTOS PRELIMINARES RELACIONADOS A CONTRATO

O inciso V do art. 7º da LGPD autoriza o tratamento de dados para a execução de contrato ou de procedimentos preliminares relacionados a contrato do qual seja parte o titular.

> **Aplicável para o tratamento de *dados pessoais***
>
> **LGPD, Art. 7º** O tratamento de dados pessoais somente poderá ser realizado nas seguintes hipóteses: (...) **V** – quando necessário para a execução de contrato ou de procedimentos preliminares relacionados a contrato do qual seja parte o titular, a pedido do titular dos dados;
>
> **Não aplicável para o tratamento de *dados sensíveis*[18]**

A hipótese é muito semelhante àquela do art. 6º, I, "b", do RGDP.

> **RGPD, Art. 6º Licitude do tratamento.**
>
> **1.** O tratamento só é lícito se e na medida em que se verifique pelo menos uma das seguintes situações: (...) **b)** O tratamento for necessário para a execução de um contrato no qual o titular dos dados é parte, ou para diligências pré-contratuais a pedido do titular dos dados;

O inciso V do art. 7º da LGPD, nesse sentido, abrange dois fundamentos diferentes para o tratamento dos dados pessoais.

a) Execução de contrato

O primeiro fundamento refere-se àquele necessário para a execução de um contrato já firmado do qual o titular é parte. Aqui, é indispensável que o tratamento dos dados seja verdadeiramente necessário para a execução do contrato.

Em tal hipótese, o tratamento não deve ser imposto unilateralmente pelo controlador,[19] mas sim deve decorrer dos termos de um negócio jurídico e da necessidade por ele imposta de se proceder a tratamento de dados, como no caso da execução de contrato de prestação de serviços advocatícios.

Além disso, é importante deixar claro que tal base legal precisa ser interpretada em conformidade aos princípios da finalidade, da necessidade e da adequação, de maneira que o tratamento de dados deve ser pertinente ao objeto do contrato e necessário para a sua execução.

Logo, a título de exemplo, uma empresa não pode, a partir do contrato de aquisição de um bem em um *site*, tratar os dados pessoais do comprador para

---

[18] Apesar de tal hipótese não ser aplicável ao tratamento de dados sensíveis, há uma base legal disposta no art. 11, II, "d", da LGPD que pode possivelmente levar a resultados equivalentes, já que determina que o tratamento de dados sensíveis poderá ocorrer para exercício regular de direitos, inclusive em contrato e em processo judicial, administrativo e arbitral.

[19] ARTICLE 29 DATA PROTECTION WORKING PARTY. Opinion 06/2014 on the notion of the legitimate interests of the data controller under Article 7 of Directive 95/46/EC. 2014. p. 16.

definir perfis de interesses e preferências (*profiling*), já que a contratação não foi realizada para elaboração de perfis, mas para a entrega de determinado bem.[20]

Mesmo que a publicidade direcionada seja útil para fortalecer o relacionamento com o cliente e importante para certos modelos de negócios, ela certamente não é necessária para executar o contrato de compra e venda em si,[21] razão pela qual o vendedor precisaria de uma outra base legal – como o consentimento – para realizar a perfilização pretendida, desde que compatível com o princípio da não discriminação, como já se viu no Capítulo IV e como se abordará também no Capítulo XI.

Dessa forma, para realizar uma análise a respeito do cabimento ou não desta base legal, é importante submetê-la ao teste dos princípios da necessidade, da adequação e da finalidade,[22] o que deve ser feito à luz do objeto e dos propósitos do contrato sob exame.

Isso porque o tratamento deve ter como objetivo a execução do contrato ou de procedimentos contratuais preliminares e restringir-se ao mínimo de dados pessoais possível, observando sempre a exata razão de ser do contrato em questão (seu conteúdo e objetivo fundamental), a fim de que o tratamento de dados atenda especificamente o negócio jurídico que se firmou ou se pretende firmar.

De maneira geral, dados de qualificação ou identificação das partes do contrato – como nome completo, CPF, estado civil, nacionalidade, endereço e CEP – podem ser tratados, como regra, para atender à finalidade do que está sendo contratado pelo titular.[23] Entretanto, a depender do caso, até mesmo a coleta de tais dados pode ser considerada abusiva, como ocorre em negócios eminentemente instantâneos, como compras à vista nas quais o bem objeto do contrato é imediatamente entregue ao comprador, especialmente quando este for consumidor.

b) Execução de procedimentos preliminares relacionados a contrato

O segundo fundamento refere-se ao tratamento necessário para execução de procedimentos contratuais preliminares, ou seja, precede a própria celebração do contrato. A negociação aqui, conforme determina a LGPD, deve ocorrer a pedido do titular e não por iniciativa do agente de tratamento.

Exatamente por isso, a análise de exames médicos por seguradoras para oferta de seguro de vida ou de saúde, bem como a análise prévia de crédito para oferta ativa de crédito consignado por telefone não podem se fundamentar nessa base legal. Ou seja, a LGPD condicionou o tratamento de dados pessoais na fase pré-contratual a um pedido expresso do titular dos dados.

Vale ressaltar, entretanto, que, em mercados regulados, como é o caso de plano de seguro, pode o regulador desde já especificar as informações que podem

---

[20] ARTICLE 29 DATA PROTECTION WORKING PARTY. Opinion 06/2014 on the notion of the legitimate interests of the data controller under Article 7 of Directive 95/46/EC. 2014. p. 17.

[21] ICO. Information Commissioner's Office. *Lawful basis for processing. Contract.*

[22] ARTICLE 29 DATA PROTECTION WORKING PARTY. Opinion 06/2014 on the notion of the legitimate interests of the data controller under Article 7 of Directive 95/46/EC. 2014. p. 17.

[23] FRAJHOF, Isabella Z.; MANGETH, Ana Lara. As bases legais para o tratamento de dados pessoais. In: MULHOLLAND, Caitlin. *A LGPD e o novo marco normativo no Brasil.* Porto Alegre: Arquipélago, 2020. p. 77.

ser exigidas dos pretensos contratantes, o que será importante parâmetro para a aplicação da referida base legal no caso concreto.

> **Resolução CNSP 117/2004, Art. 22.** O plano de seguro poderá estabelecer prazo de carência, respeitado o limite de dois anos e o disposto neste capítulo. (...)
>
> § 2º A carência a que se refere este artigo poderá, a critério da sociedade seguradora, ser reduzida ou substituída por declaração pessoal de saúde ou de atividade e/ou exame médico.

> **Resolução CNSP 117/2004, Art. 65.** A inclusão de cada proponente dar-se-[a com a aceitação pela sociedade seguradora da respectiva proposta de adesão e consequente adesão ao contrato, observado o disposto no § 2º do art. 17 desta Resolução. (...)
>
> § 1º Para a aceitação de que trata o *caput*, poderão ser exigidos outros documentos, tais como declaração pessoal de saúde, declaração de atividade laborativa ou exames médicos, correndo as custas às expensas da sociedade seguradora.

De forma geral, mesmo quando o tratamento ocorre a pedido do titular de dados, há de se ter especial atenção especialmente diante de relações assimétricas, como as de consumo e as de trabalho. No caso destas últimas, por exemplo, é fundamental que se tenha bastante cautela em relação aos dados pessoais exigidos em anúncios de vagas de emprego, que devem estar estritamente vinculados à função que será exercida.

Além disso, é importante evitar, sempre que possível, a coleta de dados que possam implicar tratamento discriminatório dos titulares nos processos seletivos, especialmente em suas etapas iniciais, a exemplo de informações sobre gênero, estado civil, religião, histórico médico, antecedentes criminais, filiação, dentre outros dados que possam ser usados para finalidades indevidas.

Não obstante, não se pode ignorar que há situações concretas nas quais se justifica a utilização de algumas dessas informações, como se verifica, em larga medida, no âmbito da Justiça do Trabalho, que vem inclusive aludindo expressamente à necessidade de observância dos princípios da finalidade e da adequação como parâmetros de análise da legalidade de determinadas práticas.[24]

Daí ser possível aceitar, por exemplo, na admissão de candidato a emprego que exija alto grau de fidúcia (como "empregados domésticos, cuidadores de menores, idosos ou deficientes (...), motoristas rodoviários de carga, empregados que laboram no setor da agroindústria no manejo de ferramentas de trabalho perfurocortantes, bancários e afins, trabalhadores que atuam com substâncias tóxicas, entorpecentes e armas, trabalhadores que atuam com informações sigilosas"), a exigência de apresentação de certidão de antecedentes criminais.[25]

---

[24] TST, E-RR 933-49.2012.5.10.0001, Rel. Min. Alberto Luiz Bresciani de Fontan Pereira, Subseção I Especializada em Dissídios Individuais, j. 16.12.2021.

[25] TST, IRR-RR-243000-58.2013.5.13.0023, Rel. Min. João Oreste Dalazen, Subseção I Especializada em Dissídios Individuais, j. 22.09.2017.

Evidentemente que não se descartam as situações nas quais a coleta de alguns dos conjuntos de dados supramencionados, mesmo nas etapas iniciais da seleção, seja justificável, tal como ocorre na execução de políticas afirmativas de inclusão de minorias nas quais as vagas sejam restritas às referidas minorias ou, ainda, processos seletivos para a contratação de pessoas para atividades de segurança, quando pode ser justificável a pesquisa de antecedentes criminais.

Cabe observar igualmente que a menção a "procedimentos preliminares a contrato" está intimamente relacionada à incidência da cláusula geral da boa-fé objetiva, em virtude da qual as legítimas expectativas das partes as vinculam mesmo nas fases pré e pós-contratual. Isso porque, também no momento das tratativas contratuais, há deveres já impostos às partes ainda que não se lhes atribua qualquer prestação em sentido técnico, conforme ensina Judith Martins-Costa.[26]

Dessa maneira, mesmo que ainda não haja relação contratual propriamente dita, pode haver processos de tratamento de dados aos quais não se pode dispensar a proteção oferecida pela LGPD. Da mesma maneira, a fase pós-contratual – na qual igualmente incidem os deveres oriundos da boa-fé objetiva – é momento importante a ser levado em consideração no que se refere ao tratamento de dados, notadamente quanto aos cuidados aplicáveis por ocasião do término do tratamento de dados.

 Situações concretas

- ⊙ **Situação 1** – Uma pessoa realiza a compra de um produto on-line em um site de comércio eletrônico e, com isso, firma um contrato de compra e venda com a empresa ofertante. Para entrega do produto adquirido na residência da pessoa e para finalização do pagamento, a empresa precisa tratar dados pessoais do titular, mais especificamente o seu endereço e os dados do seu cartão de crédito. Nesse caso, o tratamento é necessário para a execução do contrato de compra e venda do referido bem.

- ⊙ **Situação 2** – Uma empresa trata as informações pessoais relacionadas ao salário e aos dados de conta bancária de seus empregados para realizar o pagamento mensal dos seus salários. Nesse caso, o tratamento é necessário para a execução do contrato de trabalho.

- ⊙ **Situação 3**[27] – Uma pessoa pede a um revendedor que lhe envie uma oferta relativa a um produto específico. O revendedor, após enviar a oferta, armazena os dados relativos ao endereço e as informações sobre os produtos objeto da oferta requisitada durante um período limitado de tempo, a fim de que, caso o titular queira, seja mais fácil finalizar a compra depois. Nesse caso, o tratamento é necessário para a execução de procedimentos preliminares relativos a contrato do qual o titular faz parte, a seu pedido.

---

[26] MARTINS-COSTA, Judith. *A boa-fé no direito privado:* critérios para sua aplicação. São Paulo: Saraiva, 2018. p. 458.

[27] Adaptado de: ARTICLE 29 DATA PROTECTION WORKING PARTY. Opinion 06/2014 on the notion of the legitimate interests of the data controller under Article 7 of Directive 95/46/EC. 2014. p. 18.

CURSO DE PROTEÇÃO DE DADOS PESSOAIS – *Frazão • Carvalho • Milanez*

c) A questão dos dados sensíveis

Em relação aos dados pessoais sensíveis, embora não haja base legal absolutamente idêntica à do art. 7º, V, da LGPD, a base legal do art. 11, II, "d", ao mencionar o "exercício regular de direitos, inclusive em contrato" pode ser utilizada para justificar o tratamento de dados para efeito da execução dos contratos, como se analisará melhor na próxima Seção.

V.8. EXERCÍCIO REGULAR DE DIREITOS EM PROCESSO JUDICIAL, ADMINISTRATIVO OU ARBITRAL

Outra importante hipótese de tratamento de dados é o exercício regular de direitos em processo judicial, administrativo ou arbitral.

> **Aplicável para o tratamento de *dados pessoais***
>
> **LGPD, Art. 7º** O tratamento de dados pessoais somente poderá ser realizado nas seguintes hipóteses: (...) **VI** – para o exercício regular de direitos em processo judicial, administrativo ou arbitral, esse último nos termos da Lei nº 9.307, de 23 de setembro de 1996 (Lei de Arbitragem);

> **Aplicável para o tratamento de *dados sensíveis***
>
> **LGPD, Art. 11.** O tratamento de dados pessoais sensíveis somente poderá ocorrer nas seguintes hipóteses: (...) **II** – sem fornecimento de consentimento do titular, nas hipóteses em que for indispensável para: (...) **d)** exercício regular de direitos, inclusive em contrato e em processo judicial, administrativo e arbitral, este último nos termos da Lei nº 9.307, de 23 de setembro de 1996 (Lei de Arbitragem);

Por meio dessa hipótese, fica claro que a proteção aos dados pessoais não compromete o necessário direito que as partes têm de produzir provas umas contra as outras, ainda que estas se refiram a dados pessoais do adversário.

Como se pode observar, os dispositivos são praticamente idênticos, mas o art. 11, II, "d", da LGPD prevê a hipótese de exercício regular de direitos "inclusive em contrato", ao contrário do art. 7º, VI. Trata-se de aspecto positivo, uma vez que a base legal de execução do contrato, analisada na seção anterior, não é prevista para dados sensíveis, razão pela qual a referência ao contrato – pelo art. 11, II, "d" – pode levar a efeitos semelhantes ao do art. 7º, V, valendo, inclusive, para procedimentos preliminares.

Por outro lado, não parece adequado imaginar que o art. 11, II, "d", tenha alcance maior do que o art. 7º, VI, pois seria irracional que uma base legal que pode ser usada para dados sensíveis – em relação aos quais o tratamento deve ser mais rigoroso – não possa sê-lo para os demais dados pessoais.

Aqui, no entanto, não deve haver margem para qualquer conduta abusiva ou desempenho disfuncional de certa posição jurídica pela parte, tendo em vista que os dados somente poderão ser armazenados ou tratados caso sirvam para auxiliar no exercício de direitos, como bem salientam Mario Viola e Chiara de Teffé.[28]

---

[28] VIOLA, Mario; TEFFÉ, Chiara Spadaccini de. Tratamento de dados pessoais na LGPD: Estudo sobre as bases legais dos artigos 7.º e 11. In: DONEDA, Danilo (coord.); SARLET,

Evidentemente que o juízo quanto à necessidade dos dados à defesa é de alta complexidade, considerando que dificilmente se pode antever quais elementos terão essa finalidade. Todavia, é razoável supor que as partes precisam estar conectadas por uma relação jurídica ou pelo menos pela expectativa de uma relação jurídica superveniente, o que justificaria o legítimo interesse na coleta de dados.

É relevante, nesse sentido, que sejam armazenados e preservados tão somente os dados estritamente necessários à identificação do conflito, como dados que permitam a identificação do cliente e informações que minimamente permitam identificar a causa e a posição defendidos naquela situação específica.

Mesmo nessa hipótese, dificilmente se justificará que todo e qualquer sujeito (por exemplo, integrante de um determinado escritório de advocacia) tenha acesso a esse tipo de informação, de sorte que a autorização para acesso apenas pode ser conferida a sujeitos diretamente associados à defesa dos interesses em jogo.

Observe-se, nesse ponto, que não se poderia simplesmente anonimizar documentos relacionados a essas causas, na medida em que, mesmo após o encerramento dos processos, pode ser necessário identificar os titulares dos dados envolvidos no conflito.

No entanto, é perfeitamente possível que se proceda à *pseudonimização* ou à *minimização* dos dados pessoais armazenados para essas finalidades, uma vez que a supressão ou a anonimização mostrar-se-iam pouco práticas.[29]

De toda sorte, é relevante que se adote como parâmetro de controle prazos prescricionais ou decadenciais associados ao direito em disputa ou, ainda, o prazo para ação rescisória, para definir a partir de que momento se poderia considerar encerrado o tratamento de dados e, assim, deveriam ser implementadas medidas mais rigorosas de minimização ou mesmo de anonimização.

Destaca-se ainda que a LGPD especificou que a arbitragem válida para fundamentar o tratamento de dados é aquela formal, prevista na Lei de Arbitragem. Ou seja, a rigor, não estariam incluídas aqui a simples mediação, a conciliação ou mesmo a arbitragem realizada por terceiros que não estejam habilitados como árbitros formalmente.

No entanto, considerando serem a mediação e a conciliação meios adequados de resolução de disputas que têm importante função de pacificação social – tal como a arbitragem – que eventualmente poderão lidar com dados pessoais, resta a dúvida sobre se tais procedimentos deveriam ser incluídos ou não no âmbito de incidência da base legal em questão.

Ingo Wolfgang (coord.); MENDES, Laura Schertel (coord.); RODRIGUES JUNIOR, Otavio Luiz (coord.); BIONI, Bruno Ricardo (coord.). *Tratado de Proteção de Dados Pessoais*. Rio de Janeiro: Forense, 2021, p. 133.

[29] A respeito da minimização de dados, ver: BIEGA, Asia; FINCK, Michèle. *Reviving purpose limitation and data minimisation in personalisation, profiling and decision--making systems*. Disponível em: https://poseidon01.ssrn.com/delivery.php? ID=79408900709101108012510703100211007704201400505900307008912711600 70220280991030860971070390571040560390071221200090960650700902501 00900510670881230210990731140290030140330471220950690180010040940090 00008107411307808006708408011402201503111600802609800908EXT=pdf&INDE X=TRUE. Acesso em: 6 mar. 2022.

Consequentemente, deve-se refletir sobre se seria devido o processamento e armazenamento de dados na proteção e defesa de direitos por intermédio dessas técnicas, o que parece ser necessário e compatível com o papel e a importância delas[30] e também com os objetivos da LGPD. Acresce que tais meios poderiam ser considerados enquadrados na referência que o art. 11, II, d, faz genericamente a contratos, assim como autorizados pela base legal do art. 7º, V, da LGPD.

Nesse sentido, para tratar os dados com base no exercício regular de direitos em contrato, deve-se analisar as seguintes questões: (i) a existência de um direito envolvido no caso; (ii) se o exercício desse direito é regular (e não abusivo) e (iii) se esse direito decorre de uma relação contratual.[31]

Situação concreta

- Uma casa de leilões fornece sua lista de clientes com seus respectivos dados pessoais em virtude de ação criminal que tem por objeto suspeitas de lavagem de dinheiro.

Dica de Leitura

- *Compliance* de dados em escritórios de advocacia. In: FRAZÃO, Ana; CUEVA, Ricardo Villas Bôas. *Compliance* e políticas de proteção de dados. São Paulo: Revista dos Tribunais, 2022.
  Autores: Ana Frazão e Angelo Prata de Carvalho

V.9. PROTEÇÃO DA VIDA OU DA INCOLUMIDADE FÍSICA DO TITULAR OU DE TERCEIRO

A LGPD também prevê a proteção da vida, incolumidade física e saúde do titular ou de terceiros como fundamento legítimo para o tratamento de dados pessoais e dados sensíveis.

> **Aplicável para o tratamento de *dados pessoais***
>
> **LGPD, Art. 7º** O tratamento de dados pessoais somente poderá ser realizado nas seguintes hipóteses: (...) **VII** – para a proteção da vida ou da incolumidade física do titular ou de terceiro;

---

[30] Diante do silêncio da LGPD sobre o tema, há que se destacar o disposto no § 3º do art. 3º do Código de Processo Civil (Lei 13.105/2015), que determina que a conciliação, a mediação e outros métodos de solução consensual de conflitos devem ser estimulados por juízes, advogados, defensores públicos e membros do Ministério Público, inclusive no curso do processo judicial. A conciliação, inclusive, pode ser considerada como procedimento preparatório à transação de acordo judicial ou extrajudicial e, por isso, poderia eventualmente ser compreendida como procedimento preliminar a contrato, a depender da interpretação que será feita pela ANPD do dispositivo em análise.

[31] CNSEG Confederação Nacional das Empresas de Seguros Gerais, Previdência Privada e Vida, Saúde Suplementar e Capitalização. *Guia de Boas Práticas do Mercado Segurador Brasileiro sobre a Proteção de Dados Pessoais*. 2019. p. 31.

> **Aplicável para o tratamento de *dados sensíveis***
> **LGPD, Art. 11.** O tratamento de dados pessoais sensíveis somente poderá ocorrer nas seguintes hipóteses: (...) **II** – sem fornecimento de consentimento do titular, nas hipóteses em que for indispensável para: (...) **e)** proteção da vida ou da incolumidade física do titular ou de terceiro;

> **RGPD, Art. 6º Licitude do tratamento.**
> **1.** O tratamento só é lícito se e na medida em que se verifique pelo menos uma das seguintes situações: (...) **d)** O tratamento for necessário para a defesa de interesses vitais do titular dos dados ou de outra pessoa singular;

Trata-se, obviamente, de hipóteses específicas de altíssimo interesse público, as quais deverão estar devidamente justificadas e comprovadas, assim como todos os meios utilizados deverão obedecer às finalidades específicas que justificaram o tratamento de dados.

Aqui, basta que haja algum tipo de risco à vida ou à integridade física do titular ou de um terceiro (inclusive em questões que envolvam saúde, segurança, higiene e medicina do trabalho) para justificar o tratamento dos seus dados pessoais.

No entanto, é necessário agir com cautela, já que esta base legal não pode justificar, por exemplo, a coleta preventiva, indefinida, por vezes genérica e/ou massiva de dados pessoais sob qualquer pretexto de saúde.

 Situação concreta

Para acesso a um concerto artístico em uma casa de shows, o público deverá, no curso da pandemia de coronavírus, apresentar comprovante de vacinação.

V.10. TUTELA DA SAÚDE EM PROCEDIMENTO REALIZADO POR PROFISSIONAIS DE SAÚDE, SERVIÇOS DE SAÚDE OU AUTORIDADE SANITÁRIA

A LGPD também prevê a tutela da saúde, em procedimento realizado por profissionais da área da saúde ou por entidades sanitárias, como fundamento legítimo de tratamento de dados pessoais.

> **Aplicável para o tratamento de *dados pessoais***
> **LGPD, Art. 7º** O tratamento de dados pessoais somente poderá ser realizado nas seguintes hipóteses: **VIII** – para a tutela da saúde, exclusivamente, em procedimento realizado por profissionais de saúde, serviços de saúde ou autoridade sanitária;

> **Aplicável para o tratamento de *dados sensíveis***
> **LGPD, Art. 11.** O tratamento de dados pessoais sensíveis somente poderá ocorrer nas seguintes hipóteses: (...) **II** – sem fornecimento de consentimento do titular, nas hipóteses em que for indispensável para: (...) **f)** tutela

> da saúde, exclusivamente, em procedimento realizado por profissionais de saúde, serviços de saúde ou autoridade sanitária;

Trata-se, novamente, de hipóteses específicas e de altíssimo interesse público, as quais deverão estar devidamente justificadas e comprovadas, assim como todos os meios utilizados deverão obedecer às finalidades específicas que justificaram o tratamento de dados.

Conceitos importantes	
Profissionais de saúde	São exemplos de profissionais de saúde: • Médicos; • Farmacêuticos; • Enfermeiros; • Educadores físicos; • Fisioterapeutas; • Psicólogos; • Nutricionistas; • Terapeutas ocupacionais; • Fonoaudiólogos; • Dentistas; • Biomédicos.
Serviços de saúde	Estabelecimentos destinados a promover a saúde do indivíduo, protegê-lo de doenças e agravos, prevenir e limitar os danos a ele causados e reabilitá-lo quando sua capacidade física, psíquica ou social for afetada.[32]
Entidades sanitárias	São exemplos de entidades sanitárias aquelas que compõem o Sistema Nacional de Vigilância Sanitária (SNVS), a exemplo da Agência Nacional de Vigilância Sanitária (ANVISA), conforme regramento da Lei 9.782/99.

Para utilização dessa base legal, é indispensável ter bastante cautela, já que ela não se aplica indistintamente a todas as etapas da prestação de serviços de saúde. Nesse sentido, um bom parâmetro para confirmar a possibilidade de sua utilização é o conceito de tutela da saúde presente no RGPD e os parâmetros concretos indicados em seus Considerandos para o tratamento em si.

> **RGPD, Art. 9º Tratamento de categorias especiais de dados pessoais.**
> (...)
> 2. O disposto no nº 1 não se aplica se se verificar um dos seguintes casos:
> h) Se o tratamento for necessário para efeitos de medicina preventiva ou do trabalho, para a avaliação da capacidade de trabalho do empregado, o diagnóstico médico, a prestação de cuidados ou tratamentos de saúde ou de ação social ou a gestão de sistemas e serviços de saúde ou de ação social com base no direito da União ou dos Estados-Membros ou por força de um contrato com um profissional de saúde, sob reserva das condições e garantias previstas no nº 3;

---

[32] Conceito oficial da Agência Nacional de Vigilância Sanitária (ANVISA).

Cap. V • TRATAMENTO DE DADOS PESSOAIS E AS BASES LEGAIS EXISTENTES NA LGPD

> 3. Os dados pessoais referidos no nº 1 podem ser tratados para os fins referidos no nº 2, alínea (h), se os dados forem tratados por ou sob a responsabilidade de um profissional sujeito à obrigação de sigilo profissional, nos termos do direito da União ou dos Estados-Membros ou de regulamentação estabelecida pelas autoridades nacionais competentes, ou por outra pessoa igualmente sujeita a uma obrigação de confidencialidade ao abrigo do direito da União ou dos Estados-Membros ou de regulamentação estabelecida pelas autoridades nacionais competentes.

RGPD, Considerando 53.

As categorias especiais de dados pessoais que merecem uma proteção mais elevada só deverão ser objeto de tratamento para fins relacionados com a saúde quando tal for necessário para atingir os objetivos no interesse das pessoas singulares e da sociedade no seu todo, nomeadamente no contexto da gestão dos serviços e sistemas de saúde ou de ação social, incluindo o tratamento por parte da administração e das autoridades sanitárias centrais nacionais desses dados para efeitos de controlo da qualidade, informação de gestão e supervisão geral a nível nacional e local do sistema de saúde ou de ação social, assegurando a continuidade dos cuidados de saúde ou de ação social e da prestação de cuidados de saúde transfronteiras, ou para fins de segurança, monitorização e alerta em matéria de saúde, ou para fins de arquivo de interesse público, para fins de investigação científica ou histórica ou para fins estatísticos baseados no direito da União ou dos Estados-Membros e que têm de cumprir um objetivo, assim como para os estudos realizados no interesse público no domínio da saúde pública. (...)

RGPD, Considerando 54.

O tratamento de categorias especiais de dados pessoais pode ser necessário por razões de interesse público nos domínios da saúde pública, sem o consentimento do titular dos dados. Esse tratamento deverá ser objeto de medidas adequadas e específicas, a fim de defender os direitos e liberdades das pessoas singulares. Neste contexto, a noção de "saúde pública" deverá ser interpretada segundo a definição constante do Regulamento (CE) nº 1338/2008 do Parlamento Europeu e do Conselho (11), ou seja, todos os elementos relacionados com a saúde, a saber, o estado de saúde, incluindo a mobilidade e a incapacidade, as determinantes desse estado de saúde, as necessidades de cuidados de saúde, os recursos atribuídos aos cuidados de saúde, a prestação de cuidados de saúde e o acesso universal aos mesmos, assim como as despesas e o financiamento dos cuidados de saúde, e as causas de mortalidade. Tais atividades de tratamento de dados sobre a saúde autorizadas por motivos de interesse público não deverão ter por resultado que os dados sejam tratados para outros fins por terceiros, como os empregadores ou as companhias de seguros e entidades bancárias.

Como se pode observar, ainda, que, num primeiro momento, a tutela da saúde pareça ser a base legal aplicável (o que é comum quando se pensa nas atividades de tratamento do setor de saúde), é necessário identificar se as operações de tratamento são realizadas no âmbito das atividades fim dos prestadores de serviço de saúde (medicina preventiva ou do trabalho, avaliação da capacidade de trabalho do empregado, diagnóstico médico, prestação de cuidados ou tratamento de saúde) e por profissionais de saúde sujeitos à obrigação de sigilo profissional. Caso contrário, esta pode não ser a base legal adequada para fundamentar o tratamento dos dados pessoais.[33]

 Situações concretas de utilizações legítimas da base legal, segundo o Código de Boas Práticas da Confederação Nacional da Saúde (CNSAÚDE) e da Agência Nacional de Saúde Suplementar (ANS)

- **Situação 1**[34] – Acesso e manuseio das informações do prontuário médico por profissionais de saúde envolvidos no tratamento do paciente que são obrigados ao sigilo profissional, utilização do prontuário médico para gerar diagnósticos com auxílio de softwares, bem como acesso a informações do prontuário médico por profissional da saúde obrigado ao sigilo profissional em caso de risco de vida.

- **Situação 2**[35] – Coleta das amostras ou das imagens, encaminhamento da amostra ou da imagem para o setor responsável pela análise clínica, emissão de laudo diagnóstico, divulgação do resultado para o paciente, armazenamento dos resultados.

- **Situação 3**[36] – Utilização de informações de saúde por gestores de sistemas de saúde públicos ou privados para condução de programas de promoção de saúde e prevenção de doenças e direcionamento dos pacientes para prestadores de serviço mais adequados para seus quadros clínicos.

- **Situação 4**[37] – Comunicação à autoridade sanitária de suspeita ou confirmação de doença e eventos de saúde pública, como acidentes de trabalho, doenças infectocontagiosas, violência doméstica, etc.

- **Situação 5**[38] – Utilização de informações pessoais de saúde pela ANS para subsidiar políticas públicas de melhoria do modelo assistencial, bem como para servir de insumo para o monitoramento técnico-assistencial das operadoras de saúde, permitindo que a ANS identifique anomalias e intervenha para assegurar a continuidade e a qualidade do cuidado.

---

[33] CNSAÚDE. Confederação Nacional da Saúde. *Código de Boas Práticas: Proteção de Dados para Prestadores Privados em Saúde*. 2021. p. 18.
[34] Adaptado de: CNSAÚDE. Confederação Nacional da Saúde. *Código de Boas Práticas: Proteção de Dados para Prestadores Privados em Saúde*. 2021. p. 63.
[35] Adaptado de: CNSAÚDE. Confederação Nacional da Saúde. *Código de Boas Práticas: Proteção de Dados para Prestadores Privados em Saúde*. 2021. p. 66.
[36] Adaptado de: ANS. Agência Nacional de Saúde Suplementar. *Nota técnica nº 3/2019/GEPIN/DIRAD-DIDES/DIDES*. Processo nº 33910.029786/2019-51.
[37] Adaptado de: ANS. Agência Nacional de Saúde Suplementar. *Nota técnica nº 3/2019/GEPIN/DIRAD-DIDES/DIDES*. Processo nº 33910.029786/2019-51.
[38] Adaptado de: ANS. Agência Nacional de Saúde Suplementar. *Nota técnica nº 3/2019/GEPIN/DIRAD-DIDES/DIDES*. Processo nº 33910.029786/2019-51.

V.11. PROTEÇÃO AO CRÉDITO

A LGPD prevê ainda a legitimidade do tratamento de dados realizado para a proteção do crédito, inclusive quanto ao disposto na legislação pertinente.

Cabe observar que essa hipótese de tratamento de dados é peculiar à LGPD brasileira, não encontrando paralelo no RGPD europeu, na medida em que vem na esteira de um conjunto de desenvolvimentos legislativos e jurisprudenciais voltados a legitimar o tratamento de dados para a proteção do crédito, seja por meio da autorização do chamado *credit scoring* (método desenvolvido para avaliação do risco de concessão de crédito, a partir de modelos estatísticos, considerando diversas variáveis, com atribuição de uma pontuação ao consumidor avaliado, considerado lícito pelo Tema Repetitivo 710 do Superior Tribunal de Justiça), seja por meio da formação do chamado cadastro positivo com informações de adimplemento para formação de histórico de crédito, disciplinado pela Lei 12.414/2011.[39]

> **Aplicável para o tratamento de *dados pessoais***
> **LGPD, Art. 7º** O tratamento de dados pessoais somente poderá ser realizado nas seguintes hipóteses: (...) **X** – para a proteção do crédito, inclusive quanto ao disposto na legislação pertinente;
> **Não aplicável para o tratamento de *dados sensíveis***

Trata-se de dispositivo que, reconhecendo as peculiaridades da proteção do crédito, ressalta a necessidade de observância das regras específicas do assunto, embora a questão já viesse dando margem a muitas controvérsias e discussões sob a luz das normas específicas e consumeristas.

Nesse aspecto, cumpre destacar que a concessão do crédito a um titular pode ser analisada por dois aspectos: (i) com base na inadimplência do consumidor, a partir de cadastros negativos de crédito;[40] e (ii) com base na adimplência do consumidor, a partir de cadastros positivos de crédito.[41] Em ambos, são utilizados diversos dados pessoais do titular, especialmente o seu histórico de crédito, isto é, o conjunto de dados financeiros e de pagamentos relativos às operações de crédito e obrigações de pagamento adimplidas ou em andamento por pessoa natural ou jurídica, nos termos do inciso VII do art. 2º da Lei 12.414/2011.

Cabe lembrar, nesse ponto, que a principal inovação da Lei do Cadastro Positivo é o de que, diferentemente dos serviços tradicionais de proteção ao crédito, baseados no chamado cadastro negativo (isto é, nos índices de inadimplência),

---

[39] Ver: OLIVA, Milena Donato; VIÉGAS, Francisco de Assis. Tratamento de dados para a concessão de crédito. In: TEPEDINO, Gustavo; FRAZÃO, Ana; DONATO, Milena. *Lei Geral de Proteção de Dados Pessoais e suas repercussões no Direito Brasileiro*. 2. ed. São Paulo: Thomson Reuters, 2020.

[40] O Código de Defesa do Consumidor prevê expressamente, em seu art. 43, a possibilidade de formação de bancos de dados por parte dos serviços de proteção ao crédito.

[41] A Lei do Cadastro Positivo (Lei 12.414/2011), inclusive, regulamenta a formação e consulta a bancos de dados com informações de adimplemento, de pessoas naturais ou de pessoas jurídicas, para formação de histórico de crédito.

CURSO DE PROTEÇÃO DE DADOS PESSOAIS – *Frazão* • *Carvalho* • *Milanez*

reúne informações sobre a natureza de compromissos financeiros pagos ou em andamento, o modo de pagamento, dentre outros elementos capazes de identificar o comportamento financeiro do indivíduo em questão perante as suas dívidas.

Nesse sentido, a base legal de "proteção ao crédito" permite que informações pessoais sobre adimplência ou inadimplência de determinada pessoa sejam utilizadas para fins de tomadas de decisão a respeito da concessão ou não de crédito, especialmente por instituições financeiras. A ideia aqui é mitigar riscos na maior proporção possível e, ainda assim, beneficiar e impulsionar o mercado de consumo e ampliar e facilitar a concessão de crédito.

> ### *Credit Scoring* e o entendimento do Superior Tribunal de Justiça
>
> Em 2014, no julgamento dos Recursos Especiais 1.457.199/RS e 1.419.697/RS, ambos submetidos à sistemática dos recursos repetitivos, o Superior Tribunal de Justiça (STJ) firmou precedente vinculante, aprovando as teses abaixo:
>
> 1) O sistema *credit scoring* é um método desenvolvido para avaliação do risco de concessão de crédito, a partir de modelos estatísticos, considerando diversas variáveis, com atribuição de uma pontuação ao consumidor avaliado (nota do risco de crédito).
>
> 2) Essa prática comercial é lícita, estando autorizada pelo art. 5º, IV, e pelo art. 7º, I, da Lei n. 12.414/2011 (lei do cadastro positivo).
>
> 3) Na avaliação do risco de crédito, devem ser respeitados os limites estabelecidos pelo sistema de proteção do consumidor no sentido da tutela da privacidade e da máxima transparência nas relações negociais, conforme previsão do CDC e da Lei n. 12.414/2011.
>
> 4) Apesar de desnecessário o consentimento do consumidor consultado, devem ser a ele fornecidos esclarecimentos, caso solicitados, acerca das fontes dos dados considerados (histórico de crédito), bem como as informações pessoais valoradas.
>
> 5) O desrespeito aos limites legais na utilização do sistema "credit scoring", configurando abuso no exercício desse direito (art. 187 do CC), pode ensejar a responsabilidade objetiva e solidária do fornecedor do serviço, do responsável pelo banco de dados, da fonte e do consulente (art. 16 da Lei 12.414/2011) pela ocorrência de danos morais nas hipóteses de utilização de informações excessivas ou sensíveis (art. 3º, § 3º, I e II, da Lei 12.414/2011), bem como nos casos de comprovada recusa indevida de crédito pelo uso de dados incorretos ou desatualizados.

Vale ressaltar que a própria Lei do Cadastro Positivo apresenta diversas garantias para assegurar o princípio da finalidade, da minimicidade, da adequação e da não discriminação:

> **Lei do Cadastro Positivo, Art. 3º** Os bancos de dados poderão conter informações de adimplemento do cadastrado, para a formação do histórico de crédito, nas condições estabelecidas nesta Lei.

> § 1º Para a formação do banco de dados, somente poderão ser armazenadas informações objetivas, claras, verdadeiras e de fácil compreensão, que sejam necessárias para avaliar a situação econômica do cadastrado.
>
> § 2º Para os fins do disposto no § 1º, consideram-se informações:
>
> I – objetivas: aquelas descritivas dos fatos e que não envolvam juízo de valor;
>
> II – claras: aquelas que possibilitem o imediato entendimento do cadastrado independentemente de remissão a anexos, fórmulas, siglas, símbolos, termos técnicos ou nomenclatura específica;
>
> III – verdadeiras: aquelas exatas, completas e sujeitas à comprovação nos termos desta Lei; e
>
> IV – de fácil compreensão: aquelas em sentido comum que assegurem ao cadastrado o pleno conhecimento do conteúdo, do sentido e do alcance dos dados sobre ele anotados.
>
> § 3º Ficam proibidas as anotações de:
>
> I – informações excessivas, assim consideradas aquelas que não estiverem vinculadas à análise de risco de crédito ao consumidor; e
>
> II – informações sensíveis, assim consideradas aquelas pertinentes à origem social e étnica, à saúde, à informação genética, à orientação sexual e às convicções políticas, religiosas e filosóficas.

Cabe, ainda, salientar que pode haver situações nas quais o compartilhamento de dados relativos a informações financeiras pode se dar no âmbito de um ambiente regulado e, ainda assim, depender do consentimento do titular, como ocorre com o chamado *Open Banking*, serviço regulamentado pelo Banco Central no intuito de facilitar a troca de informações entre instituições financeiras.

> **Resolução Conjunta ME/BACEN 1/2020, Art. 10.** A instituição receptora de dados ou iniciadora de transação de pagamento, previamente ao compartilhamento de que trata esta Resolução Conjunta, deve identificar o cliente e obter o seu consentimento.
>
> § 1º O consentimento mencionado no *caput* deve:
>
> I – ser solicitado por meio de linguagem clara, objetiva e adequada;
>
> II – referir-se a finalidades determinadas;
>
> III – ter prazo de validade compatível com as finalidades de que trata o inciso II, limitado a doze meses;
>
> IV – discriminar a instituição transmissora de dados ou detentora de conta, conforme o caso;
>
> V – discriminar os dados ou serviços que serão objeto de compartilhamento, observada a faculdade de agrupamento de que trata o art. 11;
>
> VI – incluir a identificação do cliente; e
>
> VII – ser obtido após a data de entrada em vigor desta Resolução Conjunta, com observância do cronograma de implementação estabelecido pelo Banco Central do Brasil.
>
> § 2º A alteração das condições de que tratam os incisos II a V do § 1º requer a obtenção de novo consentimento do cliente.

> § 3º É vedado obter o consentimento do cliente:
>
> I – por meio de contrato de adesão;
>
> II – por meio de formulário com opção de aceite previamente preenchida; ou
>
> III – de forma presumida, sem manifestação ativa pelo cliente.
>
> § 4º É vedada a prestação de informação para a instituição transmissora de dados sobre as finalidades de que trata o § 1º, inciso II.
>
> § 5º A vedação de que trata o § 4º não se aplica aos contratos de parceria de que trata o art. 36 ou a outros casos previstos na legislação ou regulamentação em vigor.
>
> § 6º No caso de transações de pagamento sucessivas, o cliente, a seu critério, poderá definir prazo superior ao estabelecido no § 1º, inciso III, podendo condicionar o prazo de validade do consentimento ao encerramento das referidas transações.

V.12. GARANTIA DE PREVENÇÃO À FRAUDE E À SEGURANÇA DO TITULAR EM PROCESSOS DE IDENTIFICAÇÃO E AUTENTICAÇÃO DE CADASTRO

O fundamento legal da alínea "g" do inciso II do art. 11 da LGPD abarca duas hipóteses distintas, quais sejam: (i) garantia de prevenção à fraude e (ii) garantia de prevenção à segurança do titular.

> **Aplicável para o tratamento de *dados pessoais* a partir de uma interpretação finalística e sistemática da LGPD**
>
> Se a hipótese do art. 11, II, "g", da LGPD pode ser utilizada mesmo para dados sensíveis, em relação aos quais se exige maior rigor do ponto de vista da proteção, com maior razão poderia ser admitida em relação aos dados não sensíveis. Daí por que, embora o art. 7º não contenha previsão semelhante à do art. 11, II, "g", a interpretação sistemática e finalística da LGPD indica a conclusão sobre a sua aplicabilidade também aos dados não sensíveis.

> **Aplicável para o tratamento de *dados sensíveis***
>
> **LGPD, Art. 11.** O tratamento de dados pessoais sensíveis somente poderá ocorrer nas seguintes hipóteses: (...) **II –** sem fornecimento de consentimento do titular, nas hipóteses em que for indispensável para: (...) **g)** garantia da prevenção à fraude e à segurança do titular, nos processos de identificação e autenticação de cadastro em sistemas eletrônicos, resguardados os direitos mencionados no art. 9º desta Lei e exceto no caso de prevalecerem direitos e liberdades fundamentais do titular que exijam a proteção dos dados pessoais;

Em qualquer uma delas, a LGPD especifica que a garantia de prevenção (à fraude ou à segurança) deve ocorrer em processos de identificação e autenticação de cadastro em sistemas eletrônicos e com exceção para as situações nas quais os direitos e liberdades fundamentais do titular prevalecerem quanto à proteção dos dados. É o caso da coleta de dados biométricos em cancelas e catracas nas entradas de prédios comerciais ou uso de identificadores de radiofrequência.

Além disso, nota-se que o tratamento de dados sensíveis fundamentado nessa base legal é focado essencialmente no interesse legítimo do titular.[42] Ou seja, o tratamento é realizado em seu benefício, especialmente no caso proteção à sua segurança.

Por fim, há que se destacar que a LGPD exige que o agente, ao fundamentar a atividade de tratamento de dados pessoais sensíveis nesta base legal, resguarde os direitos mencionados no art. 9º, ou seja, o direito de acesso facilitado às informações sobre o tratamento, disponibilizadas de forma clara, adequada e ostensiva, sobre: (i) finalidade específica; (ii) forma e duração, observados os segredos comercial e industrial; (iii) identificação do controlador; (iv) informações de contato do controlador; (v) informações acerca do uso compartilhado de dados pelo controlador e a finalidade; (vi) responsabilidades dos agentes que realizarão o tratamento; e (vii) direitos do titular, com menção explícita aos direitos do art. 18.

Nesse cenário, conforme esclarece Caitlin Mulholland,[43] seriam situações válidas: (i) utilização de câmeras de vigilância para filmagem de ônibus, condomínios, prédios comerciais, elevadores; (ii) coleta de dados biométricos em sistemas de identificação de caixas eletrônicos em instituições financeiras para confirmar que o titular tem que o titular está realizando uma transação bancária relacionada a sua conta e não de terceiro; (iii) cadastros em sistemas eleitorais; (iv) acesso a determinados locais restritos por biometria; (v) coleta de dados biométricos para confirmar que o titular tem autorização para entrar em determinada área de acesso restrito; (vi) uso de chaves eletrônicas para acessar residências; e (vii) uso de tecnologia de reconhecimento facial em celulares.

Por outro lado, seguindo este mesmo raciocínio, pode-se cogitar de situação inválida em virtude da inidoneidade dos meios utilizados para a finalidade pretendida, como ocorreria na coleta de dados biométricos para a aquisição de produtos, por exemplo, em uma drogaria ou supermercado.

V.13. PREVISÕES ADICIONAIS PARA O TRATAMENTO DE DADOS PESSOAIS SENSÍVEIS

Ainda sobre os dados pessoais sensíveis, a LGPD apresenta alguns desafios ao tratar do tema do compartilhamento nos parágrafos do art. 11.

> **LGPD, Art. 11. (...)**
>
> 3º A comunicação ou o uso compartilhado de dados pessoais sensíveis entre controladores com objetivo de obter vantagem econômica poderá ser objeto

---

[42] MULHOLLAND, Caitlin. O tratamento de dados pessoais sensíveis. In: MULHOLLAND, Caitlin. *A LGPD e o novo marco normativo no Brasil*. Porto Alegre: Arquipélago, 2020. p. 147.

[43] MULHOLLAND, Caitlin. O tratamento de dados pessoais sensíveis. In: MULHOLLAND, Caitlin. *A LGPD e o novo marco normativo no Brasil*. Porto Alegre: Arquipélago, 2020. p. 148-149. Ver também: VIOLA, Mario; TEFFÉ, Chiara Spadaccini de. Tratamento de dados pessoais na LGPD: Estudo sobre as bases legais dos artigos 7.º e 11. In: DONEDA, Danilo (coord.); SARLET, Ingo Wolfgang (coord.); MENDES, Laura Schertel (coord.); RODRIGUES JUNIOR, Otavio Luiz (coord.); BIONI, Bruno Ricardo (coord.). *Tratado de Proteção de Dados Pessoais*. Rio de Janeiro: Forense, 2021. p. 141.

de vedação ou de regulamentação por parte da autoridade nacional, ouvidos os órgãos setoriais do Poder Público, no âmbito de suas competências.

§ 4º É vedada a comunicação ou o uso compartilhado entre controladores de dados pessoais sensíveis referentes à saúde com objetivo de obter vantagem econômica, exceto nas hipóteses relativas a prestação de serviços de saúde, de assistência farmacêutica e de assistência à saúde, desde que observado o § 5º deste artigo, incluídos os serviços auxiliares de diagnose e terapia, em benefício dos interesses dos titulares de dados, e para permitir:

I – a portabilidade de dados quando solicitada pelo titular; ou

II – as transações financeiras e administrativas resultantes do uso e da prestação dos serviços de que trata este parágrafo.

§ 5º É vedado às operadoras de planos privados de assistência à saúde o tratamento de dados de saúde para a prática de seleção de riscos na contratação de qualquer modalidade, assim como na contratação e exclusão de beneficiários.

Como se pode imaginar, são muitas as dificuldades interpretativas decorrentes de tais parágrafos, especialmente do § 3º. Com efeito, o parágrafo admite, *a contrario sensu*, o compartilhamento de dados sensíveis entre controladores para efeitos de vantagem econômica, ainda que entenda que isso possa ser vedado ou restringido pela ANPD.

Doutrina Brasileira – Caitlin Mulholland

"Considerando que a regra do parágrafo terceiro não impõe uma proibição de dados sensíveis entre controladores, estamos diante de uma permissão de compartilhamento, o que é extremamente prejudicial para os titulares de dados sensíveis. O compartilhamento, com objetivo de obter vantagem econômica, referenda e tutela uma prática absolutamente maligna de compra de dados pessoais para fins de criação de perfis específicos para exploração comercial".[44]

Trata-se de dispositivo de complexa compreensão, considerando que o legítimo interesse não é base para tratamento de dados sensíveis e que a regra geral dos direitos da personalidade é a de que, como regra, as vantagens econômicas decorrentes de tais direitos apenas podem ser usufruídas pelos seus titulares ou por aqueles que foram autorizados para tal.

Sendo o compartilhamento de dados uma espécie de tratamento de dados, não faz sentido que seja tratado de forma diferente. Daí por que não há outra interpretação possível senão a de que o § 3º não excetua o compartilhamento de dados das regras gerais sobre o tratamento de dados sensíveis, de forma que ele apenas será autorizado quando justificado a partir de alguma das bases legais do

---

[44] MULHOLLAND, Caitlin. O tratamento de dados pessoais sensíveis. In: MULHOLLAND, Caitlin. *A LGPD e o novo marco normativo no Brasil*. Porto Alegre: Arquipélago, 2020. p. 151.

art. 11 da LGPD, dentre as quais não se encontra apenas a obtenção de vantagem econômica pelos controladores.

Diante da necessidade de se compreender a LGPD no seu todo e em face da sua base principiológica, a única forma de se interpretar o § 3º é no sentido de que ele não pretendeu afastar as bases legais para o tratamento de dados sensíveis; pelo contrário, admitiu que tais bases legais, quando possibilitam vantagens econômicas para os controladores, como pode ocorrer na hipótese de consentimento, possam ter aplicação ainda mais restrita pela regulamentação superveniente da autoridade de proteção de dados.

Dessa maneira, tudo leva a crer que o real alcance da previsão legislativa é o de restringir o consentimento nessas hipóteses e não a de admitir o amplo compartilhamento de dados sensíveis entre controladores para o fim de obtenção de vantagem econômica. Com efeito, diante do compromisso entre a tutela dos dados pessoais sensíveis com a garantia do princípio da igualdade e da não discriminação, há de se buscar um tratamento mais rigoroso para o tratamento de tais dados, o que impõe a interpretação restritiva do § 3º.

No caso do § 4º, considerando a importância dos dados nele descritos, a opção, como regra, foi vedar desde já o compartilhamento de dados com a finalidade de gerar vantagem econômica para os controladores, o que, como já se viu, restringe a possibilidade de se utilizar da base legal do consentimento em tais casos, salvo nas exceções expressamente previstas, que foram pensadas em benefício dos titulares de dados.

Por fim, diante da importância do acesso ao serviço de planos de saúde e dos inúmeros riscos da utilização de dados sensíveis sobre a saúde dos titulares para efeitos de discriminações abusivas ou indevidas, o § 5º contém importante vedação, deixando claro que as operadoras de planos privados de assistência à saúde não podem utilizar tais dados para avaliação de riscos – o que se traduz também na precificação – assim como na contratação e exclusão de beneficiários.

Capítulo VI

CONSENTIMENTO NA LGPD

VI.1. ASPECTOS FUNDAMENTAIS

Além das bases legais destacadas no Capítulo V, há ainda a possibilidade de o tratamento de dados pessoais e dados sensíveis fundamentar-se no consentimento do titular, conforme previsto nos arts. 7º, I, e 11, I, da LGPD, hipótese capaz de possibilitar o tratamento de dados mediante a obtenção de manifestação de vontade específica do sujeito cujos dados serão tratados.

> **Aplicável para o tratamento de *dados pessoais***
>
> **LGPD, Art. 7º** O tratamento de dados pessoais somente poderá ser realizado nas seguintes hipóteses: I – mediante o fornecimento de consentimento pelo titular;

> **Aplicável para o tratamento de *dados sensíveis***
>
> **LGPD, Art. 11.** O tratamento de dados pessoais sensíveis somente poderá ocorrer nas seguintes hipóteses: I – quando o titular ou seu responsável legal consentir, de forma específica e destacada, para finalidades específicas;

Apesar das hipóteses dos arts. 7º e 11, I, da LGPD, serem muito próximas, observa-se que o legislador foi ainda mais rigoroso em relação aos dados sensíveis, em relação aos quais exigiu o consentimento de forma *específica* e *destacada*. Vale ressaltar que a própria definição de consentimento já prevista no art. 5º, XII, que exige a "manifestação livre, informada e inequívoca pela qual o titular concorda com o tratamento de seus dados pessoais para uma finalidade determinada".

Para os agentes de tratamento, o consentimento pode ser visto como uma base legal residual e subsidiária, na medida em que gera um ônus excessivo em termos obrigacionais. Por outro lado, para os titulares, o consentimento pode ser visto como a base legal primária e prioritária, na medida em que supostamente permite que eles tenham maior conhecimento e controle (do início até o fim) sobre o tratamento dos seus dados, podendo, inclusive, revogar o consentimento a fim de encerrar o tratamento no momento que quiserem.

De toda sorte, é importante ressaltar que, em razão da grande assimetria informacional e de algumas características específicas da economia digital – tal como a arquitetura de várias plataformas digitais, permeadas pelas chamadas *dark patterns*, que incentivam consumidores a tomarem decisões contra os seus interesses – cada vez mais se considera que as soluções de mercado consubstanciadas no consentimento são insuficientes para assegurar a efetiva proteção dos titulares de dados. Se a chamada soberania do consumidor já vinha sendo bastante questionada no mundo real, tem-se mostrado uma grande falácia no mundo digital.[1]

Daí por que é no mínimo controverso imaginar que o consentimento é a base legal que mais assegura a autodeterminação informativa do titular de dados, tendo em vista que, em muitos casos, ele não terá nem mesmo consciência daquilo com o qual está concordando. Essas mesmas preocupações podem dificultar consideravelmente que estejam atendidos os requisitos exigidos pela própria LGPD para que o consentimento seja válido.

O problema se avoluma com políticas de privacidade confusas e que se alteram a todo tempo e que são difíceis de localização e compreensão por parte do usuário.

Doutrina Brasileira – Ana Frazão

"Em 21 de janeiro de 2019 a Comissão Nacional de Proteção de Dados da França multou o Google em 50 milhões de euros por violação às regras de privacidade da União Europeia. Ao que se sabe, é a maior penalidade imposta contra uma companhia de tecnologia norte-americana.

Ao examinar a decisão, observa-se que a autoridade francesa considerou que o Google falhou no seu dever de informar, especialmente no que diz respeito aos requisitos de acessibilidade, clareza e compreensão. Ponto importante da decisão foi o de que a própria arquitetura geral de informação escolhida pela plataforma impede que os objetivos legais sejam alcançados, uma vez que as informações estão excessivamente dispersas em vários documentos e algumas delas ainda são difíceis de serem encontradas.

O problema torna-se mais grave, segundo a autoridade francesa, diante do fato de que pelo menos 20 serviços oferecidos pelo Google são suscetíveis de serem implicados para efeitos do tratamento de dados. Diante da multiplicidade de fontes, a conclusão a que se chegou é que, do resultado da observação do conjunto de elementos, falta acessibilidade do ponto de vista global.

A autoridade francesa também ressaltou a variedade e diversidade de dados que são objeto de tratamento, o que inclui desde históricos de utilização de aplicativos e de navegação até dados estocados no equipamento, dados de geolocalização e vários outros. A partir daí, sistematizou os três tipos de dados que estariam envolvidos em tratamentos diversos pelo Google: (i) os produzidos pelo próprio usuário, (ii) os gerados pela atividade do usuário e (iii) os derivados ou inferidos a partir dos dois primeiros.

---

[1] Ver FRAZÃO, Ana. A falácia da soberania do consumidor. Série. *Jota*. Disponível em: https://www.jota.info/opiniao-e-analise/colunas/constituicao-empresa-e-mercado/falacia--soberania-do-consumidor-08122021. Acesso em: 6 mar. 2022.

Se a utilização de cada um desses dados já seria preocupante, o resultado da combinação de todos eles reforçaria, segundo a autoridade francesa, o caráter massivo e invasivo do tratamento de dados, especialmente porque as informações geradas não permitem que os usuários compreendam suficientemente as consequências particulares dos tratamentos. A autoridade francesa ainda se referiu ao fato de que o Google procura justificar o tratamento de dados a partir de finalidades excessivamente genéricas, tais como propor serviços personalizados ou garantir a segurança de produtos e serviços, o que igualmente não permite ao usuário mensurar a amplitude dos tratamentos e o grau de intrusão em sua vida privada".[2]

Reitera-se que o consentimento é definido pelo art. 5º, XII, da LGPD como a manifestação livre, informada e inequívoca pela qual o titular concorda com o tratamento de seus dados pessoais para uma finalidade determinada. O conceito se assemelha bastante àquele disposto no art. 4º (11) do RGPD e parte da premissa de que o titular de dados é informado e compreende perfeitamente o que será feito com os seus dados pessoais.

Art. 5º, XII, da LGPD	Art. 4º, (11), do RGPD
• Consentimento é uma manifestação livre, informada e inequívoca pela qual o titular concorda com o tratamento de seus dados pessoais para uma finalidade determinada.	• Consentimento é uma manifestação de vontade, livre, específica, informada e explícita, pela qual o titular dos dados aceita, mediante declaração ou ato positivo inequívoco, que os dados pessoais que lhe dizem respeito sejam objeto de tratamento.

Trata-se, portanto, de consentimento altamente qualificado, já que a manifestação de vontade precisa ser (i) livre; (ii) inequívoca; (iii) informada – ou seja, plasmada a partir do conhecimento de todas as informações necessárias para tal, o que inclui a finalidade do tratamento de dados –; e (iv) restrita à finalidade específica e determinada que foi informada ao titular dos dados. No caso dos dados sensíveis, ainda precisariam ser considerados os requisitos adicionais da manifestação (v) específica; e (vi) destacada.

Cabe, por conseguinte, analisar cada um dos elementos componentes do consentimento considerado válido para efeitos de legitimação do tratamento de dados.

VI.2. REQUISITOS PARA O CONSENTIMENTO LIVRE

Em uma abordagem mais tradicional, pode-se afirmar que, quando o titular manifesta sua vontade sem qualquer tipo de coação, seja ela física ou moral, o consentimento é livre. Entretanto, as recentes descobertas da psicologia e economia comportamental e os riscos já mapeados de manipulação informacional e digital têm exigido novas reflexões sobre o tema.

---

[2] FRAZÃO, Ana. A recente multa que a autoridade de proteção de dados francesa aplicou ao Google. Reflexões sobre os parâmetros da avaliação da legalidade das políticas de privacidade. *Jota*. 2019. Disponível em: https://www.jota.info/opiniao-e-analise/colunas/constituicao-empresa-e-mercado/a-recente-multa-que-a-autoridade-de-protecao-de-dados-francesa-aplicou-ao-google-07032019. Acesso em: 2 mar. 2022.

Com efeito, muito das teorias jurídicas e econômicas sobre o livre consentimento partem do paradigma da racionalidade humana, ou seja, partem da premissa de que os indivíduos não apenas sabem dos seus interesses como sabem escolher racionalmente as melhores alternativas para atingi-los. Entretanto, diante das inúmeras limitações de racionalidade já mapeadas pela economia comportamental, sabe-se que, em muitos casos, as pessoas têm dificuldades para entender o que é melhor para elas e, não raro, agem contra os seus próprios interesses.

Ademais, o mundo digital tem possibilitado inúmeros mecanismos pelos quais se pretende subverter o livre arbítrio das pessoas mesmo sem a utilização da coação física ou moral. As técnicas contemporâneas de manipulação são muito mais sutis e imperceptíveis, até porque, em muitos casos, exploram o subconsciente das pessoas.

Acresce que a alocação de riscos normalmente inerente aos contratos pode não estar presente em contratações em que determinados agentes, como as grandes plataformas, podem saber tudo dos seus usuários, podendo antecipar os seus movimentos com um alto grau de precisão. Tem-se aqui um efeito deletério do espelho unilateral (*one way mirror*) mencionado por Frank Pasquale,[3] que pode comprometer não apenas a manifestação de vontade do titular de dados, mas a própria existência do contrato, já que agentes de tratamento podem estar agindo muito mais em contextos de certeza do que propriamente de alocação de risco.[4]

Dessa forma, há de se ter especial cuidado com a base legal do consentimento, porque ela pode refletir, na verdade, a dominação dos agentes privados ou mesmo de agentes públicos. Segundo Carissa Véliz,[5] não faz o menor sentido falar em consentimento quando, em muitos casos, considerando a complexidade dos tratamentos de dados, nem mesmo cientistas de dados podem assegurar de que forma os dados pessoais serão utilizados.

De toda sorte, assevera a autora que não faz sentido colocar esse ônus nos indivíduos, que não costumam ter nem tempo nem condições de verificar como seus dados estão sendo utilizados.[6] Daí por que Carissa Véliz sustenta que a regra padrão – o que deveria prevalecer salvo quando o titular de dados se manifestasse no sentido contrário – deveria ser a inexistência de tratamento de dados.[7]

Acresce que o *data analytics* tem crescido de uma forma tão rápida e dinâmica que não se tem como saber que tipos de utilizações e inferências poderão ser atribuídas a determinados dados no futuro.

---

[3] PASQUALE, Frank. *The black box society*. The secret algorithms that control money and information. Cambridge: Harvard University Press, 2015.

[4] Ver: FRAZÃO, Ana; PRATA DE CARVALHO, Angelo. Economia movida a dados e alocação de riscos nos contratos. In: ROQUE, Andre Vasconcelos; OLIVA, Milena Donato. *Direito na era digital*: aspectos negociais, processuais e registrais. Salvador: JusPodivm, 2022.

[5] VÉLIZ, Carissa. *Privacy is power*: why and how you should take back control of your data. Londres: Bantam Press, 2020. p. 72.

[6] VÉLIZ, Carissa. *Privacy is power*: why and how you should take back control of your data. Londres: Bantam Press, 2020. p. 60.

[7] VÉLIZ, Carissa. *Privacy is power*: why and how you should take back control of your data. Londres: Bantam Press, 2020. p. 60.

Doutrina Brasileira – Ana Frazão

"Independentemente do grau de adequação da solução de mercado, é preciso advertir que a sua implementação não é fácil, até porque o cenário atual é muito distinto do imaginado por muitos dos seus defensores, em que haveria a livre escolha do usuário seria assegurada pela existência de uma efetiva concorrência. (...)

Como se vê, em que pese a LGPD exigir um consentimento qualificado, diversas características das negociações com dados dificultam o atendimento desse requisito, como já se viu anteriormente. Daí o ceticismo de alguns em relação a tais negociações, pois, como aponta Pasquale, não deixa de ser uma ficção achar que os consumidores podem e irão barganhar por privacidade ou simplesmente deixarem de contratar quando entenderem que seus direitos não estão sendo assegurados (o chamado *opt out*). Pelo contrário, em contextos de ausência de rivalidade e em que a aceitação da política de privacidade é condição *sine qua non* para o acesso ao serviço (as chamadas cláusulas *take it or leave it*), a legitimidade do consentimento sempre será discutível, mesmo que ele tenha sido informado.

Por essa razão, diante da assimetria informacional que parece ser insolúvel, indaga-se em que medida vale a pena ainda valorizar tanto o consentimento, quando haveria outros mecanismos mais idôneos e exequíveis para assegurar os valores agasalhados pela LGPD, dentre os quais as soluções tecnológicas, como o *privacy by design*, ou mesmo a transparência e a *accountability*.

Com efeito, a racionalidade limitada dos consumidores e uma série de fatores os colocam em uma situação de tal vulnerabilidade que é difícil imaginar o consentimento legítimo em uma série de situações. Como assevera Ronaldo Porto Macedo Jr., 'Estudos sobre o conceito de racionalidade limitada' ('bounded rationality') e sobrecarga de informação ('overloaded information') têm evidenciado que a equação: maior informação – maior capacidade de decisão consciente (e, portanto, livre) frequentemente não corresponde à realidade.

Daí a necessária e indispensável relação entre a heterorregulação e as soluções de mercado pois, como apontam Chris Hoofnagle e outros, a regulação jurídica, nessa hipótese, nada tem de paternalismo ou exagero, já que, diante das tecnologias que praticamente tornam impossível evitar o rastreamento on-line, as intervenções regulatórias são necessárias exatamente para possibilitar a escolha do consumidor, uma vez que puras alternativas de mercado negam, na prática, a possibilidade de os consumidores exercerem sua autonomia.

Na verdade, a heterorregulação, nesse caso, tem a precisa finalidade de assegurar que as soluções de mercado decorram legitimamente do consentimento dos titulares de dados e não da dominação dos agentes de tratamento".[8]

De toda sorte, para que haja consentimento que atenda aos requisitos da LGPD, é necessário um ato genuinamente voluntário, uma ação espontânea, em que não há qualquer tipo de pressão ou coação que de qualquer maneira macule o teor

---

[8] FRAZÃO, Ana. Objetivos e alcance da Lei Geral de Proteção de Dados. In: TEPEDINO, Gustavo (coord.); FRAZÃO, Ana (coord.); DONATO, Milena (coord.). *Lei Geral de Proteção de Dados Pessoais e suas repercussões no Direito Brasileiro*. 2. ed. São Paulo: Thomson Reuters, 2020. p. 120-123.

CURSO DE PROTEÇÃO DE DADOS PESSOAIS – *Frazão • Carvalho • Milanez*

da manifestação de vontade, conforme asseveram Bruno Bioni e Maria Luciano.[9] Deve haver, portanto, clara manifestação da autonomia da vontade, que somente pode ser considerada válida se livre de vícios que de alguma maneira produzam resultado distinto daquele desejado pelo titular dos dados e também se ficar claro que a manifestação resultou de ato isento de qualquer tipo de manipulação que possa comprometer o livre-arbítrio do titular ou de qualquer mecanismo que possa explorar as suas fragilidades ou vulnerabilidades.

A ideia central do consentimento é a de que o titular tem total liberdade para aceitar, recusar ou interromper o tratamento dos dados a qualquer momento, na medida em que tal processo depende fundamentalmente de sua anuência livre e informada.

Cenários possíveis e bases legais aplicáveis

- Se os dados pessoais são indispensáveis para a utilização de um aplicativo, a base legal aplicável é a execução de contrato. Nesse caso, há uma obrigação adicional, já que a LGPD exige que, quando o tratamento de dados pessoais for condição para o fornecimento de produto ou de serviço ou para o exercício de direito, o titular seja informado com destaque sobre esse fato e sobre os meios pelos quais poderá exercer os seus direitos previstos na LGPD (art. 9º, § 3º).

- Se os dados pessoais têm correlação direta com a utilização do aplicativo, provavelmente a base legal que fundamenta o tratamento é a execução de contrato, análise que deve ser feita à luz dos princípios da LGPD. No entanto, cabem também outras bases legais, como consentimento, legítimo interesse etc.

- Se os dados pessoais não têm correlação direta com a utilização do aplicativo, a base legal de execução do contrato deixa de ser suficiente para justificar o tratamento de dados, sendo necessário coletar o consentimento do titular. Também nesse caso, o consentimento apenas será legítimo se o tratamento atender aos princípios da LGPD.

Para o exame da licitude do consentimento, é fundamental levar em consideração igualmente a assimetria de poder e influência entre o titular e o agente de tratamento, ou seja, analisar se, no momento da manifestação de vontade, o titular tem reais opções de escolha.[10]

---

[9] BIONI, Bruno Ricardo; LUCIANO, Maria. O consentimento como processo: em busca do consentimento válido. In: DONEDA, Danilo (coord.); SARLET, Ingo Wolfgang (coord.); MENDES, Laura Schertel (coord.); RODRIGUES JUNIOR, Otavio Luiz (coord.); BIONI, Bruno Ricardo (coord.). *Tratado de Proteção de Dados Pessoais*. Rio de Janeiro: Forense, 2021. p. 154.

[10] Nesse sentido: "Por isso, o ponto central do qualificador livre é investigar qual é o nível de assimetria de poder em jogo. Deve-se verificar qual é o 'poder de barganha' do cidadão com relação ao tratamento de seus dados pessoais, o que implica considerar quais são as opções do titular com relação ao tipo de dado coletado até os seus possíveis usos. Em síntese, o 'cardápio de opções' à disposição do cidadão calibrará o quão livre é o seu

Nas relações entre empregador e empregado, o consentimento deve ser utilizado em casos restritos, já que a posição hierarquicamente superior do controlador dos dados impede que, na maioria deles, o consentimento do titular seja verdadeiramente livre.[11]Também nas relações de consumo, a vulnerabilidade presumida do consumidor precisa ser considerada para a análise do consentimento.

Nesse aspecto, há que se destacar o art. 51, IV, do Código de Defesa do Consumidor (CDC) e o art. 468 da Consolidação das Leis do Trabalho (CLT), que demonstram a necessidade de que consumidores e empregados não sejam submetidos à situações abusivas, incompatíveis com a boa-fé, ilícitas ou de desvantagem, exigências que valem também para o fornecimento de consentimento no âmbito da LGPD.

> **CDC, Art. 51.** São nulas de pleno direito, entre outras, as cláusulas contratuais relativas ao fornecimento de produtos e serviços que: (...)
>
> **IV** – estabeleçam obrigações consideradas iníquas, abusivas, que coloquem o consumidor em desvantagem exagerada, ou sejam incompatíveis com a boa-fé ou a equidade.

> **CLT, Art. 468.** Nos contratos individuais de trabalho só é lícita a alteração das respectivas condições por mútuo consentimento, e ainda assim desde que não resultem, direta ou indiretamente, prejuízos ao empregado, sob pena de nulidade da cláusula infringente desta garantia.

A mesma lógica pode ser aplicada para o tratamento de dados realizado pelo Poder Público. Portanto, não há validade no consentimento se o empregado ou cidadão consentir apenas por receio das consequências negativas da recusa, diante da assimetria de poder.

VI.3. REQUISITOS PARA O CONSENTIMENTO INFORMADO

Para que o requisito seja atendido, todas as informações relacionadas ao tratamento dos dados, especialmente eventuais peculiaridades daquela atividade em particular, precisam ser repassadas ao titular antes da manifestação de

---

consentimento, na exata medida que esse 'menu' equaliza tal relação assimétrica". BIONI, Bruno Ricardo. *Proteção de Dados Pessoais*: a função e os limites do consentimento. Rio de Janeiro: Forense, 2019. p. 197. Ver também: ARTICLE 29 WORKING PARTY. *Guidelines on consent under Regulation 2016/679*. Adopted on 28 November 2017. As last Revised and Adopted on 10 April 2018. p. 6.

[11] Ver, nesse sentido: "Não havendo liberdade na decisão, não há que se falar em validade, razão pela qual entendemos não ser o consentimento a melhor hipótese para se tratar dados pessoais em uma relação empregatícia. De qualquer modo, também não nos parece correto afirmar que o consentimento jamais deva ser utilizado no caso apresentado". MAIA, Daniel Azevedo de Oliveira. As hipóteses autorizativas de tratamento de dados pessoais nas relações de trabalho sob a ótica da LGPD e do GDPR. In: MIZIARA, Raphael (coord.); MOLLICONE, Bianca (coord.); PESSOA, André (coord.). *Reflexos da LGPD no Direito e no Processo do Trabalho*. São Paulo: Thomson Reuters Brasil, 2020. p. 191.

vontade, o que decorre dos princípios da transparência e da boa-fé objetiva. A ausência de transparência, nos termos do art. 9º, § 1º, da LGPD, implica a nulidade do consentimento fornecido.

Assim, o titular deve ser informado, por exemplo, acerca da finalidade e duração do tratamento, quem terá acesso aos dados, se os dados serão compartilhados com terceiros, quais são os riscos e benefícios do tratamento, métodos utilizados, etc.

É importante que a linguagem utilizada seja clara, simples, adequada ao público-alvo (crianças, adolescentes, adultos, idosos, pessoas com deficiência, dentre outros), sem a utilização de termos técnicos e excessivamente jurídicos desnecessários, bem como a partir da língua portuguesa.

Evidente, portanto, que a LGPD segue uma lógica voltada a permitir (i) que a informação seja clara, adequada e ostensiva (aspecto qualitativo) e (ii) que sejam fornecidas todas as informações importantes a respeito do tratamento que devem constar do processo comunicativo (aspecto quantitativo), como se depreende da lição de Bruno Bioni.[12]

Grande dificuldade para o atendimento de tal requisito encontra-se nos inúmeros casos em que os dados serão coletados para julgamentos algorítmicos, uma vez que estes se caracterizam por alto grau de opacidade, tanto por dificuldades técnicas, como por dificuldades jurídicas, como é a questão da proteção do segredo de empresa. Assim, o consentimento do titular certamente estaria ocorrendo sem as informações claras, adequadas e ostensivas sobre o tratamento.

VI.4. REQUISITOS PARA O CONSENTIMENTO INEQUÍVOCO

Tal requisito exige que a manifestação de vontade ocorra a partir de uma declaração ou um ato positivo do titular (clique em botão, seleção de uma caixa, gravação de vídeo ou áudio, assinatura), o que afasta as possibilidades de consentimento inequívoco em casos de silêncio, omissão ou concordância tácita.

Exatamente por isso, caixas pré-selecionadas não representam manifestações inequívocas aptas a constituir um consentimento válido perante a LGPD. Embora não haja necessidade de manifestação por escrito, como se explorará adiante, o controlador deve demonstrar que o titular de fato se manifestou no sentido de autorizar o tratamento dos seus dados. O consentimento em si deve ser expresso, claro e evidente.

VI.5. REQUISITOS PARA O CONSENTIMENTO RESTRITO À FINALIDADE INFORMADA AO TITULAR

Este requisito apenas é atendido quando o consentimento é oferecido para um tratamento específico, realizado para uma finalidade específica, por um agente de tratamento específico. Exatamente por isso, o consentimento fornecido para finalidades genéricas ("para melhorar a sua experiência enquanto usuário") não é válido.

Como se pode observar, esse requisito tem clara vinculação com o princípio da finalidade, que, como já visto anteriormente, exige que os propósitos do tra-

---

12   BIONI, Bruno Ricardo. *Proteção de Dados Pessoais*: a função e os limites do consentimento. Rio de Janeiro: Forense, 2019. p. 194.

tamento de dados sejam legítimos, específicos, explícitos e informados ao titular, sem possibilidade de tratamento posterior de forma incompatível com essas finalidades (art. 6º, I, da LGPD).

Além disso, o § 4º do art. 8º da LGPD reforça a observância ao princípio da finalidade, exigindo que o consentimento se refira a finalidades determinadas e declarando que autorizações genéricas para o tratamento de dados pessoais serão nulas. Por essa razão, sem a devida informação sobre as finalidades do tratamento, não se pode cogitar do atendimento a tal requisito.

VI.6. REQUISITOS ADICIONAIS DO CONSENTIMENTO PARA DADOS SENSÍVEIS: MANIFESTAÇÃO ESPECÍFICA E DESTACADA

No caso de tratamento de dados pessoais sensíveis, a LGPD exige que o consentimento seja oferecido "de forma específica e destacada, para finalidades específicas" (art. 11, I). Nesse sentido, para o caso dos dados sensíveis, a LGPD exige consentimento qualificado por um maior esclarecimento quanto àquilo que o titular concorda que se faça com seus dados pessoais.

Evidentemente que, nessa hipótese, os requisitos do consentimento podem ter alguma sobreposição com o próprio princípio da finalidade. Trata-se, por conseguinte, de situação na qual se espera um cuidado maior do agente de tratamento quanto à demonstração das finalidades para as quais os dados serão tratados.

> **Específico e expresso**
>
> Quando a manifestação de vontade é dada para uma finalidade concreta e determinada pelo controlador antes do tratamento. Ou seja, não se admitem finalidades genéricas e irrestritas, sendo imprescindível, com rigor ainda maior do que aquele a ser observado em relação a dados não sensíveis, a delimitação da finalidade do tratamento. Nesse sentido, conforme ensinam Mario Viola e Chiara de Teffé, seria possível exigir uma maior clareza, de antemão, a respeito dos propósitos concretos e claramente determinados pelo controlador, inclusive com mais opções de granularidade, isto é, de segmentação do consentimento em opções que sejam menos onerosas ao titular.[13]
>
> Aqui, de acordo com Bruno Bioni, a lógica é estabelecer justamente uma camada adicional de proteção, obtendo um consentimento por meio do qual o titular tenha pleno conhecimento e concorde deliberadamente com os riscos elevados do tratamento de dados.[14]

---

[13] VIOLA, Mario; TEFFÉ, Chiara Spadaccini de. Tratamento de dados pessoais na LGPD: Estudo sobre as bases legais dos artigos 7.º e 11. In: DONEDA, Danilo (coord.); SARLET, Ingo Wolfgang (coord.); MENDES, Laura Schertel (coord.); RODRIGUES JUNIOR, Otavio Luiz (coord.); BIONI, Bruno Ricardo (coord.). *Tratado de Proteção de Dados Pessoais*. Rio de Janeiro: Forense, 2021. p. 156.

[14] BIONI, Bruno Ricardo. *Proteção de Dados Pessoais*: a função e os limites do consentimento. Rio de Janeiro: Forense, 2019. p. 202.

> **Destacado**
>
> Quando a manifestação de vontade é oferecida após o titular ter acesso a todas as informações relevantes sobre o tratamento, apresentadas de forma destacada no instrumento declaratório por meio do qual o titular autoriza o tratamento.
>
> Nesse ponto, deve o titular ter "acesso ao documento que informará todos os fatos relevantes sobre o tratamento, devendo tais disposições vir destacadas para que a expressão do consentimento também o seja",[15] conforme assevera Bruno Bioni.

Como se pode observar, a LGPD não fornece maiores esclarecimentos a respeito dos requisitos para o tratamento de dados sensíveis com base no consentimento, ainda mais para efeitos de diferenciá-los de forma mais objetiva daqueles requisitos para o tratamento de dados não sensíveis com base no consentimento. Basta ver que, como se analisará mais aprofundadamente a seguir, a ideia do consentimento destacado já é prevista, como regra geral, pelo art. 8º, § 1º, da LGPD.

Entretanto, é inquestionável que a lei procurou assegurar maior grau de rigor na tutela dos dados sensíveis. Consequentemente, em relação a eles, se exige cuidado redobrado com a demonstração detalhada das etapas do tratamento de dados e, ainda, com a obtenção do próprio consentimento, oferecendo-se ao titular o maior número possível de opções voltadas a limitar o tratamento de seus dados.

VI.7. DEMAIS EXIGÊNCIAS DA LGPD QUANTO AO CONSENTIMENTO

VI.7.1. A forma de manifestação do consentimento

A LGPD não exige necessariamente o consentimento escrito, limitando-se o seu art. 8º a prever que o consentimento deverá ser manifestado por escrito ou por outro meio que demonstre a manifestação de vontade do titular. Trata-se, portanto, de manifestação de vontade sem forma prescrita em lei, bastando que seja apreensível de maneira inequívoca, por qualquer meio.

> **LGPD, Art. 8º** O consentimento previsto no inciso I do art. 7º desta Lei deverá ser fornecido por escrito ou por outro meio que demonstre a manifestação de vontade do titular.
>
> **§ 1º** Caso o consentimento seja fornecido por escrito, esse deverá constar de cláusula destacada das demais cláusulas contratuais.
>
> **§ 2º** Cabe ao controlador o ônus da prova de que o consentimento foi obtido em conformidade com o disposto nesta Lei.
>
> **§ 3º** É vedado o tratamento de dados pessoais mediante vício de consentimento.

---

[15] BIONI, Bruno Ricardo. *Proteção de Dados Pessoais*: a função e os limites do consentimento. Rio de Janeiro: Forense, 2019. p. 202.

> § 4º O consentimento deverá referir-se a finalidades determinadas, e as autorizações genéricas para o tratamento de dados pessoais serão nulas.
>
> § 5º O consentimento pode ser revogado a qualquer momento mediante manifestação expressa do titular, por procedimento gratuito e facilitado, ratificados os tratamentos realizados sob amparo do consentimento anteriormente manifestado enquanto não houver requerimento de eliminação, nos termos do inciso VI do *caput* do art. 18 desta Lei.
>
> § 6º Em caso de alteração de informação referida nos incisos I, II, III ou V do art. 9º desta Lei, o controlador deverá informar ao titular, com destaque de forma específica do teor das alterações, podendo o titular, nos casos em que o seu consentimento é exigido, revogá-lo caso discorde da alteração.

Entretanto, a manifestação de vontade deve ser inequívoca, por força do art. 5º, XII, da LGPD, que segue o mesmo entendimento do RGPD, cujo art. 7º deixa claro que a vontade deve ser explícita, assim entendida como a vontade traduzida em declaração ou ato positivo inequívoco.

Nesse sentido, é possível que o "outro meio" utilizado pelo titular para oferecer o consentimento seja um vídeo, uma arte gráfica, um SMS, e-mail, áudio etc. Independentemente do meio, é indispensável que o consentimento seja livre, informado, específico, restrito à finalidade informada ao titular e, adicionalmente, inteligível, a fim de que seja possível comprovar o seu fornecimento pelo titular de forma válida.

De toda sorte, ao mesmo tempo em que a LGPD previu certa flexibilidade para a manifestação do consentimento, atribuiu ao controlador o ônus de comprovar que o consentimento atendeu aos requisitos legais.

Quando o consentimento for oferecido por escrito, é necessário que ele conste de cláusula destacada das demais cláusulas do instrumento contratual. Contudo, é também possível que isso ocorra em um instrumento avulso ou anexo ao contrato, bem como a partir de um instrumento contratual específico só para isso.

RGPD, Considerando 32.

O consentimento do titular dos dados deverá ser dado mediante um ato positivo claro que indique uma manifestação de vontade livre, específica, informada e inequívoca de que o titular de dados consente no tratamento dos dados que lhe digam respeito, como por exemplo mediante uma declaração escrita, inclusive em formato eletrônico, ou uma declaração oral. O consentimento pode ser dado validando uma opção ao visitar um sítio web na Internet, selecionando os parâmetros técnicos para os serviços da sociedade da informação ou mediante outra declaração ou conduta que indique claramente nesse contexto que aceita o tratamento proposto dos seus dados pessoais. O silêncio, as opções pré-validadas ou a omissão não deverão, por conseguinte, constituir um consentimento. O consentimento deverá abranger todas as atividades de tratamento realizadas com a mesma finalidade. Nos casos em que o tratamento sirva fins múltiplos, deverá ser dado um consentimento para todos esses fins. Se o consentimento tiver de

> ser dado no seguimento de um pedido apresentado por via eletrônica, esse pedido tem de ser claro e conciso e não pode perturbar desnecessariamente a utilização do serviço para o qual é fornecido.

Consequentemente, embora a vontade não precise necessariamente estar consubstanciada em uma declaração escrita, ela jamais pode ser extraída da omissão do titular, mas tão somente de atos positivos que revelem claramente o seu consentimento. O silêncio, portanto, não pode ser interpretado como manifestação de consentimento, afastando-se, nessas hipóteses, a incidência do art. 111 do Código Civil.

Evidentemente que tais conclusões pela possibilidade de consentimento não escrito podem não se coadunar, a princípio, com a exigência de consentimento destacado para os dados sensíveis, situação na qual se exige nível adicional de clareza e transparência.

Por outro lado, mesmo a declaração escrita não atenderá, automaticamente e por si só, aos requisitos legais do consentimento, já que ela deverá ser contextualizada diante dos demais critérios atestadores da formação livre e informada da vontade, dentre os quais o previsto no § 1º do art. 8º da LGPD, segundo o qual o consentimento deve constar de cláusula destacada das demais cláusulas contratuais caso seja fornecido por escrito.

> **RGPD, Artigo 7º Condições aplicáveis ao consentimento. (...)**
>
> 2. Se o consentimento do titular dos dados for dado no contexto de uma declaração escrita que diga também respeito a outros assuntos, o pedido de consentimento deve ser apresentado de uma forma que o distinga claramente desses outros assuntos de modo inteligível e de fácil acesso e numa linguagem clara e simples. Não é vinculativa qualquer parte dessa declaração que constitua violação do presente regulamento.

Certamente que muitas discussões surgirão em relação aos contratos eletrônicos, já que os agentes envolvidos deverão tomar as devidas providências para a obtenção, o registro e a comprovação de que houve o consentimento do titular em observância a todas as exigências da LGPD.

Nesse sentido, conforme já destacado, caixas pré-selecionadas não representam manifestações inequívocas aptas a constituir um consentimento válido perante a LGPD. É fundamental que exista um ato positivo do titular. Nesse caso, o ato de selecionar a caixa aceitando o tratamento dos seus dados pessoais.

Quanto a isso, há que se destacar a possibilidade de que o titular ofereça um consentimento granular, ou seja, que ele autorize o tratamento dos seus dados de forma fragmentada.

Assim, o controle dos dados pode ser fatiado de acordo com as funcionalidades ofertadas ou os serviços prestados, a partir de configurações de privacidade personalizadas,[16] fugindo da lógica do "tudo ou nada", em que o titular deve

---

[16] Ver: BIONI, Bruno Ricardo; LUCIANO, Maria. O consentimento como processo: em busca do consentimento válido. In: DONEDA, Danilo (coord.); SARLET, Ingo Wolfgang (coord.); MENDES, Laura Schertel (coord.); RODRIGUES JUNIOR, Otavio Luiz (coord.); BIONI, Bruno

aceitar todas as disposições ou não poderá acessar o produto ou serviço fornecido. No caso dos dados sensíveis, a granularidade do consentimento se apresenta com ainda maior ênfase, na medida em que a aceitação do tratamento de dados poderá ter o condão de afetar com mais gravidade a esfera individual do titular.

Em síntese, quando o consentimento for coletado para finalidades diferentes, é importante que o titular tenha a possibilidade de escolher cada uma das finalidades específicas para as quais autorizará o tratamento dos seus dados pessoais, conferindo, assim, granularidade e especificidade ao consentimento. Somente assim se poderá considerar que houve uma escolha efetivamente livre por parte do titular dos dados.

Assim, deslizar o dedo em uma tela, passar em frente a uma câmera inteligente ou até mesmo movimentar um *smartphone* (girando no sentido horário ou anti-horário) podem ser opções viáveis para demonstrar a concordância de um titular, especialmente em se tratando de dados não sensíveis e desde que as informações prestadas expliquem adequadamente a forma de manifestar o consentimento. Por exemplo, como se depreende do Grupo de Trabalho do art. 29 do RGPD, "se você deslizar essa barra para a direita, você concorda com o uso da sua informação X para a finalidade Y. Repita o movimento para confirmar".[17]

A LGPD ainda teve o cuidado de atribuir ao controlador o ônus da prova do consentimento (art. 8º, § 2º), igualmente ressaltando que o consentimento não será válido se houver qualquer vício de vontade (art. 8º, § 3º). Igual cuidado foi previsto pelo RGPD, como se depreende do excerto a seguir transcrito.

> **RGPD, Artigo 7º Condições aplicáveis ao consentimento.**
>
> 1. Quando o tratamento for realizado com base no consentimento, o responsável pelo tratamento deve poder demonstrar que o titular dos dados deu o seu consentimento para o tratamento dos seus dados pessoais.

> **RGPD, Considerando 42.**
>
> Sempre que o tratamento for realizado com base no consentimento do titular dos dados, o responsável pelo tratamento deverá poder demonstrar que o titular deu o seu consentimento à operação de tratamento dos dados. Em especial, no contexto de uma declaração escrita relativa a outra matéria, deverão existir as devidas garantias de que o titular dos dados está plenamente ciente do consentimento dado e do seu alcance. Em conformidade com a Diretiva 93/13/CEE do Conselho (10), uma declaração de consentimento, previamente formulada pelo responsável pelo tratamento, deverá ser fornecida de uma forma inteligível e de fácil acesso, numa linguagem clara e simples e sem cláusulas abusivas. Para

---

Ricardo (coord.). *Tratado de Proteção de Dados Pessoais.* Rio de Janeiro: Forense, 2021. p. 154.

[17] ARTICLE 29 WORKING PARTY. *Guidelines on consent under Regulation 2016/679.* Adopted on 28 November 2017. As last Revised and Adopted on 10 April 2018. p. 17.

que o consentimento seja dado com conhecimento de causa, o titular dos dados deverá conhecer, pelo menos, a identidade do responsável pelo tratamento e as finalidades a que o tratamento se destina. Não se deverá considerar que o consentimento foi dado de livre vontade se o titular dos dados não dispuser de uma escolha verdadeira ou livre ou não puder recusar nem retirar o consentimento sem ser prejudicado.

Merece registro que o RGPD se preocupa com os casos nos quais existe manifesto desequilíbrio entre o titular e o responsável pelo tratamento, especialmente quando este for uma autoridade pública.

RGPD, Considerando 43.

A fim de assegurar que o consentimento é dado de livre vontade, este não deverá constituir fundamento jurídico válido para o tratamento de dados pessoais em casos específicos em que exista um desequilíbrio manifesto entre o titular dos dados e o responsável pelo seu tratamento, nomeadamente quando o responsável pelo tratamento é uma autoridade pública, pelo que é improvável que o consentimento tenha sido dado de livre vontade em todas as circunstâncias associadas à situação específica em causa. Presume-se que o consentimento não é dado de livre vontade se não for possível dar consentimento separadamente para diferentes operações de tratamento de dados pessoais, ainda que seja adequado no caso específico, ou se a execução de um contrato, incluindo a prestação de um serviço, depender do consentimento apesar de o consentimento não ser necessário para a mesma execução.

Embora a LGPD não faça menção explícita a tais situações, é inequívoco que, tal como já foi abordado anteriormente, a assimetria entre as partes deve ser considerada para efeitos de se saber se o consentimento realmente se deu de forma livre. Tal cuidado e atenção são ainda mais imperiosos em hipóteses nas quais, como é o caso das relações entre Estado e particulares ou nas relações de consumo ou de trabalho, a vulnerabilidade de uma das partes é presumida.

Especialmente nos casos em que o tratamento de dados é requisito *sine qua non* para o acesso a determinados serviços indispensáveis ou mesmo ao emprego, há a necessidade de maior cuidado para avaliar se a manifestação de vontade realmente atende aos requisitos legais e se o consentimento é a melhor base legal para o tratamento, já que, por vezes, não será.

Aliás, o § 3º do art. 9º da LGPD expressamente prevê que, quando o tratamento for condição para o fornecimento de produto ou de serviço ou para o exercício de direito, o titular deve ser informado com destaque sobre esse fato e sobre os meios pelos quais poderá exercer os direitos do titular elencados no art. 18 da LGPD.

Evidente, assim, que, em tal hipótese, a informação, além de atender aos requisitos da transparência e clareza, precisa também ser destacada, assim como devem ser indicados os meios pelos quais o titular poderá exercer os seus direitos previstos na Lei.

> **RGPD, Artigo 7º Condições aplicáveis ao consentimento. (...)**
> 4. Ao avaliar se o consentimento é dado livremente, há que verificar com a máxima atenção se, designadamente, a execução de um contrato, inclusive a prestação de um serviço, está subordinada ao consentimento para o tratamento de dados pessoais que não é necessário para a execução desse contrato.

VI.7.2. A delimitação subjetiva do consentimento

Do ponto de vista da eficácia subjetiva, o consentimento está vinculado ao controlador para o qual foi manifestado.

Consequentemente, qualquer operação que implique o acesso a dados por parte de outro controlador está sujeita à autorização específica por parte do titular dos dados, nos termos do § 5º do art. 7º da LGPD, que exige que o controlador obtenha o consentimento específico do titular para a finalidade de comunicação ou compartilhamento dos dados pessoais com outros controladores, ressalvadas as hipóteses legais de dispensa do consentimento.

Com isso, cria-se dever que, longe de se restringir ao controlador originário (aquele que coletou ou tratou originariamente os dados), estende-se a todos aqueles que possam ter acesso aos dados (ou seja, a toda a cadeia de tratamento), dos quais se exige o dever de verificar a licitude do procedimento de acesso ou compartilhamento, inclusive no que diz respeito ao consentimento específico do titular.

VI.7.3. A possibilidade de revogação do consentimento

Outro importante aspecto do consentimento é que este é sempre temporário, podendo ser revogado a qualquer momento por procedimento gratuito e facilitado. É o que dispõe o § 5º do art. 8º da LGPD, segundo o qual o consentimento pode ser revogado a qualquer momento mediante manifestação expressa do titular, por procedimento gratuito e facilitado, ratificados os tratamentos realizados anteriormente sob seu amparo.

Nesse sentido, tem-se também o disposto no art. 18, VI, da LGPD, que concede, ao titular, o direito de obter do controlador, em relação aos seus dados pessoais por ele tratados, a qualquer momento e mediante requisição, a revogação do consentimento, nos termos do § 5º do art. 8º destacado acima.

No entanto, caso o consentimento seja revogado e o tratamento dos dados pessoais ainda seja necessário, é possível que o controlador fundamente a continuidade do seu tratamento em uma das bases legais dos arts. 7º e 11 da LGPD, resguardando, ainda, os direitos do titular e observando os princípios legais.

Caso não haja outro fundamento legal para dar continuidade ao tratamento, este deverá ser imediatamente interrompido após a revogação do consentimento.

> **RGPD, Artigo 7º Condições aplicáveis ao consentimento. (...)**
> 3. O titular dos dados tem o direito de retirar o seu consentimento a qualquer momento. A retirada do consentimento não compromete a licitude do tratamento efetuado com base no consentimento previamente dado. Antes

> de dar o seu consentimento, o titular dos dados é informado desse facto. O consentimento deve ser tão fácil de retirar quanto de dar.

Qualquer alteração relevante, portanto, nas circunstâncias que justificaram o consentimento do titular ensejará a necessidade de novo consentimento.

Por essa razão, até para facilitar a proteção do titular, o § 6º do art. 8º da LGPD procura assegurar o seu pleno direito de informação, prevendo que, em caso de alteração de qualquer das informações referidas nos incisos I, II, III ou V do art. 9º desta Lei,[18] o controlador deverá informar o titular, com destaque específico para o teor das alterações, podendo ele, nos casos em que o seu consentimento é exigido, revogá-lo caso discorde da alteração.

VI.7.4. O dever de transparência e informação dos agentes de tratamento

Ainda sobre a necessidade do consentimento informado, é importante lembrar que, não obstante os artigos e os princípios indicarem a conexão entre o consentimento e o direito à informação por parte do titular de dados, a LGPD dedica o art. 9º especialmente a tal questão. Embora o artigo seja aplicável a todas as bases legais de tratamento, apresenta especial significado em relação ao consentimento, pois assegura que os requisitos legais, especialmente quanto ao consentimento livre e informado, estão sendo observados.

Referido artigo prevê que o titular tem direito ao acesso facilitado às informações sobre o tratamento de seus dados, que deverão ser disponibilizadas de forma clara, adequada e ostensiva acerca dos seguintes aspectos, dentre outras características previstas em regulamentação para o atendimento do princípio do livre acesso:

- Finalidade específica do tratamento;
- Forma e duração do tratamento, observados os segredos comercial e industrial;
- Identificação do controlador;
- Informações de contato do controlador;
- Informações acerca do uso compartilhado de dados pelo controlador e a finalidade;
- Responsabilidades dos agentes que realizarão o tratamento; e
- Direitos do titular, com menção explícita aos direitos contidos no art. 18 da LGPD.

Como se observa dos elementos acima elencados, o direito à informação está intrinsecamente relacionado ao princípio da transparência e da prestação de

---

[18] Informações relacionadas (i) à finalidade específica do tratamento; (ii) à forma e duração do tratamento, observados os segredos comercial e industrial; (iii) à identificação do controlador; e (iv) às informações acerca do uso compartilhado de dados pelo controlador e a finalidade.

contas (art. 6º, VI e X, respectivamente) e só não é absoluto em razão da ressalva mencionada no inciso II, em relação aos segredos comercial e industrial.

Nesse sentido, com exceção daquilo que possa ser considerado como segredo comercial e industrial, todas as demais informações sobre o tratamento de dados devem ser prestadas ao titular, sem o que, além de não restarem cumpridos os princípios da LGPD e os direitos do titular, não estará observado o requisito do consentimento informado.

Não é sem razão que o § 1º do art. 9º da LGPD afirma que, na hipótese em que o consentimento é requerido, esse será considerado nulo caso as informações fornecidas ao titular tenham conteúdo enganoso ou abusivo ou não tenham sido apresentadas previamente com transparência, de forma clara e inequívoca.

Reiterando que o consentimento é específico para a finalidade para a qual foi dado, o subsequente § 2º reforça que, na hipótese em que o consentimento é requerido, se houver mudanças da finalidade para o tratamento de dados pessoais não compatíveis com o consentimento original, o controlador deverá informar previamente o titular sobre as mudanças de finalidade, podendo este revogar o consentimento caso discorde das alterações. Trata-se de dispositivo que casa perfeitamente com as preocupações do art. 8º, § 6º, da LGPD, destacado anteriormente.

Por fim, é necessário ressaltar, mais uma vez, que, no caso de tratamento de dados pessoais sensíveis, a LGPD exige que o consentimento seja oferecido "de forma específica e destacada, para finalidades específicas" (art. 11, I), o que exige ao menos um maior grau de rigor por parte dos agentes de tratamento.

> **Específico e expresso**
>
> Quando a manifestação de vontade é dada para uma finalidade concreta e determinada pelo controlador antes do tratamento. Ou seja, não se admitem finalidades genéricas e irrestritas, sendo imprescindível a delimitação da finalidade do tratamento.
>
> Aqui, a lógica é estabelecer justamente uma camada adicional de proteção, obtendo um consentimento por meio do qual o titular tenha pleno conhecimento e concorde deliberadamente com os riscos elevados do tratamento de dados[19].

> **Destacado**
>
> Quando a manifestação de vontade é oferecida após o titular ter acesso a todas as informações relevantes sobre o tratamento, apresentadas de forma destacada no instrumento declaratório por meio do qual o titular autoriza o tratamento.

---

[19] BIONI, Bruno Ricardo. *Proteção de Dados Pessoais*: a função e os limites do consentimento. Rio de Janeiro: Forense, 2019. p. 202.

Capítulo VII

LEGÍTIMO INTERESSE NA LGPD

VII.1. ASPECTOS PRELIMINARES

A penúltima base legal indicada no art. 7º da LGPD para o tratamento de dados pessoais, mais especificamente em seu inciso IX, é a necessidade de atendimento aos interesses legítimos do controlador ou de terceiros, exceto no caso de prevalecerem direitos e liberdades fundamentais do titular que exijam a proteção dos dados pessoais.

> **LGPD, Art. 7º** O tratamento de dados pessoais somente poderá ser realizado nas seguintes hipóteses: (...) **IX –** quando necessário para atender aos interesses legítimos do controlador ou de terceiro, exceto no caso de prevalecerem direitos e liberdades fundamentais do titular que exijam a proteção dos dados pessoais;

De início, já é possível destacar que, em todos os outros incisos anteriores do art. 7º, a LGPD tratou de exceções ao consentimento que, como regra, dizem respeito ao interesse coletivo ou decorrem necessariamente do cumprimento de obrigações contratuais, legais ou regulatórias ou do exercício regular de direitos em benefício do titular.

Todavia, no inciso IX do art. 7º, a LGPD prevê uma das mais controversas hipóteses de tratamento de dados, até porque, em princípio, é estabelecida em benefício dos controladores ou de terceiros. Como se pode observar, a hipótese enseja um duplo desafio: (i) compreender o que pode ser considerado legítimo interesse do controlador ou de terceiro e (ii) avaliar em que medida esse legítimo interesse pode ser justificado diante dos direitos e liberdades fundamentais do titular.

É interessante notar que a própria LGPD não resolve aprioristicamente eventuais conflitos decorrentes de sua interpretação e aplicação, na medida em que não prevê a prevalência prioritária dos direitos dos titulares de dados, mas somente daqueles em relação aos quais a situação concreta exigir a proteção.

VII.2. EXIGÊNCIAS ESPECÍFICAS DO ART. 10 DA LGPD

Não obstante as dificuldades interpretativas que daí decorrerão, o *caput* do art. 10 da LGPD tenta delimitar os possíveis contornos interpretativos desta base legal, indicando que o legítimo interesse do controlador somente poderá fundamentar uma atividade de tratamento de dados pessoais para finalidades legítimas.

> **LGPD, Art. 10.** O legítimo interesse do controlador somente poderá fundamentar tratamento de dados pessoais para finalidades legítimas, consideradas a partir de situações concretas, que incluem, mas não se limitam a:
>
> I – apoio e promoção de atividades do controlador; e
>
> II – proteção, em relação ao titular, do exercício regular de seus direitos ou prestação de serviços que o beneficiem, respeitadas as legítimas expectativas dele e os direitos e liberdades fundamentais, nos termos desta Lei.
>
> § 1º Quando o tratamento for baseado no legítimo interesse do controlador, somente os dados pessoais estritamente necessários para a finalidade pretendida poderão ser tratados.
>
> § 2º O controlador deverá adotar medidas para garantir a transparência do tratamento de dados baseado em seu legítimo interesse.
>
> § 3º A autoridade nacional poderá solicitar ao controlador relatório de impacto à proteção de dados pessoais, quando o tratamento tiver como fundamento seu interesse legítimo, observados os segredos comercial e industrial.

Tais finalidades, segundo a LGPD, serão consideradas a partir de situações concretas, que incluem, mas não se limitam às hipóteses dos incisos I e II do art. 10, quais sejam: (i) apoio e promoção de atividades do controlador; e (ii) proteção, em relação ao titular, do exercício regular de seus direitos ou prestação de serviços que o beneficiem, respeitadas as legítimas expectativas dele e os seus direitos e liberdades fundamentais, nos termos da LGPD.

Como as hipóteses expressamente previstas não são exaustivas, será indispensável a análise de cada situação concreta, a fim de se verificar se elas podem ou não ser enquadradas como interesses legítimos do controlador ou de terceiros.

Além disso, mesmo as hipóteses dos incisos I e II do art. 10 da LGPD são extremamente vagas e amplas. Com efeito, "apoio e promoção das atividades do controlador" é expressão que justifica praticamente tudo, com exceção de atos emulativos ou evidentemente abusivos.

O dispositivo em questão só não é mais amplo porque precisa ser interpretado à luz do próprio inciso IX do art. 7º da LGPD, que já acena para a prevalência dos direitos dos titulares que exijam a proteção dos dados pessoais, embora não se saiba exatamente como deve ocorrer a referida compatibilização.

De toda sorte, apesar da sua ambiguidade, é inequívoco que a própria interpretação do interesse legítimo apenas pode ser feita a partir do respeito aos direitos dos titulares de dados e aos princípios da LGPD, que condicionam todo o tratamento de dados a finalidades legítimas e à efetiva proteção dos titulares de dados.

Nesse sentido, é possível inclusive enxergar o legítimo interesse como desdobramento da vedação ao abuso de direito por parte de controladores e terceiros, tanto no sentido de se exigir uma ação compatível com finalidade social e economicamente relevante, como no sentido de se exigir uma ação razoável e moderada – proibição do excesso – diante dos demais interesses envolvidos, como é o caso dos interesses dos titulares de dados pessoais.

Vale ressaltar que, à luz do princípio da finalidade, não basta haver um interesse comercial vago ou genérico; o controlador deve demonstrar a existência de algum benefício ou resultado específico e claro no tratamento, a fim de demonstrar que o interesse é importante e justificável, além de ser compatível e razoável diante dos direitos dos titulares de dados pessoais.

Eventuais excessos às finalidades que legitimamente autorizariam o tratamento de dados pessoais em um dado contexto, por conseguinte, escapariam do escopo da base legal ora em comento, que evidentemente deve ser lida à luz dos princípios que orientam a interpretação e aplicação da LGPD.

Não é sem razão que, no § 1º do art. 10, a LGPD chama a atenção para o fato de que, quando a base legal para tratamento dos dados pessoais for o legítimo interesse do controlador, somente os dados pessoais que sejam estritamente necessários para a finalidade pretendida poderão ser tratados.

Isso mostra que houve uma preocupação adicional do legislador em reforçar o princípio da necessidade (art. 6º, III, da LGPD) para o tratamento dos dados pessoais nesse caso. Ou seja, o tratamento deve limitar-se apenas ao mínimo necessário para a realização das finalidades, abarcando tão somente dados pertinentes, proporcionais e não excessivos.

De outro lado, o § 2º do art. 10 também reforça a necessidade de que o controlador adote medidas para garantir a transparência do tratamento dos dados quando baseado no seu legítimo interesse, destacando outro princípio extremamente importante na LGPD: o da transparência (art. 6º, VI, da LGPD), que impõe a garantia, aos titulares, de informações claras, precisas e facilmente acessíveis sobre a realização do tratamento e os respectivos agentes de tratamento, observados sempre os segredos comercial e industrial.

Em ambos os parágrafos destacados acima, conforme indicado, é possível extrair requisitos que já decorrem necessariamente dos princípios da LGPD e aplicam-se a qualquer forma de tratamento de dados. Daí por que a suposta repetição nesta parte apenas pode ser interpretada, de modo inteligível, no sentido de que tais obrigações são ainda mais importantes e devem ser exigidas com um maior rigor quando o tratamento de dados ocorrer nessas circunstâncias.

O § 3º do art. 10, por fim, determina expressamente que a Autoridade Nacional de Proteção de Dados Pessoais (ANPD) poderá solicitar, ao controlador, a elaboração do Relatório de Impacto de Proteção de Dados Pessoais (RIPD) quando o tratamento tiver como fundamento seu legítimo interesse, observados sempre os segredos comercial e industrial.

O RIPD – conforme se verá no Capítulo IX – nada mais é que uma documentação do controlador que contém a descrição dos processos de tratamento de dados pessoais que podem gerar riscos às liberdades civis e aos direitos fundamentais, bem como medidas, salvaguardas e mecanismos de mitigação destes riscos adotadas pelos agentes de tratamento (controlador e operador).

Por fim, há que se destacar que o legítimo interesse não pode ser utilizado para justificar o tratamento de dados pessoais sensíveis, devendo-se recorrer, nesse caso, às hipóteses do art. 11 da LGPD, a exemplo do exercício regular de direitos em contrato e da garantia da prevenção à fraude e à segurança do titular.

VII.3. DISPOSIÇÕES DO RGPD SOBRE O INTERESSE LEGÍTIMO DO CONTROLADOR

Diante das indefinições previstas na LGPD, é importante verificar como o RGPD tratou do tema. Entretanto, também nele, a hipótese é igualmente nebulosa e semelhante à da Lei brasileira. Isso porque o RGPD também determina, em seu art. 6º (1) f, que o tratamento de dados só será lícito *se e na medida em* que se verifique, dentre outras situações, sua necessidade para efeito dos legítimos interesses do controlador ou de terceiros, exceto se prevalecerem os interesses ou direitos e liberdades fundamentais do titular que exijam a proteção dos dados pessoais, em especial se o titular for uma criança.

> **RGPD, Artigo 6º Licitude do tratamento.**
> 1. O tratamento só é lícito se e na medida em que se verifique pelo menos uma das seguintes situações: f) O tratamento for necessário para efeito dos interesses legítimos prosseguidos pelo responsável pelo tratamento ou por terceiros, exceto se prevalecerem os interesses ou direitos e liberdades fundamentais do titular que exijam a proteção dos dados pessoais, em especial se o titular for uma criança.

O RGPD, ao contrário da LGPD – que é silente nesse aspecto –, determina expressamente nos arts. 13 (1) d e 14 (2) b que, quando os dados pessoais forem coletados com base no legítimo interesse, ainda que esta coleta não tenha sido junto ao titular, o responsável pelo tratamento (isto é, o controlador, para efeitos da LGPD) fornecerá informações a respeito especificamente dos interesses legítimos do responsável pelo tratamento ou do terceiro que fundamentam o tratamento dos dados pessoais.

> **RGPD, Artigo 6º Informações a facultar quando os dados pessoais são recolhidos junto do titular.**
> 1. Quando os dados pessoais forem recolhidos junto do titular, o responsável pelo tratamento faculta-lhe, quando da recolha desses dados pessoais, as seguintes informações: d) Se o tratamento dos dados se basear no artigo 6º, nº 1, alínea f), os interesses legítimos do responsável pelo tratamento ou de um terceiro;

> **RGPD, Artigo 14º Informações a facultar quando os dados pessoais não são recolhidos junto do titular. (...)**
> 2. Para além das informações referidas no nº 1, o responsável pelo tratamento fornece ao titular as seguintes informações, necessárias para lhe garantir um tratamento equitativo e transparente: (...) b) Se o tratamento dos dados se basear no artigo 6º, nº 1, alínea f), os interesses legítimos do responsável pelo tratamento ou de um terceiro;

Em seu art. 40 (2) b, o RGPD preocupa-se em dispor que os códigos de conduta de associações e outros organismos representantes de categorias de responsáveis pelo tratamento ou de subcontratantes deverão especificar o que pode ser considerado legítimo interesse em contextos específicos.

> **RGPD, Artigo 40. Códigos de conduta. (...)**
>
> 2. As associações e outros organismos representantes de categorias de responsáveis pelo tratamento ou de subcontratantes podem elaborar códigos de conduta, alterar ou aditar a esses códigos, a fim de especificar a aplicação do presente regulamento, como por exemplo: (...) b) Os legítimos interesses dos responsáveis pelo tratamento em contextos específicos;

Por fim, em seu art. 35 (7) d, o RGPD exige que as avaliações de impacto à proteção de dados indiquem as medidas mitigadoras de riscos para assegurar a conformidade legal diante dos interesses legítimos dos titulares e terceiros.

> **RGPD, Artigo 35. Avaliação de impacto sobre a proteção de dados e consulta prévia. (...)**
>
> 7. A avaliação inclui, pelo menos: (...) d) As medidas previstas para fazer face aos riscos, incluindo as garantias, medidas de segurança e procedimentos destinados a assegurar a proteção dos dados pessoais e a demonstrar a conformidade com o presente regulamento, tendo em conta os direitos e os legítimos interesses dos titulares dos dados e de outras pessoas em causa.

Assim, evidentemente que a ideia geral do RGPD é de que cabe ao responsável pelo tratamento sempre informar os interesses legítimos do controlador ou de terceiro que justificam o tratamento, bem como de que tais interesses sejam considerados igualmente na avaliação das medidas preventivas para fazer face aos riscos.

Por outro lado, na LGPD, o único artigo que parece demonstrar uma preocupação diferenciada em relação à questão do interesse específico parece ser o art. 37, quando afirma que os agentes de tratamento devem manter registro das operações de tratamento de dados pessoais que realizarem, especialmente quando baseado no legítimo interesse.

No entanto, como tal dever não diz respeito a nenhuma especificidade das situações decorrentes de interesses legítimos de controladores ou terceiros (já que o dever de manter registro das operações é extensivo a toda forma de tratamento de dados, qualquer que seja a finalidade), referido dispositivo não traz nenhuma novidade.

Há que se destacar ainda a importância dos Considerandos do RGPD, que ajudam a entender melhor os limites e o significado prático do legítimo interesse do controlador. O Considerando 47[1] esclarece que pode haver um interesse

---

[1] Considerando 47, RGPD. Os interesses legítimos dos responsáveis pelo tratamento, incluindo os dos responsáveis a quem os dados pessoais possam ser comunicados, ou de terceiros, podem constituir um fundamento jurídico para o tratamento, desde que não prevaleçam os interesses ou os direitos e liberdades fundamentais do titular, tomando em conta as expectativas razoáveis dos titulares dos dados baseadas na relação com o responsável. Poderá haver um interesse legítimo, por exemplo, quando existir uma relação relevante e apropriada entre o titular dos dados e o responsável pelo tratamento, em situações como aquela em que o titular dos dados é cliente ou está ao serviço do responsável pelo tratamento. De qualquer modo, a existência de um interesse legítimo requer uma avaliação

174 | CURSO DE PROTEÇÃO DE DADOS PESSOAIS – *Frazão • Carvalho • Milanez*

legítimo, por exemplo, quando existir uma relação relevante e apropriada entre o titular dos dados e o responsável pelo tratamento, em situações como aquela em que o titular é cliente ou está a serviço do responsável pelo tratamento. Ele esclarece que é possível considerar que há um interesse legítimo no tratamento de dados pessoais realizado para fins de comercialização direta.

O Considerando 48[2] traz outra hipótese, dispondo que os responsáveis pelo tratamento que façam parte de um grupo empresarial ou de uma instituição associada a um organismo central poderão ter um interesse legítimo em transmitir dados pessoais no âmbito do grupo de empresas para fins administrativos internos, incluindo o tratamento de dados pessoais de clientes ou funcionários.

O Considerando 49,[3] por sua vez, traz um exemplo extremamente útil: o tratamento de dados pessoais para assegurar a segurança da rede e das informações, ou seja, a capacidade de uma rede ou de um sistema informático de resistir, com um dado nível de confiança, a eventos acidentais ou a ações maliciosas ou ilícitas que comprometam a disponibilidade, a autenticidade, a integridade e a confidencialidade dos dados pessoais conservados ou transmitidos, bem como a segurança dos

---

cuidada, nomeadamente da questão de saber se o titular dos dados pode razoavelmente prever, no momento e no contexto em que os dados pessoais são recolhidos, que esses poderão vir a ser tratados com essa finalidade. Os interesses e os direitos fundamentais do titular dos dados podem, em particular, sobrepor-se ao interesse do responsável pelo tratamento, quando que os dados pessoais sejam tratados em circunstâncias em que os seus titulares já não esperam um tratamento adicional. Dado que incumbe ao legislador prever por lei o fundamento jurídico para autorizar as autoridades a procederem ao tratamento de dados pessoais, esse fundamento jurídico não deverá ser aplicável aos tratamentos efetuados pelas autoridades públicas na prossecução das suas atribuições. O tratamento de dados pessoais estritamente necessário aos objetivos de prevenção e controlo da fraude constitui igualmente um interesse legítimo do responsável pelo seu tratamento. Poderá considerar-se de interesse legítimo o tratamento de dados pessoais efetuado para efeitos de comercialização direta.

[2] Considerando 48, RGPD. Os responsáveis pelo tratamento que façam parte de um grupo empresarial ou de uma instituição associada a um organismo central poderão ter um interesse legítimo em transmitir dados pessoais no âmbito do grupo de empresas para fins administrativos internos, incluindo o tratamento de dados pessoais de clientes ou funcionários. Os princípios gerais que regem a transmissão de dados pessoais, no âmbito de um grupo empresarial, para uma empresa localizada num país terceiro mantêm-se inalterados.

[3] Considerando 49, RGPD. O tratamento de dados pessoais, na medida estritamente necessária e proporcionada para assegurar a segurança da rede e das informações, ou seja, a capacidade de uma rede ou de um sistema informático de resistir, com um dado nível de confiança, a eventos acidentais ou a ações maliciosas ou ilícitas que comprometam a disponibilidade, a autenticidade, a integridade e a confidencialidade dos dados pessoais conservados ou transmitidos, bem como a segurança dos serviços conexos oferecidos ou acessíveis através destas redes e sistemas, pelas autoridades públicas, equipas de intervenção em caso de emergências informáticas (CERT), equipas de resposta a incidentes no domínio da segurança informática (CSIRT), fornecedores ou redes de serviços de comunicações eletrônicas e por fornecedores de tecnologias e serviços de segurança, constitui um interesse legítimo do responsável pelo tratamento. Pode ser esse o caso quando o tratamento vise, por exemplo, impedir o acesso não autorizado a redes de comunicações eletrônicas e a distribuição de códigos maliciosos e pôr termo a ataques de negação de serviço e a danos causados aos sistemas de comunicações informáticas e eletrônicas.

serviços conexos oferecidos ou acessíveis através destas redes e sistemas. Nesse caso, o objetivo é impedir o acesso não autorizado a redes de comunicações eletrônicas e a distribuição de códigos maliciosos e evitar ataques e danos aos sistemas.

Enquanto isso, o Considerando 50[4] determina que a transmissão de dados, em casos individuais ou em vários casos relativos ao mesmo ato criminoso ou ameaça à segurança pública a uma autoridade competente, deverá ser considerada como sendo do interesse legítimo do responsável pelo tratamento.

Contudo, em todos os casos, como bem destacado pelo Considerando 47, a existência de um interesse legítimo requer avaliação cuidadosa, justamente para saber se o titular dos dados pode razoavelmente prever, no momento e no contexto em que os dados pessoais são coletados, que eles podem vir a ser tratados com essa finalidade.

---

[4] Considerando 50, RGPD. O tratamento de dados pessoais para outros fins que não aqueles para os quais os dados pessoais tenham sido inicialmente recolhidos apenas deverá ser autorizado se for compatível com as finalidades para as quais os dados pessoais tenham sido inicialmente recolhidos. Nesse caso, não é necessário um fundamento jurídico distinto do que permitiu a recolha dos dados pessoais. Se o tratamento for necessário para o exercício de funções de interesse público ou o exercício da autoridade pública de que está investido o responsável pelo tratamento, o direito da União ou dos Estados-Membros pode determinar e definir as tarefas e finalidades para as quais o tratamento posterior deverá ser considerado compatível e lícito. As operações de tratamento posterior para fins de arquivo de interesse público, para fins de investigação científica ou histórica ou para fins estatísticos, deverão ser consideradas tratamento lícito compatível. O fundamento jurídico previsto no direito da União ou dos Estados-Membros para o tratamento dos dados pessoais pode igualmente servir de fundamento jurídico para o tratamento posterior. A fim de apurar se a finalidade de uma nova operação de tratamento dos dados é ou não compatível com a finalidade para que os dados pessoais foram inicialmente recolhidos, o responsável pelo seu tratamento, após ter cumprido todos os requisitos para a licitude do tratamento inicial, deverá ter em atenção, entre outros aspetos, a existência de uma ligação entre a primeira finalidade e aquela a que se destina a nova operação de tratamento que se pretende efetuar, o contexto em que os dados pessoais foram recolhidos, em especial as expectativas razoáveis do titular dos dados quanto à sua posterior utilização, baseadas na sua relação com o responsável pelo tratamento; a natureza dos dados pessoais; as consequências que o posterior tratamento dos dados pode ter para o seu titular; e a existência de garantias adequadas tanto no tratamento inicial como nas outras operações de tratamento previstas. Caso o titular dos dados tenha dado o seu consentimento ou o tratamento se baseie em disposições do direito da União ou de um Estado-Membro que constituam uma medida necessária e proporcionada, numa sociedade democrática, para salvaguardar, em especial, os importantes objetivos de interesse público geral, o responsável pelo tratamento deverá ser autorizado a proceder ao tratamento posterior dos dados pessoais, independentemente da compatibilidade das finalidades. Em todo o caso, deverá ser garantida a aplicação dos princípios enunciados pelo presente regulamento e, em particular, a obrigação de informar o titular dos dados sobre essas outras finalidades e sobre os seus direitos, incluindo o direito de se opor. A indicação pelo responsável pelo tratamento de eventuais atos criminosos ou ameaças à segurança pública e a transmissão dos dados pessoais pertinentes, em casos individuais ou em vários casos relativos ao mesmo ato criminoso ou ameaça à segurança pública, a uma autoridade competente deverão ser consideradas como sendo do interesse legítimo do responsável pelo tratamento. Todavia, deverá ser proibido proceder à transmissão no interesse legítimo do responsável pelo tratamento ou ao tratamento posterior de dados pessoais se a operação não for compatível com alguma obrigação legal, profissional ou outra obrigação vinculativa de confidencialidade.

Nesse sentido, quanto mais inesperado, invasivo, genérico ou excessivamente abrangente for o tratamento, menor será a probabilidade de que o legítimo interesse seja a base legal adequada para fundamentar a atividade de tratamento de dados. Aliás, é fundamental conectar o legítimo interesse com o princípio da boa-fé objetiva, a fim de se respeitar as legítimas expectativas dos titulares de dados.

Como se pode ver a partir dos critérios e exemplos dos Considerandos do RGDP, a existência do legítimo interesse do controlador está condicionada a critérios de relevância e de adequação, bem como às expectativas razoáveis dos titulares de dados de que estes poderiam ser tratados para tais finalidades.

Dessa forma, consegue-se, com tais parâmetros, atribuir maior densidade ao conceito de interesse legítimo do controlador em face das necessárias preocupações com os direitos dos titulares de dados.

No entanto, ainda que o RGPD disponha sobre alguns cenários concretos de aplicação do interesse legítimo, subsiste considerável margem interpretativa para a aplicação de tais normas, assim como permanecem nebulosas as hipóteses em que se poderia cogitar de interesses legítimos de terceiros que justificariam o tratamento de dados mesmo sem o consentimento do titular.

Uma coisa é certa: a diferença entre o legítimo interesse e as outras bases legais (que também dispensam o consentimento do titular) é a de que, na hipótese do inc. IX do art. 7º da LGPD, não se sabe com clareza como deverá ser atingido o equilíbrio entre os interesses do controlador e do titular dos dados. Em verdade, como bem destacado pelo RGPD em seu Considerando 69, o responsável pelo tratamento (controlador na LGPD) deverá provar que os seus interesses legítimos prevalecem sobre os interesses ou direitos e liberdades fundamentais do titular.

> **RGPD, Considerando 69.**
>
> No caso de um tratamento de dados pessoais lícito realizado por ser necessário ao exercício de funções de interesse público ou ao exercício da autoridade pública de que está investido o responsável pelo tratamento ou ainda por motivos de interesse legítimo do responsável pelo tratamento ou de terceiros, o titular não deverá deixar de ter o direito de se opor ao tratamento dos dados pessoais que digam respeito à sua situação específica. Deverá caber ao responsável pelo tratamento provar que os seus interesses legítimos imperiosos prevalecem sobre os interesses ou direitos e liberdades fundamentais do titular dos dados.

VII.4. LEGÍTIMO INTERESSE E *LEGITIMATE INTEREST ASSESSMENT* (LIA)

VII.4.1. Abordagem na União Europeia

Diante das preocupações já expostas na seção anterior, o RGPD entende ser necessário um teste específico, o *Legitimate Interest Assessment* (LIA) ou Teste de Proporcionalidade, em que o controlador ou o terceiro provem seu legítimo interesse no caso concreto e demonstrem a proporcionalidade entre tal interesse e os direitos e liberdades fundamentais do titular dos dados.

Sobre isso, o Grupo de Trabalho do Artigo 29,[5] órgão consultivo da União Europeia para a interpretação das normas de proteção de dados do bloco, elaborou o Parecer 06/2014, tendo como objeto o conceito de interesses legítimos do responsável pelo tratamento dos dados na acepção do art. 7º da Diretiva 95/46/CE. Nele, são indicadas duas questões devem ser consideradas neste teste: a probabilidade e a severidade.

A probabilidade deve ser considerada de duas maneiras: (i) quanto à previsibilidade do tratamento, ou seja, se o titular tinha expectativas sobre sua realização; e, ainda, (ii) quanto às chances reais de que os prováveis efeitos negativos se tornarem realidade. Já a severidade deve ser considerada desde o número de afetados até a qualidade do risco assumido ao tratar os dados.

Observe-se, ainda, que a aplicação do teste de ponderação leva em consideração outros fatores relevantes além da própria verificação do interesse legítimo a ser protegido, notadamente: (i) o impacto provocado sobre as pessoas em causa (a ser aferido por intermédio de relatórios de avaliação de impacto); (ii) o chamado equilíbrio provisório, consistente na constante verificação do impacto que o tratamento de dados provoca sobre os titulares; e (iii) a aplicação de medidas complementares de mitigação de riscos que procurem suavizar o impacto sobre a privacidade dos titulares de dados.

Portanto, o Teste de Proporcionalidade ou LIA é uma forma de estabelecer patamares mínimos de segurança para o controlador e para os titulares de dados. Em situações nebulosas sobre a base legal para o tratamento dos dados, se o resultado do teste for favorável, o interesse legítimo pode provavelmente apresentar-se como a melhor opção.

Evidentemente que o teste traz consigo considerável medida de subjetividade, a demonstrar que, longe de oferecer critério preciso e objetivo para a avaliação da regularidade do tratamento de dados, na verdade, oferece a oportunidade de que se sustente fundamentadamente a viabilidade do tratamento em questão, apresentando-se como verdadeira cláusula geral para a autorização do tratamento.

De toda sorte, é inequívoco que pelo menos o ônus da prova da proporcionalidade – tanto no aspecto procedimental, no sentido de que o controlador cumpriu as etapas necessárias para avaliar a proporcionalidade, como no aspecto material, no sentido de que o controlador tem fundamentos consistentes para justificar o tratamento de dados – cabe ao controlador, razão pela qual se espera que esse seja um importante incentivo para que a margem de subjetividade seja utilizada com prudência e moderação.

O Grupo de Trabalho do Artigo 29 define ainda algumas medidas que possivelmente poderiam auxiliar a justificativa para o tratamento de dados com base

---

[5]   O Grupo de Trabalho do Artigo 29 O Grupo de Trabalho do Artigo 29º (*Working Party Article 29* ou "GT29") foi um grupo de trabalho/órgão consultivo europeu independente que lidava com as questões de privacidade e proteção de dados pessoais à época da vigência da Diretiva 95/46/CE. Ele era composto por um representante da autoridade de proteção de dados de cada Estado-Membro da União Europeia. Em 25 de maio de 2018, com a entrada em vigor do RGPD, o Grupo de Trabalho do Artigo 29 foi substituído pelo Conselho Europeu de Proteção de Dados (EDPB).

no legítimo interesse, tais como: (i) separação funcional; (ii) uso de técnicas de anonimização; (iii) agregação de dados; (iv) tecnologias para fomentar a privacidade; (v) transparência; (vi) direito de saída (*opt-out*); (vii) medidas para empoderamento do titular. A existência de tais medidas representa uma forma de proteção ao titular, tornando os riscos do tratamento ainda menores e modificando possivelmente o resultado preliminar do teste.

O resultado final do Teste de Proporcionalidade feito pelo controlador resulta no RIPD – Relatório de Impacto de Proteção de Dados –, que deverá apresentar descrição detalhada do processamento, incluindo a caracterização do legítimo interesse; demonstração da necessidade e proporcionalidade do tratamento; demonstração do teste relacionando o legítimo interesse com as consequências para o titular; e medidas que visam proteger o titular.

O Parecer 06/2014 do aludido Grupo de Trabalho enumera ainda alguns casos em que há um legítimo interesse do controlador (trazendo também exemplos concretos exemplificativos), quais sejam:

1. Exercício do direito de liberdade de expressão ou do direito à informação, incluindo na mídia e nas artes;
2. *Marketing* direto convencional ou outras formas de marketing ou propaganda;
3. Mensagens comerciais não solicitadas, inclusive para campanhas políticas ou angariação de fundos beneficentes;
4. Execução de ações judiciais, incluindo cobrança de dívidas por meio de procedimentos extrajudiciais;
5. Prevenção a fraudes, ao uso indevido de serviços ou à lavagem de dinheiro;
6. Monitoramento de funcionários para fins de segurança ou gerenciamento;
7. Esquemas de denúncia interna;
8. Segurança física, de TI ou de rede;
9. Pesquisas científicas;
10. Obrigação legal internacional;
11. Reutilização de dados publicamente disponíveis;
12. Proteção de crianças e outras pessoas vulneráveis;
13. *Privacy by design* como salvaguardas adicionais;
14. Combinação de informações pessoais em serviços da web e
15. Finalidades históricas, estatísticas ou científicas.

Não obstante, é preciso destacar que hoje é bastante controverso que as técnicas de marketing personalizado, especialmente as que se utilizam de instrumentos intrusivos ou que podem comprometer o livre arbítrio dos destinatários, possam ser consideradas como exemplos de legítimo interesse.[6]

---

[6] Recentemente, o Parlamento Europeu aprovou o *Digital Services Act* (DAS) ou Lei dos Serviços Digitais, proibindo o uso dos dados pessoais sensíveis para anúncios on-line e publicidade direcionada. Disponível em: https://edri.org/our-work/european-parliament-approves-
-rights-respecting-dsa-proposes-ban-on-use-of-sensitive-personal-data-for-online-ads/.

> ### Entendimento do Tribunal de Justiça da União Europeia
>
> O Tribunal de Justiça da União Europeia (TJUE) já definiu, em algumas hipóteses, a possibilidade de tratamento de dados pessoais das pessoas naturais com base no legítimo interesse do controlador. Abaixo, seguem alguns exemplos.
>
> - Caso C-40/17: nesse caso, o TJUE decidiu que, apesar de o compartilhamento dos dados entre as partes pautarem-se efetivamente no interesse legítimo de ambas, já que ocorria para fins de marketing ou publicidade, a parte deveria coletar o consentimento expresso do titular para o compartilhamento e transferência de seus dados para terceiros.
> - Caso C-210131/12: nesse caso, o legítimo interesse do Google foi justificado através do interesse econômico do operador em tratar tais dados e também porque há interesse de terceiros, o público em geral, em ter acesso a tais informações. Contudo, o TJUE entendeu que o tratamento não deve ser feito a partir da mera alegação do legítimo interesse existente no direito ao acesso à informação e sim a partir das regulações referentes à finalidade jornalística.
> - Caso C-212/13: nesse caso, discutiu-se a possibilidade de um particular tratar imagens de câmera de segurança no imóvel, que filmava inclusive ruas públicas, a fim de reconhecer quem causou danos ao bem. O TJUE entendeu que esse sistema de gravação não é uma atividade exclusivamente pessoal ou doméstica e o tratamento, nesse caso, se objetivar o reconhecimento do autor do ilícito, pode caracterizar o legítimo interesse.
> - Caso C-434/16: esse caso trata de um cidadão que tentou acessar suas folhas de resposta para exercício de determinada categoria profissional. O TJUE definiu que tais dados são pessoais e seu tratamento seria legítimo. Contudo, os titulares teriam o direito de retificação e destruição, sendo que os pedidos de alteração não poderiam versar sobre o conteúdo das respostas do titular, já que essas informações deveriam ser preservadas na forma original para que o tratamento fosse justo a todos os candidatos.
> - Caso C-201/14: nesse caso, o TJUE entendeu que há um legítimo interesse do controlador em tratar dados pessoais para qualificar sujeitos e também para possibilitar cobrança de contribuições em atraso (cobrança de crédito), minimizando pagamentos não realizados.

Como se pode observar, a questão do interesse legítimo dos controladores é um dos pontos mais delicados da LGPD e também do RGPD. Assim, verifica-se que mesmo o rol aparentemente fechado de bases legais de tratamento contido na LGPD comporta considerável abertura à argumentação quando se está diante do legítimo interesse.

Com efeito, interpretada a regra em conformidade com os princípios previstos na LGPD, entende-se que, especialmente em face do princípio da finalidade, a

180 CURSO DE PROTEÇÃO DE DADOS PESSOAIS – *Frazão • Carvalho • Milanez*

legitimidade do interesse do controlador ou de terceiros não pode ser realizada sem a avaliação não apenas da sua necessidade, mas também dos impactos dos seus efeitos sobre os direitos dos titulares de dados.

A questão ainda precisa ser vista à luz das preocupações com incidentes de segurança, uma vez que todo tratamento de dados apresenta os riscos respectivos. Após o vazamento dos dados, perde-se o controle quanto às inúmeras destinações que a eles podem ser atribuídas, aumentando exponencialmente a probabilidade de danos irreparáveis aos titulares. Daí por que o legítimo interesse não pode ser utilizado como base que amplie excessivamente as possibilidades de tratamento de dados pelo controlador, aumentando de forma injustificável os riscos de incidentes de segurança.

Daí a necessidade, aliás, do desenvolvimento de parâmetros jurisprudenciais relativamente consistentes que sejam capazes de impedir a redução da avaliação do legítimo interesse a mero decisionismo, hipótese em que o LIA seria elaborado como "conta de chegada" ou mera formalidade para justificar uma decisão já tomada pelo controlador.

VII.4.2. Abordagem no Reino Unido

O *Information Comissioner's Office* – autoridade de proteção de dados do Reino Unido – elenca alguns questionamentos que devem ser feitos para auxiliar o agente de tratamento a decidir se a base legal do legítimo interesse pode/deve ou não ser aplicada em determinada situação.[7]

> **Parte 1 – Teste da Finalidade**
> - Por que o agente quer tratar os dados pessoais?
> - Que benefício o agente espera obter com o tratamento dos dados pessoais?
> - Algum terceiro se beneficiará com o tratamento dos dados pessoais?
> - Existe algum benefício público mais amplo para o tratamento dos dados pessoais?
> - Quão importantes são os benefícios que identificados?
> - Qual seria o impacto se o agente não pudesse prosseguir com o tratamento dos dados pessoais?
> - O agente está cumprindo alguma regra específica de proteção de dados que se aplique ao seu tratamento dos dados pessoais?
> - O agente está cumprindo com outras leis relevantes?
> - O agente está cumprindo as diretrizes ou códigos de prática do setor?
> - Existe alguma outra questão ética no tratamento dos dados pessoais?

---

[7] Disponível em: https://ico.org.uk/for-organisations/guide-to-data-protection/guide-to-the-general-data-protection-regulation-gdpr/legitimate-interests/how-do-we-apply-legitimate-interests-in-practice/.

Parte 2 – Teste da Necessidade

- O tratamento dos dados pessoais irá realmente ajudar o agente a atingir seu objetivo?
- O tratamento dos dados pessoais é proporcional a esse propósito?
- O agente pode atingir o mesmo objetivo sem o tratamento dos dados pessoais?
- O agente pode atingir o mesmo objetivo tratando uma quantidade menor de dados pessoais ou tratando-os de outra forma mais óbvia ou menos intrusiva?

Parte 3 – Teste de Balanceamento

- Trata-se de dados de categoria sensível ou relacionados à infração criminal?
- São dados que as pessoas provavelmente consideram particularmente íntimos?
- O agente está tratando dados pessoais de crianças, adolescentes ou de outros sujeitos vulneráveis?
- Os dados são relativos a pessoas em sua capacidade pessoal ou profissional?
- O agente tem algum relacionamento existente com o indivíduo? Qual é a natureza do relacionamento e como o agente tratou os dados no passado?
- O agente coletou os dados diretamente do indivíduo? O que foi dito ao titular na ocasião?
- Se o agente obteve os dados de um terceiro, o que eles disseram aos indivíduos sobre a reutilização por terceiros para outros fins?
- Há quanto tempo o agente coletou os dados? Há alguma mudança na tecnologia ou no contexto desde então que afetaria as expectativas?
- O propósito e método de coleta é amplamente compreendido?
- O agente pretende fazer algo novo ou inovador?
- O agente tem alguma evidência sobre as expectativas do titular – por exemplo, de pesquisa de mercado, grupos de foco ou outras formas de consulta?
- Existem outros fatores nas circunstâncias particulares que significam que os titulares esperariam ou não o tratamento dos dados pessoais?
- Quais são os possíveis impactos do tratamento dos dados pessoais sobre as pessoas?
- Os indivíduos perderão algum controle sobre o uso de seus dados pessoais?
- Qual é a probabilidade e a gravidade de qualquer impacto potencial?

- Algumas pessoas podem se opor ao tratamento dos dados pessoais ou achá-lo intrusivo?
- O agente pode adotar alguma salvaguarda para minimizar o impacto?

Naturalmente, os questionamentos acima expostos não consistem nas únicas ferramentas para avaliar o legítimo interesse, mas tão somente os componentes de estratégia proposta no âmbito de jurisdição estrangeira. Em muitos casos, os critérios propostos são meros desdobramentos dos princípios fundamentais para o tratamento de dados, tais como a finalidade, a necessidade, a adequação e a proporcionalidade.

Dessa maneira, nada impede que as autoridades brasileiras e mesmo entidades da sociedade civil proponham outras estratégias e metodologias baseadas nas práticas comuns aos agentes de tratamento atuantes em território nacional e também de acordo com as características específicas de determinados mercados ou com o grau de risco a eles correspondente.

Entretanto, é importante ter conhecimento da experiência estrangeira, especialmente da europeia, sobre o assunto, pois ela pode oferecer balizas importantes para o equacionamento do problema à luz da LGPD.

VII.5. PRIMEIRAS CONCLUSÕES E EXEMPLOS CONCRETOS

A despeito de todas as incertezas atreladas à base legal do legítimo interesse, Mario Viola e Chiara de Teffé[8] destacam alguns pontos conclusivos iniciais: (i) o legítimo interesse pode ser a base legal mais apropriada em algumas hipóteses, mas sempre deve ser utilizada de forma proporcional e limitada e apenas quando acarretar em benefício claro e determinado para o controlador e/ou terceiro; (ii) o legítimo interesse só pode fundamentar o tratamento quando não implicar impacto elevado aos direitos e garantias fundamentais do titular; (iii) o titular deve esperar razoavelmente que os seus dados pessoais sejam tratados daquela forma, ou seja, devem-se considerar sempre as suas legítimas expectativas; e (iv) o legítimo interesse pode ser utilizado quando não for possível ou desejável conferir ao titular o controle total do tratamento, ou ainda quando o controlador não quiser incomodá-lo com reiteradas solicitações de consentimento para atividades de tratamento que provavelmente seriam aceitas por ele.

 Situações concretas

- **Situação 1**[9] – Uma instituição de caridade deseja enviar um material de arrecadação de fundos por correio para pessoas que fizeram doações no

---

[8] VIOLA, Mario; TEFFÉ, Chiara Spadaccini de. Tratamento de dados pessoais na LGPD: Estudo sobre as bases legais dos artigos 7.º e 11. In: DONEDA, Danilo (coord.); SARLET, Ingo Wolfgang (coord.); MENDES, Laura Schertel (coord.); RODRIGUES JUNIOR, Otavio Luiz (coord.); BIONI, Bruno Ricardo (coord.). *Tratado de Proteção de Dados Pessoais*. Rio de Janeiro: Forense, 2021. p. 132.

[9] Adaptado do Guia do ICO. Disponível em: https://ico.org.uk/for-organisations/guide-to-data-protection/guide-to-the-general-data-protection-regulation-gdpr/legitimate-interests/when-can-we-rely-on-legitimate-interests/#likely_to_apply.

ano anterior, mas não se opuseram a receber material de marketing deles. O propósito da instituição de caridade de marketing direto para buscar fundos para promover sua causa é um interesse legítimo. Em seguida, a instituição de caridade verifica se o envio da mala direta é necessário para seu propósito de arrecadação de fundos e decide que ele é necessário processar os dados de contato para esse fim, e que o envio pelo correio é uma forma proporcionada de abordar as pessoas para doações. A instituição de caridade considera o teste de equilíbrio e leva em consideração que a natureza dos dados que estão sendo processados são apenas nomes e endereços, e que seria razoável para esses indivíduos esperar que eles possam receber material de marketing por correio devido ao seu relacionamento anterior. A instituição de caridade determina que o impacto de uma mala direta de arrecadação de fundos sobre esses indivíduos é provavelmente mínimo, mas inclui detalhes na mala-direta (e em cada uma delas) sobre como os indivíduos podem optar por não receber marketing postal no futuro. Assim, nesse caso, há boas razões para se sustentar que o tratamento pode fundamentar-se no legítimo interesse do controlador.

○ **Situação 2**[10] – Um varejista opera um programa de fidelidade. As pessoas se cadastram para fazer parte dele e acumular pontos de fidelidade, fornecendo dados pessoais em troca de ofertas especiais. O varejista processa dados pessoais para diferentes fins e deseja usar o interesse legítimo como base legal. As finalidades do tratamento são: (1) calcular a quantidade de vouchers e postar vouchers para o indivíduo; (2) traçar o perfil dos interesses de indivíduos para publicar e enviar por e-mail descontos direcionados; (3) analisar os dados para melhorar seus produtos e serviços. Os termos e condições do programa de fidelidade equivalem a um contrato. O escopo dos serviços ditará qual processamento pode ser considerado "necessário para o contrato". A *finalidade 1* é um serviço principal, portanto, o tratamento para essa finalidade é necessário para o contrato. Como o tratamento é fundamentado na execução do contrato, interesse legítimo não seria apropriado. Já a *finalidade 2* não é um serviço básico e, na verdade, é um marketing direto ao qual o indivíduo tem o direito de se opor. O tratamento para este fim não é necessário para o contrato. O varejista pode optar por considerar o consentimento ou o interesse legítimo então. Por fim, a *finalidade 3* também não é um serviço principal e, portanto, não é necessário para o contrato. O varejista pode optar por considerar o consentimento ou o interesse legítimo também. Uma abordagem alternativa é tornar esses dados pessoais anônimos antes de serem usados para a análise de dados.

○ **Situação 3**[11] – O empregador monitoriza a utilização da internet por seus empregados durante o trabalho para verificar se não estão utilizando as tecnologias de informação da empresa de forma excessiva para fins pessoais. Os dados recolhidos incluem ficheiros temporários e *cookies* gerados nos

---

[10] Adaptado do Guia do ICO. Disponível em: https://ico.org.uk/for-organisations/guide--to-data-protection/guide-to-the-general-data-protection-regulation-gdpr/legitimate--interests/when-can-we-rely-on-legitimate-interests/#likely_to_apply.

[11] Adaptado de: GRUPO DE TRABALHO DO ARTIGO 29.º PARA A PROTEÇÃO DE DADOS. *Parecer 06/2014 sobre o conceito de interesses legítimos do responsável pelo tratamento dos dados na aceção do artigo 7.º da Diretiva 95/46/CE*. 2014, p. 101.

computadores, que mostram os *sites* visitados e os *downloads* efetuados durante as horas de trabalho. Os dados são tratados sem consultar previamente os empregados e os representantes sindicais da empresa. Também não é fornecida informação suficiente sobre essas práticas aos titulares. O volume e a natureza dos dados coletados constituem uma intromissão significativa na vida privada dos trabalhadores. Para além das questões de proporcionalidade, a transparência no que respeita às práticas, estreitamente ligadas às expectativas razoáveis das pessoas em causa, é igualmente um fator importante a ter em conta. Ainda que o empregador tenha um interesse legítimo em limitar o tempo despendido pelos trabalhadores a visitar *sites* que não estejam diretamente relacionados com o seu trabalho, os métodos utilizados não preenchem os requisitos do teste da ponderação, até porque não foram previamente informados aos empregados e não seriam considerados compatíveis com a boa-fé objetiva. O empregador deve utilizar métodos menos intrusivos (por exemplo, limitar o acesso a determinados *sites* ou adotar políticas transparentes e com ampla informação aos destinatários), que sejam, a título de boas práticas, objeto de discussão e acordo com os representantes dos trabalhadores e comunicados aos trabalhadores de forma transparente.

- **Situação 4**[12] – Um cliente não paga as prestações devidas pela aquisição a crédito de um automóvel desportivo caro e, em seguida, desaparece. O comerciante de automóveis contrata um terceiro, que é agente de cobranças. O agente de cobranças leva a cabo uma investigação intrusiva, utilizando, entre outras, práticas como a videovigilância escondida e escutas telefônicas. Embora os interesses do comerciante de automóveis e do agente de cobranças sejam legítimos, o equilíbrio não lhes é favorável devido aos métodos intrusivos utilizados para coletar informações, alguns dos quais são expressamente proibidos por lei (escutas telefônicas), com exceções previstas legalmente. A conclusão seria diferente se, por exemplo, o comerciante de automóveis ou o agente de cobranças apenas tivessem efetuado verificações limitadas para confirmar as informações de contato do titular com o objetivo de propor uma ação judicial contra ele para cobrar a dívida.

Doutrina Brasileira – Roberta Mauro Medina Maia

"Talvez o ponto mais delicado da aplicação prática do dispositivo legal ora comentado seja a possibilidade de se caracterizar o marketing direto como hipótese de finalidade legítima, para fins da aplicação do conceito de interesse legítimo do controlador. (...)

O marketing direto é, por isso, o principal responsável pela monetização ou 'comodificação' dos dados pessoais, sendo viabilizado por meio da transformação destes em verdadeira mercadoria, no intuito de se atingir, de maneira mais ativa, o público-alvo.

---

[12] Adaptado de: GRUPO DE TRABALHO DO ARTIGO 29.º PARA A PROTEÇÃO DE DADOS. *Parecer 06/2014 sobre o conceito de interesses legítimos do responsável pelo tratamento dos dados na aceção do artigo 7.º da Diretiva 95/46/CE*. 2014, p. 98.

Na concepção de Stefano Rodotá, o marketing direto consistiria 'na invasão da esfera privada do indivíduo com informações que ele não deseja', em afronta ao princípio da finalidade (...)".[13]

Não obstante, além dos riscos de comprometimento do princípio da finalidade, os conteúdos e a precificação personalizada podem aumentar os riscos de discriminações abusivas ou ilícitas, especialmente diante da opacidade e da falta de transparência dos julgamentos algorítmicos.[14]

Ainda que não se trate de informações sensíveis, mas apenas dados pessoais, quando o assunto é publicidade direcionada e precificação personalizada, é certo que a dificuldade em fundamentar o tratamento de dados no legítimo interesse é ainda maior.

---

[13] MAIA, Roberta Medina. O legítimo interesse do controlador e o término do tratamento de dados pessoais. In: MULHOLLAND, Caitlin. *A LGPD e o novo marco normativo no Brasil*. Porto Alegre: Arquipélago, 2020. p. 106.

[14] Recentemente, o Parlamento Europeu aprovou o *Digital Services Act* (DAS) ou Lei dos Serviços Digitais, proibindo o uso dos dados pessoais sensíveis para anúncios on-line e publicidade direcionada. Disponível em: https://edri.org/our-work/european-parliament--approves-rights-respecting-dsa-proposes-ban-on-use-of-sensitive-personal-data-for--online-ads/.

Capítulo VIII

TRATAMENTO DE DADOS PESSOAIS DISPONÍVEIS PUBLICAMENTE

VIII.1. ASPECTOS FUNDAMENTAIS

Atualmente, os dados pessoais são submetidos a técnicas de processamento massivo cada vez mais robustas e apuradas em nome de uma exploração econômica agressiva que permita o crescimento exponencial de empresas e do mercado como um todo, especialmente em termos lucrativos.

Contudo, não se sabe, ao certo, todos os (re)usos que são (e podem vir a ser) feitos dos dados pessoais disponibilizados publicamente, razão pela qual, diante dos potenciais riscos na utilização de novos tratamentos, o receio principal gira em torno exatamente dos limites desta utilização.

Nessa lógica, já existem, inclusive, agentes que trabalham tão somente com a coleta, o processamento, a venda, a revenda e o compartilhamento de dados pessoais, os denominados *data brokers*,[1] muitos dos quais procuram organizar e sistematizar dados públicos.

Eles coletam informações sobre consumidores de diversas fontes on-line (especialmente públicas, como diários oficiais, cartórios e redes sociais), combinando-as com outros dados pessoais, a fim de predizer o comportamento do titular e extrair inferências potencialmente sensíveis a seu respeito, utilizando o *know-how* alcançado para atividades de *marketing*, serviços de mitigação de riscos, bem como serviços de localização de pessoas e verificação de identidade, especialmente para prevenção de fraudes.[2]

---

[1] FRAZÃO, Ana. Fundamentos da proteção de dados pessoais – Noções introdutórias para a compreensão da importância da Lei Geral de Proteção de Dados. In: TEPEDINO, Gustavo (coord.); FRAZÃO, Ana (coord.); DONATO, Milena (coord.). *Lei Geral de Proteção de Dados Pessoais e suas repercussões no Direito Brasileiro*. 2. ed. São Paulo: Thomson Reuters, 2020. p. 29.

[2] FEDERAL TRADE COMISSION. *Data Brokers. A Call for transparency and accountability*. 2014. Disponível em: https://www.ftc.gov/system/files/documents/reports/data-brokers-call-transparency-accountability-report-federal-trade-commission-may--2014/140527databrokerreport.pdf. Acesso em: 21 nov. 2021.

É exatamente nesse contexto que os dados pessoais disponíveis publicamente ganham ainda mais destaque e relevância. Isso porque, além de serem extremamente valiosos como ativos estratégicos para as organizações, também chamam bastante atenção em virtude da sua publicidade, sistematização e ampla acessibilidade, o que, no final das contas, facilita ainda mais o seu processamento e, por consequência, a predição de preferências do titular, tornando-se, nesse sentido, importantes *inputs* em processos decisórios empresariais.

O grande problema, no entanto, é que toda essa estratégia competitiva, baseada na combinação de dados pessoais disponíveis publicamente, compromete e muito o potencial de difusão de informações na *Internet* e coloca em risco os direitos e as liberdades fundamentais dos titulares, na medida em que auxilia na consolidação de poder e riqueza nas mãos de grandes agentes econômicos, cujas atividades, na maioria das vezes, não são nem mesmo monitoradas ou reguladas.[3]

Sob essa perspectiva, fica claro que uma das maiores razões da proteção dos dados pessoais não é propriamente resguardar a intimidade das pessoas – o que não se cogitaria diante de dados disponíveis publicamente, por exemplo – mas sobretudo a de limitar e controlar o poder que decorre da informação.

Nesse sentido, torna-se cada vez mais evidente que, pouco a pouco, caminha-se para uma sociedade da classificação,[4] na qual perfis tornam-se representações virtuais fidedignas dos seus respectivos titulares,[5] em que simples curtidas em uma rede social – consideradas aparentemente triviais e irrelevantes – podem criar um retrato fiel do comportamento de um usuário e facilitar a extração de informações precisas que permitem, muitas vezes, que o algoritmo saiba mais sobre ele que ele próprio.[6]

Há que se destacar também a dificuldade em monitorar, por completo ou até mesmo de forma parcial, o que é feito com os dados pessoais disponíveis publicamente. Não existem, hoje, mecanismos suficientes para monitorar toda a *Internet*, de forma que, muitas vezes, o titular não sabe como os seus dados pessoais são utilizados após a publicização e se tal utilização é realizada de forma compatível com as suas expectativas naquela situação específica.

---

[3] FRAZÃO, Ana. Fundamentos da proteção de dados pessoais – Noções introdutórias para a compreensão da importância da Lei Geral de Proteção de Dados. In: TEPEDINO, Gustavo (coord.); FRAZÃO, Ana (coord.); DONATO, Milena (coord.). *Lei Geral de Proteção de Dados Pessoais e suas repercussões no Direito Brasileiro*. 2. ed. São Paulo: Thomson Reuters, 2020. p. 41.

[4] RODOTÀ, Stefano. *A vida na sociedade da vigilância. A privacidade hoje*. Trad. Danilo Doneda e Laura Cabral Doneda. Rio de Janeiro: Renovar, 2008. p. 111-139.

[5] DONEDA, Danilo. *Da privacidade à proteção de dados pessoais*. Rio de Janeiro: Renovar, 2006. p. 174-175.

[6] FRAZÃO, Ana. Fundamentos da proteção de dados pessoais – Noções introdutórias para a compreensão da importância da Lei Geral de Proteção de Dados. In: TEPEDINO, Gustavo (coord.); FRAZÃO, Ana (coord.); DONATO, Milena (coord.). *Lei Geral de Proteção de Dados Pessoais e suas repercussões no Direito Brasileiro*. 2. ed. São Paulo: Thomson Reuters, 2020. p. 26-27 e p. 33. Também nesse sentido: KOSINSKI, Michal; STILLWELL, David; GRAEPEL, Thore. Private traits and attributes are predictable from digital records of human behavior. *PNAS*, v. 110, n. 15, p. 5802-5805, abr. 2013. p. 5802.

Cap. VIII • TRATAMENTO DE DADOS PESSOAIS DISPONÍVEIS PUBLICAMENTE | 189

O problema agrava-se ainda mais com os julgamentos algorítmicos pois, como já se demonstrou, são eles caracterizados por alto grau de opacidade e por inúmeras dificuldades para que os seus resultados possam atender ao requisito da explicabilidade, o que será mais bem desenvolvido ao se tratar da questão das decisões totalmente automatizadas.

O problema, dessa forma, não é propriamente a disponibilização pública do dado em si, mas a inobservância, durante o tratamento, da finalidade, do interesse público e das legítimas expectativas do titular dos dados à luz do contexto da publicização. Afinal, o fato de o dado ser disponível publicamente não quer dizer que ele pode ser usado por qualquer pessoa e para qualquer fim. Ele continua sendo objeto de proteção legal, até porque o seu titular continua exposto a inúmeros riscos decorrentes da sua indevida utilização.

Assim, a grande dificuldade não é identificar *quem* e *como* tem acesso aos dados que são disponibilizados publicamente, mas *se* estes agentes realizam o tratamento de tais dados tão somente para finalidades equivalentes e compatíveis com àquela que justificou a publicização num primeiro momento, transferindo-se, assim, toda a cadeia de tratamento para dentro da esfera de legítima expectativa do titular dos dados.

Portanto, tão importante quanto identificar todos os agentes de tratamento que acessam e (re)utilizam os dados pessoais de acesso público e tornados manifestamente públicos pelo titular é ter a certeza de que o tratamento é legítimo, porque realizado de forma equivalente ou compatível. Para tal avaliação, será imprescindível verificar se novos tratamentos ampliam, de forma indevida ou desproporcional, o risco dos titulares de dados.

Dessa forma, se, por um lado, faltam mecanismos eficientes de controle e fiscalização sobre o que realmente é feito com os dados pessoais disponíveis publicamente após a sua publicização; de outro, faltam (ou faltavam – antes da entrada em vigor da LGPD) parâmetros concretos para a correta utilização desses dados. Porém, principalmente em relação a *data brokers* ou agentes que têm por atividade fim a coleta e a sistematização de dados disponíveis publicamente e o fazem ostensivamente, tal controle pode ser mais exequível.

Nesse sentido, há que se encontrar um ponto de equilíbrio. De um lado, a norma não pode ser tão rígida ao ponto de, por exemplo, inviabilizar um conjunto de hipóteses de tratamento voltadas para uma finalidade comum, mas, de outro, não parece razoável e nem mesmo lícito permitir que o tratamento dos dados pessoais disponíveis publicamente seja realizado para quaisquer finalidades tão somente porque tais dados estão amplamente acessíveis.[7]

---

[7] Nesse sentido: "Surpreendentemente, na era do big data, a maioria dos usos secundários inovadores não foram imaginados quando os dados foram coletados pela primeira vez. Como as empresas podem fornecer um aviso para uma finalidade que ainda não existe? Como os indivíduos podem dar [um consentimento] informado para algo desconhecido? (...)" (tradução livre). MAYER-SCHONEBERGER, Viktor; CUKIER, Kenneth. Big Data: *A revolution will transform how we live, work and think*. New York: Houghton Mifflin Publishing, 2013. p. 153.

Ao mesmo tempo, seria excessivamente problemático depender, por exemplo, de um novo consentimento para todo e qualquer tratamento, já que isso, além de ser incompatível com a natureza pública do dado, poderia levar à fadiga do consentimento para o titular e à trava do consentimento para os agentes de tratamento, sobrecarregando-os em demasia, o que, por óbvio, nunca foi o intuito da LGPD, como bem salienta Bruno Bioni.[8] Nesse sentido, torna-se necessária uma abordagem normativa mais flexível dos dados disponíveis publicamente, mas, por óbvio, ainda assim protetiva.

Justamente por isso, a fim de conciliar a possibilidade do tratamento dos dados pessoais disponíveis publicamente com a proteção do titular, disciplinou-se, na LGPD, as hipóteses de tratamento previstas nos §§ 3º, 4º e 7º do art. 7º, conforme demonstra a coautora Giovanna Milanez Tavares.[9]

VIII.2. TRATAMENTO EQUIVALENTE DE DADOS PESSOAIS DE ACESSO PÚBLICO

> **LGPD, Art. 7º, § 3º** O tratamento de dados pessoais cujo acesso é público deve considerar a finalidade, a boa-fé e o interesse público que justificaram sua disponibilização.

A hipótese do § 3º do art. 7º disciplina especificamente o *tratamento secundário equivalente* dos dados,[10] ou seja, para uma finalidade idêntica àquela que justificou a disponibilização pelo terceiro.

O § 3º do art. 7º da LGPD determina expressamente que o tratamento de dados pessoais de acesso público deve considerar os princípios da boa-fé (art. 6º *caput*) e da finalidade (art. 6º, I), bem como o interesse público que justificou sua disponibilização.

Dessa forma, partindo de uma análise contextual a respeito do motivo da publicização, é possível concluir que a compatibilidade do tratamento dos dados de acesso público com as legítimas expectativas do titular e a finalidade e o interesse público pelos quais tais dados foram disponibilizados define a sua legalidade e calibra, no final das contas, os possíveis (re)usos que podem ser feitos desses dados.

---

[8] BIONI, Bruno Ricardo. *Proteção de Dados Pessoais*: a função e os limites do consentimento. 3. ed. Rio de Janeiro: Forense, 2021. p. 227.

[9] TAVARES, Giovanna Milanez. *O tratamento de dados pessoais disponíveis publicamente e os limites impostos pela LGPD*. Rio de Janeiro: Editora Processo, 2022.

[10] No que diz respeito ao tratamento dos dados de acesso público, é importante compreender que a coleta dos dados pessoais é realizada por um terceiro, o mesmo que posteriormente disponibiliza tais dados publicamente em virtude de uma obrigação legal de publicidade, conforme destacado no Capítulo I do presente trabalho. Somente depois desse tratamento primário, realizado por um terceiro, é que tais dados são publicizados e, assim, tornam-se publicamente disponíveis. Dessa forma, a hipótese prevista no § 3º do art. 7º da LGPD diz respeito a um *tratamento secundário equivalente* dos dados de acesso público, que, conforme visto, será realizado para uma finalidade idêntica à original que justificou a disponibilização da informação pelo terceiro.

Diante disso, importa analisar, de maneira isolada, cada um dos requisitos específicos e cumulativos indicados na LGPD para o *tratamento secundário equivalente* de dados pessoais de acesso público, quais sejam: (i) boa-fé, (ii) finalidade e (iii) interesse público que justificaram a disponibilização dos dados.

a) Primeiro requisito: tratamento à luz do princípio da boa-fé

A aplicação do princípio da boa-fé (art. 6º, *caput*, da LGPD) ao tratamento equivalente de dados de acesso público implica a observância obrigatória das legítimas expectativas dos titulares, ou seja, remete à ideia de fidelidade no cumprimento da expectativa alheia, honestidade, lealdade e confiança.

Dessa forma, quando a LGPD estabelece a boa-fé como requisito para o tratamento equivalente de dados de acesso público, deve-se entender como a imposição de uma regra de conduta (boa-fé objetiva), ou seja, um padrão de comportamento leal, baseado em uma conduta proba e transparente, que se materializa a partir da observância dos interesses legítimos e das expectativas razoáveis do titular, a partir de um tratamento que não lhe cause qualquer tipo de abuso, lesão ou desvantagem.

Dessa forma, a observância da boa-fé objetiva exige que a relação entre o controlador e o titular dos dados tenha como alicerces fundamentais a lealdade (a partir da tutela da confiança), a licitude e a transparência.

A lealdade, contudo, ganha papel de destaque, especialmente quando considerada sob o ponto de vista da tutela da confiança e da legítima expectativa do titular. Trata-se, em suma, de o indivíduo confiar que os seus dados pessoais serão adequadamente tratados e protegidos pelos agentes de tratamento, tudo em conformidade com a LGPD.

Em outras palavras, a confiança torna-se um valor indispensável para a confirmação da licitude do tratamento equivalente de dados de acesso público, ao considerar, no final das contas, a legítima expectativa que foi criada no titular dos dados pessoais, inclusive no que diz respeito aos riscos que decorrem do tratamento dos dados. Sob essa perspectiva, tratamentos secundários que aumentem consideravelmente os riscos dos tratamentos originários ou que causem restrições indevidas aos titulares de dados dificilmente atenderão ao princípio da confiança.

O princípio da boa-fé, portanto, ganha, na LGPD, uma função limitadora, que restringe, de certa forma, a liberdade de conduta das partes (especialmente dos agentes de tratamento) ao considerar certas práticas como possivelmente abusivas.

Diante disso, o tratamento dos dados de acesso público à luz do princípio da boa-fé não pode ser invasivo ou abusivo, nem mesmo buscar vantagens indevidas, mas deve cumprir com todos os requisitos de uma conduta verdadeiramente leal e confiável, ou seja, proteger as legítimas expectativas do titular, que confia na postura do agente de tratamento e nas obrigações por ele assumidas perante a LGPD. Assim, um importante critério de análise da licitude do tratamento desses dados é a própria expectativa do indivíduo em uma situação concreta específica.

Nesse raciocínio, torna-se evidente, mais uma vez, a importância da teoria da privacidade contextual. Isso porque, considerando que o tratamento deve obrigatoriamente observar as legítimas expectativas dos titulares, torna-se necessário, por óbvio, uma análise caso a caso.

Consequentemente, a licitude do tratamento equivalente de dados de acesso público passa a ser também contextual. Ela não é delimitada por um propósito único e inflexível, mas orientada por uma gama de expectativas no contexto de uma relação específica. Exatamente por isso, a privacidade contextual mostra-se tão útil, na medida em que ela consegue ser elástica o suficiente para possibilitar novos usos compatíveis dos dados pessoais de acesso público que não poderiam ser previamente especificados de forma exaustiva no texto da LGPD, a exemplo da situação concreta abaixo.

Nesse sentido, o direito dos agentes de tratar os dados pessoais de acesso público, materializado no § 3º do art. 7º da LGPD, é balizado, em primeiro lugar, pelo dever de observância obrigatória das legítimas expectativas do titular, sob pena de se configurar abuso de direito, agravando-se, assim, a própria assimetria de poderes e de informação entre o titular e o agente de tratamento. Esse é, portanto, o papel do princípio da boa-fé (objetiva) no tratamento equivalente de dados de acesso público.

b) Segundo requisito: tratamento à luz do princípio da finalidade

O princípio da finalidade, previsto mais especificamente no art. 6º, I, da LGPD, exige que qualquer tratamento de dados pessoais seja realizado para propósitos legítimos, específicos, explícitos e informados ao titular, sem a possibilidade de tratamento posterior de forma incompatível com essas finalidades.

Deve-se respeitar a correlação entre o tratamento dos dados pessoais e a finalidade informada ao titular no momento da coleta. Somente assim, será possível confirmar que o tratamento é realmente adequado e razoável.

Nesse sentido, antes ou no momento em que os dados são coletados, as finalidades do tratamento devem ser minuciosamente especificadas para que seja possível confirmar, em um eventual novo tratamento, que elas estão abarcadas pelo propósito apresentado inicialmente. Isso, contudo, só poderá ocorrer caso a nova finalidade seja expressamente revelada ao titular dos dados, de forma que este compreenda adequadamente e de maneira inequívoca para qual fim suas informações serão utilizadas.

Nos casos em que os dados se tornaram públicos em virtude de iniciativas do próprio Poder Público ou por determinação legal ou regulatória, há que se analisar com cuidado as finalidades da norma respectiva, para o fim de se fazer o cotejo entre estas e as finalidades do tratamento secundário, ainda mais quando este é realizado por agente privado.

Afinal, no que se refere especificamente ao *tratamento equivalente* de dados pessoais de acesso público, conforme já apontado, o § 3º do art. 7º da LGPD exige que a finalidade da disponibilização do dado pessoal seja estritamente preservada.

Logo, é fundamental extrair, no caso concreto, a finalidade que justificou a publicização do dado pessoal, que está sempre intrinsecamente ligada ao próprio motivo da sua coleta. Esse é talvez o critério mais importante para o tratamento dessa subcategoria de dados, já que permite ao agente de tratamento valorar a

Cap. VIII • TRATAMENTO DE DADOS PESSOAIS DISPONÍVEIS PUBLICAMENTE | **193**

razoabilidade da utilização de determinados dados pessoais para uma finalidade específica, fora da qual haveria real abusividade.

Novamente, aqui, o princípio da finalidade determina se o tratamento de um dado pessoal recai ou não no campo da ilicitude, tendo em vista que tratar dados em desconformidade com os fins informados não é permitido na LGPD.

A pergunta que deve ser feita então é a seguinte: se a hipótese do § 3º do art. 7º da LGPD refere-se ao tratamento secundário do dado de acesso público, ou seja, de um dado que já havia sido coletado e publicizado por um terceiro, e, portanto, inexiste um vínculo direto entre o titular e o novo agente de tratamento que usufrui de tal hipótese, como pode o titular ser informado a respeito da finalidade para a qual os seus dados de acesso público serão tratados?

Nesse caso específico, pode-se dizer que a finalidade é subentendida, justamente porque, num primeiro momento, ela já foi explicitada pelo primeiro agente de tratamento, qual seja o terceiro que tornou aquele dado pessoal acessível publicamente. Portanto, especificamente quanto ao § 3º, por se tratar de um uso secundário do dado, não parece haver a obrigatoriedade de uma comunicação prévia, por parte do novo agente de tratamento, a respeito da finalidade.

Contudo, tal conclusão somente poderá ser adotada em conjunto com a premissa de que este tratamento secundário seja necessariamente equivalente ao original, ou seja, realizado para finalidade idêntica àquela que justificou a publicização. Dessa forma, e somente assim, interpretar-se-á corretamente a hipótese do § 3º, podendo-se, então, presumir que, como a finalidade é a mesma, o titular já tinha conhecimento ou já havia sido avisado a respeito dela em momento anterior.

Portanto, o objetivo final do tratamento dos dados já é previsível para o titular, que sabe o que esperar dele, demonstrando assim que a identidade entre a finalidade original e aquela que se pretende num segundo momento a partir do tratamento equivalente implica a formação de um elo contínuo e imutável entre ambas.

Isso é fundamental, pois, na maioria das vezes (se não em todas elas), o titular não tem o conhecimento acerca da realização do tratamento secundário dos seus dados pessoais de acesso público, tornando necessária a existência de algum critério limitador, que perdure por toda a cadeia de tratamento.

Ainda que o indivíduo não saiba mais quem está tratando o seu dado, ele terá a segurança, confiança e legítima expectativa de que o tratamento está sendo realizado para a finalidade que justificou a sua disponibilização, permitindo, assim, a manutenção de um controle por parte do titular, ainda que indireto.

Exatamente por isso, é possível conceber o princípio da finalidade como decorrência do princípio da boa-fé, já que o primeiro também está ligado à limitação do tratamento dos dados aos propósitos pretendidos no momento da sua disponibilização, bem como das expectativas legítimas e razoáveis do titular, impedindo assim que os dados sejam utilizados ao bel prazer de quem o controle.

Nesse sentido, o tratamento equivalente dos dados pessoais de acesso público somente poderá ser realizado com base no § 3º do art. 7º da LGPD caso, além de observar as legítimas expectativas do titular (boa-fé objetiva), seja realizado para finalidade idêntica àquela que justificou a disponibilização pública, sob pena de desvio de finalidade.

c) Terceiro requisito: tratamento à luz do interesse público que justificou a disponibilização do dado pessoal publicamente

O último requisito exigido pela LGPD para o tratamento equivalente de dados de acesso público é a observância do interesse público que justificou a publicização do dado pessoal.

O interesse público, em definição consagrada na doutrina brasileira, é aquele resultante do conjunto dos interesses pessoais dos indivíduos quando considerados em sua qualidade de cidadãos. Dessa forma, mais do que o interesse do próprio Estado, o interesse público representa o atendimento do bem comum da coletividade, que nada mais é que a dimensão pública dos interesses individuais dos cidadãos.

Sob essa perspectiva, o interesse público compreende o produto das forças sociais, políticas, econômicas e jurídicas de uma sociedade, concretizadas em um determinado momento e em um certo espaço, resultando assim na soma dos interesses do maior número possível de pessoas dessa mesma sociedade.

Contudo, por óbvio, há uma enorme dificuldade de delimitação e identificação prática deste conceito, que é tão abstrato. Em uma sociedade plural, em que existem inúmeros interesses pessoais, por vezes conflitantes, torna-se necessário compreender o interesse público a partir da defesa e da promoção dos direitos fundamentais dos cidadãos, que, em última análise, representam a satisfação do próprio texto constitucional.

Assim, a compreensão do interesse público assenta-se na proteção dos direitos fundamentais, que transcendem os interesses particulares dos próprios titulares, tornando possível, inclusive, a definição de uma premissa importante para o presente trabalho: dados pessoais indispensáveis ao atendimento da transparência pública são passíveis de publicização, afastando-se do conhecimento público os demais.

Isso, inclusive, mostra-se de forma orgânica ao longo de todo o texto da Lei de Acesso à Informação (LAI), que, em seus arts. 3º, *caput* e II, e 8º, esclarece que os procedimentos nela previstos destinam-se a assegurar o direito fundamental de acesso à informação, impondo que as informações de interesse público, coletivo ou geral sejam amplamente divulgadas, independentemente de solicitações ou requerimentos (transparência ativa).

> **LAI, Art. 3º** Os procedimentos previstos nesta Lei destinam-se a assegurar o direito fundamental de acesso à informação e devem ser executados em conformidade com os princípios básicos da administração pública e com as seguintes diretrizes: (...) **II** – divulgação de informações de interesse público, independentemente de solicitações;

> **LAI, Art. 8°.** É dever dos órgãos e entidades públicas promover, independentemente de requerimentos, a divulgação em local de fácil acesso, no âmbito de suas competências, de informações de interesse coletivo ou geral por eles produzidas ou custodiadas.

Cap. VIII • TRATAMENTO DE DADOS PESSOAIS DISPONÍVEIS PUBLICAMENTE | 195

Outro exemplo importante de dados públicos diz respeito àqueles que são divulgados em razão das obrigações de transparência a que controladores e administradores de companhias abertas estão sujeitos em face da Lei 6.404/1976 e da regulamentação da CVM.

Especificamente quanto ao tratamento de dados de acesso público, que são disponibilizados em virtude de uma obrigação legal de publicidade, há que se destacar que a observância do interesse público que justificou a disponibilização, nos termos do § 3º do art. 7º da LGPD, está intrinsecamente relacionada ao direito fundamental de acesso à informação, constitucionalmente resguardado no inciso XXXIII do art. 5º da Constituição Federal, ou seja, àquilo que é necessário para o controle social da transparência pública.

> **CF, Art. 5º, XXXIII** – todos têm direito a receber dos órgãos públicos informações de seu interesse particular, ou de interesse coletivo ou geral, que serão prestadas no prazo da lei, sob pena de responsabilidade, ressalvadas aquelas cujo sigilo seja imprescindível à segurança da sociedade e do Estado;

É exatamente isso que deve ser considerado na avaliação prática da equivalência do tratamento secundário dessa subcategoria de dados no que se refere ao requisito do interesse público.

VIII.3. TRATAMENTO EQUIVALENTE DE DADOS TORNADOS MANIFESTAMENTE PÚBLICOS PELO TITULAR

A hipótese do § 4º do art. 7º disciplina especificamente o *tratamento primário equivalente* dos dados,[11] ou seja, para uma finalidade idêntica àquela que justificou a disponibilização pelo próprio titular.

> **LGPD, Art. 7º, § 4º** É dispensada a exigência do consentimento previsto no *caput* deste artigo para os dados tornados manifestamente públicos pelo titular, resguardados os direitos do titular e os princípios previstos nesta Lei.

Assim, é possível extrair do texto da LGPD a exigência de que o *tratamento equivalente* dos dados pessoais tornados manifestamente públicos pelo titular (i) observe os princípios da LGPD; e (ii) resguarde os direitos do titular, ainda que seja dispensada a exigência do consentimento prevista no inciso I do art. 7º.

Para além desses requisitos específicos expressos, há que se observar também, assim como na hipótese de dados de acesso público, o *contexto* no qual tais dados foram tornados manifestamente públicos – como bem salientam Gustavo

---

[11] No que se refere ao tratamento de dados tornados manifestamente públicos, a coleta dos dados pessoais está obrigatoriamente incluída na hipótese do § 4º do art. 7º da LGPD. Isso porque o dado é tornado manifestamente público pelo próprio titular e, até então, ele não foi ainda tratado por um terceiro. Dessa forma, aqui, trata-se de um *tratamento primário equivalente* (e não secundário).

Tepedino e Chiara de Teffé[12] –, especialmente o motivo (ou a intenção do titular) e a finalidade que justificaram a disponibilização, bem como as suas expectativas legítimas em relação ao tratamento que pode vir a ser realizado por terceiros em um segundo momento.

 Situação concreta

> Em virtude de uma doença que acometeu um membro da família, criou-se uma campanha de doações em site na internet. Na página da campanha, foram disponibilizados dados de contato de seus organizadores para a operacionalização do recebimento de donativos. Por mais que se trate de dados tornados públicos, as informações de contato não podem ser utilizadas para o oferecimento de serviços ou para a inclusão dos organizadores da campanha em listas de transmissão de publicidade.

É fundamental que a finalidade que motivou a publicização dos dados pessoais seja sempre analisada, para que seja possível averiguar as razões que levaram o titular a disponibilizar certas informações suas publicamente em um contexto específico. Isso porque, caso os dados tornados manifestamente públicos sejam tratados de forma incompatível com esse contexto originário, por óbvio, o tratamento será ilegítimo.

Dito isso, necessário destacar, ainda, a previsão expressa do § 6º do art. 7º da LGPD, que determina que a dispensa de consentimento não desobriga os agentes de tratamento das demais obrigações previstas na Lei, especialmente a observância dos princípios gerais e da garantia dos direitos do titular.

Cabe notar, aliás, que há autores como Bruno Bioni e Augusto Marcancini[13] que defendem, inclusive, que, na verdade, existe sim um consentimento nesse caso, mas ele é *contextual* ou *implícito*.

> **LGPD, Art. 7º, § 6º** A eventual dispensa da exigência do consentimento não desobriga os agentes de tratamento das demais obrigações previstas nesta Lei, especialmente da observância dos princípios gerais e da garantia dos direitos do titular.

---

[12] TEPEDINO, Gustavo; TEFFÉ, Chiara Spadaccini de. Consentimento e proteção de dados pessoais na LGPD. In: TEPEDINO, Gustavo (coord.); FRAZÃO, Ana (coord.); DONATO, Milena (coord.). *Lei Geral de Proteção de Dados Pessoais e suas repercussões no Direito Brasileiro.* 2. ed. São Paulo: Thomson Reuters, 2020, p. 298-299. Ver também: BIONI, Bruno Ricardo. *Proteção de Dados Pessoais*: a função e os limites do consentimento. Rio de Janeiro: Forense, 2019. p. 270.

[13] BIONI, Bruno Ricardo. *Proteção de Dados Pessoais: a função e os limites do consentimento.* Rio de Janeiro: Forense, 2019. p. 273. Ver também: MARCACINI, Augusto Tavares Rosa. As regras aplicadas ao tratamento de dados pessoais. In: LIMA, Cíntia Rosa Pereira de (coord.). *Comentários à Lei Geral de Proteção de Dados*: Lei n. 13.709/2018, com alteração da Lei n. 13.853/2019. São Paulo: Almedina, 2020. p. 147.

Cap. VIII • TRATAMENTO DE DADOS PESSOAIS DISPONÍVEIS PUBLICAMENTE | 197

Independentemente disso, é certo que, de qualquer forma, os agentes de tratamento deverão observar os princípios da LGPD (art. 6º) e resguardar os direitos dos titulares (arts. 18 a 22) no tratamento dos dados tornados manifestamente públicos por eles. Nesse sentido, os princípios da LGPD devem ser aplicados corretamente à luz das características específicas da subcategoria de dados em questão.

Princípios da LGPD	Aplicação prática à luz do § 4º do art. 7º da LGPD
• Boa-fé	• O tratamento equivalente dos dados pessoais tornados manifestamente públicos pelo titular deve ser realizado à luz das suas expectativas, que somente podem ser delineadas a partir de uma análise contextual do motivo e da finalidade que justificaram a publicização dos dados pessoais pelo titular num primeiro momento.
• Finalidade	• É fundamental extrair, no caso concreto, a finalidade que justificou a publicização do dado pessoal pelo titular em um determinado contexto. Para que o tratamento seja realmente equivalente, a finalidade deve ser idêntica àquela que fundamentou o ato intencional do titular em tornar seus dados manifestamente públicos. Nesse caso, avaliar a finalidade geral da rede social pode auxiliar na delimitação da finalidade que justificou publicização, já que, aqui, a finalidade não foi informada ao titular anteriormente, mas é por ele definida no momento da disponibilização pública dos seus dados.
• Adequação	• Os dados pessoais tornados manifestamente públicos só podem ser tratados por terceiros na medida em que forem necessários para atingir os objetivos implicitamente estabelecidos pelo titular no momento da publicização e sempre de acordo com o contexto do tratamento. Aqui, não há uma finalidade informada ao titular, mas uma finalidade que ele próprio definiu ao disponibilizar seus dados publicamente e que, portanto, deve ser respeitada, sob pena de desvio de finalidade.
• Necessidade	• Fica vedado o tratamento excessivo dos dados, tanto em termos quantitativos (dados excessivos), quanto em termos qualitativos (dados desproporcionais para a finalidade que justificou a publicização). Portanto, além de observar a finalidade e o contexto de disponibilização de tais dados pelo titular, o agente de tratamento deve, ainda, ao tratá-los, limitar-se a utilizar somente os dados indispensáveis e verdadeiramente pertinentes.
• Livre Acesso	• Ainda que se trate aqui do tratamento de dados disponíveis publicamente, exige-se do agente a disponibilização de procedimento que realmente garanta a possibilidade de o titular obter informações precisas acerca do *tratamento primário equivalente* dos dados que tornou manifestamente públicos.
• Qualidade dos Dados	• Este princípio pode, por vezes, ser o mais difícil de observar no caso do tratamento equivalente dos dados pessoais tornados manifestamente públicos pelo titular. Isso porque é bastante comum que as informações publicadas em redes sociais representem preferências passageiras e estados transitórios da vida do titular. Dessa forma, o desafio no cumprimento deste princípio é realizar atualizações periódicas sem que isso implique em uma inadequada vigilância do titular nas redes sociais.
• Transparência	• O titular deve conseguir confirmar facilmente se existe realmente uma equivalência no tratamento dos dados pessoais que tornou manifestamente públicos e exercer o seu controle sobre a circulação dos seus dados, avaliando inclusive a compatibilidade do tratamento como um todo.

Princípios da LGPD	Aplicação prática à luz do § 4º do art. 7º da LGPD
• Segurança	• Engana-se quem pensa que, por se tratar de dados disponíveis publicamente, um eventual vazamento ou acesso não autorizado seria irrelevante, já que as informações já estariam acessíveis na rede social onde foram inicialmente disponibilizadas pelo titular. Isso porque acessos não autorizados e situações acidentais ou ilícitas de destruição, perda, alteração, comunicação ou difusão desses dados também configuram violação às disposições da LGPD, especialmente porque o agente de tratamento, invariavelmente, acaba criando um perfil daquele titular em sua base de dados a partir da agregação de diferentes informações a respeito dele constantes em suas redes sociais. Dessa forma, um vazamento facilitaria eventual utilização discriminatória de uma variedade de dados que, agora, estão organizados, agregados e já foram provavelmente cruzados para que fosse possível extrair alguma informação relevante ao agente de tratamento.
• Prevenção	• Como explicitado no princípio anterior, não é porque os dados estão disponíveis publicamente que merecem menor proteção ou que possuem menor potencial de causar danos. Tudo dependerá da forma pela qual eles serão tratados e, por isso, o princípio da prevenção é tão importante. Assim sendo, é fundamental, inclusive, que os agentes de tratamento formulem regras de boas práticas e de governança especificamente para o tratamento dos dados tornados manifestamente públicos, facilitando assim a adequação às disposições da LGPD.
• Não Discriminação	• O maior cuidado é justamente a forma pela qual os dados pessoais tornados manifestamente públicos serão tratados. Isso porque, apesar de inicialmente não parecer, tudo releva tudo (*everything reveals everything*). Por isso, deve-se proteger o titular de possíveis inferências discriminatórias que possam ser feitas a partir dos seus dados em relação à sua vida, personalidade, estado físico, fisiológico e comportamental, especialmente a partir de métodos de coleta e cruzamento massivo de dados, que podem ser utilizados para promover a discriminação por raça, idade, gênero ou condição social.
• Responsabilização e Prestação de Contas	• É fundamental que o agente de tratamento tenha a capacidade de demonstrar a eficácia das medidas que adotou para cumprir com as disposições da LGPD.

Portanto, é possível concluir que a equivalência do tratamento de dados tornados manifestamente públicos pelo titular exige uma análise contextual e perpassa a checagem prática dos requisitos normativos disciplinados no § 4º do art. 7º da LGPD, quais sejam (i) observância dos princípios da LGPD; e (ii) garantia dos direitos dos titulares. Se todos esses critérios forem observados, o tratamento equivalente poderá então ser realizado com base no § 4º do art. 7º.

VIII.4. HIPÓTESES DOS §§ 3º E 4º DO ART. 7º DA LGPD COMO BASES LEGAIS AUTÔNOMAS

Conforme já destacado no Capítulo V, as hipóteses dos §§ 3º e 4º do art. 7º da LGPD podem ser consideradas bases legais autônomas ou ao menos como equivalentes funcionais, na medida em que são fundamentos *ex ante* para o tratamento dos dados nelas previstos.

Ambas têm como racional a categoria dos dados pessoais tratados, ou seja, somente podem ser utilizadas quando os dados pessoais objeto do tratamento forem respectivamente de acesso público e tornados manifestamente públicos pelo titular, considerando ainda todos os outros critérios e condições abordadas nos dois tópicos anteriores deste Capítulo.

Quanto a isso, é fundamental esclarecer que a orientação quanto à autonomia de tais dispositivos como bases legais pode se justificar a partir de alguns fatores. Isso porque se trata de fundamentos expressamente previstos na LGPD, com critérios desenhados especificamente para essas hipóteses. Justamente por isso, ou seja, porque os requisitos são adequados à luz da natureza dos dados pessoais tratados e do contexto do próprio tratamento, tais dispositivos mostram-se, em praticamente todos os cenários, mais adequados que qualquer uma das hipóteses de tratamento dos incisos do art. 7º da LGPD.

Nesse sentido, há que se evidenciar o equilíbrio implícito proposto pela LGPD. Ora, as previsões dos §§ 3º e 4º permitem, de um lado, que o agente de tratamento utilize os dados pessoais disponíveis publicamente sem a necessidade de amparo em outra base legal. No entanto, isso somente poderá acontecer caso todos os requisitos previstos em ambos os parágrafos sejam integralmente observados e cumpridos no caso concreto.

Em outras palavras, a flexibilidade da base legal autônoma nesse caso se justifica a partir da rígida exigência de critérios especificamente desenhados para o tratamento dessa categoria de dados pessoais – critérios esses que só fazem sentido justamente diante da natureza dos dados de acesso público e tornados manifestamente públicos pelo titular.

Na prática, o exercício reflexivo que deve ser sempre feito é o seguinte:

(i) Primeiro, deve-se questionar se a finalidade do tratamento é a mesma que justificou a disponibilização (ainda que seja, há que se confirmar se os outros requisitos restaram cumpridos) a fim de enquadrar em uma das hipóteses de tratamento equivalente dos §§ 3º e 4º do art. 7º da LGPD.

(ii) Caso a finalidade seja diversa, deve-se questionar se ela é compatível com aquela que justificou a disponibilização (ainda que seja, há que se confirmar se os outros requisitos restaram cumpridos) a fim de enquadrar na hipótese de tratamento posterior compatível do § 7º do art. 7º da LGPD.

(iii) Caso a finalidade seja diversa e não seja compatível, deve-se necessariamente amparar o tratamento em uma das outras bases legais dispostas nos incisos do art. 7º (ou no art. 23, *caput*, ou art. 14, § 1º, da LGPD) a fim de que ela seja verdadeiramente legítima à luz da LGPD.

Níveis de análise das bases legais[14]

1. Identidade de finalidades: para utilização de uma das bases legais autônomas dos §§ 3º e 4º do art. 7º da LGPD, a finalidade do tratamento equivalente deve ser idêntica àquela que justificou a disponibilização pública do dado pessoal;

2. Compatibilidade de finalidades: para utilização da hipótese do § 7º do art. 7º da LGPD, a finalidade do tratamento posterior deve ser

---

[14] TAVARES, Giovanna Milanez. *O tratamento de dados pessoais disponíveis publicamente e os limites impostos pela LGPD.* Rio de Janeiro: Editora Processo, 2022.

compatível (ainda que diferente) àquela que justificou a disponibilização pública do dado pessoal;

3. Possibilidade de enquadramento em outra base legal referente ao tratamento de dados pessoais: subsidiariamente, caso o tratamento não se enquadre em nenhuma das hipóteses anteriores, recorre-se à utilização das hipóteses dos incisos do art. 7º, do art. 11, do art. 23, *caput*, ou do art. 14, § 1º, todos da LGPD.

Essa parece ser a melhor interpretação para a aplicação sistemática de todos esses dispositivos, a fim de cumprir as próprias finalidades da LGPD, conforme destacado no fluxograma abaixo.[15]

Destaca-se que o fluxograma se refere tão somente ao tratamento de dados pessoais, tendo em vista que, para *dados pessoais sensíveis* disponíveis publicamente (sejam eles de acesso público ou tornados manifestamente públicos), a menos que a ANPD se manifeste em sentido contrário, o tratamento só pode se fundamentar em uma das hipóteses do art. 11 da LGPD, já que, em princípio, os §§ 3º, 4º e 7º aplicam-se tão somente para o tratamento de *dados pessoais* disponíveis publicamente.

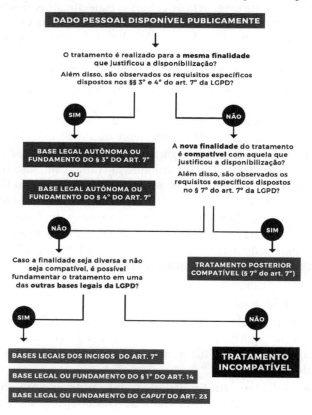

---

[15] TAVARES, Giovanna Milanez. *O tratamento de dados pessoais disponíveis publicamente e os limites impostos pela LGPD*. Rio de Janeiro: Editora Processo, 2022, p. 157.

VIII.5. TRATAMENTO POSTERIOR COMPATÍVEL DE DADOS PESSOAIS DISPONÍVEIS PUBLICAMENTE

> **LGPD, Art. 7º, § 7º** O tratamento posterior dos dados pessoais a que se referem os §§ 3º e 4º deste artigo poderá ser realizado para novas finalidades, desde que observados os propósitos legítimos e específicos para o novo tratamento e a preservação dos direitos do titular, assim como os fundamentos e os princípios previstos nesta Lei.

É preciso advertir para o fato de que os §§ 3º e 4º, de um lado, e o § 7º, de outro, tratam de fundamentos distintos para o tratamento. Isso porque, enquanto as regras dos §§ 3º e 4º disciplinam especificamente o *tratamento equivalente* dos dados, seja ele *primário* ou *secundário*, a hipótese do § 7º do art. 7º dispõe especificamente acerca do *tratamento posterior compatível* dos dados disponíveis publicamente, isto é, para uma nova finalidade diversa daquela que justificou a publicização das informações, mas ainda compatível à original.[16]

Essa, inclusive, é justamente a racionalidade que justifica a existência de hipóteses diversas de tratamento para essa mesma categoria de dados, já que não faria sentido prever a situação de *tratamento posterior compatível* do § 7º para uma nova finalidade se as "hipóteses padrão" dos §§ 3º (*tratamento secundário equivalente*) e 4º (*tratamento primário equivalente*) não tratassem especificamente da utilização dos dados para a finalidade originária, ou seja, idêntica àquela que justificou a publicização.[17]

O § 7º do art. 7º da LGPD, nesse sentido, autoriza expressamente o tratamento posterior[18] dos dados pessoais de acesso público e tornados manifestamente públicos pelo titular para novas finalidades, desde que observados os propósitos

---

[16] O termo *equivalente* é utilizado para fins conceituais, de forma a identificar que o tratamento do qual se fala é justamente aquele realizado para finalidade idêntica à original que justificou a disponibilização do dado pessoal num primeiro momento. A mesma lógica vale para o termo *compatível*. Isso porque, no caso do tratamento posterior, ainda que a finalidade seja diversa daquela que justificou a publicização do dado pessoal, ela é compatível com a finalidade original, conforme se verá melhor no presente próximo item.

[17] Ver: TAVARES, Giovanna Milanez. *O tratamento de dados pessoais disponíveis publicamente e os limites impostos pela LGPD.* Rio de Janeiro: Editora Processo, 2022.

[18] No presente livro, optou-se por utilizar a terminologia *tratamento posterior* para se referir ao tratamento de dados pessoais realizados para finalidades diferentes daquelas que justificaram a publicização dos dados disponíveis publicamente e a expressão *tratamento secundário* para as hipóteses em que o tratamento de dados pessoais é realizado para a mesma finalidade que justificou a publicização, mas em momento posterior à coleta dos dados pessoais, ou seja, para quaisquer operações de tratamento que não a coleta. Dessa forma, tal escolha reflete o entendimento doutrinário sobre o tema, já que não há nem mesmo uma reflexão específica sobre essa questão ainda. Nesse sentido, há que se destacar o entendimento adotado pelo Grupo de Trabalho do Artigo 29 no Parecer 3/2013 sobre a limitação da finalidade à luz da Diretiva 96/45/CE, de que qualquer tratamento que se siga à coleta dos dados, quer seja para as finalidades inicialmente determinadas, quer para finalidades adicionais, deve ser considerado *tratamento posterior* e, assim, preencher o requisito da compatibilidade exigido na norma. ARTICLE 29 DATA PROTECTION WORKING PARTY. *Opinion 03/2013 on purpose limitation, adopted in 2 April 2013*, 2013, p. 21.

legítimos e específicos para o novo tratamento e preservados os direitos do titular, assim como os fundamentos e os princípios previstos na LGPD.

Em primeiro lugar, é importante destacar que os "propósitos legítimos e específicos" exigidos pelo art. 7º, § 7º, da LGPD, nada mais são que finalidades legítimas e específicas. Aqui, o conceito de *propósito* é análogo ao conceito de *finalidade* e, por isso, ambos os termos serão utilizados de maneira intercambiável no presente tópico.

Somado a isso, evidencia-se que a LGPD não exige de forma expressa, especificamente para o tratamento posterior dos dados disponíveis publicamente, que tais finalidades sejam ostensivamente informadas ao titular (a despeito de essa ser uma exigência geral do princípio da finalidade disposto no art. 6º, I, da Lei), mas tão somente que os propósitos sejam "legítimos e específicos".

Isso porque, tratando-se de dados pessoais de acesso público e tornados manifestamente públicos pelo titular, é possível presumir que, no primeiro caso, o titular já foi informado a respeito da finalidade em momento anterior, mais especificamente no momento de coleta dos dados pelo terceiro que os publicizou, e, no segundo caso, que ele próprio, ao publicizar os seus próprios dados, demarcou contextualmente os limites das possíveis finalidades para as quais eles poderiam vir a ser utilizados depois.

Portanto, nesses dois casos, se considerarmos que a nova finalidade do tratamento posterior é compatível com a finalidade original, conforme exigido pela própria LGPD, é possível concluir que o objetivo final do tratamento dos dados já é previsível para o titular, que sabe o que esperar dele.

Exatamente por isso, a LGPD não exige, *a priori*, no tratamento posterior, que os propósitos sejam explicitados e informados ao titular, até porque os dados pessoais não foram coletados diretamente dele, mas por meio de bases de dados públicas – no caso de dados pessoais de acesso público – e redes sociais ou *websites* em geral – no caso de dados pessoais tornados manifestamente públicos pelo titular.

É possível inferir, então, do art. 7º, § 7º, da LGPD, a exigência de quatro requisitos cumulativos para o tratamento posterior dos dados pessoais disponíveis publicamente, ou seja, ele só poderá ser realizado (i) se as novas finalidades forem legítimas, específicas e compatíveis; (ii) se preservados os direitos do titular; (iii) se observados os fundamentos previstos no art. 2º da LGPD; e (iv) se observados os princípios previstos no art. 6º da LGPD.

Somente assim, será possível tratar dados pessoais de acesso público e tornados manifestamente públicos para uma nova finalidade, diferente da que justificou a publicização, mas ainda assim compatível com ela.

a) Propósitos legítimos e específicos do novo tratamento e a importância da avaliação de compatibilidade

O primeiro requisito para o tratamento posterior dos dados disponíveis publicamente é a observância dos propósitos legítimos e específicos do novo tratamento. Assim como já exigido pelo próprio princípio da finalidade, disciplinado no art. 6º, I, da LGPD, exige-se também aqui que a nova finalidade conferida ao tratamento posterior seja legítima e específica.

Cap. VIII • TRATAMENTO DE DADOS PESSOAIS DISPONÍVEIS PUBLICAMENTE | **203**

De início, cumpre destacar a importância da especificação da finalidade, que determina, em suma, os propósitos para os quais os dados pessoais serão tratados e, indiretamente, até mesmo quais dados pessoais são necessários, adequados e relevantes para o cumprimento de tais propósitos.

Dessa forma, são estabelecidos os limites específicos das finalidades para as quais o agente de tratamento pode utilizar os dados coletados, condicionando a sua própria conformidade legal.

Uma finalidade verdadeiramente específica é aquela que é suficientemente detalhada ao ponto de delimitar quais operações de tratamento podem ser realizadas. Ainda, se a finalidade for realmente específica, ela também garantirá previsibilidade ao titular e facilitará a própria avaliação de compatibilidade do tratamento posterior.

Somado a isso, a nova finalidade deve ser legítima, ou seja, deve estar em conformidade com a lei em sentido amplo, o que, a depender do contexto do tratamento, pode envolver não apenas a LGPD, mas também o Código de Defesa do Consumidor, o Marco Civil da Internet, a Lei de Acesso à Informação, a Constituição Federal, ou até mesmo precedentes judiciais, como já se aludiu anteriormente.

Exatamente por isso, a legitimidade de uma determinada finalidade pode alterar-se com o passar do tempo, a depender do desenvolvimento tecnológico e das mudanças socioeconômicas e culturais.

Não basta, entretanto, que a nova finalidade seja tão somente específica e legítima. Ela deve ser também compatível com a finalidade original[19]. Essa, inclusive, é a própria racionalidade do tratamento posterior dos dados disponíveis publicamente, visto que a flexibilidade adicional conferida pelo § 7º do art. 7º não é ilimitada, mas, já num primeiro momento, condicionada à observância de propósitos legítimos, específicos e também compatíveis.

Ainda que seja confirmada a especificidade e a legitimidade da nova finalidade escolhida para o tratamento posterior, ele só poderá ser realizado caso essa nova finalidade seja também compatível com aquela que justificou a própria publicização do dado pessoal em momento anterior.

Exatamente por isso, o papel do princípio da finalidade no tratamento posterior não é impedir o uso dinâmico dos dados pessoais e nem mesmo vedar, de forma absoluta, a reutilização de dados, mas restringir o tratamento para novas finalidades incompatíveis com a finalidade original e oferecer uma abordagem normativa balanceada em termos de deveres e obrigações.

Concilia-se, de um lado, a tão necessária previsibilidade e segurança jurídica para o titular e, de outro, a necessidade de certo grau de flexibilidade para as empresas tratarem tais dados para novas finalidades.

Somado a isso, destaca-se que a própria redação do princípio da finalidade no art. 6º, I, da LGPD, é marcada pela dupla negativa, ou seja, pela proibição da incompatibilidade ("sem possibilidade de tratamento posterior de forma incompatível com essas finalidades"), o que indica que o legislador optou por conferir

---

[19] Tal conclusão pode ser extraída a partir de uma leitura sistemática da LGPD e da própria exigência do dispositivo legal (art. 7º, § 7º) de preservação dos princípios da LGPD, mais especificamente do princípio da finalidade nesse caso.

certa flexibilidade à utilização posterior dos dados pessoais, inclusive daqueles disponíveis publicamente.

O fato de o tratamento posterior ser realizado para uma nova finalidade, diferente daquela que justificou a disponibilização pública, não implica automática e necessariamente a incompatibilidade do novo tratamento. Tal análise deve ser feita caso a caso e, por isso, novamente aqui, a teoria da privacidade contextual ganha um papel de destaque.

Critérios para limitação da finalidade segundo o Grupo de Trabalho do Artigo 29 do RGPD[20]

Nesse contexto, é fundamental destacar os critérios elaborados pelo Grupo de Trabalho do Artigo 29 no Parecer 3/2013 sobre a limitação da finalidade, elaborado à luz da Diretiva 96/45/CE, para avaliar a compatibilidade entre a finalidade original e a finalidade posterior do tratamento de dados pessoais.

Tais critérios, que já estão previstos expressamente no art. 6 (4) do RGPD e têm sido amplamente adotados pela doutrina brasileira, são eles: (i) a relação entre a finalidade para a qual o dado foi inicialmente tratado e a finalidade do tratamento posterior; (ii) o contexto no qual o dado foi coletado e as expectativas legítimas e razoáveis do titular quando à utilização posterior; (iii) a natureza do dado e o impacto do tratamento posterior sobre o titular; e (iv) as garantias aplicadas pelo agente para assegurar um tratamento adequado e prevenir qualquer impacto indevido sobre o titular.

Em relação ao primeiro critério, o foco deve estar na natureza da relação entre a finalidade que justificou a publicização e aquela que se pretende alcançar com o tratamento posterior. Nesse caso, é possível, por exemplo, que, na avaliação de compatibilidade, identifique-se que o propósito do tratamento posterior já estava mais ou menos abarcado pela finalidade original ou então ele pode até mesmo ser assumido como uma etapa lógica seguinte dela em virtude da existência de um nexo entre elas. De qualquer forma, é certo que, quanto maior o distanciamento entre a finalidade da publicização e a finalidade do tratamento posterior, mais difícil será alcançar um resultado positivo na avaliação de compatibilidade.

Quanto ao segundo critério, é fundamental avaliar as expectativas legítimas do titular, ou seja, o que ele espera ou poderia razoavelmente esperar caso os seus dados pessoais de acesso público e tornados manifestamente públicos fossem tratados posteriormente para um novo propósito à luz do contexto e da finalidade que justificaram a publicização. Isso porque, quanto mais inesperada ou surpreendente for a nova utilização, menor será a probabilidade de que o tratamento posterior seja considerado compatível.

Por isso, é fundamental ponderar três importantes aspectos na avaliação deste critério: (i) a natureza da relação entre o agente de tratamento e

---

[20] ARTICLE 29 DATA PROTECTION WORKING PARTY. *Opinion 03/2013 on purpose limitation, adopted in 2 April 2013*, 2013.

o titular, refletindo-se, inclusive, quanto a práticas costumeiras que são geralmente esperadas em contextos e relações idênticas a que está sendo analisada; (ii) a diferença de poderes entre o agente de tratamento e o titular, especialmente se há algum tipo de obrigação em fornecer tais dados pessoais, já que, se a liberdade de escolha for mínima ou inexistente (como no caso de obrigação legal), o tratamento posterior será ainda mais questionável; e (iii) o contexto da publicização, já que, quanto mais específico e restritivo ele for, maiores serão as limitações para o tratamento posterior, devendo-se considerar especialmente as expectativas legítimas do titular naquela situação, a fim de conferir previsibilidade e segurança jurídica ao tratamento posterior.

Já em relação ao terceiro critério, repisa-se que a própria racionalidade da LGPD é proteger o titular contra eventuais impactos negativos decorrentes do tratamento indevido dos seus dados e, nesse sentido, dados pessoais cuja natureza é sensível, por exemplo, implicam a existência de um risco de dano ao titular maior ainda. Portanto, na avaliação de compatibilidade do tratamento posterior, há que se considerar todas as possíveis consequências relevantes, sejam elas positivas ou negativas. Quanto mais negativo ou incerto for o impacto do tratamento posterior, menor a probabilidade de que ele seja considerado compatível à LGPD.

Por fim, quanto ao quarto e último critério, sua importância se dá especialmente em virtude das eventuais compensações que podem ser adotadas para viabilizar a mudança de finalidade no tratamento posterior, como (i) fornecer informações adicionais aos titulares, (ii) permitir o *opt-out* (auto exclusão) ou o *opt-in* (auto inclusão), (iii) coletar um consentimento específico para o novo tratamento e (iv) adotar medidas que assegurem que os dados não sejam utilizados para tomar quaisquer decisões a respeito do titular a que se referem, dentre outras.

A avaliação de compatibilidade, nesse sentido, é bastante complexa e essencialmente contextual. Não é possível, de pronto, avaliar se determinada nova finalidade é ou não compatível sem avaliar todos os critérios acima expostos.

É possível constatar, nesse sentido, que não basta que a nova finalidade seja apenas específica e legítima; ela deve ser também compatível com aquela que justificou a disponibilização pública do dado num primeiro momento, ainda que não seja idêntica ou equivalente a ela.

Situação concreta[21]

Imagine que um fabricante de automóveis identifica um defeito significativo em uma série de carros que pode causar graves acidentes nas rodovias se não for reparado. O fabricante, então, ao abrigo da legislação nacional, é obrigado a

---

21 Adaptado de: TAVARES, Giovanna Milanez. *O tratamento de dados pessoais disponíveis publicamente e os limites impostos pela LGPD.* Rio de Janeiro: Editora Processo, 2022.

informar os clientes por todos os meios razoáveis acerca do mau funcionamento dos veículos adquiridos e chamar todos os automóveis comprados desta série especificamente (*recall*) para sanar tais defeitos, sob pena de ser responsabilizado por qualquer prejuízo aos adquirentes dos automóveis.

Imagine-se, também, que a legislação nacional não fornece maiores detalhes sobre como exatamente os proprietários dos automóveis devem ser notificados, mas foi adotada uma prática costumeira em que, mediante solicitação, as autoridades competentes fornecem uma lista atualizada de todos os proprietários de automóveis em questão para o fabricante.

De acordo com esta prática, apesar de os dados serem de acesso público, a transferência é documentada em um contrato padrão desenvolvido pelos cartórios que prevê condições estritas sobre o uso dos dados. O contrato, entre outras coisas, proíbe o uso dos dados para fins adicionais (como *marketing*). Outras salvaguardas também são previstas, como medidas técnicas e organizacionais para proteger a segurança dos dados pessoais.

Em primeiro lugar, há que se destacar que as informações atualizadas dos veículos nos cartórios provavelmente serão uma fonte muito mais confiável para confirmação da titularidade dos automóveis do que quaisquer outros dados de vendas que possam ser mantidos pelo fabricante. Portanto, é do interesse direto dos próprios titulares dos dados (bem como do público em geral) que os atuais proprietários dos veículos sejam identificados pelos meios mais confiáveis existentes e da forma mais rápida possível, a fim de minimizar o risco de eventuais acidentes. Este já é um indicador forte e óbvio de compatibilidade.

Somado a isso, embora a legislação possa não ser suficientemente específica sobre a possibilidade do uso de informações do registro público de veículos em cartórios, é possível verificar que o uso de tais dados de acesso público para esta finalidade pode ser esperado até certo ponto, ou pelo menos não parece ser inapropriado ou questionável. Este fator também indica o possível resultado positivo da avaliação de compatibilidade.

Com base nessas considerações, o tratamento posterior dos dados pessoais constantes no registro público de veículos para a finalidade de *recall* é provavelmente considerado compatível. Isso porque, a nova finalidade parece estar relacionada à original e, inclusive, pudesse talvez até ser razoavelmente esperada dela. Somado a isso, o tratamento ocorre no claro interesse dos titulares dos dados (portanto, com um impacto positivo sobre eles). Ainda, a natureza dos dados (ou seja, quem possui um carro específico) não é excessivamente sensível (embora não seja trivial), o que também confirma a análise.

Contudo, por óbvio, podem surgir algumas dúvidas em virtude do elemento adicional da transferência de dados para um terceiro (fabricante de automóveis). A transferência pode apresentar alguns riscos, embora provavelmente sejam relativamente limitados. Em particular, o fabricante pode usar indevidamente os dados para fins adicionais (como *marketing* direto) ou pode simplesmente não adotar medidas técnicas e organizacionais suficientes para garantir a segurança das informações. Por este motivo, as salvaguardas contratuais mencionadas anteriormente desempenham um papel decisivo.

Dessa forma, apesar de os dados pessoais constantes no registro público de veículos ter como finalidade precípua garantir segurança jurídica às operações de compra e venda de automóveis, a partir da identificação da real titularidade do bem e de possíveis ônus gravados nele, parece razoável considerar que uma nova finalidade de tratamento posterior desses mesmos dados pessoais para fins de *recall* é provavelmente compatível.[22]

Assim, evidente que a hipótese autorizativa prevista no art. 7º, § 7º, da LGPD deve garantir que a nova finalidade seja legítima, específica e compatível, garantindo, assim, previsibilidade e segurança jurídica ao tratamento posterior dos dados pessoais disponíveis publicamente.

Contudo, independentemente disso, o art. 7º, § 7º, da LGPD exige ainda, para que os dados pessoais disponíveis publicamente possam ser posteriormente tratados para uma nova finalidade, que sejam preservados os direitos do titular e observados os fundamentos e os princípios previstos na LGPD.

b) Observância dos princípios e fundamentos, preservação dos direitos do titular e a necessidade de uma interpretação sistemática da LGPD

A exigência adicional de observância dos princípios e fundamentos da LGPD e de preservação dos direitos do titular no tratamento posterior dos dados pessoais disponíveis publicamente demonstra a necessidade de que a LGPD seja sempre interpretada sistematicamente.

Por óbvio, caso o art. 7º, § 7º, da Lei exigisse, para a realização do tratamento posterior, tão somente que a nova finalidade fosse legítima e específica, aparentemente, acabaria tornando letra morta as hipóteses anteriores do tratamento equivalente destes dados previstas no art. 7º, §§ 3º e 4º, da LGPD.

Contudo, ao exigir tal obrigação adicional, a LGPD acaba, na verdade, criando importantes balizas, que condicionam a própria moldura legal da hipótese de tratamento posterior dos dados pessoais de acesso público e tornados manifestamente públicos.

Ou seja, ela prevê uma espécie de "pacote" de requisitos para que o tratamento posterior seja possível. Sem que todos os elementos do "pacote" estejam resguardados, os dados não poderão ser tratados para uma nova finalidade, ainda que ela seja legítima, específica e compatível.

Diante disso, é fundamental diferenciar os requisitos gerais e específicos para o tratamento posterior dos dados disponíveis publicamente. Enquanto os requisitos específicos referem-se à nova finalidade conferida ao tratamento posterior, os requisitos gerais referem-se ao tratamento como um todo. Essa diferenciação é importante porque o "pacote" supramencionado abarca ambos os requisitos, gerais e específicos.

---

[22] Este caso foi inspirado no exemplo 11 do Anexo 4 (Exemplos práticos para ilustrar a avaliação de compatibilidade) do Parecer 3/2013 sobre a limitação da finalidade, elaborado pelo Grupo de Trabalho do Artigo 29 à luz da Diretiva 96/45/CE. No entanto, ele foi adaptado a fim de representar especificamente uma hipótese de tratamento posterior de dados pessoais de acesso público. Exatamente por isso, o exemplo não corresponde precisamente à realidade fática, sendo, nesse sentido, fictício e desenvolvido meramente para fins didáticos.

No final das contas, a obrigação adicional de observância dos requisitos gerais para o tratamento posterior exige uma análise de compatibilidade ainda mais ampla, que envolve a preservação específica de treze direitos do titular (disciplinados nos arts. 18 a 22), onze princípios (disciplinados no *caput* e nos dez incisos do art. 6º) e dezenove fundamentos (disciplinados em grupos nos sete incisos do art. 2º), todos previstos e resguardados pela LGPD.

Dessa forma, evidente que os requisitos gerais exigidos pela LGPD garantem que todas as características do tratamento posterior estejam em conformidade com as disposições da LGPD e não apenas a nova finalidade. A bem da verdade, são tais requisitos que realmente garantem que os fundamentos e princípios da LGPD não sejam desvirtuados e que o titular continue tendo controle sobre os seus dados pessoais, ainda que de forma indireta.

Isso porque, nesse caso, a maneira que a LGPD encontrou para salvaguardar a contextualização das informações tornadas públicas foi exigir que, ao longo de toda a cadeia de tratamento posterior, ainda que os dados pessoais sejam tratados para novas finalidades (legítimas, específicas e compatíveis), o agente confira previsibilidade ao tratamento, por meio da observância dos princípios e fundamentos da LGPD, e permita que o titular continue exercendo os direitos que lhe são garantidos por lei em relação aos seus dados pessoais.

Vê-se que a hipótese autorizativa de tratamento prevista no art. 7º, § 7º, da LGPD não é um cheque em branco nas mãos do agente de tratamento, mas apenas uma válvula de escape, de um lado, à "fadiga do consentimento" para o titular – que não precisa, a todo momento, consentir com cada novo tratamento realizado para uma nova finalidade – e, de outro, à "trava do consentimento" para os agentes de tratamento – que não precisam, a todo momento, coletar o consentimento do titular para qualquer tratamento posterior que forem realizar, desonerando-os de tarefa árdua e, por vezes, inexequível.

Com isso, a LGPD garante, de uma só vez, flexibilidade e segurança jurídica e permite que suas disposições sejam elásticas o suficiente para exigir o cumprimento dos requisitos supramencionados em quaisquer novos tratamentos que venham a ser realizados, o que se torna especialmente importante considerando o atual cenário em que as inovações tecnológicas crescem exponencialmente e de forma cada vez mais rápida.

Capítulo IX

TRATAMENTO DE DADOS PELO PODER PÚBLICO

IX.1. ASPECTOS FUNDAMENTAIS

Considerando a sua extensa atuação nos mais diversos âmbitos da vida dos cidadãos, seja para a manutenção de bases cadastrais que são essenciais para o exercício de direitos (como, por exemplo, as necessárias para a expedição de documentos de identidade), seja para a implementação de políticas públicas, o Estado (em suas mais diversas acepções e em todos os níveis federativos) é importante agente de tratamento, sendo responsável por bases de dados que congregam inúmeras informações sobre os brasileiros e brasileiras.

Se o acesso a dados pode ser um importante vetor para a realização de competências administrativas e políticas públicas, assim como para a otimização de serviços públicos, também é bastante preocupante do ponto de vista democrático. Afinal, existe uma verdadeira simbiose entre vigilância e acesso a dados dos cidadãos, de um lado, e regimes autoritários, por outro. Essa é a razão pela qual a disciplina do tratamento de dados pelo Poder Público é um dos assuntos mais relevantes para uma democracia.

Em última análise, discorrer a respeito do tratamento de dados pelo Poder Público significa também tratar do papel exercido pelo Estado nas vidas dos indivíduos e da vigilância exercida pelos entes estatais nos mais diversos âmbitos em que projeta seu poder sobre as populações. É o que se verifica, por exemplo, na ideia foucaultiana de *sociedade de vigilância*[1] ou da chamada sociedade do dossiê.

É importante ressaltar que não se está a falar de conjecturas ou meros receios, mas sim de riscos concretos que vêm se apresentando recentemente sob diversas roupagens, a exigir inclusive a posição firme do Supremo Tribunal Federal para conter o apetite por dossiês contra determinados brasileiros.

> **Entendimento do STF na Medida Cautelar na ADPF 722/DF**[2]
>
> **Ementa:** Medida cautelar na arguição de descumprimento fundamental. Atividade de inteligência do Ministério da Justiça e Segurança Pública.

---

[1]   Ver: FOUCAULT, Michel. *Vigiar e punir.* Petrópolis: Vozes, 1999.

[2]   STF, MC na ADPF 722, Rel. Min. Cármen Lúcia, Tribunal Pleno, j. 20.08.2020.

Produção e disseminação de dossiê com informações de servidores federais e estaduais integrantes de movimento antifascismo e de professores universitários. Desvio de finalidade. Liberdades de expressão, reunião e associação. Medida cautelar deferida.

Acórdão: Os Ministros do Supremo Tribunal Federal decidiram, no mérito, por maioria, em deferir a medida cautelar para suspender todo e qualquer ato do Ministério da Justiça e Segurança Pública de produção ou compartilhamento de informações sobre a vida pessoal, as escolhas pessoais e políticas, as práticas cívicas de cidadãos, servidores públicos federais, estaduais e municipais identificados como integrantes de movimento político antifascista, professores universitários e quaisquer outros que, atuando nos limites da legalidade, exerçam seus direitos de livremente expressar-se, reunir-se e associar-se compartilhamento de informações sobre a vida pessoal, as escolhas pessoais e políticas, as práticas cívicas de cidadãos, servidores públicos federais, estaduais e municipais identificados como integrantes de movimento político antifascista, professores universitários e quaisquer outros que, atuando nos limites da legalidade, exerçam seus direitos de livremente expressar-se, reunir-se e associar-se.

Consequentemente, discutir o papel do Estado como agente da sociedade de vigilância tem grande importância na reflexão a respeito das liberdades individuais e da própria democracia, notadamente diante do advento de tecnologias que são verdadeiramente capazes de definir os rumos das vidas de grandes grupos de sujeitos ou de cada um deles individualmente considerados.

Afinal, se já se viu que uma das principais funções do regime protetivo de dados pessoais é proteger os cidadãos contra exercícios de poder decorrentes de tais dados, não se pode negar que o Estado está no centro dessa preocupação.

Até por essas razões, o fato de o Estado ser relevante agente de tratamento – seja por força das funções públicas de interesse coletivo que exerce, seja em virtude dos grandes conjuntos de dados que congrega – não justifica tratamento diferenciado que o coloque em posição de privilégio seja perante outros agentes de tratamento, seja mesmo perante os titulares de dados. Na verdade, a presença estatal exige a criação de um conjunto de normas que procurem especialmente resguardar os titulares de dados confiados à tutela estatal.

Em outras palavras, o Estado não se apresenta como sujeito indene às proteções oferecidas pela legislação aos dados pessoais dos indivíduos; pelo contrário, coloca-se como agente de tratamento sujeito a cuidados ainda mais rigorosos, considerando a necessária vinculação de suas ações ao interesse público.

Tanto isso é verdade que, mesmo nas exceções à aplicação da LGPD já tratadas no Capítulo II – fins exclusivos de segurança pública, defesa nacional, segurança do Estado ou investigação e repressão de infrações penais – o § 1º, do art. 4º, exige que o tratamento, a ser regido por legislação específica, seja feito a partir de medidas proporcionais e estritamente necessárias ao atendimento do interesse público, observado o devido processo legal, os princípios gerais de proteção e os direitos do titular previstos nesta Lei.

Em relação a todas as demais atuações do Estado, aplica-se plenamente a estrutura de princípios e direitos previstos pela LGPD, observadas as peculiaridades tratadas especificamente no Capítulo IV.

IX.2. TRATAMENTO DE DADOS PELO PODER PÚBLICO: PROTEÇÃO DE DADOS, INTERESSE PÚBLICO E PUBLICIDADE

Ao analisar as hipóteses de tratamento de dados pelo Poder Público, há que se compreender que o interesse público que caracteriza a atividade administrativa não pode ser pretexto para a flexibilização ampla e indevida dos direitos dos titulares, sendo de todo incabível a invocação genérica do dogma da supremacia do interesse público para tal fim.

Aliás, a rigor, nem mesmo haveria oposição entre proteção de dados pessoais e interesse público, pois, como já se viu, a privacidade tem uma clara dimensão coletiva,[3] de forma que é a respectiva tutela é do interesse de todos. Dessa maneira, o mesmo interesse público que justifica a ação administrativa do Estado de forma geral igualmente justifica que esta seja realizada mediante a observância ao regime protetivo de dados pessoais desenhado pela LGPD.

Não é sem razão que a LGPD é lei claramente restritiva da ação estatal, uma vez que limitar os poderes do Estado no tratamento de dados é imperativo fundamental não apenas para assegurar os direitos dos titulares de dados, mas também para garantir a cidadania e a própria preservação das instituições democráticas.

Para avançar na compreensão do tema, é importante compreender igualmente o aparente conflito entre privacidade e publicidade dos dados tratados pelo Poder Público, especialmente diante da vigência de diplomas como a Lei de Acesso à Informação (LAI). Afinal, há que se buscar um ponto de equilíbrio entre os dois diplomas, de modo a possibilitar a sua convivência de modo harmônico e coerente.

Também é importante diferenciar a posição de agentes estatais e servidores públicos – em relação aos quais a publicidade de vários dados pessoais é fundamental para assegurar transparência e controle social da sua atuação – dos cidadãos comuns, assim como é fundamental diferenciar os dados inerentes à esfera privada dos cidadãos e dos agentes privados com os dados relacionados à sua esfera pública, como é o caso das contribuições para campanhas eleitorais.

Faz-se essa primeira advertência porque a finalidade da LGPD jamais foi a de interferir no regime de transparência que deve recair sobre agentes estatais e mesmo sobre agentes privados quando agem na esfera pública. Assim, é de todo impertinente se invocar a LGPD para afastar as obrigações de transparência que decorrem da Constituição Federal e de leis específicas, como é o caso da LAI.

O foco da LGPD foi precisamente o de proteger os cidadãos em suas esferas privadas, razão pela qual agentes públicos e agentes privados na esfera pública

---

[3] Ver: VÉLIZ, Carissa. *Privacy is power*: why and how you should take back control of your data. Londres: Bantam Press, 2020; RICHARDSON, Neil. *Why privacy matters*. Oxford: Oxford University Press, 2021.

212 | CURSO DE PROTEÇÃO DE DADOS PESSOAIS – *Frazão • Carvalho • Milanez*

somente contarão com a proteção dos seus dados pessoais na medida em que isto for compatível com os princípios que norteiam a Administração Pública, com a transparência e com leis específicas, como é o caso da LAI.

É nesse sentido que se deve entender que o regime de proteção de dados tratados pelo Poder Público deve ser pautado pela observância não somente dos princípios da transparência e da eficiência das atividades públicas, mas também dos princípios que regem a proteção de dados pessoais, notadamente o da finalidade.

Diante disso, a LGPD, por seu caráter abrangente e por reconhecer a relevância do Estado como agente de tratamento, dedica um capítulo específico à matéria, vinculando o tratamento de dados especificamente ao atendimento do interesse público que o motiva e à competência pública no âmbito da qual o aludido tratamento é realizado.

Por esse motivo, os tópicos a seguir procurarão tratar dos requisitos e condições especiais a serem observados para a adequada proteção da privacidade dos indivíduos quando o Poder Público for o agente de tratamento.

IX.3. ENQUADRAMENTO DO PODER PÚBLICO COMO AGENTE DE TRATAMENTO

O tratamento de dados pessoais pelo Poder Público está disciplinado pela LGPD em capítulo próprio (Capítulo IV), com expressa menção a diversos outros diplomas legais que auxiliam na compreensão do escopo da proteção conferida pela LGPD e complementam o regime de proteção à privacidade relacionada quando o controlador é o próprio Estado.

Nesse sentido, a primeira providência a ser implementada para a compreensão da matéria é verificar como o Poder Público se apresenta como agente de tratamento, especialmente diante dos fenômenos da descentralização e da desconcentração que marcam a organização da Administração Pública brasileira.

> **LGPD, Art. 23.** O tratamento de dados pessoais pelas pessoas jurídicas de direito público referidas no parágrafo único do art. 1º da Lei nº 12.527, de 18 de novembro de 2011 (Lei de Acesso à Informação), deverá ser realizado para o atendimento de sua finalidade pública, na persecução do interesse público, com o objetivo de executar as competências legais ou cumprir as atribuições legais do serviço público, desde que: (...)

Nota-se, a partir do dispositivo acima transcrito, que a LGPD optou por tomar da LAI o critério de enquadramento dos entes públicos que serão objeto de especial proteção relacionada ao tratamento de dados pelo Poder Público, com a necessária vinculação à finalidade pública que estejam perseguindo.

Dessa maneira, considerando o teor do art. 1º, parágrafo único, da LAI, tal esfera de proteção atingirá: (i) os órgãos públicos integrantes da administração direta dos Poderes Executivo, Legislativo, incluindo as Cortes de Contas, e Judiciário e do Ministério Público e (ii) as autarquias, as fundações públicas, as empresas públicas, as sociedades de economia mista e demais entidades controladas direta ou indiretamente pela União, Estados, Distrito Federal e Municípios.

Em outras palavras, por mais que o art. 23 da LGPD faça referência a "pessoas jurídicas de direito público", a menção ao art. 1º da LAI demonstra que o escopo do dispositivo da lei de proteção de dados é muito mais abrangente do que seu próprio *caput* expõe, tendo em vista que tanto abrangerá entidades dos três poderes da República e do Ministério Público, quanto os seus respectivos *órgãos públicos* e, ainda, a Administração Pública Indireta, além de atingir o poder público de todos os níveis federativos.

Trata-se, aliás, de observação contida no próprio Guia Orientativo para Definição dos Agentes de Tratamento de Dados Pessoais e do Encarregado editado pela Autoridade Nacional de Proteção de Dados, que trata expressamente da figura do controlador pessoa jurídica de direito público:

> **Pessoa jurídica de direito público como controlador dos dados segundo o Guia Orientativo da LGPD**
>
> Situação peculiar é a das pessoas jurídicas de direito público, cujas competências decisórias são distribuídas internamente entre diferentes órgãos públicos. É o que ocorre, por exemplo, com a União (pessoa jurídica de direito público) e os Ministérios (órgãos públicos despersonalizados que integram a União e realizam tratamento de dados pessoais conforme o previsto na legislação.
>
> Nesses casos, deve-se considerar dois aspectos centrais. De um lado, conforme o art. 5º, VI, da LGPD, o controlador é a União, pessoa jurídica de direito público que, em última análise, é a responsável pelas obrigações decorrentes da lei, de instrumentos contratuais ou de atos ilícitos praticados pelos seus órgãos e servidores.
>
> De outro lado, a LGPD atribuiu aos órgãos públicos obrigações típicas de controlador, indicando que, no setor público, essas obrigações devem ser distribuídas entre as principais unidades administrativas despersonalizadas que integram a pessoa jurídica de direito público e realizam tratamento de dados pessoais.
>
> Nesse sentido, a União, como controladora, é responsável perante a LGPD, mas as atribuições de controlador, por força da desconcentração administrativa, são exercidas pelos órgãos públicos que desempenham funções em nome da pessoa jurídica da qual fazem parte, fenômeno que caracteriza a distribuição interna das competências. É o que se verifica nas hipóteses de uso compartilhado de dados pessoais (art. 26), de atendimento às exigências da ANPD (art. 29) e de aplicação de sanções administrativas (art. 52, § 3º). [4]

O importante esclarecimento feito pela própria ANPD, assim, demonstra que, por mais que a LGPD faça menção a "órgãos públicos", a responsabilidade

---

[4]   ANPD. *Guia Orientativo para Definições dos Agentes de Tratamento de Dados Pessoais e do Encarregado*. Brasília: ANPD, 2021.

CURSO DE PROTEÇÃO DE DADOS PESSOAIS – *Frazão • Carvalho • Milanez*

evidentemente recairá sobre a pessoa jurídica à qual o referido órgão se encontra vinculado, embora os órgãos em questão exerçam as atribuições de controlador, como resultado de desconcentração da administração pública.

Dessa maneira, não há qualquer entrave para a responsabilização, por exemplo, da União em virtude de atos de Ministérios, já que, por mais que ajam de maneira autônoma na implementação de políticas públicas que envolvam tratamento de dados, a pessoa jurídica que pode ser responsabilizada é a União.

A ANPD, no entanto, não esclareceu de que maneira suas disposições serão aplicadas quanto a potenciais violações envolvendo os poderes Legislativo ou Judiciário, por mais que também estes poderes estejam abrangidos pela sua esfera de proteção. Entretanto, tudo leva a crer que deve prevalecer o mesmo raciocínio já desenvolvido pela ANDP em relação ao Poder Executivo, na medida em que o próprio Guia Orientativo da autoridade sobre o tratamento de dados pelo poder público insere os três poderes no conceito geral de "administração pública".[5]

Há boas razões para concluir, portanto, que, em sede de procedimento administrativo voltado à apuração de eventuais violações à LGPD, os órgãos que exercem função de controlador de dados tenham relevância, inclusive no que diz respeito a serem possíveis destinatários de medidas preventivas, assim endereçando eventuais posturas que possam ferir a privacidade dos indivíduos, sem prejuízo da responsabilidade das pessoas jurídicas de direito público a que tais órgãos estão vinculados, pois estas são as controladoras.

Não obstante, em se tratando do Poder Público, é importante advertir que as sanções aplicáveis sempre sofrerão algumas limitações, notadamente em virtude da inaplicabilidade (ou da baixa relevância prática) de medidas como a pena de multa.[6]

Aliás, é a própria LGPD que, no § 3º, do art. 52, disciplina as sanções que podem ser aplicadas às entidades e aos órgãos públicos, afastando a multa, assim como as sanções de suspensão total ou parcial de atividades. De toda sorte, mesmo quanto a penalidades cuja incidência seja possível em relação a entes públicos, é um verdadeiro desafio saber se e em que medida a ANPD poderá impor tais sanções e assegurar a sua efetividade.

---

5.   ANPD. *Guia Orientativo de Tratamento de Dados Pessoais pelo Poder Público*. Brasília: ANPD, 2022. p. 11.

6.   Nesse sentido: "A LGPD atribuiu à autoridade nacional o papel de elaboração de informe com medidas cabíveis para fazer cessar a violação (art. 31) e previu a possibilidade de aplicação, a órgãos e entidades públicas, das sanções de advertência, publicização da infração, bloqueio e eliminação dos dados pessoais a que se refere a infração. Importa notar que a sanção de multa prevista na LGPD claramente não é aplicável ao Poder Público, mas que multas previstas em outras normas aplicáveis ao Estado poderão incidir sobre órgãos e entidades do setor público, no contexto de ações de controle e fiscalização. Nesse sentido, interessa ressaltar que o art. 55-J da LGPD, introduzido pela MP 869/2018, convertida na Lei 13.853/2019, incluiu entre as competências da Autoridade "comunicar aos órgãos de controle interno o descumprimento do disposto nesta Lei por órgãos e entidades da administração pública federal" (inc. XXII)" (WIMMER, Miriam. O regime jurídico do tratamento de dados pessoais pelo Poder Público. In: DONEDA, Danilo (coord.); SARLET, Ingo Wolfgang (coord.); MENDES, Laura Schertel (coord.); RODRIGUES JUNIOR, Otavio Luiz (coord.); BIONI, Bruno Ricardo (coord.). *Tratado de Proteção de Dados Pessoais*. Rio de Janeiro: Forense, 2021).

Observe-se, ainda, que algumas pessoas jurídicas de direito privado também são abrangidas pelos procedimentos e requisitos especificamente relacionados ao tratamento de dados pelo Poder Público, como é o caso das empresas estatais quando estiverem operacionalizando políticas públicas e no âmbito da execução delas, nos termos do art. 24, parágrafo único, da LGPD. Trata-se, cabe notar, de postura afinada com o regime jurídico das empresas estatais previsto pela Lei 13.303/2016.

> **LGPD, Art. 24.** As empresas públicas e as sociedades de economia mista que atuam em regime de concorrência, sujeitas ao disposto no art. 173 da Constituição Federal, terão o mesmo tratamento dispensado às pessoas jurídicas de direito privado particulares, nos termos desta Lei.
>
> **Parágrafo único.** As empresas públicas e as sociedades de economia mista, quando estiverem operacionalizando políticas públicas e no âmbito da execução delas, terão o mesmo tratamento dispensado aos órgãos e às entidades do Poder Público, nos termos deste Capítulo.

Não obstante, é importante notar que a LGPD adota um critério eminentemente subjetivo para aplicar o regime específico de tratamento de dados pelo Poder Público. Isso porque, por mais que o *caput* do art. 24 da LGPD e seu parágrafo único insiram no microssistema de proteção de dados um necessário juízo funcional a respeito do segmento de atuação das empresas estatais – equiparando-as aos demais entes públicos sempre que estiverem executando políticas públicas, e diferenciando-as em relação às demais atividades –, o critério precípuo para a aplicação do regime dos arts. 23 e seguintes ainda é a constatação de que se trata de pessoa jurídica de direito público.

De toda sorte, até pela solução que foi adotada para as empresas públicas e sociedades de economia mista – que, como regra, estão sujeitas à LGPD como qualquer outro ente privado, nos termos do art. 24, *caput*, com a ressalva do parágrafo único – fica evidente que estão afastados do regime específico de tratamento de dados pelo Poder Público os agentes privados que prestam serviços públicos, tais como concessionários ou permissionários de serviços públicos, por mais que, para outras finalidades, eles sejam, em certa medida, equiparados a entes da Administração Pública, inclusive para efeitos da aplicação do regime geral de responsabilidade civil.[7]

---

[7] "Constitucional. Responsabilidade do Estado. Art. 37, § 6º, da Constituição. Pessoas jurídicas de direito privado prestadoras de serviço público. Concessionário ou permissionário do serviço de transporte coletivo. Responsabilidade objetiva em relação a terceiros não usuários do serviço. Recurso desprovido. I – A responsabilidade civil das pessoas jurídicas de direito privado prestadoras de serviço público é objetiva relativamente a terceiros usuários e não usuários do serviço, segundo decorre do art. 37, § 6º, da Constituição Federal. II – A inequívoca presença do nexo de causalidade entre o ato administrativo e o dano causado ao terceiro não usuário do serviço público, é condição suficiente para estabelecer a responsabilidade objetiva da pessoa jurídica de direito privado. III – Recurso extraordinário desprovido" (STF, RE 591.874, Rel. Min. Ricardo Lewandowski, Tribunal Pleno, j. 26.08.2009).

216 CURSO DE PROTEÇÃO DE DADOS PESSOAIS – *Frazão* • *Carvalho* • *Milanez*

Há, ainda, outro conjunto de agentes a serem levados em consideração: os serviços notariais e de registro, que, nos termos do art. 236 da Constituição, são exercidos em caráter privado, por delegação do Poder Público. Não obstante, determina o § 4º do art. 23 da LGPD que "Os serviços notariais e de registro exercidos em caráter privado, por delegação do Poder Público, terão o mesmo tratamento dispensado às pessoas jurídicas referidas no *caput* deste artigo, nos termos desta Lei", de sorte que serão tratados da mesma forma que as entidades públicas em geral.

Assim, no que diz respeito ao alcance do regime delineado no Capítulo IV da LGPD, é forçoso reconhecer que, ainda que o legislador tenha adotado a estratégia de fazer remissão à LAI – o que, por si só, já dificulta em certa medida a adequada compreensão do escopo do regime de tratamento de dados pelo Poder Público – e tenha deixado algumas lacunas quanto à implementação das diretrizes que estabelece no capítulo ora em comento, procurou vincular esse regime especial à personalidade jurídica de direito público e a seus órgãos, com a exceção das sociedades de economia mista e empresas públicas que implementam políticas públicas fora do regime concorrencial.

IX.4. A COMPREENSÃO DO ART. 23 DA LGPD: BASE LEGAL AUTÔNOMA OU REGRA COMPLEMENTAR ÀS BASES LEGAIS DOS ARTS. 7º E 11?

Verificados os requisitos para a atração da incidência do regime especial de tratamento de dados pelo Poder Público – notadamente o requisito subjetivo –, passa-se a discutir os requisitos para o aludido tratamento.

Estes se inserem no já mencionado contexto de compatibilização dos princípios reitores da administração pública – especialmente os da eficiência e da publicidade, que, dentre outros aspectos, ressaltam a necessidade de transparência quanto às informações atinentes às atividades públicas e inspiram diversas políticas de acesso à informação e de dados abertos – com os princípios da LGPD para o tratamento de dados, sem os quais os processos de tratamento de dados serão considerados ilícitos ou irregulares.

> **LGPD, Art. 23.** O tratamento de dados pessoais pelas pessoas jurídicas de direito público referidas no parágrafo único do art. 1º da Lei nº 12.527, de 18 de novembro de 2011 (Lei de Acesso à Informação), deverá ser realizado para o atendimento de sua finalidade pública, na persecução do interesse público, com o objetivo de executar as competências legais ou cumprir as atribuições legais do serviço público, desde que:
>
> **I** – sejam informadas as hipóteses em que, no exercício de suas competências, realizam o tratamento de dados pessoais, fornecendo informações claras e atualizadas sobre a previsão legal, a finalidade, os procedimentos e as práticas utilizadas para a execução dessas atividades, em veículos de fácil acesso, preferencialmente em seus sítios eletrônicos;
>
> **II** – (VETADO); e
>
> **III** – seja indicado um encarregado quando realizarem operações de tratamento de dados pessoais, nos termos do art. 39 desta Lei;

IV – (VETADO)

§ 1º A autoridade nacional poderá dispor sobre as formas de publicidade das operações de tratamento.

§ 2º O disposto nesta Lei não dispensa as pessoas jurídicas mencionadas no *caput* deste artigo de instituir as autoridades de que trata a Lei nº 12.527, de 18 de novembro de 2011 (Lei de Acesso à Informação).

§ 3º Os prazos e procedimentos para exercício dos direitos do titular perante o Poder Público observarão o disposto em legislação específica, em especial as disposições constantes da Lei nº 9.507, de 12 de novembro de 1997 (Lei do Habeas Data), da Lei nº 9.784, de 29 de janeiro de 1999 (Lei Geral do Processo Administrativo), e da Lei nº 12.527, de 18 de novembro de 2011 (Lei de Acesso à Informação).

§ 4º Os serviços notariais e de registro exercidos em caráter privado, por delegação do Poder Público, terão o mesmo tratamento dispensado às pessoas jurídicas referidas no *caput* deste artigo, nos termos desta Lei.

§ 5º Os órgãos notariais e de registro devem fornecer acesso aos dados por meio eletrônico para a administração pública, tendo em vista as finalidades de que trata o *caput* deste artigo.

Observa-se, por conseguinte, que, em linhas gerais, a solução adotada pela LGPD para o tratamento de dados pelo Poder Público foi a de condicionar tal possibilidade ao atendimento de sua finalidade pública, na persecução do interesse público "com o objetivo de executar as competências legais ou cumprir as atribuições legais do serviço público".

Como o Poder Público está igualmente submetido à observância dos princípios previstos pela LGPD em seu art. 6º, tem-se que somente quando o tratamento for motivado por finalidade legítima e se mostrar necessário, adequado e proporcional para a execução das competências ou atribuições legais do Poder Público é que seria possível.

Cabe recordar, aqui, que já foram analisadas, no Capítulo VIII, bases legais que justificam o tratamento de dados pelo Poder Público, notadamente os incisos II, III e VIII do art. 7º e as alíneas "a", "b" e "f" do inciso II do art. 11 da LGPD.

LGPD, Art. 7º O tratamento de dados pessoais somente poderá ser realizado nas seguintes hipóteses: (...)

II – para o cumprimento de obrigação legal ou regulatória pelo controlador;

III – pela administração pública, para o tratamento e uso compartilhado de dados necessários à execução de políticas públicas previstas em leis e regulamentos ou respaldadas em contratos, convênios ou instrumentos congêneres, observadas as disposições do Capítulo IV desta Lei; (...)

VIII – para a tutela da saúde, exclusivamente, em procedimento realizado por profissionais de saúde, serviços de saúde ou autoridade sanitária;

LGPD, Art. 11. O tratamento de dados pessoais sensíveis somente poderá ocorrer nas seguintes hipóteses: (...)

> **II** – sem fornecimento de consentimento do titular, nas hipóteses em que for indispensável para:
>
> **a)** cumprimento de obrigação legal ou regulatória pelo controlador;
>
> **b)** tratamento compartilhado de dados necessários à execução, pela administração pública, de políticas públicas previstas em leis ou regulamentos;
>
> (...)
>
> **f)** tutela da saúde, exclusivamente, em procedimento realizado por profissionais de saúde, serviços de saúde ou autoridade sanitária;

Vale ressaltar, inclusive, que as bases legais previstas nos arts. 7º, III, e 11, II, "b", da LGPD já se destinam exclusivamente ao Poder Público, sendo que a primeira delas, ao fazer menção à necessidade de observância das disposições do Capítulo IV da LGPD, já demonstra que estas complementam a referida base legal.

Da mesma maneira, o art. 11, II, "b", da LGPD, restringe a utilização de dados sensíveis apenas para "tratamento compartilhado de dados necessários à execução, pela administração pública, de políticas públicas previstas em leis ou regulamentos". Em outras palavras, apenas políticas públicas altamente qualificadas – respaldadas por leis ou regulamentos – podem justificar o tratamento de dados sensíveis.

Além das bases legais mencionadas, subsistem pelo menos duas importantes discussões a respeito do tratamento de dados pelo Poder Público: (i) a possibilidade da utilização de outras bases legais, como é o caso do legítimo interesse e do consentimento, e (ii) o papel do art. 23 da LGPD: se base autônoma ou se mero complemento das bases legais previstas nos arts. 7º e 11.

No que diz respeito ao art. 23 da LPGD, é fácil observar que a sua interpretação como base legal autônoma ampliaria consideravelmente as possibilidades de tratamento de dados pelo Poder Público, pois isso seria possível nas hipóteses de execução de competências legais ou atribuições legais do serviço público. Em decorrência, o art. 23 estaria indo além das bases legais previstas pelos arts. 7º, III, e 11, II, "b" – restritas à execução de políticas públicas – estendendo tal possibilidade para a ação administrativa como um todo.

Um dos fundamentos que justificaria tal intepretação seria o caráter restritivo das bases legais que dizem respeito às políticas públicas. Daí a advertência de Miriam Wimmer[8] no sentido de que, como o Poder Público não trata dados pessoais apenas para a execução de políticas públicas, o art. 23 da LGPD deveria ser compreendido como uma base legal autônoma, de forma que a LGPD conteria duas hipóteses centrais para o tratamento de dados pelo Poder Público: (i) a execução de políticas públicas e (ii) a execução de competências legais ou atribuições legais do serviço público.

---

[8] WIMMER, Miriam. O regime jurídico do tratamento de dados pessoais pelo Poder Público. In: DONEDA, Danilo (coord.); SARLET, Ingo Wolfgang (coord.); MENDES, Laura Schertel (coord.); RODRIGUES JUNIOR, Otavio Luiz (coord.); BIONI, Bruno Ricardo (coord.). *Tratado de Proteção de Dados Pessoais*. Rio de Janeiro: Forense, 2021.

Se procedem as preocupações da autora quanto ao caráter possivelmente restritivo das bases legais relacionadas às políticas públicas, também procedem as preocupações de que a leitura do art. 23 da LGPD como uma base autônoma poderia ampliar excessivamente as possibilidades de tratamento de dados pelo Poder Público. Daí por que a eventual consideração do art. 23 como base autônoma precisaria ser cercada de cautelas.

Doutrina Brasileira – Miriam Wimmer

"Assim, entende-se que, em harmonia com o próprio princípio da legalidade, que limita a atuação do Estado àquelas competências que lhe são atribuídas pela lei, o tratamento de dados pessoais pelo Poder Público deve, em regra, se dar ao abrigo das competências legais, ficando as demais hipóteses legais relegadas à condição de exceção".[9]

Apesar da controvérsia doutrinária, o Guia Orientativo de Tratamento de Dados Pessoais pelo Poder Público optou por não considerar o art. 23 da LGPD como uma base legal autônoma, mencionando que devem ser usadas as bases legais dos arts. 7º e 11, dispositivos esses os quais "devem ser interpretados em conjunto e de forma sistemática com os critérios adicionais previstos no art. 23, que complementam e auxiliam a interpretação e a aplicação prática das bases legais no âmbito do Poder Público".[10]

Logo, segundo a ANPD, a finalidade do art. 23 da LGPD foi simplesmente a de complementar e auxiliar na interpretação das bases legais já mencionadas nos arts. 7º e 11 e não criar uma nova base legal que permita o tratamento diante de qualquer competência ou atribuição legal.

Logo, o tratamento de dados pelo Poder Público deverá observar as bases legais dos arts. 7º e 11 da LGPD em relação ao Poder Público, sempre que se mostrem aplicáveis e com as devidas precauções. Isso porque, considerando a vulnerabilidade presumida do cidadão diante do Estado, todas as observações já realizadas em relação aos cuidados adicionais para a aplicação de bases legais em situações assim – como as dificuldades do consentimento em relações assimétricas – devem ser igualmente consideradas em relação ao tratamento de dados pelo Poder Público.

É por essas razões que, embora não se afaste aprioristicamente nenhuma das bases legais previstas pelos arts. 7º e 11 para o tratamento de dados pelo Poder Público, existem aquelas que são mais vocacionadas ou afinadas com a atividade administrativa. Não é mera coincidência que o Guia Orientativo de Tratamento de Dados Pessoais pelo Poder Público da ANPD confira bastante ênfase às bases legais de cumprimento de obrigação legal ou regulatória e execução de políticas públicas.

---

9   WIMMER, Miriam. O regime jurídico do tratamento de dados pessoais pelo Poder Público. In: DONEDA, Danilo (coord.); SARLET, Ingo Wolfgang (coord.); MENDES, Laura Schertel (coord.); RODRIGUES JUNIOR, Otavio Luiz (coord.); BIONI, Bruno Ricardo (coord.). *Tratado de Proteção de Dados Pessoais*. Rio de Janeiro: Forense, 2021. p. 280.

10 ANPD. *Guia Orientativo de Tratamento de Dados Pessoais pelo Poder Público*. Brasília: ANPD, 2022. p. 6.

IX.5. TRATAMENTO DE DADOS PELO PODER PÚBLICO E A QUESTÃO DO CONSENTIMENTO E DO LEGÍTIMO INTERESSE

Dentre as bases legais, duas apresentam desafios adicionais para o tratamento de dados pelo Poder Público, diante da assimetria que caracteriza as relações entre o Estado e os particulares: o consentimento e o legítimo interesse.

No que diz respeito ao consentimento, aplicam-se ao Poder Público todas as observações já feitas ao se tratar da limitação desta base legal diante de relações assimétricas, tais como as trabalhistas e as consumeristas. Nesse sentido, o Guia Orientativo de Tratamento de Dados Pessoais pelo Poder Público reconhece que "em muitas ocasiões, o consentimento não será a base legal mais apropriada para o tratamento de dados pessoais pelo Poder Público, notadamente quando o tratamento for necessário para o cumprimento de obrigações e atribuições legais".[11]

Todavia, o Guia admite a utilização eventual do consentimento como base legal, desde que a utilização dos dados não seja compulsória e desde que a atuação estatal não se baseie no exercício de prerrogativas estatais típicas, já que a utilização da referida base legal pressupõe a possibilidade efetiva que o cidadão possa autorizar ou não o tratamento dos seus dados, "sem que de sua manifestação de vontade resultem restrições significativas à sua condição jurídica ou ao exercício de direitos fundamentais".[12]

Problema semelhante ocorre em relação ao legítimo interesse. Aliás, é importante ressaltar que, diferentemente do que ocorre com a LGPD, o RGPD expressamente proíbe a utilização do legítimo interesse como base legal para tratamento de dados realizados pelo Poder Público (art. 6º). Trata-se, a propósito, de uma das poucas menções do RGPD ao tratamento de dados por entidades públicas, e, ainda assim, tal disposição ainda se apresenta de maneira muito mais restritiva do que qualquer norma contida na LGPD.

A interpretação principiológica e sistemática da LGPD também recomenda a utilização excepcional de tal base legal para tratamentos de dados do Poder Público, gerando para a autoridade pública um rigoroso ônus de fundamentação, assim como a observância de todas as salvaguardas procedimentais, como a elaboração do LIA – *Legitimate Interests Assessment* –, a ser comentado no Capítulo XI.

Em nenhuma hipótese, é dado às autoridades públicas realizar processos de tratamento de dados simplesmente por serem autoridades públicas[13] ou se utilizar de invocações genéricas de interesse público para realizar tratamentos de dados pessoais.

---

[11] ANPD. *Guia Orientativo de Tratamento de Dados Pessoais pelo Poder Público.* Brasília: ANPD, 2022. p. 6.

[12] ANPD. *Guia Orientativo de Tratamento de Dados Pessoais pelo Poder Público.* Brasília: ANPD, 2022. p. 7.

[13] Nesse sentido: "Embora a Lei não traga respostas claras quanto a essa questão, é interessante notar que, na experiência europeia, tem-se entendido que o Estado deve atuar predominantemente com base em suas competências legais específicas, sendo explicitamente vedada, no GDPR, a possibilidade de processamento de dados pessoais por autoridades públicas, no desempenho de suas atribuições, com base na hipótese do legítimo interesse. Também o consentimento é uma hipótese normalmente tratada com desconfiança no contexto do tratamento de dados pessoais pelo Poder Público, dados o desbalanceamento na relação

Cap. IX • TRATAMENTO DE DADOS PELO PODER PÚBLICO | 221

Ao abordar o tema, o Guia Orientativo de Tratamento de Dados Pessoais pelo Poder Público da ANPD, em posição convergente com a tomada pela autoridade em relação ao consentimento, considera que a aplicação do legítimo interesse é limitada no setor público, deixando claro que "a sua utilização não é apropriada quando o tratamento de dados pessoais é realizado de forma compulsória ou quando for necessário para o cumprimento de obrigações e atribuições legais do Poder Público".[14]

IX.6. TRATAMENTO DE DADOS PESSOAIS PELO PODER PÚBLICO E TRANSPARÊNCIA

O art. 23 da LGPD também impõe obrigações de publicidade e transparência quanto à própria existência dos tratamentos, estabelecendo, em síntese, dois requisitos: (i) a divulgação pública do tratamento realizado pelo Estado, com o esclarecimento da finalidade e dos procedimentos levados a cabo para sua implementação; e (ii) a indicação de encarregado quando o órgão em questão realizar tratamento de dados pessoais.

O primeiro requisito, nesse sentido, é o que mais se destaca e diferencia os processos de tratamento de dados por órgãos públicos, na medida em que obriga os órgãos públicos – expressão que aqui deve ser entendida em sentido estrito, na medida em que é o órgão (e não a pessoa jurídica de direito público a que ele se vincula) que exerce as atribuições de controlador – a atenderem a deveres de transparência não somente perante os titulares de dados, mas perante a sociedade como um todo.

Por mais que já se tenha visto, no Capítulo IV, que a transparência apresenta também uma importante dimensão social e pública – o que aponta para a conclusão de que a transparência social seria importante, em alguma medida, para uma boa parte dos tratamentos de dados –, fato é que a LGPD apenas previu a transparência social de forma expressa em relação ao tratamento de dados pelo Poder Público. Afinal, esse tipo de controle social é fundamental para a preservação das instituições democráticas, ainda mais diante dos riscos de que tratamentos de dados realizados pelo Poder Público representam para a democracia.

Evidentemente que, nos termos do § 1º do art. 23, as formas de publicidade do tratamento de dados podem ser regulamentadas pela ANPD. No entanto, considerando que qualquer processo de tratamento de dados já deve atender a obrigações de transparência perante o titular, não seria cabível concluir que os deveres adicionais de publicidade a serem observados pelo Poder Público seriam simplesmente perante

---

entre cidadão e Poder Público e a consequente dificuldade de se caracterizar tal consentimento como livre23. Sob uma perspectiva pragmática, a possibilidade de revogação do consentimento a qualquer tempo representa outro grande inconveniente para seu uso como base legal para o tratamento de dados pessoais pelo Poder Público. A depender do caso, o embasamento de uma política pública estruturante no consentimento individual traria uma instabilidade incompatível com os objetivos buscados" (WIMMER, Miriam. O regime jurídico do tratamento de dados pessoais pelo poder público. In: BIONI, Bruno et al. *Tratado de proteção de dados pessoais.* Rio de Janeiro: Forense, 2021).

[14] ANPD. *Guia Orientativo de Tratamento de Dados Pessoais pelo Poder Público.* Brasília: ANPD, 2022. p. 6.

um titular ou um grupo de titulares, até porque o regime especial se justifica especificamente em virtude da finalidade pública que deve ter o tratamento de dados.

De toda sorte, a regulamentação da ANPD não pode ser contrária aos parâmetros gerais já definidos na LGPD, no sentido de que o acesso a tais informações deve ser fácil e rápido, preferencialmente disponíveis em sítios eletrônicos.

Em outras palavras, ao ressaltar obrigações de publicidade e transparência, o regime especial aplicável a entidades e órgãos públicos consiste em verdadeira salvaguarda dos princípios da finalidade e da prestação de contas, considerando que tem por intuito explicitar as razões pelas quais ocorre determinado tratamento e, assim, lançar luz sobre situações que eventualmente se afastem das bases legais que autorizaram o tratamento.

Vale ressaltar igualmente que o dever de transparência previsto pela LGPD converge com as obrigações de publicidade e transparência a que o Estado está sujeito tanto em face dos princípios constitucionais como em face de regras legais aplicáveis à atividade administrativa.

> **Lei do Processo Administrativo Federal, Art. 2º** A Administração Pública obedecerá, dentre outros, aos princípios da legalidade, finalidade, motivação, razoabilidade, proporcionalidade, moralidade, ampla defesa, contraditório, segurança jurídica, interesse público e eficiência.

Em síntese, a LGPD exige da Administração Pública deveres de publicidade adicionais justamente diante do fato de não ser admissível a utilização do aparato estatal – ou, em outras palavras, do poder que o Estado invariavelmente mantém sobre os indivíduos – para perpetrar violações ao direito fundamental à privacidade.

Assim, em ocorrendo tratamento de dados, devem a sua finalidade e os procedimentos levados a cabo pela autoridade pública estar explícitos, para que se possa realizar (seja por parte do usuário, seja por autoridades de controle) a devida fiscalização quanto ao atendimento das finalidades declaradas e vinculadas à base legal utilizada pela Administração e, ainda, quanto à prevenção de condutas que possam levar à discriminação ou outros eventos de violação de direitos.

IX.7. NECESSIDADE DE INDICAÇÃO DE ENCARREGADO

O segundo requisito elencado pelo art. 23 da LGPD é a necessidade de indicação de um encarregado quando se realizar atividades de tratamento de dados pessoais. Cabe notar, nesse ponto, que a lei não é clara quanto à necessidade de cada órgão contar com um encarregado, porém a ANPD esclarece tal questão ao asseverar que "os órgãos públicos devem cumprir os deveres de transparência e de nomeação de encarregado (pessoa indicada pelo controlador e operador para atuar como canal de comunicação entre o controlador, os titulares de dados e a ANPD), pois além de atuarem em nome da pessoa jurídica da qual fazem parte, tais obrigações decorrem expressamente da LGPD (art. 23, I e III)".[15]

---

[15] ANPD. *Guia Orientativo para Definições dos Agentes de Tratamento de Dados Pessoais e do Encarregado*. Brasília: ANPD, 2021. p. 9.

Ora, evidentemente, por mais que o ente responsável seja a pessoa jurídica de direito público a que se vincula o órgão que promove o tratamento de dados (à exceção das empresas estatais que prestam serviços públicos, que são pessoas jurídicas de direito privado), não se haveria de esperar que houvesse um encarregado para todos os tratamentos de dados realizados, por exemplo, sob um determinado ente federativo.

Assim, considerando que os órgãos decorrentes de desconcentração administrativa desempenham funções de controlador (ainda que o controlador seja efetivamente a pessoa jurídica), é fundamental que cada um deles indique um encarregado.

É interessante notar, no entanto, que, também quanto a este ponto, o legislador optou por não oferecer disposições específicas para o encarregado indicado por órgãos públicos, fazendo expressa menção ao art. 39 da LGPD e, por conseguinte, aplicando o regime geral do encarregado também à proteção de dados tratados por órgãos públicos.

Não se pode descartar, no entanto, a capacidade de a ANPD expedir regulamento que discipline a atribuição da competência de encarregados em órgãos públicos ou ainda que os próprios órgãos públicos estabeleçam, dentro de suas estruturas internas, como o encarregado deverá agir, quantos encarregados deverão ser indicados (sobretudo em órgãos com estruturas mais complexas), dentre outros elementos que qualifiquem as atividades dos encarregados.

Pode-se mencionar, nesse sentido, que a lei alemã de proteção de dados (o *Bundesdatenschutzgesetz* – BDSG) não somente estabelece requisitos específicos para a indicação de encarregado para órgãos públicos, como discrimina as tarefas que deverá desempenhar, como se verifica no quadro abaixo em tradução livre:

> **BDSG. Capítulo 3. Encarregados de proteção de dados de órgãos públicos.**
>
> **Seção 5. Indicação.**
>
> **(1)** Órgãos públicos devem designar um encarregado de proteção de dados. Isto também se aplica aos órgãos públicos que atuam em regime de concorrência.
>
> **(2)** Um único encarregado pode ser designado para vários órgãos públicos, levando-se em conta sua estrutura organizacional e seu porte.
>
> **(3)** O encarregado deve ser designado em virtude de suas qualidades profissionais e, em particular, seu conhecimento especializado no direito da proteção de dados e na sua habilidade de desempenhar as funções mencionadas na Seção 7.
>
> **(4)** O encarregado deve ser um servidor do órgão público, ou desempenhar as tarefas decorrentes de contrato de prestação de serviços.
>
> **(5)** O órgão público deve publicar as informações de contato do encarregado e comunicá-las ao Comissário Federal para a Proteção de Dados e Liberdade de Informação.

Seção 6. Posição.

(1) O órgão público deve garantir que o encarregado esteja envolvido, própria e tempestivamente, em todas as questões relacionadas à proteção de dados pessoais.

(2) O órgão público deve apoiar o encarregado no desempenho das tarefas mencionadas na Seção 7 mediante o fornecimento dos recursos necessários para tanto, assim como para as operações de acesso e processamento de dados, e também para manter o seu conhecimento especializado.

(3) O órgão público deve garantir que o encarregado não receba quaisquer instruções relativas ao exercício de suas tarefas. O encarregado deve reportar-se diretamente ao mais alto nível de administração do órgão público. O encarregado não pode ser dispensado ou penalizado pelo órgão público por desempenhar suas tarefas.

(4) A dispensa do encarregado deve ser permitida apenas mediante a aplicação da Seção 626 do Código Civil. A relação de trabalho do encarregado não deve ser encerrada a menos que exista justa causa. Após o término das atividades do encarregado, este não poderá ser dispensado por um ano após o fim de seu período de serviço, a menos que haja justa causa.

(5) Titulares de dados podem contactar o encarregado para tratar de todas as questões relativas ao processamento de seus dados ou ao exercício de seus direitos contidos no Regulamento (EU) 2016/679, nesta lei ou em qualquer outra legislação de proteção de dados. O encarregado deve observar dever de sigilo quanto à identidade dos titulares e quanto às circunstâncias que permitam a sua identificação, a menos que os titulares tenham autorizado.

(6) Quando, no desempenho de suas funções, o encarregado tomar conhecimento de dados do administrador do órgão público ou de algum de seus funcionários, estes poderão recusar-se de oferecer dados como evidências para questões relativas a seus empregos, garantia que também se aplica ao encarregado de proteção de dados e seus assistentes. A pessoa que tem o direito de recusar-se de oferecer seus dados como prova deve decidir se exercerá esse direito, a menos que seja impossível tomar tal decisão em um future próximo. Quando tal direito de recusa for aplicável ao encarregado, seus arquivos não estarão sujeitos a apreensão.

Seção 7. Atribuições

(1) Além das atribuições listadas no Regulamento (EU) 2016/679, o encarregado deve ter pelo menos as seguintes atribuições:

- Informar e aconselhar o órgão público e seus empregados quanto à observância de suas obrigações relacionadas a esta lei ou qualquer legislação de proteção de dados, inclusive as normas voltadas a implementar a Diretiva (EU) 2016/680;
- Monitorar o cumprimento desta lei ou qualquer legislação de proteção de dados, inclusive as normas voltadas a implementar a Diretiva

Cap. IX • TRATAMENTO DE DADOS PELO PODER PÚBLICO | 225

(EU) 2016/680, assim como das políticas públicas relacionadas à proteção de dados, inclusive a atribuição de responsabilidades, ações de sensibilização e treinamento de pessoal envolvido em tratamento de dados e auditorias;

- Oferecer assessoramento associado a estudos de impacto de proteção de dados e monitorar sua implementação, nos termos da Seção 67 desta lei;

- Cooperar com a autoridade supervisora;

- Agir como ponto de contato para a autoridade supervisora em questões relacionadas ao processamento, incluindo a consulta previa prevista pela Seção 69 desta Lei, e consultá-la, quando apropriado, com relação a qualquer questão.

Na hipótese de um encarregado nomeado por um tribunal, estas atribuições não dizem respeito à ação do tribunal em suas capacidades judiciais.

(2) O encarregado pode desempenhar outras atribuições e deveres. O controlador ou operador deve garantir que essas atividades não resultem em conflitos de interesses.

(3) O encarregado de proteção de dados deve estar atento ao risco associado ao tratamento de dados, levando em consideração a natureza, o escopo, o contexto e as finalidades do processamento.

Observa-se, dessa maneira, que, muito embora alguns dos elementos explicitados pela legislação alemã já constituam o escopo das atribuições do encarregado nos termos da LGPD, há disposições que particularizam a função desempenhada por este agente em virtude da função pública que exerce.

Pode-se mencionar, por exemplo, o fato de que não há qualquer especificação na lei brasileira quanto ao vínculo que deve ter o encarregado com o órgão que realiza o tratamento de dados.

Dessa maneira, corre-se o risco de, permitindo-se a indicação como encarregado de sujeitos que não tenham vínculo estável – por exemplo, titulares de cargos de comissão demissíveis *ad nutum* – estejam submetidos a alguma ingerência dos responsáveis pelos respectivos órgãos.

IX.8. SÍNTESE

Os requisitos para o tratamento de dados pessoais por autoridades públicas no contexto brasileiro são basicamente aqueles aplicáveis a qualquer processo de tratamento de dados, com a exigência complementar de que sejam explicitadas a finalidade e as condições para o tratamento – o que já seria exigível em todos os tratamentos de dados – que sejam atendidas as exigências suplementares de transparência social e que seja indicado encarregado vinculado ao órgão que realiza o tratamento.

Questão mais controversa diz respeito às condições para o compartilhamento de dados tratados pela Administração Pública, o que foi inclusive objeto de veto presidencial a inciso do art. 23 da LGPD que proibia transferência de dados

226 | CURSO DE PROTEÇÃO DE DADOS PESSOAIS – *Frazão • Carvalho • Milanez*

a pessoas jurídicas de direito privado, sob a justificativa de que o mencionado compartilhamento seria necessário para a implementação de políticas públicas e para investigações atreladas ao Sistema Financeiro Nacional (SFN).[16]

O regime do compartilhamento de dados tratados pela Administração Pública, nesse sentido, será comentado no próximo tópico.

IX.9. COMPARTILHAMENTO DE DADOS TRATADOS POR ÓRGÃOS PÚBLICOS

IX.9.1. Aspectos fundamentais

Por mais controversos e complexos que possam ser os processos de compartilhamento de dados, o regime de tratamento de dados por autoridades públicas contido na LGPD parece partir da premissa de que os dados serão compartilhados, na medida em que se exige inclusive a compatibilidade dos dados armazenados pela Administração Pública com outros sistemas para que a transferência seja facilitada.

Daí assinalar o art. 25 da LGPD que os dados devem ser mantidos em formato interoperável e estruturados para o uso compartilhado, com vistas à execução de políticas públicas, à prestação de serviços públicos, à descentralização da atividade pública e à disseminação e ao acesso das informações pelo público em geral.

Diante da complexidade da estrutura organizacional do Poder Público e do fato de que várias políticas e ações públicas envolvem e requerem ação conjunta e combinada entre várias pessoas jurídicas de direito público ou entre vários órgãos da mesma pessoa jurídica de direito público, é compreensível que a questão do compartilhamento de dados assuma especial relevância para o Poder Público.

Aliás, é revelador que, embora o compartilhamento de dados seja uma espécie de tratamento de dados, o art. 5º da LGPD o diferencia, quando realizado pelo Poder Público, da ampla definição de tratamento de dados:

> **LGPD, Art. 5º** Para os fins desta Lei, considera-se: (...)
>
> **XVI** – uso compartilhado de dados: comunicação, difusão, transferência internacional, interconexão de dados pessoais ou tratamento compartilhado de bancos de dados pessoais por órgãos e entidades públicos no

---

[16] **"Inciso II do art. 23**

II – sejam protegidos e preservados dados pessoais de requerentes de acesso à informação, nos termos da Lei nº 12.527, de 18 de novembro de 2011 (Lei de Acesso à Informação), vedado seu compartilhamento no âmbito do Poder Público e com pessoas jurídicas de direito privado;"

Razões do veto

"O dispositivo veda o compartilhamento de dados pessoas no âmbito do Poder Público e com pessoas jurídicas de direto privado. Ocorre que o compartilhamento de informações relacionadas à pessoa natural identificada ou identificável é medida recorrente e essencial para o regular exercício de diversas atividades e políticas públicas. É o caso, por exemplo, do banco de dados da Previdência Social e do Cadastro Nacional de Informações Sociais, cujas informações são utilizadas para o reconhecimento do direito de seus beneficiários e alimentadas a partir do compartilhamento de diversas bases de dados administrados por outros órgãos públicos. Ademais, algumas atividades afetas ao poder de polícia administrativa poderiam ser inviabilizadas, a exemplo de investigações no âmbito do Sistema Financeiro Nacional, dentre outras".

> cumprimento de suas competências legais, ou entre esses e entes privados, reciprocamente, com autorização específica, para uma ou mais modalidades de tratamento permitidas por esses entes públicos, ou entre entes privados;

Em seu Capítulo IV, a LGPD trata do assunto em dois artigos importantes: o 25 e o 26, que acabam sendo bastante amplos e genéricos, dando margem a muitas controvérsias sobre a sua real extensão.

> **LGPD, Art. 25.** Os dados deverão ser mantidos em formato interoperável e estruturado para o uso compartilhado, com vistas à execução de políticas públicas, à prestação de serviços públicos, à descentralização da atividade pública e à disseminação e ao acesso das informações pelo público em geral.

> **LGPD, Art. 26.** O uso compartilhado de dados pessoais pelo Poder Público deve atender a finalidades específicas de execução de políticas públicas e atribuição legal pelos órgãos e pelas entidades públicas, respeitados os princípios de proteção de dados pessoais elencados no art. 6º desta Lei.

Não obstante, a interpretação sistemática dos dois artigos deixa claro que o compartilhamento, longe de estar sujeito à discricionariedade do Poder Público, está condicionado sempre à existência das bases legais que justificam o tratamento de dados pelo Poder Público, quais sejam, execução de políticas públicas ou de competências ou atribuições legais, nos termos das advertências já apresentadas nas Seções IX.4 e IX.5.

Aliás, as próprias bases legais do art. 7º, III, e do art. 11, II, "b", da LGPD já mencionam expressamente o compartilhamento de dados, sendo muito claro que, no que diz respeito aos dados sensíveis, o legislador confundiu compartilhamento de dados – espécie de tratamento de dados – com o próprio gênero tratamento de dados. Por essa razão, não pode haver dúvidas que, quando o art. 11, II, "b", se refere ao compartilhamento de dados está abrangendo, na verdade, o tratamento de dados.[17]

---

[17] Conforme destaca Miriam Wimmer, há certa confusão terminológica na LGPD no que diz respeito ao compartilhamento de dados: "Em primeiro lugar, é necessário chamar atenção para a confusão terminológica do legislador quanto ao uso da expressão 'tratamento compartilhado' no art. 11 da LGPD. Com efeito, a partir da leitura da lei, é possível compreender que o 'uso compartilhado de dados', previsto no art. 5.º, XVI, é uma modalidade de 'tratamento' de dados, conforme definição do art. 5.º, X. Não faria sentido imaginar que a legislação tivesse pretendido limitar o tratamento de dados sensíveis pelo Poder Público à hipótese de uso compartilhado. Uma interpretação sistemática dos artigos em questão conduz, portanto, ao entendimento de que o art. 11 se refere tanto ao tratamento quanto ao uso compartilhado de dados sensíveis pelo Poder Público" (WIMMER, Miriam. O regime jurídico do tratamento de dados pessoais pelo Poder Público. In: DONEDA, Danilo (coord.); SARLET, Ingo Wolfgang (coord.); MENDES, Laura Schertel (coord.); RODRIGUES JUNIOR, Otavio Luiz (coord.); BIONI, Bruno Ricardo (coord.). *Tratado de Proteção de Dados Pessoais*. Rio de Janeiro: Forense, 2021).

228 | CURSO DE PROTEÇÃO DE DADOS PESSOAIS – *Frazão • Carvalho • Milanez*

Não é sem razão que o art. 26 da LGPD prevê que o uso compartilhado de dados pessoais pelo Poder Público deve atender (i) às finalidades específicas de execução das políticas públicas e atribuições legais dos entes públicos, no que reforça a observância das bases legais aplicáveis (LGPD, arts. 7º, III; art. 11, II, "b" e 23) e (ii) aos demais princípios previstos no art. 6º da LGPD.

O compartilhamento de dados, nesse sentido, em grande medida, insere-se nas competências e atribuições que a Administração Pública desempenha no atendimento de seu mister constitucional. No entanto, esse compartilhamento deve se dar de maneira clara e transparente, sobretudo quanto à observância das bases legais, dos direitos e das garantias consagrados pela LGPD.

É o que também prescreve o Guia Orientativo de Tratamento de Dados Pessoais pelo Poder Público da ANPD, ao salientar que "o uso compartilhado de dados pessoais deve ser realizado em conformidade com a LGPD, notadamente com os princípios, as bases legais, garantia dos direitos dos titulares e outras regras específicas aplicáveis ao Poder Público".[18]

Prosseguindo no exame do assunto, o Guia prevê os seguintes requisitos para a validade do compartilhamento de dados: (i) formalização e registro, (ii) indicação clara e detalhada do objeto e da finalidade do compartilhamento, (iii) indicação da base legal, (iv) indicação da duração do tratamento, (v) previsão de medidas de transparência e de observância dos direitos dos titulares (vi) estabelecimento de medidas de segurança, técnicas e administrativas, para prevenir incidentes e (vii) outros requisitos que se fizerem necessários em razão das peculiaridades do caso concreto ou de determinações provenientes de normas específicas.[19]

Vale ressaltar que, dentre outros requisitos adicionais que podem se fazer necessários, encontram-se a elaboração de relatório de impacto à proteção de dados pessoais e também a identificação das funções e responsabilidades dos agentes de tratamento envolvidos no compartilhamento. Nesse sentido, o próprio Guia Orientativo da ANPD oferece recomendações relacionadas ao uso compartilhado de dados pessoais pelo Poder Público:[20]

Requisito	Recomendação
Formalização e registro	• Instauração de processo administrativo; • Análise técnica e jurídica; • Decisão administrativa ou celebração de contrato, convênio ou instrumento congênere; • Edição de ato normativo interno.

---

[18] ANPD. *Guia Orientativo de Tratamento de Dados Pessoais pelo Poder Público*. Brasília: ANPD, 2022. p. 16.

[19] ANPD. *Guia Orientativo de Tratamento de Dados Pessoais pelo Poder Público*. Brasília: ANPD, 2022. p. 16-20.

[20] ANPD. *Guia Orientativo de Tratamento de Dados Pessoais pelo Poder Público*. Brasília: ANPD, 2022. p. 24.

Cap. IX • TRATAMENTO DE DADOS PELO PODER PÚBLICO | **229**

Requisito	Recomendação
Objeto e finalidade	• Descrição dos dados pessoais de forma objetiva e detalhada; • Indicação de finalidade específica; • Avaliação da compatibilidade entre a finalidade original e a finalidade do compartilhamento.
Base legal	• Indicação da base legal utilizada.
Duração do tratamento	• Definição do período (duração)do uso compartilhado dos dados, de forma fundamentada, e esclarecimento sobre a possibilidade de conservação ou a necessidade de eliminação após o término do tratamento.
Transparência e direitos dos titulares	• Divulgação das informações pertinentes na página eletrônica dos órgãos e das entidades responsáveis; • Divulgação de maneira que as informações sobre dados pessoais tratados pela entidade sejam de fácil compreensão; • Definição de responsabilidades e de procedimentos relativos ao atendimento de solicitações de titulares.
Prevenção e segurança	• Descrição das medidas técnicas e administrativas adotadas para proteger os dados pessoais de incidentes de segurança.
Outros requisitos (avaliação conforme o caso concreto)	• Autorização ou vedação para novo compartilhamento ou transferência posterior dos dados pessoais; • Ônus financeiro; • Requisitos específicos para compartilhamento de dados pessoais com entidades privadas (art. 26, § 1º e art. 27, LGPD); • Elaboração de relatório de impacto à proteção de dados pessoais, caso necessário; • Identificar as funções e responsabilidades dos agentes de tratamento.

Não obstante, a ausência de sistematicidade da LGPD nos artigos que dizem respeito ao compartilhamento de dados por órgãos públicos dificulta em grande medida a compreensão dos requisitos objetivos que autorizem tal conduta.

Pode-se mencionar, entretanto, ainda que em linhas gerais, duas grandes categorias de compartilhamento, cada qual ensejando cuidados próprios: (i) o compartilhamento entre órgãos públicos; e (ii) o compartilhamento entre órgãos públicos e entidades privadas, hipóteses que serão tratadas nas próximas seções.

IX.9.2. Compartilhamento de dados entre órgãos públicos

Ainda que o compartilhamento entre órgãos públicos pareça relativamente simples, há que se refletir sobre algumas peculiaridades relacionadas a processos de transferência de dados.

Quando se cogita da transferência de dados entre órgãos associados a uma mesma pessoa jurídica de direito público, evidentemente que deve ser observado o princípio da finalidade. No entanto, a rigor, trata-se do mesmo controlador e sujeito de imputação de responsabilidade e, por conseguinte, eventuais medidas sancionatórias, preventivas ou reparatórias poderão ser aplicadas de maneira mais simples.

No entanto, o quadro já se altera quando, por exemplo, se está a falar na transferência de dados pessoais entre pessoas jurídicas de direito público distintas

– por exemplo, na hipótese de transferência de dados coletados por municípios a estados ou à União –, situação na qual se deve esperar minimamente que cada um dos entes federativos ofereça o adequado grau de proteção, notadamente diante do controle compartilhado que pode existir no processo de transferência.

Surpreende, nesse sentido, que a LGPD não tenha procedido a disciplina mais detalhada para a transferência de dados entre entes públicos, que conta com peculiaridades reconhecidas pelo próprio texto da Lei, que, não obstante, não foram adequadamente endereçadas em nível operacional.

Situação concreta

Considerando que os serviços públicos de saúde no Brasil são operacionalizados por meio de sistema único,[21] na hipótese de implementação de um programa nacional de vacinação, a administração das vacinas se dá pelas unidades de saúde que são de responsabilidade dos municípios, mas a gestão estratégica nacional do SUS recai sob a responsabilidade da União, de tal maneira que dados pessoais sobre a vacinação serão transferidos pelos municípios.

Nessa situação, tanto o município quanto a União poderão ser considerados controladores e podem ser responsabilizados por eventual violação ou fragilidade do sistema.

Além disso, não se pode esquecer que, ao passo que a LGPD equipara às pessoas jurídicas de direito público as sociedades de economia mista e as empresas estatais – nos termos da Lei 13.303/2016 – quando executam políticas públicas, o compartilhamento de dados entre entes federativos e as mencionadas pessoas jurídicas de direito privado está sob o alcance do art. 26 da LGPD.

IX.9.3. Compartilhamento de dados entre órgãos públicos e entidades privadas

Para além do compartilhamento entre órgãos públicos, há também a possibilidade de eventual compartilhamento de dados coletados por órgãos públicos que devam ser também tratados por entidades privadas.

É de se notar, no entanto, que a LGPD parte da premissa de que o Poder Público não pode transferir informações de suas bases de dados para entidades privadas, de tal maneira que o § 1º do art. 26 da LGPD lista justamente as exceções a essa regra geral.

> **LGPD, Art. 26, § 1º** É vedado ao Poder Público transferir a entidades privadas dados pessoais constantes de bases de dados a que tenha acesso, exceto:
>
> **I –** em casos de execução descentralizada de atividade pública que exija a transferência, exclusivamente para esse fim específico e determinado, observado o disposto na Lei nº 12.527, de 18 de novembro de 2011 (Lei de Acesso à Informação);
>
> **II –** (VETADO);

---

[21] Nos termos do art. 4º da Lei 8.080/1990, "O conjunto de ações e serviços de saúde, prestados por órgãos e instituições públicas federais, estaduais e municipais, da Administração direta e indireta e das fundações mantidas pelo Poder Público, constitui o Sistema Único de Saúde (SUS)".

Cap. IX • TRATAMENTO DE DADOS PELO PODER PÚBLICO | **231**

III – nos casos em que os dados forem acessíveis publicamente, observadas as disposições desta Lei.

IV – quando houver previsão legal ou a transferência for respaldada em contratos, convênios ou instrumentos congêneres; ou

V – na hipótese de a transferência dos dados objetivar exclusivamente a prevenção de fraudes e irregularidades, ou proteger e resguardar a segurança e a integridade do titular dos dados, desde que vedado o tratamento para outras finalidades.

§ 2º Os contratos e convênios de que trata o § 1º deste artigo deverão ser comunicados à autoridade nacional.

LGPD, Art. 27. A comunicação ou o uso compartilhado de dados pessoais de pessoa jurídica de direito público a pessoa de direito privado será informado à autoridade nacional e dependerá de consentimento do titular, exceto:

I – nas hipóteses de dispensa de consentimento previstas nesta Lei;

II – nos casos de uso compartilhado de dados, em que será dada publicidade nos termos do inciso I do *caput* do art. 23 desta Lei; ou

III – nas exceções constantes do § 1º do art. 26 desta Lei.

Parágrafo único. A informação à autoridade nacional de que trata o *caput* deste artigo será objeto de regulamentação

---

LGPD, Art. 29. A autoridade nacional poderá solicitar, a qualquer momento, aos órgãos e às entidades do poder público a realização de operações de tratamento de dados pessoais, informações específicas sobre o âmbito e a natureza dos dados e outros detalhes do tratamento realizado e poderá emitir parecer técnico complementar para garantir o cumprimento desta Lei.

LGPD, Art. 30. A autoridade nacional poderá estabelecer normas complementares para as atividades de comunicação e de uso compartilhado de dados pessoais.

Em primeiro lugar, nota-se, no tratamento do tema, falha de técnica legislativa que gera controvérsias desnecessárias. Isso porque o art. 26 trata de hipóteses que parecem ser exaustivas, mas logo depois vem o art. 27 supostamente apresentando novas hipóteses para tal compartilhamento.

Além disso, o legislador menciona transferência de dados no art. 26 e comunicação e compartilhamento de dados no art. 27, sem que haja qualquer explicação se há alguma distinção entre tais hipóteses, o que gera previsíveis confusões terminológicas.

Do ponto de vista sistemático, o que se observa é que ambos os artigos tratam de compartilhamento de dados e devem ser vistos em conjunto. Sob essa perspectiva, é preocupante a redação do art. 27 da LGPD, que poderia inclusive sugerir, a partir da leitura conjunta do seu *caput* e do seu inciso I, que todas as bases legais poderiam ser utilizadas para tal fim.

Tal interpretação levaria inclusive ao resultado paradoxal de tornar o compartilhamento de dados entre entes públicos e privados mais amplo do que o compartilhamento de dados entre entes públicos.

Chama atenção, portanto, a falta de rigor técnico e de cuidado por parte do legislador, especialmente em se tratando de assunto cuja abordagem precisaria ser mais minuciosa e restritiva do que o compartilhamento de dados entre entres públicos.

Doutrina Brasileira – Miriam Wimmer

"Quando se trata do compartilhamento público-privado, por outro lado, verificam-se alguns problemas de inconsistência na lei. Colacionando-se o disposto nos arts. 26 e 27, verifica-se que o uso compartilhado de dados entre setor público e setor privado é possível em inúmeras hipóteses, dotadas de diferentes graus de robustez jurídica".[22]

Diante das dificuldades interpretativas decorrentes dos arts. 26 e 27 da LGPD, o Guia Orientativo de Tratamento de Dados Pessoais pelo Poder Público da ANPD esclarece que a transferência de dados pessoais de entes públicos para entidades privadas apenas poderá ocorrer se amparada em uma das seguintes hipóteses: (i) execução descentralizada de atividade pública que exija a transferência, exclusivamente para esse fim específico e determinado, (ii) nos casos de dados acessíveis publicamente, (iii) quando houver previsão legal ou a transferência for respaldada em contratos e instrumentos congêneres, ou (iv) na hipótese de a transferência objetivar exclusivamente a prevenção de fraudes e irregularidades, ou proteger e resguardar a segurança e a integridade do titular dos dados, desde que vedado o tratamento para outras finalidades.[23]

Embora a interpretação da ANPD restrinja consideravelmente o alcance do art. 27 da LGPD, uma vez que nem mesmo menciona a hipótese de consentimento, fato é que o seu resultado prático, ao limitar o compartilhamento de dados entre entes públicos e entes privados, é indubitavelmente mais adequado e inclusive mais compatível com o próprio regime jurídico do compartilhamento de dados entre entes públicos.

Para tentar sistematizar o tema, cada uma das hipóteses previstas pela ANDP será examinada a seguir. Adianta-se, desde já, que, em todos os casos de compartilhamento público-privado, o art. 27 da LGPD exige a comunicação do compartilhamento à ANPD, que também poderá requisitar informações sobre o tratamento e compartilhamento de dados, exercendo necessária supervisão sobre processos de transferência de dados que certamente podem atingir grandes massas populacionais e afetar dados sensíveis.

---

[22] WIMMER, Miriam. O regime jurídico do tratamento de dados pessoais pelo Poder Público. In: DONEDA, Danilo (coord.); SARLET, Ingo Wolfgang (coord.); MENDES, Laura Schertel (coord.); RODRIGUES JUNIOR, Otavio Luiz (coord.); BIONI, Bruno Ricardo (coord.). *Tratado de Proteção de Dados Pessoais*. Rio de Janeiro: Forense, 2021, p. 284.

[23] ANPD. *Guia Orientativo de Tratamento de Dados Pessoais pelo Poder Público*. Brasília: ANPD, 2022. p. 19-20.

a) Execução descentralizada de atividades públicas

A hipótese de execução descentralizada de atividades públicas é decorrência lógica da complexidade da estrutura da Administração Pública brasileira, que não utiliza simplesmente os órgãos integrantes de sua estrutura organizacional, mas também lança mão de outras entidades, mormente de caráter privado, que exercem atividades de caráter público de maneira complementar às atividades tipicamente estatais.[24]

É o caso, por exemplo, das concessionárias ou permissionárias de serviços públicos, dos chamados serviços sociais autônomos ou das entidades paraestatais – entidades do terceiro setor que desempenham importantes funções de natureza pública que comumente mantêm relações bastante próximas com o próprio poder público – e dos inúmeros casos em que se admite a terceirização de atividades de entes públicos para particulares.

Por essa razão, o compartilhamento de dados segue a lógica do tratamento de dados pelo Poder Público, de forma que deverá estar amparado pelas bases legais do art. 7º, III, do art. 11, II, "b" ou do art. 23 da LGPD.

b) Dados pessoais acessíveis publicamente

No que tange aos dados pessoais acessíveis publicamente, trata-se de matéria já abordada no presente trabalho no Capítulo VIII. No entanto, cabe ressaltar que o fato de estarem os dados disponibilizados publicamente não significa que entidades privadas podem explorar aqueles dados para qualquer finalidade.

Isso porque o tratamento de dados sob a égide da LGPD deve se dar em observância aos princípios regentes do aludido diploma, notadamente o da finalidade. Em outras palavras, se os dados foram disponibilizados publicamente por entidade pública e um determinado ente privado procurar explorá-los para finalidade distinta, possivelmente se deverá buscar a base legal que ampare a atividade do mencionado ente privado e eventualmente se deve obter o consentimento do titular.

De toda sorte, chama a atenção a previsão de tal hipótese pela LGPD, uma vez que, sendo os dados pessoais disponíveis publicamente, os agentes privados poderiam ter acesso a eles independentemente de qualquer compartilhamento pelos entes públicos. Entretanto, o compartilhamento pelos entes públicos pode

---

[24] Nesse sentido, cabe recordar definição clássica de entidade paraestatal: "Entidade paraestatal – já o dissemos em estudo anterior – é toda pessoa jurídica de direito privado, cuja criação é autorizada por lei, com patrimônio público ou misto, para a realização de atividades, obras ou serviços de interesse coletivo, sob normas e controle do Estado. Não se confunde com autarquia, nem se identifica com entidade estatal. O étimo da palavra paraestatal está indicando que se trata de ente disposto paralelamente ao Estado, ao lado do Estado, para executar cometimentos de interesse do Estado, mas não privativos do Estado. Enquanto as autarquias são incumbidas de atividades públicas *típicas*, as entidades paraestatais prestam-se a executar atividades *atípicas* do Poder Público, mas de utilidade pública, de interesse da coletividade, e, por isso, fomentadas pelo Estado, que autoriza a criação de pessoas jurídicas com personalidade privada para realizar tais atividades com o apoio oficial" (MEIRELLES, Hely Lopes. A licitação nas entidades paraestatais. *Revista de Direito Administrativo*, v. 132, p. 32-40, abr./jun. 1978).

viabilizar o acesso a bases já organizadas e sistematizadas pelo Poder Público, expandindo e facilitando a ação dos agentes privados.

Dessa maneira, a partir do momento em que o Poder Público participa de qualquer compartilhamento de dados públicos, passa a ser responsável por tal, devendo obedecer a todas as restrições para o respectivo tratamento.

c) Previsão legal ou contratual

O inciso III do § 1º do art. 26, por sua vez, autoriza o compartilhamento de dados quando houver previsão legal ou contratual, de tal maneira que apresenta alguma sobreposição com o próprio inciso I, já que o compartilhamento de dados por execução descentralizada de atividade pública normalmente ocorrerá por intermédio de algum instrumento de natureza contratual que legitime o vínculo entre entidades públicas e privadas.

Dessa maneira, a rigor, o referido inciso não traz propriamente nenhuma novidade, embora possa ser interpretado no sentido de que traz consigo autorização para que, em contratos e convênios celebrados pela Administração Pública, seja inserida autorização específica de compartilhamento de dados. Porém, evidentemente, tal autorização deve estar fundamentada em finalidade legítima e justificável à luz da atividade pública específica a ser implementada por intermédio do negócio.

Vale lembrar que, nos termos do art. 11, II, b, da LGPD, o tratamento de dados sensíveis não pode ocorrer para execução de políticas públicas baseadas em contratos ou convênios – mas tão somente para as amparadas por leis ou regulamentos –, de forma que o compartilhamento de dados a que se refere o inciso IV apenas pode se referir aos dados não sensíveis.

d) Prevenção a fraudes e garantia de segurança de titulares

O inciso V do § 1º do art. 26, que diz respeito à prevenção a fraudes e garantia da segurança de titulares, está intimamente relacionado às razões de veto do inciso II do art. 26, isto é, à necessidade de compartilhamento de dados tanto para a execução de determinadas políticas públicas como para a apuração de movimentações suspeitas no âmbito do sistema financeiro nacional, de tal maneira que se faz necessário o compartilhamento de determinadas informações com instituições financeiras, nos termos da Lei 9.613/1998, que cria o Conselho de Controle de Atividades Financeiras (COAF).

Tal possibilidade, a rigor, já estaria contida nas bases legais específicas para o tratamento de dados pelo Poder Público, uma vez que a prevenção de fraudes e garantia da segurança de titulares por parte de entes públicos é normalmente executada por meio de políticas públicas ou atribuições legais com tal propósito. Acresce que essa modalidade de tratamento de dados também dialoga com a base legal do art. 11, II, "g", relativa à garantia de prevenção à fraude e à segurança do titular.

e) Consentimento

Como já se adiantou, o art. 27 da LGPD acabou enfatizando a possibilidade de utilização da base legal do consentimento para o compartilhamento de dados entre entes públicos e privados. Trata-se de uma verdadeira incoerência da

LGPD, que não prevê expressamente o consentimento para o compartilhamento de dados entre entes públicos, nos termos do *caput* do art. 26, mas o faz para o compartilhamento de dados entre entes públicos e privados.

Ora, se o consentimento já é uma base legal complicada para justificar o tratamento de dados pelo próprio Estado, diante da assimetria entre este e os cidadãos, com maior razão se trata de base legal problemática para justificar o compartilhamento de dados entre entes públicos e entes privados.

Daí por que tal hipótese deve ser restritiva e ainda sujeita a todos os cuidados já mencionados ao se tratar do consentimento como base legal para tratamento de dados pelo Poder Público na Seção IX.5.

 Doutrina Brasileira – Miriam Wimmer

"O art. 27, em seu *caput*, permite o compartilhamento de dados público-privado mediante o consentimento do titular. Conforme debatido anteriormente, em outras jurisdições, à luz da assimetria de forças entre o Estado e o cidadão, o consentimento tem sido considerado uma base jurídica problemática para fundamentar o tratamento de dados pessoais pelo Poder Público, o que inclui, naturalmente, o seu compartilhamento com terceiros".[25]

Entretanto, já se viu que o Guia Orientativo de Tratamento de Dados Pessoais pelo Poder Público da ANPD não prevê o consentimento como base legal para o compartilhamento de dados entre entes públicos e entes privados.[26]

f) Demais hipóteses de dispensa de consentimento

Embora o art. 27, I, da LGPD, possa ser interpretado no sentido de que se admite o compartilhamento de dados entre entes públicos e privados em todas as hipóteses nas quais a LGPD dispensa o consentimento, o Guia Orientativo de Tratamento de Dados Pessoais pelo Poder Público da ANPD menciona, de maneira taxativa, apenas as quatro primeiras hipóteses para justificar o compartilhamento de dados.[27]

IX.10. RESPONSABILIZAÇÃO ADMINISTRATIVA DAS PESSOAS JURÍDICAS DE DIREITO PÚBLICO

Já se adiantou que a responsabilização de entidades públicas enfrenta determinadas dificuldades diante da necessidade de adaptação da sistemática sancionatória contida na LGPD e aplicada pela ANPD.

---

[25] WIMMER, Miriam. O regime jurídico do tratamento de dados pessoais pelo Poder Público. In: DONEDA, Danilo (coord.); SARLET, Ingo Wolfgang (coord.); MENDES, Laura Schertel (coord.); RODRIGUES JUNIOR, Otavio Luiz (coord.); BIONI, Bruno Ricardo (coord.). *Tratado de Proteção de Dados Pessoais*. Rio de Janeiro: Forense, 2021, p. 284.

[26] ANPD. *Guia Orientativo de Tratamento de Dados Pessoais pelo Poder Público*. Brasília: ANPD, 2022. p. 6.

[27] ANPD. *Guia Orientativo de Tratamento de Dados Pessoais pelo Poder Público*. Brasília: ANPD, 2022. p. 6.

Nesse sentido, os arts. 31 e 32 da LGPD dispõem sobre os necessários ajustes na sistemática de responsabilização administrativa – sem prejuízo, por óbvio, da responsabilidade judicial, que evidentemente será endereçada pelas vias já conhecidas de responsabilidade civil do Estado, como o art. 37, § 6º, da Constituição Federal.

> **LGPD, Art. 31.** Quando houver infração a esta Lei em decorrência do tratamento de dados pessoais por órgãos públicos, a autoridade nacional poderá enviar informe com medidas cabíveis para fazer cessar a violação.

> **LGPD, Art. 32.** A autoridade nacional poderá solicitar a agentes do Poder Público a publicação de relatórios de impacto à proteção de dados pessoais e sugerir a adoção de padrões e de boas práticas para os tratamentos de dados pessoais pelo Poder Público.

> **CF, Art. 37, § 6º** As pessoas jurídicas de direito público e as de direito privado prestadoras de serviços públicos responderão pelos danos que seus agentes, nessa qualidade, causarem a terceiros, assegurado o direito de regresso contra o responsável nos casos de dolo ou culpa.

A teor da literalidade do disposto no art. 31, a ocorrência de violação sequer desencadearia processo administrativo sancionador, mas simplesmente motivaria o envio de "informe com medidas cabíveis para fazer cessar a violação".

Ora, não faria sentido supor que pessoas jurídicas de direito público obtivessem tratamento privilegiado quando perpetrassem violações à privacidade dos titulares de dados, de tal maneira que a interpretação literal do dispositivo supramencionado levaria a relevantes distorções.

Daí por que não se pode interpretar o art. 31 como se o seu objetivo fosse afastar, do tratamento de dados pelo Poder Público, o regime de responsabilidade civil e até mesmo o regime de responsabilidade administrativa previstos pela LGPD. Por mais que possa haver necessidade de algumas adaptações e modulações de tais regimes para torná-los compatíveis com o Poder Público, eles são aplicáveis também nessas hipóteses.

Consequentemente, o art. 31 deve ser visto apenas como um *plus*, no sentido de ressaltar a importância da cessação da violação, sem prejuízo da possibilidade de aplicação das demais regras de responsabilidade previstas na LGPD, sempre que compatíveis com as peculiaridades do Poder Público.

De toda sorte, o próprio Regulamento do Processo de Fiscalização da ANPD (Resolução CD/ANDP 1/2021)[28] dispõe, no § 1º de seu art. 1º, que suas disposições aplicam-se aos titulares, aos agentes de tratamento, pessoas naturais ou jurídicas, de direito público ou privado e demais interessados no tratamento de dados pessoais.

---

[28] Disponível em: https://www.in.gov.br/en/web/dou/-/resolucao-cd/anpd-n-1-de-28-de--outubro-de-2021-355817513.

> **Resolução CD/ANDP 1/2021, Art. 1º, § 1º** As disposições deste regulamento aplicam-se aos titulares de dados, aos agentes de tratamento, pessoas naturais ou jurídicas, de direito público ou privado e demais interessados no tratamento de dados pessoais, nos termos do art. 13.

Não há dúvidas, portanto, de que o processo administrativo poderá ser instaurado em face de pessoas jurídicas de direito público. Não obstante, já se mencionou que as medidas possivelmente aplicáveis sofreriam algumas limitações em virtude da sua natureza de direito público e do próprio fato de que a ANPD constitui órgão diretamente vinculado ao Executivo federal (no caso, à Presidência da República).

De toda sorte, a LGPD afastou expressamente a possibilidade de aplicação de determinadas sanções para o Poder Público, como se observa pelo § 3º, do art. 52. Outra observação importante é que a própria ANDP, ao disciplinar as medidas preventivas que poderão ser adotadas pela Coordenação geral de Fiscalização expressamente ressaltou que não se trata de sanções.

> **Resolução CD/ANDP 1/2021, Art. 31.** As medidas aplicadas pela Coordenação-Geral de Fiscalização ao longo da atividade preventiva não constituem sanção ao agente regulado.

> **Resolução CD/ANDP 1/2021, Art. 32.** São consideradas medidas preventivas:
>
> **I –** Divulgação de informações;
>
> **II –** Aviso;
>
> **III –** Solicitação de regularização ou informe; e
>
> **IV –** Plano de conformidade.
>
> **Parágrafo único.** Poderão ser adotadas outras medidas não previstas neste artigo, se compatíveis com o disposto nos arts. 30 e 31.

IX.11. DIVULGAÇÃO DE DADOS PESSOAIS

Considerando as finalidades públicas eventualmente perseguidas pelo tratamento de dados realizados por entidades estatais, a disponibilização de determinados dados pessoais em plataformas públicas passa a levantar uma série de preocupações, na medida em que tal procedimento pode vir a tensionar os imperativos de publicidade – que marca a atuação estatal – e de proteção à privacidade – que, seja por força da Constituição, seja em virtude da lei, deve servir para limitar também a atuação estatal.

A problemática da divulgação de dados pessoais ganha especial relevância sobretudo por ocasião da divulgação, pela ANPD, de seu Guia Orientativo sobre Dados Pessoais pelo Poder Público,[29] que conta com capítulo específico a respeito do tema.

---

[29] ANPD. *Guia Orientativo de Tratamento de Dados Pessoais pelo Poder Público*. Brasília: ANPD, 2022.

O choque entre as garantias de privacidade e de publicidade das informações de interesse público, cabe notar, remonta à sistemática da Lei de Acesso à Informação (Lei 12.527/2011), que obriga os entes federativos, tanto na esfera da Administração Pública Direta quanto da Indireta (isto é, também as autarquias, fundações públicas, empresas públicas, sociedades de economia mista e demais entidades controladas diretas ou indiretamente pelo poder público), à "observância da publicidade como preceito geral e do sigilo como exceção" (art. 3º, I), à divulgação de informações de interesse público, independentemente de solicitações" (art. 3º, II), dentre outros deveres associados à publicidade e à transparência.[30]

No entanto, mesmo diante da necessidade de observância de obrigações de transparência em virtude da Lei de Acesso à Informação, assinala o Guia Orientativo da ANPD que "o tratamento de dados pessoais pelo Poder Público, incluindo a divulgação pública de dados pessoais, deve ser realizado em conformidade com as disposições da LGPD. Mais especificamente, devem ser observadas as normas que garantem a proteção integral dos dados pessoais, a autodeterminação informativa e o respeito à privacidade dos titulares durante todo o ciclo do tratamento".[31]

Nesse sentido, recomenda o Guia Orientativo da ANPD que órgãos e entidades públicos dediquem aos dados pessoais uma análise mais ampla do que aquela preconizada pela Lei de Acesso à Informação, de maneira que não se limite à atribuição de sigilo ou publicidade, mas considere também os riscos e impactos para titulares de dados pessoais que o tratamento pelo poder público pode gerar.

Dessa maneira, indica a ANPD que as entidades e órgãos públicos devem dedicar especial atenção: (i) aos dados pessoais sensíveis, que, por estarem sujeitos a proteção jurídica especial, exigem maior cautela em sua divulgação, como ocorre, por exemplo, na vedação à revelação de dados pessoais sensíveis por ocasião da divulgação de dados de saúde pública (nos termos do § 1º do art. 13 da LGPD); (ii) aos princípios da finalidade, adequação e necessidade, de sorte que "entidades e órgãos públicos devem verificar se as informações coletadas são, efetivamente, adequadas e necessárias para o atendimento das finalidades para as quais serão utilizadas, não podendo haver, desses dados, uso incompatível com as finalidades que justificaram sua coleta ou a sua obtenção"; (iii) à adoção de medidas de mitigação de riscos, inclusive mediante a elaboração de relatório de impacto à proteção de dados pessoais (RIPD) e a limitação dos dados divulgados àqueles que são efetivamente necessários; (iv) aos princípios da segurança, da prevenção e da responsabilização e prestação de contas, de maneira que também a Administração Pública deve adotar as boas práticas preconizadas pela LGPD para a mitigação de contingências; (v) à transparência a respeito dos tratamentos realizados, disponibilizando os canais necessários à solicitação de medidas como a anonimização, eliminação ou bloqueio de dados desnecessários.[32]

---

[30] ANPD. *Guia Orientativo de Tratamento de Dados Pessoais pelo Poder Público*. Brasília: ANPD, 2022. p. 21-23.

[31] ANPD. *Guia Orientativo de Tratamento de Dados Pessoais pelo Poder Público*. Brasília: ANPD, 2022. p. 22.

[32] ANPD. *Guia Orientativo de Tratamento de Dados Pessoais pelo Poder Público*. Brasília: ANPD, 2022. p. 22.

Nota-se, assim, que a ANPD simplesmente atribui à Administração Pública os mesmos deveres aplicáveis a agentes em geral, sem endereçar diretamente as principais controvérsias sobre a divulgação de dados pessoais pelo poder público, notadamente as eventuais antinomias com a Lei de Acesso à Informação. De toda sorte, o Guia Orientativo da ANPD oferece alguns exemplos significativos do impacto da LGPD sobre a divulgação de dados:

Exemplos concretos

Exemplo 1 – Identificou-se que determinado Departamento de Recursos Humanos de órgão público municipal coletava dados de servidores para o preenchimento de perfil socioeconômico. Deste cadastro constavam informações sensíveis, como dados sobre origem racial, convicção religiosa e filiação a sindicato. A coleta de tais informações se justificava em virtude de uma pesquisa decorrente de convênio com uma instituição de pesquisa que, não obstante, já havia se encerrado. No caso, identificou-se que, por mais que o nome do servidor não fosse divulgado, seria possível a sua reidentificação.

Assim, "Diante de tais fatos, e seguindo a orientação da equipe responsável, a administração do órgão adotou as seguintes providências, visando à conformidade com a LGPD: (i) imediata interrupção da coleta dos dados socioeconômicos de novos servidores, em atenção aos princípios da necessidade e da finalidade; (ii) eliminação das informações socioeconômicas até então coletadas, haja vista a inexistência, na hipótese, de obrigação legal de armazenamento, e que a finalidade foi alcançada e os dados pessoais deixaram de ser necessários e pertinentes; e (iii) atribuição de sigilo aos documentos que contêm informações funcionais dos servidores do órgão. Em acréscimo, a equipe ainda avalia, junto à alta administração do órgão, a possibilidade de definir normas internas mais restritas de controle de acesso aos dados funcionais de seus servidores, além da adoção de técnicas de pseudonimização".[33]

Exemplo 2 – Determinada entidade pública municipal recebeu dados de interessados a integrar um órgão consultivo. Durante o processo seletivo, os currículos dos candidatos ficam disponibilizados na internet, assim como informações de candidatos de processos seletivos anteriores. A partir de solicitações de candidatos de processos seletivos anteriores, a entidade removeu seu currículo. "Além disso, a entidade municipal passou a adotar a prática de limitar a divulgação dos currículos apenas durante o período do processo seletivo, mitigando, dessa forma, os riscos decorrentes da exposição pública dos titulares. Para tanto, considerou-se que,

---

[33] ANPD. *Guia Orientativo de Tratamento de Dados Pessoais pelo Poder Público*. Brasília: ANPD, 2022. p. 23.

240 | CURSO DE PROTEÇÃO DE DADOS PESSOAIS – *Frazão • Carvalho • Milanez*

> embora determinada por lei municipal, a divulgação dos dados pessoais dos candidatos tem por objetivo viabilizar o exercício do controle social, mediante, por exemplo, eventual impugnação de candidatura. Assim, após a conclusão do processo, com a designação dos novos membros do órgão consultivo, a finalidade legal é alcançada, não mais se justificando a disponibilização dos currículos em transparência ativa".[34]

Além disso, o Guia Orientativo oferece um rol de cuidados a serem observados quando da divulgação de dados pessoais pelo poder público, abaixo transcrito:[35]

Parâmetro	Recomendação
A coleta do dado pessoal é necessária e adequada para a finalidade do tratamento?	• Verificar a possibilidade de dispensa da coleta ou de eliminação dos dados pessoais, tendo em vista a sua efetiva necessidade para o alcance das finalidades do tratamento; • Verificar se há formas de atingir a finalidade almejada sem o tratamento de dados pessoais e de maneira menos gravosa para o titular de dados.
A divulgação envolve dados pessoais sensíveis?	• Em caso afirmativo, o tratamento deve ser efetuado com maior cautela, observando-se normas específicas, como os dispositivos da LGPD relativos a estudos em saúde pública.
Quais medidas de mitigação de risco para o titular de dados podem ser adotadas?	• Elaboração de relatório de impacto à proteção de dados pessoais, caso necessário; • Medidas de prevenção e segurança, a exemplo de anonimização ou pseudonimização dos dados pessoais sempre que isso não comprometa o exercício do controle social; • Limitação da divulgação àqueles dados necessários para alcançar a finalidade pretendida, observados o contexto, a finalidade e as expectativas legítimas dos titulares; • Transparência do tratamento; e • Garantia de direitos dos titulares.

Como se pode perceber dos elementos acima transcritos, o Guia Orientativo de fato oferece algumas indicações de conduta a serem observadas pelos gestores públicos por ocasião da divulgação de dados pessoais, notadamente no que se refere à limitação da divulgação aos dados estritamente necessários, à não divulgação de dados sensíveis e à observância do princípio da finalidade.

No entanto, o principal debate sobre a divulgação de dados pessoais, como já se afirmou, diz respeito ao aparente conflito entre a Lei Geral de Proteção de Dados e a Lei de Acesso à Informação, seja na limitação proposital dos dados

---

[34] ANPD. *Guia Orientativo de Tratamento de Dados Pessoais pelo Poder Público*. Brasília: ANPD, 2022. p. 23.

[35] ANPD. *Guia Orientativo de Tratamento de Dados Pessoais pelo Poder Público*. Brasília: ANPD, 2022. p. 25.

divulgados em virtude da incidência da LGPD (de maneira a potencialmente vulnerar a transparência preconizada pela Lei de Acesso à Informação), seja em potenciais violações a dados pessoais fundadas no dever de divulgação de informações pelo poder público.

De fato, recentemente se tem verificado que a LGPD tem sido utilizada como argumento determinante pela Administração Pública para que não sejam divulgados dados de interesse público, como, por exemplo, informações associadas ao Exame Nacional do Ensino Médio que ou à agenda de determinadas autoridades públicas.[36]

A plataforma Fiquem Sabendo, nesse sentido, identificou 79 pedidos de acesso à informação negados com base na LGPD.[37] Dessa maneira, por mais relevantes que sejam as orientações expedidas pela ANPD a respeito do tema, é fundamental lembrar que a compatibilização entre privacidade e transparência não significa suprimir nem uma, nem outra, mas sim manter as finalidades atreladas seja ao tratamento de dados pessoais, seja à divulgação de informações de interesse público.

---

[36] Ver: LEMOS, Ronaldo. Lei de Proteção de Dados está sendo usada contra transparência. Disponível em: https://www1.folha.uol.com.br/colunas/ronaldolemos/2022/02/lei-de--protecao-de-dados-esta-sendo-usada-contra-transparencia.shtml. Acesso em: 5 mar. 2022.

[37] GOULART, Eduardo. Ao menos 79 pedidos negados com base na lei de proteção de dados chegaram à CGU. Disponível em: https://fiquemsabendo.com.br/transparencia/lgpd--negativa-cgu/. Acesso em: 5 mar. 2022.

Capítulo X

A TUTELA DE DADOS DE SUJEITOS VULNERÁVEIS

X.1. CRIANÇAS E ADOLESCENTES

X.1.1. A tutela das crianças e adolescentes no direito brasileiro

O histórico de afirmação dos direitos das crianças e adolescentes é resultado de longa luta por sua consolidação, o que somente ocorreu no final do século XX, culminando no reconhecimento de que esses indivíduos são titulares dos mesmos direitos fundamentais assegurados às demais pessoas, garantida, contudo, proteção especial, efetiva e prioritária em razão de sua fase de desenvolvimento que os coloca em situação de vulnerabilidade.

Os princípios básicos da Convenção Internacional sobre os Direitos da Criança, de 1989 foram incorporados na Constituição de 1988, que adotou, expressamente, o princípio da proteção integral ao determinar, no art. 227, que é "dever da família, da sociedade e do Estado, assegurar à criança e ao adolescente, com absoluta prioridade, o direito à vida, à saúde, à alimentação, à educação, ao lazer, à profissionalização, à cultura, à dignidade, ao respeito, à liberdade e à convivência familiar e comunitária".

Do art. 227 da Constituição decorre a responsabilidade conjunta da sociedade como um todo, e não apenas da família e do Poder Público de assegurar os direitos fundamentais da criança e do adolescente.

O Estatuto da Criança e do Adolescente "concretizou e expressou os novos direitos da população infanto-juvenil, que põem em relevo o valor intrínseco da criança como ser humano e a necessidade de especial proteção a sua condição de pessoa em desenvolvimento".[1]

O diploma definiu como crianças os sujeitos de direito de até 12 anos incompletos, e como adolescentes aqueles que têm entre 12 e 18 anos de idade. Logo no art. 3º, a Lei declara que crianças e adolescentes gozam não apenas de todos os direitos fundamentais inerentes à pessoa humana, mas também de proteção

---

[1]   BARBOZA, Heloísa Helena. O princípio do melhor interesse da criança. In: PEREIRA, Rodrigo da Cunha (org.). *Direito de Família*: a família na travessia do milênio. Belo Horizonte: IBDFAM: OAB-MG: Del Rey, 2000.

integral, ressaltando a necessidade de assegurar-lhes "todas as oportunidades e facilidades para seu desenvolvimento físico, mental e espiritual, em condições de liberdade e de dignidade". Mais à frente, no art. 4º, o legislador reforça o dever da família, da comunidade, da sociedade em geral e do Poder Público de garantir esses direitos com absoluta prioridade.

Prosseguindo em seu arcabouço protetivo, o art. 70 do ECA estipula que é "dever de todos prevenir a ocorrência de ameaça ou violação dos direitos da criança e do adolescente", enquanto o art. 71 resguarda o direito da criança, a "informação, cultura, lazer, espetáculos e produtos e serviços que respeitem sua condição peculiar de pessoa em desenvolvimento".

Atento à maior vulnerabilidade de crianças, o Código do Defesa do Consumidor (CDC) também previu regras mais protetivas para elas, coibindo, inclusive, a propaganda infantil abusiva. Ainda na tentativa de conferir eficácia aos princípios da proteção integral, o legislador editou a Lei 13.185/2015, que institui o Programa de Combate ao *bullying*, incluindo o *cyberbullying*.

Mais adiante, o Marco Legal da Primeira Infância (Lei 13.257/2016), complementando as regras do CDC, que restringem a propaganda dirigida à criança, definiu, dentre as políticas públicas prioritárias, a proteção contra "pressão consumista" e a adoção de "medidas que evitem a exposição precoce à comunicação mercadológica".

Em 2018, foi promulgada a LGPD, que dedicou uma seção especial às crianças e adolescentes, estipulando normas mais rigorosas de proteção, ante a condição especial de desenvolvimento desses sujeitos. De início, o *caput* do art. 14 deixa claro que a coleta, o tratamento e a utilização dos dados pessoais deverão, necessariamente, obedecer ao melhor interesse da criança e do adolescente.

Como se vê, ao lado da Constituição e das convenções internacionais incorporadas ao ordenamento brasileiro, há todo um arcabouço legislativo que visa a assegurar a efetividade da tutela especial conferida às crianças e aos adolescentes.

X.1.2. Dados de crianças e adolescentes: o tratamento especial conferido pela LGPD

A LGPD estabeleceu tratamento diferenciado para a coleta, armazenamento e tratamento de dados de crianças e adolescentes, reconhecendo a necessidade de tutela especial, em observância à Constituição Federal e ao ECA. A regra, a rigor, seria, inclusive, dispensável, ante o disposto no texto constitucional, do qual já decorre a necessidade de assegurar tutela especial a esses indivíduos. O legislador, contudo, fez questão de reforçar a proteção ao impor, logo no *caput* do art. 14, a necessidade de que seja observado o melhor interesse da criança e do adolescente no tratamento de dados.

A disciplina, prevista no art. 14 da LGPD, estabelece parâmetros extremamente importantes para compreender os deveres de cuidado impostos aos controladores e operadores em razão da maior vulnerabilidade desses sujeitos de direto. O dispositivo estrutura-se sob quatro pilares:

1. A necessidade de observar o melhor interesse da criança;
2. A exigência de consentimento específico parental razoavelmente verificável;

3. A impossibilidade de condicionar a prática de jogos ou outras aplicações ao fornecimento de dados pessoais desnecessários; e

4. A transparência e clareza na política de dados.

Em seu art. 14, § 1º, a LGPD estabeleceu que o tratamento de dados pessoais de crianças depende do consentimento "específico e em destaque dado por pelo menos um dos pais ou responsável legal". A proteção diferenciada se justifica em razão da presumida vulnerabilidade da criança. Em razão de seu desenvolvimento incompleto, as crianças não teriam condições de ponderar os riscos relativos ao tratamento de dados.

Registre-se que a exigência de consentimento parental no § 1º do art. 14 não impede a incidência de outras bases legais de tratamento de dados de crianças, notadamente daquelas previstas para tratamento de dados sensíveis, elencadas nas alíneas "a" a "g" do art. 11, inciso II, da LGPD, como se examinará melhor na Seção X.1.4. Isso porque, como se demonstrará a seguir, existe controvérsia na doutrina sobre que outras bases legais se aplicariam às crianças e aos adolescentes, especialmente no que diz respeito àquelas previstas no art. 7º da LGPD.[2]

Por ora, examina-se o tratamento de dados quando houver consentimento, seja dos pais das crianças, seja dos próprios adolescentes, conforme o caso. A incidência do inciso II do art. 11 ao tratamento de dados de crianças e adolescentes, por sua vez, será examinada mais adiante.

No *Children's Privacy Act* (COPPA) dos Estados Unidos, exige-se o consentimento parental de pessoas menores de 13 anos. No âmbito europeu, o RGPD, em seu art. 8º (1) previu o consentimento dos pais ou responsáveis até a faixa etária limite de 16 (dezesseis) anos. O diploma, todavia, autorizou os Estados-Membros a fixarem limite inferior, restrito a 13 (treze) anos de idade. Dessa forma, cada Estado-Membro fixou uma idade mínima específica:[3]

---

[2] Nesse sentido, Isabella Henriques, Marina Pita e Pedro Hartung asseveram que "para fins de direito, os dados pessoais de crianças e adolescentes serão sempre considerados sensíveis, uma vez que, por estarem em uma situação peculiar de desenvolvimento progressivo de suas capacidades, são mais vulneráveis e suscetíveis, inclusive às atividades de tratamento, coleta, processamento, manipulação e hiperexposição de dados pessoais" (HENRIQUES, Isabella; PITA, Marina; HARTUNG, Pedro. A proteção de dados pessoais de crianças e adolescentes. In: DONEDA, Danilo (coord.); SARLET, Ingo Wolfgang (coord.); MENDES, Laura Schertel (coord.); RODRIGUES JUNIOR, Otavio Luiz (coord.); BIONI, Bruno Ricardo (coord.). *Tratado de Proteção de Dados Pessoais*. Rio de Janeiro: Forense, 2021. p. 218), de tal maneira que seriam aplicáveis tão somente as hipóteses previstas pelo art. 11. Dessa maneira, o art. 7º não se aplicaria a crianças e adolescentes, à exceção da base legal do consentimento. No entanto, ainda que se considere que algumas bases legais do art. 7º são aplicáveis – por exemplo, a prevista pelo inciso II do art. 7º, relativa ao cumprimento de obrigações legais e regulatórias, incidente nas situações em que instituições de ensino devem encaminhar dados ao Ministério da Educação –, no mínimo a base legal do legítimo interesse não deve ser aplicável, tendo em vista sua grande amplitude e potencial choque com o princípio de melhor interesse da criança. Ver: PALMEIRA, Mariana; MULHOLLAND, Caitlin. As bases legais para tratamento de dados da criança e a abrangência dos parágrafos do artigo 14 da LGPD. Disponível em: https://www.migalhas.com.br/coluna/migalhas-de-protecao-de-dados/351794/as-bases--legais-para-tratamento-de-dados-da-crianca. Acesso em: 6 mar. 2022.

[3] Disponível em: https://www.ugent.be/re/mpor/law-technology/en/research/childrens-rights.htm.

A doutrina tem criticado a distinção para o tratamento de crianças e adolescentes adotada no *caput* do art. 14 da LGPD, que só exigiu, expressamente, o consentimento dos pais para as crianças. A aplicação dessa disciplina pode trazer algumas discussões importantes. Isso porque, sob a ótica da legislação civil, consideram-se absolutamente incapazes os menores de 16 anos (art. 3º do CC), de modo que, em regra, não podem celebrar negócios jurídicos válidos sem a devida representação dos pais.

Ainda que se admita que as pessoas com 12 anos dispõem de certa maturidade intelectual, o que, aliás, justifica que não sejam mais consideradas como "crianças" pelo ECA, é muito difícil imaginar que elas serão capazes de compreender toda a extensão e as consequências de termos e condições contratuais que, diversas vezes, se revelam ininteligíveis inclusive para adultos.

De fato, a utilização das plataformas digitais, por exemplo, ante os inúmeros desdobramentos da coleta e tratamento de dados de seus usuários, é instrumentalizada por meio de negócios jurídicos cujos efeitos são muito mais complexos e gravosos do que grande parte dos contratos previstos no Código Civil.

Logo, é bastante problemática a dispensa do consentimento parental a partir dos 12 anos. Não é sem razão que parte da doutrina sustenta que uma interpretação sistemática da LGPD, especialmente à luz da Constituição Federal, a fim de exigir o consentimento parental específico também para os adolescentes até 16 anos.

 Doutrina Brasileira – Isabella Henriques, Mariana Pita e Pedro Hartung

"Nada menciona, contudo, a LGPD no tocante ao consentimento parental no caso dos adolescentes, o que traz a necessidade de que esse dispositivo da lei especial ser interpretado conjuntamente com a doutrina da proteção integral e a regra da absoluta prioridade estabelecidas pelo art. 227 da Constituição Federal e pelo próprio *caput* do art. 14, que estabelece a necessidade de o tratamento de dados pessoais ser realizado com vistas a garantir o melhor interesse também dos adolescentes. Assim, ainda que § 1º não mencione os adolescentes, não faria sentido deixá-los desprovidos da igual e devida proteção, sob pena de se violar as garantias constitucional dessas pessoas.

Cap. X • A TUTELA DE DADOS DE SUJEITOS VULNERÁVEIS | 247

(...)

Dessa forma, entende-se indispensável o consentimento parental ou de pessoa responsável legal para o tratamento de dados pessoais de crianças e adolescentes de até 16 anos de idade, observando-se a forma prevista no referido 14, § 1º, da LGPD, devendo assim o consentimento ser específico e em destaque"[4].

Em relação às crianças, a proibição do repasse de dados a terceiros é reforçada, ainda, pelo art. 14, § 3º, que veda, em qualquer caso, o compartilhamento sem o consentimento dos pais do responsável legal. Com isso, cria-se dever que, longe de se restringir ao controlador originário – aquele que coletou ou tratou originariamente os dados –, estende-se a todos aqueles que irão ter acesso aos dados, dos quais se exige o dever de verificar a licitude do procedimento de acesso ou compartilhamento, inclusive no que diz respeito ao consentimento específico do titular.[5]

A manifesta assimetria de poder entre os usuários (consumidores) e as plataformas (fornecedoras) é reforçada pelo imenso do volume de informações que o usuário não tem condições de compreender nem de avaliar, o que inviabiliza que haja um processo genuíno de tomada de decisão.[6]

Essa preocupação se reforça diante do critério de idade fixado na LGPD, que só exige o consentimento dos pais para menores de 12 anos, deixando a cargo de absolutamente incapazes decisões complexas, cujo consentimento pleno e informado, como visto, é um desafio inclusive para os próprios pais.

Além disso, o consentimento qualificado descrito na LGPD também se baseia na ficção de que os consumidores poderão barganhar por privacidade ou simplesmente deixar de contratar. Ora, a posição dominante exercida por várias plataformas e outros controladores de dados poderosos, decorrente da falta de rivalidade, e aliadas a cláusulas do tipo "pegar ou largar" torna muito discutível a legitimidade do consentimento.

Retomam-se aqui as observações já feita em relação à falácia da soberania do consumidor quando se tratou do consentimento como base legal no Capítulo VI. Se há razões para questionar a legitimidade do consentimento mesmo em relação a adultos bem informados, imagine-se no tocante a crianças e adolescentes.

Daí a imperiosa necessidade de que seja observado o princípio do melhor interesse no tratamento de dados de crianças e adolescentes, como expressamente determina o *caput* do art. 14, além do § 4º do mesmo dispositivo, independentemente do consentimento dos pais.

---

[4] HENRIQUES, Isabella; PITA, Marina; HARTUNG, Pedro. A proteção de dados pessoais de crianças e adolescentes. In: DONEDA, Danilo (coord.); SARLET, Ingo Wolfgang (coord.); MENDES, Laura Schertel (coord.); RODRIGUES JUNIOR, Otavio Luiz (coord.); BIONI, Bruno Ricardo (coord.). *Tratado de Proteção de Dados Pessoais*. Rio de Janeiro: Forense, 2021. p. 212-213.

[5] Disponível em: https://www.ugent.be/re/mpor/law-technology/en/research/childrens-rights.htm.

[6] TEIXEIRA, Ana Carolina Brochado; RETTORE, Anna Cristina de Carvalho. A autoridade parental e o tratamento de dados pessoais de crianças e adolescentes. In: TEPEDINO, Gustavo (coord.); FRAZÃO, Ana (coord.); DONATO, Milena (coord.). *Lei Geral de Proteção de Dados Pessoais e suas repercussões no Direito Brasileiro*. 2. ed. São Paulo: Thomson Reuters, 2020. p. 536.

248 | CURSO DE PROTEÇÃO DE DADOS PESSOAIS – *Frazão • Carvalho • Milanez*

A LGPD impõe, ainda, o dever de o controlador realizar todos os esforços razoáveis para verificar que o consentimento foi dado pelo responsável pela criança, consideradas as tecnologias disponíveis (art. 14, § 5º, da LGPD). O consentimento parental deve ser, portanto, passível de verificação, incumbindo, ao controlador, o ônus de realizar os melhores esforços para assegurar que os pais, plenamente informados, manifestem sua concordância com a política de privacidade que será conferida aos dados de seus filhos.

Diante de todas essas limitações e dificuldades para se assegurar, de maneira efetiva, que o consentimento será livre e plenamente informado, é imperioso entender que a coleta e tratamento de coleta de dados deverá sempre atender ao princípio do melhor interesse de crianças e de adolescentes na coleta dos dados, seja o consentimento concedido pelos pais, no caso da criança, seja pelo próprio titular, seja nas demais bases legais de tratamento de dados previstas no inciso II do art. 11.

X.1.3. O princípio do melhor interesse da criança e do adolescente na coleta de dados

O princípio do melhor interesse da criança é corolário da teoria da proteção integral, consagrada expressamente pela Constituição Federal, no art. 227. Referido princípio já era utilizado para resolução de conflitos antes da promulgação do texto constitucional, como descrito anteriormente. A partir da Constituição de 1988, o princípio adquire sentido específico, informado pela cláusula geral de tutela da pessoa humana.[7]

Trata-se de critério hermenêutico e de resolução dos conflitos, que deve nortear tanto a elaboração de leis quanto sua execução, assim como a formatação de políticas públicas relativas às crianças e adolescentes. É um princípio à luz do qual deve ser interpretada toda questão que envolva qualquer criança ou adolescente.

Seguindo essa linha, Tânia da Silva Pereira[8] deixa claro que o princípio prevalece mesmo em detrimento dos interesses dos pais. Nas palavras da autora, "a aplicação do princípio do *best interest* permanece como um padrão considerando sobretudo, as necessidades da criança em detrimento dos interesses de seus pais, devendo-se realizar sempre uma análise do caso concreto". Apesar de seu conceito indeterminado, o princípio não pode ser interpretado de maneira aleatória, devendo ser entendido no sentido que leve ao adimplemento do espírito da Constituição e das garantias por ela previstas, como alerta Heloísa Helena Barboza.[9]

---

[7]   TEPEDINO, Gustavo. A disciplina da filiação na perspectiva civil-constitucional. In: TEPEDINO, Gustavo. Temas de direito civil., Rio de Janeiro: Renovar, 1999, p. 395. Ver também: BARBOZA, Heloísa Helena. O princípio do melhor interesse da criança. In: PEREIRA, Rodrigo da Cunha (org.). *Direito de família*: a família na travessia do milênio. Belo Horizonte: IBDFAM: OAB-MG: Del Rey, 2000. p. 206.

[8]   PEREIRA, Tânia da Silva. O "melhor interesse da criança". In: PEREIRA, Tânia da Silva (Coord.). *O melhor interesse da criança*: um debate interdisciplinar. Rio de Janeiro: Renovar, 1999. p. 3.

[9]   BARBOZA, Heloísa Helena. Paternidade responsável: o cuidado como dever jurídico. In: PEREIRA, Tânia da Silva; OLIVEIRA, Guilherme de. *Cuidado e responsabilidade*. São Paulo: Atlas, 2011. p. 86.

Nesse cenário, não há dúvida de que o consentimento expresso dos pais não afasta a obrigação descrita no *caput* do art. 14 de que o tratamento dos dados pessoais seja feito no melhor interesse da criança. A própria topografia da LGPD, que inseriu a observância do melhor interesse do melhor no *caput* é evidência disso.[10]

Note-se que, mesmo quando os pais manifestam vontade clara, inequívoca e informada em determinado sentido, é necessário avaliar se a decisão atende ao melhor interesse, cuja observância, como descrito anteriormente, é de observância obrigatória em toda questão que envolva crianças e adolescentes.

Com maior razão, deve-se dar primazia a esse princípio em relação ao consentimento dos pais quanto à tutela dos dados pessoais, ante as dificuldades de assegurar que esse consentimento se dará de forma livre e plenamente informada. Muitas vezes, as políticas de privacidade se valem de redações truncadas ou vagas, para, por via transversa, obter o consentimento dos usuários para fins sequer compreendidos pelos pais. Some-se a posição dominante das plataformas que restringe a liberdade de consentimento.

Não há, portanto, outra conclusão possível senão a de que a obrigação dos agentes de tratamento atuar em conformidade com o melhor interesse da criança subsiste ainda que os pais, expressamente, consintam com a coleta, tratamento e utilização de dados que não estejam em consonância com esse fim.

A bem da verdade, não se poderia sequer admitir qualquer conduta por parte de agentes de tratamento contrária ao princípio do melhor interesse da criança, o que violaria flagrantemente a LGPD e a Constituição Federal. Em decorrência, com ou sem o consentimento dos pais, a formulação da política de privacidade deverá, necessariamente, atender ao melhor interesse da criança.

É preciso ainda considerar os riscos – muito dos quais ainda não conhecidos – a serem suportados por indivíduos que são monitorados e têm os seus dados coletados desde a mais tenra infância. Daí advertirem Ana Carolina Brochado Teixeira e Anna Rettore[11] que o atendimento do melhor interesse da criança exige que os seus dados não sejam utilizados "como meio de classificação dos futuros adultos por suas preferências e modos de vida, aprofundando uma postura discriminatória que dificulte ainda mais uma igualdade de oportunidades, segundo as competências, as habilidades reais e condições pessoais ou para buscar um emprego, por exemplo". É preciso, como destacam as autoras, proteger suas memórias, para que interesses de mercado não levem ao condicionamento de sua vida adulta.[12]

---

[10] BARBOZA, Heloísa Helena et al. Contornos jurídicos do apadrinhamento no direito brasileiro: considerações à luz do melhor interesse de crianças e adolescentes. *RJLB*, ano 6, nº 3, p. 855-896, 2020. Disponível em https://www.cidp.pt/revistas/rjlb/2020/3/2020_03_0855_0896.pdf. Acesso em: 22 jul. 2020.

[11] TEIXEIRA, Ana Carolina Brochado; RETTORE, Anna Cristina de Carvalho. A autoridade parental e o tratamento de dados pessoais de crianças e adolescentes. In: TEPEDINO, Gustavo (coord.); FRAZÃO, Ana (coord.); DONATO, Milena (coord.). *Lei Geral de Proteção de Dados Pessoais e suas repercussões no Direito Brasileiro*. 2. ed. São Paulo: Thomson Reuters, 2020. p. 543.

[12] TEIXEIRA, Ana Carolina Brochado; RETTORE, Anna Cristina de Carvalho. A autoridade parental e o tratamento de dados pessoais de crianças e adolescentes. In: TEPEDINO, Gustavo (coord.); FRAZÃO, Ana (coord.); DONATO, Milena (coord.). *Lei Geral de Proteção de Dados Pessoais e suas repercussões no Direito Brasileiro*. 2. ed. São Paulo: Thomson Reuters, 2020. p. 545.

Um dos desdobramentos inequívocos do dever de observância do melhor interesse da criança e do adolescente está previsto no § 4º do art. 14, traduzido na vedação à exigência de informações pessoais além do estritamente necessário, o que não deixa de ser um reforço dos já mencionados princípios da necessidade e da minimicidade, que se tornam ainda mais relevantes diante de crianças e adolescentes.

Procurando também superar muitos dos inconvenientes de cláusulas do tipo "pegar ou largar", a LGPD previu, como regra, que serviços ofertados pela internet para crianças não devem ser condicionados ao fornecimento de informações pessoais, salvo as estritamente necessárias à atividade, nos termos do § 4º do art. 14. Portanto, caso haja o desrespeito a tal previsão, o tratamento deve ser considerado abusivo, mesmo tendo havido o consentimento de pelo menos um dos pais ou do responsável legal pela criança.

Condicionar o acesso ao fornecimento de dados pessoais, além do estritamente necessário para a utilização e a melhoria do serviço, assegura o chamado *behavioral surplus*,[13] no qual se baseia o capitalismo de vigilância. Em relação às crianças, contudo, essa prática foi expressamente vedada pelo art. 14, § 1º, da LGPD. A previsão busca reduzir os efeitos deletérios que cláusulas do tipo cláusulas do tipo "pegar ou largar" poderiam produzir.

No que se refere aos adolescentes, ainda que não exista previsão expressa, a interpretação decorre não somente da referência do *caput* do art. 14, que impõe a observância do princípio do melhor interesse no tratamento de dados pessoais tanto de crianças quanto de adolescentes, como dos próprios princípios da finalidade e da necessidade (art. 6º, I e III, da LGPD), que apenas admitem – inclusive para adultos – a coleta dos dados absolutamente indispensáveis para os propósitos legítimos a que devem ser destinados.

Acresce que, não bastassem as regras já existentes sobre os deveres de transparência e informação, o § 6º do art. 14 ainda prevê que as informações sobre o tratamento de dados devem ser fornecidas de maneira simples, clara e acessível, consideradas as características físico-motoras, perceptivas, sensoriais, intelectuais e mentais do titular, com uso de recursos audiovisuais quando adequado, de forma a proporcionar a informação necessária aos pais ou ao responsável legal e adequada ao entendimento da criança.

A LGPD impõe, portanto, um ônus a mais aos controladores, exigindo-se que os deveres de informação e de transparência sejam adequados à capacidade de compreensão das crianças e dos adolescentes, inclusive com a utilização de recursos audiovisuais, quando necessário.

O princípio do melhor interesse da criança e do adolescente também impõem padrões mais rigorosos para o tratamento de dados desse público, aumentando consideravelmente o dever de cuidado por parte de agentes de tratamento.

Por fim, vale lembrar que, na medida em que a LGPD precisa ser interpretada em conformidade com uma série de outros instrumentos legislativos, tais como

---

[13] ZUBOFF, Shoshana. *The age of surveillance capitalism. The fight for a human future at the new frontier of power*. New York: Public Affairs, 2019. p. 79.

o ECA e o CDC, várias outras limitações se apresentam, tais como a proibição de tratamentos de dados para fins de direcionamento de publicidade a crianças.[14]

📚 Dica de Leitura

- Título do Parecer: Dever geral de cuidado das plataformas diante de crianças e adolescentes[15]

  Autor: Ana Frazão

X.1.4. Bases legais para tratamento de dados de crianças e adolescentes: interpretação à luz do princípio do melhor interesse

O consentimento, como se infere dos arts. 7º e 11 da LGPD, constitui uma das bases legais para o tratamento de dados, mas não é a única. Diante disso, é necessário perquirir se essas outras bases também se aplicam aos dados de crianças e adolescentes, ainda mais quando a LGPD, ao tratar da questão, apenas enfatizou de modo expresso a necessidade de consentimento de pelo menos um dos pais ou do representante legal.

Verdade seja dita que, na seção relativa ao tratamento de dados de crianças e adolescentes, a LGPD, no § 3º do art. 14, já estabeleceu duas exceções em que será dispensado o consentimento dos pais no que se refere ados dados de crianças: (i) quando a coleta de dados for necessária para contatar os pais ou o responsável legal e, mesmo nesse caso, os dados só poderão ser utilizados uma única vez, sendo vedado o armazenamento e (ii) para a proteção da criança. Em ambos os casos, a Lei proíbe que os dados sejam repassados a terceiros sem o consentimento de pelo menos um dos pais ou do responsável legal.

As hipóteses de dispensa são demasiado amplas e vagas, o que pode gerar desafios interpretativos, abrindo margem para abusos. Essa alternativa, entretanto, deve ser compreendida em conjunto, o que, necessariamente, impõe que a finalidade de proteção seja legítima, evidente e necessária, assim como o meio deve ser adequado e o menos invasivo possível para assegurar tal intento.[16]

---

[14] HENRIQUES, Isabella; PITA, Marina; HARTUNG, Pedro. A proteção de dados pessoais de crianças e adolescentes. In: DONEDA, Danilo (coord.); SARLET, Ingo Wolfgang (coord.); MENDES, Laura Schertel (coord.); RODRIGUES JUNIOR, Otavio Luiz (coord.); BIONI, Bruno Ricardo (coord.). *Tratado de Proteção de Dados Pessoais*. Rio de Janeiro: Forense, 2021. p. 218-221.

[15] Disponível em: https://criancaeconsumo.org.br/biblioteca/dever-geral-de-cuidado--das-plataformas-diante-de-criancas-e-adolescentes/#:~:text=No%20parecer%20 %E2%80%9CDever%20geral%20de,por%20viola%C3%A7%C3%B5es%20de%20 direitos%20infantis.

[16] FRAZÃO, Ana. Nova LGPD: as demais hipóteses de tratamento de dados pessoais. *Jota*. Disponível em: https://www.jota.info/paywall?redirect_to=//www.jota.info/opiniao-e--analise/colunas/constituicao-empresa-e-mercado/nova-lgpd-as-demais-hipoteses-de--tratamento-de-dados-pessoais-19092018. Acesso em: 6 mar. 2022.

252 | CURSO DE PROTEÇÃO DE DADOS PESSOAIS – *Frazão • Carvalho • Milanez*

Alguns autores, como Fernando Eberlin,[17] entendem que as hipóteses de dispensa de consentimento dos pais previstas no § 3º do art. 14, são taxativas, de modo que não se aplicariam às crianças as hipóteses legais de tratamento previstas no art. 7º da LGPD.[18] Embora o autor se refira exclusivamente aos incisos do art. 7º, seguindo essa linha de raciocínio, pelo mesmo motivo, seria forçoso concluir que também não seriam aplicáveis às crianças, as bases legais referentes aos dados sensíveis, previstas nas alíneas do inciso II do art. 11.

Embora sem afastar de maneira expressa a incidência do art. 7º e do art. 11, tal como o autor citado acima, Ana Carolina Brochado e Anna Cristina Rettore[19] afirmam que "as únicas exceções previstas para a exigência do consentimento parental se dão no caso de necessidade de 'coleta para contatar o pai ou responsável' ou 'para sua proteção'".

Outros admitem a incidência do art. 7º, VII, da LGPD, para reconhecer o tratamento de dados de crianças sem o consentimento de um dos pais ou responsável legal quando for necessário à proteção da criança, por força do princípio do melhor interesse.[20] A interpretação não destoa da mencionada anteriormente, na medida em que § 3º do art. 14 também se refere à necessidade de proteção.

De maneira diversa, Gustavo Tepedino e Chiara de Teffè[21] defendem que, como não há norma especial estabelecendo novas possibilidades para o tratamento, devem ser aplicadas, como regra, as disposições dos artigos 7º e 11.[22] Os

---

[17] EBERLIN, Fernando. *Direitos da criança na sociedade da informação*. São Paulo: Revista dos Tribunais, 2019.

[18] Nesse sentido: "Com base na legislação indicada, bem como na regra geral da GDPR, ressalvados posteriores entendimentos jurisprudenciais e determinações da ANPD, recomenda-se, como melhor prática que, na hipótese do titular menor de 16 anos completos, seja obtido o consentimento específico e em destaque dos pais ou responsáveis". FGV. Guia de Proteção de Dados Pessoais – Crianças e Adolescentes. 2020. Disponível em: https://portal.fgv.br/sites/portal.fgv.br/files/criancas_e_adolescentes.pdf. Acesso em: 6 mar. 2022.

[19] TEIXEIRA, Ana Carolina Brochado; RETTORE, Anna Cristina de Carvalho. A autoridade parental e o tratamento de dados pessoais de crianças e adolescentes. In: TEPEDINO, Gustavo (coord.); FRAZÃO, Ana (coord.); DONATO, Milena (coord.). *Lei Geral de Proteção de Dados Pessoais e suas repercussões no Direito Brasileiro*. 2. ed. São Paulo: Thomson Reuters, 2020.

[20] Ver: BOTELHO, Marcos César. A LGPD e a Proteção ao Tratamento de Dados Pessoais de Crianças e Adolescentes. *Revista de Direitos Sociais e Políticas Públicas (UNIFAFIBE)*, v. 8, n. 2, p. 197-231, 2020. p. 222.

[21] TEPEDINO, Gustavo; TEFFÉ, Chiara Spadaccini de. Consentimento e proteção de dados pessoais na LGPD. In: TEPEDINO, Gustavo (coord.); FRAZÃO, Ana (coord.); DONATO, Milena (coord.). *Lei Geral de Proteção de Dados Pessoais e suas repercussões no Direito Brasileiro*. 2. ed. São Paulo: Thomson Reuters, 2020.

[22] Ver: "Desse modo, levando em consideração os princípios estabelecidos na LGPD e em todo o ordenamento jurídico brasileiro, parece ser possível advogar que, para tratar dados de crianças e adolescentes, poderiam ser aplicadas as bases legais previstas nos incisos I a VIII do art. 7º, da LGPD – desde que estejam sempre orientadas pelo melhor interesse. Além disso, deve-se considerar a base legal estabelecida no art. 14, § 3º e, especificamente em relação ao consentimento para tratamento de dados de crianças, deve-se aplicar a regra do art. 14, § 1º Por fim, quando a hipótese envolver dados sensíveis de crianças e adolescentes, a conjunção será do art. 14 com o art. 11, da mesma normativa". FERNANDES, Elora; MEDON, Filipe. Proteção de crianças e adolescentes na LGPD: desafios interpretativos.

autores, contudo, lembram que a hipótese do art. 7º, IX, que trata do atendimento dos legítimos interesses do controlador ou de terceiro, não será possível, por expressa disposição legal, se "prevalecerem direitos e liberdades fundamentais do titular que exigem a proteção dos dados pessoais", ponderando que, no caso de crianças e adolescentes, "será importante considerar tal ressalva com maior cuidado". A conclusão dos autores aproxima-se do disposto no art. 6º (1) "f" do RGPD.

Assim, mesmo aqueles que admitem o tratamento de dados pessoais de crianças e adolescentes, sem consentimento, no legítimo interesse do controlador ou de terceiros, reconhecem que o sopesamento com os direitos dos titulares deve ser mais rigoroso.

Por fim, ainda há os autores que defendem que se aplicariam às crianças e adolescentes as bases legais previstas para os dados sensíveis, mas não as bases legais do art. 7º da LGPD, como é o caso de Isabella Henriques, Marina Pita e Pedro Hartung.[23]

Em princípio, o consentimento não parece ser a única base legal para o tratamento de dados de crianças e adolescentes, devendo-se admitir o tratamento também para (i) o cumprimento de obrigação legal ou regulatória pelo controlador; (ii) para a execução de políticas públicas e para a realização de estudos por órgãos de pesquisa, (iii) para o exercício regular de direitos em processo judicial, arbitral ou administrativo, (iv) para a proteção à vida ou à incolumidade do titular ou de

---

Revista Eletrônica da Procuradoria-Geral do Estado do Rio de Janeiro, v. 4, n. 2, 2021: "É possível que se entenda que as outras hipóteses que dispõem sobre o tratamento de dados pessoais sensíveis, previstas no inciso II do art. 11 da LGPD – que não a do consentimento, que possui previsão específica no art. 14, § 1º –, são válidas também para o tratamento de quaisquer dados pessoais de crianças e adolescentes, mesmo que não sejam considerados sensíveis nos termos da definição do art. 5º, II, da LGPD, e conquanto que haja observância ao melhor interesse dessas pessoas". HENRIQUES, Isabela; PITA, Mariana; HARTUNG, Pedro. A proteção de dados pessoais de crianças e adolescentes. In: DONEDA, Danilo (coord.); SARLET, Ingo Wolfgang (coord.); MENDES, Laura Schertel (coord.); RODRIGUES JUNIOR, Otavio Luiz (coord.); BIONI, Bruno Ricardo (coord.). *Tratado de Proteção de Dados Pessoais*. Rio de Janeiro: Forense, 2021. p. 214. Conferir ainda: "Importante ressaltar que além das duas exceções ao consentimento parental já mencionadas no § 3º (artigo 14), existem outras hipóteses que podem legitimar operações com dados de crianças. Os artigos 7º e 11 da LGPD indicam as bases legais que autorizam o tratamento de dados pessoais e de dados pessoais sensíveis, respectivamente. No entanto, ao trazer regras específicas para o tratamento de dados pessoais de crianças e adolescentes em sessão própria (III) do capítulo II, é preciso identificar se e quais hipóteses gerais (artigos 7º e 11) se aplicam a menores. (...) Portanto, a dinâmica no que se refere às crianças indica que o consentimento na forma como é estabelecido no artigo 14, § 1º será o requisito legal mandatório quando outras hipóteses relacionadas tanto no artigo 7º, quanto no artigo 11, não se constituírem como enquadramento adequado, ressalvado o legítimo interesse do controlador". PALMEIRA, Mariana; MULHOLLAND, Caitlin. As bases legais para tratamento de dados da criança e a abrangência dos parágrafos do artigo 14 da LGPD. *Migalhas*. 2021. Disponível em: https://www.migalhas.com.br/coluna/migalhas-de-protecao-de-dados/351794/as-bases-legais-para-tratamento-de-dados-da-crianca.

[23] HENRIQUES, Isabela; PITA, Marina; HARTUNG, Pedro. A proteção de dados pessoais de crianças e adolescentes. In: DONEDA, Danilo (coord.); SARLET, Ingo Wolfgang (coord.); MENDES, Laura Schertel (coord.); RODRIGUES JUNIOR, Otavio Luiz (coord.); BIONI, Bruno Ricardo (coord.). *Tratado de Proteção de Dados Pessoais*. Rio de Janeiro: Forense, 2021. p. 214.

terceiro, assim como para a tutela da saúde, (v) além, da garantia de prevenção à fraude e à segurança do titular. Assim, não parece recomendável afastar a aplicação das alíneas "a" a "g" do inciso II do art. 11 da LGPD.

A LGPD não parece ter distinguido dados sensíveis e dados pessoais de crianças e adolescentes, preferindo instituir tratamento único, mais protetivo. No que se refere às bases legais, entretanto, é razoável aplicar a regra prevista para os dados sensíveis, que impõe disciplina mais rigorosa ao tratamento de dados quando não há consentimento, afastando, por exemplo, essa possibilidade quando se trata do legítimo interesse do controlador ou de terceiros ou pelo menos restringindo consideravelmente o âmbito de incidência desta base legal diante de crianças e adolescentes, submetendo-a a parâmetros e testes muito mais rigorosos.

Mais do que isso, mesmo as bases legais para os dados sensíveis devem ser aplicadas apenas se forem compatíveis com o princípio do melhor interesse da criança, pois já se viu que a tutela especial e prioritária das crianças e adolescentes foi expressamente prevista no texto constitucional, que adotou a doutrina da proteção integral.

Assim, a possibilidade de tratamento de dados de crianças e adolescentes, mormente diante dos acentuados riscos a seus direitos de personalidade, deve ser interpretada de maneira restrita e rigorosa. Não é sem razão que, independentemente da Constituição Federal e do ECA, o *caput* do art. 14 exige expressamente a observância do melhor interesse desses indivíduos.

Portanto, a noção vaga de legítimo interesse do controlador poderia colocar em xeque a proteção especial garantia às crianças e aos adolescentes, abrindo espaço para condutas abusivas. O próprio art. 7º, IX, da LGPD reconhece que o tratamento de dados para atender os interesses legítimos do controlador ou de terceiro não será possível quando prevalecerem direitos e liberdades fundamentais do titular que exijam a proteção dos dados pessoais, tal como ocorre no caso de dados de crianças e adolescentes.

Da mesma maneira, a aplicação automática das bases legais para dados sensíveis, sem o devido sopesamento com o melhor interesse da criança, também poderia abrir espaço para tratamentos incompatíveis com o nível de proteção esperado.

Dessa forma, o princípio do melhor interesse da criança deve ter prioridade absoluta, funcionando como vértice interpretativo da disciplina do tratamento de dados desses sujeitos de direito.

X.1.5. Dever de cuidado em relação a crianças e adolescentes

Em relação ao tratamento de dados das crianças e adolescentes, a própria LGPD, como visto, já impõe, expressamente, uma série de obrigações específicas aos controladores de dados – dentre os quais se incluem as plataformas digitais –, assim como estabelece a obrigatoriedade de que seja considerado o princípio do melhor interesse da criança e do adolescente.

Não obstante, o princípio da boa-fé objetiva, no seu desdobramento de dever de cuidado, apresenta incidência ainda mais protetiva no que diz respeito a crianças e adolescentes, de forma a exigir a observância de diversos deveres anexos decorrentes do princípio do melhor interesse da criança.

Nos termos previstos pelo art. 42 da LGPD, o descumprimento dessas medidas que der causa a dano patrimonial, moral, individual ou coletivo implicará o dever de reparação, que só será afastado quando ficar demonstrado que o agente não realizou o tratamento de dados que lhe é atribuído, ou que não houve violação à legislação de proteção de dados ou que o dano decorre de culpa exclusiva do titular dos dados ou de terceiro.

A Lei também acolheu a ideia do *privacy by design*, exigindo que a segurança e o sigilo dos dados sejam levados em consideração desde a fase de concepção e desenvolvimento dos serviços, como determina expressamente o art. 46, § 2º.

Como explica Carlos Affonso da Pereira de Souza,[24] a proteção de dados não será apenas assegurada pelo cumprimento de parâmetros regulatórios, mas sim por meio de um repensar por parte do agente de tratamento de dados sobre como a sua atividade pode impactar o usuário e terceiros e traduzir isso em medidas que transformam os processos de criação, desenvolvimento, aplicação e avaliação de produtos e serviços.

Segundo o autor, o *privacy by design* traduz-se em diversos princípios, dentre os quais:[25]

1. **Proatividade e prevenção:** deve haver a antecipação e a prevenção dos riscos à privacidade, em vez de uma postura meramente reativa.

2. **Privacidade por padrão:** dispensa-se a atuação dos indivíduos para a proteção de sua privacidade, que será intrínseca ao sistema;

3. **Privacidade incorporada ao *design*:** as medidas de proteção abrangem o design do produto, tornando-se um componente essencial dele;

4. **Respeito à privacidade do usuário:** os interesses do usuário devem receber proteção prioritária, instituindo-se padrões de privacidade rigorosos, avisos apropriados e opções de fácil utilização.

Se tais cuidados já seriam exigíveis diante de qualquer titular de dados, tornam-se ainda mais imperiosos diante de vulneráveis, como é o caso das crianças e dos adolescentes.

Daí por que a LGPD se junta ao ECA, ao Código Civil e ao Código de Defesa do Consumidor para reiterar a importância da observância do dever de cuidado, inclusive – e principalmente – sob o aspecto preventivo, ou seja, para o fim de evitar o dano.

X.2. PROTEÇÃO DE OUTROS SUJEITOS VULNERÁVEIS

É certo que a LGPD apenas disciplinou regras específicas para o tratamento de dados em relação a crianças e adolescentes. No entanto, há outros sujeitos

---

24   SOUZA, Carlos Affonso Pereira. Segurança e Sigilo dos Dados Pessoais: primeiras impressões à luz da Lei 13.709/2018. In: FRAZÃO, Ana; TEPEDINO, Gustavo; OLIVA, Milena Donato (coords.). *Lei Geral de Proteção de Dados e suas repercussões no Direito Brasileiro* [edição eletrônica]. São Paulo: Revista dos Tribunais, 2019. p. 539.

25   SOUZA, Carlos Affonso Pereira. Segurança e Sigilo dos Dados Pessoais: primeiras impressões à luz da Lei 13.709/2018. In: FRAZÃO, Ana; TEPEDINO, Gustavo; OLIVA, Milena Donato (coords.). *Lei Geral de Proteção de Dados e suas repercussões no Direito Brasileiro* [edição eletrônica]. São Paulo: Revista dos Tribunais, 2019. p. 539.

vulneráveis que também merecem atenção e cujo dados pessoais tratados a ANPD, de uma forma ou de outra, deverá disciplinar regras especiais. São eles: idosos, pessoas com deficiência, iletrados, pessoas negras, comunidade LGBTQIA+, imigrantes e refugiados, indígenas, indivíduos em situação de rua, entre outros.

Quanto aos idosos, a própria LGPD já dispõe, em seu art. 55-J, XIX, sobre a competência da ANPD de garantir que o tratamento dos seus dados seja realizado de maneira simples, clara, acessível e adequada ao seu entendimento, assim como acontece no caso de crianças e adolescentes, nos termos do § 6º do art. 14.

> **LGPD, Art. 55-J.** Compete à ANPD: (...)
>
> **XIX** – garantir que o tratamento de dados de idosos seja efetuado de maneira simples, clara, acessível e adequada ao seu entendimento, nos termos desta Lei e da Lei nº 10.741, de 1º de outubro de 2003 (Estatuto do Idoso);

> **LGPD, Art. 14, § 6º** As informações sobre o tratamento de dados referidas neste artigo deverão ser fornecidas de maneira simples, clara e acessível, consideradas as características físico-motoras, perceptivas, sensoriais, intelectuais e mentais do usuário, com uso de recursos audiovisuais quando adequado, de forma a proporcionar a informação necessária aos pais ou ao responsável legal e adequada ao entendimento da criança.

É possível perceber que a LGPD, neste ponto, está harmonizada com o Estatuto do Idoso, apresentando uma proteção substancial em razão das limitações da idade. Nesse aspecto, quando do tratamento de dados pessoais de idosos, é fundamental considerar as suas vulnerabilidades, de forma a adaptar, por exemplo, o formato da disponibilização de informações a eles.

Assim, a despeito de a finalidade da coleta e tratamento dos dados dever ser muito bem esclarecida para todos os titulares, em se tratando de idosos, elas devem ser repassadas de forma a garantir o pleno entendimento da finalidade, utilização, armazenamento, formas de acesso, tempo de armazenamento e até mesmo consequências em caso de vazamento ou incidentes de segurança. Caso contrário, a coleta baseada no consentimento, por exemplo, se dará de forma ilegítima.

Diante disso, algumas questões devem ser levadas em consideração, como assevera o Diretor da ANPD Arthur Sabbat,[26] a saber: (i) a maior dificuldade dos idosos em acompanhar a evolução tecnológica incorporada nos equipamentos pessoais de uso diário, como *smartphones*; (ii) a maior dificuldade em compreender as tecnologias digitais emergentes, devido ao intenso *background* baseado em recursos analógicos; (iii) a maior dificuldade em acompanhar o intenso processo de digitalização dos serviços públicos; (iv) a utilização, mais frequente e com maior

---

[26] SABBAT, Arthur Pereira. Proteção de dados pessoais de idosos. Disponível em: https://www.linkedin.com/pulse/prote%25C3%25A7%25C3%25A3o-de-dados-pessoais-idosos--arthur-pereira-sabbat/?trackingId=oIilDG7hQKqzeVr9OzpFZQ%3D%3D. Acesso em: 6 mar. 2022.

Cap. X • A TUTELA DE DADOS DE SUJEITOS VULNERÁVEIS | **257**

amplitude, dos serviços de saúde públicos e privados, bem de planos de saúde, o que leva a maior compartilhamento de dados pessoais; (v) a maior dificuldade em perceber tentativas de fraude (especialmente *phishing*); (vi) a maior dificuldade em compreender a real extensão de riscos em atividades baseadas em recursos tecnológicos; e (vii) o reduzido conhecimento da LGPD.

Além dos idosos, é importante que as pessoas com deficiência também recebam proteção especial. Nesse sentido, adverte-se que, segundo o art. 2º da Lei 13.146/2015 – Estatuto da Pessoa com Deficiência –, a pessoa com deficiência é aquela que tem impedimento de longo prazo de natureza física, mental, intelectual ou sensorial, o qual, em interação com uma ou mais barreiras, pode obstruir sua participação plena e efetiva na sociedade em igualdade de condições com as demais pessoas, motivo pelo qual ela tem proteção especial em razão de sua situação de vulnerabilidade.

Assim, em razão da deficiência, muitas vezes, essas pessoas não conseguem exercer plenamente seus direitos como titulares de dados, necessitando de mecanismos adaptados que garantam maior acessibilidade aos agentes de tratamento. Outra preocupação é o potencial discriminatório do tratamento de dados sensíveis de pessoas com deficiência, diante da possibilidade de segregação ou exclusão em razão de suas condições, já que as pessoas com deficiência constituem grupo estigmatizado e inferiorizado socialmente.[27]

Por exemplo, é possível alterar o tamanho, formatação e cor do texto da política de privacidade destinada a pessoas com deficiência (incluindo mecanismos de leitura em voz alta e envio das Políticas de Privacidade em braile).

Já em relação a pessoas iletradas, o treinamento de funcionários é fundamental, a fim de oferecer uma explicação detalhada sobre o tratamento quando for necessário coletar o consentimento por exemplo, já que ainda mais importante do que sua ciência expressa é a certeza de que ele compreendeu integralmente o conteúdo do termo. Nesse caso, a assinatura pode, inclusive, ser feita de forma eletrônica, para que seja possível coletar o desenho do nome ou a identificação por impressão datiloscópica, para o caso daqueles que não sabem escrever.

Por fim, merecem destaque ainda alguns grupos sociais vulneráveis. Em relação à população negra, a maior preocupação é com tratamentos discriminatórios, como em processos seletivos, análises de crédito, oferta de serviços etc. Outro grande foco de preocupação em relação a negros diz respeito à utilização de tratamentos de dados pelo poder público para investigações policiais, implementação de estratégias de polícia preditiva e de avaliação de periculosidade dos indivíduos.

Instrumento interessante para a compreensão dessas preocupações é a Linha do Tempo do Racismo Algorítmico estruturada por Tarcízio Silva, em que lista, de

---

[27] BARBOZA, Heloisa Helena; PEREIRA, Paula Moura Francesconi de Lemos; ALMEIDA, Vitor. Proteção dos dados pessoais da pessoa com deficiência. In: FRAZÃO, Ana; TEPEDINO, Gustavo; OLIVA, Milena Donato (coords.). *Lei Geral de Proteção de Dados e suas repercussões no Direito Brasileiro*. São Paulo: Revista dos Tribunais, 2019.

forma cronológica, os principais eventos que evidenciam as mazelas decorrentes de tal fenômeno.[28]

Outro caso interessante é o relacionado ao COMPAS (Correctional Offender Management Profiling for Alternative Sanctions), *software* desenvolvido pela empresa Northpointe Inc. no intuito de analisar se um acusado em processo criminal teria maior ou menor probabilidade de reincidência delitiva, tendo sido utilizado nos sistemas criminais de alguns estados norte-americanos, notadamente o de Wisconsin, onde o algoritmo em questão foi inclusive questionado judicialmente.[29]

No conhecido caso Wisconsin v. Loomis, a Suprema Corte de Wisconsin procurou justamente verificar em que medida um indivíduo poderia impugnar as conclusões de um algoritmo.[30] Na ocasião, entendeu o Tribunal que seria possível exercer o direito de defesa ao impugnar os insumos oferecidos ao algoritmo.[31]

No entanto, intensos debates acadêmicos associados ao caso, conduzidos especialmente pela rede de jornalistas independentes ProPublica, demonstraram que, a partir do COMPAS, réus negros tinham probabilidades muito mais altas do que réus brancos de serem imputados com um maior risco de reincidência, a demonstrar os vieses associados ao algoritmo.[32] A Suprema Corte de Wisconsin, no entanto, não vedou o uso do COMPAS, mas tão somente assinalou que o sistema deveria ser utilizado com "limitações e cautelas" (*limitations and cautions*). [33]

Também em relação a questões de gênero, surgem muitos problemas de discriminação algorítmica, muitos dos quais já têm sido denunciados pela imprensa e abordados pela leitura específica.

Doutrina Brasileira – Maria Cristine Lindoso

"[Com base em definição de discriminação construída ao longo da obra], criou-se uma tipologia de como ela pode ocorrer nos processos automatizados, dividida da seguinte maneira: (i) discriminação de gênero pelos dados e bases de dados; e (ii) discriminação de gênero por algoritmos.

O primeiro tipo – discriminação de gênero pelos dados e bases de dados – diz respeito aos erros que podem ser localizados em relação à imperícia no uso dos dados pessoais utilizados como fundamento e durante o processo decisório. Como será verificado, existe uma importância fundamental em relação à representativi-

---

[28] SILVA, Tarcízio. *Linha do Tempo do Racismo Algorítmico: casos, dados e reações*. Disponível em: https://tarciziosilva.com.br/blog/destaques/posts/racismo-algoritmico-linha-do-tempo/. Acesso em: 24 fev. 2022.
[29] WASHINGTON, Anne L. How to argue with an algorithm: lessons from the COMPAS-PROPUBLICA debate. *The Colorado Technology Journal*, v. 17, n. 1, p. 131-160, 2018.
[30] WASHINGTON, Anne L. How to argue with an algorithm: lessons from the COMPAS-PROPUBLICA debate. *The Colorado Technology Journal*, v. 17, n. 1, p. 131-160, 2018.
[31] WASHINGTON, Anne L. How to argue with an algorithm: lessons from the COMPAS-PROPUBLICA debate. *The Colorado Technology Journal*, v. 17, n. 1, p. 131-160, 2018.
[32] ANGWIN, Julia et al. Machine Bias. Disponível em: https://www.propublica.org/article/machine-bias-risk-assessments-in-criminal-sentencing. Acesso em: 6 mar. 2022.
[33] WASHINGTON, Anne L. How to argue with an algorithm: lessons from the COMPAS-PROPUBLICA debate. *The Colorado Technology Journal*, v. 17, n. 1, p. 131-160, 2018.

dade dos dados, à conformidade com suas especificidades regulatórias e ao uso de dados que refletem informações pretéritas, que podem já estar contaminadas com vieses. Trata-se de uma etapa com potencial discriminatório que antecede, de certa forma, o *data mining* feito pelos sistemas automatizados de processos decisórios, mas que podem impactar diretamente em seus resultados. Essa discriminação de gênero pelos dados e base de dados pode se dar: (a) pela falta de representatividade de dados; (b) pelo uso de dados históricos; (c) pela supressão de dados pessoais sensíveis; e (d) pela anonimização de dados pessoais.

Já a discriminação de gênero por algoritmos foi abordada como sendo a etapa do processo decisório que, efetivamente, faz a análise estatística e que disponibiliza o resultado final. Essa etapa pode se utilizar dos dados pessoais contaminados por vieses, o que já ensejaria a discriminação de gênero, mas ela, por si só, também possui características de opacidade e não transparência que podem culminar em prejuízos à igualdade das mulheres. Ela pode se dar: (a) pelo desenho algorítmico; (b) pelo treinamento do algoritmo; e/ou (c) pelas correlações e inferências estatísticas do próprio *data mining*".[34]

Já em relação aos indivíduos em situação de rua, merecem destaque as inúmeras políticas públicas desenvolvidas pelo Poder Público, que movimentam uma quantidade gigantesca de dados pessoais, a criação de bancos de dados centralizados, a produção de indicadores e diagnósticos, bem como a sua hipossuficiência informacional quanto a todos esses processos.

> **Resolução 40/2020 do Conselho Nacional de Direitos Humanos**
>
> **Art. 19.** A formulação de políticas públicas para a população em situação de rua deve ter como base dados obtidos por meio de pesquisas e instrumentos censitários, utilizando metodologia diferenciada que facilite essa contagem, devendo estas estarem em consonância com a Resolução Conjunta nº 01/2016 do CNAS e CONANDA, com o Decreto nº 7.053/2009, com a Lei nº 13.146/2015 – Lei Brasileira de Inclusão da Pessoa com Deficiência e com outras normativas pertinentes.

> **Art. 44.** As equipes dos serviços, programa, projetos e benefícios sócio assistenciais devem planejar sua atuação a partir de diagnóstico sócio territorial, fundamentado em dados oficiais, nacionais, estaduais, municipais e distritais, da Vigilância Sócio Assistencial (Censo SUAS, RMA, Prontuário Eletrônico), Cadastro Único, IBGE, estudos e pesquisas certificadas, bem como dados da prática e experiência profissional.

> **Art. 85.** Os órgãos emissores da documentação civil básica devem assegurar o acesso aos documentos pelas pessoas em situação de rua, com a adoção das seguintes medidas: II – A criação de um sistema interligado entre os bancos de dados dos órgãos emissores de documentação civil,

---

[34] LINDOSO, Maria Cristine. *Discriminação de gênero no tratamento automatizado de dados pessoais:* Como a automatização incorpora vieses de gênero e perpetua a discriminação de mulheres. Rio de Janeiro: Processo, 2021. p. 111-112.

> que possibilitem a pessoa em situação de rua e outros grupos vulneráveis o acesso à documentação junto ao órgão solicitado sem a necessidade de apresentar documento físico comprobatório de identificação.

> **Art. 109.** Os entes federados devem assegurar o atendimento às demandas relacionadas à saúde da população em situação de rua, garantindo: XIII – Criação de instrumentos para produção de dados e informações a respeito da saúde da população em situação de rua para criar indicadores de saúde.

> **Art. 117.** A Vigilância Sanitária dos estados, municípios e Distrito Federal deve garantir fiscalização continuada dos espaços de atendimento da população em situação de rua, ofertados pelo poder público e organizações da sociedade civil, com inspeções no mínimo semestrais, sobretudo em relação a estrutura física, higienização dos espaços e qualidade da alimentação, encaminhando as fragilidades eventualmente observadas aos órgãos competentes para providências, a fim de propiciar condições adequadas para o bem-estar em saúde.
>
> § 1º A Vigilância Sanitária dos estados, municípios e Distrito Federal deve incluir nos seus registros de notificação compulsória os dados que identifiquem a situação de rua, a saber: notificação de óbito, IST, COvid-19, violências.
>
> § 2º O relatório de cada fiscalização deve estar disponível no sítio de internet da Vigilância Sanitária em até 30 dias.

Vale ressaltar que, sob vários ângulos, as pessoas pobres, ainda que não estejam em situação de rua, podem também ser consideradas vulneráveis. Tal como mostra Cathy O'Neil,[35] julgamentos algorítmicos podem potencializar as desigualdades sociais, beneficiando os mais ricos e tornando ainda mais difícil a vida dos mais pobres. Daí por que não é exagero afirmar que, no atual contexto da economia movida a dados, a pobreza é também uma importante vulnerabilidade a ser considerada.

Quanto a imigrantes e refugiados, a própria Lei de Migração (Lei 13.445/2017) estabelece o direito de acesso à informação e garantia de confidencialidade quanto aos dados pessoais do imigrante. A questão mais problemática, no entanto, é o risco de xenofobia, discriminação e criminalização da migração, especialmente diante da coleta obrigatória de diversos dados exigida pela Lei de Migração e pela Lei de Refúgio (Lei 9.474/1997), inclusive dados biométricos e de identificação pessoal, para a finalidade específica de identificação civil e processamento do pedido de refúgio.[36]

---

[35] O'NEIL, Cathy. *Weapons of math destruction:* how big data increases inequality and threatens democracy. Nova York: Crown, 2016.

[36] GEDIEL, José Antônio Peres; CORRÊA, Adriana Espíndola. Proteção de dados pessoais nos processos migratórios. In: DONEDA, Danilo (coord.); SARLET, Ingo Wolfgang (coord.);

Quanto à comunidade LGBTQIA+, é relevante notar que a preocupação com a privacidade igualmente está associada a graves preocupações com a segurança desses titulares de dados, notadamente diante de riscos associados ao vazamento de informações pessoais associadas a aplicativos e redes sociais que se apresentam como supostos espaços seguros, mas abrem espaço não somente para a discriminação desses sujeitos, mas também para a propagação dos já graves índices de violência contra tal comunidade.[37]

Por fim, em relação à comunidade indígena, preocupa a quantidade de bases de dados pessoais sobre essa comunidade, já que a ampliação dos sistemas de coleta de dados provoca um monitoramento potencial arriscado e perigoso das comunidades indígenas. Os dados sobre acampamentos que ainda lutam pela demarcação de terras, por exemplo, estão expostos na internet, juntamente com a descrição básica da população que nela está, o que é preocupante.[38]

Vale ressaltar que a identificação de alguns grupos vulneráveis, para efeitos do presente estudo, foi feita de forma meramente descritiva, com a finalidade exclusiva de mapear alguns dos principais problemas já mapeados a respeito do tema, mas jamais de excluir outras vulnerabilidades que, identificadas, precisarão ser igualmente protegidas.

Acresce que, em muitos casos, os sujeitos podem acumular muitas vulnerabilidades. É o caso da mulher negra – duas vulnerabilidades – e da mulher negra pobre e iletrada – quatro vulnerabilidades –, dentre inúmeros outros exemplos.[39] Caberá ao intérprete da LGPD considerar tais vulnerabilidades diante de situações assim, inclusive para o fim de proceder ao necessário diálogo de fontes normativas, já que tais questões ensejarão a aplicação da LGPD em conformidade com outros diplomas legislativos específicos e sempre à luz da Constituição Federal.

Dessa forma, a questão central em relação a sujeitos vulneráveis sempre será como levar a LGPD para todas as realidades e proteger todos os grupos vulneráveis na maior medida possível. Nesse sentido, considerar a realidade específica e peculiar de cada um é sempre o melhor direcionamento, seja no momento da coleta, da definição de todas as características do tratamento, da definição específica do período de retenção, da forma de disponibilização de informações, da construção do canal de comunicação para exercícios dos direitos do titular. Deve-se, portanto, adaptar tudo à realidade de cada um e considerar as vulnerabilidades, dificuldades, hipossuficiências e vivência de cada grupo vulnerável.

MENDES, Laura Schertel (coord.); RODRIGUES JUNIOR, Otavio Luiz (coord.); BIONI, Bruno Ricardo (coord.). *Tratado de Proteção de Dados Pessoais*. Rio de Janeiro: Forense, 2021.

[37] SRIRAM, Nivedita. Dating data: LGBT dating apps, data privacy, and data security. *Journal of Law, Technology & Policy*, n. 2, p. 507-528, 2020.

[38] CORDOVA, Yasodara. *Privacidade digital como direito do cidadão: o caso dos grupos indígenas do Brasil*. ArXiv: 2103.16455. 2021.

[39] BIROLI, Flavia; MIGUEL, Luis Felipe. Gênero, raça, classe: opressões cruzadas e convergências na reprodução das desigualdades. *Mediações – Revista de Ciências Sociais*, v. 20, n. 2. Dossiê – Desigualdades e Interseccionalidades. Londrina, 2015. p. 27-55.

Dica de Vídeo

● Título do Documentário: Coded Bias
Plataforma: Netflix

Capítulo XI

RELATÓRIO DE IMPACTO À PROTEÇÃO DE DADOS

Como se viu nos capítulos anteriores, o tratamento de dados, para ser lícito, precisa se justificar a partir de ao menos uma base legal e, ainda assim, respeitar os princípios e os direitos dos titulares de dados. Como muitos dos tratamentos podem apresentar riscos e complexidades, assim como muitas bases legais apresentam desafios adicionais, como é o caso do legítimo interesse, é esperado que agentes de tratamento adotem medidas procedimentais para controlar e mitigar esses riscos.

Dentre as obrigações procedimentais específicas que a LGPD atribui ao controlador, há que se destacar a elaboração de Relatório de Impacto à Proteção de Dados Pessoais (RIPD) ou Avaliação de impacto sobre a proteção de dados (ou, ainda, na tradução para o inglês, *Data Protection Impact Assessment* – DPIA) – como é denominado no RGPD.

XI.1. DISPOSIÇÕES DA LGPD SOBRE O TEMA

O art. 38 da LGPD dispõe que a ANPD poderá determinar ao controlador que elabore RIPD, que é de sua inteira responsabilidade, referente a suas operações de tratamento de dados, inclusive quanto a dados sensíveis, observados os segredos comercial e industrial.

> **LGPD, Art. 5º, XVII** – relatório de impacto à proteção de dados pessoais: documentação do controlador que contém a descrição dos processos de tratamento de dados pessoais que podem gerar riscos às liberdades civis e aos direitos fundamentais, bem como medidas, salvaguardas e mecanismos de mitigação de risco.

> **LGPD, Art. 38.** A autoridade nacional poderá determinar ao controlador que elabore relatório de impacto à proteção de dados pessoais, inclusive de dados sensíveis, referente a suas operações de tratamento de dados, nos termos de regulamento, observados os segredos comercial e industrial.
>
> **Parágrafo único.** Observado o disposto no *caput* deste artigo, o relatório deverá conter, no mínimo, a descrição dos tipos de dados coletados, a

> metodologia utilizada para a coleta e para a garantia da segurança das informações e a análise do controlador com relação a medidas, salvaguardas e mecanismos de mitigação de risco adotados.

O RIPD deverá conter, no mínimo, (i) a descrição dos tipos de dados coletados, (ii) a metodologia utilizada para a coleta e para a garantia da segurança das informações, (iii) a descrição dos processos de tratamento de dados pessoais que podem gerar riscos às liberdades civis e aos direitos fundamentais (art. 5º, XVII), bem como (iv) a análise do controlador com relação a medidas, salvaguardas e mecanismos de mitigação de risco adotados (art. 38, parágrafo único).

Portanto, o RIPD nada mais é que uma documentação do controlador que contém a descrição dos processos de tratamento de dados pessoais que podem gerar riscos às liberdades civis e aos direitos fundamentais, bem como medidas, salvaguardas e mecanismos de mitigação destes riscos adotadas pelos agentes de tratamento (controlador e operador).

Em princípio, trata-se de alternativa que está sujeita à discricionariedade do controlador, salvo quando a própria autoridade nacional prever a sua obrigatoriedade em algumas situações específicas. Questiona-se, entretanto, se, diante de tratamentos de dados em relação aos quais já existe hoje uma sólida experiência no sentido do alto risco do tratamento de dados, como é o caso do reconhecimento facial, o RIPD não seria uma decorrência obrigatória de alguns princípios da LGPD, tais como o da segurança, o da prevenção e o da responsabilidade e *accountability*.

É importante ressaltar que a conveniência ou mesmo a obrigatoriedade da realização do RIPD também depende do risco do tratamento de dados e da política de *compliance* adotada pelos agentes de tratamento, uma vez que a avaliação de impactos pode ser uma etapa importante do sistema de avaliação, monitoramento e controle de risco.

As assimetrias de poder e a vulnerabilidade do titular de dados também podem ser importantes critérios para a realização do RIPD.

 Situação concreta

Uma empresa de vendas disponibiliza os carros da empresa para seus funcionários e pretende implantar veículos com recursos de rastreamento de localização, permitindo que os gerentes monitorem o movimento e o paradeiro de seus funcionários em todos os momentos. Os funcionários também estão autorizados a usar os veículos para fins privados fora do horário de trabalho. O processamento visa rastrear a geolocalização de cada indivíduo. No entanto, nesse contexto, os funcionários, devido a um desequilíbrio de poder, estão em situação de vulnerabilidade perante o controlador. Portanto, o RIPD ou DPIA deve ser elaborado, a fim de identificar e mitigar os riscos para os direitos e liberdades dos funcionários.[1]

---

[1] Adaptado de: https://ico.org.uk/for-organisations/guide-to-data-protection/guide-to-the-general-data-protection-regulation-gdpr/data-protection-impact-assessments-dpias/when-do-we-need-to-do-a-dpia/#when1.

Nesse sentido, o RIPD é um instrumento importante e necessário para documentar tomadas de decisão focadas na mitigação de riscos aos titulares decorrentes do tratamento de dados pessoais. Ou seja, são ferramentas intimamente relacionadas à avaliação e gerenciamento de riscos.

O § 3º do art. 10 da LGPD também determina expressamente que a ANPD poderá solicitar, ao controlador, a elaboração do RIPD quando o tratamento tiver como fundamento seu legítimo interesse ou de terceiro, observados sempre os segredos comercial e industrial. O RIPD, nesse sentido, aproximar-se-ia em larga medida da figura do *Legitimate Interests Assessment* apontado como boa prática no tratamento de dados pelo Grupo de Trabalho do Artigo 29 da União Europeia.

A mais significativa diferença entre os dois diz respeito à amplitude, uma vez que o LIA está relacionado ao legítimo interesse, enquanto o RIPD deve ser elaborado sempre que houver riscos aos titulares de dados, qualquer que seja a base de dados utilizada.

> **LGPD, Art. 10, § 3º** A autoridade nacional poderá solicitar ao controlador relatório de impacto à proteção de dados pessoais, quando o tratamento tiver como fundamento seu interesse legítimo, observados os segredos comercial e industrial.

De toda sorte, o RIPD não deve ser visto apenas como uma obrigação do controlador, mas também como um suporte nas operações de tratamento, uma boa prática importante que auxilia a organização a realizar sua governança de dados e fortalecer seu programa de conformidade.

XI.2. DISPOSIÇÕES DA RGPD SOBRE A AVALIAÇÃO DE IMPACTO DE PROTEÇÃO DE DADOS

Com relação ao DPIA, o RGPD dispõe de forma mais extensa sobre quando ele é exigido, para quais atividades de tratamento, e ainda as obrigações decorrentes do resultado da avaliação de impacto.

O Considerando 84 e o art. 35 (1) do RGPD, por exemplo, tratam de maneira semelhante a questão, na medida em que, ao passo que recomendam a elaboração do RIPD sempre que o tratamento resultar num elevado risco para os direitos e liberdades do titular dos dados.

> **RGPD, Considerando 84.**
> A fim de promover o cumprimento do presente regulamento nos casos em que as operações de tratamento de dados sejam suscetíveis de resultar num elevado risco para os direitos e liberdades das pessoas singulares, o responsável pelo seu tratamento deverá encarregar-se da realização de uma avaliação de impacto da proteção de dados para determinação, nomeadamente, da origem, natureza, particularidade e gravidade desse risco. Os resultados dessa avaliação deverão ser tidos em conta na determinação das medidas que deverão ser tomadas a fim de comprovar que o tratamento de dados pessoais está em conformidade com o presente regulamento.

Sempre que a avaliação de impacto sobre a proteção de dados indicar que o tratamento apresenta um elevado risco que o responsável pelo tratamento não poderá atenuar através de medidas adequadas, atendendo à tecnologia disponível e aos custos de aplicação, será necessário consultar a autoridade de controlo antes de se proceder ao tratamento de dados pessoais.

RGPD, Art. 35. Avaliação de impacto sobre a proteção de dados.

1. Quando um certo tipo de tratamento, em particular que utilize novas tecnologias e tendo em conta a sua natureza, âmbito, contexto e finalidades, for suscetível de implicar um elevado risco para os direitos e liberdades das pessoas singulares, o responsável pelo tratamento procede, antes de iniciar o tratamento, a uma avaliação de impacto das operações de tratamento previstas sobre a proteção de dados pessoais. Se um conjunto de operações de tratamento que apresentar riscos elevados semelhantes, pode ser analisado numa única avaliação.

De qualquer forma, o próprio art. 35 do RGPD já indica, em seu item 3, os casos em que a avaliação de impacto (documentada por meio do DPIA) é obrigatória.

RGPD, Art. 35. Avaliação de impacto sobre a proteção de dados.

3. A realização de uma avaliação de impacto sobre a proteção de dados a que se refere o n. 1 é obrigatória nomeadamente em caso de:

a) Avaliação sistemática e completa dos aspetos pessoais relacionados com pessoas singulares, baseada no tratamento automatizado, incluindo a definição de perfis, sendo com base nela adotadas decisões que produzem efeitos jurídicos relativamente à pessoa singular ou que a afetem significativamente de forma similar;

b) Operações de tratamento em grande escala de categorias especiais de dados a que se refere o artigo 9, n. 1, ou de dados pessoais relacionados com condenações penais e infrações a que se refere o artigo 10; ou

c) Controlo sistemático de zonas acessíveis ao público em grande escala.

O Considerando 94, assim como o art. 36 do RGPD, determina ainda que devem ser tomadas medidas para mitigar os riscos mapeados no resultado da avaliação e sempre que um elevado risco não puder ser atenuado a partir de medidas mitigadoras adicionais, será necessário consultar a autoridade correspondente primeiro.

RGPD, Considerando 94.

Sempre que uma avaliação de impacto relativa à proteção de dados indicar que o tratamento, na falta de garantias e de medidas e procedimentos de segurança para atenuar os riscos, implica um elevado risco para os direitos e liberdades das pessoas singulares e o responsável pelo tratamento considerar que o risco não poderá ser atenuado através de medidas razoáveis, atendendo à tecnologia disponível e aos custos de aplicação, a autoridade de controlo deverá ser consultada antes de as atividades de tratamento terem início. Provavelmente, esse elevado risco decorre de determinados tipos de tratamento e da extensão e frequência do tratamento, que podem originar igualmente danos ou interferir com os direitos e liberdades da pessoa singular. A autoridade de controlo deverá responder ao pedido de consulta dentro de um determinado prazo. Contudo, a ausência de reação da autoridade de controlo no decorrer desse prazo não prejudicará qualquer intervenção que esta autoridade venha a fazer em conformidade com as suas funções e competências, definidas pelo presente regulamento, incluindo a competência para proibir certas operações de tratamento. No âmbito desse processo de consulta, o resultado de uma avaliação do impacto sobre a proteção de dados efetuada relativamente ao tratamento em questão pode ser apresentado à autoridade de controlo, em especial as medidas previstas para atenuar o risco para os direitos e liberdades das pessoas singulares.

RGPD, Artigo 36. Consulta prévia.

1. O responsável pelo tratamento consulta a autoridade de controlo antes de proceder ao tratamento quando a avaliação de impacto sobre a proteção de dados nos termos do artigo 35 indicar que o tratamento resultaria num elevado risco na ausência das medidas tomadas pelo responsável pelo tratamento para atenuar o risco.

(...)

3. Quando consultar a autoridade de controlo nos termos do n. 1, o responsável pelo tratamento comunica-lhe os seguintes elementos:

(...)

e) A avaliação de impacto sobre a proteção de dados prevista no artigo 35;

Além disso, caso se inicie uma nova atividade de tratamento envolvendo a utilização de novas tecnologias ou que pertença a um novo tipo de tratamento que não tenha sido antecedido por uma avaliação de impacto, o responsável pelo tratamento (controlador na LGPD) deverá elaborar o DPIA, a fim de avaliar a probabilidade ou gravidade particulares do elevado risco mapeado, tendo em conta a natureza, o âmbito, o contexto e as finalidades do tratamento e as fontes do risco, conforme disposto nos Considerandos 89 e 90 do RGPD.

RGPD, Considerando 89.

A Diretiva 95/46/CE estabelece uma obrigação geral de notificação do tratamento de dados pessoais às autoridades de controlo. Além de esta obrigação originar encargos administrativos e financeiros, nem sempre contribuiu para a melhoria da proteção dos dados pessoais. Tais obrigações gerais e indiscriminadas de notificação deverão, por isso, ser suprimidas e substituídas por regras e procedimentos eficazes mais centrados nos tipos de operações de tratamento suscetíveis de resultar num elevado risco para os direitos e liberdades das pessoas singulares, devido à sua natureza, âmbito, contexto e finalidades. Os referidos tipos de operações de tratamento poderão, nomeadamente, envolver a utilização de novas tecnologias, ou pertencer a um novo tipo e não ter sido antecedidas por uma avaliação de impacto sobre a proteção de dados por parte do responsável pelo tratamento, ou ser consideradas necessárias à luz do período decorrido desde o tratamento inicial responsável pelo tratamento.

RGPD, Considerando 90.

Nesses casos, o responsável pelo tratamento deverá proceder, antes do tratamento, a uma avaliação do impacto sobre a proteção de dados, a fim de avaliar a probabilidade ou gravidade particulares do elevado risco, tendo em conta a natureza, o âmbito, o contexto e as finalidades do tratamento e as fontes do risco. Essa avaliação do impacto deverá incluir, nomeadamente, as medidas, garantias e procedimentos previstos para atenuar esse risco, assegurar a proteção dos dados pessoais e comprovar a observância do presente regulamento.

Já o Considerando 91 do RGPD indica algumas situações nas quais o DPIA é obrigatório, quais sejam: (i) operações de tratamento de grande escala em nível regional, nacional ou supranacional e possam afetar um número considerável de titulares de dados; (ii) operações de tratamento realizadas para tomar decisões relativas a determinadas pessoas por meio de avaliação sistemática baseada na definição dos perfis ou do tratamento de categorias especiais de dados pessoais, de dados biométricos ou de dados sobre condenações penais e infrações ou medidas de segurança conexas; e (iii) operações de tratamento realizadas para monitoramento de zonas públicas em grande escala.

RGPD, Considerando 91.

Tal deverá aplicar-se, nomeadamente, às operações de tratamento de grande escala que visem o tratamento de uma grande quantidade de dados pessoais a nível regional, nacional ou supranacional, possam afetar um número considerável de titulares de dados e sejam suscetíveis de implicar um elevado risco, por exemplo, em razão da sua sensibilidade, nas quais, em conformidade com o nível de conhecimentos tecnológicos alcançado, seja utilizada em grande escala uma nova tecnologia, bem como a outras operações de tratamento que impliquem um elevado risco para os direitos e liberdades dos titulares dos dados, em especial quando tais operações dificultem aos titulares o exercício dos seus direitos. Dever-se-á realizar também uma avaliação de impacto sobre a proteção de dados nos casos em que os dados pessoais são tratados para tomar decisões relativas a determinadas pessoas singulares na sequência de qualquer avaliação sistemática e completa dos aspetos pessoais relacionados com pessoas singulares baseada na definição dos perfis desses dados ou na sequência do tratamento de categorias especiais de dados pessoais, de dados biométricos ou de dados sobre condenações penais e infrações ou medidas de segurança conexas. É igualmente exigida uma avaliação do impacto sobre a proteção de dados para o controlo de zonas acessíveis ao público em grande escala, nomeadamente se forem utilizados mecanismos opto eletrônicos, ou para quaisquer outras operações quando a autoridade de controlo competente considere que o tratamento é suscetível de implicar um elevado risco para os direitos e liberdades dos titulares dos direitos, em especial por impedirem estes últimos de exercer um direito ou de utilizar um serviço ou um contrato, ou por serem realizadas sistematicamente em grande escala. O tratamento de dados pessoais não deverá ser considerado de grande escala se disser respeito aos dados pessoais de pacientes ou clientes de um determinado médico, profissional de cuidados de saúde, hospital ou advogado. Nesses casos, a realização de uma avaliação de impacto sobre a proteção de dados não deverá ser obrigatória.

RGPD, Considerando 92.

Em certas circunstâncias pode ser razoável e económico alargar a avaliação de impacto sobre a proteção de dados para além de um projeto único, por exemplo se as autoridades ou organismos públicos pretenderem criar uma aplicação ou uma plataforma de tratamento comum, ou se vários responsáveis pelo tratamento planearem criar uma aplicação ou um ambiente de tratamento comum em todo um setor ou segmento profissional, ou uma atividade horizontal amplamente utilizada.

O RGPD também prevê a obrigação do subcontratante (suboperador na LGPD) de auxiliar o responsável pelo tratamento (controlador na LGPD) no cumprimento das obrigações decorrentes da elaboração do DPIA e da finalização da avaliação de impacto.

RGPD, Considerando 95.

O subcontratante deverá prestar assistência ao responsável pelo tratamento, se necessário e a pedido deste, para assegurar o cumprimento das obrigações decorrentes da realização de avaliações do impacto sobre a proteção de dados e da consulta prévia à autoridade de controlo.

Por outro lado, a fim de facilitar a identificação das hipóteses em que a elaboração do DPIA é necessária, o RGPD dispõe sobre a possibilidade de as autoridades competentes elaborarem uma lista dos tipos de operações de tratamento sujeitas à necessidade de realização de uma avaliação de impacto. Nesses casos, o *European Data Protection Board* (EDPB) deve ser consultado, a fim de que emita um parecer.

RGPD, Art. 35. Avaliação de impacto sobre a proteção de dados.
4. A autoridade de controlo elabora e torna pública uma lista dos tipos de operações de tratamento sujeitos ao requisito de avaliação de impacto sobre a proteção de dados por força do n. 1. A autoridade de controlo comunica essas listas ao Comité referido no artigo 68.

5. A autoridade de controlo pode também elaborar e tornar pública uma lista dos tipos de operações de tratamento em relação aos quais não é obrigatória uma análise de impacto sobre a proteção de dados. A autoridade de controlo comunica essas listas ao Comité.

6. Antes de adotar as listas a que se referem os n. 4 e 5, a autoridade de controlo competente aplica o procedimento de controlo da coerência referido no artigo 63 sempre que essas listas enunciem atividades de tratamento relacionadas com a oferta de bens ou serviços a titulares de dados ou com o controlo do seu comportamento em diversos Estados-Membros, ou possam afetar substancialmente a livre circulação de dados pessoais na União.

RGPD, Art. 57. Atribuições.

1. Sem prejuízo de outras atribuições previstas nos termos do presente regulamento, cada autoridade de controlo, no território respetivo:

k) Elabora e conserva uma lista associada à exigência de realizar uma avaliação do impacto sobre a proteção de dados, nos termos do artigo 35, n. 4;

RGPD, Art. 64. Parecer do Comitê.

1. O Comité emite parecer sempre que uma autoridade de controlo competente tenha a intenção de

adotar uma das medidas a seguir enunciadas. Para esse efeito, a autoridade de controlo competente envia o projeto de decisão ao Comitê, quando esta:

a) Vise a adoção de uma lista das operações de tratamento sujeitas à exigência de proceder a uma avaliação do impacto sobre a proteção dos dados, nos termos do artigo 35, n. 4;

Outra importante referência sobre o assunto é o Information Comissioner's Officer (ICO) – autoridade de proteção de dados do Reino Unido –, que exige que o DPIA seja elaborado em algumas situações específicas.

> **Obrigatoriedade do DPIA segundo o ICO**
>
> Segundo o ICO, o DPIA deve ser elaborado sempre que o responsável pelo tratamento (controlador na LGPD) desejar:
>
> - Utilizar uma tecnologia inovadora. Por exemplo, inteligência artificial (IA), aprendizado de máquina, veículos conectados e autônomos, sistemas de transporte inteligentes etc.
> - Usar perfis ou dados de categorias especiais (dados sensíveis na LGPD) para decidir sobre o acesso a determinados serviços. Por exemplo, verificações de crédito (*credit score*), hipoteca ou seguro, processos de verificação relacionados a contratos etc.
> - Perfilar os indivíduos em grande escala. Por exemplo, dados processados por medidores inteligentes, software que oferece monitoramento de estilo de vida, redes sociais, aplicação de IA a processos existentes etc.

- Tratar dados biométricos. Por exemplo, sistemas de reconhecimento facial, sistemas de acesso ao local de trabalho e verificação de identidade, controle de acesso e verificação de identidade para aplicativos (incluindo reconhecimento de voz, impressão digital e reconhecimento facial) etc.
- Tratar dados genéticos. Por exemplo, diagnóstico médico, teste de DNA e pesquisa médica etc.
- Combinar dados ou combinar conjuntos de dados de fontes diferentes. Por exemplo, prevenção de fraude, marketing direto, monitorar o uso de serviços etc.
- Coletar dados pessoais de uma fonte diferente do titular sem fornecer-lhe um aviso de privacidade. Por exemplo, rastreamento on-line por terceiros, publicidade, plataformas de agregação de dados, reutilização de dados disponíveis publicamente etc.
- Rastrear a localização ou comportamento dos titulares. Por exemplo, redes sociais, aplicativos que oferecem o monitoramento de estilo de vida e saúde, publicidade on-line, tratamento de dados no local de trabalho e no contexto de trabalho remoto, tratamento de dados de localização de funcionário, programas de fidelidade etc.
- Criar perfis de crianças ou direcionar *marketing* ou serviços on-line para eles. Por exemplo, brinquedos conectados e redes sociais etc.
- Tratar dados que possam colocar em risco a saúde física ou a segurança do titular no caso de um incidente de segurança. Por exemplo, procedimentos de denúncia e reclamação, registros de assistência social etc.[2]

Ainda que não da mesma forma, a LGPD dispôs sobre a possibilidade de a ANPD editar regulamentos e procedimentos sobre RIPD para os casos em que o tratamento for arriscado para o titular dos dados. Daí por que a atividade regulamentar da ANPD será fundamental para estabelecer, de modo mais seguro, os tratamentos de dados em relação aos quais o RIPD é obrigatório.

> **LGPD, Art. 55-J.** Compete à ANPD: (...)
>
> **XIII** – editar regulamentos e procedimentos sobre proteção de dados pessoais e privacidade, bem como sobre relatórios de impacto à proteção de dados pessoais para os casos em que o tratamento representar alto risco à garantia dos princípios gerais de proteção de dados pessoais previstos nesta Lei;

Além disso, assim como a LGPD, o RGPD também indica o conteúdo mínimo da avaliação de impacto, que precisa conter a descrição sistemática das operações

---

[2] Disponível em: https://ico.org.uk/for-organisations/guide-to-data-protection/guide-to-the-general-data-protection-regulation-gdpr/accountability-and-governance/data-protection-impact-assessments/.

CURSO DE PROTEÇÃO DE DADOS PESSOAIS – *Frazão • Carvalho • Milanez*

de processamento e seus propósitos, incluindo o legítimo interesse do controlador, a avaliação da necessidade e da proporcionalidade do processamento em relação aos seus objetivos, a avaliação dos riscos aos direitos dos titulares de dados e as medidas visando a endereçar tais riscos, incluindo as salvaguardas, medidas de segurança e mecanismos para garantir a proteção dos dados pessoais.

> **RGPD, Art. 35. Avaliação de impacto sobre a proteção de dados.**
>
> **7.** A avaliação inclui, pelo menos:
>
> **a)** Uma descrição sistemática das operações de tratamento previstas e a finalidade do tratamento, inclusive, se for caso disso, os interesses legítimos do responsável pelo tratamento;
>
> **b)** Uma avaliação da necessidade e proporcionalidade das operações de tratamento em relação aos objetivos;
>
> **c)** Uma avaliação dos riscos para os direitos e liberdades dos titulares dos direitos a que se refere o n. 1; e
>
> **d)** As medidas previstas para fazer face aos riscos, incluindo as garantias, medidas de segurança e procedimentos destinados a assegurar a proteção dos dados pessoais e a demonstrar a conformidade com o presente regulamento, tendo em conta os direitos e os legítimos interesses dos titulares dos dados e de outras pessoas em causa.

Os itens 8 a 11 do art. 35 do RGPD dispõem ainda sobre outras questões relacionadas à avaliação de impacto sobre a proteção de dados, especialmente em relação ao responsável pelo tratamento (controlador na LGPD).

> **RGPD, Art. 35. Avaliação de impacto sobre a proteção de dados.**
>
> **8.** Ao avaliar o impacto das operações de tratamento efetuadas pelos responsáveis pelo tratamento ou pelos subcontratantes, em especial para efeitos de uma avaliação de impacto sobre a proteção de dados, é tido na devida conta o cumprimento dos códigos de conduta aprovados a que se refere o artigo 40 por parte desses responsáveis ou subcontratantes.
>
> **9.** Se for adequado, o responsável pelo tratamento solicita a opinião dos titulares de dados ou dos seus representantes sobre o tratamento previsto, sem prejuízo da defesa dos interesses comerciais ou públicos ou da segurança das operações de tratamento.
>
> **10.** Se o tratamento efetuado por força do artigo 6, n. 1, alínea c) ou e), tiver por fundamento jurídico o direito da União ou do Estado-Membro a que o responsável pelo tratamento está sujeito, e esse direito regular a operação ou as operações de tratamento específicas em questão, e se já tiver sido realizada uma avaliação de impacto sobre a proteção de dados no âmbito de uma avaliação de impacto geral no contexto da adoção desse fundamento jurídico, não são aplicáveis os n. 1 a 7, salvo se os Estados-Membros considerarem necessário proceder a essa avaliação antes das atividades de tratamento.
>
> **11.** Se necessário, o responsável pelo tratamento procede a um controlo para avaliar se o tratamento é realizado em conformidade com a avaliação

> de impacto sobre a proteção de dados, pelo menos quando haja uma alteração dos riscos que as operações de tratamento representam.

Por fim, cumpre destacar que, no RGPD, cabe ao *Data Protection Officer* (DPO) aconselhar na elaboração dos DPIA quando requisitado. A LGPD, no entanto, não faz qualquer menção quanto a eventual função do encarregado na elaboração do RIPD.

> **RGPD, Art. 35. Avaliação de impacto sobre a proteção de dados.**
>
> **2.** Ao efetuar uma avaliação de impacto sobre a proteção de dados, o responsável pelo tratamento solicita o parecer do encarregado da proteção de dados, nos casos em que este tenha sido designado.

> **RGPD, Art. 39. Funções do *Data Protection Officer*.**
>
> **1.** O encarregado da proteção de dados tem, pelo menos, as seguintes funções:
>
> **c)** Prestar aconselhamento, quando tal lhe for solicitado, no que respeita à avaliação de impacto sobre a proteção de dados e controla a sua realização nos termos do artigo 35;

Dito tudo isso, é importante ressaltar que a LGPD, nos arts. 4º, § 3º, e 32, dispõe ainda expressamente sobre a possibilidade de a ANPD solicitar a elaboração (e publicação no segundo caso) do RIPD: (i) quando o tratamento for realizado para fins exclusivos de segurança pública, defesa nacional, segurança do Estado ou atividades de investigação e repressão de infrações penais – ainda que a LGPD não seja aplicável nesses casos; e (ii) para agentes do Poder Público quando necessário.

> **LGPD, Art. 4º § 3º** A autoridade nacional emitirá opiniões técnicas ou recomendações referentes às exceções previstas no inciso III do *caput* deste artigo e deverá solicitar aos responsáveis relatórios de impacto à proteção de dados pessoais.

> **LGPD, Art. 32.** A autoridade nacional poderá solicitar a agentes do Poder Público a publicação de relatórios de impacto à proteção de dados pessoais e sugerir a adoção de padrões e de boas práticas para os tratamentos de dados pessoais pelo Poder Público.

XI.3. PASSO A PASSO PARA REALIZAÇÃO DA AVALIAÇÃO DE IMPACTO

O ICO propõe que o DPIA seja elaborado a partir de uma avaliação de impacto em seis etapas distintas. Em cada uma, indica algumas questões que devem ser consideradas. Tais parâmetros certamente poderão ser considerados pela ANPD em futura regulamentação sobre o RIPD.

Como elaborar um DPIA, segundo o ICO[3]
Etapa 1: Identificar a necessidade de um DPIA
Etapa 2: Descrever o tratamento

A natureza do processamento é o que o responsável pelo tratamento (controlador na LGPD) planeja fazer com os dados pessoais. Isso deve incluir, por exemplo:

- Como os dados são coletados;
- Como os dados são armazenados;
- Como os dados são utilizados;
- Quem tem acesso aos dados;
- Com quem os dados são compartilhados;
- Se há algum processador (operador na LGPD);
- Quais são os períodos de retenção;
- Quais são as medidas de segurança;
- Se estão sendo utilizadas novas tecnologias;
- Se estão sendo utilizadas novos tipos de processamento; e
- Quais são critérios de triagem para sinalizar a possibilidade de risco.

O escopo do tratamento é o que o tratamento cobre. Isso deve incluir, por exemplo:

- A natureza dos dados pessoais;
- O volume e a variedade dos dados pessoais;
- A sensibilidade dos dados pessoais;
- A extensão e frequência do processamento;
- A duração do processamento;
- O número de titulares de dados envolvidos; e
- A área geográfica coberta.

O contexto do tratamento é o quadro mais amplo, incluindo fatores internos e externos que podem afetar as expectativas ou impacto. Isso pode incluir, por exemplo:

- A fonte dos dados;
- A natureza do relacionamento com os titulares;
- Até que ponto os titulares têm controle sobre seus dados;
- Até que ponto os titulares provavelmente esperam o tratamento;
- Se os titulares incluem crianças ou outras pessoas vulneráveis;
- Qualquer experiência anterior neste tipo de tratamento;
- Quaisquer avanços relevantes em tecnologia ou segurança;
- Quaisquer questões atuais de interesse público;
- Se foram considerados e cumpridos códigos de prática relevantes.

---

[3] Disponível em: https://ico.org.uk/for-organisations/guide-to-data-protection/guide-to--the-general-data-protection-regulation-gdpr/data-protection-impact-assessments-dpias/how-do-we-do-a-dpia/#how8.

O objetivo do processamento é a razão pela qual o responsável pelo tratamento (controlador na LGPD) deseja tratar os dados pessoais. Isso deve incluir:

- Os legítimos interesses do responsável pelo tratamento, quando relevante;
- O resultado pretendido para os titulares; e
- Os benefícios esperados para o responsável pelo tratamento ou para a sociedade como um todo.

Etapa 3: Considerar a consulta prévia

Etapa 4: Avaliar a necessidade e a proporcionalidade

É importante incluir, ainda, detalhes relevantes sobre:

- A base legal para o processamento;
- Como o responsável pelo tratamento pretende garantir a qualidade dos dados;
- Como o responsável pelo tratamento pretende garantir a minimização dos dados;
- Como o responsável pelo tratamento pretende fornecer informações de privacidade aos titulares;
- Como o responsável pelo tratamento implementa e apoia os direitos dos titulares;
- Quais são as medidas para garantir que os processadores (operadores na LGPD) cumpram com as regras determinadas; e
- Quais são as salvaguardas para transferências internacionais.

Etapa 5: Identificar e avaliar os riscos

É essencial considerar ainda o impacto potencial sobre os titulares e qualquer risco ou dano que o tratamento possa causar – seja físico, emocional ou material. Por isso, é fundamental considerar se o tratamento pode contribuir para:

- A incapacidade de exercer direitos (incluindo, mas não se limitando a direitos de privacidade e proteção de dados);
- A incapacidade de acessar serviços ou oportunidades;
- A perda de controle sobre o uso de dados pessoais;
- Alguma forma de discriminação;
- Roubo de identidade ou fraude;
- Perda financeira;
- Danos à reputação;
- Dano físico;
- Perda de confidencialidade;
- Reidentificação de dados pseudonimizados; ou
- Qualquer outra desvantagem econômica ou social significativa.

Etapa 6: Identificar medidas mitigadoras de riscos

Contra cada risco identificado, deve-se registrar a sua fonte. Depois, devem ser consideradas as opções disponíveis para reduzir tais riscos, por exemplo:

- Decidir não coletar certos tipos de dados;
- Reduzir o escopo do tratamento;
- Reduzir os períodos de retenção;
- Tomar medidas adicionais de segurança;
- Treinar a equipe para garantir que os riscos sejam antecipados e gerenciados;
- Anonimização ou pseudonimização de dados, sempre que possível;
- Escrever orientações ou processos internos para evitar riscos;
- Usar uma tecnologia diferente;
- Colocar em prática acordos de compartilhamento de dados;
- Fazer alterações em avisos de privacidade; e
- Implementar novos sistemas para ajudar os titulares a exercerem seus direitos.

Etapa 7: Assinar e registrar os resultados

Deve-se registrar:

- Quais medidas adicionais o responsável pelo tratamento planeja tomar;
- Se cada risco foi eliminado, reduzido ou aceito;
- O nível geral de isco residual após a adoção de medidas adicionais; e
- Se é necessário consultar a autoridade competente.

O ICO indica ainda que, para ajudar na transparência e responsabilidade, a publicação do DPIA é uma boa prática. Isso pode ajudar a fomentar a confiança nas atividades do responsável pelo tratamento e melhorar a capacidade dos titulares de exercer seus direitos. Se o responsável pelo tratamento estiver preocupado que a publicação possa revelar informações comercialmente confidenciais, prejudicar a segurança ou causar outros riscos, o ICO recomenda a edição, ocultação ou remoção de detalhes confidenciais ou a publicação de um simples resumo do DPIA e não da versão integral.

Cabe salientar, ainda, que, no caso de sistemas que utilizam tecnologias de inteligência artificial, há que se tomar cautelas adicionais, como demonstra o relatório da organização Transparência Brasil mencionado na Seção IV.13.

Como já se viu nos capítulos anteriores, casos especiais de tratamento de dados que envolvam maiores riscos, tais como aqueles que envolvem a utilização de inteligência artificial, podem requerer adaptações dessas diretrizes.

Capítulo XII

AGENTES DE TRATAMENTO E ENCARREGADO

A LGPD conceitua, em seu art. 5º, VI a IX, quem são as figuras envolvidas direta ou indiretamente no tratamento de dados pessoais, quais sejam o controlador, o operador e o encarregado de dados.

> **LGPD, Art. 5º** Para os fins desta Lei, considera-se: (...)
>
> **VI** – controlador: pessoa natural ou jurídica, de direito público ou privado, a quem competem as decisões referentes ao tratamento de dados pessoais;
>
> **VII** – operador: pessoa natural ou jurídica, de direito público ou privado, que realiza o tratamento de dados pessoais em nome do controlador;
>
> **VIII** – encarregado: pessoa indicada pelo controlador e operador para atuar como canal de comunicação entre o controlador, os titulares dos dados e a Autoridade Nacional de Proteção de Dados (ANPD);
>
> **IX** – agentes de tratamento: o controlador e o operador;

O controlador é quem toma as decisões referentes ao tratamento de dados pessoais – representa comumente a empresa, a instituição ou o agente que coleta os dados e define de quais formas eles serão utilizados. Já o operador é quem executa o tratamento dos dados pessoais a partir das decisões tomadas pelo controlador. Por fim, o encarregado é quem atua como canal de comunicação entre o controlador, os titulares dos dados e a Autoridade Nacional de Proteção de Dados (ANPD).

Vale ressaltar que essa tripartição de funções não é obrigatória, havendo possibilidades de cumulação, principalmente quando os controladores forem de menor porte ou adotarem estruturas simplificadas. Um exemplo seria um advogado profissional liberal que trabalha sozinho e, ao tratar dados de seus clientes, será um controlador que não tem operador e que deverá acumular as funções de encarregado. Todavia, em organizações mais complexas e mesmo no relacionamento entre diferentes organizações, é de se esperar que haja uma diferença entre as figuras do controlador, do operador e do encarregado.

Importante destacar que a LGPD indica expressamente que somente o controlador e o operador são considerados agentes de tratamento. O encarregado de dados, por sua vez, é o canal de comunicação entre controlador, o titular e a ANPD, demonstrando o caráter mais passivo conferido a ele pela LGPD, conforme se verá melhor em seguida.

Isso não quer dizer, entretanto, que os encarregados não tenham responsabilidades. Por mais que o regime de responsabilidade da LGPD tenha por objeto os agentes de tratamento, o encarregado ou DPO – *Data Protection Officer* – assume diversos deveres e responsabilidades, especialmente se figurar como órgão da estrutura societária do controlador.

Dessa maneira, tanto do ponto de vista da legislação societária, como do ponto de vista dos deveres previstos pelos programas de *compliance* de dados aos quais os encarregados estão vinculados, essa maior passividade do encarregado deve ser bem compreendida, já que é restrita ao contexto específico da LGPD e definitivamente não é sinônimo de ausência de responsabilidades, principalmente quando a função do encarregado é considerada no contexto das demais normas que incidem sobre ele.

Ainda em relação aos agentes de tratamento, estes devem ser definidos a partir de seu caráter institucional. Ou seja, não são considerados controladores ou operadores os indivíduos subordinados, como os funcionários, os servidores públicos ou as equipes de trabalho de uma organização, já que atuam sob o poder diretivo do agente de tratamento.

Nesse sentido, os funcionários atuam em subordinação direta às decisões do controlador, não se confundindo, portanto, com os operadores de dados, que, embora atuem de acordo com os interesses e finalidades definidos pelo controlador, mantêm com este relações distintas da subordinação, até por ter também poder decisório, ainda que muito mais restrito do que o do controlador.

 Situação concreta

Uma empresa decide enviar propagandas aos seus clientes a fim de alavancar as vendas de certo produto. Para tanto, a empresa contrata uma agência de publicidade, que fica responsável por elaborar a campanha de marketing com fotos de pessoas utilizando o produto.

A empresa informa à agência de publicidade todos os critérios para a campanha (como o público-alvo) e estabelece os critérios de como deve ser a aparência física dos modelos fotográficos. A agência de publicidade, por sua vez, trata os dados pessoais para prestar o serviço para a empresa, selecionando modelos fotográficos e armazenando as fotos desses titulares. Após o término da prestação do serviço pela agência, o funcionário da empresa envia então as propagandas aos clientes.

No caso apresentado, a empresa atua como controlador, ao determinar as características do tratamento de dados e definir os seus elementos essenciais. A agência de publicidade, por sua vez, atua como operadora, já que trata os dados conforme a finalidade definida pelo controlador (empresa). Por fim, o funcionário, ao enviar os e-mails para os clientes, atua sob o poder diretivo da empresa e não se caracteriza como agente de tratamento.[1]

Portanto, evidente que o operador é uma figura distinta do controlador, ou seja, ele não atua como profissional subordinado a este ou como membro de

---

[1] Adaptado de: ANPD. *Guia Orientativo para Definições dos Agentes de Tratamento de Dados Pessoais e do Encarregado*. Brasília: ANPD, 2021. p. 6.

seus órgãos. No final das contas, será controlador quem atuar de acordo com os próprios interesses, com poder de decisão sobre as finalidades e os elementos essenciais de tratamento e será operador quem atuar de acordo com os interesses do controlador, com possibilidade de definir tão somente elementos não essenciais à finalidade do tratamento.

Somado a isso, destaca-se também que o agente de tratamento é definido para cada operação de tratamento de dados pessoais. Nesse sentido, uma mesma organização pode ser controladora e operadora em diferentes operações de tratamento.

XII.1. CONTROLADOR

XII.1.1. Aspectos fundamentais

O controlador é o responsável por tomar as decisões elementares referentes ao tratamento de dados pessoais e por definir a finalidade deste tratamento. Entre elas, incluem-se as instruções fornecidas a operadores para a realização de uma determinada operação de tratamento de dados pessoais.

A LGPD atribui obrigações específicas ao controlador, como a elaboração de relatório de impacto à proteção de dados pessoais na hipótese de exigência da ANPD (art. 38), a comprovação de que o consentimento obtido do titular atende às exigências legais (art. 8º, § 2º) e a comunicação à ANPD acerca da ocorrência de incidentes de segurança (art. 48). Somado a isso, a LGPD também atribui responsabilidades em relação à reparação por danos decorrentes de atos ilícitos, que é distinta do operador, conforme arts. 42 a 45 da LGPD.

Os direitos dos titulares (art. 18) também são, em regra, exercidos em face do controlador, a quem compete fornecer informações sobre o tratamento de dados, assegurar a correção e a eliminação de dados pessoais, bem como receber requerimentos de oposição ao tratamento. Entretanto, em muitos casos, tais direitos serão pleiteados perante o encarregado que, como já se viu, não deixa de ser uma espécie de representante do controlador perante os titulares de direitos e a ANPD.

Quanto à identificação prática do controlador, este é um exercício que deve partir do conceito legal e dos parâmetros auxiliares indicados pela ANPD, sempre considerando o contexto fático e as circunstâncias relevantes do caso. Entretanto, o critério fundamental é a existência de poder de decisão sobre a realização do tratamento de dados e a forma como esta se dará.

O papel de controlador decorrerá de obrigações dispostas em instrumentos legais e regulamentares ou então em contratos firmados entre as partes, mas ainda mais importante é a efetiva atividade desempenhada pela organização, que, no final das contas, pode se distanciar do que as disposições formais estabelecem. Por isso, é de suma importância avaliar se o suposto controlador é, de fato, o verdadeiro responsável pelas principais e mais relevantes decisões do tratamento de dados pessoais.[2]

---

[2]   ANPD. *Guia Orientativo para Definições dos Agentes de Tratamento de Dados Pessoais e do Encarregado*. Brasília: ANPD, 2021. p. 7. Ver também as orientações do *European Data Protection Board* (EDPB): "os conceitos de controlador e operador são funcionais: eles visam alocar responsabilidades de acordo com os papéis reais das partes. Isso implica que o status

> **Observação importante**
>
> Pessoas naturais que atuam como profissionais subordinados a uma pessoa jurídica ou como membros de seus órgãos – como empregados, administradores, sócios, servidores e outras pessoas naturais que integram a pessoa jurídica e cujos atos expressam a atuação desta – não são controladores. A definição legal de controlador não deve ser entendida como uma norma de distribuição interna de competências e responsabilidades, já que se trata de comando legal que atribui obrigações específicas à pessoa jurídica, para que esta assuma a responsabilidade pelos atos praticados por seus agentes e prepostos em face dos titulares e da ANPD.
>
> No que se refere às pessoas jurídicas de direito público, a União – como controladora – é a responsável perante a LGPD, mas as atribuições de controlador, por força da desconcentração administrativa, acabam sendo exercidas pelos órgãos públicos que desempenham funções em nome da pessoa jurídica da qual fazem parte, fenômeno que caracteriza a distribuição interna das competências. Isso ocorre, por exemplo, nas hipóteses de uso compartilhado de dados pessoais (art. 26), de atendimento às exigências da ANPD (art. 29) e de aplicação de sanções administrativas (art. 52, § 3º).
>
> Portanto, nas operações de tratamento conduzidas por órgãos públicos despersonalizados, a pessoa jurídica de direito público a que os órgãos sejam vinculados é o controlador e, assim, o responsável pelo cumprimento da LGPD. No entanto, em virtude do princípio da desconcentração administrativa, o órgão público despersonalizado deve desempenhar funções típicas de controlador.[3]

Evidente, dessa forma, que o controlador pode fornecer instruções a um terceiro (operador) para que realize o tratamento em seu nome. Por isso, o elemento distintivo é realmente o poder de decisão.

Além disso, nem todas as decisões precisam ser tomadas pelo controlador. Na realidade, este deve ter influência e controle sobre as decisões principais do tratamento, ou seja, aquelas relacionadas aos seus elementos essenciais. O operador, nesse sentido, pode tomar certas decisões, desde que limitadas a elementos não essenciais do tratamento (como a escolha de softwares e equipamentos específicos ou de medidas de segurança).[4]

---

legal de um ator como 'controlador' ou 'operador' deve, em princípio, ser determinado por suas ações concretas em uma determinada situação, ao invés da designação formal como sendo um 'controlador' ou 'operador' (por exemplo, em um contrato)" (tradução livre). *Guidelines 07/2020 on the concepts of controller and processor in the GDPR.* Set. 2020. p. 9.

[3] A relevância da questão é ressaltada pelo Guia Orientativo da ANPD: A ANPD. *Guia Orientativo para Definições dos Agentes de Tratamento de Dados Pessoais e do Encarregado.* Brasília: ANPD, 2021. p. 8-10.

[4] ANPD. *Guia Orientativo para Definições dos Agentes de Tratamento de Dados Pessoais e do Encarregado.* Brasília: ANPD, 2021. p. 10-11.

Nesse aspecto, cumpre destacar os elementos essenciais que compõem as decisões principais do tratamento, quais sejam a finalidade do tratamento e a respectiva base legal. Por exemplo, é o controlador que define se os dados serão tratados para o pagamento dos seus colaboradores ou para promoção de uma campanha de marketing.

Bianca Kremer[5] faz uma interessante síntese dos aspectos do tratamento de dados que são decididos pelo controlador:

- o **motivo** da coleta de dados;
- **como** coletar os dados;
- **sobre quem** ocorrerá a coleta;
- o **conteúdo** dos dados a serem coletados;
- a **finalidade** para que os dados serão coletados;
- **para quem** os dados serão divulgados, compartilhados ou transferidos;
- por **quanto tempo** os dados ficarão retidos.

A ANPD também já se manifestou sobre o tema, chegando às seguintes conclusões:

> **Entendimento da ANPD**
>
> "Extrai-se dessa disposição legal que o tratamento não precisa ser realizado diretamente pelo controlador. Muito embora o controlador também trate dados pessoais, o elemento distintivo é o poder de decisão, admitindo-se que o controlador forneça instruções para que um terceiro ("operador") realize o tratamento em seu nome (art. 5º, VII; art. 39).
>
> O segundo ponto relevante é a desnecessidade de que todas as decisões sejam tomadas pelo controlador, bastando apenas que este mantenha sob sua influência e controle as principais decisões, isto é, aquelas relativas aos elementos essenciais para o cumprimento da finalidade do tratamento. De fato, especialmente quando há a contratação de um operador, é usual e legítimo que parte das decisões a respeito do tratamento, limitadas aos seus elementos não essenciais, fique sob a alçada do operador. A título de exemplo, podem ser mencionados a escolha dos softwares e equipamentos que serão utilizados e o detalhamento de medidas de prevenção e segurança.
>
> O terceiro ponto a ser considerado diz respeito à definição dos elementos decisórios que se caracterizam como "principais" ou "essenciais" e que, por isso, devem permanecer sob o domínio do controlador. Dentre esses elementos decisórios principais, destaca-se a definição da finalidade do tratamento, que será sempre estabelecida pelo controlador, a quem compete, em conformidade com as disposições da LGPD, estipular os objetivos que justificam a realização do tratamento, bem como a sua respectiva

---

[5] KREMER, Bianca. Os agentes de tratamento de dados pessoais. In: MULHOLLAND, Caitlin. *A LGPD e o novo marco normativo no Brasil*. Porto Alegre: Arquipélago, 2020. p. 291-292.

base legal. Considere os seguintes exemplos de decisões do controlador, segundo a finalidade do tratamento: utilização de dados pessoais para o pagamento de empregados, a realização de uma pesquisa com clientes, a promoção de uma campanha de marketing, o armazenamento seguro de informações ou a emissão de passagens aéreas.

Por fim, além da finalidade, o controlador é o responsável por estabelecer outros elementos essenciais relativos ao tratamento. É o caso da definição da natureza dos dados pessoais tratados (por exemplo, dados de beneficiários de plano de saúde ou de pessoas cadastradas em banco de dados oficial) e da duração do tratamento, isto é, do período durante o qual será realizada a operação, incluindo o estabelecimento de prazo para a eliminação dos dados. Vale ressaltar que outros elementos podem ser considerados essenciais a depender do contexto e das peculiaridades do caso concreto".[6]

 Situações concretas

- **Situação 1** – Quando uma médica (profissional liberal) armazena os prontuários e os demais dados pessoais de seus pacientes no computador do seu consultório, ela atua – como pessoa natural – como controladora.

- **Situação 2** – Quando uma médica é empregada de um hospital, constituído sob a forma de associação civil sem fins lucrativos, e ela atua como principal representante do hospital junto a um serviço de armazenamento de dados de pacientes em nuvem, inclusive assinando os contratos correspondentes, ela não se caracteriza como agente de tratamento. Isso porque o hospital (pessoa jurídica de direito privado) é o controlador na hipótese e a médica atua sob o seu poder diretivo.

- **Situação 3**[7] – Um órgão público, vinculado à União, contrata uma solução de inteligência artificial que é fornecida por uma empresa para realizar o tratamento automatizado de decisões a partir de um banco de dados gerido por ele. Seguindo as instruções do gestor público e estabelecidas contratualmente, a empresa realiza o tratamento dos dados em questão. A União, pessoa jurídica de direito público, é a controladora na hipótese. No entanto, o órgão público detém obrigações legais específicas em face dos titulares e da ANPD. Por outro lado, a empresa é a operadora, porque realiza o tratamento conforme as instruções fornecidas pelo controlador. Por fim, o gestor público responsável, por atuar como servidor público subordinado à União, não se caracteriza como agente de tratamento.

---

[6] ANPD. *Guia Orientativo para Definições dos Agentes de Tratamento de Dados Pessoais e do Encarregado*. Brasília: ANPD, 2021. p. 10-11.

[7] Adaptado de: ANPD. *Guia Orientativo para Definições dos Agentes de Tratamento de Dados Pessoais e do Encarregado*. Brasília: ANPD, 2021. p. 11-12.

XII.1.2. Quem pode ser controlador?

Conforme entendimento da ANPD,[8] o controlador será, na maioria das vezes, uma pessoa jurídica, de direito privado ou de direito público, a exemplo de sociedades empresárias, organizações em geral e entidades públicas.

Exatamente por isso, as pessoas naturais que atuam como profissionais subordinados a uma pessoa jurídica ou como membros de seus órgãos internos não são controladoras, a exemplo dos empregados, administradores, sócios, servidores e outras pessoas físicas que integram a pessoa jurídica e cujos atos representem a atuação dela. Entretanto, como já se viu, pessoas naturais também podem ser controladores, de que é exemplo a situação de profissionais liberais autônomos que, como é o caso de médicos e advogados, trabalham sozinhos e tratam diretamente os dados de seus clientes.

Quando o controlador for uma pessoa jurídica de direito público, cujas competências decisórias são distribuídas internamente entre diferentes órgãos, deve-se considerar dois aspectos centrais.[9] A título de exemplo, em se tratando do governo federal, conforme o art. 5º, VI, da LGPD, o controlador será a União Federal, pessoa jurídica de direito público que, em última instância, será responsável pelas obrigações da LGPD. Não obstante, "a LGPD atribuiu aos órgãos públicos obrigações típicas de controlador, indicando que, no setor público, essas obrigações devem ser distribuídas entre as principais unidades administrativas despersonalizadas que integram a pessoa jurídica de direito público e realizam tratamento de dados pessoais".[10]

Assim, apesar de a União, como controladora, ser responsável perante a LGPD, as atribuições de controlador, por força da desconcentração administrativa, são exercidas pelos órgãos públicos que desempenham funções em seu nome, diante da distribuição interna das competências, como nas hipóteses de uso compartilhado de dados pessoais (art. 26), de atendimento às exigências da ANPD (art. 29) e de aplicação de sanções administrativas (art. 52, § 3º).

Essa conclusão, no entanto, refere-se especificamente à Administração Pública direta, já que a Administração Pública indireta segue as disposições de pessoa jurídica da LGPD. Entretanto, também será aplicável à Administração Pública direta dos Estados e dos Municípios.

---

8   "De acordo com o Código Civil, as pessoas jurídicas de direito privado podem ser: (a) entidades sem fins lucrativos, como as associações, fundações, organizações religiosas, sindicatos e partidos políticos; ou (b) entidades com fins lucrativos, como as sociedades empresárias ou simples, as cooperativas e a EIRELI (Empresa Individual de Responsabilidade Limitada). Já as pessoas jurídicas de direito público interno são os entes federados (União, Estados, Distrito Federal e Municípios), além de entidades da administração pública, a exemplo de autarquias e fundações públicas. Estados estrangeiros e organismos internacionais são pessoas jurídicas de direito público externo. Portanto, todas essas entidades podem ser consideradas como controladoras para fins da LGPD" (ANPD. *Guia Orientativo para Definições dos Agentes de Tratamento de Dados Pessoais e do Encarregado*. Brasília: ANPD, 2021. p. 8).

9   ANPD. *Guia Orientativo para Definições dos Agentes de Tratamento de Dados Pessoais e do Encarregado*. Brasília: ANPD, 2021. p. 8-10.

10 ANPD. *Guia Orientativo para Definições dos Agentes de Tratamento de Dados Pessoais e do Encarregado*. Brasília: ANPD, 2021. p. 9.

CURSO DE PROTEÇÃO DE DADOS PESSOAIS – *Frazão • Carvalho • Milanez*

Por fim, reitera-se que uma pessoa natural ou física também pode ser controladora quando for responsável pelas principais decisões referentes ao tratamento de dados pessoais. Nessa hipótese, ela age de forma independente e em nome próprio – e não de forma subordinada a uma pessoa jurídica ou como membro de um órgão interno dela. É o caso dos empresários individuais, os profissionais liberais (advogados, contadores e médicos) e os responsáveis pelas serventias extrajudiciais.[11]

XII.1.3. Controle singular e conjunto

É possível também que, em uma mesma operação de tratamento de dados, mais de um controlador esteja diretamente envolvido. Nesse caso, é importante antecipar que, em caso de danos ao titular, todos responderão de forma solidária (art. 42, § 1º, II), à exceção das hipóteses previstas no art. 43 da LGPD.

Ainda que a LGPD não apresente um conceito de controle conjunto, como ocorre no RGPD, é possível extraí-lo do sistema de proteção de dados. Exatamente por isso, nesse caso, busca-se a definição de controle conjunto no RGPD, que, nos termos do art. 26 (1), ocorre quando dois ou mais controladores determinarem conjuntamente as finalidades e meios de tratamento.

Para isso, eles determinarão de forma transparente as respectivas responsabilidades pelo cumprimento das obrigações previstas no RGPD, em especial no que diz respeito ao exercício dos direitos do titular dos dados e aos respectivos deveres de fornecimento de informações, por meio de acordo entre eles (acordo de processamento de dados), a menos que, e na medida em que, as responsabilidades sejam determinadas pela legislação do Estado-Membro a que estejam sujeitos.

> **RGPD, Art. 26. Responsáveis conjuntos pelo tratamento.**
>
> **1.** Quando dois ou mais responsáveis pelo tratamento determinem conjuntamente as finalidades e os meios desse tratamento, ambos são responsáveis conjuntos pelo tratamento. Estes determinam, por acordo entre si e de modo transparente as respetivas responsabilidades pelo cumprimento do presente regulamento, nomeadamente no que diz respeito ao exercício dos direitos do titular dos dados e aos respetivos deveres de fornecer as informações referidas nos artigos 13 e 14, a menos e na medida em que as suas responsabilidades respetivas sejam determinadas pelo direito da União ou do Estado-Membro a que se estejam sujeitos. O acordo pode designar um ponto de contanto para os titulares dos dados.
>
> **2.** O acordo a que se refere o nº 1 reflete devidamente as funções e relações respetivas dos responsáveis conjuntos pelo tratamento em relação aos titulares dos dados. A essência do acordo é disponibilizada ao titular dos dados.
>
> **3.** Independentemente dos termos do acordo a que se refere o nº 1, o titular dos dados pode exercer os direitos que lhe confere o presente regulamento em relação e cada um dos responsáveis pelo tratamento.

---

[11] ANPD. *Guia Orientativo para Definições dos Agentes de Tratamento de Dados Pessoais e do Encarregado.* Brasília: ANPD, 2021. p. 10.

Cap. XII • AGENTES DE TRATAMENTO E ENCARREGADO | **285**

Nesse sentido, para o RGPD, o controle conjunto ocorre quando há participação comum na determinação das finalidades e meios de tratamento, ou seja, na definição dos seus elementos essenciais. O Comitê Europeu de Proteção de Dados (CEPD) entende que a definição da finalidade do tratamento pode ocorrer a partir de decisões comuns ou convergentes[12] – como nos casos de controle conjunto.

Diferença entre decisões comuns e convergentes segundo a ANPD

- **Decisões comuns:** dois ou mais controladores possuem uma intenção comum sobre as finalidades e meios de tratamento e tomam decisões verdadeiramente em conjunto.
- **Decisões convergentes:** existem decisões distintas sendo tomadas, mas elas se complementam de tal forma que o tratamento não seria possível sem a participação de ambos os controladores.[13]

No entanto, caso os objetivos do tratamento sejam distintos, não há que se falar em controle conjunto, ainda que os dados pessoais tratados sejam os mesmos. Por exemplo, dois controladores podem tratar dados pessoais de acesso público (disponibilizados pelo Governo em bases de dados públicas) para finalidades diferentes e específicas. Se tais finalidades não forem comuns, convergentes ou complementares, ambos serão controladores singulares (ou em parceria) em relação ao tratamento de dados, afastando a incidência da solidariedade prevista no art. 42, § 1º, II, da LGPD.[14]

Os controladores conjuntos, assim como os singulares, são capazes de determinar os elementos essenciais do tratamento. Apesar de essa decisão ser tomada de forma coletiva, não é necessário que cada controlador determine todos os elementos da operação de tratamento para que a controle conjunta aconteça, podendo um controlador assumir um papel mais ativo e outro mais passivo, desde que fique claro que houve a comunhão de interesses. Dessa forma, a identificação do controle conjunto será sempre contextual e dependerá da análise do caso concreto.[15]

Conceito de controle conjunto adotado pela ANPD

Adaptando a concepção europeia para o cenário da LGPD, a ANPD estabeleceu o conceito de controladoria conjunta – no Guia Orientativo para Definições dos Agentes de Tratamento de Dados Pessoais e do Encarregado – como: "a determinação conjunta, comum ou convergente, por

---

[12] EUROPEAN DATA PROTECTION BOARD. *Guidelines 07/2020 on the concepts of controller and processor in the GDPR.* Set. 2020.

[13] ANPD. *Guia Orientativo para Definições dos Agentes de Tratamento de Dados Pessoais e do Encarregado.* Brasília: ANPD, 2021. p. 13.

[14] ANPD. *Guia Orientativo para Definições dos Agentes de Tratamento de Dados Pessoais e do Encarregado.* Brasília: ANPD, 2021. p. 13.

[15] ANPD. *Guia Orientativo para Definições dos Agentes de Tratamento de Dados Pessoais e do Encarregado.* Brasília: ANPD, 2021. p. 13.

dois ou mais controladores, das finalidades e dos elementos essenciais para a realização do tratamento de dados pessoais, por meio de acordo que estabeleça as respectivas responsabilidades quanto ao cumprimento da LGPD".[16]

Critérios cumulativos adotados pela ANPD para confirmar a existência de controle conjunto

1. Mais de um controlador possui poder de decisão sobre o tratamento de dados pessoais;
2. Há interesse mútuo de dois ou mais controladores, com base em finalidades próprias, sobre um mesmo tratamento; e
3. Dois ou mais controladores tomam decisões comuns sobre as finalidades e elementos essenciais do tratamento.[17]

Como se pode observar, ao contrário da definição europeia de controle conjunto, que abarca igualmente as decisões que, embora não sejam comuns, sejam convergentes, a definição da ANPD menciona tão somente a existência de decisões comuns.

Destacam-se abaixo alguns exemplos elucidativos que podem auxiliar na correta identificação do controle singular ou conjunto no caso concreto.

 Situações concretas

- **Situação 1**[18] – Suponha que uma empresa de carros de luxo une-se a uma marca de moda de grife para sediar um evento promocional. As empresas decidem realizar então um sorteio no evento e convidam os participantes a entrar no sorteio digitando seu nome e endereço no sistema. Após o sorteio e o evento, as empresas distribuem os prêmios aos vencedores e não usam os dados pessoais para outros fins. Nesse caso, há controladores conjuntos, ou seja, duas empresas que tomam as decisões acerca do tratamento dos dados pessoais, inclusive sobre sua eliminação e especialmente sobre sua finalidade, determinando juntos os meios (sistema) e as finalidades (sorteio) do tratamento de dados.

- **Situação 2**[19] – A empresa Headhunterz ajuda a Enterprize no recrutamento de novos funcionários. O contrato firmado entre as partes afirma claramente que "a Headhunterz atuará em nome da Enterprize e, no tratamento dos dados pessoais, atuará somente como operador de dados, sendo a Enterprize o único controlador". No entanto, a Headhunterz está, na verdade, em uma

---

[16] ANPD. *Guia Orientativo para Definições dos Agentes de Tratamento de Dados Pessoais e do Encarregado*. Brasília: ANPD, 2021. p. 13.

[17] Adaptado de: ANPD. *Guia Orientativo para Definições dos Agentes de Tratamento de Dados Pessoais e do Encarregado*. Brasília: ANPD, 2021. p. 13.

[18] Adaptado de: INFORMATION COMISSIONER'S OFFICE. *What does it mean if you are joint controllers?*

[19] Adaptado de: ARTICLE 29 DATA PROTECTION WORKING PARTY. *Opinion 1/2010 on the concepts of "controller" and "processor"*. 2010.

Cap. XII • AGENTES DE TRATAMENTO E ENCARREGADO | **287**

posição ambígua: de um lado, assume o papel de operador, agindo em nome da Enterprize, e, de outro, desempenha também o papel de controlador na seleção dos candidatos às vagas de emprego de acordo com critérios que são decididos por ela e não pelo controlador. Isso porque a Headhunterz seleciona os candidatos "mais adequados" entre os currículos recebidos diretamente pelas empresas e aqueles que já possui em seu banco de dados com seu famoso serviço de valor agregado *match*. Isso garante que a Headhunterz – que é paga apenas pelos contratos realmente assinados – melhore a correspondência entre empregadores e candidatos, aumentando assim as chances de contratação do candidato selecionado e consequentemente da sua receita. Pelos elementos acima, constata-se que, apesar da qualificação contratual, a Headhunterz também será também controladora e, nesse caso especificamente, há controle conjunto entre a Headhunterz e a Enterprize em relação às atividades de tratamento de dados relacionadas ao recrutamento dos candidatos.

Portanto, para o GT29,[20] apesar de arranjos contratuais serem extremamente úteis na avaliação do controle conjunto, deve-se sempre verificar as circunstâncias fáticas da relação entre as partes.

❂ **Situação 4**[21] – A agência reguladora "B" disponibiliza acesso público aos dados relativos às outorgas dos serviços regulados, incluindo informações de pessoas naturais que são sócias das prestadoras de serviço. A base de dados é armazenada pela própria agência e funciona como subsídio em decisões administrativas. A organização da sociedade civil "F" tem acesso aos dados disponibilizados e efetua, com base em uma solução de inteligência artificial, o cruzamento destes dados com outras bases de dados para realizar ações de controle social de entidades e agentes públicos. A sociedade empresária "S" também trata os dados em questão, mas para fornecer serviços de consultoria aos agentes do setor regulado. Dessa forma, ainda que as três organizações utilizem a mesma base de dados, cada uma é responsável e responde pelos respectivos tratamentos realizados. Isso porque, nesse caso, não há controle conjunto, tendo em vista que o tratamento ocorre no âmbito das atividades e das finalidades independentes e específicas que são definidas individualmente por cada organização.

---

[20] O Grupo de Trabalho do Artigo 29 O Grupo de Trabalho do Artigo 29º (*Working Party Article 29* ou "GT29") foi um grupo de trabalho/órgão consultivo europeu independente que lidava com as questões de privacidade e proteção de dados pessoais à época da vigência da Diretiva 95/46/CE. Ele era composto por um representante da autoridade de proteção de dados de cada Estado-Membro da União Europeia. Em 25 de maio de 2018, com a entrada em vigor do RGPD, o Grupo de Trabalho do Artigo 29 foi substituído pelo Conselho Europeu de Proteção de Dados (EDPB). As principais atividades do Grupo de Trabalho do Artigo 29 incluíam: (i) prestar assessoria especializada aos Estados-Membro da União Europeia em matéria de privacidade e proteção de dados à luz da Diretiva 95/46/CE; (ii) promover a aplicação consistente da Diretiva 95/46/CE em todos os Estados-Membro da União Europeia; e (iii) elaborar recomendações, pareceres, guias, opiniões e outros documentos sobre a aplicação da Diretiva 95/46/CE e sobre questões relacionadas ao tratamento de dados pessoais e privacidade na Comunidade Europeia.

[21] Adaptado de: ANPD. *Guia Orientativo para Definições dos Agentes de Tratamento de Dados Pessoais e do Encarregado*. Brasília: ANPD, 2021. p. 14.

❂ **Situação 5**[22] – As empresas Argentina Beleza e Brasil Perfumaria lançam um produto de marca conjunta Cosmético X e desejam organizar um evento para promovê-lo. Para isso, decidem compartilhar dados de seus respectivos clientes e de clientes potenciais e elaborar uma lista de convidados para o evento com base neles. Eles também concordam sobre as modalidades de envio dos convites para o evento, como coletar *feedback* durante os eventos e sobre as ações de marketing de acompanhamento. Por fim, contratam a agência de marketing Dinamarca MKT para executar a campanha, que traz sugestões de como os clientes poderiam ser melhor alcançados e define os canais, ferramentas e produtos da campanha. As empresas Argentina Beleza e Brasil Perfumaria podem ser consideradas controladoras conjuntas em relação ao tratamento relacionado com a organização do evento e promoção do produto da marca Cosmético X, por terem definido, juntas, a finalidade e os elementos essenciais dos dados tratados. Já a agência Dinamarca MKT atua como operadora para as empresas Argentina Beleza e Brasil Perfumaria. Isso porque, ainda que opine sobre os meios de tratamento, ela não é a responsável pela tomada de decisão final, limitando-se a definir elementos não essenciais do tratamento, como os canais, ferramentas e produtos da campanha. Caso a agência Dinamarca MKT contrate serviços de terceiros de armazenamento de dados em nuvem, essa empresa prestadora de serviços será caracterizada como suboperadora.

❂ **Situação 6**[23] – Considere-se agora que a campanha descrita na Situação 5 foi tão bem-sucedida que a empresa Argentina Beleza contrata a agência Dinamarca MKT para divulgar seus novos produtos Espelho Master e Faca Premium. Logo em seguida, a empresa Brasil Perfumaria também contrata a agência Dinamarca MKT para divulgação dos seus novos produtos Garrafa Azul e Haltere Cinza. Ambas as empresas passam a usar a lista de clientes que haviam compartilhado anteriormente. Nesta situação, que envolve a divulgação de produtos produzidos exclusivamente pela empresa Argentina Beleza ou pela empresa Brasil Perfumaria, ambas atuarão como controladores singulares, cada uma em sua própria campanha. Já a agência Dinamarca MKT continuará como operadora de dados para cada uma das empresas.

❂ **Situação 7**[24] – A empresa XRay – prestadora de serviços por meio de plataforma digital – possui sede no Reino Unido. Para realizar campanhas de marketing de seus serviços e obter mais conhecimento sobre os interesses do público brasileiro, ela abre a filial Yankee no Brasil, que atua somente conforme suas orientações. Apesar de estarem no mesmo grupo econômico, a empresa matriz XRay e a filial brasileira Yankee possuem personalidades jurídicas distintas e, a depender do tipo tratamento e das circunstâncias do caso concreto, podem atuar como controladoras ou operadoras. No tratamento de dados para a campanha de marketing realizada pela filial brasileira Yankee, como a finalidade e os elementos essenciais foram estabelecidos pela matriz,

---

[22] Adaptado de: ANPD. *Guia Orientativo para Definições dos Agentes de Tratamento de Dados Pessoais e do Encarregado*. Brasília: ANPD, 2021. p. 14.

[23] Adaptado de: ANPD. *Guia Orientativo para Definições dos Agentes de Tratamento de Dados Pessoais e do Encarregado*. Brasília: ANPD, 2021. p. 15.

[24] Adaptado de: ANPD. *Guia Orientativo para Definições dos Agentes de Tratamento de Dados Pessoais e do Encarregado*. Brasília: ANPD, 2021. p. 15.

a Yankee é operadora de dados, já que realiza o tratamento exclusivamente conforme as instruções da XRay definidas em instrumento contratual firmado entre as partes. Já em relação ao tratamento de dados de seus funcionários, ao processar a folha de pagamento, por exemplo, a Yankee é controladora dos dados. Por fim, caso a XRay e a Yankee desenvolvam um novo serviço para o público brasileiro, definindo em conjunto as finalidades e os elementos essenciais do tratamento, ambas atuarão como controladoras conjuntas em relação a essa operação.

XII.2. OPERADOR

O operador é o agente responsável por realizar a atividade de tratamento de dados em nome do controlador e conforme a finalidade delimitada por ele, nos termos do art. 39 da LGPD.

> **LGPD, Art. 39.** O operador deverá realizar o tratamento segundo as instruções fornecidas pelo controlador, que verificará a observância das próprias instruções e das normas sobre a matéria.

Nesse sentido, o tratamento dos dados pessoais pelo operador está adstrito à finalidade previamente estabelecida pelo controlador, tornando evidente a principal diferença entre ambos os agentes de tratamento, qual seja, o poder de decisão, isto é, o operador só pode agir no limite das finalidades determinadas pelo controlador.

A ausência de poder significativo de decisão – ou a existência de poder decisório em grau bem inferior ao do controlador – é tão fundamental para a caracterização do operador que o § 1º, I, do art. 42 da LGPD determina que "o operador responde solidariamente pelos danos causados pelo tratamento quando descumprir as obrigações da legislação de proteção de dados ou quando não tiver seguido as instruções lícitas do controlador, hipótese em que o operador equipara--se ao controlador, salvo nos casos de exclusão previstos no art. 43 desta Lei".

Observa-se, portanto, que o descumprimento ou da legislação protetiva de dados ou das instruções do controlador faz com que o operador passe a ser equiparado a controlador, assumindo as responsabilidades deste último. Em princípio, segundo o entendimento da ANPD,[25] essa é a única hipótese em que o operador seria equiparado ao controlador.

A LGPD determina algumas obrigações específicas ao operador, além das obrigações principais de cumprir a LGPD e as instruções do controlador, como firmar contratos que estabeleçam, por exemplo, o regime de atividades e responsabilidades com o controlador; definir elementos não essenciais do tratamento, como medidas técnicas; e dar ciência ao controlador caso contrate um suboperador.[26]

---

[25] ANPD. *Guia Orientativo para Definições dos Agentes de Tratamento de Dados Pessoais e do Encarregado*. Brasília: ANPD, 2021. p. 17.

[26] ANPD. *Guia Orientativo para Definições dos Agentes de Tratamento de Dados Pessoais e do Encarregado*. Brasília: ANPD, 2021. p. 16.

> ### Decisões tomadas pelo operador de dados
>
> Segundo Bianca Kremer,[27] o operador decide sobre:
>
> - O sistema/método/ferramentas utilizados para coleta de dados;
> - Como armazenar os dados;
> - Como assegurar os dados;
> - Os meios de transferência de dados de uma organização para outra;
> - Os meios de recuperação de dados de alguns indivíduos; e
> - Como assegurar o método aplicado para retenção de dados.

Mesmo que a LGPD não indique expressamente a necessidade de o controlador e o operador firmarem um contrato sobre o tratamento de dados, referido acordo mostra-se como uma boa prática, já que as cláusulas contratuais impõem limites à atuação do operador, fixam parâmetros objetivos para a alocação de responsabilidades e assim reduzem os riscos e as incertezas decorrentes da atividade de tratamento, conforme esclarece o Guia Orientativo da ANPD.[28]

Dentre os pontos que podem ser definidos contratualmente, ainda segundo o Guia da ANPD,[29] estão: objeto, duração, natureza e finalidade do tratamento, tipos de dados pessoais tratados e direitos, obrigações e responsabilidades de cumprimento da LGPD, inclusive no que diz respeito a arranjos para a alocação de responsabilidades entre controladores e operadores, os quais obviamente apenas terão eficácia perante eles, mas não perante terceiros.

Ainda que o controlador tenha a principal responsabilidade e o operador deva atuar em nome dele, o art. 37 da LGPD determina que ambos compartilham obrigações e, assim, a responsabilidade de manter o registro das operações de tratamento. Além disso, nos termos do art. 42 da LGPD, ambos possuem o dever de reparação em caso de dano patrimonial, moral, individual ou coletivo causado a outrem no âmbito de suas esferas de atuação.

> **LGPD, Art. 37.** O controlador e o operador devem manter registro das operações de tratamento de dados pessoais que realizarem, especialmente quando baseado no legítimo interesse.

> **LGPD, Art. 42.** O controlador ou o operador que, em razão do exercício de atividade de tratamento de dados pessoais, causar a outrem dano patrimonial, moral, individual ou coletivo, em violação à legislação de proteção de dados pessoais, é obrigado a repará-lo.
>
> **§ 1º** A fim de assegurar a efetiva indenização ao titular dos dados:

---

[27] KREMER, Bianca. Os agentes de tratamento de dados pessoais. In: MULHOLLAND, Caitlin. *A LGPD e o novo marco normativo no Brasil*. Porto Alegre: Arquipélago, 2020. p. 306.

[28] ANPD. *Guia Orientativo para Definições dos Agentes de Tratamento de Dados Pessoais e do Encarregado*. Brasília: ANPD, 2021. p. 16.

[29] ANPD. *Guia Orientativo para Definições dos Agentes de Tratamento de Dados Pessoais e do Encarregado*. Brasília: ANPD, 2021. p. 16.

> I – o operador responde solidariamente pelos danos causados pelo tratamento quando descumprir as obrigações da legislação de proteção de dados ou quando não tiver seguido as instruções lícitas do controlador, hipótese em que o operador equipara-se ao controlador, salvo nos casos de exclusão previstos no art. 43 desta Lei;
>
> II – os controladores que estiverem diretamente envolvidos no tratamento do qual decorreram danos ao titular dos dados respondem solidariamente, salvo nos casos de exclusão previstos no art. 43 desta Lei.

Ainda assim, via de regra, as obrigações e responsabilidades do controlador e do operador são distintas, já que dependem do papel exercido por cada um no âmbito do tratamento dos dados.

Dessa forma, a responsabilidade solidária estabelecida pelo art. 42, § 1º, I, da LGPD para os casos de danos causados em razão do tratamento irregular pelo operador – por descumprimento às obrigações da legislação ou por não observância das instruções do controlador – é uma excepcionalidade, tendo em vista que, em regra, a responsabilidade é do controlador. Essa, inclusive, é a única hipótese em que o operador é equiparado ao controlador e se torna solidariamente responsável com este.[30]

Situações concretas

- **Situação 1**[31] – Um canal de venda on-line de livros, que conta com diversas formas de pagamento, é o controlador dos dados pessoais. Enquanto isso, cada um dos serviços de pagamento disponível será um operador diferente (por exemplo, a empresa de cartão de crédito, uma *fintech*, uma instituição financeira, dentre outros). Aqui, o operador da transação, seja ele qual for, não pode utilizar os dados fornecidos para novas finalidades que não aquelas determinadas pelo controlador (canal de venda).

- **Situação 2**[32] – A empresa XRay tem uma base de dados de clientes e repassa tais informações para uma empresa terceirizada de *call center*, a Zulu. Nesse caso, a XRay é a controladora e a Zulu é a operadora, que realizará o tratamento de dados dos clientes da XRay a seu mando. Caso a Zulu realize o tratamento de dados fora do que foi orientado pela XRay, a Zulu poderá ser responsabilizada solidariamente, sendo equiparada ao controlador.

- **Situação 3**[33] – Uma autarquia (entidade da Administração Pública Indireta com personalidade jurídica própria) utilizará um novo *software* para aprimorar o gerenciamento dos seus funcionários. Para isso, a Secretaria de Gestão

---

[30] Adaptado de: ANPD. *Guia Orientativo para Definições dos Agentes de Tratamento de Dados Pessoais e do Encarregado*. Brasília: ANPD, 2021. p. 17.

[31] Adaptado de: ANPD. *Guia Orientativo para Definições dos Agentes de Tratamento de Dados Pessoais e do Encarregado*. Brasília: ANPD, 2021. p. 17.

[32] Adaptado de: ANPD. *Guia Orientativo para Definições dos Agentes de Tratamento de Dados Pessoais e do Encarregado*. Brasília: ANPD, 2021. p. 18.

[33] Adaptado de: ANPD. *Guia Orientativo para Definições dos Agentes de Tratamento de Dados Pessoais e do Encarregado*. Brasília: ANPD, 2021. p. 18.

Corporativa (SGC) da instituição delega à Diretoria de Gestão de Pessoas (DGP) a tarefa de determinar os meios pelos quais o *software* será implementado. Após algumas reuniões, a DGP decide pela contratação da empresa terceirizada Sierra para desenvolver o *software* em parceria com a equipe da Diretoria de Tecnologia da Informação (DTI). Embora a delegação de decisão possa sugerir que a DGP atua como operadora de dados, esta análise não está correta. Isso porque, como a DGP é uma unidade administrativa da autarquia, a delegação interna não altera o papel do agente de tratamento, uma vez que o operador será sempre pessoa distinta do controlador. O mesmo raciocínio se aplica para a DTI. Portanto, nesse caso, a autarquia será a controladora de dados e a empresa Sierra será a operadora de dados. A Secretaria e as Diretorias, assim como os servidores, são apenas unidades organizacionais do controlador de dados, razão pela qual são agentes de tratamento.

⊙ **Situação 4**[34] – "Em uma contratação de uma solução de computação em nuvem de uma empresa por um determinado Ministério do Poder Executivo, a controladora é a União, mas é o Ministério, na condição de órgão público federal, que exercerá as funções típicas do controlador. Por sua vez, o operador será a empresa contratada. Por exercer funções típicas de controlador, cabe ao Ministério designar um encarregado, bem como realizar notificações à ANPD em casos de incidentes de segurança, dentre outras obrigações previstas na LGPD. No entanto, caso um titular de dados decida ajuizar uma ação judicial, questionando o tratamento realizado, deverá ingressar contra o controlador, que é a União".

Dessa forma, nos parece que, na maioria das vezes, os prestadores de serviço de armazenamento em nuvem serão considerados operadores dos dados em relação às empresa/órgãos contratantes, que serão os verdadeiros controladores.

XII.3. SUBOPERADOR

O fato de a LGPD não estabelecer um conceito de suboperador de dados não impossibilita ou torna ilegal que o suboperador exista e/ou tenha funções, competências e responsabilidades no sistema de proteção de dados pessoais brasileiro.

Dito isso, é possível considerar que o suboperador é aquele contratado pelo operador para auxiliá-lo a realizar o tratamento de dados pessoais em nome do controlador. Ou seja, a relação direta do suboperador é com o operador e não com controlador.[35] No entanto, independentemente do arranjo institucional e contratual entre operador e suboperador, ambos podem desempenhar a função de operador e responder nesse sentido perante a ANPD.

Considerando que a relação entre o operador e o controlador é precipuamente de confiança, recomenda-se que o operador, ao contratar um suboperador, obtenha uma autorização formal (genérica ou específica) do controlador, questão que pode inclusive já constar do próprio contrato firmado inicialmente entre as partes. Assim, evita-se o entendimento de que, ao contratar o suboperador, o operador esteja

---

[34] Adaptado de: ANPD. *Guia Orientativo para Definições dos Agentes de Tratamento de Dados Pessoais e do Encarregado*. Brasília: ANPD, 2021. p. 9-10.

[35] ANPD. *Guia Orientativo para Definições dos Agentes de Tratamento de Dados Pessoais e do Encarregado*. Brasília: ANPD, 2021. p. 19.

descumprindo as orientações lícitas do controlador, o que poderia atrair para ele responsabilidade normalmente atribuída exclusivamente ao controlador.[36]

Aliás, considerando que o operador apenas pode agir para executar as instruções do controlador, é bastante razoável que se entenda que, em boa parte dos casos, a contratação não informada de suboperador pode ser considerada como um ato contrário às instruções do controlador. Trata-se de questão que terá que ser interpretada à luz da boa-fé objetiva e da legítima expectativa do controlador de que a função de operador não poderia ser delegada total ou parcialmente.

Ademais, é essa a orientação que foi adotada pelo RGPD, que também não traz uma definição para o suboperador, limitando-se a definir o conceito de operador, denominado de processador ou subcontratante. No entanto, em seu art. 28, o RGPD prevê expressamente a possibilidade de um subcontratante contratar outro subcontratante (que seria o suboperador), desde que o responsável pelo tratamento tenha dado, previamente e por escrito, autorização nesse sentido.

> **RGPD, Art. 4º Definições.**
>
> Para efeitos do presente regulamento, entende-se por:
>
> **8)** Subcontratante, uma pessoa singular ou coletiva, a autoridade pública, agência ou outro organismo que trate os dados pessoais por conta do responsável pelo tratamento destes;

> **RGPD, Art. 28. Subcontratante.**
>
> **2.** O subcontratante não contrata outro subcontratante sem que o responsável pelo tratamento tenha dado, previamente e por escrito, autorização específica ou geral. Em caso de autorização geral por escrito, o subcontratante informa o responsável pelo tratamento de quaisquer alterações pretendidas quanto ao aumento do número ou à substituição de outros subcontratantes, dando assim ao responsável pelo tratamento a oportunidade de se opor a tais alterações.
>
> **4.** Se o subcontratante contratar outro subcontratante para a realização de operações específicas de tratamento de dados por conta do responsável pelo tratamento, são impostas a esse outro subcontratante, por contrato ou outro ato normativo ao abrigo do direito da União ou dos Estados-Membros, as mesmas obrigações em matéria de proteção de dados que as estabelecidas no contrato ou em outro ato normativo entre o responsável pelo tratamento e o subcontratante, referidas no nº 3, em particular a obrigação de apresentar garantias suficientes de execução de medidas técnicas e organizativas adequadas de uma forma que o tratamento seja conforme com os requisitos do presente regulamento. Se esse outro subcontratante não cumprir as suas obrigações em matéria de proteção de dados, o subcontratante inicial continua a ser plenamente responsável, perante o responsável pelo tratamento, pelo cumprimento das obrigações desse outro subcontratante.

---

[36] ANPD. *Guia Orientativo para Definições dos Agentes de Tratamento de Dados Pessoais e do Encarregado*. Brasília: ANPD, 2021. p. 19.

No que se refere às responsabilidades, o suboperador pode ser equiparado ao operador perante a LGPD em relação às atividades para as quais foi contratado para executar. Ocorre, assim, uma ampliação da cadeia de responsabilidade solidária prevista no art. 42, § 1º, I, da LGPD.

Situações concretas

- **Situação 1**[37] – A empresa Alpha contrata uma pesquisa de mercado para alavancar suas vendas por meio da empresa de pesquisas Bravo, que lhe envia os resultados. Com a autorização da Alpha, a Bravo contrata os serviços de armazenamento em nuvem da empresa Charlie. Nesse caso, a Alpha é controladora, já que tem o poder decisório em relação ao tratamento de dados e define os elementos essenciais do tratamento (finalidade, titulares, tipos de dados etc.). Ainda que possa decidir quanto às técnicas a serem empregadas no tratamento dos dados, a Bravo realiza o tratamento de dados de acordo com a finalidade e as instruções determinadas pela Alpha, atuando, portanto, como operadora. Por fim, a Charlie atua conforme as diretrizes da Bravo e seria, portanto, suboperadora. Exatamente por isso, é recomendável que a Bravo obtenha autorização formal da Alpha para subcontratar a Charlie.

- **Situação 2**[38] – A empresa Golf e suas filiais (aqui, Grupo Golf) coletam dados cadastrais e de consumo de seus clientes. No entanto, a coleta e a guarda desses dados são realizadas com o uso de ferramenta *web* da empresa Echo. O Grupo Golf informa quais dados quer coletar, por quanto tempo quer retê-los e que tipo de tratamento pretende fazer com esses dados. Por isso, é o controlador. Já a Echo toma algumas decisões técnicas sobre protocolos de acesso, de armazenagem, de *backup*, de proteção contra invasões, todas de acordo com as especificações de segurança exigidas pelo Grupo Golf. Por isso, a Echo é operadora. Percebendo que o volume de dados a ser guardado é superior à capacidade de seus bancos de dados internos, com a autorização do Grupo Golf, a Echo contrata com a empresa Foxtrot, um serviço de armazenagem em nuvem. Portanto, a Foxtrot é uma suboperadora.

Há que se destacar, no entanto, que a LGPD não impõe a obrigação, ao operador, de obter autorização formal do controlador sempre que contratar um suboperador. Dessa forma, em princípio, a autorização formal somente será obrigatória caso seja contratualmente acordada. A LGPD apenas exige autorização específica no caso de uso compartilhado de dados entre órgãos e entidades públicos e entes privados, conforme art. 5º, XVI.[39] A despeito disso, ainda que, em princípio, a autorização formal não seja obrigatória em todos os casos, o descumprimento

---

[37] Adaptado de: ANPD. *Guia Orientativo para Definições dos Agentes de Tratamento de Dados Pessoais e do Encarregado*. Brasília: ANPD, 2021. p. 20-21.

[38] Adaptado de: ANPD. *Guia Orientativo para Definições dos Agentes de Tratamento de Dados Pessoais e do Encarregado*. Brasília: ANPD, 2021. p. 21.

[39] Art. 5º Para os fins desta Lei, considera-se: (...) XVI – uso compartilhado de dados: comunicação, difusão, transferência internacional, interconexão de dados pessoais ou tratamento compartilhado de bancos de dados pessoais por órgãos e entidades públicos no cumprimento de suas competências legais, ou entre esses e entes privados, reciprocamente, com autorização específica, para uma ou mais modalidades de tratamento permitidas por esses entes públicos, ou entre entes privados;

das instruções lícitas do controlador, repassadas ao suboperador pelo operador, ou o descumprimento da LGPD em si implicam a devida responsabilização do suboperador, conforme modelo de responsabilidade civil da LGPD.

⚙ **Situação 3**[40] – A loja Kilo organiza um sorteio e, para que os clientes possam concorrer, eles precisam preencher um cadastro com algumas informações pessoais. Os dados e a finalidade do tratamento são definidos pela Kilo, que é a controladora. Já a guarda desses dados é realizada no sistema da empresa Lima que, por isso, é a operadora. Ao fim do período de inscrição, a Kilo contrata a empresa Oscar para realizar o sorteio usando os dados guardados pela Lima. Nesse sentido, a Oscar também é uma operadora, em função de sua relação direta com a controladora.

XII.4. ENCARREGADO

O encarregado é o canal de comunicação entre o controlador, o titular e a ANPD, podendo ser pessoa física ou jurídica; é a pessoa responsável por garantir a conformidade de uma organização, pública ou privada, à LGPD. É a figura correspondente ao que o direito estrangeiro chama de DPO – *Data Protection Officer* –, função que, especialmente em grandes organizações, tende a ser exercida por alguém pertencente à alta administração, até por ter também uma importância fundamental nos programas de integridade das empresas.

> **LGPD, Art. 41.** O controlador deverá indicar encarregado pelo tratamento de dados pessoais.
>
> § 1º A identidade e as informações de contato do encarregado deverão ser divulgadas publicamente, de forma clara e objetiva, preferencialmente no sítio eletrônico do controlador.
>
> (...)
>
> § 3º A autoridade nacional poderá estabelecer normas complementares sobre a definição e as atribuições do encarregado, inclusive hipóteses de dispensa da necessidade de sua indicação, conforme a natureza e o porte da entidade ou o volume de operações de tratamento de dados.

Ao contrário de outras legislações estrangeiras, como o próprio RGPD, a LGPD não indicou as circunstâncias nas quais uma organização deve indicar um encarregado. Portanto, com exceção dos agentes de tratamento de pequeno porte,[41] deve-se assumir como regra geral – até posterior manifestação da ANPD – que toda organização deve indicar uma pessoa para assumir o papel de Encarregado.

---

[40] Adaptado de: ANPD. *Guia Orientativo para Definições dos Agentes de Tratamento de Dados Pessoais e do Encarregado*. Brasília: ANPD, 2021. p. 21.

[41] Art. 2º, Resolução CD/ANPD 2/2022. Para efeitos deste regulamento são adotadas as seguintes definições: I – agentes de tratamento de pequeno porte: microempresas, empresas de pequeno porte, startups, pessoas jurídicas de direito privado, inclusive sem fins lucrativos, nos termos da legislação vigente, bem como pessoas naturais e entes privados despersonalizados que realizam tratamento de dados pessoais, assumindo obrigações típicas de controlador ou de operador.

O próprio art. 41, § 3º, da LGPD determina que a ANPD poderá disciplinar hipóteses de dispensa da necessidade de indicação do encarregado, a depender da natureza e do porte da entidade ou do volume das operações de tratamento de dados da organização, conforme ocorreu por meio da Resolução CD/ANPD 2/2022:

> **Resolução CD/ANPD 2/2022, Art. 11.** Os agentes de tratamento de pequeno porte não são obrigados a indicar o encarregado pelo tratamento de dados pessoais exigido no art. 41 da LGPD.
>
> **§ 1º** O agente de tratamento de pequeno porte que não indicar um encarregado deve disponibilizar um canal de comunicação com o titular de dados para atender o disposto no art. 41, § 2º, I da LGPD.
>
> **§ 2º** A indicação de encarregado por parte dos agentes de tratamento de pequeno porte será considerada política de boas práticas e governança para fins do disposto no art. 52, § 1º, IX da LGPD.

Antes da aprovação da Lei 13.853/2019, que trouxe algumas alterações à LGPD, apenas pessoas físicas poderiam atuar como encarregado, mas, atualmente, pessoas jurídicas também podem atuar nesse sentido. Ou seja, a LGPD não distingue se o encarregado deve ser pessoa física ou jurídica, e se deve ser um funcionário da organização ou um agente externo. Dessa forma, considerando as práticas internacionais, o encarregado pode ser tanto um funcionário da instituição quanto um agente externo, de natureza física ou jurídica.

De toda sorte, considerando a importância estratégica do encarregado e a necessidade de que o acesso a ele – tanto por parte de titulares de dados quanto por parte da ANPD – seja fácil é rápido, é de todo recomendável que, em casos de encarregados pessoas jurídicas, sejam indicadas também as pessoas naturais que as presentam ou representam para tais fins.

Além disso, é importante que o encarregado tenha liberdade na realização de suas atribuições e, no que diz respeito às qualificações profissionais, elas devem ser definidas mediante um juízo de valor realizado pelo próprio controlador que indica o encarregado, considerando especialmente o conhecimento sobre proteção de dados e segurança da informação em nível que atenda às necessidades da organização.[42]

A LGPD não proíbe que o encarregado seja auxiliado por uma equipe de proteção de dados. Ao contrário, é fundamental que o encarregado tenha recursos financeiros e humanos para realizar suas atividades. Dessa maneira, a depender do porte do controlador e do risco dos tratamentos assumidos por uma determinada organização, a existência de encarregado não dispensa a existência de uma equipe que possa efetivamente lhe dar o devido suporte para que possa exercer suas funções com eficiência e agilidade, como assevera a ANPD em seu Guia Orientativo.[43]

---

[42] ANPD. *Guia Orientativo para Definições dos Agentes de Tratamento de Dados Pessoais e do Encarregado*. Brasília: ANPD, 2021. p. 22.

[43] ANPD. *Guia Orientativo para Definições dos Agentes de Tratamento de Dados Pessoais e do Encarregado*. Brasília: ANPD, 2021. p. 22.

Nesse sentido, ainda que a LGPD não impeça que um mesmo encarregado atue em nome de diferentes organizações, ele deve ser capaz de realizar suas atribuições com eficiência em todas elas. Assim, antes de indicar um encarregado, o controlador deve considerar se ele será mesmo capaz de atender às suas demandas e de outras organizações concomitantemente.[44]

Por agir como um ponto de contato com os titulares de dados e a ANPD, é importante que a identidade e as informações de contato do encarregado sejam divulgadas publicamente, de forma clara e objetiva, preferencialmente no sítio eletrônico do controlador (art. 41, § 1º), o mesmo se aplicando aos representantes dos encarregados pessoas jurídicas. No entanto, não há necessidade de comunicação ou de registro da identidade e das informações de contato do encarregado perante a ANPD.

Nesse aspecto, destaca-se que o fornecimento das informações de contato do Encarregado também é exigido no RGPD.

> **RGPD, Art. 13. Informações a facultar quando os dados pessoais são recolhidos junto do titular.**
>
> **1.** Quando os dados pessoais forem recolhidos junto do titular, o responsável pelo tratamento faculta-lhe, aquando da recolha desses dados pessoais, as seguintes informações:
>
> **b)** Os contatos do encarregado da proteção de dados, se for caso disso;

> **RGPD, Art. 13. Informações a facultar quando os dados pessoais não são recolhidos junto do titular.**
>
> **1.** Quando os dados pessoais não forem recolhidos junto do titular, o responsável pelo tratamento faculta-lhe, o responsável pelo tratamento fornece-lhe as seguintes informações:
>
> **b)** Os contatos do encarregado da proteção de dados, se for caso disso;

No que diz respeito às funções, a LGPD estabelece, em seu art. 41, § 2º, uma lista com as atividades do encarregado:

> **LGPD, Art. 41, § 2º** As atividades do encarregado consistem em:
>
> **I** – aceitar reclamações e comunicações dos titulares, prestar esclarecimentos e adotar providências;
>
> **II** – receber comunicações da autoridade nacional e adotar providências;
>
> **III** – orientar os funcionários e os contratados da entidade a respeito das práticas a serem tomadas em relação à proteção de dados pessoais; e
>
> **IV** – executar as demais atribuições determinadas pelo controlador ou estabelecidas em normas complementares.

---

[44] ANPD. *Guia Orientativo para Definições dos Agentes de Tratamento de Dados Pessoais e do Encarregado*. Brasília: ANPD, 2021. p. 22.

> **RGPD, Art. 37. Designação do *Data Protection Officer*.**
>
> **1.** O responsável pelo tratamento e o subcontratante designam um *Data Protection Officer* sempre que:
>
> **a)** O tratamento for efetuado por uma autoridade ou um organismo público, excetuando os tribunais no exercício da sua função jurisdicional;
>
> **b)** As atividades principais do responsável pelo tratamento ou do subcontratante consistam em operações de tratamento que, devido à sua natureza, âmbito e/ou finalidade, exijam um controlo regular e sistemático dos titulares dos dados em grande escala; ou
>
> **c)** As atividades principais do responsável pelo tratamento ou do subcontratante consistam em operações de tratamento em grande escala de categorias especiais de dados nos termos do artigo 9º e de dados pessoais relacionados com condenações penais e infrações a que se refere o artigo 10º
>
> **2.** Um grupo empresarial pode também designar um único *Data Protection Officer* desde que haja um *Data Protection Officer* que seja facilmente acessível a partir de cada estabelecimento.
>
> **3.** Quando o responsável pelo tratamento ou o subcontratante for uma autoridade ou um organismo público, pode ser designado um único *Data Protection Officer* para várias dessas autoridades ou organismos, tendo em conta a respetiva estrutura organizacional e dimensão.
>
> **4.** Em casos diferentes dos visados no nº 1, o responsável pelo tratamento ou o subcontratante ou as associações e outros organismos que representem categorias de responsáveis pelo tratamento ou de subcontratantes podem, ou, se tal lhes for exigido pelo direito da União ou dos Estados-Membros, designar um *Data Protection Officer*. O *Data Protection Officer* pode agir em nome das associações e de outros organismos que representem os responsáveis pelo tratamento ou os subcontratantes.
>
> **5.** O *Data Protection Officer* é designado com base nas suas qualidades profissionais e, em especial, nos seus conhecimentos especializados no domínio do direito e das práticas de proteção de dados, bem como na sua capacidade para desempenhar as funções referidas no artigo 39º
>
> **6.** O *Data Protection Officer* pode ser um elemento do pessoal da entidade responsável pelo tratamento ou do subcontratante, ou exercer as suas funções com base num contrato de prestação de serviços.

É importante observar que a adoção de providência e a prestação de esclarecimentos são atividades que evidenciam o caráter reativo (e não proativo) da figura do encarregado, ou seja, ele normalmente atua a partir de uma determinação da ANPD ou de uma reclamação de algum titular de dados. Analisando as atividades de aceite de reclamações e comunicações dos titulares, a lógica é a mesma, o encarregado atua a partir de um requerimento do titular dos dados.

Não obstante, é fundamental acentuar a importância da ação preventiva do encarregado, a fim de assegurar que os tratamentos de dados do controlador que representa estejam de acordo com a lei, missão para a qual precisará instruir e acompanhar a ação de todos os membros da organização e também dos colaboradores externos.

Com efeito, o encarregado representa um vetor de cultura de proteção de dados e de comunicação, voltado para o treinamento, engajamento e conscientização de todos os colaboradores das organizações quanto às normas e diretrizes de proteção de dados pessoais. Em suma, é uma função estratégica de *compliance*, ou seja, de boas condutas.

No RGPD, a figura do *Data Protection Officer* (DPO) é aquela equivalente à do Encarregado da LGPD. No entanto, há distinções importantes entre ambos, como se observa pelo art. 39 (1) do RGPD, ao estabelecer as funções do DPO:

RGPD, Art. 39. Funções do *Data Protection Officer*.

1. O *Data Protection Officer* tem, pelo menos, as seguintes funções:

a) Informa e aconselha o responsável pelo tratamento ou o subcontratante, bem como os trabalhadores que tratem os dados, a respeito das suas obrigações nos termos do presente regulamento [RGPD] e de outras disposições de proteção de dados da União ou dos Estados-Membros;

b) Controla a conformidade com o presente regulamento [RGPD], com outras disposições de proteção de dados da União ou dos Estados-Membros e com as políticas do responsável pelo tratamento ou do subcontratante relativas à proteção de dados pessoais, incluindo a repartição de responsabilidades, a sensibilização e formação do pessoal implicado nas operações de tratamento de dados, e as auditorias correspondentes;

c) Presta aconselhamento, quando tal lhe for solicitado, no que diz respeito à avaliação de impacto [*Data Protection Impact Assessment* – DPIA] sobre a proteção de dados e controla a sua realização, nos termos do artigo 35º;

d) Coopera com a autoridade de controle [*Data Protection Authority* – DPA];

e) Ponto de contato para a autoridade de controle sobre questões relacionadas com o tratamento, incluindo a consulta prévia a que se refere o artigo 36º, e consulta, sendo caso disso, esta autoridade sobre qualquer outro assunto.

2. No desempenho das suas funções, o *Data Protection Officer* tem em devida consideração os riscos associados às operações de tratamento, tendo em conta a natureza, o âmbito, o contexto e as finalidades do tratamento.

Além disso, ao contrário da LGPD, que não confere, pelo menos de forma expressa, independência ao encarregado, o RGPD assim o faz em seu art. 38, ao determinar que ele:

1. Não receberá ordens de como exercer suas atividades e funções (podendo opinar a respeito dos riscos das operações de tratamento de dados de acordo com seu entendimento);

2. Não poderá ser destituído nem apenado pelo fato de exercer suas funções (o que lhe confere segurança para executar suas atividades com imparcialidade);

3. Informará diretamente a direção do mais alto nível da organização; e

4. Exercerá funções e atribuições que não resultem em conflitos de interesse (o DPO não deve, por exemplo, determinar como os dados pessoais serão tratados, já que isso dificultaria sua fiscalização posterior quanto à conformidade).

No entanto, apesar da omissão da LGPD, a independência do encarregado de dados parece decorrer da interpretação sistemática da LGPD, além daquilo que se espera dos programas de *compliance* no geral, inclusive para fins de efetividade.

XII.5. OBRIGAÇÕES LEGAIS DOS AGENTES DE TRATAMENTO E DO ENCARREGADO

Quanto às obrigações dos agentes de tratamento e do encarregado, inicialmente, é importante destacar que a LGPD dedica todo o Capítulo VI para falar sobre os agentes de tratamento de dados pessoais. Contudo, as obrigações de tais agentes não estão somente nesse capítulo, mas também pulverizadas em toda a Lei, tornando essencial uma interpretação sistemática e minuciosa do texto legal.

De início, a LGPD dispõe que ambos os agentes de tratamento – controladores e operadores – devem manter registro das operações de processamento de dados pessoais que realizarem, especialmente quando baseadas no legítimo interesse (art. 37) e que o controlador, especialmente nessa situação, deve garantir a transparência do tratamento dos dados (art. 10, § 2º).

Além disso, dispõe que a ANPD poderá determinar ao controlador que elabore Relatório de Impacto à Proteção de Dados Pessoais (RIPD), que é de sua inteira responsabilidade, referente a suas operações de tratamento de dados, inclusive quanto a dados sensíveis, observados os segredos comercial e industrial (art. 38).

Ele deverá conter, no mínimo, a descrição dos tipos de dados coletados, a metodologia utilizada para a coleta e para a garantia da segurança das informações, a descrição dos processos de tratamento de dados pessoais que podem gerar riscos às liberdades civis e aos direitos fundamentais (art. 5º, inc. XVII), bem como a análise do controlador com relação a medidas, salvaguardas e mecanismos de mitigação de risco adotados (art. 38, parágrafo único).

Já o operador deverá realizar o tratamento tão somente segundo as instruções indicadas pelo controlador, que verificará a observância das próprias instruções e das normas sobre a matéria (art. 39).

A LGPD dispõe ainda que os controladores e operadores, no âmbito de suas competências, individualmente ou por meio de associações, poderão formular regras de boas práticas e de governança de dados que estabeleçam as condições de organização, o regime de funcionamento, os procedimentos, incluindo reclamações e petições de titulares, as normas de segurança, os padrões técnicos, as obrigações específicas para os diversos envolvidos no tratamento, as ações educativas, os mecanismos internos de supervisão e de mitigação de riscos e outros aspectos relacionados ao tratamento de dados pessoais (art. 50).

Ao estabelecer regras de boas práticas, o controlador e o operador levarão em consideração, em relação ao tratamento e aos dados, a natureza, o escopo, a finalidade e a probabilidade e a gravidade dos riscos e dos benefícios decorrentes de tratamento de dados do titular (art. 50, § 1º).

Ademais, existem outras obrigações, agora direcionadas especificamente à figura do controlador, que se encontram pulverizadas na LGPD, conforme tabela abaixo.[45]

Obrigação do controlador dos dados	Dispositivo legal
Obter o consentimento do titular dos dados quando necessário e comprovar que ele foi obtido em conformidade com a Lei, ou seja, é seu o ônus da prova	Art. 7º, § 5º Art. 8º, §§ 2º e 6º
Obter novo consentimento específico do titular caso seja necessário comunicar ou compartilhar seus dados pessoais com outros controladores, ressalvadas as hipóteses de dispensa do consentimento previstas na Lei	Art. 7º, § 5º
Informar o titular a respeito da alteração da finalidade específica do tratamento, da forma e duração do tratamento, observados os segredos comercial e industrial, da identificação do controlador ou das informações acerca do uso compartilhado de dados pelo controlador e sua finalidade, com destaque de forma específica do teor das alterações, podendo o titular, nos casos em que o seu consentimento é exigido, revogá-lo caso discorde da alteração	Art. 8º, § 6º
Informar o titular a respeito das informações do tratamento, prestar contas e possibilitar a portabilidade dos dados	Art. 9º Art. 18, V
Informar o titular a respeito das mudanças da finalidade para o tratamento de dados pessoais não compatível com o consentimento original, na hipótese em que o consentimento é requerido, podendo o titular revogar o consentimento, caso discorde das alterações	Art. 9º, § 2º
Ser transparente no tratamento de dados baseado no legítimo interesse do controlador ou de terceiro	Art. 10, § 2º
Elaborar Relatório de Impacto à Proteção de Dados Pessoais (RIPD), inclusive de dados sensíveis, quando for solicitado pela ANPD	Art. 10, § 3º Art. 38
Abster-se de comunicar ou usar de forma compartilhada dados pessoais sensíveis com outros controladores com objetivo de obter vantagem econômica, exceto nas hipóteses relativas a prestação de serviços de saúde, de assistência farmacêutica e de assistência à saúde	Art. 11, § 4º
Manter, no tratamento de dados pessoais de crianças e adolescentes, a informação pública sobre os tipos de dados coletados, a forma de sua utilização e os procedimentos para o exercício dos direitos a que se refere o art. 18 da LGPD	Art. 14, § 2º
Não condicionar a participação de crianças e adolescentes em jogos, aplicações de internet ou outras atividades ao fornecimento de informações pessoais além das estritamente necessárias à atividade	Art. 14, § 4º
Realizar todos os esforços razoáveis para verificar que o consentimento de pelo menos um dos pais ou pelo responsável legal de crianças foi realmente dado pelo responsável pela criança, consideradas as tecnologias disponíveis	Art. 14, § 5º
Resguardar os direitos previstos no art. 18 da LGPD	Art. 18
Fornecer, sempre que solicitadas, informações claras e adequadas a respeito dos critérios e dos procedimentos utilizados para a decisão automatizada, observados os segredos comercial e industrial	Art. 20, § 1º

---

[45]   Diversas dessas obrigações foram também sistematizadas em artigo de Bianca Kremer: KREMER, Bianca. Os agentes de tratamento de dados pessoais. In: MULHOLLAND, Caitlin. *A LGPD e o novo marco normativo no Brasil*. Porto Alegre: Arquipélago, 2020. p. 291-292.

Obrigação do controlador dos dados	Dispositivo legal
Manter o registro das operações de tratamento que realizar, especialmente quando baseado no legítimo interesse do controlador ou de terceiro	Art. 37
Indicar um encarregado pelo tratamento dos dados pessoais	Art. 41
Reparar eventual dano patrimonial, moral, individual ou coletivo, causado a outrem em virtude de violação à LGPD	Art. 42
Comunicar a ANPD e os titulares a respeito da ocorrência de incidente de segurança que possa acarretar risco ou dano relevante aos titulares	Art. 48
Adotar providências em caso de incidentes de segurança, a exemplo da ampla divulgação do fato em meios de comunicação e de medidas para reverter ou mitigar os efeitos do incidente	Art. 48, § 2º
Implementar um Programa de Governança, observados a estrutura, a escala e o volume de suas operações, bem como a sensibilidade dos dados tratados e a probabilidade e a gravidade dos danos para os titulares dos dados, segundo as diretrizes legais. Observar as boas práticas e os padrões de governança	Art. 50, § 2º

Por fim, em relação ao encarregado, a LGPD estabelece, conforme já destacado, as atividades que ele deve desempenhar no art. 41, quais sejam (i) aceitar reclamações e comunicações dos titulares, prestar esclarecimentos e adotar providências; (ii) receber comunicações da autoridade nacional e adotar providências; (iii) orientar os funcionários e os contratados da entidade a respeito das práticas a serem tomadas em relação à proteção de dados pessoais; e (iv) executar as demais atribuições determinadas pelo controlador ou estabelecidas em normas complementares. Além disso, é provável que a ANPD estabelecerá normas complementares sobre a definição e as atribuições do encarregado, conforme disposto no § 3º do art. 41 da LGPD.

Capítulo XIII

DIREITOS DO TITULAR

XIII.1. NECESSÁRIA SISTEMATIZAÇÃO DOS DIREITOS DOS TITULARES DE DADOS

A LGPD dedica-se, no Capítulo III, a tratar especificamente dos direitos dos titulares de dados pessoais. No entanto, o fato de haver capítulo próprio para listar tais direitos não significa que se trate do único espaço em que se deve buscar na lei direitos e prerrogativas que podem perseguir os titulares em prol da defesa de seus dados pessoais, como já se teve a oportunidade de mencionar ao longo do presente livro e como se apresenta pormenorizadamente na tabela abaixo, que procura sistematizar os diversos direitos dos titulares de dados pessoais constantes dos artigos iniciais da LGPD:

Direitos Gerais do Titular	Referência Legislativa
Liberdade	Art. 1º
Liberdade de expressão, de informação, de comunicação e de opinião	Art. 2º
Privacidade e intimidade	Arts. 1º e 2º
Livre desenvolvimento da personalidade	Arts. 1º e 2º
Autodeterminação informativa	Art. 2º
Honra	Art. 2º
Imagem	Art. 2º
Diretos do consumidor	Art. 2º
Diretos humanos	Art. 2º
Direto à cidadania	Art. 2º

Além disso, não se pode ignorar que os direitos acima mencionados podem ser depreendidos também de outros diplomas legais que já trataram de alguma forma da proteção de dados pessoais – como, por exemplo, o Código de Defesa do Consumidor e a Lei do Cadastro Positivo – e mesmo da Constituição Federal, de sorte que a LGPD nada mais faz do que densificar as prerrogativas supramencionadas em um microssistema especificamente atrelado à finalidade de proteção dos dados pessoais.

É importante, ainda, destacar também que vários dos direitos dos titulares de dados pessoais decorrem diretamente dos princípios que a LGPD contempla em seu art. 6º, tais como os seguintes:

Direitos do Titular que decorrem dos Princípios	Princípio a que corresponde	Referência Legislativa
Direito ao tratamento adstrito aos propósitos legítimos, específicos, explícitos e informados ao titular, sem possibilidade de tratamento posterior de forma incompatível com essas finalidades	Princípio da Finalidade	Art. 6º, I
Direito ao tratamento adequado, compatível com as finalidades informadas ao titular, de acordo com o contexto do tratamento	Princípio da Adequação	Art. 6º, II
Direito à limitação do tratamento ao mínimo necessário para a realização de suas finalidades, com abrangência dos dados pertinentes, proporcionais e não excessivos em relação às finalidades do tratamento	Princípio da Necessidade	Art. 6º, III
Direito à consulta facilitada e gratuita sobre a forma e a duração do tratamento, bem como sobre a integralidade de seus dados pessoais	Princípio do Livre Acesso	Art. 6º, IV
Direito à exatidão, clareza, relevância e atualização dos dados, de acordo com a necessidade para o cumprimento da finalidade de seu tratamento	Princípio da Qualidade dos Dados	Art. 6º, V
Direito a informações claras, precisas e facilmente acessíveis sobre a realização do tratamento e os respectivos agentes de tratamento, observados os segredos comercial e industrial	Princípio da Transparência	Art. 6º, VI
Direito à segurança dos dados, ao qual se contrapõe o dever, por parte dos agentes de tratamento, de utilização de medidas técnicas e administrativas aptas a proteger os dados pessoais de acessos não autorizados e de situações acidentais ou ilícitas de destruição, perda, alteração, comunicação ou difusão	Princípio da Segurança	Art. 6º, VII
Direito à adequada prevenção de danos, ao qual se contrapõe o dever, por parte dos agentes de tratamento, de adoção de medidas para prevenir a ocorrência de danos em virtude do tratamento de dados pessoais	Princípio da Prevenção	Art. 6º, VIII
Direito de não ser discriminado de forma ilícita ou abusiva	Princípio da Não Discriminação	Art. 6º, IX
Direito de exigir a adequada responsabilização e a prestação de contas por parte dos agentes de tratamento, ao qual se contrapõe o dever, por parte destes, de adoção de medidas eficazes e capazes de comprovar a observância e o cumprimento das normas de proteção de dados pessoais e, inclusive, da eficácia dessas medidas	Princípio da Responsabilização e Prestação de Contas	Art. 6º, X

Por fim, cumpre destacar que, a partir do art. 7º, a LGPD já começa a tratar de vários assuntos que envolvem direitos dos titulares de dados:

Cap. XIII • DIREITOS DO TITULAR | 305

Direitos Específicos do Titular	Referência Legislativa
Direito de condicionar o tratamento de dados ao prévio consentimento expresso, inequívoco e informado do titular, salvo as exceções legais.	Art. 7º, I Art. 8º
Direito de exigir o cumprimento de todas as obrigações de tratamento previstas na lei mesmo para os casos de dispensa de exigência de consentimento.	Art. 7º, § 6º
Direito à inversão do ônus da prova quanto ao consentimento.	Art. 8º, § 2º
Direito de requerer a nulidade de autorizações genéricas para o tratamento de dados pessoais.	Art. 8º, § 4º
Direito de requerer a nulidade do consentimento caso as informações fornecidas ao titular tenham conteúdo enganoso ou abusivo ou não tenham sido apresentadas previamente com transparência, de forma clara e inequívoca.	Art. 9º, § 1º
Direito de revogar o consentimento a qualquer tempo, mediante manifestação expressa do titular, por procedimento gratuito e facilitado.	Art. 8º, § 5º
Direito de revogar o consentimento caso o titular discorde das alterações quanto ao tratamento de dados.	Art. 8º, § 6º Art. 9º, § 2º
Direito de acesso facilitado ao tratamento de dados, cujas informações devem ser disponibilizadas de forma clara, adequada e ostensiva acerca de, entre outras, finalidade específica do tratamento, forma e duração do tratamento, observados os segredos comercial e industrial, identificação do controlador, informações de contato do controlador, informações acerca do uso compartilhado de dados pelo controlador e a finalidade, responsabilidades dos agentes que realizarão o tratamento, e direitos do titular, com menção explícita aos direitos contidos no art. 18.	Art. 9º
Direito de exigir o cumprimento de todas as obrigações de tratamento previstas na lei mesmo para os casos de dispensa de exigência de consentimento.	Art. 7º, § 6º
Direito de ser informado sobre aspectos essenciais do tratamento de dados, com destaque específico sobre o teor das alterações.	Art. 8º, § 6º
Direito de ser informado, com destaque, sempre que o tratamento de dados pessoais for condição para o fornecimento de produto ou de serviço ou para o exercício de direito, o que se estende à informação sobre os meios pelos quais o titular poderá exercer seus direitos.	Art. 9º, § 3º
Direito de ser informado sobre a utilização dos dados pela administração pública, para os fins autorizados pela lei e para a realização de estudos por órgão de pesquisa.	Art. 7º, III e IV Art. 7º, § 1º
Direito de que o tratamento de dados pessoais cujo acesso é público esteja adstrito à finalidade, à boa-fé e ao interesse público que justificaram sua disponibilização.	Art. 7º, § 3º
Direito de condicionar o compartilhamento de dados por determinado controlador que já obteve consentimento a novo e específico consentimento.	Art. 7º, § 5º
Direito de ter o tratamento de dados limitado ao estritamente necessário para a finalidade pretendida quando o tratamento for baseado no legítimo interesse do controlador.	Art. 10, § 1º
Direito à transparência do tratamento de dados baseado no legítimo interesse do controlador.	Art. 10, § 2º
Direito à anonimização dos dados pessoais sensíveis, sempre que possível, na realização de estudos por órgão de pesquisa.	Art. 11, II, "c"

Direitos Específicos do Titular	Referência Legislativa
Direito de ter a devida publicidade em relação às hipóteses de dispensa de consentimento para tratamento de dados sensíveis nas hipóteses de cumprimento de obrigação legal ou regulatória pelo controlador ou tratamento compartilhado de dados necessários à execução, pela administração pública, de políticas públicas previstas em leis ou regulamentos.	Art. 11, § 2º
Direito de impedir a comunicação ou o uso compartilhado entre controladores de dados pessoais sensíveis referentes à saúde com objetivo de obter vantagem econômica, exceto nos casos de portabilidade de dados quando consentido pelo titular.	Art. 11, § 4º
Direito de que os dados pessoais sensíveis utilizados em estudos de saúde pública sejam tratados exclusivamente dentro do órgão de pesquisa e estritamente para a finalidade de realização de estudos e pesquisas e mantidos em ambiente controlado e seguro, conforme práticas de segurança previstas em regulamento específico e que incluam, sempre que possível, a anonimização ou pseudonimização dos dados, bem como considerem os devidos padrões éticos relacionados a estudos e pesquisas.	Art. 13
Direito de não ter dados pessoais revelados na divulgação dos resultados ou de qualquer excerto do estudo ou da pesquisa sobre saúde pública.	Art. 13, § 1º
Direito de não ter dados pessoais utilizados em pesquisa sobre saúde pública transferidos a terceiros pelo órgão de pesquisa.	Art. 13, § 2º
Direito ao término do tratamento quando verificado que (i) a finalidade foi alcançada ou que os dados deixaram de ser necessários ou pertinentes ao alcance da finalidade específica almejada; (ii) houve o fim do período de tratamento, (iii) houve comunicação do titular, inclusive no exercício de seu direito de revogação do consentimento conforme disposto no § 5º do art. 8º desta Lei, resguardado o interesse público; ou (i) por determinação da autoridade nacional, quando houver violação ao disposto nesta Lei.	Art. 15
Direito à eliminação ou ao apagamento dos dados, no âmbito e nos limites técnicos das atividades, autorizada a conservação somente nas exceções legais.	Art. 16

Dessa maneira, somente com a visão conjunta e sistemática da LGPD é que se pode compreender a exata dimensão do seu Capítulo III, que, ao tratar dos direitos dos titulares, retoma uma série de previsões e de conceitos já estabelecidos inicialmente.

Nesse sentido, o art. 17 da LGPD prevê que toda pessoa natural tem assegurada a titularidade de seus dados pessoais e garantidos os direitos fundamentais de liberdade, de intimidade e de privacidade. Trata-se de artigo que, na verdade, repete vários dos direitos anteriormente já mencionados, por mais que não se refira expressamente a todos os direitos.

Talvez a verdadeira importância do art. 17 da LGPD seja a de assegurar a titularidade dos dados pessoais aos indivíduos e não aos agentes de tratamento. Dessa maneira, qualquer que seja a natureza jurídica dos dados, tal como já se viu no Capítulo III, trata-se de direitos com importantes dimensões existenciais e econômicas cuja titularidade cabe às pessoas naturais que são objeto de proteção da LGPD.

Por essa razão, há que se considerar que a descrição do art. 17 é meramente enunciativa, de sorte que precisa ser interpretada em conformidade com os artigos anteriores da LGPD que tratam da questão, especialmente no que diz respeito ao livre desenvolvimento da personalidade, à autodeterminação informativa, à dignidade da pessoa humana e ao exercício da cidadania.

Em seguida, o art. 18 da LGPD lista os diversos direitos específicos do titular de dados, conforme se verá melhor a seguir. Como se pode observar, praticamente todos os direitos listados, com exceção do direito à portabilidade,[1] já haviam sido mencionados anteriormente ou até mesmo tido alguns dos seus contornos definidos. Daí por que o art. 18 da LGPD desempenha, na verdade, uma função sistematizadora.

É interessante notar que, nos termos do art. 18, os direitos dos titulares são direcionados, pelo menos de forma expressa, ao controlador ("O titular dos dados pessoais tem direito a obter do controlador, em relação aos dados do titular por ele tratados, a qualquer momento e mediante requisição"). No entanto, o silêncio do legislador quanto à extensão desses direitos a outros agentes de tratamento não pode ser interpretado como uma tentativa de isentar de responsabilidade, por exemplo, operadores e, ainda que em menor proporção, também encarregados.

Pelo contrário, a interpretação sistemática da LGPD e a própria leitura funcional da figura do controlador, conforme descrita pela lei, demonstra que os deveres e responsabilidades dos agentes de tratamento devem ser compreendidos em conjunto, mesmo porque a responsabilidade do encarregado e do operador decorre justamente de sua relação com o controlador.

Em complemento, o § 3º, do art. 18 prevê que os direitos serão exercidos mediante requerimento expresso do titular ou de representante legalmente constituído, ao agente de tratamento. Em tal previsão, além de possibilitar o exercício dos direitos por meio de representantes legalmente constituídos, fica claro que o exercício de pretensão por parte dos titulares pode ser feito a agentes de tratamento, categoria que engloba controladores e operadores (art. 5º, IX, da LGPD).

Com base no Capítulo III da LGPD, pode-se sistematizar os direitos dos titulares de dados da seguinte maneira:

Direitos do Titular	Princípio decorrente	Dispositivo Legal
Confirmação da existência de tratamento dos dados pessoais	Transparência	Art. 18, I
Acesso aos dados pessoais	Livre Acesso	Art. 18, II
Correção de dados pessoais incompletos, inexatos ou desatualizados	Qualidade dos Dados	Art. 18, III
Anonimização, bloqueio ou eliminação de dados desnecessários, excessivos ou tratados em desconformidade com a LGPD	Boa-Fé, Finalidade, Necessidade, Adequação e Segurança	Art. 18, IV

---

[1] A portabilidade já havia sido mencionada no § 4º do art. 11 da LGPD, mas apenas para deixar claro que é vedada a comunicação ou o uso compartilhado entre controladores de dados pessoais sensíveis referentes à saúde com objetivo de obter vantagem econômica, exceto nos casos de portabilidade de dados quando consentido pelo titular. Entretanto, a LGPD ainda não havia dado os devidos contornos ao referido direito.

308 | CURSO DE PROTEÇÃO DE DADOS PESSOAIS – *Frazão • Carvalho • Milanez*

Direitos do Titular	Princípio decorrente	Dispositivo Legal
Portabilidade dos dados pessoais a outro fornecedor de serviço ou produto	Boa-Fé, Autodeterminação informativa,	Art. 18, V
Eliminação dos dados pessoais tratados com o consentimento do titular	Boa-Fé, Autodeterminação informativa e Responsabilização e Prestação de Contas	Art. 18, VI
Informação das entidades públicas ou privadas com as quais o controlador realizou uso compartilhado dos dados	Livre Acesso e Transparência	Art. 18, VII
Informação sobre a possibilidade de não fornecer consentimento e sobre as consequências da negativa	Transparência e Boa-fé	Art. 18, VIII
Revogação do consentimento	Boa-Fé e Autodeterminação informativa	Art. 18, IX
Revisão de decisões tomadas unicamente com base em tratamento automatizado de dados pessoais que afetem os interesses do titular	Não Discriminação e Responsabilização e Prestação de Contas	Art. 20, *caput*
Informações claras e adequadas a respeito dos critérios e dos procedimentos utilizados para a decisão automatizada, observados os segredos comercial e industrial	Livre Acesso e Transparência	Art. 20, § 1º
Não utilização dos dados pessoais referentes ao exercício regular de direitos pelo titular em seu prejuízo	Prevenção	Art. 21
Defesa dos interesses e dos direitos do titular dos dados em juízo, individual ou coletivamente	Responsabilização e Prestação de Contas	Art. 22

Tais direitos passarão a ser examinados, de forma mais pormenorizada, a seguir, mas não sem antes examinarmos as regras gerais que disciplinam o exercício de todos os direitos previstos no Capítulo III da LGPD.

XIII.2. DIMENSÃO PROCEDIMENTAL DOS DIREITOS PREVISTOS PELO CAPÍTULO III DA LGPD

Como já se demonstrou anteriormente, a proteção de dados pessoais diz respeito fundamentalmente à proteção de direitos de personalidade. A LGPD oferece, nesse sentido, um conjunto de importantes ferramentas voltadas a tutelar situações de lesão ou ameaça a direitos de privacidade, medidas estas que se interpenetram e se complementam, de maneira a permitir a estruturação de estratégias jurídico--processuais que mais eficientemente sirvam à proteção dos titulares.

É certo que, nos termos do art. 12 do Código Civil, "Pode-se exigir que cesse a ameaça, ou a lesão, a direito da personalidade, e reclamar perdas e danos, sem prejuízo de outras sanções previstas em lei", de sorte que a sistemática geral do direito privado já forneceria possibilidades bastante amplas e eficazes que, porém, não são as únicas a serem implementadas no intuito de tutelar direitos de privacidade.

Pelo contrário, como enfatizam Eduardo Nunes Souza e Rodrigo da Guia Silva, os direitos previstos pelo Capítulo III "nada mais representam do que especificações do conteúdo que tradicionalmente se atribui à noção contemporânea de privacidade. De fato, a concepção de autodeterminação informativa, pela sua própria designação, converte a privacidade, em larga medida, no direito atribuído a cada pessoa de controlar a circulação dos seus próprios dados, por meio de uma série de medidas e procedimentos".[2]

Daí ser possível afirmar que muitos desses direitos tratam de questões predominantemente procedimentais ou instrumentais, que, por evidente, não se esgotam nos mecanismos tutelares previstos pelos dispositivos da LGPD, mas abarcam todas as medidas capazes e suficientes para endereçar eventuais violações.

XIII.3. REGRAS GERAIS APLICÁVEIS AOS DIREITOS DOS TITULARES

Antes de ingressar no exame de cada um dos direitos dos titulares de dados, é importante ressaltar os aspectos comuns a todos eles, disciplinados em alguns dos parágrafos do art. 18 da LGPD. São eles:

> **LGPD, Art. 18, § 1º** O titular dos dados pessoais tem o direito de peticionar em relação aos seus dados contra o controlador perante a autoridade nacional. (...)
>
> **§ 3º** Os direitos previstos neste artigo serão exercidos mediante requerimento expresso do titular ou de representante legalmente constituído, a agente de tratamento.
>
> **§ 4º** Em caso de impossibilidade de adoção imediata da providência de que trata o § 3º deste artigo, o controlador enviará ao titular resposta em que poderá:
>
> **I –** comunicar que não é agente de tratamento dos dados e indicar, sempre que possível, o agente; ou
>
> **II –** indicar as razões de fato ou de direito que impedem a adoção imediata da providência.
>
> **§ 5º** O requerimento referido no § 3º deste artigo será atendido sem custos para o titular, nos prazos e nos termos previstos em regulamento.
>
> (...)
>
> **§ 8º** O direito a que se refere o § 1º deste artigo também poderá ser exercido perante os organismos de defesa do consumidor.

Como se pode observar, a LGPD pretendeu ampliar as possibilidades de defesa dos direitos de titulares de dados pessoais, deixando claro que eles podem exercer todos os seus direitos perante a ANPD, perante os agentes de tratamento e peran-

---

[2] SOUZA, Eduardo Nunes; SILVA, Rodrigo da Guia. Tutela da pessoa humana na lei geral de proteção de dados pessoais: entre a atribuição de direitos e a enunciação de remédios. *Pensar*, v. 24, n. 3, p. 1-22, jul.-set. 2019.

te os organismos de defesa do consumidor sem nenhum custo para os titulares. Obviamente que, além dessas hipóteses, o acesso ao Judiciário, seja por meio de ações individuais ou coletivas, nos termos do art. 22 da LGPD, também é importante instrumento para assegurar a efetividade dos direitos dos titulares de dados.

Os aspectos procedimentais dos direitos dos titulares de dados serão abordados de forma mais pormenorizada a seguir, mais precisamente na Seção XIII.11. Por ora, adianta-se tão somente a importante preocupação da LGPD de assegurar agilidade e até mesmo imediatidade ao atendimento dos direitos dos titulares de dados. Daí por que, ao contrário do RGPD, que já define determinados direitos a partir da impossibilidade de demora injustificada, a LGPD utiliza-se de outra estratégia, mas que leva ao mesmo resultado.

Com efeito, o § 4º do art. 18 da LGPD consiste em regra geral segundo a qual todos os direitos dos titulares de dados devem ser atendidos, em princípio, imediatamente, sendo ônus do controlador, na impossibilidade da adoção imediata das providências cabíveis, enviar ao titular resposta em que poderá comunicar que não é agente de tratamento dos dados e indicar, sempre que possível, o agente; ou indicar as razões de fato ou de direito que impedem a adoção imediata da providência.

Tal conclusão decorreria também da interpretação principiológica e sistemática da LGPD, inclusive no que diz respeito à aplicação da boa-fé objetiva, que reitera a necessidade de cooperação e proteção entre as partes. Logo, é inequívoco que os direitos dos titulares de dados devem ser assegurados o mais rápido possível, não se admitindo demoras injustificadas, ainda mais quando estas puderem trazer danos ou ameaças de danos aos titulares.

Verdade seja dita que o § 5º do art. 18 da LGPD prevê que prazos e condições podem ser fixados em regulamento, mas obviamente a disciplina infralegal superveniente da questão não pode se afastar da regra geral de que os direitos dos titulares de dados devem ser atendidos de forma imediata ou o mais rápido possível, salvo quando a própria LGPD já previu solução distinta – como é a hipótese do inciso II, do art. 19, em que se fixou o prazo de quinze dias como será visto adiante – ou para direitos que, como é o caso da portabilidade, podem envolver providências com considerável grau de complexidade.

Por essa razão, mesmo na hipótese em que o controlador não puder atender ao direito de imediato, é necessário que tome as providências devidas para satisfazer os titulares o mais rápido possível, sendo de todo recomendável que, na resposta o § 4º do art. 18 da LGPD, já ofereça uma estimativa do prazo para o atendimento do direito.

XIII.4. CONFIRMAÇÃO DA EXISTÊNCIA DE TRATAMENTO E ACESSO AOS DADOS (ART. 18, I E II)

XIII.4.1. Aspectos fundamentais

Como se observa, ao prever o direito à confirmação da existência de tratamento e de acesso aos dados, a LGPD não inova substancialmente em relação ao que já decorreria da mera aplicação dos princípios previstos no art. 6º da LGPD, especialmente o princípio do livre acesso, o princípio da qualidade dos dados, o princípio da transparência e a boa-fé objetiva, que tem no dever de informação um dos seus principais corolários. Tanto é assim que, especialmente em um contexto marcado por tecnologias de análise em massa, mesmo as inferências, predições e assunções que permitam a identificação de um determinado titular podem estar sujeitas a esses deveres.[3]

Trata-se de direito imprescindível para a autodeterminação informativa e para a modificação do atual cenário da economia digital, marcado pela extração de dados sem conhecimento dos titulares, em ambientes nos quais prevalece a opacidade e a falta de informação. Mais do que isso, trata-se de direito imprescindível para a prevalência do devido processo legal, uma vez que os cidadãos não têm como exercer seus direitos plenamente sem a informação adequada sobre o que está acontecendo com eles.[4]

É importante destacar também que o art. 9º da LGPD já havia reconhecido o direito de acesso facilitado ao tratamento de dados, cujas informações devem ser disponibilizadas de forma clara, adequada e ostensiva acerca de, entre outras questões, (i) a finalidade específica do tratamento; (ii) a forma e a duração do tratamento, observados os segredos comercial e industrial; (iii) a identificação do controlador e de suas informações de contato; (iv) informações acerca do uso compartilhado de dados pelo controlador e a finalidade; (v) responsabilidades dos agentes que realizarão o tratamento; e (vi) direitos do titular, com menção explícita aos direitos contidos no art. 18.

O RGPD, cabe notar, também reconhece o direito de acesso ao titular dos dados e trata do assunto de forma pormenorizada:

> **RGPD, Art. 15. Direito de acesso do titular dos dados.**
>
> **1.** O titular dos dados tem o direito de obter do responsável pelo tratamento a confirmação de que os dados pessoais que lhe digam respeito são ou não objeto de tratamento e, se for esse o caso, o direito de aceder aos seus dados pessoais e às seguintes informações:
>
> **a)** As finalidades do tratamento dos dados;
>
> **b)** As categorias dos dados pessoais em questão;
>
> **c)** Os destinatários ou categorias de destinatários a quem os dados pessoais foram ou serão divulgados, nomeadamente os destinatários estabelecidos em países terceiros ou pertencentes a organizações internacionais;
>
> **d)** Se for possível, o prazo previsto de conservação dos dados pessoais, ou, se não for possível, os critérios usados para fixar esse prazo;
>
> **e)** A existência do direito de solicitar ao responsável pelo tratamento a retificação, o apagamento ou a limitação do tratamento dos dados pessoais no que diz respeito ao titular dos dados, ou do direito de se opor a esse tratamento;

---

[3] Nesse sentido: WACHTER, Sandra; MITTELSTADT, Brent. A right to reasonable inferences: re-thinking data protection law in the age of big data and AI. *Columbia Business Law Review*, n. 2, p. 494-620, 2019.

[4] Ver, sobre o assunto: FRAZÃO, Ana. Devido processo digital. Em que medida o devido processo legal se aplica aos julgamentos on-line e às relações privadas na internet? *Jota.* Disponível em: https://www.jota.info/opiniao-e-analise/colunas/constituicao-empresa--e-mercado/devido-processo-digital-20102021. Acesso em: 6 mar. 2022.

CURSO DE PROTEÇÃO DE DADOS PESSOAIS – *Frazão • Carvalho • Milanez*

> **f)** O direito de apresentar reclamação a uma autoridade de controlo;
>
> **g)** Se os dados não tiverem sido recolhidos junto do titular, as informações disponíveis sobre a origem desses dados;
>
> **h)** A existência de decisões automatizadas, incluindo a definição de perfis, referida no artigo 22º, n. 1 e 4, e, pelo menos nesses casos, informações úteis relativas à lógica subjacente, bem como a importância e as consequências previstas de tal tratamento para o titular dos dados.
>
> **2.** Quando os dados pessoais forem transferidos para um país terceiro ou uma organização internacional, o titular dos dados tem o direito de ser informado das garantias adequadas, nos termos do artigo 46º relativo à transferência de dados.
>
> **3.** O responsável pelo tratamento fornece uma cópia dos dados pessoais em fase de tratamento. Para fornecer outras cópias solicitadas pelo titular dos dados, o responsável pelo tratamento pode exigir o pagamento de uma taxa razoável tendo em conta os custos administrativos. Se o titular dos dados apresentar o pedido por meios eletrônicos, e salvo pedido em contrário do titular dos dados, a informação é fornecida num formato eletrónico de uso corrente.
>
> **4.** O direito de obter uma cópia a que se refere o n. 3 não prejudica os direitos e as liberdades de terceiros.

No que diz respeito à LGPD, o direito de acesso aos dados é complementado pelo art. 19, por meio do qual se assegura ao titular o acesso imediato à confirmação da existência ou acesso a dados pessoais em formato simplificado, aplicando-se o prazo de 15 (quinze) dias somente para informações mais completas.

> **LGPD, Art. 19.** A confirmação de existência ou o acesso a dados pessoais serão providenciados, mediante requisição do titular:
>
> **I –** em formato simplificado, imediatamente; ou
>
> **II –** por meio de declaração clara e completa, que indique a origem dos dados, a inexistência de registro, os critérios utilizados e a finalidade do tratamento, observados os segredos comercial e industrial, fornecida no prazo de até 15 (quinze) dias, contado da data do requerimento do titular.
>
> **§ 1º** Os dados pessoais serão armazenados em formato que favoreça o exercício do direito de acesso.
>
> **§ 2º** As informações e os dados poderão ser fornecidos, a critério do titular:
>
> **I –** por meio eletrônico, seguro e idôneo para esse fim; ou
>
> **II –** sob forma impressa.
>
> **§ 3º** Quando o tratamento tiver origem no consentimento do titular ou em contrato, o titular poderá solicitar cópia eletrônica integral de seus dados pessoais, observados os segredos comercial e industrial, nos termos de regulamentação da autoridade nacional, em formato que permita a sua utilização subsequente, inclusive em outras operações de tratamento.

Como se observa pelos incisos I e II, a intenção clara da LGPD foi a de imprimir agilidade e presteza ao exercício do direito ao acesso a dados, razão pela qual o formato simplificado do tratamento deve ser disponibilizado ao titular imediatamente, apenas se cogitando do prazo de quinze dias para informações mais pormenorizadas e completas.

Os §§ 1º e § 2º do art. 19 da LGPD reiteram a intenção da LGPD de facilitar o acesso aos dados sob todas as formas. No caso específico do tratamento decorrente de consentimento do titular ou em contrato, o § 3º assegura que a solicitação de cópia eletrônica integral dos dados pessoais, observados os segredos comercial e industrial, em formato que permita a utilização subsequente, inclusive em outras operações de tratamento. Trata-se de direito que, como se verá adiante, ajuda a operacionalizar o direito à portabilidade dos dados.

É importante destacar também que, para a operacionalização do direito ao livre acesso, a LGPD prevê uma série de deveres para agentes de tratamento, como é o caso do art. 37, que, embora dê destaque à base legal do legítimo interesse, prevê o dever de registro para todas as formas de tratamento de dados.

> **LGPD, Art. 37.** O controlador e o operador devem manter registro das operações de tratamento de dados pessoais que realizarem, especialmente quando baseado no legítimo interesse.

XIII.4.2. Acesso a dados e a questão das inferências

Muito se discute a quem caberia a titularidade das inferências ou daqueles dados que são obtidos pelo esforço dos agentes de tratamento, com a utilização de sofisticadas técnicas, como as de inteligência artificial, a partir de dados pessoais efetivamente coletados. Trata-se de questão da mais alta importância, pois é fundamental para delimitar o objeto de importantes direitos dos titulares de dados, tais como o de acesso e o de portabilidade, como se verá mais adiante.

Por mais que alguns sustentem ou a titularidade dos agentes de tratamento em tais hipóteses ou que seriam exceções ao princípio da transparência, em razão da proteção do segredo de negócios, a controvérsia está a merecer maior atenção, seja porque as inferências são feitas a partir de dados pessoais que, embora funcionem como *inputs*, continuam sujeitos à autodeterminação do titular, seja porque as próprias inferências são também dados pessoais que continuam se referindo ao titular.

Dessa maneira, as inferências encaixam-se perfeitamente tanto no conceito de dado pessoal – como informação relacionada a pessoa natural identificada ou identificável – quanto na titularidade dos indivíduos a que se refere o art. 17 da LGPD.

Logo, é no mínimo duvidoso afirmar que inferências são titularidades exclusivas dos controladores, razão pela qual deveriam ser excluídas do objeto dos direitos dos titulares. Por mais que se reconheça a imprescindível participação – e eventualmente até o mérito – dos agentes de tratamento na geração de tais dados, parece impossível deixar de reconhecer a titularidade – ainda que não exclusiva – por parte dos indivíduos a que se referem tais inferências, até porque são formas de exercício de poder sobre ele. Afinal, são julgamentos a respeito dos titulares de dados que afetarão as suas vidas e a sua autodeterminação informativa.

A não ser que se admita a possibilidade de julgamentos secretos sobre cidadãos, sem direito de defesa e sem contraditório, há que se encontrar algum ponto de equilíbrio para assegurar o acesso a tais dados. É significativo, inclusive, que, ao definir o direito de acesso, o art. 18, II, da LGPD não tenha ressalvado o segredo de negócios.

Há boas razões para estender tais conclusões, pelo menos em boa parte, também ao direito de portabilidade – ainda que este apresente peculiaridades e esteja expressamente condicionado à proteção do segredo de negócios, nos termos do art. 17, V, da LGPD – e aos julgamentos automatizados.

Aliás, no que diz respeito a estes últimos, é importante destacar que o RGPD deixa claro que o direito de acesso abrange a existência de decisões automatizadas, incluindo a definição de perfis, e, pelo menos nesses casos, informações úteis relativas à lógica subjacente, bem como a importância e as consequências previstas de tal tratamento para o titular dos dados.

XIII.5. CORREÇÃO DE DADOS INCOMPLETOS, INEXATOS OU DESATUALIZADOS (ART. 18, III)

Diante da importância crescente dos dados para a vida das pessoas, é fundamental estabelecer uma espécie de devido processo legal em relação aos dados e ao seu armazenamento, possibilitando aos titulares a correção de erros, inexatidões ou desatualizações que possam lhes gerar prejuízos. Como regra, tal direito deve ser atendido o mais rápido possível, não se admitindo demoras injustificadas.

Tal medida é também importante corolário do princípio da qualidade dos dados (LGPD, art. 6º, V), já mencionado anteriormente, razão pela qual o direito à correção de dados se apresenta como relevante mecanismo de densificação desse princípio em torno de medida oponível pelo titular em face dos agentes de tratamento.

Trata-se daquilo que o RGPD disciplina em seu art. 16, sob a nomenclatura do direito de retificação.

> **RGPD, Art. 16. Direito à retificação.**
> O titular tem o direito de obter, sem demora injustificada, do responsável pelo tratamento a retificação dos dados pessoais inexatos que lhe digam respeito. Tendo em conta as finalidades do tratamento, o titular dos dados tem direito a que os seus dados pessoais incompletos sejam completados, incluindo por meio de uma declaração adicional.

Como se verá adiante, o direito à correção de dados incompletos, inexatos ou desatualizados terá importante papel em outros direitos, tais como o direito de revisão de decisões tomadas unicamente com base em tratamento automatizado de dados pessoais (LGPD, art. 20), uma vez que a revisão pode exigir igualmente a readequação dos dados utilizados.

Não se pode ignorar que há hoje várias decisões algorítmicas que julgam, classificam e perfilizam os indivíduos, trazendo impactos relevantes para a sua vida. Por isso, é fundamental que, dentre outras garantias, os dados utilizados para

Cap. XIII • DIREITOS DO TITULAR | **315**

tais julgamentos sejam corretos e atualizados, sob pena de se causar inúmeros danos àqueles que serão julgados com base em dados incorretos.

Também é importante ressaltar que, nos termos do § 6º do art. 18 da LGPD, o responsável pelo tratamento deverá informar a correção imediatamente aos agentes de tratamento com os quais tenha realizado uso compartilhado de dados, com o que se garante a completa eficácia do referido direito.

XIII.6. ANONIMIZAÇÃO, BLOQUEIO OU ELIMINAÇÃO DE DADOS (ART. 18, IV)

XIII.6.1. Aspectos gerais

Os direitos de anonimização, bloqueio ou eliminação de dados têm em comum a utilização dos dados em desconformidade com a LGPD, o que certamente acontece na hipótese de dados desnecessários ou excessivos, cuja utilização afronta diretamente o princípio da necessidade, previsto no art. 6º, III, da LGPD, assim como em todas as outras situações em que os dados estiverem sendo utilizados de forma indevida, como na hipótese de inexistência de base legal que justifique o tratamento.

Enquanto o bloqueio ou a eliminação são direitos que se aplicam às hipóteses em que o tratamento de dados não é permitido, a anonimização pode ter lugar quando o tratamento, embora permitido aprioristicamente, mostra-se excessivo ou desproporcional diante dos riscos envolvidos para os titulares de dados.

Não é sem razão que a LGPD prevê expressamente a necessidade de que, sempre que possível, haja a anonimização dos dados utilizados em pesquisas (arts. 7º, IV, 11, II, "c", 13 e 16, II), assim como determina que, embora uma das exceções à eliminação dos dados após o término do tratamento seja o uso exclusivo do controlador, tal possibilidade está condicionada à vedação do acesso aos dados por terceiro e também à anonimização dos dados (art. 16, IV).

A grande questão diz respeito ao grau de segurança e à confiança na irreversibilidade da anonimização, sem o que a técnica perde por completo a sua finalidade de proteção, como já se esclareceu no Capítulo III.

Nesse sentido, vários estudos recentes têm mostrado como é fácil, mesmo a partir de dados públicos, identificar pessoas a partir de alguns atributos.[5] Pode-se falar, inclusive, em "quase-identificadores" (*quasi-identifiers*), que seriam variáveis que, embora não identifiquem pessoas diretamente, têm alta correlação com identificadores únicos e ainda podem ser usadas para identificações indiretas.

Tais questões ficam ainda mais delicadas diante do processamento de dados por algoritmos, para os quais muitas características humanas – tais como preferências de consumo, transações comerciais, históricos de navegação e de busca – podem permitir a reidentificação de dados anonimizados, assim revertendo os processos técnicos de anonimização e desguarnecendo a proteção atribuível a essas técnicas.

---

[5] Nesse sentido: DE MONTJOYE, Yves-Alexandre et al. Unique in the shopping mall: On the reidentifiability of credit card metadata. *Science*, v. 347, n. 6221, p. 536-539, jan. 2015; DE MONTJOYE, Yves-Alexandre et al. Unique in the crowd: the privacy bounds of human mobility. *Nature*. Sci Rep, v. 3, 2013.

316 | CURSO DE PROTEÇÃO DE DADOS PESSOAIS – *Frazão • Carvalho • Milanez*

Assim, observa-se que a questão do direito à anonimização depende da avaliação das alternativas técnicas e da implementação de padrões aceitáveis de segurança, sem o qual o direito respectivo não tem como ser eficaz.

Além do direito à anonimização, a LGPD fala também do direito ao bloqueio e à eliminação, conceitos que estão previamente definidos pelo art. 5º.

> **LGPD, Art. 5º** Para os fins desta Lei, considera-se:
>
> (...)
>
> **XIII –** bloqueio: suspensão temporária de qualquer operação de tratamento, mediante guarda do dado pessoal ou do banco de dados;
>
> **XIV –** eliminação: exclusão de dado ou de conjunto de dados armazenados em banco de dados, independentemente do procedimento empregado;

Portanto, enquanto o bloqueio é medida temporária, a eliminação ou apagamento diz respeito à medida definitiva. No que diz respeito ao último, além ser consequência do tratamento ilícito, também deve ser observado no término do tratamento de dados, tal como prevê o art. 16 da LGPD, que apenas autoriza a conservação dos dados para as finalidades ali descritas e nos termos ali exigidos.

Além do art. 16, o inciso VI do art. 18 da LGPD reforça, como direito dos titulares de dados, a eliminação dos dados pessoais tratados com o consentimento do titular, exceto nas hipóteses do art. 16. Ao assim fazer, deixa claro que, nos casos de consentimento, a eliminação dos dados tanto na hipótese de revogação do consentimento, quanto na hipótese do término do prazo de tratamento de dados, é medida ainda mais indispensável.

Vê-se, portanto, que o direito à eliminação acaba tendo uma amplitude maior do que a sugerida pela parte final do inciso IV do art. 18 da LGPD. Não é sem razão que o RGPD, ao tratar do direito ao apagamento (também denominado direito a ser esquecido), em seu art. 17, faz menção não somente às hipóteses em que os dados pessoais deixaram de ser necessários para a finalidade que motivou a sua coleta ou tratamento, mas também, dentre outras, àquelas nas quais o titular retira o seu consentimento, àquelas nas quais o titular se opõe sem que haja interesses legítimos prevalecentes que justifiquem o tratamento ou àquelas em que os dados pessoais foram tratados ilicitamente.

XIII.6.2. Diferenças entre o direito à eliminação de dados e o direito ao esquecimento

Inicialmente, não se pode confundir o "direito a ser esquecido" referido pelo art. 17 do Regulamento Europeu de Proteção de Dados (Regulamento (UE) 2016/679 ou "RGPD") com o "direito ao esquecimento" amplamente desenvolvido tanto pela doutrina quanto pela jurisprudência dos tribunais europeus como prerrogativa associada aos direitos de personalidade.

> **RGPD, Art. 17. Direito ao apagamento dos dados (direito a ser esquecido).**
>
> 1. O titular tem o direito de obter do responsável pelo tratamento o apagamento dos seus dados pessoais, sem demora injustificada, e este tem a

obrigação de apagar os dados pessoais, sem demora injustificada, quando se aplique um dos seguintes motivos:

a) Os dados pessoais deixaram de ser necessários para a finalidade que motivou a sua recolha ou tratamento;

b) O titular retira o consentimento em que se baseia o tratamento dos dados nos termos do artigo 6, n. 1, alínea a), ou do artigo 9, n. 2, alínea a) e se não existir outro fundamento jurídico para o referido tratamento;

c) O titular opõe-se ao tratamento nos termos do artigo 21, n. 1, e não existem interesses legítimos prevalecentes que justifiquem o tratamento, ou o titular opõe-se ao tratamento nos termos do artigo 21, n. 2;

d) Os dados pessoais foram tratados ilicitamente;

e) Os dados pessoais têm de ser apagados para o cumprimento de uma obrigação jurídica decorrente do direito da União ou de um Estado-Membro a que o responsável pelo tratamento esteja sujeito;

f) Os dados pessoais foram recolhidos no contexto da oferta de serviços da sociedade da informação referida no artigo 8, n. 1.

O "direito a ser esquecido" referido pelo RGPD nada mais é que o direito ao apagamento de dados, equivalente ao direito à eliminação de dados da LGPD. Trata-se, portanto, de hipóteses legais comumente associadas ao término do tratamento, à violação do princípio da finalidade ou da necessidade ou ainda ao tratamento irregular de dados em geral. Ou seja, tal direito está, na maioria dos casos, relacionado a violações ao RGPD.

Outro aspecto interessante do RGPD é delimitar o direito ao apagamento de dados do ponto de vista procedimental, deixando claro que o titular tem o direito de obter do responsável pelo tratamento o apagamento dos seus dados pessoais, sem demora injustificada, e este tem a obrigação de apagar os dados pessoais, sem demora injustificada.

Já o "direito ao esquecimento" desenvolvido pela doutrina e jurisprudência europeia (especialmente pelo TJUE) está mais relacionado ao direito de que determinadas informações pessoais sejam retiradas de ambientes de acesso público ou não sejam divulgadas por implicarem algum tipo de prejuízo a seus titulares.

No entanto, há que se destacar que o direito ao esquecimento foi considerado incompatível com a Constituição Federal de 1988 no julgamento do Recurso Extraordinário 1.010.606/RJ (Tema 786 de Repercussão Geral) pelo Supremo Tribunal Federal em 2021.

Na ocasião, o STF aprovou a seguinte tese de repercussão geral: "É incompatível com a Constituição Federal a ideia de um direito ao esquecimento, assim entendido como o poder de obstar, em razão da passagem do tempo, a divulgação de fatos ou dados verídicos e licitamente obtidos e publicados em meios de comunicação social – analógicos ou digitais".

Em síntese, sendo os fatos verídicos e licitamente obtidos e publicados em meios de comunicação social, não há que se falar na possibilidade de direito ao esquecimento, especialmente quando se tratar de informações contextualizadas e constituídas de interesse público relevante.

CURSO DE PROTEÇÃO DE DADOS PESSOAIS – *Frazão* • *Carvalho* • *Milanez*

Os Ministros do STF pontuaram que inexiste qualquer previsão legal do direito ao esquecimento no ordenamento jurídico brasileiro e, portanto, não se pode restringir a liberdade de expressão e imprensa, a fim de que o direito ao esquecimento não seja "um instrumento de mentiras, falsificação da verdade, invisibilização de pessoas e ocorrências", conforme afirmado pela Ministra Cármen Lúcia na ocasião.

Ademais, as consequências dos direitos são também distintas, uma vez que o direito a esquecimento na internet, antes mesmo do mencionado julgamento do STF, já vinha sido acolhido por muitos tribunais mais para efeitos de desindexação ou de ordenamento da informação do que propriamente para a remoção de conteúdos, enquanto o direito ao apagamento, como o próprio nome diz, requer a exclusão de dados.

Vale ressaltar que esta última hipótese, quando decorrer do fim do tratamento cuja base legal for o consentimento, é prevista de maneira diferenciada no inciso VI do art. 18 da LGPD, como se examinará em seguida.

XIII.6.3. Medidas para assegurar a eficácia dos direitos de anonimização, bloqueio ou eliminação

Como regra, tais direitos devem ser atendidos o mais rápido possível, especialmente no que diz respeito ao bloqueio que, por ser medida provisória, tem importante função preventiva, razão pela qual precisa ser adotado com a agilidade necessária para tal.

É interessante notar que o bloqueio ou a eliminação de dados são também espécies de sanção a serem impostas pela autoridade nacional (art. 52, V e VI) diante de violações à LGPD. Entretanto, tal circunstância não afasta o fato de que tais direitos podem ser oponíveis diretamente aos responsáveis pelo tratamento de dados por parte dos titulares ou de seus representantes legalmente constituídos.

Voltando ao RGPD, nota-se que o seu art. 18 faz menção ao direito de obter do controlador (ou responsável pelo tratamento) a limitação do tratamento nas seguintes situações:

1. Quando o titular contestar a exatidão dos dados pessoais, durante um período que permita ao responsável pelo tratamento verificar a sua exatidão;

2. Quando o tratamento for ilícito e o titular dos dados se opuser ao apagamento dos dados pessoais e solicitar, em contrapartida, a limitação da sua utilização;

3. Quando o responsável pelo tratamento já não precisar dos dados pessoais para fins de tratamento, mas esses dados sejam requeridos pelo titular para efeitos de declaração, exercício ou defesa de um direito num processo judicial; e

4. Quando o titular tiver se oposto ao tratamento em determinadas hipóteses, como nas de legítimo interesse do controlador, até se verificar que os motivos legítimos do responsável pelo tratamento prevaleçam sobre os do titular dos dados.

Na LGPD, de outro lado, pode-se sustentar que, se o titular tem o direito mais amplo de impedir o tratamento em determinadas hipóteses, poderia, com maior razão, também limitá-lo, especialmente quando for possível que o tratamento se ajuste aos parâmetros legais e quando isso for do seu próprio interesse, considerando que quem pode o mais, pode o menos.

Por fim, é importante ressaltar que, nos termos do § 6º do art. 18 da LGPD, o responsável deverá informar de maneira imediata aos agentes de tratamento com os quais tenha realizado uso compartilhado de dados a correção, a eliminação, a anonimização ou o bloqueio dos dados, para que repitam idêntico procedimento.

Assim como ocorre com o direito à anonimização, a efetividade do direito ao bloqueio e também do direito à eliminação de dados depende da utilização de técnicas que possibilitem que o resultado seja assegurado e não seja revertido. Por essa razão, também em relação a tais direitos, é fundamental a discussão sobre a idoneidade das alternativas, metodologias e medidas de segurança a serem utilizadas para tal fim.

XIII.7. PORTABILIDADE DE DADOS (ART. 18, V)

XIII.7.1. Fundamentos e contornos iniciais do direito à portabilidade

Uma das grandes inovações da LGPD foi ter previsto, em seu art. 18, V, o direito à portabilidade dos dados a outro fornecedor de serviço ou produto.

> **LGPD, Art. 18.** O titular dos dados pessoais tem direito a obter do controlador, em relação aos dados do titular por ele tratados, a qualquer momento e mediante requisição:
>
> (...)
>
> **V –** portabilidade dos dados a outro fornecedor de serviço ou produto, mediante requisição expressa, de acordo com a regulamentação da autoridade nacional, observados os segredos comercial e industrial;

Trata-se, portanto, de direito que tem como um de seus objetivos principais o empoderamento e o reforço da autodeterminação informativa do titular. Com efeito, a portabilidade procura viabilizar o efetivo controle do titular sobre os seus dados para os mais diversos fins, possibilitando que sejam gerenciados e reutilizados, inclusive com o objetivo de facilitar a migração do titular para serviços concorrentes.

Com isso, evita-se que os consumidores fiquem presos a determinado ofertante (efeito *lock in*) em virtude das dificuldades ou mesmo dos altos custos de troca (*switching costs*) que decorreriam da "perda" dos dados. Daí a ideia de que o direito à portabilidade, para atingir tais propósitos, deve ser fácil, gratuito e assegurado de modo a permitir a usabilidade dos dados com eficiência e segurança.

Além da proteção ao titular dos dados, o direito à portabilidade tem também importantes implicações concorrenciais, pois, partindo da premissa de que os dados são os mais importantes insumos da economia movida a dados – ou até mesmo *essential facilities*, isto é, infraestruturas essenciais para o acesso a determinados mercados –, a portabilidade pode facilitar a transferência de dados para fins de ingresso de novos entrantes ou *startups* no mercado ou mesmo para estimular a competição entre rivais já existentes, evitando que o acúmulo de dados por apenas um ou determinados *players* possa ser uma verdadeira barreira à entrada ou fator que comprometa a rivalidade com agentes menores.

Além dos desdobramentos concorrenciais, o direito à portabilidade ainda pode gerar diversos benefícios ao mercado, já que pode também ser utilizado para a troca de dados entre serviços complementares, facilitando a vida dos interessados. Um bom exemplo é o caso de uma plataforma de aluguéis de imóveis que, a pedido do usuário, envia seus dados para a seguradora do seu imóvel, a fim de que esta possa quantificar o risco.

A LGPD define o direito à portabilidade de forma bastante sucinta, limitando-se a mencionar a necessidade de requisição expressa por parte do titular, de acordo com a regulamentação da autoridade nacional e ainda observados os segredos comercial e industrial. Dessa maneira, tudo leva a crer que, enquanto não regulamentado, tal direito encontrará dificuldades para ser exigido, diante da importância de que a ANPD esclareça, dentre inúmeros outros aspectos, igualmente os prazos em que o direito deve ser atendido.

> **LGPD, Art. 18.** O titular dos dados pessoais tem direito a obter do controlador, em relação aos dados do titular por ele tratados, a qualquer momento e mediante requisição:
>
> (...)
>
> **V –** portabilidade dos dados a outro fornecedor de serviço ou produto, mediante requisição expressa, de acordo com a regulamentação da autoridade nacional, observados os segredos comercial e industrial;
>
> (...)
>
> **§ 7º** A portabilidade dos dados pessoais a que se refere o inciso V do *caput* deste artigo não inclui dados que já tenham sido anonimizados pelo controlador.

> **LGPD, Art. 40.** A autoridade nacional poderá dispor sobre padrões de interoperabilidade para fins de portabilidade, livre acesso aos dados e segurança, assim como sobre o tempo de guarda dos registros, tendo em vista especialmente a necessidade e a transparência.

Entretanto, tal como se verá adiante, diante da necessária simetria entre o direito de acesso e o direito de portabilidade, muitas das dificuldades do último podem ser supridas por meio do exercício do primeiro, ainda que este não assegure a interoperabilidade necessária à migração dos dados.

Também é de todo recomendável que os controladores possam esclarecer ou regulamentar como podem viabilizar o referido direito, inclusive no que diz respeito ao esclarecimento da escolha da técnica, do formato e dos procedimentos pelos quais as informações serão transmitidas ao novo controlador.

Já o RGPD dispõe sobre a matéria de forma muito mais pormenorizada, inclusive no que diz respeito a importantes "considerandos" que auxiliam a compreensão de suas regras.

Cap. XIII • DIREITOS DO TITULAR | **321**

RGPD, Art. 20. Direito de portabilidade dos dados.

1. O titular dos dados tem o direito de receber os dados pessoais que lhe digam respeito e que tenha fornecido a um responsável pelo tratamento, num formato estruturado, de uso corrente e de leitura automática, e o direito de transmitir esses dados a outro responsável pelo tratamento sem que o responsável a quem os dados pessoais foram fornecidos o possa impedir, se:

a) O tratamento se basear no consentimento dado nos termos do artigo 6, n. 1, alínea a), ou do artigo 9, n. 2, alínea a), ou num contrato referido no artigo 6, n. 1, alínea b); e

b) O tratamento for realizado por meios automatizados.

2. Ao exercer o seu direito de portabilidade dos dados nos termos do n. 1, o titular dos dados tem o direito a que os dados pessoais sejam transmitidos diretamente entre os responsáveis pelo tratamento, sempre que tal seja tecnicamente possível.

3. O exercício do direito a que se refere o n. 1 do presente artigo aplica-se sem prejuízo do artigo 17. Esse direito não se aplica ao tratamento necessário para o exercício de funções de interesse público ou ao exercício da autoridade pública de que está investido o responsável pelo tratamento.

4. O direito a que se refere o n. 1 não prejudica os direitos e as liberdades de terceiros.

RGPD, Considerando 68.

Para reforçar o controlo sobre os seus próprios dados, sempre que o tratamento de dados pessoais for automatizado, o titular dos dados deverá ser autorizado a receber os dados pessoais que lhe digam respeito, que tenha fornecido a um responsável pelo tratamento num formato estruturado, de uso corrente, de leitura automática e interoperável, e a transmiti-los a outro responsável. Os responsáveis pelo tratamento de dados deverão ser encorajados a desenvolver formatos interoperáveis que permitam a portabilidade dos dados. Esse direito deverá aplicar-se também se o titular dos dados tiver fornecido os dados pessoais com base no seu consentimento ou se o tratamento for necessário para o cumprimento de um contrato. Não deverá ser aplicável se o tratamento se basear num fundamento jurídico que não seja o consentimento ou um contrato. Por natureza própria, esse direito não deverá ser exercido em relação aos responsáveis pelo tratamento que tratem dados pessoais na prossecução das suas atribuições públicas. Por conseguinte, esse direito não deverá ser aplicável quando o tratamento de dados pessoais for necessário para o cumprimento de uma obrigação jurídica à qual o responsável esteja sujeito, para o exercício de atribuições de interesse público ou para o exercício da autoridade pública de que esteja investido o responsável pelo tratamento. O direito do titular dos dados a transmitir ou receber dados pessoais que lhe digam respeito não deverá implicar para os responsáveis pelo tratamento a obrigação de adotar ou manter sistemas de tratamento

> que sejam tecnicamente compatíveis. Quando um determinado conjunto de dados pessoais disser respeito a mais de um titular, o direito de receber os dados pessoais não deverá prejudicar os direitos e liberdades de outros titulares de dados nos termos do presente regulamento. Além disso, esse direito também não deverá prejudicar o direito dos titulares dos dados a obter o apagamento dos dados pessoais nem as restrições a esse direito estabelecidas no presente regulamento e, nomeadamente, não deverá implicar o apagamento dos dados pessoais relativos ao titular que este tenha fornecido para execução de um contrato, na medida em que e enquanto os dados pessoais forem necessários para a execução do referido contrato. Sempre que seja tecnicamente possível, o titular dos dados deverá ter o direito a que os dados pessoais sejam transmitidos diretamente entre os responsáveis pelo tratamento.

Conclui-se, portanto, que, no âmbito europeu, o direito à portabilidade incide quando o tratamento de dados for automatizado, quando decorrer do consentimento do titular ou quando for necessário para o cumprimento de um contrato. Todas as demais hipóteses, a princípio, estão fora do seu alcance, o que inclui aquelas em que o tratamento decorra de obrigações legais a que o controlador esteja vinculado. Também fica claro que, em nenhum caso, o exercício do direito à portabilidade pode prejudicar direitos de terceiros, assim como a necessidade de se assegurar a compatibilidade entre o direito à portabilidade com o direito ao apagamento ou esquecimento.

Trata-se de balizas que devem ser consideradas, sempre que possível, na compreensão dos contornos do direito à portabilidade previsto pela LGPD, ainda mais considerando o excessivo laconismo do legislador brasileiro.

XIII.7.2. Portabilidade e desafios técnicos: a questão da interoperabilidade

Também decorre da leitura do RGPD, especialmente à luz do Considerando 68, que, embora o direito à portabilidade seja um encorajamento à interoperabilidade, ele não cria a obrigação de que agentes mantenham sistemas interoperáveis, devendo os conflitos daí resultantes ser resolvidos com base no que for tecnicamente possível.

Surge aí uma importante discussão relacionada à própria viabilidade da portabilidade pois, não obstante os seus nobres propósitos, a sua eficácia depende essencialmente do equacionamento do problema da interoperabilidade entre o controlador que irá enviar os dados e o titular ou o novo controlador que irá recebê-los.

Por essa razão, o Grupo de Trabalho do Artigo 29[6] atesta que, sem *standards* que levem à interoperabilidade, o direito à portabilidade é destinado a permanecer mais como uma declaração de princípio do que um real e efetivo instrumento para a autodeterminação individual no ambiente digital.

---

[6]   ARTICLE 29 DATA PROTECTION WORKING PARTY. *Guidelines on the right to data portability.*

Daí por que o primeiro desafio para a compreensão do direito à portabilidade diz respeito aos seus pressupostos técnicos. A dificuldade da questão decorre do fato de o RGPD parecer querer imputar aos controladores uma obrigação de desenvolver o que alguns autores definiram como *export-import-module*, ou seja, um software que é capaz de exportar dados de um serviço e importar para um segundo serviço.[7]

Entretanto, fica claro, pelo Considerando 68, que o direito do titular não cria uma obrigação para que controladores adotem ou mantenham sistemas de processamento que sejam tecnicamente compatíveis. Dessa maneira, não se sabe ao certo como o direito à portabilidade pode ser exercido caso os dois sistemas – o que envia e o que recebe dados – não forem compatíveis.

A dificuldade fica ainda maior diante da multiplicidade dos dados – que vão de dados biométricos a *likes* e frequências cardíacas, dentre inúmeros outros –, cuja variação possibilita múltiplas alternativas de registro e estruturação.

Por essa razão, o Grupo de Trabalho do Artigo 29[8] concluiu que as expressões relacionadas a como os dados devem ser enviados no exercício do direito à portabilidade são, na verdade, meras especificações para meios em relação aos quais o resultado desejado é a interoperabilidade. Entretanto, sem que se saiba o que efetivamente se pode cobrar dos controladores, fica difícil delimitar o alcance do direito.

Sob essa premissa, as exigências a serem impostas aos controladores para atender a pedidos dos titulares de dados devem ser razoáveis e pertinentes, havendo até discussões sobre o direito do controlador de se opor à portabilidade ou mesmo de cobrar pelo atendimento do direito sempre que o pedido envolver providências que se mostrem manifestamente excessivas ou desproporcionais.

Logo, há bons fundamentos para sustentar que o alcance do art. 20 do RGPD está restrito ao que for tecnicamente possível de ser exigido dos controladores, raciocínio que pode ser aplicado igualmente ao caso brasileiro, até diante das preocupações da LGPD com a razoabilidade dos meios técnicos, inclusive do ponto de vista dos custos. Como exemplo, cita-se a importante regra do art. 12, § 1º, da LGPD, relacionada ao que se pode esperar dos controladores em relação à anonimização.

> **LGPD, Art. 12.** Os dados anonimizados não serão considerados dados pessoais para os fins desta Lei, salvo quando o processo de anonimização ao qual foram submetidos for revertido, utilizando exclusivamente meios próprios, ou quando, com esforços razoáveis, puder ser revertido.
>
> **§ 1º** A determinação do que seja razoável deve levar em consideração fatores objetivos, tais como custo e tempo necessários para reverter o processo de anonimização, de acordo com as tecnologias disponíveis, e a utilização exclusiva de meios próprios.

---

[7]   SCUDIERO, Lucio. Bringing your data everywhere: a legal reading of the right to portability. *European Data Protection Law Review*, v. 3, 2017.

[8]   ARTICLE 29 DATA PROTECTION WORKING PARTY. *Guidelines on the right to data portability*.

CURSO DE PROTEÇÃO DE DADOS PESSOAIS – *Frazão* • *Carvalho* • *Milanez*

Por outro lado, não se pode negar que a questão é tão sensível que a própria LGPD previu, em seu art. 40, que a ANPD pode dispor sobre padrões de interoperabilidade para fins de portabilidade, livre acesso aos dados e segurança, assim como sobre o tempo de guarda dos registros, tendo em vista especialmente a necessidade e a transparência.

Certamente que, com a devida regulamentação, será muito mais fácil assegurar a interoperabilidade a partir de critérios razoáveis e factíveis, o que é especialmente importante para pequenas e médias empresas, em relação às quais há que se encontrar um meio-termo para que possam cumprir adequadamente as obrigações da LGPD por meio de ferramentas adequadas e compatíveis com sua estrutura, sobretudo do ponto de vista do custo.

Enquanto não se resolvem as divergências e, no caso do Brasil, não se tem nem mesmo previsão normativa sobre a autoridade nacional, questiona-se em que medida a boa-fé que deve imperar nas relações entre controladores e titulares de dados levaria ao menos à inversão do ônus da prova contra o controlador, de forma que caberia a ele comprovar que, dentro do possível, adotou as medidas necessárias e adequadas para viabilizar o direito à portabilidade.

XIII.7.3. Principais diferenças entre a LGPD e o RGPD

a) Destinatários da portabilidade

Comparando-se a LGPD e o RGPD, é possível notar também que, enquanto a descrição brasileira do direito à portabilidade enfatiza a transmissão dos dados para um novo controlador – "portabilidade dos dados a outro fornecedor de serviço ou produto" –, a europeia deixa claro que o titular dos dados tem o direito de recebê-los diretamente, assim como tem o direito de transmiti-los a novos controladores.

Logo, a ideia principal do RGPD é a de que o direito à portabilidade envolve a recepção e a guarda dos dados pessoais para usos futuros pelo próprio titular, que pode gerenciar e mesmo reutilizar os seus dados pessoais. Não é sem razão que o direito à portabilidade é definido pela ICO[9] – no *Guide to the General Data Protection Regulation* – como a possibilidade de o titular obter e reutilizar seus dados pessoais para os seus próprios propósitos diante de diferentes serviços. Consequentemente, o direito possibilita ao titular mover, copiar e transferir os seus dados pessoais facilmente de uma infraestrutura de TI para outra de modo seguro e sem afetar a sua possibilidade de uso.

Portanto, no contexto europeu, a transmissão direta para outros controladores é apenas uma das formas de exercício do direito à portabilidade. Tanto é assim que o art. 20, 2, do RGPD, deixa claro que, ao exercer o seu direito de portabilidade dos dados, o titular tem o direito a que os dados pessoais sejam transmitidos diretamente entre os responsáveis pelo tratamento, sempre que tal opção seja tecnicamente possível.

---

[9] Disponível em: https://ico.org.uk/for-organisations/guide-to-the-general-data-protection-regulation-gdpr/.

Já no caso brasileiro, o inciso V do art. 20 da LGPD apenas menciona a portabilidade dos dados de um controlador para outro fornecedor de serviço ou produto e não propriamente para o titular dos dados. Entretanto, apesar das diferenças das previsões normativas, o mesmo alcance também pode ser dado à portabilidade no Brasil, já que o fato de a definição brasileira fazer menção à transferência para outro controlador não afasta, pelo menos do ponto de vista lógico, a possibilidade de o usuário obter diretamente tais dados do antigo controlador e gerenciá-los pessoalmente, transferindo ou não, em momento futuro, para um novo controlador.

b) Objeto do direito à portabilidade

Outra diferença entre as duas normas é que, ao invés de delimitar o objeto do direito à portabilidade e as suas exceções, a LGPD restringe-se a condicionar o direito aos limites do segredo comercial e da regulamentação do controlador. Por essas razões, é interessante observar o alcance do direito no RGPD, para analisar em que medida a referida experiência pode ser um referencial interpretativo para a legislação brasileira.

No caso europeu, já se viu que o objeto do direito à portabilidade é mais restrito do que o do direito ao acesso, já que a base legal para o primeiro é o consentimento, a performance de um contrato ou decisões automatizadas. Ao assim fazer, o art. 20 (1) do RGPD procurou aliviar o controlador da obrigação de portabilidade quando o tratamento de dados for baseado em razões de ordem legal. Entretanto, conforme assevera Ruth Janal, o direito a portabilidade deve prevalecer sempre que o controlador tiver ilegalmente processado os dados.[10]

Contrariamente ao que havia sido proposto pelo *European Data Protection Supervisor* (EDPS), cuja pretensão era a de conferir maior alcance para o direito à portabilidade, o art. 20 do RGPD acaba limitando o seu escopo aos dados pessoais diretamente oferecidos pelo titular.[11]

De toda sorte, o Grupo de Trabalho do Artigo 29[12] adverte que o termo "dados fornecidos pelo titular" deve ser entendido amplamente, motivo pelo qual apenas estão excluídos os dados inferidos ou derivados, tais como aqueles gerados pelos próprios provedores.

Assim, o objeto do direito à portabilidade deve abranger todos os dados que foram gerados de forma ativa e consciente pelo titular de dados, excluindo-se apenas aqueles que foram inferidos pelo controlador a partir dos seus instrumentos próprios, salvo nos casos de decisões automatizadas, que estão expressamente incluídas no objeto do direito à portabilidade por força do art. 20, 1, "b", do RGPD.

---

[10] JANAL, Ruth. Data Portability – a Tale of Two Concepts. *Journal of Intellectual Property, Information Technology and E-Commerce Law,* v. 8, n. 1, 2017.

[11] SCUDIERO, Lucio. Bringing your data everywhere: a legal reading of the right to portability. *European Data Protection Law Review,* v. 3, n. 1, 2017.

[12] ARTICLE 29 DATA PROTECTION WORKING PARTY. Guidelines on the right to data portability.

CURSO DE PROTEÇÃO DE DADOS PESSOAIS – *Frazão • Carvalho • Milanez*

Entretanto, já se viu, ao tratar do direito a acesso a dados, que há boas razões para considerar que mesmo as inferências continuam a ser dados pessoais que, exatamente por isso, não podem ser completamente afastados da titularidade dos indivíduos. Daí por que é possível sustentar que a proteção ao segredo de negócios prevista no art. 18, V, da LGPD, pode resguardar o processo decisório em sua completude e em cada um dos seus pormenores, mas não é compatível com a ocultação de seus aspectos essenciais, tais como os *inputs*, os *outputs* e os critérios e a lógica decisória.

Tal necessidade se mostraria ainda mais evidente no caso de julgamentos totalmente automatizados, como já se viu ao tratar do direito ao acesso e como se observará adiante, ao se examinar o art. 20 da LGPD. Aliás, não é sem razão que o próprio RGPD considera que o direito à portabilidade está presente na hipótese de julgamentos automatizados.

Não obstante, pelo menos em relação aos dados oferecidos pelos titulares, não pode haver qualquer dúvida de que fazem parte do objeto do direito à portabilidade. Para facilitar a compreensão da questão, Ruth Janal[13] oferece o interessante exemplo dos sensores que medem a frequência cardíaca do titular de dados, para entender que estão cobertos pelo direito à portabilidade, sob o fundamento de que, em todos os casos em que a coleta dos dados se baseou no consentimento do sujeito, há um elemento ativo de oferta de dados pelo titular.

Acrescenta a autora que, se o objetivo do referido direito é também o empoderamento do titular e o aumento da competição no mercado, tais finalidades apenas serão alcançadas se o direito a portabilidade puder ser estendido aos dados providos pelas condutas dos usuários e o uso de *gadgets* e serviços.

Por esse raciocínio, podem ser considerados como dados suscetíveis de portabilidade o histórico do uso de determinado *website* ou serviço, como o serviço de buscas, dados a respeito de tráfego e localização, dentre outros.

Entretanto, há inúmeras situações que podem ensejar dúvidas e questionamentos, tais como ratings reputacionais. Só é importante advertir que o RGPD expressamente ressalva que o direito à portabilidade não se aplica ao tratamento necessário para o exercício de funções de interesse público ou ao exercício da autoridade pública de que está investido o responsável pelo tratamento, assim como não pode prejudicar os direitos e as liberdades de terceiros.

Além dos limites expressamente previstos no RGPD, o Considerando 73 ainda possibilita que o direito da União ou dos Estados-Membros imponha outras restrições à portabilidade.

RGPD, Considerando 73.

O direito da União ou dos Estados-Membros podem impor restrições relativas a princípios específicos e aos direitos de informação, acesso e retificação ou apagamento de dados pessoais e ao direito à portabilidade dos dados, ao direito de oposição, às decisões baseadas na definição de

---

[13] JANAL, Ruth. Data Portability – a Tale of Two Concepts. *Journal of Intellectual Property, Information Technology and E-Commerce Law*, v. 8, n. 1, 2017.

perfis, bem como à comunicação de uma violação de dados pessoais ao titular dos dados, e a determinadas obrigações conexas dos responsáveis pelo tratamento, na medida em que sejam necessárias e proporcionadas numa sociedade democrática para garantir a segurança pública, incluindo a proteção da vida humana, especialmente em resposta a catástrofes naturais ou provocadas pelo homem, para a prevenção, a investigação e a repressão de infrações penais ou a execução de sanções penais, incluindo a salvaguarda e a prevenção de ameaças à segurança pública ou violações da deontologia de profissões regulamentadas, para outros objetivos importantes de interesse público geral da União ou de um Estado-Membro, nomeadamente um interesse económico ou financeiro importante da União ou de um Estado-Membro, para a conservação de registos públicos por motivos de interesse público geral, para posterior tratamento de dados pessoais arquivados para a prestação de informações específicas relacionadas com o comportamento político no âmbito de antigos regimes totalitários ou para efeitos de defesa do titular dos dados ou dos direitos e liberdades de terceiros, incluindo a proteção social, a saúde pública e os fins humanitários. Essas restrições deverão respeitar as exigências estabelecidas na Carta e na Convenção Europeia para a Proteção dos Direitos do Homem e das Liberdades Fundamentais.

XIII.7.4. Relação entre o direito à portabilidade e o direito ao acesso

Como se pode observar, mesmo no contexto europeu, no qual o RGPD é bem mais pormenorizado do que a LGPD, as dúvidas sobre a extensão do direito à portabilidade são consideráveis, até porque o seu objeto acabou sendo mais restrito do que o do direito ao acesso.

Ao explorar as dificuldades que daí decorrem, Lucio Scudiero[14] afirma que o titular poderá inclusive contornar os limites mais restritos do direito à portabilidade, exercendo seu direito de acesso – inclusive no que diz respeito aos dados inferidos pelo controlador originário – e depois transferindo todos os dados obtidos a outro controlador.

Também no caso brasileiro, há evidente paralelismo entre o direito à portabilidade e o direito ao acesso, uma vez que, diante dos princípios já previstos no art. 6º da LGPD, pode-se concluir que o usuário tem o direito de receber os dados de maneira estruturada e de leitura automática, seja para o seu conhecimento e uso pessoal, seja para transmiti-los a outro responsável.

Dessa maneira, a ausência de previsão específica quanto à maneira como a portabilidade deve ocorrer não pode prejudicar ou dificultar o exercício do direito, pois há boas razões para se cogitar da aplicação das mesmas regras que estão previstas para o direito de acesso, sempre que for possível, diante da proximidade entre os dois direitos.

---

[14] SCUDIERO, Lucio. Bringing your data everywhere: a legal reading of the right to portability. *European Data Protection Law Review*, v. 3, n. 1, 2017.

CURSO DE PROTEÇÃO DE DADOS PESSOAIS – *Frazão* • *Carvalho* • *Milanez*

Apenas é importante lembrar que o direito ao acesso não assegura ao titular a interoperabilidade, que talvez seja um dos maiores óbices para a plena eficácia do direito à portabilidade.

XIII.7.5. Direito à portabilidade e segredo de negócios

No que toca ao segredo de negócio, a interpretação compatível com os direitos dos titulares de dados pessoais é aquela que, em conformidade com a sistemática do RGPD, inclui no objeto do direito os dados oferecidos direta ou indiretamente pelo titular – em relação aos quais obviamente não se pode falar em segredo de negócio do controlador –, afastando do seu objeto, pelo menos aprioristicamente, tão somente os dados inferidos pelo controlador a partir de meios que estão protegidos pelo segredo de negócio.

Todavia, já se viu anteriormente que a questão das inferências merece uma maior reflexão, a fim de que se encontre um ponto de equilíbrio entre a proteção do segredo de negócios e a transparência necessária à autodeterminação dos titulares de dados, assim como para assegurar a titularidade dos dados àqueles a quem eles se referem.

Maior dúvida existirá em relação aos dados gerados por decisões totalmente automatizadas, em relação aos quais os controladores provavelmente invocarão o segredo de negócio. Todavia, em relação a tais dados, o titular, nos termos do art. 20 da LGPD, tem direito de explicação e mesmo de oposição.

Como se explicará melhor ao tratar da questão das decisões automatizadas, por mais que o segredo de negócios possa ser invocado para não revelar todos os passos do julgamento algorítmico, não pode ser um obstáculo para que o titular tenha acesso aos *inputs* e aos *outputs* da decisão, bem como aos critérios e à lógica decisória, sem o que não haverá um mínimo de inteligibilidade e compreensão do que foi decidido, como e por que.

Daí por que tudo leva a crer que deverá haver uma simetria também entre a portabilidade e os direitos dos titulares diante de julgamentos automatizados, tal como previsto no art. 20 da LGPD. Vale reiterar que também o RGPD inclui expressamente as decisões automatizadas no alcance do direito à portabilidade.

XIII.7.6. Direito à portabilidade e segurança

Outra importante discussão sobre a portabilidade diz respeito à possibilidade jurídica – além da possibilidade técnica –, da transmissão de dados, o que exigiria perquirir se o receptor dos dados adota os padrões de segurança exigidos pela LGPD.

Por essa razão, no contexto europeu, Lucio Scudiero[15] sustenta que, se o controlador para o qual os dados serão transferidos não assegura os padrões de segurança impostos pela lei, é legítimo que o controlador original não faça a transferência, concluindo que a possibilidade da migração de dados deve ser vista tanto pelo aspecto técnico, quanto pelo aspecto jurídico.

---

[15] SCUDIERO, Lucio. Bringing your data everywhere: a legal reading of the right to portability. *European Data Protection Law Review*, v. 3, n. 1, 2017.

É claro que, se a transmissão dos dados for para o próprio usuário, não se justifica a recusa do controlador sob o fundamento da inexistência de um sistema de segurança compatível, até porque o titular estaria lidando com o seu próprio "patrimônio", sendo legítimo que assuma os riscos respectivos. Todavia, em casos assim, pode-se cogitar da obrigação do controlador de advertir os indivíduos sobre como proteger seus dados adequadamente.

Conclui-se, portanto, que merecem destaque as preocupações relacionadas à compatibilidade entre o direito à portabilidade e os deveres de segurança a que está sujeito o controlador original, especialmente diante dos riscos inerentes ao procedimento de transferência, tais como ataques de *hackers*, dentre outros.

XIII.7.7. Exceções à portabilidade

No caso brasileiro, uma importante exceção do direito à portabilidade é expressa no § 7º do art. 18 da LGPD, segundo o qual a portabilidade não inclui dados que já tenham sido anonimizados pelo controlador. Daí por que, em princípio, não se afastaria o direito diante de dados pseudonimizados, ainda que isso possa gerar algumas dificuldades operacionais.

Todavia, além da hipótese de anonimização, discute-se também os casos em que os dados precisam ser retidos pelo controlador original para performance de determinadas tarefas ou cumprimento de determinados deveres, especialmente diante do interesse público, bem como os casos que envolvam direitos de terceiros, como é a hipótese de uma foto que contenha a imagem de diversos titulares de dados.

No que diz respeito aos primeiros casos, o art. 16 da LGPD, ao tratar do direito à eliminação de dados após o fim do tratamento, já apresenta as referências que podem ser observadas em casos de portabilidade, quando impliquem o término do tratamento de dados para o controlador anterior. Aliás, é importante que o direito à portabilidade possa ser exercido concomitantemente ao direito ao esquecimento perante o controlador original. Já nos casos de direitos de terceiros, as discussões são mais delicadas.

Por fim, não se pode esquecer que há casos específicos que, em razão das suas peculiaridades, poderão exigir cuidados e reflexões adicionais no que diz respeito à portabilidade, tal como dados de estudantes entre instituições de ensino ou dados de pacientes entre instituições de saúde.

XIII.7.8. Síntese

A partir dos pontos ora explorados, fica claro que, embora se trate de importantíssimo direito, a portabilidade envolve complexas discussões, motivo pelo qual a sua efetiva implementação dependerá do equacionamento de muitos impasses, a fim de que se possa viabilizá-la de forma razoável, tanto sob a perspectiva dos direitos dos usuários, quanto também sob a perspectiva das limitações técnicas e dos custos envolvidos para os controladores.

Entretanto, encontrado o devido ponto de equilíbrio entre os interesses a que o direito à portabilidade visa a atender, é inequívoco que pode ser tanto um instrumento de autodeterminação informativa quanto um importante vetor para a concorrência em diversos mercados.

330 CURSO DE PROTEÇÃO DE DADOS PESSOAIS – *Frazão • Carvalho • Milanez*

XIII.8. ELIMINAÇÃO DE DADOS TRATADOS COM O CONSENTIMENTO (ART. 18, VI)

O art. 18, VI, da LGPD, prevê o direito à eliminação dos dados pessoais tratados com o consentimento do titular.

> **LGPD, Art. 18.** O titular dos dados pessoais tem direito a obter do controlador, em relação aos dados do titular por ele tratados, a qualquer momento e mediante requisição:
>
> (...)
>
> **IV** – anonimização, bloqueio ou *eliminação* de dados desnecessários, excessivos ou tratados em desconformidade com o disposto nesta Lei;
>
> **VI** – *eliminação* dos dados pessoais tratados com o consentimento do titular, exceto nas hipóteses previstas no art. 16 desta Lei;

Como já se viu anteriormente, o inciso IV já tratava do direito à eliminação. Todavia, a diferença entre as hipóteses dos incisos IV e VI é que, na primeira, a LGPD trata da eliminação de dados desnecessários, excessivos ou tratados em desconformidade com o disposto na Lei, enquanto que a segunda trata da eliminação de dados que foram tratados licitamente, mediante consentimento do titular, mas que deverão ser eliminados após o término do tratamento, salvo nas exceções previstas no próprio art. 16.

> **LGPD, Art. 16.** Os dados pessoais serão eliminados após o término de seu tratamento, no âmbito e nos limites técnicos das atividades, autorizada a conservação para as seguintes finalidades:
>
> **I** – cumprimento de obrigação legal ou regulatória pelo controlador;
>
> **II** – estudo por órgão de pesquisa, garantida, sempre que possível, a anonimização dos dados pessoais;
>
> **III** – transferência a terceiro, desde que respeitados os requisitos de tratamento de dados dispostos nesta Lei; ou
>
> **IV** – uso exclusivo do controlador, vedado seu acesso por terceiro, e desde que anonimizados os dados.

Vale ressaltar que, no Capítulo XIV, haverá um maior aprofundamento da questão da extinção do tratamento de dados e suas principais consequências, o que é importante para a melhor compreensão do direito à eliminação.

XIII.9. INFORMAÇÕES SOBRE O USO COMPARTILHADO DE DADOS (ART. 18, VII)

O inciso VII do art. 18 da LGPD trata do direito à informação das entidades públicas e privadas com as quais o controlador realizou uso compartilhado de dados.

Corolário dos princípios do livre acesso (LGPD, art. 6º, IV) e da transparência (LGPD, art. 6º, VI), a previsão do direito à informação sobre o compartilhamento reforça a importância de que o titular tenha pleno conhecimento não apenas daqueles com os quais o controlador realizou qualquer tipo de compartilhamento, mas também da extensão do referido compartilhamento – os dados que foram efetivamente compartilhados – e a finalidade que justificou o procedimento.

Não é sem razão que, ao disciplinar o direito de acesso, o art. 9º, V, da LGPD, deixa claro que o seu objeto abrange "informações acerca do uso compartilhado de dados pelo controlador e a finalidade", valendo reiterar que apenas para a finalidade que justificou o tratamento originário o compartilhamento é possível. Em caso contrário, haverá a afronta ao princípio da finalidade.

É importante lembrar que, tal como já visto anteriormente, em casos para os quais a lei exige o consentimento, o compartilhamento dos dados depende da concordância expressa do titular, nos termos do art. 7º da LGPD. Também se apontou no Capítulo VI que o consentimento, do ponto de vista da eficácia subjetiva, é específico para o controlador a que foi inicialmente dado, razão pela qual é fundamental um novo consentimento para que haja o compartilhamento nessas hipóteses.

> **LGPD, Art. 7º, § 5º** O controlador que obteve o consentimento referido no inciso I do *caput* deste artigo que necessitar comunicar ou compartilhar dados pessoais com outros controladores deverá obter consentimento específico do titular para esse fim, ressalvadas as hipóteses de dispensa do consentimento previstas nesta Lei.

Dessa maneira, não basta informar ao titular sobre o compartilhamento, sendo necessário, por igual, obter o seu consentimento.

Também deve ser reiterado que, em se tratando de dados pessoais sensíveis, o compartilhamento com objetivo de obter vantagem econômica pode ser vedado ou objeto de regulamentação por parte da ANPD (LGPD, art. 11, § 3º), assim como é vedado o compartilhamento de dados pessoais sensíveis referentes à saúde com objetivo de obter vantagem econômica (LGPD, art. 11, § 4º). Nessas hipóteses, ainda que seja informado ao titular, o compartilhamento não será válido. Aliás, em casos assim, é possível sustentar que nem mesmo o novo consentimento do titular tornaria o compartilhamento lícito.

> **LGPD, Art. 11, § 3º** A comunicação ou o uso compartilhado de dados pessoais sensíveis entre controladores com objetivo de obter vantagem econômica poderá ser objeto de vedação ou de regulamentação por parte da autoridade nacional, ouvidos os órgãos setoriais do Poder Público, no âmbito de suas competências.
>
> **§ 4º** É vedada a comunicação ou o uso compartilhado entre controladores de dados pessoais sensíveis referentes à saúde com objetivo de obter vantagem econômica, exceto nas hipóteses relativas a prestação de serviços de saúde, de assistência farmacêutica e de assistência à saúde, desde que observado o § 5º deste artigo, incluídos os serviços auxiliares de diagnose e terapia, em benefício dos interesses dos titulares de dados, e para permitir:
>
> **I –** a portabilidade de dados quando solicitada pelo titular; ou
>
> **II –** as transações financeiras e administrativas resultantes do uso e da prestação dos serviços de que trata este parágrafo.

CURSO DE PROTEÇÃO DE DADOS PESSOAIS – *Frazão • Carvalho • Milanez*

Assim como ocorre nos casos de compartilhamento de dados com entidades privadas, o direito à informação também abrange os casos de compartilhamento de dados com entidades públicas. Em relação a estas, há igualmente uma série de requisitos para a licitude do compartilhamento, nos termos dos arts. 25 a 27 da LGPD, que foram abordados anteriormente no Capítulo IX.

Por ora, vale apenas ressaltar que, também no que diz respeito ao compartilhamento de dados com o poder público, a informação é apenas uma dentre as inúmeras garantias dos titulares de dados, de forma que o compartilhamento poderá ser considerado ilegal se, mesmo informado ao titular, não atender aos demais requisitos legais.

O § 6º do art. 18 da LGPD arremata a proteção ao compartilhamento de dados, ao prever que o responsável pelo tratamento deve informar de maneira imediata aos demais agentes com os quais tenha realizado uso compartilhado de dados acerca da correção, da eliminação, da anonimização ou do bloqueio dos dados, para que repitam idêntico procedimento.

XIII.10. INFORMAÇÕES SOBRE NEGATIVA DE CONSENTIMENTO, REVOGAÇÃO DO CONSENTIMENTO E DIREITO À OPOSIÇÃO (ART. 18, VIII E IV, E § 2°)

Os incisos VIII e IX do art. 18 da LGPD dizem respeito ao consentimento, reiterando este último o direito de revogação do consentimento, que já constava do § 5º do art. 8º da LGPD. Já o inciso VIII pode ser considerado uma especificação do direito à informação, diante da importância do consentimento do titular para a utilização dos seus dados pessoais.

Com efeito, apenas se pode cogitar de consentimento inequívoco do titular de dados se ele souber as repercussões tanto da sua aceitação quanto da sua recusa.

> **LGPD, Art. 8°, § 5°** O consentimento pode ser revogado a qualquer momento mediante manifestação expressa do titular, por procedimento gratuito e facilitado, ratificados os tratamentos realizados sob amparo do consentimento anteriormente manifestado enquanto não houver requerimento de eliminação, nos termos do inciso VI do *caput* do art. 18 desta Lei.

> **LGPD, Art. 18.** O titular dos dados pessoais tem direito a obter do controlador, em relação aos dados do titular por ele tratados, a qualquer momento e mediante requisição:
>
> (...)
>
> **VIII** – informação sobre a possibilidade de não fornecer consentimento e sobre as consequências da negativa;
>
> **IX** – revogação do consentimento, nos termos do § 5° do art. 8° desta Lei.

Embora não conste como inciso do art. 18 da LGPD, a norma do § 2º também pode ser considerada um direito dos titulares de dados.

> **LGPD, Art. 18, § 2º** O titular pode opor-se a tratamento realizado com fundamento em uma das hipóteses de dispensa de consentimento, em caso de descumprimento ao disposto nesta Lei.

Embora tal previsão seja uma consequência natural da ilegalidade do tratamento de dados, a sua referência expressa ressalta a importância do direito à oposição.

Por fim, cumpre ressaltar que há bons motivos para entender que o titular de dados pode exercer o seu direito de oposição quando verificar que não é o caso de legítimo interesse ou que alguma das etapas do teste de proporcionalidade não foi preenchida, já que o § 2º não pode ser interpretado restritivamente.

> **Doutrina Brasileira – Bruno Bioni**
>
> "Portanto, a forma como foi costurado o legítimo interesse na LGPD também confere uma posição jurídica ao titular de objeção ao tratamento de seus dados lastreado em tal base legal. Nesse sentido, a expressão "legítima expectativa" tem igualmente uma conotação subjetiva, vinculada ao que o próprio titular deseja e espera que seja feito com seus dados. Caso contrário, a última fase do LIA, relativa ao dever de transparência não funcionalizaria um dos fundamentos da lei, que é a autodeterminação informacional".[16]

Tanto isso é verdade que o art. 15, III, da LGPD prevê o fim do tratamento mediante comunicação do titular, inclusive no exercício de seu direito de revogação do consentimento. Isso quer dizer, portanto, que a revogação de consentimento é apenas uma forma de oposição ao tratamento de dados, sem prejuízo de outras que se mostrem adequadas e cabíveis.

XIII.11. REVISÃO DE DECISÕES AUTOMATIZADAS E INFORMAÇÕES SOBRE O TRATAMENTO AUTOMATIZADO DE DADOS (ART. 20)

XIII.11.1. Aspectos fundamentais

Além dos direitos constantes dos arts. 18 e 19, a LGPD prevê, em seu art. 20, alguns direitos adicionais ao titular dos dados.

> **LGPD, Art. 20.** O titular dos dados tem direito a solicitar a revisão de decisões tomadas unicamente com base em tratamento automatizado de dados pessoais que afetem seus interesses, incluídas as decisões destinadas a definir o seu perfil pessoal, profissional, de consumo e de crédito ou os aspectos de sua personalidade.

---

[16] BIONI, Bruno Ricardo. Legítimo interesse: aspectos gerais a partir de uma visão obrigacional. In: DONEDA, Danilo (coord.); SARLET, Ingo Wolfgang (coord.); MENDES, Laura Schertel (coord.); RODRIGUES JUNIOR, Otavio Luiz (coord.); BIONI, Bruno Ricardo (coord.). *Tratado de Proteção de Dados Pessoais*. Rio de Janeiro: Forense, 2021. p. 174.

> **§ 1º** O controlador deverá fornecer, sempre que solicitadas, informações claras e adequadas a respeito dos critérios e dos procedimentos utilizados para a decisão automatizada, observados os segredos comercial e industrial.
>
> **§ 2º** Em caso de não oferecimento de informações de que trata o § 1º deste artigo baseado na observância de segredo comercial e industrial, a autoridade nacional poderá realizar auditoria para verificação de aspectos discriminatórios em tratamento automatizado de dados pessoais.

Como é intuitivo, o referido artigo resulta das preocupações decorrentes da crescente utilização de algoritmos para realização de julgamentos, prognoses, inferências e avaliações sobre as pessoas, dos quais dependerá o acesso delas a uma série de bens, serviços ou mesmo direitos ou expectativas de vidas.

Antes de tudo, é importante destacar que o texto inicial do *caput* do art. 20 previa que revisão de decisões automatizadas seria realizada por pessoa natural. No entanto, a nova redação, dada pela Lei 13.853/2019, retirou tal expressão, de forma que uma interpretação possível – e que faz sentido do ponto de vista da tramitação legislativa –seria no sentido de que atualmente a revisão pode ser realizada tanto por pessoa natural quanto por um sistema automatizado, inclusive aquele responsável pela própria tomada de decisão – ainda que isto seja prejudicial ao titular dos dados e possa levar a procedimentos que apenas superficialmente possam ser considerados de revisão mas que materialmente não o sejam.

Entretanto, o tema precisa ser interpretado de acordo com as evidentes conexões que o mencionado direito tem com as garantias constitucionais do contraditório e do devido processo legal, que também se aplicam, na medida do possível, às relações privadas. Tais garantias apenas são atendidas quando aquele que impugna ou se defende de um ato tem assegurado o direito de ver os seus argumentos considerados pelo órgão recursal, tendo chances reais e justas de ver modificada a decisão impugnada.

O problema agrava-se pelo fato de que as decisões algorítmicas são caracterizadas por grande opacidade, sendo verdadeiras *caixas pretas*, sem transparência ou *accountability*. Dessa maneira, nada assegura que decisões totalmente automatizadas possam ter a objetividade que delas se espera; na verdade, tais decisões podem ser bastante enviesadas e ainda refletirem diversos tipos de preconceitos. Se o processo de impugnação e revisão das decisões algorítmicas não for capaz de contornar essas dificuldades, certamente que não será idôneo para resguardar os direitos dos titulares de dados.

Como já se teve oportunidade de mencionar em vários pontos desta obra, julgamentos automatizados são cada vez mais utilizados para decisões das quais dependem aspectos centrais da vida das pessoas, como acesso a serviços, oportunidades e direitos. Uma das principais utilizações dos algoritmos para a compreensão dos usuários se dá precisamente por meio da formação de perfis, os quais definirão as pessoas e suas respectivas oportunidades.

Entretanto, o alcance da LGPD é maior do que tais casos, já que tais direitos se aplicam a qualquer decisão que possa afetar os interesses dos usuários ou que diga respeito à compreensão ou à inferência sobre aspectos da sua personalidade.

Ponto importante do debate é entender que o legislador brasileiro parte da premissa de que a decisões totalmente automatizadas não estão proibidas, ao contrário do direito europeu, mas que existem restrições a essa utilização,[17] como se verá na próxima seção.

Doutrina Brasileira – Carlos Affonso Souza, Christian Perone e Eduardo Magrani

"O sistema brasileiro segue um caminho diferente. Em vez de proibir e criar salvaguardas para lidar com exceções a LGPD, cria um amplo direito de revisão de "decisões tomadas unicamente com base em tratamento automatizado de dados pessoais que afetem seus interesses, incluídas as decisões destinadas a definir o seu perfil pessoal, profissional, de consumo e de crédito ou os aspectos da sua personalidade. Nesse sentido, permite maior flexibilidade no uso dessas técnicas".[18]

Ao permitir tamanha abrangência dos julgamentos totalmente automatizados, incluindo a formação de perfis dos quais dependerão muitos dos aspectos importantes da vida das pessoas, é inequívoco que se cria um grande risco para os titulares de dados. Tais riscos não têm como ser minorados pelo direito à explicação, ainda mais depois que afastada a obrigatoriedade da pessoa natural no processo decisório, como se explorará melhor ao longo do presente capítulo.

XIII.11.2. Direito à revisão de decisões totalmente automatizadas: uma comparação entre a LGPD e o RGPD

O art. 22 do RGPD afirma que o titular de dados tem o direito de não ficar sujeito a nenhuma decisão tomada exclusivamente com base no tratamento automatizado, incluindo a definição de perfis, que produza efeitos em sua esfera jurídica ou que o afete significativamente.

RGPD, Art. 22. Decisões individuais automatizadas, incluindo definição de perfis.
1. O titular dos dados tem o direito de não ficar sujeito a nenhuma decisão tomada exclusivamente com base no tratamento automatizado, incluindo a definição de perfis, que produza efeitos na sua esfera jurídica ou que o afete significativamente de forma similar.

---

[17] Ver: SOUZA, Carlos Affonso; PERONE, Christian; MAGRANI, Eduardo. O direito à explicação: entre a experiência europeia e a sua positivação na LGPD. In: DONEDA, Danilo (coord.); SARLET, Ingo Wolfgang (coord.); MENDES, Laura Schertel (coord.); RODRIGUES JUNIOR, Otavio Luiz (coord.); BIONI, Bruno Ricardo (coord.). *Tratado de Proteção de Dados Pessoais*. Rio de Janeiro: Forense, 2021. p. 261.

[18] SOUZA, Carlos Affonso; PERONE, Christian; MAGRANI, Eduardo. O direito à explicação: entre a experiência europeia e a sua positivação na LGPD. In: DONEDA, Danilo (coord.); SARLET, Ingo Wolfgang (coord.); MENDES, Laura Schertel (coord.); RODRIGUES JUNIOR, Otavio Luiz (coord.); BIONI, Bruno Ricardo (coord.). *Tratado de Proteção de Dados Pessoais*. Rio de Janeiro: Forense, 2021. p. 262.

336 CURSO DE PROTEÇÃO DE DADOS PESSOAIS – *Frazão* • *Carvalho* • *Milanez*

> **2. O n. 1 não se aplica se a decisão:**
>
> **a)** For necessária para a celebração ou a execução de um contrato entre o titular dos dados e um responsável pelo tratamento;
>
> **b)** For autorizada pelo direito da União ou do Estado-Membro a que o responsável pelo tratamento estiver sujeito, e na qual estejam igualmente previstas medidas adequadas para salvaguardar os direitos e liberdades e os legítimos interesses do titular dos dados; ou
>
> **c)** For baseada no consentimento explícito do titular dos dados.
>
> **3. Nos** casos a que se referem o n. 2, alíneas a) e c), o responsável pelo tratamento aplica medidas adequadas para salvaguardar os direitos e liberdades e legítimos interesses do titular dos dados, designadamente o direito de, pelo menos, obter intervenção humana por parte do responsável, manifestar o seu ponto de vista e contestar a decisão.
>
> **4. As** decisões a que se refere o n. 2 não se baseiam nas categorias especiais de dados pessoais a que se refere o artigo 9, n. 1, a não ser que o n. 2, alínea a) ou g), do mesmo artigo sejam aplicáveis e sejam aplicadas medidas adequadas para salvaguardar os direitos e liberdades e os legítimos interesses do titular.

Ao contrário da LGPD, o RGPD deixa claro, no art. 22 (2), que o direito ali previsto não se aplica se a decisão (i) for necessária para a celebração ou a execução de um contrato entre o titular de dados e o responsável pelo tratamento, (ii) for autorizada pela União ou Estado-membro por previsões que igualmente resguardem os direitos e legítimos interesses dos titulares de dados e (iii) for baseada no consentimento explícito do titular de dados.

Entretanto, nas hipóteses (i) e (iii), o art. 22 (3) deixa claro que o responsável pelo tratamento deve aplicar medidas para salvaguardar os direitos, liberdades e interesses legítimos dos titulares, incluindo o direito do titular de manifestar seu ponto de vista, contestar a decisão automatizada e solicitar a intervenção humana. Da mesma forma, o art. 22 (4) deixa claro que as decisões do art. 22 (2) não podem se basear, como regra, nos dados pessoais sensíveis descritos no art. 9 (1) do RGPD.

Como se pode observar, o RGPD não se refere ao segredo comercial ou industrial e disciplina o tema de modo mais objetivo, mostrando as hipóteses em que poderá haver ou não o tratamento automatizado e, dentre estas últimas, os direitos que decorreriam para os titulares, os quais não se diferenciam essencialmente dos direitos previstos pela LGPD.

Dessa maneira, fica claro que a lógica do RGPD é distinta da LGPD: enquanto esta permite os tratamentos automatizados como regra, assegurando o direito à explicação também como regra, o primeiro procura efetivamente restringir os tratamentos automatizados, tornando-os possíveis somente em algumas hipóteses e, mesmo assim, desde que adotadas as devidas salvaguardas.

Ao contrário do RGPD, a LGPD não define especificamente as hipóteses em que o processamento totalmente automatizado de dados pode ocorrer, motivo pelo qual há que se aplicar as regras gerais de utilização e tratamento de dados, especialmente aquelas previstas nos arts. 7º e 11 da LGPD.

Cap. XIII • DIREITOS DO TITULAR | 337

De toda sorte, o RGPD não se refere expressamente ao direito de explicação, o qual somente é mencionado no Considerando 71.

> **RGPD, Considerando 71.**
>
> O titular dos dados deverá ter o direito de não ficar sujeito a uma decisão, que poderá incluir uma medida, que avalie aspetos pessoais que lhe digam respeito, que se baseie exclusivamente no tratamento automatizado e que produza efeitos jurídicos que lhe digam respeito ou o afetem significativamente de modo similar, como a recusa automática de um pedido de crédito por via eletrônica ou práticas de recrutamento eletrónico sem qualquer intervenção humana. Esse tratamento inclui a definição de perfis mediante qualquer forma de tratamento automatizado de dados pessoais para avaliar aspetos pessoais relativos a uma pessoa singular, em especial a análise e previsão de aspetos relacionados com o desempenho profissional, a situação económica, saúde, preferências ou interesses pessoais, fiabilidade ou comportamento, localização ou deslocações do titular dos dados, quando produza efeitos jurídicos que lhe digam respeito ou a afetem significativamente de forma similar. No entanto, a tomada de decisões com base nesse tratamento, incluindo a definição de perfis, deverá ser permitida se expressamente autorizada pelo direito da União ou dos Estados-Membros aplicável ao responsável pelo tratamento, incluindo para efeitos de controlo e prevenção de fraudes e da evasão fiscal, conduzida nos termos dos regulamentos, normas e recomendações das instituições da União ou das entidades nacionais de controlo, e para garantir a segurança e a fiabilidade do serviço prestado pelo responsável pelo tratamento, ou se for necessária para a celebração ou execução de um contrato entre o titular dos dados e o responsável pelo tratamento, ou mediante o consentimento explícito do titular. Em qualquer dos casos, tal tratamento deverá ser acompanhado das garantias adequadas, que deverão incluir a informação específica ao titular dos dados e o direito de obter a intervenção humana, de manifestar o seu ponto de vista, de obter uma explicação sobre a decisão tomada na sequência dessa avaliação e de contestar a decisão. Essa medida não deverá dizer respeito a uma criança. A fim de assegurar um tratamento equitativo e transparente no que diz respeito ao titular dos dados, tendo em conta a especificidade das circunstâncias e do contexto em que os dados pessoais são tratados, o responsável pelo tratamento deverá utilizar procedimentos matemáticos e estatísticos adequados à definição de perfis, aplicar medidas técnicas e organizativas que garantam designadamente que os fatores que introduzem imprecisões nos dados pessoais são corrigidos e que o risco de erros é minimizado, e proteger os dados pessoais de modo a que sejam tidos em conta os potenciais riscos para os interesses e direitos do titular dos dados e de forma a prevenir, por exemplo, efeitos discriminatórios contra pessoas singulares em razão da sua origem racial ou étnica, opinião política, religião ou convicções, filiação sindical, estado genético ou de saúde ou orientação sexual, ou a impedir que as medidas

> venham a ter tais efeitos. A decisão e definição de perfis automatizada baseada em categorias especiais de dados pessoais só deverá ser permitida em condições específicas.

Como os Considerandos do GDPR não são vinculantes, há controvérsias sobre a própria existência do direito à explicação da União Europeia.[19] Entretanto, ainda que sem previsão expressa, segundo Carlos Affonso Souza, Christian Perone e Eduardo Magrani há boas razões para sustentar que o direito à explicação seria (i) derivado do princípio da transparência; ou (ii) derivado do direito de acesso à informação; ou (iii) mesmo um pressuposto para o exercício de outros direitos, notadamente das salvaguardas do art. 22 (3).[20]

Apesar das controvérsias, o Considerando 71 deixa claro que a finalidade do direito é assegurar um tratamento equitativo e transparente para o titular de dados, o que exige igualmente a idoneidade da técnica escolhida para o tratamento automatizado.

Daí a ideia de que o responsável pelo tratamento deverá (i) utilizar procedimentos matemáticos e estatísticos adequados à definição de perfis, (ii) aplicar medidas técnicas e organizativas que garantam que os fatores que introduzem imprecisões nos dados pessoais sejam corrigidos e que o risco de erros seja minimizado, e (iii) proteger os dados pessoais de modo a que sejam tidos em conta os potenciais riscos para os interesses e direitos do titular para o fim de prevenir efeitos discriminatórios em razão de origem racial ou étnica, opinião política, religião ou convicções, filiação sindical, estado genético ou de saúde ou orientação sexual.

Entretanto, verifica-se que, também no contexto europeu, não é fácil delimitar o grau exato de transparência e cuidado que se espera dos agentes de tratamento, bem como os demais aspectos relacionados à delimitação do direito.

De qualquer forma, desde já, é possível observar que os direitos previstos no art. 20 da LGPD, que correspondem aos previstos no art. 22 do RGPD, têm por base a ideia de que ninguém pode ficar sujeito, de forma irrestrita e sem garantias, aos julgamentos decorrentes de decisões totalmente automatizadas. Sob essa perspectiva, os direitos ali previstos não incidem propriamente sobre a coleta de dados, mas especialmente sobre a sua utilização e sobre o controle dos seus resultados.

---

[19] SOUZA, Carlos Affonso; PERONE, Christian; MAGRANI, Eduardo. O direito à explicação: entre a experiência europeia e a sua positivação na LGPD. In: DONEDA, Danilo (coord.); SARLET, Ingo Wolfgang (coord.); MENDES, Laura Schertel (coord.); RODRIGUES JUNIOR, Otavio Luiz (coord.); BIONI, Bruno Ricardo (coord.). *Tratado de Proteção de Dados Pessoais*. Rio de Janeiro: Forense, 2021. p. 248-251.

[20] SOUZA, Carlos Affonso; PERONE, Christian; MAGRANI, Eduardo. O direito à explicação: entre a experiência europeia e a sua positivação na LGPD. In: DONEDA, Danilo (coord.); SARLET, Ingo Wolfgang (coord.); MENDES, Laura Schertel (coord.); RODRIGUES JUNIOR, Otavio Luiz (coord.); BIONI, Bruno Ricardo (coord.). *Tratado de Proteção de Dados Pessoais*. Rio de Janeiro: Forense, 2021. p. 251-253.

Mesmo nas hipóteses em que é autorizado o tratamento de dados para efeitos de decisões automatizadas e formação de perfis, ambos os diplomas preveem uma gama de direitos, que vão desde o direito de pedir explicações aos agentes de tratamento, ao direito de impugnar a decisão automatizada e expressar o seu próprio ponto de vista e ao direito de obter a intervenção de pessoa natural, seja para efeitos de rever a decisão automatizada, seja ao menos para explicar porque ela é adequada e deve ser mantida para os propósitos por ela pretendidos.

É importante ressaltar que nem o RGPD nem a LGPD definem, de forma clara e objetiva, alguns dos pressupostos básicos para a compreensão dos direitos ora discutidos, quais sejam: (i) o que vem a ser uma decisão totalmente automatizada, (ii) que tipos de decisão automatizada afetam a esfera jurídica dos titulares de dados e (iii) qual é o grau de transparência e explicação que será exigível em situações assim. Logo, é compreensível que existam muitas dificuldades interpretativas em torno desses direitos.

XIII.11.3. Direito à revisão de decisões totalmente automatizadas e participação de pessoa natural

A doutrina sobre o RGPD vem procurando mostrar que a mera existência de intervenção de pessoa natural no processo decisório não é suficiente para atender às preocupações do art. 22, até porque, se assim fosse, as previsões legais seriam facilmente suscetíveis de neutralização ou mesmo de burla com a mera introdução formal de pessoa natural que simplesmente chancelasse os resultados do tratamento automatizado. Daí a ideia de que o RGPD, nesse ponto, apenas pode ser afastado se a participação humana no processo decisório for realmente ativa e capaz de reverter o resultado automatizado.

Vale ressaltar que, em outubro de 2017, o Grupo de Trabalho do Artigo 29 publicou as *Guidelines on Automated Individual Decision Making and Profiling*, que, por mais que não sejam vinculantes, são referências interpretativas fundamentais do RGPD.

Uma as advertências do guia é precisamente a de que não se pode afastar a aplicação do RGPD por meio do que chama de "fabricação de intervenção humana mínima no processo decisório", ou seja, a aparência de intervenção humana que, na prática, não se mostra realmente ativa e eficaz. Vale ressaltar que o mesmo alerta é encontrado no guia da ICO.[21]

Daí por que é injustificável que, no Brasil, a LGPD tenha sido alterada para retirar a participação humana do processo de impugnação e revisão de decisões automatizadas. Enquanto na Europa se discute como ampliar e tornar eficaz a participação humana a fim de assegurar efetivamente o devido processo legal e o contraditório, no Brasil tal garantia é excluída sem qualquer justificativa minimamente razoável.

---

21 Disponível em: https://ico.org.uk/for-organisations/guide-to-the-general-data-protection-regulation-gdpr/automated-decision-making-and-profiling/what-does-the-gdpr-say-about-automated-decision-making-and-profiling/.

Acresce que, como se examinará melhor adiante, a presença da pessoa natural é a única garantia de que decisões totalmente automatizadas possam ser minimamente explicáveis, razão pela qual a opção do legislador acabou esvaziando o próprio conteúdo do direito à explicação e revisão de decisões totalmente automatizadas.

Vale ressaltar, entretanto, que a supressão formal da pessoa natural do texto da LGPD precisa ser interpretada à luz da Constituição Federal e também dos princípios da LGPD. Por essa razão, subsistem bons fundamentos para se continuar a exigir a presença da pessoa natural mesmo diante da omissão legal. Na pior das hipóteses, há que se reconhecer que a presença da pessoa natural é uma prática de governança recomendável.

Doutrina Brasileira – Carlos Affonso Souza, Christian Perone e Eduardo Magrani

"A redação atual da lei não demanda a revisão por pessoa natural. No entanto, deve-se entender que, para garantir o pleno exercício do direito de revisão, este deve ser efetivo e possa permitir que se possa chegar a conclusões diferentes das apresentadas pela decisão automatizada original. Desse modo, deve-se considerar que a revisão por uma pessoa natural é prática recomendável, sempre e quando seja possível e pertinente para os fins aqui debatidos".[22]

De toda sorte, mesmo com as balizas já mencionadas, pode ser complexo definir, nos casos concretos, qual é o nível de intervenção da pessoa natural que pode ser considerado ativo, a ponto de afastar a aplicação dos direitos previstos no art. 22 do RGPD ou no art. 20 da LGPD. Porém, o parâmetro a ser buscado é a inteligibilidade e explicação dos aspectos fundamentais da decisão automatizada: o seu propósito, os seus *inputs*, os seus resultados e os critérios e fundamentos para o julgamento.

XIII.11.4. Direito à revisão de decisões totalmente automatizadas e devido processo legal

É no contexto dos desafios inerentes à nova economia que o art. 20 da LGPD pretende criar uma espécie de devido processo legal para proteger os cidadãos contra a "tirania" dos julgamentos automatizados. Para tal fim, foi criado um verdadeiro bloco de direitos, cujos principais desdobramentos são os seguintes:

1. O direito de acesso e informação em relação a respeito dos critérios e procedimentos utilizados para a decisão automatizada;

---

[22] SOUZA, Carlos Affonso; PERONE, Christian; MAGRANI, Eduardo. O direito à explicação: entre a experiência europeia e a sua positivação na LGPD. In: DONEDA, Danilo (coord.); SARLET, Ingo Wolfgang (coord.); MENDES, Laura Schertel (coord.); RODRIGUES JUNIOR, Otavio Luiz (coord.); BIONI, Bruno Ricardo (coord.). *Tratado de Proteção de Dados Pessoais.* Rio de Janeiro: Forense, 2021. p. 267.

Cap. XIII • DIREITOS DO TITULAR | 341

2. O direito de oposição quanto à decisão automatizada e de manifestar o seu ponto de vista;
3. O direito de obtenção da revisão da decisão automatizada; e
4. O direito de petição à autoridade nacional para a realização de auditoria, em caso da não prestação das informações.

Como se pode observar, tais direitos decorrem não apenas da autodeterminação informativa do cidadão e do controle que a lei lhe atribui sobre os seus dados pessoais, mas também de importantes princípios da LGPD:

1. O livre acesso (art. 6º, IV);
2. A qualidade e a clareza dos dados (art. 6º, V);
3. A transparência dos dados, o que requer informações claras, precisas e facilmente acessíveis (art. 6º, VI);
4. A prevenção de danos (art. 6º, VII) já que o tratamento totalmente automatizado envolve sérios riscos para os titulares;
5. A não discriminação (art. 6º, IX); e
6. A responsabilização e prestação de contas (art. 6º, X).

Em face dos princípios norteadores da LGPD, é fácil concluir que, embora o art. 20 da LGPD não mencione expressamente, é uma decorrência necessária dos direitos ali previstos o direito de resposta ao usuário, especialmente quando a decisão automatizada for mantida.

O Considerando 71 do RGPD é claro nesse sentido, ao afirmar que o direito em referência envolve, além da possibilidade de obter a intervenção humana e manifestar seu ponto de vista, o direito de obter uma explicação sobre a decisão automatizada e de contestar a decisão.

Daí por que é bastante preocupante que alteração legislativa superveniente tenha excluído a participação da pessoa natural no processo de revisão das decisões totalmente automatizadas, já que tal previsão era considerada uma exigência necessária para assegurar não apenas a explicabilidade da decisão algorítmica, mas também para assegurar que os argumentos de impugnação do titular de dados pudessem ser efetivamente considerados.

XIII.11.5. Direito à revisão de decisões totalmente automatizadas e segredo de negócios

Apesar da sua importância, os direitos previstos no art. 20 da LGPD estão sujeitos a grandes controvérsias, o que se reforça, no caso brasileiro, pelo fato de estarem subordinados à conciliação com o segredo comercial ou industrial.

É interessante notar que a própria LGPD, no § 2º do art. 20, admite, de forma preocupante, a hipótese de o agente de tratamento nem mesmo oferecer as informações necessárias, apontando como consequência a possibilidade de auditoria pela ANPD. Trata-se de dispositivo cuja interpretação extensiva, como se fosse uma faculdade do agente de tratamento optar pelo cumprimento do dever de informação ou se submeter ao risco de uma auditoria, seria de constitucionalidade duvidosa e ainda incompatível com vários dos princípios – tais como a transparência e a boa-fé objetiva – e dos direitos dos titulares – tais como a informação e o livre acesso – previstos pela LGPD.

Com efeito, como já se demonstrou anteriormente, ao se tratar do direito ao acesso e também do direito à portabilidade, o segredo de negócios não pode ser obstáculo para a divulgação das informações essenciais do tratamento de dados, tais como os dados que foram utilizados (*inputs*), os resultados obtidos a partir de tais dados (*outputs*) e os critérios e a lógica principal do processo decisório.

Sem tais esclarecimentos por parte dos agentes de tratamento, estar-se-á admitindo que julgamentos algorítmicos continuem sendo verdadeiras caixas--pretas, o que é inadmissível com uma sociedade que pretenda ser minimamente democrática. Sem embargo da violação aos princípios e direitos já mencionados, tal ambiente de opacidade é ainda um grande e poderoso incentivo para utilizações abusivas e para discriminações ilícitas, sem que haja possibilidade de controle acessível e efetivo por parte dos próprios titulares de dados.

Dessa maneira, por mais que o segredo de negócios possa assegurar que o processo decisório não seja divulgado em sua integralidade, pelo menos os seus aspectos essenciais devem sê-lo, sob pena de não se assegurar nem mesmo algum grau de inteligibilidade às mencionadas decisões.

No caso brasileiro, se é certo que a própria LGPD impõe o segredo comercial como um limitador para o alcance do art. 20, este não é nenhum direito absoluto ou sacrossanto. Em alguns casos, mesmo o segredo de negócio pode ser relativizado, a exemplo da disponibilização de informações desse aspecto em processos judiciais em segredo de justiça, conforme dispõe o art. 206 da Lei 9.279/1996 (Lei de Propriedade Intelectual ou LPI).

> **LPI, Art. 206.** Na hipótese de serem reveladas, em juízo, para a defesa dos interesses de qualquer das partes, informações que se caracterizem como confidenciais, sejam segredo de indústria ou de comércio, deverá o juiz determinar que o processo prossiga em segredo de justiça, vedado o uso de tais informações também à outra parte para outras finalidades.

Embora não se cogite de transparência absoluta, é inequívoco que tanto o RGPD quanto a LGPD exigem ao menos certo grau de transparência que torne a decisão inteligível e compreensível. Tal preocupação foi bem sintetizada pelas *Guidelines on Automated Individual Decision Making and Profiling*, quando o Grupo de Trabalho do Artigo 29 afirmou que os agentes de tratamento precisam ofertar informações significativas sobre a lógica envolvida no tratamento automatizado, bem como as explicações sobre o significado dos resultados diante dos objetivos pretendidos pelo processamento.[23]

Por essa razão, no caso específico dos perfis, os controladores precisam esclarecer as informações fundamentais que lastrearam a decisão, incluindo (i) as categorias de dados usados nos perfis, (ii) as fontes de tais informações, (iii)

---

[23]   Disponível em https://ec.europa.eu/newsroom/article29/items/612053.

como os perfis são criados, incluindo as estatísticas utilizadas, (iv) a razão de o perfil ser relevante para a decisão automatizada e (v) como as informações foram utilizadas para a decisão que afetou determinado titular.

Tais critérios são perfeitamente compatíveis com o § 1º do art. 20 da LGPD, segundo o qual "O controlador deverá fornecer, sempre que solicitadas, informações claras e adequadas a respeito dos critérios e dos procedimentos utilizados para a decisão automatizada, observados os segredos comercial e industrial". Assim, a própria LGPD deixa clara a necessidade de transparência sobre os critérios e os procedimentos utilizados para a decisão automatizada.

Daí por que, como já se adiantou, o 2º do art. 20 da LGPD, ao cogitar do não oferecimento de informações de que trata o § 1º, deve ser adequadamente compreendido. A interpretação sistemática e principiológica da referida previsão, inclusive à luz dos princípios constitucionais cabíveis, impede a compreensão de que se trata de alternativa à disposição do controlador. Pelo contrário, trata-se de opção cuja aplicação apenas poderia ser cogitada em casos excepcionais e devidamente justificados, sob pena de esvaziar por completo diversos dos princípios da própria LGPD.

Logo, apesar de todas as controvérsias sobre o tema, é fácil observar que, por meio de soluções individuais, tanto o RGPD quanto a LGPD pretendem construir, ao final, uma solução geral de transparência mínima, a fim de que os algoritmos sejam minimamente interpretáveis pelos homens, especialmente por aqueles que serão afetados por suas decisões.

XIII.11.6. Objeto do direito à revisão de decisões totalmente automatizadas

Já no que diz respeito às situações que podem afetar a esfera jurídica e os interesses dos titulares de dados pessoais, o Grupo de Trabalho do Artigo 29 nas *Guidelines* descreve importantes exemplos: (i) avaliações ou *scoring*, (ii) decisões automatizadas com efeitos jurídicos ou similares, (iii) monitoramento sistemático, (iv) tratamento de dados sensíveis, (v) dados processados em larga escala, (vi) conjuntos de dados que forem combinados ou misturados, (vii) processamentos que impedem titulares de dados de exercerem direitos, de usarem determinado serviço ou de celebrarem determinados contratos.

Entretanto, persistem diversas controvérsias sobre a existência de impactos relevantes sobre os titulares de dados em algumas situações, tais como a utilização de decisões totalmente automatizadas para publicidade individualizada – *targeted advertising* –, para recomendações de filmes ou programas de TV.

Apesar de haver quem sustente que tais aplicações estariam fora do escopo do RGPD, há opiniões contrárias segundo as quais, a depender do grau de intrusão dos procedimentos e da forma como este afeta minorias, vulneráveis, crianças ou adolescentes, os impactos são sérios e precisam estar necessariamente sob as regras do art. 22 do RGPD.

No Brasil, como não há nenhuma restrição ou especificação das decisões totalmente automatizadas que seriam objeto do direito, a interpretação adequada da LGPD, inclusive do ponto de vista sistemático e principiológico, é a de que o direito previsto no art. 20 estende-se a todo e qualquer tipo de decisão totalmente automatizada.

344 CURSO DE PROTEÇÃO DE DADOS PESSOAIS – *Frazão • Carvalho • Milanez*

Outra razão que justifica a maior amplitude do referido direito é que, diante da opacidade dos julgamentos totalmente automatizados, haverá necessidade de explicação até para saber se, como e em que medida eles afetam os interesses dos titulares de dados. Tal necessidade é ainda maior quando se sabe que o direito à explicação e à revisão de decisões totalmente automatizadas está intimamente relacionado a vários dos direitos de titulares de danos, sendo inclusive pressuposto de alguns deles.

Daí por que restrições indevidas ao direito previsto no art. 20 da LGPD terão efeitos deletérios não somente sobre esse direito, mas sobre toda a arquitetura protetiva de titulares de dados.

XIII.11.7. Julgamentos automatizados e medidas preventivas

Já foi destacado pelo Grupo de Trabalho do Artigo 29, especificamente nas *Guidelines*, a importância das medidas e procedimentos para prevenir erros, inacurácias e discriminações que podem resultar de decisões totalmente automatizadas, o que impõe a todos que delas se utilizam a realização de constantes avaliações sobre os seus resultados.[24]

Tais conclusões casam perfeitamente com aquelas previstas no relatório do governo Barack Obama,[25] no qual fica claro que, diante das dificuldades de se realizar uma regressão perfeita das decisões totalmente automatizadas, há necessidade ao menos de se proceder a testes exaustivos sobre os seus resultados.

Outra medida de segurança repetidamente invocada pelas *Guidelines* do Grupo de Trabalho do Artigo 29 é o Relatório de Impacto à Proteção de Dados (RIPD), previsto no art. 35 do RGPD, por meio do qual se pode construir e demonstrar o *compliance* com a proteção de dados por meio do exame sistemático de técnicas de processamento automatizado e as medidas necessárias para gerenciar os riscos e as liberdades das pessoas naturais envolvidas.

De fato, de acordo com o RGPD, tais avaliações precisam conter minimamente a descrição sistemática das operações de processamento e seus propósitos, incluindo o legítimo interesse do controlador, a avaliação da necessidade e da proporcionalidade do processamento em relação aos seus objetivos, a avaliação dos riscos aos direitos dos titulares de dados e as medidas visando a endereçar tais riscos, incluindo as salvaguardas, medidas de segurança e mecanismos para garantir a proteção dos dados pessoais.

No Brasil, a LGPD define, em seu art. 5º, XVII, o RIPD como a documentação do controlador que contém a descrição dos processos de tratamento de dados pessoais que podem gerar riscos às liberdades civis e aos direitos fundamentais, bem como medidas, salvaguardas e mecanismos de mitigação de risco.

Entretanto, não fica claro qual é o grau de comprometimento dos controladores com a referida obrigação, uma vez que o art. 38 da LGPD poderia sugerir

---

[24] Disponível em https://ec.europa.eu/newsroom/article29/items/612053.

[25] ESTADOS UNIDOS. Preparing for the future of artificial intelligence. Disponível em: https://obamawhitehouse.archives.gov/sites/default/files/whitehouse_files/microsites/ostp/. Acesso em: 6 mar. 2022.

que o relatório dependeria da iniciativa da autoridade nacional, hipótese que se confirmaria com a previsão do art. 4º, § 3º.

> **LGPD, Art. 28.** A autoridade nacional poderá determinar ao controlador que elabore relatório de impacto à proteção de dados pessoais, inclusive de dados sensíveis, referente a suas operações de tratamento de dados, nos termos de regulamento, observados os segredos comercial e industrial.

> **LGPD, Art. 4º, § 3º** A autoridade nacional emitirá opiniões técnicas ou recomendações referentes às exceções previstas no inciso III do *caput* deste artigo e deverá solicitar aos responsáveis relatórios de impacto à proteção de dados pessoais.

De toda sorte, ao tratar da questão da governança e do *compliance*, a própria LGPD, em seu art. 50, § 2º, I, "d", determina a existência de políticas e salvaguardas adequadas com base em processo de avaliação sistemática de impactos e riscos à privacidade. Ainda que não sejam claras as consequências do desrespeito a tais determinações, é inequívoco que se espera dos agentes de tratamento esforços consistentes nesse sentido.

Assim, diante das controvérsias sobre as decisões automatizadas, é inequívoco que a ANPD tem o papel central de determinar o que pode ser considerado uma política adequada de proteção de dados e o que pode ser considerado uma avaliação idônea dos impactos e riscos para os usuários.

Não obstante, Bryan Casey, Ashkon Farhangi e Roland Vogl[26] mostram que o que se chama de *data protection by design* precisa levar em consideração diversos fatores complexos, tais como o estado da arte da tecnologia, os custos de implementação, a natureza, o escopo, o contexto e o propósito do tratamento de dados, assim como os riscos da probabilidade de violações aos direitos dos titulares e a gravidade dessas violações.

Por mais que isso envolva uma atitude proativa dos controladores e possam existir hipóteses nas quais os altos riscos tornariam os relatórios de impactos obrigatórios – e não meramente recomendáveis –, é inequívoco que a autoridade responsável tem importante papel para aclarar essas dúvidas.

Por essa razão, faz sentido o argumento de Bryan Casey, Ashkon Farhangi e Roland Vogl de que, até para demonstrar que determinada atividade não gera risco suficiente para justificar a elaboração do RIPD, será necessária a existência deste.[27] Vale ainda ressaltar que, do ponto de vista do Grupo de Trabalho do Artigo 29, as avaliações são necessárias não somente nos casos de decisões totalmente automatizadas.

---

[26] CASEY, Bryan; FARHANGI, Ashkon; VOGL, Roland. Rethinking explainable machines: the GDPR's "right to explanation" debate and the rise of algorithmic audits in enterprise. *IBerkeley Technology Law Journal*, v. 34, p. 143-188, 2019.

[27] CASEY, Bryan; FARHANGI, Ashkon; VOGL, Roland. Rethinking explainable machines: the GDPR's "right to explanation" debate and the rise of algorithmic audits in enterprise. *IBerkeley Technology Law Journal*, v. 34, p. 143-188, 2019.

Evidente, assim, que os direitos ora em discussão, interpretados sistematicamente com as demais previsões do RGPD e da LGPD, não são apenas reativos, mas geram grande dever de cuidado aos agentes de processamento.

Afinal, ao direito do titular de entender a lógica do processo decisório e o significado e as consequências pretendidas, contrapõe-se o dever dos controladores de se utilizarem de procedimentos matemáticos e estatísticos apropriados, que sejam capazes de corrigir imprecisões e minimizar os riscos de erro, submetendo-os aos devidos controles, por meio dos relatórios de impacto e dos procedimentos de testagem e avaliação.

Sob essa perspectiva, o RGPD e a LGPD acabam impondo aos controladores o ônus da prova da legitimidade do tratamento totalmente automatizado, uma vez que caberá a eles demonstrar, dentre outras questões:

1. Os dados que são coletados, de que fonte e de que maneira;
2. Quais as linhas gerais de programação dos algoritmos e seus objetivos;
3. Como se deu a programação e o desenvolvimento do algoritmo;
4. Se o algoritmo pode ou não modificar seu próprio código;
5. Se tais modificações são previsíveis ou ao menos verificáveis;
6. Quais as categorias relevantes dos perfis e os critérios para cada uma delas;
7. Quais são os outputs do processo decisório e como avaliar a sua adequação e acurácia;
8. Se há mecanismos de *feedback*;
9. Se há intervenção humana e em que nível;
10. Quais são os principais impactos e riscos para os titulares de danos;
11. Que medidas foram tomadas para conter tais riscos.

Dessa maneira, por mais que os direitos à explicação e à oposição não exijam que as companhias abram suas *black boxes* algorítmicas, certamente impõem que os controladores avaliem cuidadosamente os interesses dos titulares de dados, escolham com cuidado seus sistemas de processamento de dados e possam compreendê-los, assim como estabelecem políticas para documentar e justificar os aspectos centrais do design do sistema e todas as salvaguardas adotadas.

Não há dúvidas de que, apesar de todos os desafios apontados, tem-se que tanto o RGPD quanto a LGPD pavimentaram o caminho em busca da *accountability* algorítmica, o que se projeta inclusive na adoção, pelos controladores, de tecnologias compatíveis e dos investimentos necessários para tal fim.

XIII.11.8. Explicabilidade de julgamentos totalmente automatizados: busca de um objetivo inviável?

Não obstante os diversos desafios já mencionados para assegurar efetividade ao direito à explicação, tal como é a questão do segredo de negócios, há também um segundo desafio, de mais difícil solução: o técnico. Afinal, tais decisões costumam ter alto nível de complexidade, em muitas hipóteses resultando de centenas ou milhares de passos que são incompreensíveis para o homem comum e, não raramente, até mesmo para os programadores.

Por essa razão, a transparência não é capaz de, por si só, assegurar explicabilidade às decisões algorítmicas, razão pela qual resolver o problema do segredo de negócios não é suficiente para que os resultados algorítmicos possam ser efetivamente compreendidos.

Como bem explica Talia Gillis,[28] é preciso parar de tentar encontrar conexões causais entre os *inputs* e os *outputs* de decisões algorítmicas, porque isso é impossível. De fato, não se pode pretender encontrar explicações satisfatórias nos julgamentos algorítmicos, uma vez que eles não permitem a avaliação de causalidades, sendo que o próprio objetivo de acurácia pode ocorrer à custa das crescentes deficiências de interpretabilidade.

Sob essa perspectiva, o pensamento de Talia Gillis é bastante convergente com o de diversos outros autores que vêm demonstrando as sérias limitações dos julgamentos algorítmicos, especialmente quando realizados para a solução de importantes e complexas questões humanas e sociais.

Um argumento reiteradamente explorado por esta literatura é o fato de que, em alguma medida, algoritmos são e sempre serão *black boxes*, no sentido de que, ao se basearem normalmente em linguagem matemática que privilegia padrões e correlações – mas não causalidades, não podem levar a explicações racionais, inteligíveis e convincentes.

No excelente livro "Framers", Cukier e os coautores[29] vão até além, não somente mostrando as deficiências dos julgamentos algorítmicos, mas também advertindo para o fato de que o que entendemos por explicação apenas pode decorrer de tipos de raciocínio que somente os seres humanos podem fazer. De fato, somente o raciocínio humano é capaz de adotar diferentes molduras (*framings*) para um mesmo problema e levar em consideração as questões essenciais para a compreensão do mundo: causalidades, contrafactuais e constrições.

Nos termos do que já foi exposto pela coautora Ana Frazão,[30] "em se tratando de questões humanas e sociais, metodologias quantitativas e matemáticas – incluindo as que são normalmente usadas pelos algoritmos – necessitam ser complementadas por narrativas e outras metodologias qualitativas para que se possa construir uma decisão correta e que atenda minimamente aos pressupostos da explicabilidade".

---

[28] GILLIS, Talia B. The Input Fallacy [no prelo]. *Minnesota Law Review*. 2022. Disponível em: https://papers.ssrn.com/sol3/papers.cfm?abstract_id=3571266. Acesso em: 6 mar. 2022.

[29] CUKIER, Kenneth et al. Friamers. Human advantage in an age of technology and turmoil. Dutton, 2021.

[30] FRAZÃO, Ana. Decisões algorítmicas e direito à explicação. Devemos refletir também sobre hipóteses nas quais as decisões totalmente automatizadas deveriam ser até mesmo banidas. *Jota*. Disponível em: https://www.jota.info/opiniao-e-analise/colunas/constituicao--empresa-e-mercado/decisoes-algoritmicas-e-direito-a-explicacao-24112021#_ftn8. Acesso em: 6 mar. 2022.

Doutrina Brasileira – Carlos Affonso Souza, Christian Perone e Eduardo Magrani

"(...) é inerente a certas tecnologias, particularmente de aprendizado de máquina e outras formas de inteligência artificial, que seja muito difícil a explicação de como se chegou à determinada resposta ou como se definiu determinada ação como a melhor para o contexto específico".[31]

Consequentemente, algoritmos não podem ser a única ou a última palavra em assuntos humanos ou sociais. E tal conclusão decorre não apenas porque algoritmos são secretos ou difíceis de explicar, mas porque são incapazes de oferecer explicações, pelo menos no nível adequado, a não ser que sejam devidamente complementados por julgamentos humanos. Essa é a razão pela qual a presença humana é tão importante nos julgamentos algorítmicos e deveria ser considerada imprescindível na decisão e – com maior razão – na revisão de tais decisões, a fim de complementá-las e compensá-las em todas as suas deficiências e reducionismos.

Daí a coautora Ana Frazão[32] já ter concluído "essa perspectiva pode levar à conclusão de que decisões totalmente automatizadas, exatamente porque não seriam capazes de levar a qualquer explicação adequada, deveriam ser banidas quando utilizadas para fazer julgamentos importantes sobre seres humanos dos quais dependem aspectos importantes de suas vidas, como acesso a determinados bens, serviços, oportunidades ou mesmo direitos".

Por essas razões é preocupante a postura da LGPD não apenas de não prever qualquer restrição aos tratamentos totalmente automatizados, como ainda de não exigir a pessoa natural no processo de revisão. Tudo leva a crer que, especialmente quando o direito de revisão for igualmente automatizado, os cidadãos serão julgados – e terão suas vidas afetadas – por decisões inexplicáveis e que assim continuarão mesmo após o exercício do direito de explicação.

XIII.12. QUESTÕES PROCEDIMENTAIS RELACIONADAS AO EXERCÍCIO DOS DIREITOS DO TITULAR

Como já se examinou na Seção XIII.2., dentre as várias regras comuns aos direitos dos titulares de dados encontram-se procedimentos relacionados ao exercício dos direitos do titular. Com efeito, os parágrafos do art. 18 da LGPD tratam dos aspectos procedimentais do exercício dos direitos ali enumerados,

---

[31] SOUZA, Carlos Affonso; PERONE, Christian; MAGRANI, Eduardo. O direito à explicação: entre a experiência europeia e a sua positivação na LGPD. In: DONEDA, Danilo (coord.); SARLET, Ingo Wolfgang (coord.); MENDES, Laura Schertel (coord.); RODRIGUES JUNIOR, Otavio Luiz (coord.); BIONI, Bruno Ricardo (coord.). *Tratado de Proteção de Dados Pessoais*. Rio de Janeiro: Forense, 2021. p. 249.

[32] FRAZÃO, Ana. Decisões algorítmicas e direito à explicação. Devemos refletir também sobre hipóteses nas quais as decisões totalmente automatizadas deveriam ser até mesmo banidas. *Jota*. Disponível em: https://www.jota.info/opiniao-e-analise/colunas/constituicao--empresa-e-mercado/decisoes-algoritmicas-e-direito-a-explicacao-24112021#_ftn8. Acesso em: 6 mar. 2022.

ressaltando que o titular tem o direito de peticionar em relação aos seus dados contra o controlador perante a ANPD e que tal direito também pode ser exercido perante os organismos de defesa do consumidor.

> **LGPD, Art. 18, § 1°** O titular dos dados pessoais tem o direito de peticionar em relação aos seus dados contra o controlador perante a autoridade nacional.
>
> **§ 2°** O titular pode opor-se a tratamento realizado com fundamento em uma das hipóteses de dispensa de consentimento, em caso de descumprimento ao disposto nesta Lei.
>
> **§ 3°** Os direitos previstos neste artigo serão exercidos mediante requerimento expresso do titular ou de representante legalmente constituído, a agente de tratamento.
>
> **§ 4°** Em caso de impossibilidade de adoção imediata da providência de que trata o § 3° deste artigo, o controlador enviará ao titular resposta em que poderá:
>
> **I –** comunicar que não é agente de tratamento dos dados e indicar, sempre que possível, o agente; ou
>
> **II –** indicar as razões de fato ou de direito que impedem a adoção imediata da providência.
>
> **§ 5°** O requerimento referido no § 3° deste artigo será atendido sem custos para o titular, nos prazos e nos termos previstos em regulamento.
>
> **§ 6°** O responsável deverá informar, de maneira imediata, aos agentes de tratamento com os quais tenha realizado uso compartilhado de dados a correção, a eliminação, a anonimização ou o bloqueio dos dados, para que repitam idêntico procedimento, exceto nos casos em que esta comunicação seja comprovadamente impossível ou implique esforço desproporcional.
>
> **§ 7°** A portabilidade dos dados pessoais a que se refere o inciso V do *caput* deste artigo não inclui dados que já tenham sido anonimizados pelo controlador.
>
> **§ 8°** O direito a que se refere o § 1° deste artigo também poderá ser exercido perante os organismos de defesa do consumidor.

O art. 22 ainda prevê que a defesa dos interesses e dos direitos dos titulares pode ser exercida em juízo, individual ou coletivamente, na forma da legislação pertinente, acerca dos instrumentos de tutela individual e coletiva.

Dessa maneira, fica claro que o titular de dados, diante da violação dos seus direitos, tem pelo menos quatro caminhos:

1. Pleitear a sua observância diretamente junto aos agentes de tratamento;
2. Peticionar diretamente perante a autoridade nacional;
3. Peticionar diretamente perante os organismos de defesa do consumidor; ou
4. Obter a tutela judicial dos seus direitos por meio de ações individuais ou coletivas.

No que diz respeito ao direito de petição perante os agentes de tratamento, o § 3º do art. 18 deixa claro que os direitos do titular serão exercidos mediante requerimento expresso do titular ou de representante legalmente constituído, ao agente de tratamento. Portanto, o requerimento poderá ser dirigido tanto ao controlador quanto ao operador, prevendo o § 5º que o requerimento será atendido sem custos para o titular, nos prazos e nos termos previstos em regulamento.

É interessante notar que a LGPD procura assegurar o devido processo legal em sentido substancial, exigindo efetivas e imediatas providências por parte dos agentes de tratamento sempre que determinado titular exercer o seu respectivo direito de petição.

Por essa razão, afirma o § 4º que, em caso de impossibilidade de adoção imediata das providências necessárias para atendimento do requerimento do titular, o controlador lhe enviará resposta em que poderá comunicar que não é agente de tratamento dos dados e indicar, sempre que possível, o agente; ou então indicar as razões de fato ou de direito que impedem a adoção imediata da providência.

Dessa maneira, diante do exercício do direito de petição perante o agente de tratamento, surge o dever do controlador de tomar as providências para a cessação do ilícito ou para a tutela efetiva dos direitos do titular. A sua única alternativa é justificar a impossibilidade de atender ao pedido, seja por não ser o agente de tratamento em questão, seja por existirem razões de fato ou de direito que impeçam a adoção imediata da providência devida.

Assim, é possível concluir que os titulares têm ao menos o direito de resposta, o qual apenas será atendido quando houver a justificativa idônea e imediata das razões pelas quais as providências solicitadas não são devidas ou não poderão ser realizadas. Em casos em que a impossibilidade é apenas temporária, cabe aos agentes de tratamento tomar as providências para que sejam tomadas as medidas necessárias o mais rápido possível.

O já mencionado § 6º do art. 18 também facilita consideravelmente a tutela dos direitos dos titulares de dados na medida em que, nos casos de compartilhamento de dados, determina ser suficiente que o titular exerça seus direitos em relação ao controlador original, sendo ônus deste último informar a todos os demais agentes de tratamento com os quais tenha realizado uso compartilhado de dados a correção, a eliminação, a anonimização ou o bloqueio dos dados, para que repitam idêntico procedimento.

Em casos assim, os demais agentes de tratamento, ao serem informados, apenas poderão se furtar à adoção de imediatas providências nas hipóteses mencionadas pelo § 4º do art. 18 da LGPD.

Capítulo XIV

TÉRMINO DO TRATAMENTO DE DADOS

XIV.1. HIPÓTESES DE TÉRMINO DO TRATAMENTO DE DADOS

O art. 15 da LGPD prevê as seguintes hipóteses de término de tratamento dos dados pessoais:

> **LGPD, Art. 15.** O término do tratamento de dados pessoais ocorrerá nas seguintes hipóteses:
>
> **I** – verificação de que a finalidade foi alcançada ou de que os dados deixaram de ser necessários ou pertinentes ao alcance da finalidade específica almejada;
>
> **II** – fim do período de tratamento;
>
> **III** – comunicação do titular, inclusive no exercício de seu direito de revogação do consentimento conforme disposto no § 5º do art. 8º desta Lei, resguardado o interesse público; ou
>
> **IV** – determinação da autoridade nacional, quando houver violação ao disposto nesta Lei.

Como se pode observar, os três primeiros incisos referem-se a hipóteses em que o tratamento de dados é lícito, enquanto o inciso IV refere-se à hipótese em que o tratamento de dados é ilícito. Outra conclusão importante é que a LGPD não faz, no art. 15, distinção entre dados sensíveis e não sensíveis, o que pode gerar impasses interpretativos.

O rol do art. 15, em princípio, parece ser meramente exemplificativo, já que não contempla algumas situações mais evidentes, a exemplo do desinteresse do controlador em dar continuidade ao tratamento de dados em uma operação específica, a revogação ou alteração da lei ou do regulamento que fundamentava o tratamento dos dados, entre outras situações. De qualquer forma, a ideia geral parece ser a mesma do RGPD, ou seja, limitar temporalmente o tratamento dos dados, para que ele não ocorra *ad aeternum*.

Tal raciocínio decorre igualmente da necessidade de uma base legal para legitimar o tratamento de dados. Quando a base legal que originariamente jus-

CURSO DE PROTEÇÃO DE DADOS PESSOAIS – *Frazão* • *Carvalho* • *Milanez*

tificou o tratamento de dados deixa de existir ou de ser aplicável, está-se diante de situação que recomendará, como regra, o fim do tratamento, salvo se houver alguma razão legítima para a sua manutenção.

Um exemplo interessante é o tratamento de dados decorrentes da base legal da execução do contrato. A regra seria o fim do tratamento após o fim do contrato, salvo naquilo em que o tratamento for necessário para eventual cumprimento de obrigações pós-contratuais e, mesmo assim, com os devidos cuidados e salvaguardas. Daí por que o inciso I do art. 15 da LGPD menciona o alcance da finalidade do tratamento de dados como um dos vetores para se saber se é caso ou não de extinção do tratamento.

Consequência lógica do fim do tratamento de dados é o apagamento dos dados, razão pela qual o RGPD trata do tema a partir do direito ao apagamento ou direito de ser esquecido:

> **RGPD, Considerando 39.**
>
> O tratamento de dados pessoais deverá ser efetuado de forma lícita e equitativa. (...) Os dados pessoais deverão ser adequados, pertinentes e limitados ao necessário para os efeitos para os quais são tratados. Para isso, é necessário assegurar que o prazo de conservação dos dados seja limitado ao mínimo. Os dados pessoais apenas deverão ser tratados se a finalidade do tratamento não puder ser atingida de forma razoável por outros meios. A fim de assegurar que os dados pessoais sejam conservados apenas durante o período considerado necessário, o responsável pelo tratamento deverá fixar os prazos para o apagamento ou a revisão periódica. Deverão ser adotadas todas as medidas razoáveis para que os dados pessoais inexatos sejam retificados ou apagados. Os dados pessoais deverão ser tratados de uma forma que garanta a devida segurança e confidencialidade, incluindo para evitar o acesso a dados pessoais e equipamento utilizado para o seu tratamento, ou a utilização dos mesmos, por pessoas não autorizadas.

> **RGPD, Art. 17. Direito ao apagamento dos dados (direito a ser esquecido)**
>
> **1.** O titular tem o direito de obter do responsável pelo tratamento o apagamento dos seus dados pessoais, sem demora injustificada, e este tem a obrigação de apagar os dados pessoais, sem demora injustificada, quando se aplique um dos seguintes motivos:
>
> **a)** Os dados pessoais deixaram de ser necessários para a finalidade que motivou a sua recolha ou tratamento;
>
> **b)** O titular retira o consentimento em que se baseia o tratamento dos dados nos termos do artigo 6, n. 1, alínea a), ou do artigo 9, n. 2, alínea a) e se não existir outro fundamento jurídico para o referido tratamento;
>
> **c)** O titular opõe-se ao tratamento nos termos do artigo 21, n. 1, e não existem interesses legítimos prevalecentes que justifiquem o tratamento, ou o titular opõe-se ao tratamento nos termos do artigo 21, n. 2;
>
> **d)** Os dados pessoais foram tratados ilicitamente;

Cap. XIV • TÉRMINO DO TRATAMENTO DE DADOS | 353

> **e)** Os dados pessoais têm de ser apagados para o cumprimento de uma obrigação jurídica decorrente do direito da União ou de um Estado-Membro a que o responsável pelo tratamento esteja sujeito;
>
> **f)** Os dados pessoais foram recolhidos no contexto da oferta de serviços da sociedade da informação referida no artigo 8, n. 1.

Embora a LGPD não faça referência, em seu art. 15, ao direito ao apagamento ou eliminação dos dados, tem-se que esta é a consequência lógica usual da extinção do tratamento. É por essa razão que o subsequente art. 16, a ser tratado na próxima Seção, é claro no sentido de que os dados pessoais serão eliminados após o término de seu tratamento, salvo nas hipóteses em que se autoriza expressamente a sua conservação.

De toda sorte, vale ressaltar que o chamado direito ao apagamento não se confunde com o direito ao esquecimento, como já se esclareceu no Capítulo XIII. Este último diz respeito, como regra, a fatos verdadeiros passados, divulgados licitamente, em muitos casos pela imprensa ou meios jornalísticos, atividades estas que, como já se viu, não se encontram nem mesmo sob a incidência da LGPD, como fica claro pelo art. 4º, II, "a".

Já o direito ao apagamento – ou o direito ao esquecimento da LGPD – diz respeito aos dados que precisam ser eliminados (i) ou por terem sido objeto de tratamentos ilícitos (ii) ou por terem sido objeto de tratamentos lícitos mas que já se extinguiram. Ademais, as consequências dos direitos são também distintas, uma vez que o direito a esquecimento na internet tem sido normalmente acolhido mais para efeitos de desindexação ou de ordenamento da informação, enquanto o direito ao apagamento, como o próprio nome diz, requer a exclusão de dados.

a) Alcance da finalidade ou quando os dados deixam de ser necessários ou pertinentes

Passando para a primeira hipótese de término do tratamento de dados (art. 15, I), adverte-se que, se são princípios basilares do tratamento de dados a finalidade (art. 6º, I), a adequação (art. 6º, II) e a necessidade (art. 6º, III), é inequívoco que, sempre que a finalidade tiver sido alcançada ou que os dados deixem de ser necessários ou adequados para tal, se está diante de hipótese que impõe o fim do tratamento, com a subsequente exclusão dos dados pessoais.

É possível observar duas sub-hipóteses vinculadas ao inc. I do art. 15, quais sejam: (i) término porque a finalidade foi alcançada e (ii) término porque os dados pessoais deixaram de ser necessários ou pertinentes em relação à finalidade almejada.

b) Fim do período de tratamento

O fim do período do tratamento (art. 15, II) também é importante critério nos casos de tratamento de dados por prazo determinado. Como a finalidade do tratamento já foi vinculada ao prazo inicialmente previsto, é inequívoco que, havendo o transcurso do período do tratamento, não há mais finalidade legítima para autorizar o seu prosseguimento.

Logo, sempre que o agente de tratamento houver especificado o período de tratamento dos dados, qualquer que seja a base legal, os dados pessoais não poderão mais ser tratados pelo agente após o fim do período informado.

Caso o tratamento dos dados seja realizado sem prazo determinado, deve-se considerar a natureza da relação jurídica entre o controlador e o titular, bem como a finalidade que se busca alcançar, razão pela qual a extinção do tratamento deve se verificar à luz dos demais incisos do art. 15 da LPGD e não com base no inciso II.

Por fim, é importante ressaltar que, apesar de vaga, a redação do inciso II do art. 15 acaba abarcando situações em que o tratamento é esporádico, ocasional e temporário, bem como aquelas em que o titular tem a expectativa razoável de que o tratamento dos seus dados estará limitado a um determinado lapso temporal. Mais uma vez, a boa-fé objetiva será um referencial fundamental para compreender a extensão do tratamento de dados, inclusive no aspecto temporal.

Situações concretas

- **Situação 1** – No caso do tratamento de dados para envio de *newsletters*, sendo a inscrição um ato positivo e voluntário do titular, os dados pessoais serão tratados pelo controlador por prazo indeterminado, já que está dentro da legítima expectativa do titular que o prazo do seu consentimento (art. 7º, I, da LGPD) seja indeterminado. No entanto, caso o titular revogue seu consentimento e solicite o descadastramento na lista de destinatários da *newsletter*, o tratamento chegará ao fim.
- **Situação 2**[1] – Uma agência de recrutamento coleta o currículo de candidatos que estão à procura de emprego e que lhe pagam uma taxa pelos seus serviços de intermediação. A empresa planeja armazenar os dados durante 20 anos e não adota quaisquer medidas que prevejam a atualização dos currículos. Nesse caso, o período de conservação não parece ser proporcional à finalidade de aplicação em vagas de emprego a curto/médio prazo. Além disso, o fato de a empresa não solicitar atualizações dos currículos em intervalos regulares e periódicos de tempo torna algumas das pesquisas inúteis para o candidato após um determinado período de tempo (por exemplo, porque a pessoa pode ter adquirido novas qualificações).

Orientações da Comissão Europeia à luz do RGPD[2]

Durante quanto tempo os dados podem ser conservados? É necessário atualizá-los?

Os dados devem ser conservados durante o mínimo de tempo possível. Este período deve levar em conta os motivos pelos quais a sua organização precisa realizar o tratamento dos dados, bem como eventuais obrigações legais de conservação dos dados durante um determinado período de tempo

---

[1] Adaptado de: COMISSÃO EUROPEIA. Durante quanto tempo podem os dados ser conservados? É necessário atualizá-los? Disponível em: https://ec.europa.eu/info/law/law-topic/data-protection/reform/rules-business-and-organisations/principles-gdpr/how-long-can-data-be-kept-and-it-necessary-update-it_pt. Acesso em: 13 dez. 2021.

[2] COMISSÃO EUROPEIA. Durante quanto tempo podem os dados ser conservados? É necessário atualizá-los? Disponível em: https://ec.europa.eu/info/law/law-topic/data-protection/reform/rules-business-and-organisations/principles-gdpr/how-long-can-data-be-kept-and-it-necessary-update-it_pt. Acesso em: 13 dez. 2021.

(por exemplo, legislação nacional em matéria laboral, fiscal ou antifraude que o obrigue a conservar os dados pessoais relativos aos seus trabalhadores durante um período definido, período de garantia de produtos etc.).

A organização deve estabelecer prazos para a exclusão ou revisão dos dados conservados. A título excepcional, os dados pessoais podem ser conservados durante um período maior para fins de arquivo de interesse público ou para fins de investigação científica ou histórica (no caso específico do RGPD), desde que sejam adotadas medidas técnicas e organizativas adequadas (tais como anonimização, cifragem/criptografia etc.). A organização também deve garantir que os dados que possui são exatos e atualizados.

c) Comunicação do titular

Além das duas hipóteses acima mencionadas, que são objetivas, a LGPD prevê, no inciso III do art. 15, a possibilidade de o titular dos dados, a qualquer momento, sem precisar de qualquer justificativa, manifestar a sua vontade para dar fim ao tratamento de dados, inclusive nas hipóteses de revogação de consentimento. Tal previsão é semelhante àquela disposta no art. 17 (1) "b" do RGPD.

> **RGPD, Art. 17. Direito ao apagamento dos dados (direito a ser esquecido)**
>
> **1.** O titular tem o direito de obter do responsável pelo tratamento o apagamento dos seus dados pessoais, sem demora injustificada, e este tem a obrigação de apagar os dados pessoais, sem demora injustificada, quando se aplique um dos seguintes motivos:
>
> (...)
>
> **b)** O titular retira o consentimento em que se baseia o tratamento dos dados nos termos do artigo 6, n. 1, alínea a), ou do artigo 9, n. 2, alínea a) e se não existir outro fundamento jurídico para o referido tratamento;

Todavia, o inciso III do art. 15 da LGPD faz menção à necessidade de se resguardar o interesse público, parâmetro que não é mencionado nos demais dispositivos que tratam da revogação de consentimento (art. 8º, §§ 5º e 6º, art. 9º, § 2º e art. 18, IX). Tal circunstância pode gerar dificuldades interpretativas, até porque as hipóteses de tratamento de dados em razão do interesse público não dependem nem mesmo de consentimento, nos termos dos arts. 7º e 11 da LGPD.

Com efeito, a regra geral do tratamento de dados decorrente do consentimento do titular é a de que o consentimento pode ser revogado a qualquer tempo. Por essa razão, ainda que se admita alguma restrição em razão de motivos de interesse público, estes, à luz da principiologia da LGPD, precisam ser concretos, específicos, plausíveis e suficientemente importantes para justificar o tratamento de dados mesmo diante da discordância do titular.

d) Determinação da ANPD

A hipótese do inciso IV do art. 15 determina a eliminação dos dados em caso de determinação expressa da ANPD, quando houver violação à LGPD. Em princípio, referida hipótese apresenta-se como uma espécie de sanção, à luz do art. 52, VI, da Lei.

CURSO DE PROTEÇÃO DE DADOS PESSOAIS – *Frazão • Carvalho • Milanez*

> **LGPD, Art. 52.** Os agentes de tratamento de dados, em razão das infrações cometidas às normas previstas nesta Lei, ficam sujeitos às seguintes sanções administrativas aplicáveis pela autoridade nacional:
>
> (...)
>
> **VI** – eliminação dos dados pessoais a que se refere a infração;

Os dados que devem ser eliminados são apenas aqueles cujo tratamento é irregular ou ilícito. O RGPD, inclusive, possui previsão semelhante no art. 17 (1) "d".

> **RGPD, Art. 17. Direito ao apagamento dos dados (direito a ser esquecido)**
>
> **1.** O titular tem o direito de obter do responsável pelo tratamento o apagamento dos seus dados pessoais, sem demora injustificada, e este tem a obrigação de apagar os dados pessoais, sem demora injustificada, quando se aplique um dos seguintes motivos:
>
> (...)
>
> **d)** Os dados pessoais foram tratados ilicitamente;

XIV.2. HIPÓTESES DE CONSERVAÇÃO DOS DADOS APÓS O TÉRMINO DO TRATAMENTO

Como se viu na seção anterior, a consequência lógica a natural do fim do tratamento de dados seria a eliminação dos dados. Entretanto, avançando no tratamento da matéria, dispõe o art. 16 da LGPD acerca das hipóteses em que, a despeito do término do tratamento dos dados pessoais, autoriza-se a conservação dos dados pessoais pelo controlador:

> **LGPD, Art. 16.** Os dados pessoais serão eliminados após o término de seu tratamento, no âmbito e nos limites técnicos das atividades, autorizada a conservação para as seguintes finalidades:
>
> **I** – cumprimento de obrigação legal ou regulatória pelo controlador;
>
> **II** – estudo por órgão de pesquisa, garantida, sempre que possível, a anonimização dos dados pessoais;
>
> **III** – transferência a terceiro, desde que respeitados os requisitos de tratamento de dados dispostos nesta Lei; ou
>
> **IV** – uso exclusivo do controlador, vedado seu acesso por terceiro, e desde que anonimizados os dados.

O RGPD também prevê hipóteses de conservação dos dados após o término do tratamento, embora estas sejam mais restritivas do que as da LGPD:

> **RGPD, Art. 17. Direito ao apagamento dos dados (direito a ser esquecido)**
>
> **3.** Os n°s 1 e 2 não se aplicam na medida em que o tratamento se revele necessário:
>
> **a)** Ao exercício da liberdade de expressão e de informação;

> **b)** Ao cumprimento de uma obrigação legal que exija o tratamento prevista pelo direito da União ou de um Estado-Membro a que o responsável esteja sujeito, ao exercício de funções de interesse público ou ao exercício da autoridade pública de que esteja investido o responsável pelo tratamento;
>
> **c)** Por motivos de interesse público no domínio da saúde pública, nos termos do artigo 9, n. 2, alíneas h) e i), bem como do artigo 9, n. 3;
>
> **d)** Para fins de arquivo de interesse público, para fins de investigação científica ou histórica ou para fins estatísticos, nos termos do artigo 89, n. 1, na medida em que o direito referido no n. 1 seja suscetível de tornar impossível ou prejudicar gravemente a obtenção dos objetivos desse tratamento; ou
>
> **e)** Para efeitos de declaração, exercício ou defesa de um direito num processo judicial.

Como se observa pelo *caput*, a regra geral é que, após o término do tratamento, os dados devem ser eliminados. Trata-se de uma das hipóteses que o RGDP regula como direito ao apagamento de dados ou direito de ser esquecido.

No que diz respeito à LGPD, dentre as exceções à eliminação dos dados, o art. 16 prevê algumas hipóteses compreensíveis, tais como (i) o cumprimento de dever legal pelo controlador e (ii) a realização de pesquisas, garantida a anonimização sempre que possível. Ambas as hipóteses se aplicam ao tratamento de dados pessoais sensíveis e não sensíveis, até porque são exceções à regra do consentimento.

Mais delicadas são as duas outras hipóteses, que não encontram correspondência no RGPD e ampliam, de forma excessiva, as possibilidades de conservação de dados no interesse de controladores e terceiros. Daí por que é fundamental interpretar os incisos III e IV do art. 16 da LGPD de forma sistemática com os demais dispositivos legais.

No que diz respeito à transferência a terceiros, tal previsão pode ter sido pensada para dar viabilidade ao exercício do direito à portabilidade dos dados. Esclarece-se, desde já, que, pelo menos nesses casos, a transferência depende do consentimento do titular e é realizada no seu exclusivo interesse.

Já no que se refere aos demais casos, em que a transferência não dependeria do consentimento do usuário, a hipótese parece ficar restrita aos dados pessoais, em relação aos quais já se viu que o legítimo interesse do controlador pode justificar o tratamento de dados, não obstante o cuidado que se deve ter na interpretação do que pode ser considerado interesse legítimo do controlador.

Tratando-se de dados pessoais sensíveis, entretanto, não haveria justificativa para a transferência para terceiros fora das restritivas hipóteses de tratamento de dados sem o consentimento do titular, dentre as quais não se encontra o legítimo interesse do controlador.

Mesmo no tocante aos dados não sensíveis, não é demais lembrar a previsão do § 5º do art. 7º da LGPD. Ora, se o controlador não pode comunicar ou compartilhar dados pessoais do titular durante o prazo do tratamento sem o consentimento específico do titular, com maior razão não poderá fazê-lo após o término do tratamento de dados.

> **LGPD, Art. 7º, § 5º** O controlador que obteve o consentimento referido no inciso I do *caput* deste artigo que necessitar comunicar ou compartilhar dados pessoais com outros controladores deverá obter consentimento específico do titular para esse fim, ressalvadas as hipóteses de dispensa do consentimento previstas nesta Lei

Dessa maneira, tudo leva a crer que, sem o consentimento do usuário para a transferência de seus dados para um terceiro após o tratamento, são restritos os casos em que se poderia cogitar da referida transferência. Em qualquer hipótese, a transferência teria que ser justificada diante das hipóteses em que a LGPD excepciona o consentimento do titular.

Dentre elas, embora se admita o legítimo interesse do controlador em relação aos dados pessoais não sensíveis, é inequívoco que tal possibilidade precisaria ser justificada a luz de rigoroso escrutínio, sob a ótica dos direitos dos usuários e dos princípios que norteiam a LGPD.

Ainda precisa ser considerado que, mesmo em relação ao controlador, como se verá no inciso IV do art. 16, a LGPD admite o uso exclusivo dos dados após o período de tratamento, desde que anonimizados.

Com maior razão é de se perquirir sobre se a anonimização não deveria ser exigida, como regra, em face de um terceiro, nas hipóteses em que não houver o consentimento do titular.

Discorrendo já sobre o inciso IV, tem-se hipótese que admite o uso exclusivo dos dados pelo controlador, desde que anonimizados. A exceção decorre do fato de que, em uma economia movida a dados, os dados são verdadeiros insumos.

O volume e a variedade dos dados importam e, a depender do caso, poderia ser um verdadeiro desperdício exigir o descarte daqueles que foram utilizados durante o período de tratamento, com o que se impediria a experiência acumulada e o desenvolvimento dos sistemas de inteligência artificial.

Tudo leva a crer, pois, que a anonimização foi a forma que o legislador encontrou para conciliar os interesses dos titulares com as preocupações com o estímulo à inovação e ao desenvolvimento dos novos negócios.

Entretanto, a questão não é trivial. Afinal, enquanto os dados são mantidos, ainda que de forma anonimizada, persistem os riscos de segurança quanto à reversibilidade ou não do processo de anonimização, bem como aumentam as dificuldades de monitoramento, pelos próprios titulares.

Trata-se de mais uma questão que não foi suficientemente equacionada pelo inciso IV do art. 16 da LGPD, o que demonstra a necessidade de uma interpretação sistemática do assunto, bem como a importância da ANPD para lidar com tais casos.

Capítulo XV

TRANSFERÊNCIA INTERNACIONAL DE DADOS

XV.1. ASPECTOS FUNDAMENTAIS

A disponibilização de dados pessoais para que se possa usufruir dos diversos serviços privados e públicos é característica inafastável da era digital. Seja para a confecção de documentos, para a utilização de sistemas GPS, seja mesmo para a participação em redes sociais e jogos eletrônicos, o tratamento de dados, incluindo os cadastros, é requisito para a constituição do sujeito digital vinculado a cada indivíduo.

Com a globalização e a crescente interconexão entre os países, é cada vez mais comum que tratamentos de dados exijam a movimentação internacional.[1] Aliás, tomando como referência o Brasil, vale destacar que a maioria esmagadora dos servidores destinados a armazenar dados se encontra no exterior. Daí por que a proteção dos direitos dos titulares de dados passa a depender inevitavelmente da contenção dos riscos envolvidos na transferência internacional de dados.

Em estudo elaborado enquanto a internet ainda dava seus primeiros passos, Reinhard Ellger[2] já demonstrava que os fluxos de dados mais intensamente transferidos internacionalmente seriam advindos de: (i) departamentos de pessoal; (ii) bancos, companhias de seguros, companhias de cartões de crédito e bureaus de crédito; (iii) marketing direto; (iv) linhas aéreas e outros agentes da indústria do turismo; (v) empresas com clientes estrangeiros; (vi) entidades do setor público.

---

[1] Nesse sentido: "A dimensão internacional da disciplina dos dados pessoais deve ser levada em consideração não somente quando a tarefa a se fazer é obter uma perspectiva global da matéria. Uma normativa em matéria de proteção de dados pessoais é a tal ponto permeável a influências exógenas de outros sistemas – bem como é propensa a exercer uma influência de idêntica ordem – que assim revela-se a escassa eficácia de iniciativas isoladas e em desalinho com outras normativas, como também ocorre nas disciplinas de outros interesses relacionados a bens imateriais, como a proteção da propriedade intelectual, um tradicional tema de tratados internacionais, ou então o controle de fluxos financeiros" (DONEDA, Danilo. *Da privacidade à proteção de dados pessoais*. Rio de Janeiro: Renovar, 2006. p. 307-308).

[2] Ver: ELLGER, Reinhard. *Der Datenschutz im grenzüberschreitenden Datenverkehr*. Berlim: Nomos Verlagsgesellschaft, 1990.

360 | CURSO DE PROTEÇÃO DE DADOS PESSOAIS – *Frazão • Carvalho • Milanez*

Na atualidade, com a grande disseminação da utilização da internet, as previsões de Ellger estão mais do que confirmadas. Várias das interações dos usuários brasileiros na internet – para não dizer a maioria delas – envolvem transferência internacional de dados, até diante da infraestrutura tecnológica usualmente utilizada. Daí não ser exagero afirmar que a disciplina da transferência internacional de dados é crucial para delimitar que serviços e produtos estrangeiros estarão disponíveis ou não no Brasil.

Não é por outra razão que a LGPD, na esteira do RGPD, previu uma série de normas destinadas a garantir a higidez de operações de transferência internacional de dados pessoais.

É importante advertir, entretanto, que o tema da transferência internacional de dados é um dos que mais faz aflorar o conflito entre a proteção dos titulares de dados e o desenvolvimento econômico e tecnológico (LGPD, art. 2º, V). Afinal, restrições muito rigorosas ao trânsito internacional de dados teriam grandes impactos na redução do comércio internacional e das inúmeras transações que hoje acontecem envolvendo cidadãos de um país e agentes de tratamento em outros países.

Cabe, assim, analisar de maneira sistemática os elementos e âmbitos de aplicação previsto pela LGPD para a transferência internacional de dados, campo ainda pouco explorado mesmo pela legislação brasileira, a ser preenchido pela atuação da ANPD.

XV.2. TRANSFERÊNCIA INTERNACIONAL DE DADOS NA LGPD E MULTIPLICIDADE DE REGIMES

No inciso XV de seu art. 5º, a LGPD define, de maneira quase tautológica, que transferência internacional de dados é a aquela realizada para um país estrangeiro ou um organismo internacional do qual o país seja membro:

> **LGPD, Art. 5º** Para os fins desta Lei, considera-se: (...) **XV –** transferência internacional de dados: transferência de dados pessoais para país estrangeiro ou organismo internacional do qual o país seja membro;

De maneira diversa, o RGPD abriu mão de uma definição de transferência internacional de dados que tão somente reafirma o óbvio – de que é transferência internacional aquela que envia dados para outro país – para estabelecer um princípio geral que agrega à sua definição o próprio patamar protetivo plasmado no RGPD.

> **RGPD, Art. 44. Princípio geral das transferências.**
> Qualquer transferência de dados pessoais que sejam ou venham a ser objeto de tratamento após transferência para um país terceiro ou uma organização internacional só é realizada se, sem prejuízo das outras disposições do presente regulamento, as condições estabelecidas no presente capítulo forem respeitadas pelo responsável pelo tratamento e pelo subcontratante, inclusivamente no que diz respeito às transferências ulteriores

> de dados pessoais do país terceiro ou da organização internacional para outro país terceiro ou outra organização internacional. Todas as disposições do presente capítulo são aplicadas de forma a assegurar que não é comprometido o nível de proteção das pessoas singulares garantido pelo presente regulamento.

À semelhança do que se fez no RGPD, a LGPD estrutura três regimes distintos de tutela das transferências internacionais de dados, quais sejam:

1. A declaração de existência de grau de proteção de dados pessoais adequado ao previsto na LGPD;
2. A existência de garantias de cumprimento dos preceitos da LGPD; e
3. Derrogações específicas do regime da LGPD, casuisticamente listados com vistas a promover algum objetivo de interesse público.

A manutenção de três regimes distintos está – ao menos em tese – em consonância com o ponto de vista de que a proteção de dados pessoais está intimamente relacionada à proteção de direitos fundamentais,[3] o que não apenas enseja a aplicação extraterritorial das disposições a respeito do tema,[4] mas também requer uma reflexão mais aprofundada sobre situações de colisão do direito à privacidade com outros direitos fundamentais.

Nesse sentido, os itens a seguir buscarão esclarecer e sistematizar os detalhes dos três regimes que constam da LGPD.

XV.3. TRANSFERÊNCIA INTERNACIONAL PARA PAÍSES OU ORGANISMOS INTERNACIONAIS QUE PROPORCIONEM GRAU DE PROTEÇÃO DE DADOS PESSOAIS ADEQUADO AO PREVISTO NA LGPD (ART. 33, I)

Em uma leitura superficial, a permissão de transferência internacional de dados prevista no inciso I do art. 33 da LGPD poderia parecer segura, pois garantiria a proteção pretendida pela LGPD.

> **LGPD, Art. 33.** A transferência internacional de dados pessoais somente é permitida nos seguintes casos:
>
> I – para países ou organismos internacionais que proporcionem grau de proteção de dados pessoais adequado ao previsto nesta Lei;
>
> (...).

---

[3] ALBERS, Marion. Privatheitsschutz als Grundrechtsproblem. In: HALFT, Stefan KRAH, Hans. Privatheit: Strategien umd Transformationen. Passau: Stutz, 2013; KUMM, Matias. The cosmopolitan turn in constitutionalism: an integrated conception of public law. *Indiana Journal of Global Legal Studies*, v. 20, n. 2, 2013. p. 605-628; TEUBNER, Gunther. Transnational economic constitutionalism in the varieties of capitalism. *The Italian Law Journal*, v. 1, n. 2, 2015. p. 219-248.

[4] Ver: KUNER, Christopher. Extraterritoriality and regulation of international data transfers in EU data protection law. *University of Cambridge Legal Studies Research Paper Series*. n. 49, ago. 2015.

362 | CURSO DE PROTEÇÃO DE DADOS PESSOAIS – *Frazão* • *Carvalho* • *Milanez*

Entretanto, é a hipótese mais crítica de todos os regimes existentes, na medida em que a LGPD silenciou sobre os detalhes para a qualificação de determinado ordenamento ou corpo normativo como "adequado" aos preceitos da Lei, delegando tal tarefa à ANPD em seu art. 34. Os incisos do art. 34, aliás, é que listam os parâmetros a serem levados em consideração pela ANPD ao realizar o aludido juízo:

> **LGPD, Art. 34.** O nível de proteção de dados do país estrangeiro ou do organismo internacional mencionado no inciso I do *caput* do art. 33 desta Lei será avaliado pela autoridade nacional, que levará em consideração:
>
> **I** – as normas gerais e setoriais da legislação em vigor no país de destino ou no organismo internacional;
>
> **II** – a natureza dos dados;
>
> **III** – a observância dos princípios gerais de proteção de dados pessoais e direitos dos titulares previstos nesta Lei;
>
> **IV** – a adoção de medidas de segurança previstas em regulamento;
>
> **V** – a existência de garantias judiciais e institucionais para o respeito aos direitos de proteção de dados pessoais; e
>
> **VI** – outras circunstâncias específicas relativas à transferência.

Pode-se, já em um primeiro momento, traçar distinção fundamental entre a LGPD e o RGPD, que orienta a Comissão Europeia a decidir pela adequação do nível de proteção em torno de três pilares ainda abertos, porém com um maior nível de especificação, como se depreende do item 2 do art. 45 do RGPD:

> **RGPD, Art. 45. Transferências sujeitas a garantias adequadas.**
>
> **2.** Ao avaliar a adequação do nível de proteção, a Comissão tem nomeadamente em conta os seguintes elementos:
>
> **a)** O primado do Estado de direito, o respeito pelos direitos humanos e liberdades fundamentais, a legislação pertinente em vigor, tanto a geral como a setorial, nomeadamente em matéria de segurança pública, defesa, segurança nacional e direito penal, e respeitante ao acesso das autoridades públicas a dados pessoais, bem como a aplicação dessa legislação e das regras de proteção de dados, das regras profissionais e das medidas de segurança, incluindo as regras para a transferência ulterior de dados pessoais para outro país terceiro ou organização internacional, que são cumpridas nesse país ou por essa organização internacional, e a jurisprudência, bem como os direitos dos titulares dos dados efetivos e oponíveis, e vias de recurso administrativo e judicial para os titulares de dados cujos dados pessoais sejam objeto de transferência;
>
> **b)** A existência e o efetivo funcionamento de uma ou mais autoridades de controlo independentes no país terceiro ou às quais esteja sujeita uma organização internacional, responsáveis por assegurar e impor o cumprimento das regras de proteção de dados, e dotadas de poderes coercitivos adequados para assistir e aconselhar os titulares dos dados no exercício dos seus direitos, e cooperar com as autoridades de controlo dos Estados--Membros; e

> **c)** Os compromissos internacionais assumidos pelo país terceiro ou pela organização internacional em causa, ou outras obrigações decorrentes de convenções ou instrumentos juridicamente vinculativos, bem como da sua participação em sistemas multilaterais ou regionais, em especial em relação à proteção de dados pessoais.

Espera-se, por óbvio, que os critérios contidos inciso I do art. 33 sejam considerados pela ANPD quando da avaliação da adequação de determinados sistemas jurídicos, sendo de todo relevante compreender a experiência europeia sobre o assunto, como se examinará melhor na Seção XV.6.

Não se verifica na LGPD, assim, a exigência de que ordenamentos estrangeiros contem com um arcabouço normativo específico de proteção de dados, mas que, em última análise, o núcleo fundamental da LGPD possa ser encontrado, ainda que difusamente, no ordenamento destinatário dos dados a serem transferidos. Vale igualmente ressaltar que o nível de proteção não precisa ser idêntico, mas equivalente. Daí as discussões em torno do que poderia ser considerado o nível adequado de proteção.

Naturalmente, caberá à ANPD indicar os elementos concretos dos ordenamentos de destino dos dados para que se verifique o grau de proteção oferecido. Contudo, o que importa aqui destacar é que a análise prevista pelo inciso I do art. 33 da LGPD não é pontual ou casuística, mas diz respeito à aptidão do ordenamento jurídico como um todo para garantir o nível adequado de proteção de dados. Consequentemente, cada decisão da ANPD sobre determinada jurisdição deverá ser tida como declaração de idoneidade daquele ordenamento, ao menos por certo período de tempo.

Em outras palavras, o inciso I representa uma decisão da autoridade com efeitos amplos e gerais, demonstrando o posicionamento da autoridade quanto a determinada jurisdição.

XV.4. GARANTIAS PRIVADAS DE CUMPRIMENTO DOS PRECEITOS DA LGPD (ART. 33, II)

Ainda que o ordenamento destinatário dos dados não forneça todas as salvaguardas necessárias ao atendimento dos padrões protetivos estabelecidos pela LGPD, é possível que o controlador específico ofereça e comprove garantias de cumprimento dos preceitos da Lei, seja por meio de cláusulas contratuais (padrão ou específicas), seja por meio de normas corporativas globais, ou selos, certificados e códigos de conduta regularmente emitidos (art. 33, II, da LGPD).

> **LGPD, Art. 33.** A transferência internacional de dados pessoais somente é permitida nos seguintes casos:
>
> (...)
>
> II – quando o controlador oferecer e comprovar garantias de cumprimento dos princípios, dos direitos do titular e do regime de proteção de dados previstos nesta Lei, na forma de:
>
> a) cláusulas contratuais específicas para determinada transferência;

> b) cláusulas-padrão contratuais;
> c) normas corporativas globais;
> d) selos, certificados e códigos de conduta regularmente emitidos;

Em que pese a relevância da existência de uma autoridade central de proteção de dados, não se pode olvidar que a regulação não se efetiva tão somente por intermédio da normatização estatal, mas também pode se dar – muitas vezes com maior efetividade – a partir de uma iniciativa de particulares que, com maior razão, têm interesse em alterar a cultura do ambiente de negócios em que se encontram,[5] a partir e para além da conformidade com as normas aplicáveis.[6]

Não é por outros motivos que Hugh Collins ressalta a importante função do direito contratual de regular mercados, práticas comerciais e práticas sociais de contratação, de modo a ressaltar os valores fundantes do ordenamento e, ao mesmo tempo, proteger as esferas de autorregulação estruturadas pelas partes no âmbito de sua autonomia privada.[7]

Naturalmente, há grande interesse econômico nos fluxos internacionais de dados, motivo pelo qual a transferência de dados é também matéria de interesse de diversos tratados internacionais, cuja exequibilidade está diretamente relacionada a um equacionamento adequado entre autonomia privada e proteção do interesse público na adequação dos ordenamentos internos aos acordos transfronteiriços.[8]

Nem se argumente, porém, que a possibilidade aberta pela LGPD de que seus preceitos sejam protegidos por intermédio de instrumentos privados significaria uma flexibilização dos princípios nela resguardados. Pelo contrário, é importante que o ordenamento forneça um quadro regulatório capaz de incentivar a liberdade contratual e a autonomia privada e que, ao mesmo tempo, atenda aos imperativos das normas cogentes, especialmente as protetivas de interesses difusos.[9]

Ademais, não se pode deixar de notar que as iniciativas privadas de proteção à LGPD – isto é, aquelas aptas a levar a cabo transferências internacionais de dados pessoais – precisam, em alguma medida, orientar-se por parâmetros mais ou menos previsíveis que autorizem identificar cláusulas contratuais que confiram patamar adequado de proteção de dados.

---

[5] FRAZÃO, Ana; PRATA DE CARVALHO, Angelo Gamba. Corrupção, cultura e *compliance*: o papel das normas jurídicas na construção de uma cultura de respeito ao ordenamento. In: CUEVA, Ricardo Villas Bôas; FRAZÃO, Ana. *Compliance*: perspectivas e desafios dos programas de conformidade. Belo Horizonte: Fórum, 2018.

[6] GUNNINGHAM, Neil; KAGAN, Robert A.; THORNTON, Dorothy. Social license and environmental protection: why businesses go beyond compliance. *Law & Social Inquiry*, v. 29, 2004. p. 307-341.

[7] COLLINS, Hugh. *The law of contract*. 4. ed. Londres: LexisNexis, 2003. p. 35.

[8] BURRI, Mira. *The governance of data and data flows in trade agreements*: the pitfalls of legal adaptation. University of California, Davis, v. 51, 2017. p. 65-132.

[9] Ver: PRATA DE CARVALHO, Angelo Gamba. A função regulatória dos contratos: regulação e autonomia privada na organização do poder econômico. *Revista de Direito Setorial e Regulatório*, v. 5, n. 1, 2019.

Daí o motivo pelo qual o art. 35 da LGPD determina que a verificação das cláusulas contratuais para uma determinada transferência, bem como normas corporativas globais ou selos, fica a cargo da autoridade nacional de proteção de dados, que considerará os requisitos, as condições e as garantias mínimas previstos pela lei brasileira para a viabilização de soluções privadas.

> **LGPD, Art. 35.** A definição do conteúdo de cláusulas-padrão contratuais, bem como a verificação de cláusulas contratuais específicas para uma determinada transferência, normas corporativas globais ou selos, certificados e códigos de conduta, a que se refere o inciso II do *caput* do art. 33 desta Lei, será realizada pela autoridade nacional.
>
> **§ 1º** Para a verificação do disposto no *caput* deste artigo, deverão ser considerados os requisitos, as condições e as garantias mínimas para a transferência que observem os direitos, as garantias e os princípios desta Lei.
>
> **§ 2º** Na análise de cláusulas contratuais, de documentos ou de normas corporativas globais submetidas à aprovação da autoridade nacional, poderão ser requeridas informações suplementares ou realizadas diligências de verificação quanto às operações de tratamento, quando necessário.
>
> **§ 3º** A autoridade nacional poderá designar organismos de certificação para a realização do previsto no *caput* deste artigo, que permanecerão sob sua fiscalização nos termos definidos em regulamento.
>
> **§ 4º** Os atos realizados por organismo de certificação poderão ser revistos pela autoridade nacional e, caso em desconformidade com esta Lei, submetidos a revisão ou anulados.
>
> **§ 5º** As garantias suficientes de observância dos princípios gerais de proteção e dos direitos do titular referidas no *caput* deste artigo serão também analisadas de acordo com as medidas técnicas e organizacionais adotadas pelo operador, de acordo com o previsto nos §§ 1º e 2º do art. 46 desta Lei.

Por certo, a definição de padrões pode também, sob os auspícios da ANPD, vir do próprio mercado, que poderá desenvolver certificações para o reconhecimento da adesão a um padrão corporativo de conduta legítima.[10]

A tarefa da ANPD, cabe ressaltar, é naturalmente difícil pelo fato de lidar diretamente com direitos de privacidade, contendo o inafastável elemento de cogência que é próprio da proteção de direitos fundamentais. Nesse sentido, a natureza comercial de alguns acordos não pode jamais derrogar a importância do seu conteúdo, como ocorre com os contratos de *cloud computing*, técnica capaz de gerar muito mais eficiência ao armazenamento de dados por empresas e consumidores que, obviamente, podem optar por guardar qualquer conteúdo que lhes aprouver em servidores que muito dificilmente ficarão instalados na

---

[10] FRAZÃO, Ana; PRATA DE CARVALHO, Angelo Gamba. Responsabilidade social empresarial. In: FRAZÃO, Ana (org.). Constituição, empresa e mercado. Brasília: FD/UnB, 2017; TAMBOU, Olivia. L'introduction de la certification dans le règlement général de la protection des données personnelles: quelle valeur ajoutée? *Revue Lamy Droit de L'immatériel*, v. 125, 2016. p. 51-55.

366 | CURSO DE PROTEÇÃO DE DADOS PESSOAIS – *Frazão • Carvalho • Milanez*

mesma jurisdição em que se encontram ou, no mínimo, serão "espelhados" em outros países.[11]

Assim, o segundo regime de transferência internacional de dados previsto pela LGPD revela uma nova dimensão de análise da higidez da transmissão de informações, já que autoriza, ainda que em um ordenamento pouco protetivo, a transferência segura de dados, autorizada antes de tudo pelas salvaguardas apresentadas pela autonomia privada das partes e avalizadas pela autoridade nacional, seja à luz da própria LGPD, seja à luz de standards fixados por autoridades privadas independentes.

XV.5. DERROGAÇÕES ESPECÍFICAS (ART. 33, III A IX)

Por fim, a LGPD prevê um terceiro regime autorizativo da transferência internacional de dados, que se caracteriza, em verdade, pelo afastamento do manto de proteção do diploma, porém sempre em homenagem a outros objetivos de interesse público previstos de maneira taxativa pelos incisos III a IX do art. 33 da LGPD.

> **LGPD, Art. 33.** A transferência internacional de dados pessoais somente é permitida nos seguintes casos:
>
> (...)
>
> **III** – quando a transferência for necessária para a cooperação jurídica internacional entre órgãos públicos de inteligência, de investigação e de persecução, de acordo com os instrumentos de direito internacional;
>
> **IV** – quando a transferência for necessária para a proteção da vida ou da incolumidade física do titular ou de terceiro;
>
> **V** – quando a autoridade nacional autorizar a transferência;
>
> **VI** – quando a transferência resultar em compromisso assumido em acordo de cooperação internacional;
>
> **VII** – quando a transferência for necessária para a execução de política pública ou atribuição legal do serviço público, sendo dada publicidade nos termos do inciso I do *caput* do art. 23 desta Lei;
>
> **VIII** – quando o titular tiver fornecido o seu consentimento específico e em destaque para a transferência, com informação prévia sobre o caráter internacional da operação, distinguindo claramente esta de outras finalidades;
>
> **IX** – quando necessário para atender as hipóteses previstas nos incisos II, V e VI do art. 7º desta Lei.

---

[11] Nesse sentido: ESAYAS, Samson Yoseph. A walk in to the cloud and cloudy it re-mains: the challenges and prospects of "processing" and "transferring" personal data. *Computer Law & Security Review*, v. 28, 2012. p. 662-678; GIMÉNEZ, Alfonso Ortega. El impacto de las uevas tecnologías en el derecho a la protección de datos desde la perspectiva del derecho internacional privado: redes sociales de internet y cloud computing. *Perfiles de las Ciências Sociales*, v. 16, n. 11, jul.-dez. 2018. p. 150-193.

A existência dessas exceções, contudo, não pode significar um completo afrouxamento do manto protetivo da LGPD, sendo incabível argumentar que o simples fato de se tratar de situação de aplicação de outros direitos fundamentais derrogaria por completo a necessidade de proteção da privacidade.

Basta notar, nesse sentido, que muito se tem desenvolvido no campo de sistemas de segurança na intercomunicação entre plataformas de prontuários médicos eletrônicos[12] na transmissão de dados relativos ao doping de atletas,[13] bancos de dados de genoma[14] e de informações médicas,[15] entre muitos outros exemplos de mecanismos de proteção à saúde e à vida humanas que, ainda assim, buscam proteger a privacidade dos sujeitos envolvidos.

Contudo, não se pode negar que as disposições contidas nos incisos supramencionados constituem situações residuais, nas quais nem a autoridade nacional de proteção de dados certificou a higidez da sistemática protetiva dos ordenamentos de origem nem há mecanismos que assegurem a proteção adequada de direitos fundamentais.

Importa acrescentar que, naturalmente, há situações em que o afastamento da LGPD decorre, por mais irônico que pareça, de sua própria aplicação, já que constam entre as derrogações específicas a influência de acordos internacionais e a análise casuística da autoridade nacional sobre determinada situação.

Não obstante, alguns dos dispositivos anteriormente aludidos levantam altíssima indagação, inclusive em nível constitucional. Basta notar, nesse sentido, que, muito embora a LGPD admita a sua derrogação na hipótese de cumprimento de obrigações legais ou regulatórias, nota-se que o regramento de proteção de dados representa verdadeiramente a densificação do direito constitucional à privacidade, de sorte que sua leitura à luz da Constituição deve impedir a flexibilização indevida de direitos fundamentais ou mesmo o seu sacrifício, devendo a norma legal prevalente ser definida à luz das circunstâncias concretas e da relevância dos direitos fundamentais envolvidos.[16]

Em outras palavras, a aplicação das derrogações deve necessariamente estar atenta à proteção dos direitos fundamentais. Nesse sentido, é importante apontar

---

[12] RUOTSALAINEN, Pekka. A cross-platform model for secure electronic health record communication. *International Journal of Medical Informatics*, v. 73, 2004. p. 291-295.

[13] SENÉCAL, François. La protection des données de santé des athlètes dans le cadre de la lutte contre le dopage. *Lex Electronica*, v. 11, n. 2, 2006.

[14] DOVE, Edward. The EU general data protection regulation: implications for international scientific research in the digital era. *The Journal of Law, Medicien & Ethics*, v. 46, 2018. p. 1013-1030.

[15] YACOBAZZO, Juan Eduardo Gil; RODRÍGUEZ, María José Viega. Historia clínica electrónica: confidencialidad y privacidad de los datos clínicos. *Revista Médica Uruguaya*, v. 34, n. 4, 2018. p. 228-233.

[16] A flexibilização de direitos de privacidade em nome de interesses da coletividade, nomeadamente diante de casos de terrorismo, foi tema abordado por diversos autores norte-americanos no pós-11 de Setembro. Ver: FISS, Owen. The war against terrorism and the rule of law. *Oxford Journal of Legal Studies*, v. 26, n. 2, 2006. p. 235-256; DWORKIN, Ronald. *Terror & the attack on civil liberties*. The New York Review of Books. 06.11.2003.

o acerto da LGPD ao deixar de fazer referência ao "interesse público", como fez o RGPD, noção que atualmente é controversa inclusive entre os administrativistas.[17]

No entanto, ainda que a tradição jurídica brasileira fatalmente faça a aplicação da LGPD convergir para a utilização da noção de interesse público[18] – nomeadamente na aplicação do inciso que trata de execução de políticas públicas – faz-se necessária sua adaptação aos imperativos de racionalidade democrática exigidos pela ordem constitucional vigente.

É por essa razão que parece acertado o ponto de vista de Gustavo Binenbojm,[19] para quem o "melhor interesse público só pode ser obtido a partir de um procedimento racional que envolve a disciplina constitucional de interesses individuais e coletivos específicos".[20]

Por fim, com maior razão se deve levar em consideração a vigência dos direitos fundamentais na aplicação da LGPD quando sua derrogação envolve interesses de vulneráveis, que ganham especial fragilidade quando a lei autoriza o afastamento de seu manto protetivo na hipótese de o titular dos dados anuir expressa e destacadamente a isso.

Nesse caso, trata-se de norma destinada a franquear o afastamento da LGPD em contratos de adesão, motivo pelo qual cláusulas dessa espécie devem necessariamente ser interpretadas por meio de mecanismos hermenêuticos próprios a contratos como esses.[21]

Dessa maneira, verifica-se que a LGPD, ao prever o seu próprio afastamento em situações como as anteriormente descritas, não determina simplesmente o esquecimento do arcabouço protetivo fornecido pelo ordenamento jurídico brasileiro, mas exige uma reflexão acerca do *modus operandi* da proteção a direitos fundamentais e interesses relevantes em situações limítrofes, motivo pelo qual, mesmo nessas circunstâncias, é imprescindível que a autoridade nacional de

---

[17] Nesse sentido, ver: JUSTEN FILHO, Marçal. Curso de direito administrativo. São Paulo: Saraiva, 2008; MEDAUAR, Odete. *Direito administrativo moderno*. São Paulo: Ed. RT, 2007.

[18] Segundo Alice Gonzalez Borges, não se pode confundir a supremacia do interesse público, alicerce das estruturas democráticas, "com suas manipulações e desvirtuamentos em prol do autoritarismo retrógrado e reacionário de certas autoridades administrativas". É por essa razão que o interesse público não pode ser percebido como expressão da vetusta e antidemocrática noção francesa de puissance publique, mas deve conformar os direitos consagrados pela Constituição de 1988, inclusive no que diz respeito à ordem econômica (BORGES, Alice Gonzalez. *Supremacia do interesse público: desconstrução ou reconstrução? Interesse Público*, v. 8, n. 37, maio-jun. 2006).

[19] BINENBOJM, Gustavo. Da supremacia do interesse público ao dever de proporcionalidade: um novo paradigma para o direito administrativo. In: SARMENTO, Daniel (Org.). *Interesses públicos* versus *interesses privados*: desconstruindo o princípio de supremacia do interesse público. Rio de Janeiro: Lumen Juris, 2007. p. 151.

[20] Ressalte-se que, apesar de o presente trabalho seguir a linha crítica ao interesse público expressa por autores como Binenbojm, não se está aqui necessariamente a concordar com a solução adotada pelo autor, isto é, a aplicação do postulado da proporcionalidade.

[21] Ver, por todos: MARQUES, Cláudia Lima. *Contratos no Código de Defesa do Consumidor*. São Paulo: Revista dos Tribunais, 2016.

proteção de dados fixe padrões de proteção mínima a serem observados quando da aplicação das hipóteses supramencionadas.

Aliás, vale lembrar, a título de comparação, que, mesmo quando a LGPD excetuou, em seu art. 4º, III, algumas atividades estatais do seu comando, deixou claro que a lei específica a ser editada para reger tais situações deveria prever medidas proporcionais e estritamente necessárias ao atendimento do interesse público, observados o devido processo legal, os princípios gerais de proteção e os direitos do titular previstos na LGPD.

Dessa maneira, fica claro que as hipóteses em que a LGPD não se aplica não podem ser vistas propriamente como áreas de desproteção dos titulares de dados pessoais, mas sim como áreas que, embora possam não atrair a mesma estrutura protetiva, deverão propiciar proteção compatível com suas peculiaridades.

XV.6. GARANTIA DE PROTEÇÃO ADEQUADA NA TRANSFERÊNCIA INTERNACIONAL DE DADOS: EXPERIÊNCIA ESTRANGEIRA

A proteção de dados pessoais tem por fundamento a proteção de direitos individuais de sujeitos extremamente frágeis diante do poderio dos agentes econômicos capazes de manipular e processar informações pessoais para além de fronteiras nacionais. Por esse motivo, é essencial não somente garantir textualmente a proteção de dados nas transferências internacionais de informações, mas também assegurar a efetividade da norma, motivo pelo qual exceções à regra devem ser vistas com muita cautela.

Ao tratar da transferência internacional de dados, o legislador brasileiro adotou critério já existente no direito europeu desde a Diretiva de proteção de dados editada pelo Parlamento Europeu em 1995, em que se afirmava que "a protecção das pessoas garantida na Comunidade pela presente directiva não obsta às transferências de dados pessoais para países terceiros que assegurem um nível de protecção adequado".

Em sentido semelhante, o RGPD estabeleceu que a "Comissão pode reconhecer que um país terceiro, um território ou um setor específico de um país terceiro, ou uma organização internacional, deixou de assegurar um nível adequado de proteção de dados", e, consequentemente, poderá proibir que se transfiram dados àquela jurisdição.

Em que pesem as inovações trazidas pelo RGPD, as transferências internacionais ainda são realizadas "com base numa decisão de adequação", nos termos do art. 45 do RGPD.

> **RGPD, Art. 45. Transferências com base numa decisão de adequação.**
>
> **1.** Pode ser realizada uma transferência de dados pessoais para um país terceiro ou uma organização internacional se a Comissão tiver decidido que o país terceiro, um território ou um ou mais setores específicos desse país terceiro, ou a organização internacional em causa, assegura um nível de proteção adequado. Esta transferência não exige autorização específica.

Passa-se a indagar, com isso, o que significaria "nível de proteção adequado" ao arcabouço protetivo europeu, especialmente diante da dificuldade de aquilatar os graus de proteção oriundos de ordenamentos diversos e com culturas jurídicas diversas e, antes de tudo, disparidades de poder geopolítico e econômico.

Da mesma forma, é possível desde logo colocar em dúvida a efetividade de tal disposição, considerando a trajetória da regulação europeia sobre o tema diante das pressões norte-americanas.

Não é demais notar, nesse ponto, que, mesmo no âmbito da interpretação da própria Diretiva europeia, já foram levantadas inúmeras controvérsias como, por exemplo, a distinção entre "nível de proteção adequado" e o "nível de proteção equivalente" esperado dos Estados-membros, sendo o primeiro interpretado como menos rigoroso do que o segundo.[22]

> ### Caso *Schrems* – Corte de Justiça da União Europeia
>
> À luz da antiga Diretiva europeia, a Corte de Justiça da União Europeia decidiu, em dezembro de 2015, no conhecido caso *Schrems*, que o sentido de adequação exigido do país para o qual se transferem dados pessoais de cidadãos europeus deve ser apreendido a partir da observância de garantais essenciais que assegurem que o sistema jurídico destinatário seja "essencialmente equivalente" ao da União Europeia, o que se obteria não a partir de uma avaliação profunda do ordenamento, mas de uma análise superficial dos mecanismos à disposição.[23]

O RGPD, como já se viu anteriormente, fixou três requisitos básicos para que se considere o nível de proteção de determinado país adequado: (i) o primado do Estado de Direito; (ii) a existência de autoridade independente de proteção de dados; e (iii) a assunção de compromissos internacionais quanto à proteção de dados.

Abre-se, por conseguinte, amplíssima margem de discricionariedade para que a autoridade nacional determine quais transferências internacionais de dados poderão ser consideradas adequadas ao patamar estabelecido pela LGPD.

Tais disposições, porém, são desafiadas pela realidade dos fatos, na medida em que o estatuto europeu de proteção de dados foi notoriamente flexibilizado, desde a década de 1990 até muito recentemente, para amoldar-se à demanda norte-americana pela manutenção de um quadro praticamente inexistente de proteção.

Trata-se, naturalmente, da polêmica decorrente do casuísmo na aplicação da Diretiva europeia no que diz respeito aos Estados Unidos, que, a partir de ameaças de retaliação econômica, levaram a Comunidade Europeia a anuir ao conhecido acordo Safe Harbor, que garantiu aos norte-americanos a possibilidade de conti-

---

[22] SCHWARTZ, Paul M. European Data Protection Law and restrictions on international data flows. *Iowa Law Review*, v. 80, 1995. p. 471-496.

[23] KUNER, Christopher. Reality and illusion in EU data transfer regulation post Schrems. *German Law Journal*, v. 18, n. 4, 2017. p. 881-918.

Cap. XV • TRANSFERÊNCIA INTERNACIONAL DE DADOS | **371**

nuar, incólumes, sem um arcabouço normativo de proteção de dados pessoais.[24] Assim, os Estados Unidos foram expressamente eximidos de atender ao patamar "adequado" de proteção.[25]

Safe Harbor e EU-US Privacy Shield

Apesar da gritante disparidade entre o regime aplicável aos Estados Unidos e aquele vigente para os demais países do globo, tal acordo foi somente invalidado em 2014, quando, no Caso C-362/14 do Tribunal de Justiça da União Europeia, reconheceu-se a insuficiência do regime de proteção de dados norte-americano face à forte ingerência exercida pelo poder público sobre os dados pessoais em atividades de vigilância, especialmente por parte de agências de inteligência como a *National Security Agency* (NSA).[26]

Em razão da invalidação do acordo *Safe Harbor*, recentemente os Estados Unidos e a Comissão Europeia celebraram novo acordo com a finalidade de preencher a lacuna deixada pelo anterior.

O *EU-US Privacy Shield* foi celebrado no dia 02 de fevereiro de 2016 e prevê, em primeiro lugar, uma extensa carta de princípios a serem respeitados pelas partes, a saber:

1. A transparência (*notice*), seja na informação dos usuários quantos aos seus direitos e às vias para reclamá-los, seja no que diz respeito aos propósitos de eventual coleta de dados ou de investigação levada a cabo pelas autoridades competentes;

2. A liberdade de escolha (*choice*), princípio que informa que empresas devem dar aos usuários a possibilidade de escolher se seus dados podem ser divulgados a terceiros ou, no caso de informação sensível, mesmo se podem ser coletados ou armazenados;

---

[24] Ver: RULE, James B. Privacy in peril: how we are sacrificing a fundamental right in Exchange for security and convenience. Oxford: *Oxford University Press*, 2007. p. 135-139.

[25] "No direito doméstico norte-americano não há legislação específica a respeito da proteção de dados, apesar de existirem projetos de lei nesse sentido em tramitação no legislativo, como é o caso do Personal Data Privacy and Security Act (2007). A proteção de dados nos EUA é regulada por diplomas já antigos, como o Electronic Communications Privacy Act de 1986, referente especialmente ao sigilo de comunicações e à vedação a escutas telefônicas (*wiretaps*) implantadas sem autorização judicial, objeto que não abarca a dimensão mais geral do direito à proteção de dados, como já se comentou anteriormente" (FRAZÃO, Ana; PRATA DE CARVALHO, Angelo Gamba. Os gigantes da internet e a apropriação e exploração de dados pessoais: direitos fundamentais e direito ao esquecimento digital. In: VERONESE, Alexandre et al. *A efetividade do direito em face do poder dos gigantes da internet: diálogos acadêmicos entre o Brasil e a França*. Belo Horizonte: Fórum, 2018. p. 303-342).

[26] A invalidação do pacto Safe Harbor partiu de um caso concreto no qual um usuário da rede social Facebook, na Irlanda, insurgiu-se contra a transferência de seus dados pessoais aos Estados Unidos, onde o governo desenvolvia práticas invasivas de vigilância através da exigência de abertura de tais informações por parte das empresas que operam da internet.

3. Transparência na transmissão de informações (*accountability for onward transfer*), que impõe o respeito aos dois primeiros princípios inclusive para a fiscalização do uso dos dados transmitidos a terceiros;

4. Segurança (*security*), à medida que as companhias devem tomar as devidas precauções para a proteção dos dados dos usuários contra o extravio ou o acesso não autorizado;

5. Integridade dos dados e limitação de propósitos (*data integrity and purpose limitation*), pois os dados pessoais devem se limitar às informações relevantes ao processamento, não podendo as empresas ultrapassarem os limites com os quais concordaram os usuários;

6. Acesso (*access*), garantindo aos usuários a possibilidade de correção, complementação ou supressão das informações incorretas ou lesivas;

7. Proteção efetiva (*recourse, enforcement and liability*), mediante o fornecimento de mecanismos eficazes que garantam a anuência (*compliance*) aos princípios, produzindo obrigações de reparação dos danos e de cessação de condutas através de um sistema gratuito de interpelação do aparelho estatal.[27]

Atesta a Comissão Europeia que, pela primeira vez, os Estados Unidos garantiram, por escrito, à União Europeia, garantias de que o acesso de autoridades públicas aos dados pessoais dos usuários para fins de proteção da segurança nacional e defesa da lei sofrerá limitações claras, além de ser objeto de fiscalização.

Tanto é assim que a vigilância governamental passa, agora, a obedecer a critérios mais rigorosos de necessidade e razoabilidade. Além disso, as empresas não somente devem agir em consonância com os princípios do acordo, mas devem publicar seus programas de *compliance* e deixá-los disponíveis a todos os usuários e entidades reguladoras.

No entanto, por mais resolvida que possa estar a questão entre União Europeia e Estados Unidos, é importante salientar que o acordo supramencionado é bilateral, de sorte que, ainda que a União Europeia garanta a proteção de dados ali processados por intermédio do RGPD, nada assegura que os Estados Unidos forneçam aos demais países o patamar de proteção que conferem aos países europeus – basta notar que o *Privacy Shield* apenas cria obrigações entre Estados Unidos e União Europeia.

---

[27] Do último princípio, inclusive, decorre a obrigação imposta às companhias de estabelecer caminhos alternativos para a resolução de conflitos, inclusive com o comprometimento das empresas que trabalham com o trânsito intercontinental de dados com a arbitragem – gratuita aos usuários – como forma de remediação dos danos. O acordo se submete à fiscalização recíproca das entidades reguladoras das partes celebrantes e procura fortalecer a transparência das operações que utilizem dados pessoais, a esfera de proteção ao usuário e a informação dos usuários com relação a seus direitos, inclusive para coibir a vigilância cibernética por parte de entidades governamentais.

Cap. XV • TRANSFERÊNCIA INTERNACIONAL DE DADOS | **373**

Pelo contrário, à semelhança do que fez com a Europa por vários anos, não impressionaria se os Estados Unidos simplesmente não oferecessem proteção alguma. Não é por outro motivo que, desde o advento da sociedade da informação, diversos autores advogam por uma transformação do conceito de soberania em virtude do enfraquecimento dos Estados nacionais subdesenvolvido diante do chamado "colonialismo eletrônico" ou "imperialismo cibernético", fenômenos que dificultam a implementação de graus superiores de proteção a direitos individuais justamente em virtude da falta de interesse de determinados *players*.[28]

Em outras palavras, a realidade dos fatos subverte a ainda incipiente dogmática do direito fundamental à proteção de dados, de maneira a solapar o objetivo de criar uma verdadeira carta de direitos da internet em nível global.[29]

Assim, a existência de uma poderosa exceção à tendência mundial de fortalecimento das legislações de proteção de dados enfraquece o campo como um todo, criando verdadeira esfera de incerteza no cenário jurídico global, que desde o pós-Guerra se caracterizou por intensa cooperação que levou a um estado de interdependência que, na atualidade, não pode ser simplesmente derrogado, levando a verdadeiros bloqueios (*gridlocks*) à efetividade de normas com eficácia tendencialmente transnacional.[30]

Dessa forma, o grande desafio para o direito brasileiro da proteção de dados no que tange à transferência internacional consistirá na definição de parâmetros adequados e exequíveis para a garantia dos direitos tutelados pela LGPD, tendo em vista as pressões internacionais pela retração da proteção de direitos no que diz respeito especialmente aos Estados Unidos.

---

[28] Nesse sentido: EGER, John M. The global phenomenon of teleinformatics: an introduction. *Cornell International Law Journal*, v. 14, 1981. p. 203-236.

[29] Stefano Rodotà recomenda que, diante do poder exercido pelos "gigantes da Internet" – como as empresas Amazon, Apple, Google, Microsoft, Facebook ou Yahoo – sem qualquer controle sobre a vida de todos, seja desenvolvida uma iniciativa "constitucional" para que se garantam os direitos fundamentais dos usuários da rede. Afirma Rodotà que o desenvolvimento de uma Internet Bill of Rights deve se dar a partir da promoção da participação de múltiplos sujeitos, em níveis diversos, em um modelo com baixa formalização, de modo a incluir o maior número possível de indivíduos para a criação de regras comuns do espaço virtual. Vale transcrever a lição de Stefano Rodotà: "Mas no momento em que se entra em uma dimensão completamente diversa, como a da Internet, essas experiências se mostram insuficientes. Nascem outras iniciativas que, exatamente, preveem uma participação de uma multiplicidade de sujeitos que atuam em níveis diversos e conhecem uma baixa formalização que, todavia, não traz inevitavelmente consigo uma menor eficácia. É indispensável admitir que uma pluralidade de atores, nos níveis mais diversos, possa dialogar e estabelecer regras comuns segundo um modelo definido de forma *multistakeholder* e *multilevel*. Sujeitos diversos, em níveis diversos, com instrumentos diversos negociam e se relacionam com compromissos recíprocos para encontrar e tornar efetivo um patrimônio comum de direitos" (tradução livre).

[30] Ver, por todos: HALE, Thomas; HELD, David; YOUNG, Kevin. Gridlock: why global cooperation is failing when we need it most. Malden: Polity, 2013; DOWNS, George Wm. Enforcement and the evolution of cooperation. *Michigan Journal of International Law*, v. 19, 1998. p. 319-344.

XV.7. DIRETRIZES PARA CONSTRUÇÃO DA FORÇA NORMATIVA TRANSNACIONAL DA LGPD

Até agora, foi apresentado o dilema fundamental da LGPD no que diz respeito à contraposição entre a existência de um modelo normativo robusto e atual para a tutela da transferência internacional de dados e a recalcitrância de determinados *players*, o que produz substanciais impactos à efetividade da LGPD sob a perspectiva transnacional.

A questão se agrava quando se verifica que o continente europeu se articula como um todo para garantir a higidez de seu regulamento de proteção de dados no que tange aos fluxos transfronteiriços, inclusive firmando acordos com os Estados Unidos para a salvaguarda eficaz dos dados dos cidadãos europeus, ao passo que o diploma brasileiro vem a lume sem qualquer indício de arranjos preliminares de garantia da eficácia da lei brasileira.

Naturalmente, não é pretensão da presente obra oferecer soluções a serem implementadas pelo legislador brasileiro ou pela autoridade nacional de proteção de dados para que tais dificuldades sejam sanadas.

Não obstante, tendo em vista premissas já expostas e o estado da arte dos arranjos de proteção de privacidade em nível internacional, é fundamental traçar diretrizes básicas para a construção de um modelo normativo capaz de atender a seus objetivos mais básicos, ainda que não se passe necessariamente pela óbvia importância da edição de acordos bilaterais que garantam a lei de proteção de dados inclusive por países cuja legislação interna não oferece grau de proteção adequado ao patamar estabelecido pela lei brasileira.

A noção de que a privacidade é boa para os negócios há muito já foi disseminada em manuais de boas práticas ao redor do mundo, na medida em que a promoção dos fluxos de dados detém relação direta com o crescimento do comércio.[31]

Nesse sentido, pode-se mencionar a iniciativa levada a cabo em 2006 para a criação de um padrão global de privacidade, isto é, o estabelecimento de um patamar mínimo universal fundado no consentimento, na transparência, na clareza quanto aos motivos, na minimização e limitação da coleta de dados, da limitação ao uso, retenção e divulgação, entre outros elementos capazes de incutir a proteção à privacidade não somente ao escopo de análise das autoridades públicas, mas também dos agentes econômicos.[32]

Importantes passos no sentido da construção de um arcabouço transnacional para a proteção de dados têm sido dados pela ICDPPC (*International Conference of Data Protection & Privacy Commissioners*) mediante a edição de resoluções sobre temas centrais à garantia da privacidade.

---

[31] CAVOUKIAN, Ann; TAYLOR, Scott; ABRAMS, Martin E. Privacy by design: essential for organizational accountability and strong business practices. *Identity in the Information Society*, v. 3, n. 2, ago. 2010. p. 406.

[32] CAVOUKIAN, Ann. *Creation of a global privacy standard.* Disponível em: http://www.ehcca. com/presentations/privacysymposium1/cavoukian_2b_h5.pdf. Acesso em: 6 mar. 2022.

Cap. XV • TRANSFERÊNCIA INTERNACIONAL DE DADOS | **375**

É imperioso mencionar, nesse sentido, a conhecida Resolução de Madri, que fixou padrões internacionais para a proteção de dados e da privacidade, mediante o estabelecimento de princípios gerais destinados tanto a fixar definições quanto a incentivar a adoção voluntária e proativa de medidas por parte dos agentes econômicos, além de recomendar a cooperação e coordenação das autoridades de proteção de dados para a obtenção de uma proteção internacional mais uniforme.[33]

Vale citar, ainda, a Resolução editada em 2013 com o objetivo de vincular a proteção de dados e da privacidade às disposições normativas do direito internacional, recomendando inclusive a adoção de protocolo adicional ao artigo 17 do Pacto Internacional de Direitos Civis e Políticos das Nações Unidas (internalizado ao direito brasileiro pelo Decreto 592/1992),[34] de maneira a dar às disposições do tratado interpretação conforme aos standards internacionais de proteção de dados.

Com isso, seria possível, inclusive, incutir no direito norte-americano diretrizes de proteção de dados mais consentâneas com os padrões estabelecidos pelas recentes legislações latino-americanas e pelo RGPD europeu.

Em outras palavras, a difusão de um patamar ideal de privacidade em nível global tem o condão de demonstrar que a ausência de salvaguardas efetivas importa em uma redução dos negócios, de sorte que a proteção dos dados pessoais deve advir não somente da regulação estatal, mas também deve estar plasmada às noções de inovação e de produtividade, com vistas a produzir o consenso de que a tecnologia somente pode evoluir e ser desenvolvida se trazer consigo determinado nível de proteção da privacidade.[35]

Trata-se do conceito de *privacy by design*, baseado em sete princípios fundamentais: (i) proatividade e prevenção, de forma a resolver questões relativas à privacidade antes que elas se tornem problemas reais; (ii) privacidade como padrão, tornando desnecessária a alteração de modelos de negócio para a adequação a regimes específicos de proteção de dados; (iii) privacidade plasmada ao próprio projeto; (iv) funcionalidade total, transformando custos de transação em valor econômico; (v) proteção completa do ciclo de vida dos processos; (vi) visibilidade e transparência; (vii) respeito ao usuário.[36]

Além disso, tal conjunto de princípios pode ser lido juntamente das diretrizes estabelecidas pela norma técnica ISO/IEC 29100, que tratou de especificar uma terminologia comum de privacidade e de descrever requisitos básicos de

---

[33] ICDPPC. *International standards on the protection of personal data and privacy*. The Madrid Resolution.

[34] "1. Ninguém poderá ser objetivo de ingerências arbitrárias ou ilegais em sua vida privada, em sua família, em seu domicílio ou em sua correspondência, nem de ofensas ilegais às suas honra e reputação. 2. Toda pessoa terá direito à proteção da lei contra essas ingerências ou ofensas".

[35] CAVOUKIAN, Ann; TAYLOR, Scott; ABRAMS, Martin E. Privacy by design: essential for organizational accountability and strong business practices. *Identity in the Information Society*, v. 3, n. 2, ago. 2010. p. 408.

[36] CAVOUKIAN, Ann; TAYLOR, Scott; ABRAMS, Martin E. Privacy by design: essential for organizational accountability and strong business practices. *Identity in the Information Society*, v. 3, n. 2, ago. 2010. p. 409-410.

CURSO DE PROTEÇÃO DE DADOS PESSOAIS – *Frazão* • *Carvalho* • *Milanez*

garantia da privacidade, constituindo-se um conjunto de normas operacionais que permitem que a privacidade deixe de ser apenas política pública para se tornar especificação técnica relevante, desejável a processos produtivos de toda e qualquer agente econômico que lide com dados pessoais.[37]

Por mais que a legislação brasileira ainda não contenha incentivos concretos à adoção espontânea de mecanismos de regulação privada da privacidade,[38] trata-se de tendência promissora tanto na Europa quanto nos Estados Unidos, nomeadamente para o endereçamento de falhas relevantes no que diz respeito à proteção de dados, ocorrências que já têm levado as grandes companhias a reestruturarem seus processos produtivos de maneira a incorporar preocupações com a privacidade, inclusive diante das exigências de países com ordenamentos mais sensíveis à questão.[39]

Diante disso, verifica-se que o desafio referente à garantia da efetividade da LGPD passa tanto pelo fortalecimento da autoridade nacional de proteção de dados – inclusive mediante a celebração de tratados internacionais – quanto pela difusão dos ideais de proteção da privacidade e dos dados pessoais entre os *players* do cenário econômico internacional, por intermédio da introjeção da privacidade aos seus próprios processos produtivos.

É necessário, contudo, que, embora a própria LGPD contenha previsões sobre o seu afastamento em determinados momentos, a autoridade nacional de proteção de dados mantenha-se vigilante em busca de violações aos princípios gerais da norma, que tem por finalidade precípua a de proteger direitos fundamentais.

Não se pode ignorar, além disso, as claras exceções à racionalidade da norma para a entrada de lógicas econômicas e geopolíticas que subvertem por completo a dinâmica da proteção de dados.

Urge, consequentemente, que a privacidade deixe de ser apenas política pública e torne-se verdadeira especificação técnica necessária à própria inserção de determinado produto ou serviço no mercado.

---

[37] Ver: ENISA. *Privacy and data protection by design – From policy to* engineering. União Europeia. Heraklion: União Europeia, 2014.

[38] Sobre a necessidade de adoção de incentivos à privacy by design, ver: RUBINSTEIN, Ira S. Regulating privacy by design. *Berkeley Technology Law Journal*, v. 26, 2011. p. 1409-1456.

[39] RUBINSTEIN, Ira S.; GOOD, Nathaniel. Privacy by design: a counterfactual analysis of Google and Facebook privacy incidents. *Berkeley Technology Law Journal*, v. 28, 2013. p. 1333-1414.

Capítulo XVI

SEGURANÇA DA INFORMAÇÃO

XVI.1. ASPECTOS FUNDAMENTAIS

Uma das reflexões mais importantes sobre privacidade e proteção de dados, que se projeta sobre a estrutura de programas de *compliance* envolvendo sistemas digitais, é a relativa à segurança da informação. As preocupações relacionadas à segurança da informação não existem tão somente em virtude da dependência dos mais diversos setores da economia e da sociedade de soluções tecnológicas, mas principalmente diante da miríade de ameaças à integridade de dados armazenados em sistemas informatizados.

Não é sem motivo que a própria LGPD, por diversas vezes, alude à segurança da informação como conceito importante para a própria proteção de dados, de tal maneira que, no inciso VII de seu art. 6º, define o princípio da segurança, basilar no sistema de proteção de dados pessoais.

> **LGPD, Art. 6º VII –** segurança: utilização de medidas técnicas e administrativas aptas a proteger os dados pessoais de acessos não autorizados e de situações acidentais ou ilícitas de destruição, perda, alteração, comunicação ou difusão;

A LGPD, aliás, dedica capítulo específico à segurança e ao sigilo de dados, atribuindo aos agentes de tratamento o dever de garantia de segurança das informações sob sua responsabilidade.

> **LGPD, Art. 46.** Os agentes de tratamento devem adotar medidas de segurança, técnicas e administrativas aptas a proteger os dados pessoais de acessos não autorizados e de situações acidentais ou ilícitas de destruição, perda, alteração, comunicação ou qualquer forma de tratamento inadequado ou ilícito.
>
> § 1º A autoridade nacional poderá dispor sobre padrões técnicos mínimos para tornar aplicável o disposto no *caput* deste artigo, considerados a natureza das informações tratadas, as características específicas do tratamento e o estado atual da tecnologia, especialmente no caso de dados pessoais sensíveis, assim como os princípios previstos no *caput* do art. 6º desta Lei.
>
> § 2º As medidas de que trata o *caput* deste artigo deverão ser observadas desde a fase de concepção do produto ou do serviço até a sua execução.

CURSO DE PROTEÇÃO DE DADOS PESSOAIS – *Frazão • Carvalho • Milanez*

Como se pode observar, as medidas de segurança são tão importantes que devem ser observadas desde a fase de concepção do produto ou serviço, o que se chama de *privacy by design*. A ideia é que a própria tecnologia, ao admitir determinados comportamentos e proibir outros, seja um vetor regulatório para a garantia da segurança da informação.

Para tal propósito, o § 1º do art. 46 destaca a importância da atividade regulamentar da ANPD, a quem cabe facilitar e viabilizar o atendimento das obrigações legais por meio de normas que apontem que tecnologias poderão ser utilizadas pelos agentes de tratamento para os fins respectivos. Diante das diversas contingências a que se submetem os dados, pode-se pensar tanto na sistematização das condutas em relação às quais o dado pessoal deve ser protegido, como se demonstra pelo esforço de Camilla Jimene[1] adaptado para o quadro abaixo, quanto em situações concretas específicas nas quais essas contingências podem ser densificadas, conforme proposto pelo coautor Angelo Prata de Carvalho e por Vitor Boaventura:[2]

Condutas em relação às quais o dado pessoal deve ser protegido

- **Acesso não autorizado:** quando uma pessoa acessa os dados pessoais sem ter permissão do agente de tratamento para tanto. Por exemplo, se um *hacker* que invade um sistema ou um colaborador utiliza credenciais alheias para acessar dados restritos.

- **Situação acidental ou ilícita de destruição:** caso os dados estejam em formato físico, ocorre quando eles são triturados ou incinerados; quando os dados estão em formato eletrônico, ocorre quando eles são apagados ou excluídos. Por exemplo, se uma pilha de fichas de inscrição de candidatos a uma vaga de emprego for acidentalmente triturada por um colaborador da empresa.

- **Situação acidental ou ilícita de perda:** quando os dados pessoais desaparecem. Por exemplo, quando não há o costume de armazenar cópias de segurança dos dados e o servidor é danificado em um desastre natural (incêndio, inundação, terremoto etc.).

- **Situação acidental ou ilícita de alteração:** quando o dado é modificado por pessoas não autorizadas ou, ainda que por pessoas autorizadas, de forma indevida. Por exemplo, quando um *hacker* altera uma base de dados de uma empresa com objetivo de cometer uma fraude contra os titulares.

---

[1] JIMENE, Camilla do Vale. Capítulo VII – Da Segurança e das Boas Práticas. In: MALDONADO, Vivian Nóbrega (coord.); BLUM, Renato Opice (coord.). LGPD: Lei Geral de Proteção de Dados comentada. 2. ed. São Paulo: Thomson Reuters Brasil, 2019. p. 334-336.

[2] PRATA DE CARVALHO, Angelo; XAVIER, Vitor Boaventura. Seguro contra riscos cibernéticos: elementos dogmáticos para a construção de mecanismos securitários em face dos riscos oriundos das tecnologias da informação. In: TZIRULNIK, Ernesto et al. *Direito do seguro contemporâneo*. São Paulo: Contracorrente, 2021.

- **Situação acidental ou ilícita de comunicação:** quando o dado é transmitido, informado, divulgado, revelado, exposto, difundido acidentalmente ou ilicitamente. Por exemplo, se um *hacker* expõe dados pessoais acessados a partir de um vazamento em um portal público de informações na internet, conferindo ampla publicidade e acessibilidade a tais dados.[3]

Situações concretas

- **Quebra de confidencialidade dos dados (acesso não autorizado e divulgação indevida):** quando um agente permitiu (ou não impediu) o acesso não autorizado a informações privadas (financeiras, médicas, biométricas, comerciais) de indivíduos ou empresas, podendo ou não terem sido as informações divulgadas publicamente.
- **Destruição de suportes físicos:** ocorre quando os dados são perdidos ou destruídos em virtude da destruição dos suportes físicos nos quais se encontrem armazenados, ou, ainda, quando apagados permanentemente quando armazenados em mídia eletrônica.
- **Perda dos dados:** desaparecimento dos suportes físicos ou das próprias informações sem que exista comprovação de sua destruição. Por exemplo, quando não há o costume de armazenar cópias de segurança dos dados e o servidor é danificado em um desastre natural (incêndio, inundação, terremoto etc.).
- **Disrupções tecnológicas:** quando as operações de uma empresa foram interrompidas como resultado de uma falha de tecnologia (acidental ou mal-intencionada) na empresa ou em um de seus provedores de serviços, levando a perdas de interrupção de negócios (ou perdas de interrupção de negócios contingentes) e perdas de informações.
- **Extorsão cibernética e invasões:** quando a capacidade de uma empresa de acessar seus dados (ou rede) foi comprometida ou violada como parte de uma tentativa de extorsão (*ransomware*), assim ocasionando a perda ou o bloquei ao acesso a dados.
- **Fraude cibernética:** quando os dados de uma empresa são roubados ou expropriados de forma fraudulenta, inclusive por meio de engenharia social.[4]

Como se pode observar, a segurança dos dados está conectada a objetivos que vão muito além da proteção da confidencialidade, embora este seja um dos seus importantes desdobramentos. Nos termos que serão desenvolvidos na próxima seção, é fundamental assegurar igualmente a integridade e a qualidade de

---

[3] Adaptado de JIMENE, Camilla do Vale. Capítulo VII – Da Segurança e das Boas Práticas. In: MALDONADO, Vivian Nóbrega (coord.); BLUM, Renato Opice (coord.). LGPD: Lei Geral de Proteção de Dados comentada. 2. ed. São Paulo: Thomson Reuters Brasil, 2019. p. 334-336.

[4] Adaptado de: PRATA DE CARVALHO, Angelo; XAVIER, Vitor Boaventura. Seguro contra riscos cibernéticos: elementos dogmáticos para a construção de mecanismos securitários em face dos riscos oriundos das tecnologias da informação. In: TZIRULNIK, Ernesto et al. *Direito do seguro contemporâneo*. São Paulo: Contracorrente, 2021.

CURSO DE PROTEÇÃO DE DADOS PESSOAIS – *Frazão • Carvalho • Milanez*

dados, evitando modificações indevidas e adulterações para os mais diferentes fins, bem como a disponibilidade dos dados, o que é comprometido com os atuais sequestros de dados ou ataques *ransomware*.

Daí se ter cunhado a expressão incidente de segurança, que tem no chamado vazamento de dados uma de suas espécies, mas que abarca diversos outros tipos de situações, como define a própria ANPD.

> ### Definição de Incidente de Segurança da ANPD
>
> Qualquer evento adverso confirmado, relacionado à violação na segurança de dados pessoais, tais como acesso não autorizado, acidental ou ilícito que resulte na destruição, perda, alteração, vazamento ou ainda, qualquer forma de tratamento de dados inadequada ou ilícita, os quais possam ocasionar risco para os direitos e liberdades do titular dos dados pessoais.[5]

Vale acrescentar também que mesmo a perda da confidencialidade compromete toda a estrutura principiológica da LGPD, possibilitando o acesso e a utilização dos dados para finalidades distintas daquelas que justificaram o tratamento originário – muitas delas realizadas sem nem mesmo o conhecimento dos titulares de dados –, em total subversão ao princípio da finalidade e aos direitos e garantias dos titulares de dados.

Assim, falar em vazamento de dados, principalmente considerando que tais processos costumam ser irreversíveis, é falar na perda normalmente irremediável do controle que a LGPD pretendeu impor aos tratamentos de dados, razão pela qual os danos são inestimáveis e vão muito além da mera perda da confidencialidade.

Outro aspecto importante a ser desde já destacado é que, ao contrário do que se pode supor, incidentes de segurança não dizem respeito apenas a iniciativas de terceiros tais como ataques *hackers*. Em muitos casos, ocorrem por descuidos dos funcionários da própria organização, como envio de e-mails com informações sigilosas para destinatários equivocados ou perdas de dispositivos que contêm dados importantes, como pen drives, HDs externos ou computadores. Acresce que, em muitos casos, falhas em procedimentos internos de segurança facilitam ou mesmo possibilitam ataques de terceiros.

Daí por que o endereçamento do problema envolve necessariamente no investimento em soluções tecnológicas, mas também em soluções organizacionais, a fim de assegurar que os agentes de tratamento possam ter uma estrutura compatível com os riscos das operações de tratamento de dados que assumem.

Verifica-se, dessa maneira, que as normas de proteção de dados vigentes no direito brasileiro estabelecem relação direta entre proteção de dados e segurança, de tal forma que não se pode proteger adequadamente uma das searas sem incorporar preocupações que são próprias da outra. Por esse motivo, a estruturação de programas de *compliance* de dados necessariamente deve estar alinhada com uma política de segurança da informação robusta.

---

[5] Disponível em: https://www.gov.br/anpd/pt-br/assuntos/incidente-de-seguranca.

Doutrina Brasileira – Ana Frazão e Mariana Pinto

"Como se extrai do art. 6º, VII, da LGPD, a segurança da informação diz respeito aos seguintes vetores:

(i) *confidencialidade* dos dados: proteção contra a comunicação ou difusão;

(ii) *subsistência* dos dados: proteção contra destruição ou perda; e

(iii) *integridade* dos dados: proteção contra alteração.

(...) Falar em prevenção de incidentes de segurança envolve uma análise necessariamente casuística, que possa avaliar as medidas tecnológicas e organizacionais que, ajustando-se ao perfil e ao porte do agente econômico, bem como ao grau de risco dos seus tratamentos de dados, possam ser consideradas suficientes para a prevenção.

Dessa maneira, dificilmente haverá soluções *one size fits all*, embora se possa pensar em diretrizes gerais que serão moduladas de acordo com as especificidades de cada empresa.

Acresce que, especialmente no que diz respeito às tecnologias de segurança, há que se considerar não apenas as questões técnicas, como também as questões econômicas, traduzidas nos custos de implementação. É por essa razão que a questão das tecnologias de segurança é matéria que requer a regulamentação da ANPD, a fim de que os agentes possam orientar suas escolhas a partir de critérios seguros.

Aliás, sobre tal questão, o RGPD, em seu art. 32, expressamente ressalta que as medidas técnicas e organizacionais a serem adotadas devem ser compatíveis com o 'estado da arte', os custos da implementação, a natureza, o escopo, o contexto e os propósitos do tratamento, bem como o risco.

Outro ponto relevante é que, em diversos casos, a própria LGPD já acena no sentido da importância de relatórios de impactos à proteção de dados, definidos como documentação do controlador que contém a descrição dos processos de tratamento de dados pessoais que podem gerar riscos às liberdades civis e aos direitos fundamentais, bem como medidas, salvaguardas e mecanismos de mitigação de risco (LGPD, art. 5º, XVII), como etapa fundamental para saber se as medidas de segurança são compatíveis com os riscos específicos previamente identificados.

Também é importante, em qualquer caso, que o controlador possa deixar claro ao operador quais são as obrigações e medidas de segurança a serem tomadas e que este as cumpra, sob pena de incidir ao caso o parágrafo único do art. 44 da LGPD, segundo o qual "responde pelos danos decorrentes da violação da segurança dos dados o controlador ou o operador que, ao deixar de adotar as medidas de segurança previstas no art. 46 desta Lei, der causa ao dano".

Vale ressaltar que, como ficou definitivamente esclarecido no recente Guia Orientativo para Definições dos Agentes de Tratamento de Dados Pessoais e do Encarregado, editado pela ANPD, administradores, sócios, empregados e demais colaboradores do controlador de dados não são considerados operadores. Entretanto, por mais que esses membros internos não tenham responsabilidades diretas pelas obrigações de segurança, é inequívoco que suas condutas omissivas ou comissivas que implicarem violações serão imputadas ao controlador.

382 | CURSO DE PROTEÇÃO DE DADOS PESSOAIS – *Frazão* • *Carvalho* • *Milanez*

Essa é mais uma razão pela qual os controladores precisam assegurar que suas organizações sejam efetivamente compatíveis com o atendimento das obrigações de segurança e com o controle do risco respectivo, de forma que qualquer pessoa natural que esteja agindo sob a autoridade dos controladores e operadores só possa tratar dados pessoais de acordo com as instruções recebidas.

Em muitos casos, uma solução organizacional necessária será limitar o número de pessoas que pode ter acesso a determinados dados ou criar procedimentos, protocolos e controles para tais acessos. Outra solução que pode se mostrar necessária é a identificação e o registro dos acessos e dos procedimentos, a fim de possibilitar o monitoramento.

Da mesma maneira, os agentes econômicos precisarão ficar atentos aos casos de controle conjunto, em relação aos quais a responsabilidade é solidária, nos termos do art. 42, § 1º, II, da LGPD, assim como aos casos de tratamentos com dados sensíveis ou com riscos consideráveis, ainda que, neste último caso, não seja obrigatório o relatório de impacto de proteção de dados.

Não é demais lembrar que a utilização de inteligência artificial em tratamento de dados demanda obrigações adicionais de segurança, na medida em que ataques cibernéticos podem atingir a própria base de treinamento de dados (envenenamento de dados) ou ainda incluir *inputs* indevidos ou se utilizar de estratégias que atrapalhem o treinamento de dados ou possam levar o modelo a resultados equivocados, dentre inúmeros outros problemas.

É por essa razão, inclusive, que, na proposta da Comissão Europeia para a disciplina de inteligência artificial, há grande preocupação com a criação de sistemas resilientes contra tentativas de alterar o seu uso, comportamento, performance ou que comprometam suas propriedades de segurança por terceiros mal-intencionados que procurem explorar as falibilidades do sistema.

A prevenção aos danos decorrentes de incidentes de segurança atende, portanto, não somente aos interesses dos titulares de dados – até porque muitos dos danos decorrentes de incidentes de segurança são irreversíveis – mas também aos interesses dos próprios agentes de tratamento, que são também grandes prejudicados diante de problemas que podem comprometer até mesmo a continuidade da sua atividade empresarial".[6]

XVI.2. SEGURANÇA DA INFORMAÇÃO NA LGPD

É fundamental aprofundar a compreensão sobre a noção de segurança da informação adotada pela LGPD para que se verifique de que maneira o princípio legal em questão – disposto no art. 6º, I – se traduz em medidas concretas aptas a serem inseridas em um programa de *compliance* de dados.

A relação de complementariedade entre as duas abordagens, nesse sentido, é evidente a partir da leitura da LGPD, haja vista que a preocupação com incidentes de segurança é uma das mais cruciais, diante do impacto social e mesmo midiático produzido por grandes vazamentos de dados.

---

[6] FRAZÃO, Ana; PINTO, Mariana. *Compliance* de dados e incidentes de segurança. In: PINHEIRO, Caroline da Rosa (coord.). Compliance *entre a teoria e prática*: reflexões contemporâneas e análise dos programas de integridade das companhias listadas no novo mercado. São Paulo: Foco, 2022.

Cap. XVI • SEGURANÇA DA INFORMAÇÃO | **383**

Entretanto, a segurança da informação e a proteção de dados não raro são descritas como searas opostas, produzindo-se aparente *trade off* entre a importância de se realizar investimentos robustos em mecanismos de segurança da informação (de forma que os dados dos usuários estariam protegidos de tal maneira que não haveria qualquer risco de tratamento indevido por terceiros, como *hackers* e outros potenciais invasores) e a necessidade de se proteger a privacidade dos usuários (assim limitando a capacidade do próprio agente de tratamento de explorar os dados que lhe são confiados). No entanto, trata-se de áreas verdadeiramente complementares, de tal maneira que abordagens de uma dificilmente poderiam ser consideradas completas caso ignorassem a outra.

Como demonstra Daniel Solove,[7] em análise mais ampla sobre a contraposição entre segurança e privacidade (abrangendo inclusive discussões sobre a proteção da privacidade diante de interesses relacionados à ideia de "segurança nacional"), o aludido *trade off* é falacioso, já que é perfeitamente possível construir um sistema no qual tanto as preocupações com segurança podem também ser limitadas e fiscalizadas a partir da proteção à privacidade quanto a proteção à privacidade pode ser fortalecida caso acompanhada com mecanismos de segurança efetivos.

No que diz respeito ao debate sobre os dados pessoais e a segurança da informação no interior das organizações, é importante salientar que a implementação de medidas de segurança, por mais que possa ser capaz de dificultar o vazamento de dados ou outros incidentes – e, portanto, de mitigar os riscos de responsabilização da organização –, não é suficiente para garantir direitos de pessoas naturais.

A segurança da informação, cabe notar, tem escopo muito mais amplo do que a própria segurança de dados pessoais, já que pode abranger todo tipo de informação considerada relevante por determinada organização, de sorte que, para além de compreender um conjunto de estratégias relacionadas inclusive à escolha dos mecanismos de segurança atrelados ao *software* e ao *hardware* a ser utilizado, contém necessariamente um procedimento destinado a definir quais informações deverão ser submetidas ao regime de segurança adotado pelo agente em questão. Por outro lado, a proteção dos dados pessoais é tema também muito mais amplo do que a segurança dos dados pessoais.

Assim, os temas ora sob discussão apresentam inúmeras zonas de interpenetração mas não se confundem.

---

[7] Ver: SOLOVE, Daniel. *Nothing to hide*: the false tradeoff between privacy and security. New Haven: Yale University Press, 2011.

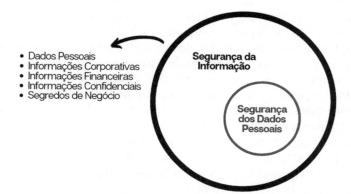

Os dados pessoais, assim, por mais que já contem com proteção legal voltada a proteger direitos de seus titulares, também estarão sujeitos a esses procedimentos de classificação quanto ao nível de segurança a ser empregado para proteger aquelas informações no âmbito da estratégia articulada pela organização.

Assim, ao passo que os dados pessoais se encontram no centro de diplomas como a LGPD, de tal forma que os riscos relacionados a violações legais decorrem de violações diretamente vinculadas ao objeto de proteção da lei, a segurança da informação diz respeito ao meio em que dados processados por uma determinada organização são explorados.

 Doutrina Brasileira – Fabiano Menke e Guilherme Goulart

"A segurança que se espera não é aplicada exatamente aos dados em si, mas sim aos sistemas que os mantêm (medidas técnicas) e ao ambiente geral da instituição (medidas organizativas). Isso significa que não bastam as medidas técnicas, como o uso de firewalls, métodos criptográficos e controles de conteúdo, se elas não vierem acompanhadas de outras medidas, como treinamentos de segurança, criação de políticas de segurança da informação, inventários de ativos etc."[8]

A ênfase nos meios de proteção às informações e não aos dados pessoais propriamente, assim, se justifica pelo fato de que medidas de segurança a informação servem tanto para proteger os direitos dos titulares de dados contra acessos indevidos, invasões e outros incidentes de segurança quanto para proteger o patrimônio intangível da entidade em questão.

---

[8] MENKE, Fabiano; GOULART, Guilherme. Segurança da informação e vazamento de dados. In: MENDES, Laura Schertel et al. *Tratado de proteção de dados pessoais*. Rio de Janeiro: Forense, 2021.

Os dados pessoais, nesse sentido, evidentemente devem ser compreendidos, à luz da LGPD, como bens jurídicos dignos de proteção sob a ótica da tutela de direitos da pessoa humana e mesmo sob o signo dos direitos e garantias fundamentais previstos pelo texto constitucional. No entanto, igualmente devem ser considerados na sua dimensão patrimonial e estratégica para as organizações que os detêm, de tal maneira que, ao lado da proteção dos direitos dos titulares (que, como já se viu, está intimamente relacionada à garantia da segurança), dados são verdadeiros ativos das empresas na economia atual.

Assim, a garantia de segurança da informação não está relacionada unicamente à conformidade com a legislação de proteção de dados, mas também à preservação de ativos intangíveis da organização em questão – que, em última análise, podem ser considerados inclusive segredos de negócio, como tradicionalmente se considera a lista de clientes de um determinado agente econômico –, de sorte que eventuais vazamentos ou outros incidentes de segurança tanto podem ter o condão de violar direitos de titulares de dados pessoais quanto gerar prejuízos financeiros diretos à entidade que os detêm.

Por conseguinte, a tutela da segurança da informação à luz da LGPD pressupõe que a implementação de uma estratégia de segurança consiste em passo fundamental para a adequada proteção da privacidade dos titulares de dados.

Contudo, não se pode esquecer que a implementação de uma estratégia de segurança da informação tem escopo mais amplo, de forma que deve passar por um esforço de compatibilização entre as demandas mais amplas – inclusive as relacionadas à proteção de dados componentes do ativo intangível da entidade ou mesmo de dados que não se submetam à LGPD (como é o caso de dados de pessoas jurídicas) – e a proteção da privacidade.

Assim, deve-se superar a falaciosa premissa segundo a qual mecanismos de segurança da informação consistem em estratégias de ocultação de dados ou mesmo de processos ilegítimos de tratamento de dados, tendo em vista que se trata de abordagem que, embora independente de uma política de proteção de dados em virtude de sua maior abrangência, atua de maneira incisiva para garantir a observância dos princípios constantes da LGPD.

XVI.3. MEDIDAS DE SEGURANÇA DA INFORMAÇÃO E PROGRAMAS DE COMPLIANCE

O art. 46 da LGPD cria um dever geral aos agentes de tratamento para que adotem medidas técnicas e administrativas de garantia da segurança dos dados pessoais, assim os protegendo de acessos não autorizados e situações ilícitas de destruição, perda, alteração, comunicação ou qualquer forma de tratamento inadequado ou ilícito.

A LGPD delega à ANPD, nos termos do § 1º do seu art. 46, a definição de diretrizes e padrões técnicos mínimos para que se dê efetividade à obrigação de garantia da segurança da informação pelos agentes de tratamento, tratando de estabelecer, no art. 48, uma sistemática de comunicação com a ANPD que permita tanto a publicidade quanto o acompanhamento atento das medidas de mitigação de riscos adotadas por determinada organização.

LGPD, Art. 46, § 1º A autoridade nacional poderá dispor sobre padrões técnicos mínimos para tornar aplicável o disposto no *caput* deste artigo, considerados a natureza das informações tratadas, as características específicas do tratamento e o estado atual da tecnologia, especialmente no caso de dados pessoais sensíveis, assim como os princípios previstos no *caput* do art. 6º desta Lei.

Assim, muito embora a LGPD não contenha diretrizes específicas quanto às medidas de segurança a serem adotadas pelos agentes de tratamento, o diploma atribuiu à ANPD a prerrogativa de acompanhar de maneira atenta e abrangente os incidentes de segurança que lhe são notificados, bem como ressalta o seu importante papel regulamentar no que diz respeito à questão.

Afinal, as discussões sobre a viabilidade técnica e econômica das inúmeras tecnologias de segurança atualmente disponíveis no mercado está longe de ser trivial, razão pela qual é fundamental que os agentes de tratamento tenham parâmetros seguros para orientar as suas escolhas e os aspectos mais importantes dos seus respectivos programas de *compliance*.

O RGPD, por outro lado, ao oferecer disciplina mais detalhada a respeito das medidas de segurança a serem perseguidas pelos agentes de tratamento, pode se apresentar como importante parâmetro de interpretação da LGPD.

RGPD, Art. 32. Segurança do tratamento.

1. Tendo em conta as técnicas mais avançadas, os custos de aplicação e a natureza, o âmbito, o contexto e as finalidades do tratamento, bem como os riscos, de probabilidade e gravidade variável, para os direitos e liberdades das pessoas singulares, o responsável pelo tratamento e o subcontratante aplicam as medidas técnicas e organizativas adequadas para assegurar um nível de segurança adequado ao risco, incluindo, consoante o que for adequado:

a) A pseudonimização e a cifragem dos dados pessoais;

b) A capacidade de assegurar a confidencialidade, integridade, disponibilidade e resiliência permanentes dos sistemas e dos serviços de tratamento;

c) A capacidade de restabelecer a disponibilidade e o acesso aos dados pessoais de forma atempada no caso de um incidente físico ou técnico;

d) Um processo para testar, apreciar e avaliar regularmente a eficácia das medidas técnicas e organizativas para garantir a segurança do tratamento.

2. Ao avaliar o nível de segurança adequado, devem ser tidos em conta, designadamente, os riscos apresentados pelo tratamento, em particular devido à destruição, perda e alteração acidentais ou ilícitas, e à divulgação ou ao acesso não autorizados, de dados pessoais transmitidos, conservados ou sujeitos a qualquer outro tipo de tratamento.

3. O cumprimento de um código de conduta aprovado conforme referido no artigo 40 ou de um procedimento de certificação aprovado conforme referido no artigo 42 pode ser utilizado como elemento para demonstrar o cumprimento das obrigações estabelecidas no nº 1 do presente artigo.

> **4.** O responsável pelo tratamento e o subcontratante tomam medidas para assegurar que qualquer pessoa singular que, agindo sob a autoridade do responsável pelo tratamento ou do subcontratante, tenha acesso a dados pessoais, só procede ao seu tratamento mediante instruções do responsável pelo tratamento, exceto se tal lhe for exigido pelo direito da União ou de um Estado-Membro.

Como se pode observar, o RGPD define, de maneira mais pormenorizada, os objetivos específicos que devem ser alcançados com as medidas de segurança da informação. Entretanto, ainda assim, podem subsistir dúvidas sobre em que medida as tecnologias disponíveis no mercado atendem ou não tais objetivos.

O RGPD estabelece também alguns elementos relacionados à segurança da informação que, porém, guardam estreita relação com a proteção da privacidade dos titulares de dados. Basta ver que são fixados atributos *dos dados* a serem preservados pelas medidas de segurança, notadamente a confidencialidade, a integridade, a disponibilidade e a resiliência.

O RGPD, portanto, estabelece um conjunto de princípios gerais e objetivos que devem guiar uma estratégia de segurança da informação e, assim, oferece alguns caminhos para a integração entre a estratégia de segurança da informação e a política de proteção de dados.

Contudo, por mais que os princípios e objetivos em questão possam ser parâmetros normativos importantes, especialmente no que diz respeito à necessidade de construção de estratégias de segurança da informação que seja proporcionais ao porte e à complexidade dos dados armazenados pela organização, é necessário que se traduzam em medidas de segurança concretas e efetivas.

Não é sem motivo que o próprio art. 46 da LGPD faz menção a "medidas de segurança, técnicas e administrativas", ou seja, relacionadas tanto a sistemas informatizados (e, portanto, à adoção de soluções internas aos sistemas informatizados) quanto a diretrizes a serem observadas pelos membros da organização (ou seja, procedimentos de ordem administrativa-gerencial e inclusive jurídica).

Exemplos de medidas de segurança e técnicas relacionadas a sistemas informatizados

- Contratação de serviços de antivírus;
- Definição de senhas seguras;
- Implementação de mecanismos de detecção de invasões nos sistemas;
- Utilização de recursos de criptografia;
- Segregação de servidores;
- Realização de testes periódicos de vulnerabilidade;
- Implementação de ferramentas de prevenção à perda de dados (*Data Loss Prevention*);
- Armazenamento de cópias de segurança;
- Instituição de controles de acesso e ferramentas de autenticação etc.

Exemplos de diretrizes administrativas direcionadas aos membros da organização

- Criação de códigos de melhores práticas;
- Criação de ambientes separados para o armazenamento de informações sensíveis;
- Criação de políticas corporativas relacionadas à privacidade e à proteção de dados;
- Assinatura de contratos de confidencialidade com os colaboradores;
- Treinamento e sensibilização dos colaboradores que realizam atividades de tratamento de dados pessoais na rotina;
- Instituição de controles de aceso a arquivos físicos;
- Contratação de servidores dedicados etc.

Há, portanto, uma variedade de medidas de segurança capazes de garantir a observância dos princípios contidos na LGPD, de forma que dificilmente seria possível elencar ou sistematizar todas as possíveis soluções.

Contudo, por mais que não se possa antecipar todos os riscos decorrentes do uso de tecnologias da informação, pode-se construir uma sistemática ampla de medidas que, ao mesmo tempo em que servem para cumprir as obrigações constantes da LGPD, compõem estratégia voltada a conferir tratamento adequado a contingências relacionadas à segurança.

Doutrina Estrangeira – Arturo Garnacho

"A partir da forma de intervenção, é possível classificar as medidas de segurança da informação nas seguintes categorias: (i) de prevenção, que têm por intuito evitar que um ataque chegue a afetar determinado sistema; (ii) de detecção, que pretendem descobrir eventual ataque em momento anterior à sua implementação; e (iii) de correção, que têm por objetivo combater o ataque em questão" (tradução livre).[9]

Cada uma das etapas sugeridas por Arturo Garnacho não está limitada a um único conjunto de soluções, mas desencadeia diversos grupos de medidas de segurança em várias searas de atuação, desde as eminentemente técnicas (isto é, que se dão no âmbito de sistemas informatizados) até as administrativas e organizativas (relacionadas à expedição de diretrizes por gestores e à indicação de profissionais responsáveis por elaborar e cumprir normas de segurança) ou mesmo as medidas físicas (voltadas a evitar ameaças materiais, provenientes do entorno operativo da organização ou de ações humanas deliberadas ou não).

Ademais, não se pode esquecer que, em todas essas etapas, permanece o dever de comunicação de incidentes à ANPD (e eventualmente ao titular), que

---

[9] GARNACHO, Arturo. La protección de datos personales y la seguridad de la información. *Revista jurídica de Castilla y León*, n. 16, set. 2008.

deverá promover o acompanhamento conjuntural tanto dos incidentes de segurança quanto das medidas de proteção adotadas pelas organizações. Tal ponto será desenvolvido de forma mais pormenorizada na Seção XVI.7.

Assim, pode-se construir uma estratégia que, ainda que não seja capaz de lidar com todas as incertezas que são próprias do uso de tecnologias, seja idônea ao menos para possibilitar o controle adequado e razoável dos riscos respectivos, oferecendo aos agentes de tratamento tanto as ferramentas quanto o preparo para lidar com esses riscos e mesmo para interagir com a ANPD de maneira eficiente.

A gestão de riscos cibernéticos por intermédio de estratégias de segurança da informação, cabe notar, constitui tarefa árdua não somente em virtude da intensidade da inovação que marca a tecnologia da informação, mas também por causa da escassez de dados estatísticos e históricos quanto aos impactos dos incidentes de segurança.

As tecnologias da informação, ao mesmo tempo em que contribuem para o incremento da sensibilidade da sociedade em relação a novos riscos e para a própria percepção desses riscos, são também elas mesmas fontes desses novos riscos.[10]

Dessa maneira, os riscos cibernéticos manifestam-se de maneiras particulares e por fluxos de informação e técnicas variadas, de forma que sua principal característica não é a sua historicidade (que caracteriza fundamentalmente outros tipos de risco e facilita em grande medida a sua mitigação, por exemplo, por mecanismos securitários), mas sim a sua capacidade de disseminação e reinvenção.

Por essa razão, medidas de segurança de informação, especialmente quando incorporadas a programas de *compliance* de dados, não dizem respeito a um rol fechado de medidas básicas para a proteção em face de invasões (como a contratação de antivírus, a utilização de *firewall* ou a realização de cópias de segurança), mas a um conjunto dinâmico de técnicas que sejam capazes de prevenir e mitigar os riscos a que se submete cada organização.

Por conseguinte, estratégias de segurança da informação devem ser proporcionais ao porte da organização, à natureza e à quantidade dos dados tratados, ao grau de sigilo a ser conferido às informações, dentre outros elementos a partir dos quais se pode modular as medidas de segurança de acordo com as necessidades e contingências da entidade.

> **LGPD, Art. 50, § 2º** Na aplicação dos princípios indicados nos incisos VII e VIII do *caput* do art. 6º desta Lei, o controlador, observados a estrutura, a escala e o volume de suas operações, bem como a sensibilidade dos dados tratados e a probabilidade e a gravidade dos danos para os titulares dos dados, poderá:
>
> I – implementar programa de governança em privacidade que, no mínimo:

---

[10] VAN LOON, Joost. *Risk and technological culture*: towards a sociology of virulence. Londres: Routledge, 2002. p. 13.

a) demonstre o comprometimento do controlador em adotar processos e políticas internas que assegurem o cumprimento, de forma abrangente, de normas e boas práticas relativas à proteção de dados pessoais;

b) seja aplicável a todo o conjunto de dados pessoais que estejam sob seu controle, independentemente do modo como se realizou sua coleta;

c) seja adaptado à estrutura, à escala e ao volume de suas operações, bem como à sensibilidade dos dados tratados;

d) estabeleça políticas e salvaguardas adequadas com base em processo de avaliação sistemática de impactos e riscos à privacidade;

e) tenha o objetivo de estabelecer relação de confiança com o titular, por meio de atuação transparente e que assegure mecanismos de participação do titular;

f) esteja integrado a sua estrutura geral de governança e estabeleça e aplique mecanismos de supervisão internos e externos;

g) conte com planos de resposta a incidentes e remediação; e

h) seja atualizado constantemente com base em informações obtidas a partir de monitoramento contínuo e avaliações periódicas;

XVI.4. SISTEMATIZAÇÃO DAS PRINCIPAIS MEDIDAS DE SEGURANÇA DA INFORMAÇÃO

Diante do cenário descrito na seção anterior, é possível concluir que tanto a enumeração de contingências quanto a listagem de potenciais medidas de segurança consistem em esforços eminentemente casuísticos e que podem variar de organização para organização ou mesmo podem ser frustrados pela ascensão de novas ameaças.

Contudo, alguns esforços de sistematização, baseados sobretudo em pesquisas empíricas com profissionais de segurança da informação, são capazes de produzir tipologias, em ordem de frequência de incidência, de ameaças à segurança da informação e das medidas mais comuns em estratégias de segurança da informação.

Tabela 1 – Ameaças mais prováveis à segurança da informação (por ordem de probabilidade)

1	Falhas humanas
2	Falhas de *hardware*
3	Falhas de *software*
4	Obsolescência tecnológica
5	Ataques externos a *software*
6	Qualidade dos serviços empregados
7	Fenômenos da natureza
8	Violações a propriedade intelectual
9	Furto de informações

10	Invasões físicas
11	Sabotagem ou vandalismo de estruturas físicas
12	Sabotagem quanto às informações

Fonte: Adaptado de Whitman (2003) e Sumner (2009).

Tabela 2 – Medidas de segurança mais frequentes em estratégias de segurança da informação (por ordem de frequência)

1	Uso de senhas
2	Uso de *backup*
3	Antivírus
4	Treinamento de funcionários
5	Procedimentos de auditoria
6	Política de segurança consistente
7	*Firewall*
8	Incentivos à comunicação de violações
9	*Logoff* automático de contas
10	Monitoramento do uso de computadores
11	Publicação de regulamento formal de segurança
12	Controle de estacoes de trabalho
13	Detecção de intrusões em redes
14	Detecção de intrusões baseadas em *host*
15	Treinamentos em ética
16	Ausência de conexões físicas externas
17	Uso exclusivo de *softwares* pagos
18	Ausência de redes internas
19	Uso exclusivo de *softwares* desenvolvidos internamente
20	Ausência de conexão a redes externas
21	Ausência de conexão à internet

Fonte: Adaptado de Whitman (2003) e Sumner (2009).

Evidentemente que as tipologias acima apresentadas, por decorrerem de dados empíricos e por terem sido elaboradas em momento distinto do atual, podem variar em ordem e até mesmo incluir outros riscos que são próprios de outros ambientes ou outras épocas.

No entanto, é interessante notar, considerando a variedade de ameaças e medidas de segurança, que a integração entre as diversas estratégias mencionadas é fundamental. Basta ver que, sendo as falhas humanas as mais frequentes, a mera contratação de sofisticados sistemas informacionais de segurança pode ser completamente ineficaz caso não sejam adotadas outras medidas de prevenção e conscientização.

392 CURSO DE PROTEÇÃO DE DADOS PESSOAIS – *Frazão • Carvalho • Milanez*

Dessa maneira, medidas de segurança da informação que garantam a adequada conformidade à LGPD devem ser pensadas em concreto, de acordo com a estrutura da organização em questão e de acordo com as contingências e riscos aplicáveis ao caso particular, de tal maneira que, muito embora a enunciação de princípios e deveres gerais possa ter uma função interpretativa importante, não se trata de medidas suficientes para a garantia da segurança.

XVI.5. PAPEL DA SEGURANÇA DA INFORMAÇÃO NOS PROGRAMAS DE *COMPLIANCE* DE DADOS

Certamente que a descrição de possíveis medidas de segurança a serem avaliadas pelas organizações ao estruturarem seus programas de *compliance* – que, repise-se, à luz de suas necessidades e riscos, normalmente verificáveis com o auxílio de profissionais de segurança da informação, podem variar – constitui importante exercício de conformidade à legislação vigente e deve constar dentre as prioridades para a adequação à LGPD.

Não obstante, não se pode esquecer que, ainda que a segurança da informação possua escopo mais abrangente e possa ser estruturada inclusive para proteger interesses econômico-patrimonial da própria organização, as obrigações legais de instituição de medidas de segurança têm por finalidade precípua garantir direitos de titulares de dados.

Assim, com vistas a endereçar adequadamente tanto as preocupações relacionadas estritamente à privacidade quanto as relacionadas aos riscos à segurança da informação, é fundamental que as medidas exploradas no item XVI.2 sejam estruturadas juntamente de outras ferramentas de *compliance* de dados.

Vale, nesse sentido, mencionar o texto do art. 49 da LGPD, por meio da qual enfatiza-se a necessidade de privacidade e segurança serem duas faces de uma mesma moeda, de tal maneira que uma não sirva para limitar a outra, mas sim para permitir a máxima fruição dos direitos fundamentais envolvidos – o que, como já se comentou, igualmente tem o condão de traduzir-se em ganhos econômicos à organização.

> **LGPD, Art. 49.** Os sistemas utilizados para o tratamento de dados pessoais devem ser estruturados de forma a atender aos requisitos de segurança, aos padrões de boas práticas e de governança e aos princípios gerais previstos nesta Lei e às demais normas regulamentares.

Não sem motivo, é possível extrair do texto do § 2º do art. 46 da LGPD a ideia de que o desenvolvimento de soluções tecnológicas deve, desde sua gênese – e não apenas por ocasião de incidentes de segurança – estar comprometido com a proteção da segurança das informações exploradas por intermédio do sistema em questão "em todas as suas fases de concepção, desenvolvimento, aplicação e avaliação".

> **LGPD, Art. 46, § 2º** As medidas de que trata o *caput* deste artigo [que estabelece o dever de adoção de medidas de segurança] deverão ser observadas desde a fase de concepção do produto ou do serviço até a sua execução.

Significa dizer que a integração entre segurança e privacidade precisa ser a configuração padrão de todos os momentos do tratamento de dados, de forma que as medidas de segurança – como ocorre também com a proteção à privacidade – devem ser uma constante na tomada de decisão e na condução do cotidiano da organização.

Muito embora tal dispositivo legal comumente esteja associado à noção de *privacy by design* – segundo a qual "a proteção de dados pessoais deve orientar a concepção de um produto ou serviços, devendo eles ser embarcados com tecnologias que facilitem o controle e a proteção das informações pessoais"[11] –, não se pode esquecer que o assunto do próprio art. 46 da LGPD é fundamentalmente a segurança da informação.

Dessa maneira, não se pode falar no desenvolvimento de aplicações que desde sua gênese estejam comprometidas com a privacidade caso estas não tenham sido pensadas de maneira a mitigar os riscos decorrentes das ameaças já conhecidas e a reproduzir as melhores práticas de segurança da informação.

A segurança da informação, dessa forma, deve ser um elemento básico de qualquer aplicação que venha a ser implementada, de modo inclusive a desencadear rotinas automáticas em lugar de procedimentos dependentes de ação humana, como é o caso da elaboração automática de senhas complexas em lugar da solicitação a um usuário de que periodicamente altere sua senha.

A falta de uma estratégia de segurança pode comprometer a própria política de privacidade, especialmente considerando que a privacidade preconiza soluções proativas, integrativas e criativas que igualmente fortalecem mecanismos de segurança. Trata-se, assim, de searas verdadeiramente complementares que, em lugar de realizarem concessões recíprocas no intuito de alcançar um equilíbrio que concilie as demandas conflitantes de cada uma, fortalecem-se mutuamente.

Doutrina Estrangeira – Inge Hanschke

"As organizações devem adotar um sistema de gerenciamento integrado de proteção de dados e segurança da informação que seja capaz de: (i) controlar e administrar todos os procedimentos internos relacionados a essas searas; e (ii) garantir o cumprimento tempestivo de todos os requisitos e normas legais aplicáveis, bem como as diretrizes internas relacionadas à proteção de dados e à segurança da informação" (tradução livre).[12]

Apesar de tais diretrizes serem aparentemente genéricas e até triviais, elas se justificam pelo fato de que o papel de estratégias integradas é o de harmonizar normas que, por mais que guardem relevantes semelhanças, podem ser conflitantes, dispendiosas e mesmo redundantes. Dessa maneira, um bom programa

---

11   BIONI, Bruno. *Proteção de dados pessoais*: a função e os limites do consentimento. Rio de Janeiro: Forense, 2020.
12   HANSCHKE, Inge. *Informationssicherheit und Datenschutz systematisch und nachhaltig gestalten*: Eine kompakte Einführung in die Praxis. Wiesbaden: Springer, 2019. p. 29-32.

de *compliance* tem a função fundamental de conciliar essas diretrizes e tomar (sempre de maneira documentada) decisões organizacionais quanto ao planejamento e implementação dessas medidas.

Doutrina Estrangeira – Inge Hanschke

Uma abordagem integrada entre proteção de dados e segurança da informação exige a criação de um sistema de controles internos abrangente, holístico e padronizado, com diretrizes, regras e processos claramente definidos. Dessa forma, propõe-se que um programa de compliance integrado esteja fundado nos passos abaixo:

(1) A definição da estratégia (Strategie) da organização para a condução de suas atividades, estabelecendo-se com clareza:

  a. Uma política de proteção de dados (que delineará os objetivos da organização com o tratamento de dado se de que maneira os cuidados com a privacidade de titulares de dados serão implementados); e

  b. Uma estratégia de segurança da informação (que servirá para expor as características da estrutura interna de segurança da entidade, os riscos a que está submetida e as razões pelas quais determinadas medidas de segurança serão tomadas).

(2) As condições (Anforderungen) em que ocorre o tratamento de dados, expondo-se:

  a. Quais os riscos a que a organização se submete;

  b. Quais os critérios eleitos pela organização para definir o grau de aceitação de risco;

  c. Qual procedimento se adota para gerenciar tais riscos; e

  d. Quais os mecanismos de revisão e documentação desses critérios e procedimentos.

(3) As diretrizes, organização, instruções e condições técnicas (Richtlinien, Organisation, Handlungsanweisungen und technische Umsetzung) destinadas a operacionalizar as políticas de proteção de dados e segurança da informação, dentre as quais se destacam, a partir de padrões de gestão como o ISO 27001 e parâmetros do direito positivo:

  a. A criação de Códigos de Conduta relacionados à proteção de dados e à segurança da informação;

  b. A incorporação de soluções organizacionais, como a indicação de encarregados pela proteção de dados e pela segurança da informação;

  c. A capacitação do pessoal;

  d. O gerenciamento de recursos disponíveis para a implementação das políticas e criação de uma arquitetura de proteção de dados e segurança da informação;

  e. A implementação de mecanismos de controle de acesso;

  f. A utilização de soluções de criptografia;

Cap. XVI • SEGURANÇA DA INFORMAÇÃO | **395**

g. O emprego de ferramentas de segurança para ativos físicos;

h. Mecanismos de segurança operacional no ambiente de trabalho;

i. Mecanismos de segurança nas comunicações;

j. Aquisição, desenvolvimento e manutenção de sistemas;

k. Diretrizes de relacionamento com fornecedores;

l. Mecanismos de gestão de incidentes de segurança;

m. Mecanismos de gestão da continuidade dos serviços;

n. A redação de uma política de conformidade;

o. Elaboração de relatórios de processamento de dados;

p. Métodos de arquivamento e exclusão;

q. Fixação de obrigações para funcionários e parceiros;

r. Adequação de portais eletrônicos às normas de proteção de dados;

s. Mecanismos de proteção aos direitos dos titulares de dados; (t) diretrizes a serem tomadas diante de violações;

t. Mecanismos de treinamento e informação.

(4) A documentação (Nachweise) e registro de evidências quanto às medidas adotadas no âmbito do programa de compliance, o que inclui a realização de auditorias periódicas das estratégias de proteção de dados e segurança da informação implementadas pela organização.[13] (tradução livre)

A estrutura proposta por Inge Hanschke é interessante, porque permite identificar quais elementos dizem respeito a cada uma das políticas, porém seus contornos abarcantes deixam claro que não se pode pensar em privacidade sem que sejam levadas em consideração estratégias efetivas de segurança da informação. Evidentemente que o modelo de Inge Hanschke não esgota todas as possibilidades de medidas de *compliance* de dados ou de segurança da informação, mas certamente serve como relevante ponto de partida, que pode ser complementado e adaptado tanto às necessidades concretas de cada organização quanto as exigências a serem apresentadas pela ANPD.

XVI.6. COMUNICAÇÃO DE INCIDENTES DE SEGURANÇA

Considerando a grande recorrência de incidentes de segurança na atualidade, assim como o desconhecimento quanto a seus verdadeiros impactos sobre os indivíduos, é fundamental que sejam desenvolvidas estratégias voltadas a comunicá-los o mais rápido possível à ANPD e eventuais outras autoridades competentes, seja com vistas a demonstrar o comprometimento do agente de tratamento com o endereçamento daquela contingência determinada, seja no intuito de possibilitar que a autoridade intervenha sobre a questão.

---

[13] HANSCHKE, Inge. *Informationssicherheit und Datenschutz systematisch und nachhaltig gestalten*: Eine kompakte Einführung in die Praxis. Wiesbaden: Springer, 2019.

Doutrina Brasileira – Ana Frazão e Mariana Pinto

"A efetiva e adequada adoção de medidas de segurança, de ordem técnica e administrativa, aptas a proteger dados pessoais, não elimina a possibilidade de ocorrência de incidentes de segurança. Em outros termos, certo grau de vulnerabilidade remanescerá, por mais zelosos sejam os agentes de tratamento em relação à proteção de dados, notadamente no que tange à observância dos princípios da segurança e da prevenção (LGPD, art. 6º, VII e VIII) e, ainda, à adoção e à atualização periódica de regras de boas práticas e de governança (LGPD, art. 50).

Nesse compasso, cabe refletir acerca da postura a ser adotada pelos agentes de tratamento de dados pessoais, sobretudo pelo controlador, diante da verificação de um incidente de segurança.

O incidente de segurança (i) pode envolver os mais diversos tipos de dados pessoais, incluindo aqueles que se apresentem como sensíveis; (ii) pode voltar-se na direção dos mais variados controladores, de diferentes portes, atingindo, por exemplo, uma pessoa natural que preste serviços autonomamente, uma associação, uma sociedade ou o Poder Público; e (iii) pode decorrer da postura dos mais distintos agentes, advindo, ainda a título exemplificativo, da atuação de um funcionário do controlador ou do operador ou, ainda, de *hackers* integrantes de uma organização criminosa.

Sua gravidade oscila em função do potencial de exposição dos titulares de tais dados. Assim, pode-se ter, *e.g.*, desde uma simples alteração acidental e momentânea de dados pessoais, fruto de culpa pontual de um específico funcionário do controlador e plenamente revertida em um segundo momento, a, até mesmo, em outro extremo, um complexo sequestro de dados pessoais sensíveis, constantes de banco de dados de uma organização internacional, realizado por um grupo extremista". [14]

Nesse sentido, a LGPD exige que o controlador comunique a ANPD e o titular caso ocorra um incidente de segurança envolvendo dados pessoais que possa acarretar risco ou dano relevante ao titular, conforme preceitua o art. 48 da Lei.

LGPD, Art. 48. O controlador deverá comunicar à autoridade nacional e ao titular a ocorrência de incidente de segurança que possa acarretar risco ou dano relevante aos titulares.

Posição da ANPD: O que é um incidente de segurança?

"Um incidente de segurança envolvendo dados pessoais é qualquer evento adverso confirmado, relacionado à violação na segurança de dados pessoais, tais como acesso não autorizado, acidental ou ilícito que resulte

---

[14] FRAZÃO, Ana; PINTO, Mariana. *Compliance* de dados e incidentes de segurança. In: PINHEIRO, Caroline da Rosa (coord.). Compliance *entre a teoria e prática*: reflexões contemporâneas e análise dos programas de integridade das companhias listadas no novo mercado. São Paulo: Foco, 2022.

na destruição, perda, alteração, vazamento ou ainda, qualquer forma de tratamento de dados inadequada ou ilícita, os quais possam ocasionar risco para os direitos e liberdades do titular dos dados pessoais". [15]

Conforme já indicado pela LGPD, é obrigação do controlador comunicar a ocorrência do incidente de segurança à ANPD e ao titular, quando aplicável, ou seja, quando tal incidente puder acarretar risco ou dano relevante a este último.

A ANPD recomenda que se adote posição de cautela, de modo que a comunicação seja realizada mesmo nos casos em que houver dúvida sobre a relevância dos riscos e danos envolvidos. Nesse sentido, eventual e comprovada subavaliação dos riscos e danos por parte do controlador poderia ser entendida como descumprimento à LGPD.[16]

No entanto, mesmo que a responsabilidade e a obrigação de comunicação do incidente de segurança à ANPD sejam do controlador, caso excepcionalmente sejam apresentadas informações pelo operador, elas, por óbvio, serão devidamente analisadas pela Autoridade.

> **Posição da ANPD: O que fazer em caso de um incidente de segurança com dados pessoais?**
>
> - Avaliar internamente o incidente – natureza, categoria e quantidade de titulares de dados afetados, categoria e quantidade dos dados afetados, consequências concretas e prováveis. Vide formulário de avaliação constante do sítio eletrônico da ANPD;
> - Comunicar ao encarregado (Art. 5º, VIII da LGPD);
> - Comunicar ao controlador, se você for o operador, nos termos da LGPD;
> - Comunicar à ANPD e ao titular de dados, em caso de risco ou dano relevante aos titulares (Art. 48 da LGPD); e
> - Elaborar documentação com a avaliação interna do incidente, medidas tomadas e análise de risco, para fins de cumprimento do princípio de responsabilização e prestação de contas (Art. 6º, X da LGPD). [17]

Caso ocorra um incidente de segurança, é necessário avaliar, portanto, se ele tem o potencial de gerar um risco ou dano relevante aos titulares. Cabe ao controlador avaliar internamente a relevância do risco ou dano do incidente de segurança para determinar se deverá comunicar à ANPD e ao titular. Para tanto, sugere-se responder internamente às perguntas abaixo elaboradas pela própria Autoridade.[18]

---

[15] Disponível em: https://www.gov.br/anpd/pt-br/assuntos/incidente-de-seguranca.
[16] Disponível em: https://www.gov.br/anpd/pt-br/assuntos/incidente-de-seguranca.
[17] Disponível em: https://www.gov.br/anpd/pt-br/assuntos/incidente-de-seguranca.
[18] Disponível em: https://www.gov.br/anpd/pt-br/assuntos/incidente-de-seguranca.

Nesse sentido, a comunicação à ANPD não será necessária se (i) não houver um incidente de segurança relacionado a dados pessoais ou (ii) o responsável pelo tratamento puder demonstrar, de forma irrefutável, que a violação da segurança dos dados pessoais não constitui um risco relevante para os direitos e liberdades do titular dos dados.

> **Posição da ANPD: Como avaliar se há um risco ou dano relevante?**
>
> Critérios mais objetivos serão objeto de futura regulamentação e não poderão ser aqui exigidos sob pena de se inovar na LGPD. De toda forma, pode-se extrair da LGPD que a probabilidade de risco ou dano relevante para os titulares será maior sempre que o incidente envolver dados sensíveis ou de indivíduos em situação de vulnerabilidade, incluindo crianças e adolescentes, ou tiver o potencial de ocasionar danos materiais ou morais, tais como discriminação, violação do direito à imagem e à reputação, fraudes financeiras e roubo de identidade.
>
> Da mesma forma, deve-se considerar o volume de dados envolvido, o quantitativo de indivíduos afetados, a boa-fé e as intenções dos terceiros que tiveram acesso aos dados após o incidente e a facilidade de identificação dos titulares por terceiros não autorizados.[19]

De toda sorte, a postura mais prudente a ser adotada pelos agentes de tratamento, ainda mais diante da complexidade da avaliação da probabilidade de risco ou dano relevante para titulares de dados, é aquela segundo a qual, em caso de dúvida, seja feita a comunicação do incidente, o que se reforça com os deveres de cuidado decorrentes da boa-fé objetiva (LGPD, art. 6º, *caput*) e do princípio da prevenção (LGPD, art. 6º, VIII).

Caso a comunicação seja realmente necessária, há que se observar o conteúdo mínimo que deverá constar na comunicação, conforme indicado no § 1º do art. 48 da LGPD e detalhado pela ANPD.

---

[19] Disponível em: https://www.gov.br/anpd/pt-br/assuntos/incidente-de-seguranca.

> **LGPD, Art. 48, § 1º** A comunicação será feita em prazo razoável, conforme definido pela autoridade nacional, e deverá mencionar, no mínimo:
>
> **I** – a descrição da natureza dos dados pessoais afetados;
>
> **II** – as informações sobre os titulares envolvidos;
>
> **III** – a indicação das medidas técnicas e de segurança utilizadas para a proteção dos dados, observados os segredos comercial e industrial;
>
> **IV** – os riscos relacionados ao incidente;
>
> **V** – os motivos da demora, no caso de a comunicação não ter sido imediata; e
>
> **VI** – as medidas que foram ou que serão adotadas para reverter ou mitigar os efeitos do prejuízo.

Posição da ANPD: O que comunicar à ANPD?

As informações devem ser claras e concisas. Além do que prescreve o § 1º do artigo 48 da LGPD, recomenda-se que a comunicação contenha as informações abaixo:

- Identificação e dados de contato de:
  - Entidade ou pessoa responsável pelo tratamento;
  - Encarregado de dados ou outra pessoa de contato;
  - Indicação se a notificação é completa ou parcial. Em caso de comunicação parcial, indicar que se trata de uma comunicação preliminar ou de uma comunicação complementar.

- Informações sobre o incidente de segurança com dados pessoais:
  - Data e hora da detecção;
  - Data e hora do incidente e sua duração;
  - Circunstâncias em que ocorreu a violação de segurança de dados pessoais, por exemplo, perda, roubo, cópia, vazamento, dentre outros;
  - Descrição dos dados pessoais e informações afetadas, como natureza e conteúdo dos dados pessoais, categoria e quantidade de dados e de titulares afetados;
  - Resumo do incidente de segurança com dados pessoais, com indicação da localização física e meio de armazenamento;
  - Possíveis consequências e efeitos negativos sobre os titulares dos dados afetados;
  - Medidas de segurança, técnicas e administrativas preventivas tomadas pelo controlador de acordo com a LGPD;
  - Resumo das medidas implementadas até o momento para controlar os possíveis danos;

- Possíveis problemas de natureza transfronteiriça;
- Outras informações úteis às pessoas afetadas para proteger seus dados ou prevenir possíveis danos.

Caso não seja possível fornecer todas as informações no momento da comunicação preliminar, informações adicionais poderão ser fornecidas posteriormente. No entanto, no momento da comunicação preliminar, deverá ser informado à ANPD se serão fornecidas mais informações posteriormente, bem como quais meios estão sendo utilizados para obtê-las. A ANPD também poderá requerer informações adicionais a qualquer momento.[20]

Além disso, em relação ao prazo de comunicação, a LGPD determina que a comunicação do incidente de segurança seja feita em prazo razoável (art. 48, § 1º), conforme será definido pela ANPD. Embora não haja ainda regulamentação nesse sentido, a comunicação rápida e detalhada demonstrará transparência e boa-fé e será considerada em eventual fiscalização.

Posição da ANPD: Qual o prazo para comunicar um incidente de segurança à ANPD?

Enquanto pendente a regulamentação, é recomendável que, após a ciência do evento adverso e havendo risco relevante, a ANPD seja comunicada com a maior brevidade possível, sendo tal considerado a título indicativo o prazo de 2 dias úteis, contados da data do conhecimento do incidente.[21]

Por fim, o art. 49 da LGPD estabelece que os sistemas utilizados para o tratamento de dados pessoais devem ser estruturados de forma a atender aos requisitos de segurança, aos padrões de boas práticas e de governança e aos princípios gerais previstos na LGPD e nas demais normas regulamentares.

LGPD, Art. 49, LGPD. Os sistemas utilizados para o tratamento de dados pessoais devem ser estruturados de forma a atender aos requisitos de segurança, aos padrões de boas práticas e de governança e aos princípios gerais previstos nesta Lei e às demais normas regulamentares.

Doutrina Brasileira – Ana Frazão e Mariana Pinto

"O desafio inicial do gerenciamento de um incidente pode vincular-se à própria confirmação da existência, ou não, de um incidente de segurança. De todo modo, uma vez superada essa primeira etapa, faz-se necessário analisar todas as informações disponíveis acerca do incidente, com o objetivo de identificar a sua espécie; os ativos comprometidos (*softwares*, redes, sistemas operacionais etc.); os dados pessoais envolvidos; de que maneira tais dados foram afetados

---

[20] Disponível em: https://www.gov.br/anpd/pt-br/assuntos/incidente-de-seguranca.
[21] Disponível em: https://www.gov.br/anpd/pt-br/assuntos/incidente-de-seguranca.

(foram acessados, divulgados, copiados, modificados, corrompidos, bloqueados, roubados, excluídos etc.); a reversibilidade, ou não, do quadro de afetação; o responsável pelo incidente; a sua eventual motivação; e os seus possíveis impactos. (...)

Incidentes de segurança de menor complexidade podem ser enfrentados pela equipe interna do próprio agente de tratamento; já os de maior complexidade podem demandar a realização de perícias e, até mesmo, em situações ainda mais graves e extremas, usualmente associadas a sofisticados ataques cibernéticos, justificar a montagem de uma sala de guerra (*war room*), com a escalação de um específico time de gerenciamento de crise, composto por profissionais internos e externos de diferentes expertises.

Assim, a depender do caso concreto, a verificação da efetiva capacidade do incidente de segurança de gerar risco ou dano relevante aos titulares de dados pessoais – gatilho para a necessidade de envio da comunicação à ANPD e a tais titulares – pode, legítima e justificadamente, consumir parcela considerável do prazo compreendido entre a identificação do aludido incidente e o envio da mencionada comunicação, sem que isso, por si só, suprima a razoabilidade de tal prazo".[22]

Doutrina Brasileira – Ana Frazão e Mariana Pinto

"Além da comunicação e do gerenciamento interno preliminar do incidente, outras medidas poderão e/ou deverão ser tomadas com o propósito de reverter ou ao menos mitigar os possíveis danos dele decorrentes, sendo certo que algumas delas podem, inclusive, já constar do próprio programa de *compliance* de dados do agente de tratamento afetado pelo incidente, majorando as chances de uma resposta mais rápida e mais eficiente. (...)

Adicionalmente, e também a depender da modalidade de incidente verificada, pode o controlador optar por abrir outras frentes, sempre em busca da reversão do quadro instaurado, tais como:

1. Criação de canais de comunicação com os titulares atingidos, disponibilizando, por exemplo, um sistema de monitoramento on-line da situação de tais dados após a verificação do incidente;

2. Escalação de um grupo de gerenciamento de crise, composto por profissionais internos e externos, de diferentes expertises, compreendendo desde a capacidade de identificar e restaurar os ativos comprometidos (*softwares*, redes, sistemas operacionais etc.) e resgatar *backups* a, até mesmo, a aptidão para negociar pedidos de resgate com responsáveis por sequestros de dados, cada vez mais frequentes; e

3. Implementação, na medida do possível, de fluxos e sistemas alternativos, durante o interregno compreendido entre a confirmação da existência do incidente e o retorno à situação de normalidade.

---

[22] FRAZÃO, Ana; PINTO, Mariana. *Compliance* de dados e incidentes de segurança. In: PINHEIRO, Caroline da Rosa (coord.). Compliance *entre a teoria e prática*: reflexões contemporâneas e análise dos programas de integridade das companhias listadas no novo mercado. São Paulo: Foco, 2022.

De todo modo, há ao menos duas ações que devem ser tomadas independentemente da modalidade de incidente de segurança e das especificidades do caso concreto.

A primeira delas consiste na revisão e eventual atualização do programa de *compliance* de dados, incluindo as regras de boas práticas e de governança, a partir da reavaliação do risco (LGPD, art. 50, § 3º). Logicamente, incidentes de segurança não devem ocorrer. Nesse passo, os agentes de tratamento efetivamente devem empenhar-se para preveni-los, em prol da segurança dos dados".[23]

---

[23] FRAZÃO, Ana; PINTO, Mariana. *Compliance* de dados e incidentes de segurança. In: PINHEIRO, Caroline da Rosa (coord.). Compliance *entre a teoria e prática*: reflexões contemporâneas e análise dos programas de integridade das companhias listadas no novo mercado. São Paulo: Foco, 2022.

Capítulo XVII
COMPLIANCE DE DADOS E GOVERNANÇA

XVII.1. ASPECTOS FUNDAMENTAIS

Diante das dificuldades para assegurar a efetividade da LGPD, o *compliance* de dados apresenta-se como um dos fatores fundamentais para tal propósito, razão pela qual a própria Lei deposita grande expectativa na adesão voluntária dos agentes de tratamento aos seus comandos.

Mais do que incentivar o cumprimento espontâneo da legislação pelos agentes de tratamento, o que se quer é também estimular a busca por soluções que sejam compatíveis e ajustáveis aos seus modelos de negócios, já que tudo leva a crer que seria desastroso pretender uma aplicação linear e absolutamente uniforme da LGPD a empresas que possuem distintas estruturas e portes, assim como realizam tratamentos de dados sujeitos a riscos muito diversos.

Acresce que, sob várias perspectivas, o *compliance* de dados pode ir além das obrigações legais, oferecendo soluções criativas que possam reforçar ou ampliar a estrutura protetiva básica já contida na legislação. Afinal, o compromisso do *compliance* não é apenas com o cumprimento da legalidade, mas também com a ética nos negócios, o que muitas vezes irá exigir soluções espontâneas que vão além dos deveres impostos pela LGPD.

Além de todos esses objetivos, dentre os quais se ressalta a necessária adaptação dos comandos gerais da LGPD à realidade de cada atividade econômica, o *compliance* de dados também precisará endereçar o necessário diálogo entre as regras específicas de proteção de dados com as demais regras que continuarão incidindo sobre diversas situações, tais o Direito Civil, o Direito Comercial, o Direito da Concorrência, o Direito do Trabalho, o Direito do Consumidor, o Direito Eleitoral, dentre inúmeras outras.

De fato, até o Direito das Sucessões foi impactado pelos dados, pois hoje uma das discussões centrais da chamada "sucessão digital" é saber em que medida os dados pessoais podem ou devem ser transferidos aos sucessores, especialmente quando o falecido não deixou manifestação de vontade expressa, o que faz com que agentes de tratamento precisem estar preparados para demandas de sucessores nesse sentido.

CURSO DE PROTEÇÃO DE DADOS PESSOAIS – Frazão • Carvalho • Milanez

Soma-se a isso o fato de que, por mais que a LGPD seja consideravelmente abrangente, ainda mais quando vista sob a perspectiva de diálogo com as demais ordens normativas, vários assuntos fundamentais para a proteção de dados continuam sem respostas claras. Não é sem razão que a União Europeia, mesmo tendo o RGPD, discute, na atualidade, novo regramento a respeito da utilização da inteligência artificial,[1] questão cujo endereçamento é fundamental para uma efetiva proteção dos dados pessoais.

XVII.2. CONTEXTUALIZAÇÃO SOBRE *COMPLIANCE* DE DADOS

O *compliance* pode ser visto como um conjunto de ações a serem adotadas no ambiente corporativo para que se reforce a anuência da empresa à legislação vigente e aos preceitos éticos aplicáveis. Do ponto de vista prático, um dos principais resultados esperados de um bom programa de *compliance* é a prevenção das infrações ou, não sendo possível evitá-las, a tomada de providências que assegurem o imediato retorno à normalidade e a mitigação dos eventuais danos.[2]

Mais do que o mero cumprimento da legislação, o *compliance* também tem por objetivo criar, difundir e consolidar uma cultura e uma prática de respeito às normas jurídicas e éticas, razão pela qual comumente é baseado em códigos de ética ou princípios, cuja finalidade é mostrar como os objetivos empresariais de cada agente econômico podem e devem ser buscados de forma compatível com a preservação dos valores defendidos pela organização.

Para atingir os seus objetivos, além da especificação dos princípios e valores que devem ser observados por todos os membros da empresa, os programas de *compliance* devem ter também regras de conduta que permitam o gerenciamento e a supervisão do risco empresarial, inclusive para eventuais atualizações que se façam necessárias.

Exatamente por isso, a adaptação organizacional é uma das questões mais importantes de um programa de *compliance* robusto e eficaz, já que se espera do agente econômico a criação de uma estrutura adaptada aos riscos da atividade desenvolvida e que permita o monitoramento permanente de tal risco, identificando falhas e debilidades em tempo razoável a fim de solucioná-las adequadamente.

Outra preocupação dos programas de *compliance* é a mudança do ambiente institucional e da cultura corporativa. Isso porque a mudança individual de cada agente econômico pode induzir a modificação dos seus parceiros contratuais e demais agentes econômicos, gerando um efeito em cadeia.

---

[1]   EUROPEAN COMISSION. Proposal for a REGULATION OF THE EUROPEAN PARLIAMENT AND OF THE COUNCIL LAYING DOWN HARMONISED RULES ON ARTIFICIAL INTELLI-GENCE (ARTIFICIAL INTELLIGENCE ACT) AND AMENDING CERTAIN UNION LEGISLATIVE ACTS. Disponível em: https://digital-strategy.ec.europa.eu/en/library/proposal-regula-tion-laying-down-harmonised-rules-artificial-intelligence. Acesso em: 1º maio 2021.

[2]   Nesse sentido: FRAZÃO, Ana. Propósitos, desafios e parâmetros gerias dos programas de *compliance* e das políticas de proteção de dados. In: FRAZÃO, Ana (coord.); CUEVA, Ricar-do Villas Bôas (coord.). *Compliance e Políticas de Proteção de Dados*. São Paulo: Thomson Reuters Brasil, 2022. p. 36.

Por isso, é fundamental que os programas de *compliance* não tenham apenas efeitos internos, mas permitam também a exteriorização dos valores e dos compromissos da empresa para a sociedade, inclusive para que seja possível exigir dos parceiros comerciais o mesmo respeito às regras de conduta estabelecidas.

Especificamente no caso do *compliance* de dados, todos esses objetivos estão relacionados ao cumprimento dos direitos dos titulares de dados, motivo pelo qual a LGPD assume papel de destaque. No entanto, ainda que as sanções que podem ser aplicadas pela ANPD sejam justificáveis, acabam tendo alcance prático limitado, de forma que se torna importante encontrar caminhos e alternativas que vão além do modelo comando-controle.

No caso específico da proteção de dados, por mais que a LGPD se baseie igualmente no *enforcement* a ser conferido pela ANPD, esta é apenas uma parte de um projeto maior, que envolve a cooperação entre os agentes e a criação de instituições fortes que possam fortalecer tal propósito.

Por instituições, deve-se entender as regras que definem o comportamento e a atuação das pessoas ou, no caso da atividade econômica, as regras do jogo.[3] As regras jurídicas são apenas uma parte de um conjunto mais sofisticado, no qual as regras sociais têm um peso tão ou mais importante do que o das regras jurídicas, sendo muitas vezes a principal causa de ineficácia destas últimas.

Portanto, ter sanções pesadas não adianta tanto se as regras sociais existentes incentivam que tais regras jurídicas sejam ignoradas ou mesmo descumpridas. Logo, deve-se atentar mais em relação à cultura e aos valores sociais, bem como à importância do exemplo e das dinâmicas de grupo, os quais são muitas vezes os aspectos mais relevantes do comportamento humano, reduzindo ou mesmo minando os incentivos para o cumprimento das regras jurídicas.

A ética também é um vetor de alta importância, já que, quando as pessoas entendem o valor intrínseco de suas ações, sentem-se mais motivadas para cumprir as regras independentemente do medo de serem sancionadas ou do cálculo econômico. A exteriorização da ética também tem repercussões sociais relevantes, especialmente quando é feita por líderes ou pessoas que ocupam posições de comando ou exercem papéis sociais nos quais outras pessoas podem se espelhar e inspirar.

Dessa forma, ao analisar o cumprimento das regras jurídicas pela perspectiva das instituições e da ética, percebe-se que os incentivos decorrentes da aplicação de sanções não são suficientes para endereçar os problemas existentes. Por isso, torna-se necessário à regulação jurídica estabelecer um diálogo com as instituições e com a ética, a partir de uma preocupação maior com a legitimidade e aceitação racional das normas jurídicas pelos destinatários (i.e., quem as cumpre) e com a utilização eficiente do direito para modificar as instituições e fomentar a própria moral e a ética.

Diante disso, é possível retirar uma primeira conclusão sobre o papel do *compliance* de dados: a necessidade de que ele esclareça a todos os seus desti-

---

3   NORTH, Douglass. *Institutions, institutional change and economic performance.* Cambridge: Cambridge University Press, 1990.

natários as razões pelas quais os dados pessoais devem ser protegidos e como tal proteção, além de ser fundamental para a tutela dos objetivos previstos pela legislação, pode criar valor para a empresa, tornando-se fator essencial de reputação, competitividade e posicionamento da empresa no mercado.

Assim, o importante é que, na seara do *compliance* de dados, a relação de complementariedade entre a iniciativa privada e o Estado seja constante e consistente. Por isso, um bom programa de *compliance* deve basear-se na análise de risco da atividade e na criação de uma organização adaptada ao risco assumido, evitando-se ilícitos ou preparando-se para que eles sejam solucionados da forma mais rápida e eficiente possível quando eles acontecerem.

Os administradores passam a ter a responsabilidade de estruturar e manter uma organização que tenha a capacidade de gerenciar o risco assumido e, com isso, o dever de diligência dos administradores de empresas ganha uma dimensão organizacional.

Então, é importante pensar nos mecanismos de reforço dos programas de *compliance*, de forma a se atingir o equilíbrio proposto acima. Contudo, diante dos altos custos relacionados a construção de um bom programa de *compliance*, a regulação jurídica tradicional exerce um papel maior do que o simples binômio exigência/punição: o foco passa a ser também a criação de incentivos para que os agentes adotem tais programas de forma voluntária, do ponto de vista valorativo e de interesse pessoal.

Em razão de tudo isso, a ANPD torna-se ainda mais importante, tanto no que se refere à regulamentação de temas ainda em aberto (que podem ser um obstáculo para a sua compreensão e aplicação) quanto para sinalizar de que forma a LGPD deve ser observada e prover incentivos para tanto. Por essa razão, a própria LGPD depositou expectativas altas nos programas de *compliance*.

Entretanto, como já se viu, é importante ter em mente que tais programas não se estruturam e são implementados em um vazio institucional. Dependem dos objetivos, regras e mesmo dos incentivos da ANPD, razão pela qual se está diante de um ambiente melhor caracterizado como corregulação ou autorregulação regulada do que propriamente de uma autorregulação por parte dos agentes de tratamento.

XVII.3. *COMPLIANCE* DE DADOS NO CONTEXTO DOS DEMAIS PROGRAMAS DE *COMPLIANCE*

A rigor, o *compliance* de dados não se diferencia essencialmente do *compliance* geral já praticado pelos agentes de tratamento. Aliás, deve o *compliance* de dados ser inserido no contexto mais amplo de programas de conformidade, considerando que a proteção de dados é um assunto transversal e se projetará em diversas outras áreas do *compliance*, tais como relações com empregados, com consumidores, com fornecedores, dentre outras.

Dessa maneira, para que seja verdadeiramente efetivo, um programa de *compliance* de dados deve rigorosamente atender aos requisitos gerais para que se considere um programa de conformidade robusto, tais como: (i) avaliação contínua de riscos e atualização do programa; (ii) elaboração dos códigos e regulamentos que regulem a forma como se deve atuar na organização; (iii) organização compatível com o risco da atividade; (iv) comprometimento da alta administração; (v) autonomia e independência do setor responsável pela supervisão do programa de *compliance*; (vi) treinamentos periódicos; (vii) criação de uma cultura corporativa de respeito à ética e às leis; (viii) monitoramento constante dos controles e processos instituídos pelo programa de *compliance*; (ix) canais seguros e abertos de comunicação de infrações e mecanismos de proteção dos informantes; (x) detecção, apuração e punição de condutas contrárias ao programa de *compliance*.[4]

O *compliance* de dados, nesse sentido, deverá articular tais requisitos básicos com os elementos especificamente relacionados à tutela da privacidade e da proteção dos dados pessoais, que invariavelmente dialogam com as etapas acima elencadas. Assim, deve o programa de *compliance* de dados promover o mapeamento e identificação dos riscos e contingências associados a dados pessoais, o que pressupõe o mapeamento dos fluxos de dados, suas origens e destinos, dentre outras características, para que então se proceda à verificação do papel de agente de tratamento exercido pela organização e à identificação das bases legais que incidem em cada caso concreto.

XVII.4. RELAÇÃO ENTRE TECNOLOGIA E PROGRAMAS DE *COMPLIANCE* DE DADOS

A regulação pela própria tecnologia tem se tornado cada vez mais relevante, especialmente nos mercados digitais, motivo pelo qual muitas das obrigações da LGPD devem ser operacionalizadas não apenas por regras de condutas, mas também por soluções tecnológicas que já impeçam, facilitem ou dificultem determinadas ações.[5]

É nesse contexto que cresce a implementação do que se chama de *privacy by design* e *privacy by default*. A primeira diz respeito ao fato de que, quando algum agente decide realizar um tratamento de dados pessoais, deve pensar na privacidade em cada passo adotado, incluindo o projeto, desenvolvimento de produtos e softwares, sistemas de informática, dentre outros, garantindo a privacidade durante todo o tratamento. Já a segunda diz respeito ao fato de que, ao lançar qualquer produto ou serviço, a privacidade deve ser protegida sem que se exija do usuário qualquer iniciativa para tanto.

Daí a importância das tecnologias reforçadoras da privacidade ou *PETs – Privacy Enhancing Technologies*, que são exemplos de como a tecnologia pode

---

[4] Ver, nesse sentido: FRAZÃO, Ana; MEDEIROS, Ana Rafaela Martinez. Desafios para a efetividade dos programas de *compliance*. In: CUEVA, Ricardo Villas Bôas; FRAZÃO, Ana. *Compliance*: perspectivas e desafios dos programas de conformidade. Belo Horizonte: Fórum, 2018. p. 95.

[5] Ver: FRAZÃO, Ana. Propósitos, desafios e parâmetros gerias dos programas de *compliance* e das políticas de proteção de dados. In: FRAZÃO, Ana (coord.); CUEVA, Ricardo Villas Bôas (coord.). *Compliance e Políticas de Proteção de Dados*. São Paulo: Thomson Reuters Brasil, 2022. p. 33-64.

408 | CURSO DE PROTEÇÃO DE DADOS PESSOAIS – *Frazão • Carvalho • Milanez*

ser utilizada em prol da privacidade, o que se projeta desde a configuração de equipamentos eletrônicos, como *tablets* e *smart phones*,[6] até a estruturação de produtos e serviços.

A regulação pela tecnologia tem muitas vantagens desde que orientada para a consecução de valores importantes e compatível com os direitos daqueles afetados, até porque evita o problema do *moral agency*. Assim, o comportamento das pessoas deixa de ser uma escolha entre cumprir um comando ou não e torna-se uma decisão forçada por meio de restrições físicas. Se isso é bom por um lado, também tem repercussões sobre a liberdade das pessoas, porque elas perdem o direito de escolher.[7]

Com isso, percebe-se que a tecnologia, em si, não é nem boa nem ruim. Tudo depende dos seus propósitos, da forma como foi desenhada para atingi-los e do grau de transparência que permita que tais fatores sejam controlados. Justamente por isso a tecnologia pode ser um instrumento importante para a tutela dos dados pessoais.

Nessa lógica, a LGPD, em diversos momentos, centraliza o núcleo da eficácia de diversos instrumentos e medidas na escolha da tecnologia, a exemplo da anonimização e da segurança de dados. Há também grande preocupação com o papel da ANPD na regulamentação de tecnologias que podem/devem ser usadas pelos agentes de tratamento.

Por essa razão, assim como não se pode negligenciar o papel da tecnologia na regulação dos mercados digitais, não é possível imaginar a tecnologia como único ou principal vetor dessa regulação.

XVII.5. PARÂMETROS PREVISTOS PELA LGPD E O SEU DIÁLOGO COM OS REQUISITOS GERAIS DOS PROGRAMAS DE *COMPLIANCE*

a) Aspectos gerais: mapeamento dos fluxos de dados e seus riscos

Todas as discussões expostas anteriormente buscam assegurar o regime protetivo da LGPD e uma cultura organizacional que valorize e proteja os dados pessoais. Para isso, é imprescindível mapear todos os fluxos de dados da empresa, avaliar os riscos de cada um e se e em que medida eles são necessários, adequados e justificáveis à luz de uma das bases legais de tratamento previstas nos arts. 7º e 11 da LGPD.

Depois disso, deve-se buscar soluções para que todas as atividades de tratamento estejam adequadas aos princípios gerais previstos no art. 6º da LGPD e também aos direitos dos titulares. A depender da atividade, será possível identificar diferentes riscos que merecerão soluções diversas e específicas.

Diante disso, um bom programa de *compliance* de dados deve ser flexível o suficiente para fazer tais diferenciações, inclusive para aumentar os padrões de precaução e segurança em relação a tratamentos de dados que sejam mais arriscados.

---

[6] WALDMAN, Ari Ezra. Designing without privacy. *Houston Law Review*, v. 55, n. 3, p. 659-727, 2018.

[7] ROWLAND, Diane; KOHL, Uta; CHARLESWORTH, Andrew. *Information Technology Law*. Nova York: Routledge, 2012. p. 14.

Além desses deveres, que certamente deverão ser considerados em todos os programas de *compliance*, a LGPD trata especificamente da questão no Capítulo VII, que está dividido em duas seções (Segurança e Boas Práticas) que serão examinadas a seguir

b) Segurança e Sigilo de Dados

Na primeira seção do Capítulo VII, a LGPD dedica-se ao tema da segurança e do sigilo de dados, que certamente é um dos mais importantes para qualquer programa de *compliance*. Nesse sentido, a lei impõe as seguintes obrigações aos agentes de tratamento.

Obrigações legais dos agentes de tratamento

1. Adoção de medidas de segurança, técnicas e administrativas aptas a proteger os dados pessoais de acessos não autorizados e de situações acidentais ou ilícitas de destruição, perda, alteração, comunicação ou qualquer forma de tratamento inadequado ou ilícito (LGPD, art. 46), medidas que devem ser observadas desde a concepção do produto ou do serviço até a sua execução (LGPD, art. 46, § 2º);

2. Garantia da segurança da informação em relação aos dados pessoais, mesmo após o término do tratamento de dados, obrigação que é igualmente estendida a qualquer pessoa que intervenha em qualquer das fases do tratamento (LGPD, art. 47);

3. Obrigação do controlador de comunicar à ANPD e ao titular a ocorrência de incidente de segurança que possa acarretar risco ou dano relevante aos titulares (LGPD, art. 48);

4. Estruturação dos sistemas utilizados para o tratamento de dados pessoais de forma a atender aos requisitos de segurança, aos padrões de boas práticas e de governança e aos princípios gerais previstos na LGPD e nas demais normas regulamentares (LGPD, art. 49).

A LGPD preocupa-se prioritariamente com a questão da segurança dos dados, que representa um dos aspectos mais importantes de um regime eficiente de proteção de dados. Como fica claro pelo art. 46 da LGPD, a questão da segurança de dados envolve tanto questões técnicas quanto administrativas, ou seja, cuidados na distribuição de competências entre membros de uma organização.

Dependendo da natureza dos dados e dos riscos do tratamento, é aconselhável restringir e monitorar o acesso aos dados pessoais objeto de tratamento, para prevenir incidentes indesejáveis.

Como a questão da segurança dos dados envolve diretamente a questão da regulação pela tecnologia, é fundamental o papel da ANPD para determinar, conforme o caso e a partir dos modelos comumente adotados pelo mercado, as tecnologias e medidas de segurança a serem tomadas.

Não é sem razão que o art. 46, § 1º, da LGPD prevê que a ANPD poderá dispor sobre padrões técnicos mínimos, considerados a natureza das informações tra-

410 CURSO DE PROTEÇÃO DE DADOS PESSOAIS – *Frazão* • *Carvalho* • *Milanez*

tadas, as características específicas do tratamento e o estado atual da tecnologia, especialmente no caso de dados pessoais sensíveis, assim como os princípios previstos no art. 6º da Lei.

> **LGPD, Art. 48.** O controlador deverá comunicar à autoridade nacional e ao titular a ocorrência de incidente de segurança que possa acarretar risco ou dano relevante aos titulares.
>
> **§ 1º** A comunicação será feita em prazo razoável, conforme definido pela autoridade nacional, e deverá mencionar, no mínimo:
>
> I – a descrição da natureza dos dados pessoais afetados;
>
> II – as informações sobre os titulares envolvidos;
>
> III – a indicação das medidas técnicas e de segurança utilizadas para a proteção dos dados, observados os segredos comercial e industrial;
>
> IV – os riscos relacionados ao incidente;
>
> V – os motivos da demora, no caso de a comunicação não ter sido imediata; e
>
> VI – as medidas que foram ou que serão adotadas para reverter ou mitigar os efeitos do prejuízo.
>
> **§ 2º** A autoridade nacional verificará a gravidade do incidente e poderá, caso necessário para a salvaguarda dos direitos dos titulares, determinar ao controlador a adoção de providências, tais como:
>
> I – ampla divulgação do fato em meios de comunicação; e
>
> II – medidas para reverter ou mitigar os efeitos do incidente.
>
> **§ 3º** No juízo de gravidade do incidente, será avaliada eventual comprovação de que foram adotadas medidas técnicas adequadas que tornem os dados pessoais afetados ininteligíveis, no âmbito e nos limites técnicos de seus serviços, para terceiros não autorizados a acessá-los.

Assim, até que haja a regulamentação da ANPD, os agentes econômicos terão maior liberdade para implementar suas medidas de segurança com base nas tecnologias disponíveis no mercado, desde que, é claro, elas sejam adequadas para os objetivos propostos.

Além das medidas preventivas, a LGPD também prevê uma série de medidas para mitigação de danos na hipótese de incidente de segurança, seja em razão da falha do agente econômico, seja em razão de ataques externos, como os de *hackers* e outros terceiros. Com efeito, em seu art. 48, § 1º, a LGPD trata da comunicação do incidente de segurança, conforme já abordado no Capítulo XVI.

Já o art. 48, § 2º, determina especificamente que a ANPD verificará a gravidade do incidente e poderá, caso necessário para a salvaguarda dos direitos dos titulares, determinar ao controlador a adoção de providências, tais como a ampla divulgação do fato em meios de comunicação e medidas para reverter ou mitigar os efeitos do incidente.

Portanto, tão importante quanto a comunicação do incidente é a adoção de medidas para reverter ou mitigar os seus efeitos, tal como mencionado pelo inciso VI do § 1º do art. 48 da LGPD.

Ainda é preciso mencionar o § 3º do art. 48, que esclarece que, no juízo de gravidade do incidente, a ANPD avaliará eventual comprovação de que foram adotadas medidas técnicas adequadas que tornem os dados pessoais afetados ininteligíveis, no âmbito e nos limites técnicos de seus serviços, para terceiros não autorizados a acessá-los. Trata-se de mais uma demonstração da importância das medidas técnicas e da adoção de tecnologias confiáveis para a proteção de dados.

c) Boas Práticas e Governança

A questão da segurança e do sigilo de dados não esgota o propósito de um bom programa de *compliance* de dados. Justamente por isso, a Seção II do Capítulo VII da LGPD, dedica-se a tratar das boas práticas e da governança de dados, que abrangeriam todos os demais propósitos de uma política de proteção de dados.

Nesse sentido, o art. 50 da LGPD ressalta o protagonismo dos agentes de tratamento para, individualmente ou por meio de associações, formular regras para assegurar a tutela dos dados.

> **LGPD, Art. 50.** Os controladores e operadores, no âmbito de suas competências, pelo tratamento de dados pessoais, individualmente ou por meio de associações, poderão formular regras de boas práticas e de governança que estabeleçam as condições de organização, o regime de funcionamento, os procedimentos, incluindo reclamações e petições de titulares, as normas de segurança, os padrões técnicos, as obrigações específicas para os diversos envolvidos no tratamento, as ações educativas, os mecanismos internos de supervisão e de mitigação de riscos e outros aspectos relacionados ao tratamento de dados pessoais.

O artigo ressalta as ações educativas, que são fundamentais para que o *compliance* crie uma conscientização dentro da organização, fortalecendo a cultura organizacional da empresa, especialmente em relação aos destinatários do programa de *compliance*, que irão cumpri-lo no final das contas.

O artigo também destaca aspecto fundamental de qualquer programa de *compliance*: a existência de mecanismos internos de supervisão e de mitigação de riscos, partindo da premissa de que o acompanhamento do tratamento de dados deve ser dinâmico e atualizado, permitindo que as adaptações necessárias sejam feitas ao longo de todo o processo. Isso é ainda mais importante quando o tratamento envolver a utilização de sistemas de inteligência artificial nos quais, a exemplo do *machine learning*, possa haver alterações e adaptações constantes no código, de forma que o monitoramento constante possibilita a identificação e reparação de resultados indesejáveis o quanto antes.

Prosseguindo em suas previsões, o § 1º do art. 50 da LGPD esclarece as questões que devem ser levadas em consideração pelos agentes de tratamento ao estabelecerem regras de boas práticas.

> **LGPD, Art. 50, § 1º** Ao estabelecer regras de boas práticas, o controlador e o operador levarão em consideração, em relação ao tratamento e aos dados, a natureza, o escopo, a finalidade e a probabilidade e a gravidade dos riscos e dos benefícios decorrentes de tratamento de dados do titular.

CURSO DE PROTEÇÃO DE DADOS PESSOAIS – *Frazão • Carvalho • Milanez*

Especificamente na questão da segurança e prevenção de danos aos titulares dos dados, o § 2º do art. 50 da LGPG já mostra alguns critérios que são fundamentais para a configuração dos programas de *compliance*: (i) estrutura do agente econômico, (ii) escala e volume de suas operações, (iii) sensibilidade dos dados tratados e (iv) gravidade dos danos que podem surgir para os titulares de dados.

Embora o mencionado parágrafo tenha por foco os incisos VII e VIII do *caput* do art. 6º da LGPD, que são exatamente os princípios da segurança e da prevenção de danos, é possível afirmar que tais parâmetros são aplicáveis, de forma geral, a todos os demais aspectos do *compliance* de dados, uma vez que o grau do dever de cuidado que se exige dos agentes de tratamento depende de diversas circunstâncias, dentre as quais as já mencionadas pelo § 2º.

De toda sorte, os §§ 2º e 3º do art. 50 da LGPD preveem os requisitos mínimos do que chama de programa de governança em privacidade, a partir dos indicativos destacados na tabela a seguir, elaborada pela coautora Ana Frazão em publicação anterior:[8]

Parâmetros da LGPD	Propósitos
• Comprometimento do controlador em adotar processos e políticas internas que assegurem o cumprimento, de forma abrangente, de normas e boas práticas relativas à proteção de dados pessoais (art. 50, § 2º, I, "a")	• Tal requisito vai ao encontro da necessidade de que, para que seja efetivo, um programa de *compliance* precisa contar com o envolvimento efetivo do agente econômico para o seu funcionamento, inclusive no que diz respeito aos recursos financeiros e organizacionais para tal propósito. • Também se exige o comprometimento da alta administração, até diante do poder simbólico para toda a organização e da importância do exemplo como fator indutor de comportamentos. • O comprometimento do controlador abrange não só o período do tratamento de dados, mas também após o período posterior, uma vez que a LGPD tem regras expressas para a extinção do tratamento de dados.
• Aplicabilidade do programa a todo o conjunto de dados pessoais que estejam sob seu controle, independentemente do modo como se realizou sua coleta (art. 50, § 2º, I, "b")	• Um bom *compliance* de dados precisa endereçar todos os tratamentos de dados que sejam realizados no interior de uma organização, sendo irrelevante o modo pelo qual se realizou a coleta, até porque a LGPD tem uma amplíssima definição de tratamento de dados. Logo, o mero acesso a dados já é considerado um tratamento e, portanto, deve ser abrangido pelo *compliance*. • Obviamente que a necessidade de unidade orgânica do programa de *compliance* não afasta a necessidade de que diferentes graus de cuidado possam ser atribuídos a dados sensíveis ou a tratamentos que envolvam maiores riscos para os titulares.

---

[8] FRAZÃO, Ana. Propósitos, desafios e parâmetros gerias dos programas de *compliance* e das políticas de proteção de dados. In: FRAZÃO, Ana (coord.); CUEVA, Ricardo Villas Bôas (coord.). *Compliance e Políticas de Proteção de Dados.* São Paulo: Thomson Reuters Brasil, 2022. p. 33-64.

Cap. XVII • DE DADOS E GOVERNANÇA | 413

Parâmetros da LGPD	Propósitos
• Adaptação à estrutura, à escala e ao volume das operações, bem como à sensibilidade dos dados tratados (art. 50, § 2º, I, "c")	• Trata-se de parâmetro importante, por ressaltar que não há soluções padronizadas, mas sim soluções que devem ser construídas individualmente a partir das características de cada agente econômico e da natureza dos dados tratados. • Ao mesmo tempo em que tal parâmetro impõe maior grau de rigor em relação a agentes com maior porte e que realizem tratamentos de dados mais arriscados, tais como os que incluem dados sensíveis, pode ser pensado também como um parâmetro que pode justificar a maior simplificação dos programas de *compliance* de pequenos e médios agentes, especialmente quando não realizarem tratamentos de dados com maior grau de risco. • Especial atenção há que ser dada às pequenas e médias empresas, em relação às quais há que se encontrar um ponto de equilíbrio entre o cumprimento das regras da LGPD e os ônus organizacionais e financeiros que a elas sejam imputáveis.
• Existência de políticas e salvaguardas adequadas com base em processo de avaliação sistemática de impactos e riscos à privacidade (art. 50, § 2º, I, "d")	• Trata-se de requisito importantíssimo de qualquer programa de *compliance*, fundamental para a prevenção de ilícitos e de danos a terceiros, que pode ser desdobrado em dois: (i) existência de avaliação sistemática de riscos, medida com viés nitidamente preventivo e que envolve processo dinâmico e de reexame constante, que tem por objetivo manter uma organização compatível com os riscos assumidos e que possa se adaptar diante das modificações dos riscos; (ii) existência de medidas de salvaguardas que possam prevenir, dentro do possível, os riscos. • Especial atenção deve ser dada a sistemas de inteligência artificial que, como é o caso do *machine learning*, são constantemente modificáveis e podem exigir monitoramento constante e avaliações de risco com a periodicidade necessária.
• Programa que atenda o objetivo de estabelecer relação de confiança com o titular, por meio de atuação transparente e que assegure mecanismos de participação do titular (art. 50, § 2º, I, "e")	• Se um bom programa de *compliance* de dados tem por finalidade precisamente a proteção dos titulares de dados, faz sentido que estes sejam pensados como os principais destinatários dos esforços e das iniciativas das empresas. • Até porque a LGPD assegura diversos direitos de acesso e informação, é fundamental que a relação entre a empresa e os titulares de dados seja facilitada, aberta, transparente e se realize em um ambiente dialógico e transparente. • Vale ressaltar que, em relação a tal requisito, é fundamental o papel do encarregado, já que um dos seus mais importantes papeis é o de atuar como canal de comunicação entre o controlador e os titulares de dados (LGPD, art. 5º, VIII).

Parâmetros da LGPD	Propósitos
• Programa integrado na estrutura geral de governança e que estabeleça e aplique mecanismos de supervisão internos e externos (art. 50, § 2º, I, "f")	• O requisito chama a atenção para a necessidade um tratamento sistemático e racional do *compliance* de dados no contexto maior do *compliance* como um todo, até para que o primeiro possa se beneficiar dos mecanismos de supervisão internos e externos. • Trata-se de requisito importante porque, por mais que o *compliance* possa ser desdobrado em diversas áreas, dentre as quais a proteção de dados, precisa ser unido pelo mesmo fio condutor valorativo – os valores e o código de ética da empresa – e também por uma estrutura comum que, no seu conjunto, possa fazer frente aos riscos que a organização assume no seu todo. • Tal aspecto torna-se ainda mais necessário quando se observa que a proteção de dados é um tema transversal e vai impactar em diversas outras áreas do *compliance*, tais como Direito do Trabalho, Direito do Consumidor, dentre inúmeras outras. • Obviamente que a visão integrada do *compliance* não afasta a necessidade, conforme o caso, da existência de estruturas ou procedimentos específicos para o tratamento de dados, até para operacionalizar vários dos comandos da LGPD, tais como os relacionados aos papeis e deveres dos controladores, operadores e encarregados. • Da mesma forma, os mecanismos gerais de supervisão internos e externos podem e devem ser usados para a proteção de dados, sem prejuízo da criação de mecanismos específicos.
• Existência de planos de resposta a incidentes e remediação (art. 50, § 2º, I, "g")	• Trata-se de requisito fundamental quando se observa que um bom programa de *compliance* serve não somente para evitar o ilícito, mas também para identificá-lo e saná-lo de forma rápida e eficiente. • Especialmente em questões de incidente de segurança, a agilidade na resposta é fundamental, assim como a adoção de medidas de mitigação de danos.
• Atualização constante com base em informações obtidas a partir de monitoramento contínuo e avaliações periódicas (art. 50, § 2º, I, "h")	• Como já se apontou, um programa eficiente de conformidade é necessariamente dinâmico, razão pela qual é necessária constante supervisão, inclusive para o fim de que sejam feitas as modificações a atualizações necessárias a tempo. • Tal cuidado é especialmente importante quando o agente econômico ampliar ou mudar suas atividades, assumir novos tratamentos de dados ou se utilizar de sistemas de inteligência artificial. • Como muitas das questões relacionadas à efetividade da LGPD dependem de regulamentação da ANPD, os programas de conformidade precisam ficar atentos aos posicionamentos do regulador, criando mecanismos para que possam se ajustar o mais rápido possível.

Parâmetros da LGPD	Propósitos
• Demonstração da efetividade do programa de governança em privacidade quando apropriado e, em especial, a pedido da autoridade nacional ou de outra entidade responsável por promover o cumprimento de boas práticas ou códigos de conduta, os quais, de forma independente, promovam o cumprimento desta Lei (art. 50, § 2º, II)	• Até por dizer respeito a questões de organização interna do agente econômico, que não são públicas nem de fácil acesso para terceiros, um bom programa de *compliance* precisa atender aos requisitos de prestação de contas perante a sociedade, aos afetados pelas atividades da empresa (como é o caso dos titulares de dados) e à própria ANPD. • Assim, é importante que as empresas mantenham disponível, de forma organizada e devidamente documentada, todas as iniciativas relacionadas aos seus programas, até para que possam se justificar sempre que forem indagadas por terceiros interessados a respeito das medidas que adotaram, assim como as razões e os objetivos. • Tal obrigação é especialmente importante diante da autoridade nacional e certamente que será uma importante função do encarregado.
• Publicidade e atualização periódica das regras de boas práticas e de governança, que poderão ser reconhecidas e divulgadas pela autoridade nacional (art. 50, § 3º)	• Passo importante para a consolidação da cultura de conformidade é a criação de ambiente de transparência e publicidade, bem como de prestação de contas perante a ANPD e os titulares de dados.

Como se pode observar, os parâmetros e requisitos previstos nos §§ 2º e 3º abrangem mais do que os princípios da segurança e da precaução, mas orientam o cumprimento de todos os demais princípios e deveres previstos na LGPD, oferecendo os critérios a serem observados para que o programa de *compliance* seja efetivo.

Outra questão importante é que o atendimento dos requisitos previstos pela LGPD exige uma combinação de soluções pessoais (a exemplo de medidas de reorganização interna, realocação de competências, restrição de acesso a determinados dados etc.) e soluções tecnológicas. Ambas, em conjunto, devem garantir a segurança e a proteção dos dados de todas as atividades de tratamento da organização.

d) Códigos de Conduta ou de Boas Práticas

Para efetivar seu modelo preventivo, a LGPD depende necessariamente da atuação dos agentes regulados, a fim de que estes cumpram as regras de proteção de dados de forma voluntária na maior medida possível, evitando a ocorrência de incidentes de segurança e violações de dados ou, caso ocorram, garantindo que eles terão capacidade de mitigar os danos do evento, como já pôde demonstrar a coautora Giovanna Milanez em outra oportunidade.[9]

---

[9] TAVARES, Giovanna Milanez. *A elaboração de Códigos de Conduta e de Boas Práticas setoriais à luz da Lei Geral de Proteção de Dados brasileira.* Monografia. Pós-Graduação Avançada em Direito da Proteção de Dados do Centro de Investigação em Direito Privado da Faculdade de Direito da Universidade de Lisboa. 2021.

Para tanto, a LGPD propõe diversas medidas de autorregulação para os agentes de tratamento, especialmente a edição de regras de boas práticas, também por meio de Códigos de Conduta e de Boas Práticas,[10] a fim de que os agentes regulados possam construir modelos internos de governança que sejam pautados na ideia de prevenção, ou seja, que delimitem as melhores práticas para o tratamento de dados, para evitar a ocorrência de dados e proteger os dados pessoais de acessos não autorizados e de situações acidentais ou ilícitas de destruição, perda, alteração, comunicação ou difusão (art. 6º, VII e VIII, da LGPD).

As previsões legais dão grande autonomia aos agentes de tratamento, especialmente quando forem empresas, prezando pela construção de modelos de governança empresariais e exigindo a internalização de custos de fiscalização, conscientização e adequação às normas criadas.[11] Com isso, as empresas precisam adotar procedimentos contínuos de prevenção, o que acaba criando sistemas de governança internos cada vez mais complexos e burocráticos.[12]

Tais mecanismos são ainda mais importantes para setores tecnológicos movidos a dados, uma vez que existe uma enorme dificuldade em atualizar constantemente as regulações aplicáveis à realidade do setor. Assim, modelos de autorregulação – a exemplo das regras de boas práticas e de governança – são fundamentais. É nesse contexto que se inserem os Códigos de Conduta ou de Boas Práticas.

Em suma, tais Códigos são documentos cuja finalidade é regulamentar determinadas práticas tidas como adequadas aos agentes de tratamento responsáveis pela sua elaboração. Sempre que possível, devem formular orientações específicas sobre como deve ser realizado o monitoramento referente ao cumprimento do Código de Conduta, bem como as medidas aplicáveis em casos de eventuais violações.[13]

Especificamente no âmbito do RGPD, o Comitê Europeu para a Proteção de Dados (CEPD) esclarece que os Códigos de Conduta representam instrumentos de responsabilização voluntários que instituem regras específicas em matéria de proteção de dados para categorias de agentes de tratamento. Além de terem o potencial de funcionarem como um instrumento de responsabilização útil e eficaz,

---

[10] Nesta obra, os termos Código, Código de Conduta e Código de Boas Práticas serão utilizados como sinônimos.

[11] SANTOS, Isabela Maria Rosal. *As formas de autorregulação na LGPD a partir da regulação responsiva. No prelo.*

[12] DOWBOR, L. *A Era do Capital Improdutivo.* 2. ed. São Paulo: Outras Palavras & Autonomia Literária, 2018.

[13] "Há claramente um estímulo para que os agentes da iniciativa pública e privada formulem suas próprias regras e se autorregulem de acordo com as condições e as peculiaridades da organização e a sua forma de funcionamento. Isso porque, embora a LGPD seja soberana, a depender do setor econômico, as normas de segurança e os padrões técnicos serão diferentes". JIMENE, Camilla do Vale. Capítulo VII – Da Segurança e das Boas Práticas. In: MALDONADO, Vivian Nóbrega (coord.); BLUM, Renato Opice (coord.). *LGPD: Lei Geral de Proteção de Dados comentada.* 2. ed. São Paulo: Thomson Reuters Brasil, 2019. p. 356.

Cap. XVII • DE DADOS E GOVERNANÇA | **417**

apresentam uma descrição de quais comportamentos são mais adequados, lícitos e éticos em um determinado setor.[14]

Nesse sentido, tais Códigos contêm um conjunto de regras destinadas aos agentes que executam atividades de tratamento de dados conforme os requisitos do RGPD e da LGPD, conferindo um significado operacional aos princípios de proteção de dados[15]. Em outras palavras, eles podem, no final das contas, ser utilizados em vários setores industriais para delinear e especificar a aplicação da normativa de proteção de dados em segmentos específicos.

O RGPD exerceu enorme influência na edição das regras da LGPD, inclusive quanto à adoção de guias de boas práticas e de conduta. O art. 40 do RGPD trata especificamente da elaboração de Códigos de Conduta e aborda questões relacionadas às próprias regras de produção de um código de conduta, incluindo (i) os assuntos que podem ser abordados e (ii) quem pode elaborar tal documento (associações e outras entidades representantes de categorias de controladores ou operadores). Já se vê que o RGPD opta por uma autorregulação setorial e não individual.

Nos itens 1 e 2 do art. 40, já fica claro que o objetivo de elaboração de tais códigos é justamente refletir características específicas do tratamento de dados realizado pelas organizações dos mais diferentes setores de mercado – tanto em termos de âmbito de atuação (setor de transportes, setor de saúde, setor de seguros etc.) quanto em termos de porte da organização (micro, pequena e média empresa etc.).

> **RGPD, Art. 40. Códigos de Conduta.**
>
> **1.** Os Estados-Membros, as autoridades de controlo, o Comité e a Comissão promovem a elaboração de códigos de conduta destinados a contribuir para a correta aplicação do presente regulamento, tendo em conta as características dos diferentes setores de tratamento e as necessidades específicas das micro, pequenas e médias empresas.
>
> **2.** As associações e outros organismos representantes de categorias de responsáveis pelo tratamento ou de subcontratantes podem elaborar códigos de conduta, alterar ou aditar a esses códigos, a fim de especificar a aplicação do presente regulamento, como por exemplo:
>
> **a)** o tratamento equitativo e transparente;
>
> **b)** os legítimos interesses dos responsáveis pelo tratamento em contextos específicos;
>
> **c)** a recolha de dados pessoais;
>
> **d)** a pseudonimização dos dados pessoais;
>
> **e)** a informação prestada ao público e aos titulares dos dados;
>
> **f)** o exercício dos direitos dos titulares dos dados;

---

[14] EUROPEAN DATA PROTECTION BOARD. *Diretrizes 1/2019 relativas aos Códigos de Conduta e aos Organismos de Supervisão ao abrigo do Regulamento (UE) 2016/679.* 2019. p. 7.

[15] EUROPEAN DATA PROTECTION BOARD. *Diretrizes 1/2019 relativas aos Códigos de Conduta e aos Organismos de Supervisão ao abrigo do Regulamento (UE) 2016/679.* 2019. p. 7.

g) as informações prestadas às crianças e a sua proteção, e o modo pelo qual o consentimento do titular das responsabilidades parentais da criança deve ser obtido;

h) as medidas e procedimentos a que se referem os artigos 24 e 25 e as medidas destinadas a garantir a segurança do tratamento referidas no artigo 30;

i) a notificação de violações de dados pessoais às autoridades de controlo e a comunicação dessas violações de dados pessoais aos titulares dos dados;

j) a transferência de dados pessoais para países terceiros ou organizações internacionais; ou

k) as ações extrajudiciais e outros procedimentos de resolução de litígios entre os responsáveis pelo tratamento e os titulares dos dados em relação ao tratamento, sem prejuízo dos direitos dos titulares dos dados nos termos dos artigos 77 e 79.

Para terem validade, no entanto, os Códigos de Conduta elaborados no âmbito do RGPD devem ser aprovados pela autoridade competente, que avaliará a existência ou não de mecanismos suficientes para garantir a proteção dos direitos e liberdades do titular – conforme destacado pelo art. 40 (5) e pelo Considerando 100, ambos do RGPD.[16]

> **RGPD, Art. 40. Códigos de Conduta.**
>
> **5.** Os As associações e outros organismos a que se refere o n. 2 do presente artigo que tencionem elaborar um código de conduta, ou alterar ou aditar a um código existente, apresentam o projeto de código, a alteração ou o aditamento à autoridade de controlo que é competente por força do artigo 55. A autoridade de controlo emite um parecer sobre a conformidade do projeto de código de conduta ou da alteração ou do aditamento com o presente regulamento e aprova este projeto, esta alteração ou este aditamento se determinar que são previstas garantias apropriadas suficientes.

> **RGPD, Considerando 100.**
>
> A fim de reforçar a transparência e o cumprimento do presente regulamento, deverá ser encorajada a criação de procedimentos de certificação e selos e marcas de proteção de dados, que permitam aos titulares avaliar rapidamente o nível de proteção de dados proporcionado pelos produtos e serviços em causa.

---

[16] Ver: CARVALHO, Vinicius Marques de; MATTIUZZO, Marcela; PONCE, Paula Pedigoni. Boas práticas e governança na LGPD. In: DONEDA, Danilo (coord.); SARLET, Ingo Wolfgang (coord.); MENDES, Laura Schertel (coord.); RODRIGUES JUNIOR, Otavio Luiz (coord.); BIONI, Bruno Ricardo (coord.). *Tratado de Proteção de Dados Pessoais*. Rio de Janeiro: Forense, 2021. p. 361-374.

Os Códigos de Conduta são tão importantes que possibilitam, inclusive, a transferência internacional de dados para regiões, países ou organizações que ainda não tem o nível de adequação aprovado pelas autoridades competentes na União Europeia. Para tanto, eles podem ser conjugados com outros mecanismos, a exemplo de selos, marcas e certificados regularmente emitidos.[17]

Assim, é possível constatar que o modelo adotado pelo RGPD se aproxima de uma forma mais intensa de corregulação ou autorregulação regulada, diante da obrigatoriedade da atuação de autoridades públicas, a partir da análise, aprovação e publicização dos Códigos de Conduta submetidos.

A LGPD, por outro lado, parece ter adotado um modelo mais próximo de uma autorregulação mais flexível – pois pode ser individual ou coletiva – e mais ampla, conferindo mais autonomia e liberdade aos agentes regulados. Conforme abordado anteriormente, o art. 50 da LGPD prevê a possibilidade de formulação de regras de boas práticas e de governança seja pelos agentes de tratamento, seja por associações formadas para representar suas categorias, podendo incluir desde ações educativas até padrões técnicos de segurança da informação.

É justamente nesse contexto que os Códigos de Conduta ganham papel de destaque, como instrumentos preventivos de adoção de mecanismos de governança compatíveis com o porte do agente de tratamento e com a finalidade do tratamento de dados, de maneira que os eventuais riscos e contingências eventualmente relacionados com o processamento desses dados sejam antecipados e internalizados por esses sujeitos.

Dessa maneira, é possível que a Autoridade Nacional de Proteção de Dados venha, à luz do conjunto de incentivos de que dispõe, a considerar o comportamento virtuoso dos agentes de tratamento e, assim, a deixar de aplicar sanções gravosas ou mesmo estabelecer sanções premiais diante da comprovação da observância de regras de governança efetivas.

Nesse sentido, destaca-se que a obrigação de demonstrar a observância das boas práticas adotadas nos Códigos de Conduta é em certa medida transferida para o setor privado, já que deve fazer parte do próprio programa de *compliance* adotado pela empresa, conforme o art. 50, § 2º, I, "b", da LGPD.

Por outro lado, o § 3º do art. 50 da LGPD prevê um dever de publicidade e atualização das regras de boas práticas e de governança, o que já garante a vinculação das normas aos titulares. Nesse sentido, o reconhecimento e a própria divulgação pela ANPD – ainda que muito relevantes – seriam processos adicionais, uma vez que a não homologação da ANPD não retira a validade do Código de Boas Práticas.

Acresce que a adoção de Códigos de Boas Práticas é um importante instrumento de responsabilização e parâmetro/critério para a dosimetria da sanção (art. 48, § 2º, II, e art. 52, § 1º, VIII e IX, da LGPD) – o que mostra, mais uma vez, a relevância da sua adoção. Com efeito, as organizações podem sofrer penalidades mais brandas quando comprovarem uma real preocupação interna com a adoção

---

[17] KAMINSKI, M. E. Binary governance: Lessons from the GDPR'S approach to algorithmic accountability. *Southern California Law Review*, v. 92, n. 6, p. 1529-1616, 2019.

de medidas de boas práticas e de governança relacionadas ao tratamento lícito de dados pessoais.[18]

> **LGPD, Art. 48, § 2º** A autoridade nacional verificará a gravidade do incidente e poderá, caso necessário para a salvaguarda dos direitos dos titulares, determinar ao controlador a adoção de providências, tais como:
>
> (...)
>
> **II –** medidas para reverter ou mitigar os efeitos do incidente.

> **LGPD, Art. 52, § 1º** As sanções serão aplicadas após procedimento administrativo que possibilite a oportunidade da ampla defesa, de forma gradativa, isolada ou cumulativa, de acordo com as peculiaridades do caso concreto e considerados os seguintes parâmetros e critérios:
>
> (...)
>
> **VIII –** a adoção reiterada e demonstrada de mecanismos e procedimentos internos capazes de minimizar o dano, voltados ao tratamento seguro e adequado de dados, em consonância com o disposto no inciso II do § 2º do art. 48 desta Lei;
>
> **IX –** a adoção de política de boas práticas e governança;
>
> (...).

Além disso, os Códigos de Conduta são mecanismos que apresentam várias vantagens para os agentes de tratamento e para os titulares, já que permitem a maior competitividade no mercado, a adoção de procedimentos mais eficazes, a limitação mais clara das responsabilidades de cada agente envolvido, a maior facilidade na transferência internacional de dados, bem como a mitigação do risco de violação à LGPD.

Para os agentes de tratamento, a criação de tais Códigos pode inclusive melhorar o grau de conformidade e a implementação das regras de proteção de dados, já que a experiência dos membros do setor favorecerá a busca de soluções que sejam práticas e, portanto, factíveis.[19] Assim, os Códigos de Boas Práticas representam evidentemente uma oportunidade estratégica para estabelecer regras que contribuam para a correta aplicação da LGPD de forma prática, transparente e eficaz em termos de custos.

Os Códigos de Boas Práticas também fortalecem a confiança dos titulares de dados nos agentes de tratamento, já que representam, no final das contas, um instrumento de transparência e prestação e contas quanto ao tratamento dos dados pessoais. O titular sabe o que esperar daquele agente em relação à utilização dos

---

[18] IRAMINA, Aline. RGPD v. LGPD: Adoção Estratégica da Abordagem Responsiva na Elaboração da Lei Geral de Proteção de Dados do Brasil e do Regulamento Geral de Proteção de Dados da União Europeia. *Revista de Direito, Estado e Telecomunicações*, v. 12, n. 2, 2020, p. 91–117.

[19] COUNCIL OF EUROPE. *Handbook on European Data Protection Law.* Luxembourg: Publications Office of the Europe Union, 2018, p. 182.

seus dados, já que as melhores práticas estão publicamente estabelecidas e serão cumpridas na maior medida possível pelas empresas daquele setor específico.

Portanto, em suma, é possível destacar cinco fatores que demonstram a importância da elaboração de Códigos de Conduta: (i) eles podem ser utilizados para demonstrar a conformidade de uma organização; (ii) eles podem representar um fator decisivo na contratação de operadores e suboperadores; (iii) eles podem ser utilizados como parâmetro específico em avaliações de risco e impacto; (iv) eles podem ser utilizados como instrumento adequado para a transferência internacional de dados; e (v) eles possuem extrema relevância na aplicação de sanções administrativas pelas autoridades competentes, já que possuem o potencial de torná-las mais brandas.

De qualquer forma, é certo que os Códigos de Conduta são instrumentos importantes para garantir o constante fortalecimento do sistema protetivo de proteção de dados no Brasil e, justamente por serem instrumentos de responsabilização voluntária (ao contrário das avaliações de impacto, que são obrigatórias em algumas circunstâncias especificadas na LGPD), tem um potencial praticamente ilimitado.

Dica de Leitura

❂ Título do Artigo: RGPD v. LGPD: Adoção Estratégica da Abordagem Responsiva na Elaboração da Lei Geral de Proteção de Dados do Brasil e do Regulamento Geral de Proteção de Dados da União Europeia. Disponível em: *Revista de Direito, Estado e Telecomunicações*, v. 12, n. 2, 2020, p. 91-117.

Autora: Aline Iramina.

XVII.6. PAPEL DA ANPD

A LGPD oferece parâmetros para os programas de *compliance*, facilitando o trabalho dos agentes econômicos e possibilitando maior segurança jurídica à sociedade e aos titulares de dados especialmente. O art. 51 prevê que a ANPD estimulará a adoção de padrões técnicos que facilitem o controle pelos titulares dos seus dados pessoais.

> **LGPD, Art. 51.** A autoridade nacional estimulará a adoção de padrões técnicos que facilitem o controle pelos titulares dos seus dados pessoais.

Ao contrário da competência regulamentar prevista no art. 46, § 1º, o art. 51 trata da utilização da regulação na sua função de incentivo, ou seja, sem criar obrigações cogentes para os agentes de tratamento. Mais uma vez, fica clara a importância dos padrões técnicos para o cumprimento de diversos dos deveres da LGPD.

Por fim, vale ressaltar que a LGPD criou incentivos adicionais para a adoção de programas de *compliance*. Ao tratar da dosimetria das sanções aplicáveis pela ANPD em caso de descumprimento da LGPD, são elencados três parâmetros relacionados às iniciativas de conformidade, os quais poderão ser usados como atenuantes.

1. A adoção reiterada e demonstrada de mecanismos e procedimentos internos capazes de minimizar o dano, voltados ao tratamento seguro

e adequado de dados, em consonância com o disposto no inciso II do § 2º do art. 48 (art. 52, § 1º, VIII);

2. A adoção de política de boas práticas e governança (art. 52, § 1º, IX); e
3. A pronta adoção de medidas corretivas (art. 52, § 1º, X).

Acrescenta que outro importante parâmetro de dosimetria das sanções administrativas é a boa-fé do infrator (art. 52, § 1º, II), circunstância normalmente associada à adoção de um programa de *compliance* efetivo.

Aliás, a experiência em outras searas, como do Direito Antitruste e do Direito Anticorrupção, mostra que uma política robusta de conformidade é um indício da boa-fé do agente econômico. Dessa forma, assim como o temor da aplicação de sanções administrativas desincentiva condutas ilícitas, a ciência de que a ANPD tratará de forma diferente os casos em que existir um programa de *compliance* efetivo, não obstante houver a prática do ilícito, pode ser um incentivo para que as empresas invistam em tais programas.

Dessa maneira, observa-se que a LGPD não apenas valorizou os programas de *compliance*, como procurou criar incentivos para a sua adoção e realçar o papel que a ANPD nesse processo de facilitar, incentivar e monitorar a atuação dos agentes econômicos em prol da proteção de dados.

Capítulo XVIII

RESPONSABILIDADE CIVIL E RESSARCIMENTO DE DANOS

XVIII.1. ASPECTOS INTRODUTÓRIOS

Para além da responsabilidade administrativa decorrente da violação às diretrizes da Lei Geral de Proteção de Dados, que decorre do papel institucional do Estado de resguardar o direito à proteção dos dados pessoais a partir de uma perspectiva sistêmica, não se pode esquecer que violações a tais direitos provocam repercussões de ordem individual e coletiva de grande relevância, muitas das quais não são suficientemente equacionadas pelas soluções próprias do processo administrativo sancionador.

Ademais, não se pode ignorar que, no exercício de seu mister de construção de políticas públicas de proteção ao direito de privacidade, a ANPD não está preocupada necessariamente com os prejuízos concretos sofridos por indivíduos ou mesmo por coletividades determinadas, mas sim com uma abordagem macro de proteção a direitos de proteção de dados que, frise-se, é limitada pela seletividade que é própria da persecução administrativa.

Dessa maneira, sem prejuízo da responsabilidade administrativa, é também a responsabilidade civil um meio relevante de tutela do direito fundamental à proteção dos dados pessoais, na medida em que se coloca como ferramenta de ressarcimento de danos tanto em nível individual quanto em nível coletivo, sem prejuízo de outras importantes funções da responsabilidade civil, como a preventiva.

A LGPD, nesse sentido, estabelece uma verdadeira cláusula geral de responsabilidade civil atrelada às violações a suas disposições que produzam danos, como se depreende do art. 42.

> **LGPD, Art. 42.** O controlador ou o operador que, em razão do exercício de atividade de tratamento de dados pessoais, causar a outrem dano patrimonial, moral, individual ou coletivo, em violação à legislação de proteção de dados pessoais, é obrigado a repará-lo.

Trata-se, por conseguinte, da busca, pela LGPD de municiar o titular de dados prejudicado por práticas abusivas de instrumentos vocacionados para a reparação a danos infligidos sobre sua esfera jurídica e também para a prevenção.

424 | CURSO DE PROTEÇÃO DE DADOS PESSOAIS – *Frazão • Carvalho • Milanez*

Isso porque a responsabilidade civil é instrumento destinado prioritariamente a endereçar os prejuízos sofridos por determinado sujeito não propriamente no intuito de punir o ofensor, mas de levar à mesma situação (ou a situação equivalente) àquela em que estava antes da ocorrência da ofensa.

Não se nega que reconduzir a vítima ao *status quo ante* seja, em diversas situações, uma verdadeira ficção, como no próprio caso da violação a direitos de proteção dos dados pessoais, já que dificilmente será possível suprimir todas as consequências de uma indevida exposição ou tratamento de dados. Entretanto, como ressalta Paulo de Tarso Sanseverino, "como a responsabilidade civil tem como função prioritária a reparação mais completa do dano, dentro do possível, essa norma constitui a diretiva fundamental para avaliação dos prejuízos e quantificação da indenização".[1]

A responsabilidade civil é, nesse sentido, um conjunto de institutos jurídicos dotados do dinamismo necessário para acompanhar mesmo as mudanças provocadas pela intensificação das metodologias e técnicas de tratamento de dados. Não é sem motivo que assevera José de Aguiar Dias, em obra clássica sobre a responsabilidade civil, que tal ramo do direito deve ser "[d]otado de flexibilidade suficiente para oferecer, em qualquer época, o meio ou processo pelo qual, em face de nova técnica, e novas conquistas, de novos gêneros de atividade, assegure a finalidade de restabelecer o equilíbrio desfeito por ocasião do dano, considerado, em cada tempo, em função das condições sociais então vigentes".[2]

Dessa maneira, por mais que a atuação da ANPD muitas vezes seja destacada como o cerne da interpretação e aplicação da LGPD, a responsabilidade civil é um mecanismo extremamente poderoso de defesa de direitos de proteção de dados pessoais, razão pela qual o papel da jurisprudência dos tribunais será também fundamental para a construção do regime protetivo da LGPD. Não é sem motivo que a lei brasileira estruturou regime de responsabilidade civil com especiais peculiaridades diante do regime geral estabelecido pelo Código Civil.

Tal distinção fica clara já a partir da descrição do chamado princípio da responsabilização e prestação de contas contido no inciso X do art. 6º da LGPD, que exige a "demonstração, pelo agente, da adoção de medidas eficazes e capazes de comprovar a observância e o cumprimento das normas de proteção de dados pessoais e, inclusive, da eficácia dessas medidas".

A LGPD, nesse sentido, destaca-se por preconizar não somente a repressão a um dano sofrido por determinado indivíduo, mas por especialmente ressaltar a necessidade de observância proativa da legislação. Assim, segundo Maria Celina Bodin de Moraes,[3] "Em termos práticos, estes novos princípios requerem que as empresas analisem os dados que tratam, com que finalidade o fazem e que tipo de operações de tratamento levam a cabo. Exigem-se, em síntese, atitudes conscientes, diligentes e proativas por parte das empresas em relação à utilização dos dados pessoais. Assim, a partir de agosto de 2020, quando entra em vigor

---

[1] SANSEVERINO, Paulo de Tarso Vieira. *Princípio da reparação integral.* São Paulo: Saraiva, 2011. p. 48.

[2] DIAS, José de Aguiar. *Da responsabilidade civil.* Rio de Janeiro: Renovar, 2006. p. 25.

[3] Ver: MORAES, Maria Celina Bodin. LGPD: um novo regime de responsabilidade civil dito proativo. *Civilistica.com*, v. 8, n. 3, 2019. p. 6.

Cap. XVIII • RESPONSABILIDADE CIVIL E RESSARCIMENTO DE DANOS | 425

a LGPD, qualquer empresa que processe dados pessoais não apenas terá que cumprir a lei, mas também deverá provar que está em conformidade com a Lei".

De toda sorte, como se verá a seguir, uma das principais discussões do regime de responsabilidade civil previsto pela LGPD é precisamente a sua natureza – se subjetiva ou objetiva –, distinção da qual podem ser extraídas importantes consequências.

O presente capítulo, assim, procurará explorar as características peculiares ao regime de responsabilidade da LGPD, mapeando as principais discussões a seu respeito e ressaltando os mecanismos de tutela destinados à efetivação da proteção de dados pessoais.

XVIII.2. AS FUNÇÕES DA RESPONSABILIDADE CIVIL E A PROTEÇÃO DE DADOS PESSOAIS

A responsabilidade civil ocupa papel central em estratégias de proteção de dados pessoais, notadamente em virtude de seu potencial de descentralizar a defesa de direitos de proteção aos dados pessoais, a fim de municiar todos os indivíduos a tutelarem eventuais danos perpetrados por agentes de tratamento.

Com isso, além do protagonismo da ANPD, o Poder Judiciário passa a ter também um importante papel na concretização dos direitos e princípios da LGPD a partir das demandas individuais e coletivas propostas com base na responsabilidade civil dos agentes de tratamento.

Vale notar, aliás, que mesmo na ausência de diplomas voltados especificamente à tutela dos dados pessoais, as cláusulas gerais de responsabilidade civil já seriam suficientes para endereçar os danos materiais ou morais decorrentes de violações à privacidade, tendo em vista a tessitura ampla da redação seja do art. 186 ("Aquele que, por ação ou omissão voluntária, negligência ou imprudência, violar direito e causar dano a outrem, ainda que exclusivamente moral, comete ato ilícito"), seja do art. 927 ("Aquele que, por ato ilícito (arts. 186 e 187), causar dano a outrem, fica obrigado a repará-lo") do Código Civil.

Não é sem motivo que, no contexto europeu, desde a Diretiva 95/46/CE, na qual a União Europeia estabeleceu as primeiras linhas do que viria a ser o seu arcabouço jurídico de proteção de dados pessoais, já se determinava que os Estados-membros garantissem que as pessoas que houvessem sofrido prejuízos decorrentes de tratamento ilícito de dados tivessem o direito à devida reparação por esses danos, assegurando também ao suposto ofensor a possibilidade de demonstrar que o fato que causou o dano não lhe seria imputável.

Observe-se, nesse sentido, que não se estava a falar necessariamente na necessidade de criação de um microssistema específico de responsabilidade civil por violação dos direitos dos titulares de dados pessoais, mas simplesmente na necessidade de garantir que violações a esse bem jurídico fossem objeto de reparação civil – o que, a teor da própria jurisprudência europeia, poderia inclusive decorrer da compreensão segundo a qual a violação à privacidade consistiria em espécie de violação a direitos de personalidade.[4]

---

4   Nesse sentido: ANCEL, Pascal. La protection des données personnelles: aspects de droit privé français. *Revue internationale de droit comparé*, v. 39, n. 3, p. 609-626, 1987. p. 621.

> **Diretiva 95/46/CE**
>
> **Capítulo III – Recursos Judiciais, Responsabilidade e Sanções**
>
> **Artigo 22º – Recursos**
>
> Sem prejuízo de quaisquer garantias graciosas, nomeadamente por parte da autoridade de controlo referida no artigo 28º, previamente a um recurso contencioso, os Estados-membros estabelecerão que qualquer pessoa poderá recorrer judicialmente em caso de violação dos direitos garantidos pelas disposições nacionais aplicáveis ao tratamento em questão.
>
> **Artigo 23º – Responsabilidade**
>
> **1.** Os Estados-membros estabelecerão que qualquer pessoa que tiver sofrido um prejuízo devido ao tratamento ilícito de dados ou a qualquer outro acto incompatível com as disposições nacionais de execução da presente directiva tem o direito de obter do responsável pelo tratamento a reparação pelo prejuízo sofrido.
>
> **2.** O responsável pelo tratamento poderá ser parcial ou totalmente exonerado desta responsabilidade se provar que o facto que causou o dano lhe não é imputável.

Nota-se, com isso, que, por mais que diversos países europeus contem com cláusulas gerais de responsabilidade civil semelhantes às do direito brasileiro[5], a comunidade europeia optou por determinar que seus integrantes assegurassem que seria cabível a reparação de danos em virtude da violação às normas protetivas dos dados pessoais, garantindo-se também que o responsável pelo tratamento se exima da responsabilidade caso demonstre que o dano não lhe é imputável de forma reprovável, isto é, que não agiu com *culpa.*

No entanto, no contexto europeu há considerável dissenso a respeito da natureza da responsabilidade civil, muitas vezes apontada como objetiva em virtude do fato de que não se exige a comprovação de que o ato ilícito foi pessoalmente cometido pelo controlador, porém ainda assim se trata de regime baseado na violação de deveres, isto é, na demonstração da ilicitude da conduta do agente de tratamento.[6] Conforme demonstra Brendan Van Alsenoy,[7] a responsabilidade civil no contexto europeu de proteção de dados é comumente apontada como objetiva não pois (i) determinadas obrigações do controlador são de resultado, e não de meio; e (ii) o controlador pode ser responsabilizado por atos do operador.

---

[5] Ver, nesse sentido: BUSSANI, Mauro; PALMER, Vernon Valentine. *Pure economic loss in Europe.* Cambridge: Cambridge University Press, 2003.

[6] VAN ALSENOY, Brendan. Liability under EU Data Protection Law: From Directive 95/46 to the General Data Protection Regulation. *JIPITEC.* v. 3, p. 271-288, 2016; STRUGALA, Radoslaw. Art. 82 GDPR: Strict Liability or Liability Based on Fault? *European Journal of Privacy Law & Technologies.* Special Issue, p. 71-79. 2020.

[7] VAN ALSENOY, Brendan. Liability under EU Data Protection Law: From Directive 95/46 to the General Data Protection Regulation. *JIPITEC*, v. 3, p. 271-288, 2016. p. 273.

Isso porque, com o advento dos riscos oriundos da sociedade contemporânea, a responsabilidade civil agrega à sua função compensatória de danos consumados uma função preventiva ou precaucional a partir da qual se concebe a noção de que determinadas atividades são intrinsecamente arriscadas, de tal maneira que os potenciais perpetradores devem naturalmente internalizar medidas preventivas, sob pena de responsabilidade.[8]

A responsabilidade civil, nesse sentido, ganha especial importância diante da profusão de riscos que decorre do tratamento de dados pessoais e na grande capilaridade e alcance dos danos eventualmente causados por agentes de tratamento. Daí dizerem Jorge Miranda e Rui de Medeiros que "a necessidade de tutela do indivíduo relativamente ao uso da informática faz-se sentir cada vez com mais premência tendo em conta as possibilidades de recolha e de armazenamento de informação relativa aos cidadãos por parte de terceiros e dos próprios poderes públicos, e a facilidade e a velocidade de acesso e de cruzamento de todos esses dados".[9]

Não obstante, é relevante salientar que a responsabilidade civil, diferentemente da responsabilidade administrativa prevista pela legislação de proteção de dados e aplicada pela ANPD, tem a finalidade de buscar não propriamente a punição dos que causam danos a terceiros, mas a prevenção e a reparação patrimonial de danos privados sofridos por indivíduos ou por uma coletividade, partindo-se da premissa de que os deveres jurídicos violados pelo agente de tratamento foram estabelecidos no interesse da pessoa lesada.[10]

No entanto, considerando que a finalidade última da responsabilidade civil é fazer o lesado retornar ao *status quo ante*, deve-se também ter presente a relevância das chamadas tutelas *in natura*,[11] que efetivamente cessem a ofensa e corrijam o evento que levou ao dano.

Trata-se de orientação que decorre igualmente da cláusula geral constante do art. 20 do Código Civil, segundo o qual "A vida privada da pessoa natural é inviolável, e o juiz, a requerimento do interessado, adotará as providências para impedir ou fazer cessar ato contrário a essa norma".

Cabe notar, nesse ponto, que tal perspectiva se encontra perfeitamente incorporada à LGPD, que não somente cria regimes de responsabilização judicial e administrativa, como atribui ao titular de dados prerrogativas que têm por finalidade exatamente endereçar a situação lesiva com medidas distintas da reparação pecuniária, como é o caso do direito à retificação de dados incompletos, inexatos ou desatualizados previsto (art. 18, III), assim como do direito à oposição ou à eliminação de dados (art. 18, V).

---

[8]   ROSENVALD, Nelson. *As funções da responsabilidade civil*: a reparação e a pena civil. São Paulo: Saraiva, 2017. p. 28.

[9]   MIRANDA, Jorge; MEDEIROS, Rui. Constituição Portuguesa Anotada. Coimbra: Coimbra Editora, 2005. v. 1, p. 379-380.

[10] Ver: COSTA, Mario Júlio de Almeida. *Direito das obrigações*. Coimbra: Almedina, 1999. p. 452.

[11] SANSEVERINO, Paulo de Tarso Vieira. *Princípio da reparação integral*. São Paulo: Saraiva, 2011. p. 39.

CURSO DE PROTEÇÃO DE DADOS PESSOAIS – *Frazão* • *Carvalho* • *Milanez*

É verdade que, diante da consagração dos direitos difusos pelo ordenamento brasileiro e da aptidão da responsabilidade civil em promover a defesa desses direitos, a própria LGPD admite e incentiva a defesa de direitos coletivos por intermédio da responsabilidade civil para efeitos de proteção de direitos de privacidade. Isso porque a responsabilidade civil vem tutelando uma miríade de novos interesses para além daqueles puramente econômicos e mesmo para além daqueles centrados no dano individual, de maneira a reconhecer a existência até mesmo de danos extrapatrimoniais coletivos ou transindividuais.

Aliás, sobre o tema, a LGPD expressamente prevê a importância das ações de reparação por danos coletivos, nos termos do seu art. 42, § 3º:

> **LGPD, Art. 42, § 3º** As ações de reparação por danos coletivos que tenham por objeto a responsabilização nos termos do *caput* deste artigo podem ser exercidas coletivamente em juízo, observado o disposto na legislação pertinente.

Dessa maneira, a defesa dos direitos inerentes aos dados pessoais por intermédio da responsabilidade civil desempenha importante papel de efetivação dos princípios da LGPD, tendo em vista que os difunde a âmbitos potencialmente inexplorados pela atuação administrativa da ANPD e oferece aos cidadãos poderosos mecanismos de direitos individuais e coletivos.

O regime de responsabilidade civil previsto pela LGPD, ainda, tem a marcante característica de impor aos agentes de tratamento a observância de um conjunto de deveres que, como já se mencionou, exigem desses sujeitos uma atuação proativa – e não somente reativa –, de tal maneira que a constatação da ilicitude e, consequentemente, do dever de indenizar, se dá muitas vezes em posição que pode desafiar a dicotomia entre a responsabilidade subjetiva e a responsabilidade objetiva, como se mostrará na sequência.

XVIII.3. O REGIME DE RESPONSABILIDADE NA LEI GERAL DE PROTEÇÃO DE DADOS: RESPONSABILIDADE SUBJETIVA OU OBJETIVA?

XVIII.3.1. Mapeamento da controvérsia

Tendo em vista as potencialidades da responsabilidade civil para endereçar questões oriundas da sociedade em permanente transformação que marca os dias atuais, tanto as suas funções quanto os seus pressupostos vêm sendo readaptados a essas novas realidades.

Daí a razão pela qual, seja com a responsabilidade civil objetiva prevista pelo parágrafo único do art. 927 do Código Civil, seja com a própria responsabilidade subjetiva, no âmbito da qual a própria culpa vem sendo ressignificada, a fim de adotar um perfil mais normativo e menos subjetivo, a aplicação do direito tem paulatinamente tendo que flexibilizar algumas das suas exigências em muitos cenários nos quais, mais importante do que identificar quem gerou o dano é identificar quem pode suportá-lo.[12]

---

[12] SCHREIBER, Anderson. *Novos paradigmas da responsabilidade civil*: da erosão dos filtros da reparação à diluição dos danos. São Paulo: Atlas, 2009. p. 7.

É por esse motivo que, segundo Anderson Schreiber,[13] verifica-se um processo de verdadeira erosão dos filtros da responsabilidade civil, que corresponde "não a um endêmico despreparo dos juízes com relação a uma disciplina secular – como desejam os cultores da responsabilidade civil –, mas a uma revolução gradual, silenciosa, marginal até, inspirada pelo elevado propósito de atribuir efetividade ao projeto constitucional, solidário por excelência, a exigir o reconhecimento de que os danos não se produzem por acaso ou fatalidade, mas consistem em um efeito colateral da própria convivência em sociedade".

Se é verdade que tais reflexões apontam para um crescente alargamento da responsabilidade objetiva, o fenômeno precisa ser adequadamente compreendido no contexto brasileiro, que optou por manter a responsabilidade subjetiva como regra. Tanto é assim que o parágrafo único do art. 927 do Código Civil prevê a obrigação de reparar o dano, independentemente de culpa, somente nos casos especificados em lei ou quando a atividade normalmente desenvolvida pelo autor do dano implicar, por sua natureza, risco para os direitos de outrem.

O art. 42 da LGPD, como já se demonstrou, estabelece que, na hipótese de um controlador ou operador, em virtude do tratamento de dados, causar dano a outrem, fica obrigado a repará-lo. Embora a lei não seja absolutamente clara quanto à natureza da responsabilidade civil nessas hipóteses, o fato de se referir à "violação à legislação de proteção de dados pessoais" pode ser considerado um indicativo de que se trata de responsabilidade subjetiva.

> **LGPD. Art. 42.** O controlador ou o operador que, em razão do exercício de atividade de tratamento de dados pessoais, causar a outrem dano patrimonial, moral, individual ou coletivo, em violação à legislação de proteção de dados pessoais, é obrigado a repará-lo.
>
> **§ 1º** A fim de assegurar a efetiva indenização ao titular dos dados:
>
> **I** – o operador responde solidariamente pelos danos causados pelo tratamento quando descumprir as obrigações da legislação de proteção de dados ou quando não tiver seguido as instruções lícitas do controlador, hipótese em que o operador equipara-se ao controlador, salvo nos casos de exclusão previstos no art. 43 desta Lei;
>
> **II** – os controladores que estiverem diretamente envolvidos no tratamento do qual decorreram danos ao titular dos dados respondem solidariamente, salvo nos casos de exclusão previstos no art. 43 desta Lei.

Com efeito, a responsabilidade civil subjetiva é caracterizada pelo seu aspecto de ilicitude, reprovabilidade e culpabilidade, enquanto a responsabilidade civil objetiva dispensa a avaliação de tais elementos, concentrando-se apenas na existência do dano e do nexo causal ou da vinculação a determinado risco. Consequentemente, ao mencionar a violação da legislação de proteção de dados, o art. 42 da LGPD utiliza-se de referencial que é próprio da responsabilidade subjetiva, uma vez que a responsabilidade objetiva também pode decorrer de ato lícito.

---

[13]   SCHREIBER, Anderson. *Novos paradigmas da responsabilidade civil*: da erosão dos filtros da reparação à diluição dos danos. São Paulo: Atlas, 2009. p. 7.

Tal conclusão poderia ser corroborada pelo art. 43 da LGPD, que trata das excludentes de responsabilidade.

> **LGPD. Art. 43.** Os agentes de tratamento só não serão responsabilizados quando provarem:
>
> **I** – que não realizaram o tratamento de dados pessoais que lhes é atribuído;
>
> **II** – que, embora tenham realizado o tratamento de dados pessoais que lhes é atribuído, não houve violação à legislação de proteção de dados; ou
>
> **III** – que o dano é decorrente de culpa exclusiva do titular dos dados ou de terceiro.

Como se pode observar, enquanto os incisos I e III do art. 43 da LGPD podem ser considerados excludentes de *causalidade* – referenciais aplicáveis tanto à responsabilidade subjetiva quanto à responsabilidade objetiva – o inciso II expressamente inclui como excludente de responsabilidade a inexistência de violação à legislação de proteção de dados, o que pode ser considerado uma excludente de *ilicitude*, referencial inerente à responsabilidade subjetiva e inaplicável à responsabilidade objetiva.

A leitura conjunta do art. 42 e do art. 43 da LGPD permite a conclusão, portanto, de que haverá responsabilidade quando ocorrer violação à legislação de proteção de dados pessoais, isto é, só terá dever de indenizar aquele que violar determinados deveres jurídicos previstos pela legislação. A criação de deveres a serem observados pelos agentes de tratamento – e não de uma responsabilidade ampla decorrente do risco criado pela atividade de tratamento de dados – por conseguinte, consistiria em elemento capaz de evidenciar a natureza subjetiva da responsabilidade civil criada pela LGPD.

Daí dizerem Gustavo Tepedino, Aline Terra e Gisela Sampaio que "não se justifica – nem do ponto de vista lógico, nem do jurídico –, o legislador criar uma série de deveres de cuidado se não for para implantar um regime de responsabilidade subjetiva. Se o que se pretende é responsabilizar os agentes independentemente de culpa, seria ocioso criar deveres a serem seguidos, tampouco responsabilizá-los quando tiverem cumprido perfeitamente todos esses deveres".[14]

Acresce que a própria tramitação da LGPD perante o Congresso Nacional também é mais uma evidência de que se trataria de responsabilidade subjetiva, tendo em vista que tanto a primeira versão do anteprojeto quanto a primeira proposta legislativa apresentada ao Senado Federal continham disposições que claramente estabeleciam um regime de responsabilidade objetiva.

No entanto, tais previsões, que preceituavam que o tratamento de dados seria uma atividade de risco e que os agentes de tratamento integrantes da cadeia responderiam civilmente independentemente de culpa, foram removidas

---

[14] TEPEDINO, Gustavo; TERRA, Aline de Miranda Valverde; GUEDES, Gisela Sampaio da Cruz. *Fundamentos do Direito Civil* – Responsabilidade Civil. Rio de Janeiro: Forense, 2021. p. 286.

do texto final, de sorte que se poderia cogitar, a partir desse dado, que o legislador deliberadamente optou pela adoção de um regime de responsabilidade subjetiva.[15]

Na verdade, cogita-se que houve uma verdadeira guinada no posicionamento da lei, tendo em vista que, para além da eliminação da referência à responsabilidade objetiva, como alegam Gustavo Tepedino, Aline Terra e Gisela Guedes, a expressão, ainda durante a tramitação do projeto, acrescentou-se a expressão "em violação à legislação de proteção de dados pessoais", o que evidenciaria a opção do legislador pela responsabilidade subjetiva. Assim, segundo os autores, "Os agentes de tratamento não responderão em toda e qualquer situação em que causarem danos a terceiros, mas apenas quando isso ocorrer em violação à legislação de proteção de dados pessoais, ou seja, quando a sua conduta não se adequar ao standard estabelecido pelo próprio legislador".[16]

Vale ressaltar que o RGPD adota linguagem bastante semelhante à que acolheu o legislador brasileiro, o que justifica a tendência de constatação, no texto do Regulamento, de regime de responsabilidade subjetiva dos agentes de tratamento.

> **RGPD. Art. 82. Direito de indemnização e responsabilidade**
>
> **1.** Qualquer pessoa que tenha sofrido danos materiais ou imateriais devido a uma violação do presente regulamento tem direito a receber uma indemnização do responsável pelo tratamento ou do subcontratante pelos danos sofridos.
>
> **2.** Qualquer responsável pelo tratamento que esteja envolvido no tratamento é responsável pelos danos causados por um tratamento que viole o presente regulamento. O subcontratante é responsável pelos danos causados pelo tratamento apenas se não tiver cumprido as obrigações decorrentes do presente regulamento dirigidas especificamente aos subcontratantes ou se não tiver seguido as instruções lícitas do responsável pelo tratamento.
>
> **3.** O responsável pelo tratamento ou o subcontratante fica isento de responsabilidade nos termos do n. 2, se provar que não é de modo algum responsável pelo evento que deu origem aos danos.
>
> **4.** Quando mais do que um responsável pelo tratamento ou subcontratante, ou um responsável pelo tratamento e um subcontratante, estejam envolvidos no mesmo tratamento e sejam, nos termos dos n. 2 e 3, responsáveis por eventuais danos causados pelo tratamento, cada responsável pelo tratamento ou subcontratante é responsável pela totalidade dos danos, a fim de assegurar a efetiva indemnização do titular dos dados.
>
> **5.** Quando tenha pago, em conformidade com o n. 4, uma indemnização integral pelos danos sofridos, um responsável pelo tratamento ou um subcontratante tem o direito de reclamar a outros responsáveis pelo tratamento ou subcontratantes envolvidos no mesmo tratamento a parte da

---

[15] Ver: BIONI, Bruno; DIAS, Daniel. Responsabilidade civil na proteção de dados pessoais: construindo pontes entre a Lei Geral de Proteção de Dados Pessoais e o Código de Defesa do Consumidor. *Civilistica.com*, v. 9, n. 3, 2020.

[16] TEPEDINO, Gustavo; TERRA, Aline de Miranda Valverde; GUEDES, Gisela Sampaio da Cruz. *Fundamentos do Direito Civil* – Responsabilidade Civil. Rio de Janeiro: Forense, 2021. p. 288.

> indemnização correspondente à respetiva parte de responsabilidade pelo dano em conformidade com as condições previstas no n. 2.
>
> **6.** Os processos judiciais para exercer o direito de receber uma indemnização são apresentados perante os tribunais competentes nos termos do direito do Estado-Membro a que se refere o artigo 79, n. 2.

Como se pode observar, o RGPD também alicerça o regime de responsabilidade civil na violação de seus comandos. Daí dizer António Barreto Menezes Cordeiro que "a não responsabilização, em concreto, dos responsáveis pelo tratamento ou dos subcontratantes ocorrerá sempre que consigam afastar a ilicitude e a culpa dos seus atos e omissões ou demonstrar não terem os seus comportamentos contribuído (nexo causal), de alguma forma, para a ocorrência dos danos".[17]

Entretanto, o fato de a LGPD não se referir especificamente à culpa, vem despertando divergências na doutrina quanto à natureza jurídica da responsabilidade civil nela prevista.

Dessa maneira, é relevante analisar as correntes que têm se formado em torno da interpretação dos arts. 42 e seguintes da LGPD, de maneira a aferir se e em que situações será (ou não) necessário perquirir sobre a ilicitude ou culpa do agente de tratamento pela violação aos deveres de cuidado atribuídos pela legislação.

XVIII.3.2. As diversas correntes doutrinárias sobre a natureza da responsabilidade civil na LGPD

Por mais que muitas vezes algumas das expressões adotadas pela lei possam remeter a um regime de responsabilidade ou a outro, a interpretação adequada da LGPD é a que compreende o conjunto dos dispositivos nela inseridos, razão pela qual é de rigor analisá-la sistemática e teleologicamente.

Como já se viu, não é somente o *caput* do art. 42 que indica que o regime adotado pela LGPD é o da responsabilidade subjetiva. Também o art. 43, ao dispor sobre as situações nas quais os agentes de tratamento **não** serão responsabilizados, menciona elementos que são típicos da responsabilidade por culpa, notadamente em seu inciso II, de acordo com o qual o agente de tratamento não será responsabilizado caso demonstre que não houve violação à legislação de proteção de dados (isto é, caso demonstre que não teve culpa em eventuais danos que tenham ocorrido, a despeito de ser o responsável pelo tratamento de dados).

> **LGPD. Art. 43.** Os agentes de tratamento só não serão responsabilizados quando provarem:
>
> **I** – que não realizaram o tratamento de dados pessoais que lhes é atribuído;
>
> **II** – que, embora tenham realizado o tratamento de dados pessoais que lhes é atribuído, não houve violação à legislação de proteção de dados; ou

---

[17] CORDEIRO, António Barreto Menezes. Repercussões do RGPD sobre a responsabilidade civil. In: FRAZÃO, Ana; TEPEDINO, Gustavo; OLIVA, Milena Donato. *Lei Geral de Proteção de Dados Pessoais e suas repercussões no direito brasileiro*. São Paulo: Revista dos Tribunais, 2019. p. 779-780.

> **III** – que o dano é decorrente de culpa exclusiva do titular dos dados ou de terceiro.

Segundo Gustavo Tepedino, Aline Terra e Gisela Guedes, por mais que os incisos I e III possam aplicar-se tanto à responsabilidade subjetiva quanto à objetiva (já que também nesse último caso se admite o afastamento da responsabilidade em virtude da quebra do nexo de causalidade), com o inciso II "o agente terá demonstrado que observou o standard esperado e, se o incidente ocorreu, não foi em razão de sua conduta culposa", de maneira que o aludido dispositivo reflete "o regime subjetivo de responsabilidade, adotado pela LGPD, porque está intrinsecamente vinculado ao elemento culpa".[18]

Asseveram os autores, aliás, que a redação em sentido negativo do *caput* do art. 43 – "Os agentes de tratamento só *não* serão responsabilizados" – seria inclusive um sinal de que a LGPD teria adotado um sistema de responsabilidade subjetiva presumida, que pode ser afastada se o agente de tratamento demonstrar que adotou todas as providências adequadas ao tratamento.[19]

O mesmo se verificaria, inclusive, na análise do parágrafo único do art. 44, segundo o qual "Responde pelos danos decorrentes da violação da segurança dos dados o controlador ou o operador que, ao deixar de adotar as medidas de segurança previstas no art. 46 desta Lei, der causa ao dano", que igualmente remete à violação de deveres – nesse caso, associados à garantia de segurança da informação que também é ínsita ao tratamento de dados.

Dessa maneira, pode o agente de tratamento eximir-se de responsabilidade caso demonstre que adotou todas as medidas de segurança possíveis e viáveis no contexto de determinada violação, o que corroboraria com a tese de que o regime adotado pela LGPD é o da responsabilidade subjetiva.

Não obstante, por mais que a análise sistemática de fato pareça conduzir para a conclusão de que o regime adotado seria o da responsabilidade subjetiva, com a exceção do art. 45 da LGPD, que mantém a responsabilidade objetiva nas relações de consumo, ao prever que "As hipóteses de violação do direito do titular no âmbito das relações de consumo permanecem sujeitas às regras de responsabilidade previstas na legislação pertinente".

Aliás, o próprio art. 45 pode ser visto como mais um elemento em favor da natureza subjetiva da responsabilidade civil na LGPD, uma vez que não faria sentido excetuar as relações de consumo se o regime geral da LGPD fosse também o objetivo.

Não obstante todas essas considerações, há corrente doutrinária em sentido oposto, identificando na LGPD um regime de responsabilidade objetiva. É o que sustentam, por exemplo, Laura Schertel e Danilo Doneda, para quem a LGPD é repleta de hipóteses de limitação ao tratamento de dados, buscando sempre "minimizar as hipóteses de tratamento àquelas que sejam, em um sentido geral, úteis

---

[18] TEPEDINO, Gustavo; TERRA, Aline de Miranda Valverde; GUEDES, Gisela Sampaio da Cruz. *Fundamentos do Direito Civil* – Responsabilidade Civil. Rio de Janeiro: Forense, 2021. p. 292.

[19] TEPEDINO, Gustavo; TERRA, Aline de Miranda Valverde; GUEDES, Gisela Sampaio da Cruz. *Fundamentos do Direito Civil* – Responsabilidade Civil. Rio de Janeiro: Forense, 2021. p. 292.

CURSO DE PROTEÇÃO DE DADOS PESSOAIS – *Frazão • Carvalho • Milanez*

e necessárias, e que mesmo estas possam ser limitadas quando da verificação de risco aos direitos e liberdades do titular de dados".[20]

Dessa maneira, segundo os autores, trata-se de norma "que tem como um de seus fundamentos principais a diminuição do risco, levando-se em conta que o tratamento de dados apresenta risco intrínseco aos seus titulares".[21] Por conseguinte, entendem que o regime de responsabilidade adotado pelo art. 42 seria o da responsabilidade objetiva, de forma que a obrigação de reparar o dano seria ínsita à própria atividade de tratamento de dados pessoais.

A responsabilidade objetiva, assim, seria a regra justamente em virtude do fato de o tratamento de dados ser atividade que necessariamente envolve riscos criados pelo agente de tratamento. É este também o posicionamento de Caitlin Mulholland, segundo a qual "os danos resultantes da atividade habitualmente empenhada pelo agente de tratamento de dados, uma vez concretizados, são quantitativamente elevados – pois atingem um número indeterminado de pessoas – e qualitativamente graves – pois violam direitos que possuem natureza personalíssima, reconhecidos pela doutrina como direitos que merecem a estatura jurídica de direitos fundamentais".[22]

Ainda há uma corrente intermediária, como a ventilada por Gisela Sampaio e Rose Venceslau no sentido de que, apesar de a LGPD ter claramente adotado um sistema de responsabilidade civil subjetiva, baseado em uma série de deveres de conduta consistentes em *standards* de comportamento – de tal maneira que a culpa a ser averiguada diz respeito à chamada culpa normativa, verificável com a violação dos deveres de cuidado, segurança, sigilo, dentre outros –, haveria uma situação especial na qual o regime de responsabilidade objetiva se aplicaria: o tratamento de dados sensíveis, situação na qual seriam evocadas as cautelas decorrentes do risco que é intrínseco a esse tipo de atividade.[23]

XVIII.3.3. Considerações críticas sobre o tema e busca de uma síntese

Feito o breve exame das principais correntes doutrinárias sobre o assunto, é forçoso reconhecer que não é sem motivo a controvérsia quanto à natureza do regime de responsabilidade civil estabelecido pela LGPD, notadamente em virtude do fato de que possivelmente os pressupostos tradicionais de responsabilização

---

[20] MENDES, Laura Schertel; DONEDA, Danilo. Reflexões iniciais sobre a nova Lei Geral de Proteção de Dados. *Revista de Direito do Consumidor*, v. 27, n. 120, p. 469-483, nov./dez. 2018. p. 477.

[21] MENDES, Laura Schertel; DONEDA, Danilo. Reflexões iniciais sobre a nova Lei Geral de Proteção de Dados. *Revista de Direito do Consumidor*, v. 27, n. 120, p. 469-483, nov./dez. 2018. p. 477.

[22] MULHOLLAND, Caitlin. Responsabilidade civil por danos causados pela violação de dados sensíveis e a Lei Geral de Proteção de Dados Pessoais (Lei 13.709/2018). *Revista de Direitos e Garantias Fundamentais*, v. 19, n. 3, p. 159-180, set./dez. 2018.

[23] GUEDES, Gisela Sampaio da Cruz e MEIRELES, Rose Melo Vencelau. Capítulo 8. Término do Tratamento de Dados. In: FRAZÃO, Ana; OLIVA. Milena Donato; TEPEDINO, Gustavo. *Lei Geral de Proteção de Dados Pessoais e suas repercussões no Direito Brasileiro*. São Paulo: Thomson Reuters Brasil, 2019.

Cap. XVIII • RESPONSABILIDADE CIVIL E RESSARCIMENTO DE DANOS | **435**

não se encaixam perfeitamente no objeto de proteção do aludido diploma e mesmo na sistemática inaugurada pela lei.

Não obstante, é importante não supervalorizar eventuais diferenças entre os regimes de responsabilidade objetiva e subjetiva,[24] uma vez que, a depender dos termos em que este último é delineado, pode haver considerável aproximação com o primeiro, inclusive para o fim de afastar muitas das preocupações relacionadas às dificuldades para a comprovação da culpa e as consequências daí resultantes, notadamente as de deixar as vítimas excessivamente desprotegidas ou diante de muitas dificuldades para a defesa judicial de seus direitos.

Com efeito, a depender da extensão que se atribua aos deveres de conduta impostos a agentes de tratamento – especialmente se estes forem considerados deveres de fim e não de meio – os resultados práticos de ambos os regimes podem ser muito próximos. Se tais deveres forem considerados de fim, a simples existência do dano já poderá ser vista como a comprovação de que houve o descumprimento da obrigação legal de evitar aquele tipo de situação, hipótese em que estarão presentes a ilicitude e a reprovabilidade da conduta que deflagram a responsabilidade subjetiva.

Da mesma forma, a utilização da culpa normativa, que se baseia na violação de deveres de cuidado e não propriamente em aspectos anímicos do agente – tais como a cognoscibilidade, a previsibilidade e a evitabilidade do dano – facilita consideravelmente a comprovação da reprovabilidade da conduta.[25]

Outro ponto fundamental é que, nos termos do art. 43 da LGPD, cabe aos agentes de tratamento a comprovação de que estão presentes quaisquer das excludentes de responsabilidade. Aliás, o § 2º do art. 42 também preceitua que "O juiz, no processo civil, poderá inverter o ônus da prova a favor do titular dos dados quando, a seu juízo, for verossímil a alegação, houver hipossuficiência para fins de produção de prova ou quando a produção de prova pelo titular resultar-lhe excessivamente onerosa". Logo, a inversão do ônus da prova nesse sentido também é um fator que facilitará consideravelmente a aplicação da responsabilidade subjetiva.

Por outro lado, é importante lembrar que a responsabilidade objetiva não costuma ser a responsabilidade pelo risco integral ou pelos riscos do mundo. Consequentemente, caso se considere que foi esta a opção do legislador, isso não nos dispensará de ingressar em discussões íngremes sobre o que pode ser considerado risco da atividade de tratamento de dados – fortuito interno – e o que está fora desse risco – fortuito externo – inclusive para o fim de afastar a responsabilidade objetiva.

É certo que todos esses desdobramentos ainda estão por ser desenvolvidos, mas são ora mencionados para se mostrar que nem o regime de responsabilidade

---

[24] Ver: FRAZÃO, Ana. Risco da empresa e caso fortuito externo. *Civilistica.com*, v. 5, n. 1, 2016.

[25] A partir da noção de "culpa normativa", o parâmetro definidor do ilícito deixa de ser buscado em aspectos subjetivos e psicológicos do ofensor para que se encontre a medida da reprovabilidade da conduta a partir de seu cotejo com padrões objetivos estabelecidos em lei. Ver: FRAZÃO, Ana. *Função social da empresa:* repercussões sobre a responsabilidade civil de controladores e administradores de S/As. Rio de Janeiro: Renovar, 2011. p. 270-276.

436 CURSO DE PROTEÇÃO DE DADOS PESSOAIS – *Frazão • Carvalho • Milanez*

civil subjetiva é necessariamente incompatível com a proteção dos titulares de dados, principalmente quando o tratamento não envolver riscos significativos, nem o regime de responsabilidade civil objetiva poupará discussões de alta complexidade, notadamente as relacionadas aos riscos do desenvolvimento e aos casos de fortuito externo.

Esse é um ponto importante do tema porque, mesmo sob a ótica da responsabilidade objetiva, não se pode negar que os riscos inerentes aos tratamentos de dados podem ser muito distintos. Não se pode comparar o risco de um pequeno empresário que trata dados de seus clientes apenas para organizar suas vendas e o risco de grandes agentes que se utilizam de imensas bases de dados para, por meio de seus sistemas de inteligência artificial, decidir o futuro das pessoas.

Dessa maneira, a grande pergunta a ser feita é se efetivamente deve haver um regime de responsabilidade civil homogêneo e linear para todas as hipóteses de tratamento de dados ou se é adequado se pensar em diferentes regimes, inclusive para o fim de aplicar a responsabilidade subjetiva para os casos de menor risco e a responsabilidade objetiva para os casos que ultrapassem os chamados riscos ordinários.

Nesse sentido, também pode ser relevante diferenciar agentes que têm no tratamento de dados o seu negócio principal daqueles agentes de tratamento que usam os dados apenas como subsídios para as suas atividades, uma vez que faz sentido submeter os primeiros a regime de responsabilidade mais rigoroso.

Em outras palavras, o que ora se menciona é que, se um regime de responsabilidade objetiva pode parecer adequado para *big techs* ou grandes agentes de tratamento, pode ser excessivamente oneroso para pequenos agentes econômicos que tratam dados de forma acessória às suas atividades.

Não obstante, não se tem como desconhecer que a linguagem da LGPD é mais consentânea com a responsabilidade subjetiva, na medida em que condiciona a responsabilização dos agentes de tratamento à violação de deveres. Por essa razão, não parece adequado adotar-se, de antemão e forma linear, um regime de responsabilidade objetiva que impute a todo e qualquer agente de tratamento todo dano decorrente de sua atividade, especialmente se este puder demonstrar que adotou cuidados relevantes para evitar eventuais violações.

É por essa razão que o presente livro partirá da premissa de que a responsabilidade subjetiva será a regra para os casos de tratamentos de dados, sem prejuízo de que haja exceções além daquela já prevista pela própria LGPD no art. 45 – ao excetuar as relações de consumo – especialmente em relações nas quais haja partes vulneráveis, como é o caso dos trabalhadores.

Aliás, falando em exceções, um bom exemplo, igualmente não mencionado expressamente pela LGPD, é o do Poder Público que, por força da Constituição (CF, art. 37, § 6), submete-se sempre ao regime de responsabilidade objetiva. Consequentemente, há boas razões para sustentar que, em se tratando de tratamento de dados pelo Poder Público, a responsabilidade dos agentes de tratamento será objetiva.

De toda sorte, em que pese a linguagem da LGPD, a sua interpretação principiológica e finalística – e mesmo sistemática, à luz do art. 927, parágrafo único, do Código Civil – não é incompatível com o reconhecimento de algumas esferas de responsabilidade objetiva, notadamente em áreas nas quais os riscos envolvidos sejam superiores ao que poderia ser considerado risco ordinário do tratamento de dados.

Entretanto, para uma parte significativa dos casos, especialmente naqueles em que os tratamentos de dados são corriqueiros e não excedem uma esfera de risco ordinário, a responsabilidade subjetiva, ainda mais se bem compreendida e aplicada, é capaz de endereçar os problemas sofridos pelas vítimas de tratamentos de dados.

XVIII.4. REQUISITOS DA RESPONSABILIDADE CIVIL NA LGPD

Explicada a controvérsia associada à dificuldade de constatação do regime de responsabilidade adotado pela LGPD, cabe verificar de que maneira os tradicionais pressupostos da responsabilidade civil – a ilicitude, o dano e o nexo causal – podem ser constatados quando a atividade capaz de produzir evento danoso for o tratamento de dados.

É verdade que a LGPD, em grande medida, se socorre dos tradicionais elementos da responsabilidade civil. No entanto, há importantes peculiaridades a serem endereçadas, inclusive à luz do texto da lei, como se mostrará nos tópicos a seguir.

XVIII.4.1. A ilicitude configuradora de responsabilidade civil à luz da LGPD

Como já se demonstrou no tópico anterior, o *caput* do art. 42 preceitua que será responsável o agente de tratamento que provoque danos a titulares em razão da atividade de tratamento de dados *em violação à legislação de proteção de dados*. Daí, aliás, a força do argumento segundo o qual a responsabilidade civil pelo tratamento de dados é subjetiva, uma vez que estaria vinculada ao descumprimento de deveres impostos aos agentes de tratamento pela LGPD.

Dessa maneira, a ilicitude se constataria a partir de um parâmetro relativamente simples: uma vez descumpridos os deveres – bastante amplos, como já se mencionou anteriormente – estabelecidos pela LGPD, passa-se a cogitar da possibilidade de responsabilização do agente de tratamento.

A grande questão será identificar quando tais deveres serão de resultado ou quando tais deveres serão de meio pois, nesta última hipótese, se o agente de tratamento tiver feito o que lhe cabia para prevenir o dano, a mera ocorrência deste não seria suficiente para ensejar a sua responsabilização.

A LGPD não entra nessa discussão, mas, como regra, considerando a complexidade dos deveres imputados aos agentes de tratamento, é no mínimo complicado o entendimento de que todos eles são de resultado. Veja-se, por exemplo, o caso do dever de segurança, em relação ao qual, por mais que o agente invista e faça tudo o que for possível para cumpri-lo, pode a ação sofisticada de um *hacker* ocasionar um incidente, sem que se impute ao agente qualquer reprovabilidade.

Entretanto, há vários outros deveres dos agentes de tratamento, especialmente os de natureza mais procedimental, como os que se contrapõem aos direitos de acesso, bloqueio, eliminação de dados, em relação aos quais é razoável compreender que sejam considerados como deveres de resultado, de maneira que, uma vez descumpridos, isso já relevaria a reprovabilidade da conduta, salvo

438 | CURSO DE PROTEÇÃO DE DADOS PESSOAIS – *Frazão • Carvalho • Milanez*

se o agente de tratamento comprovar a presença de alguma das excludentes de responsabilidade previstas no art. 43 da LGPD.

Assim, será importante refletir, antes de mais nada, no alcance e na natureza dos deveres previstos pela LGPD. Nesse sentido, autores como Bruno Bioni e Daniel Dias identificam no texto legal uma certa ambivalência quanto à natureza dos deveres imputados aos agentes de tratamento, de tal maneira que "Um olhar mais focado nos adjetivos trazidos pelo princípio da responsabilidade e prestação de contas abre caminho para uma possível obrigação de resultado, enquanto os dispositivos relacionados a *privacy by design* e boas práticas indicam uma obrigação de meio que poderia, em última análise, modular o referido termo eficiência contido no referido princípio".[26]

O art. 44 da LGPD também oferece parâmetros para a identificação da ilicitude, ao assim prever:

> **LGPD. Art. 44.** O tratamento de dados pessoais será irregular quando deixar de observar a legislação ou quando não fornecer a segurança que o titular dele pode esperar, consideradas as circunstâncias relevantes, entre as quais:
>
> **I** – o modo pelo qual é realizado;
>
> **II** – o resultado e os riscos que razoavelmente dele se esperam;
>
> **III** – as técnicas de tratamento de dados pessoais disponíveis à época em que foi realizado.
>
> **Parágrafo único.** Responde pelos danos decorrentes da violação da segurança dos dados o controlador ou o operador que, ao deixar de adotar as medidas de segurança previstas no art. 46 desta Lei, der causa ao dano.

Como se pode observar, o *caput* do art. 44 da LGPD não inova em relação ao que já constava do art. 42 da LGPD: o fundamento da responsabilidade dos agentes de tratamento – o que se chama de tratamento irregular – é o tratamento ilícito, ou seja, aquele que viola a legislação de proteção de dados. A questão de "não fornecer a segurança que o titular dele pode esperar" não deixa de ser uma violação ao dever de segurança, motivo pelo qual foi destacada pelo legislador tão somente em razão da grande importância que se atribui a tal dever.

É inequívoco que, qualquer que seja o dever, a avaliação da sua suposta violação deverá ser feita no contexto dos princípios reitores de sua aplicação, com especial atenção para o chamado princípio da responsabilização e prestação de contas, ao exigir a "demonstração, pelo agente, da adoção de medidas eficazes e capazes de comprovar a observância e o cumprimento das normas de proteção de dados pessoais e, inclusive, da eficácia dessas medidas".

Dessa maneira, mesmo que se considere o dever em questão como um dever de meio, não basta que os agentes de tratamento demonstrem que adotaram medidas voltadas a prevenir a violação da legislação vigente, sendo fundamental a comprovação de que tais medidas foram adequadas no contexto do tratamento de dados.

---

[26] BIONI, Bruno; DIAS, Daniel. Responsabilidade civil na proteção de dados pessoais: construindo pontes entre a Lei Geral de Proteção de Dados Pessoais e o Código de Defesa do Consumidor. *Civilistica.com*, v. 9, n. 3, 2020. p. 21.

Com efeito, os incisos do art. 44 da LGPD ressaltam a necessidade de uma análise contextual da suposta ilicitude, a partir de critérios como o modo pelo qual o tratamento é realizado, o resultado e os riscos que razoavelmente dele se esperam e as técnicas de tratamento e as técnicas de tratamento de dados pessoais disponíveis à época em que foi realizado.

Tais critérios, que se aplicam particularmente aos casos de violação do dever de segurança, não apenas reforçam a compreensão de que se trata de obrigação de meio, mas também a conclusão de que se trata de responsabilidade subjetiva, uma vez que a reprovabilidade da ação deve ser avaliada de acordo com as peculiaridades de cada situação e com as efetivas possibilidades técnicas de que dispunha o agente na época em que realizou o tratamento.

O papel da segurança da informação, disciplina complementar à própria proteção da privacidade, já foi enfatizado no âmbito do Capítulo XVI, quando se teve a oportunidade de discorrer a respeito da necessidade de análise contextual das ferramentas de segurança de que lançam mão os agentes de tratamento, de tal maneira que devem ser verificadas à luz da tecnologia disponível e acessível ao agente de tratamento em questão.

Em outras palavras, ao passo que não se pode esperar de grandes agentes econômicos postura displicente ou leniente com a adoção de cautelas de segurança, evidentemente que agentes de pequeno porte devem ser objeto de análise proporcional à sua capacidade de acesso a tais medidas.

Não é sem motivo que, por intermédio da Resolução CD/ANPD 2/2022, a ANPD estabeleceu não somente que agentes de pequeno porte farão jus a um procedimento simplificado de comunicação de incidentes de segurança, mas também que poderão estabelecer política de segurança da informação que simplesmente abarque "requisitos essenciais e necessários para o tratamento de dados pessoais, com o objetivo de protegê-los de acessos não autorizados e de situações acidentais ou ilícitas de destruição, perda, alteração, comunicação ou qualquer forma de tratamento inadequado ou ilícito" (art. 13). De acordo com o § 1º do art. 13, "A política simplificada de segurança da informação deve levar em consideração os custos de implementação, bem como a estrutura, a escala e o volume das operações do agente de tratamento de pequeno porte".

Dessa maneira, a observância do dever de garantia da segurança da informação depende fundamentalmente do porte, do risco, da finalidade e da maneira pela qual o tratamento de dados é realizado. Trata-se por conseguinte, de dever cuja dificuldade de atendimento será proporcional à complexidade do tratamento de dados, de tal maneira que os meios de comprovação de sua observância naturalmente dependerão de análise do caso concreto e das expectativas de segurança (ou, ainda, das expectativas juridicamente legítimas de segurança, decorrentes da observação das tecnologias difundidas no mercado e acessíveis ao agente de tratamento)[27] atribuíveis ao agente em questão.

---

[27] Ver: BIONI, Bruno; DIAS, Daniel. Responsabilidade civil na proteção de dados pessoais: construindo pontes entre a Lei Geral de Proteção de Dados Pessoais e o Código de Defesa do Consumidor. *Civilistica.com*, v. 9, n. 3, 2020. p. 13.

440 CURSO DE PROTEÇÃO DE DADOS PESSOAIS – *Frazão* • *Carvalho* • *Milanez*

Por fim, é importante relembrar que é possível afastar a responsabilidade caso o agente de tratamento comprove estar presente ao menos uma das excludentes previstas no art. 43 da LGPD, ou seja, (i) que não realizou o tratamento de dados pessoais que lhe é atribuído (ou seja, em outras palavras, quando não for possível demonstrar o nexo causal entre o tratamento realizado entre o agente em questão e o evento danoso perpetrado contra o titular); (ii) que, embora tenha efetivamente realizado o tratamento, não houve violação à legislação de proteção de dados (isto é, quando efetivamente não houver comportamento ilícito); e (iii) que o dano decorreu de culpa exclusiva do titular ou de terceiro (duas hipóteses, aliás, classicamente inseridas entre as modalidades de excludente de nexo de causalidade na responsabilidade civil).

XVIII.4.2. A configuração do dano

Ao lado da ilicitude e do nexo causal, o dano é considerado um dos elementos imprescindíveis da responsabilidade civil. O *caput* do art. 42 da LGPD indica que o dano apto a ser objeto de ação de responsabilidade civil pode ser tanto material quanto moral, e tanto individual quanto coletivo.

Nesse sentido, percebe-se que a LGPD de antemão entende que não somente o prejuízo pecuniário eventualmente sofrido pelo titular de dados – cujas aferição em termos monetários pode ser verificada mais objetivamente, ainda que mesmo nesse caso possa haver dificuldades relevantes de quantificação – poderá ser indenizado, mas também o dano moral, por se entender que a exposição indevida da privacidade dos titulares é capaz de submetê-los a contingências que justificam a reparação pelos prejuízos contra eles perpetrados.

Trata-se, nesse sentido, de solução que seria consentânea com as peculiaridades do tratamento de dados, especialmente em se tratando dos danos individuais, ainda que se considere que a responsabilidade do agente de tratamento é subjetiva. Com efeito, conforme explica Caitlin Mulholland, a prova do dano concreto decorrente de um evento de violação da LGPD pode ser bastante complexa, enquanto as consequências refletidas sobre a coletividade – e não na subjetividade dos indivíduos – são de apreensão muito mais facilitada, na medida em que, a partir de uma perspectiva macro, pode-se verificar o caráter avassalador desse tipo de evento.[28]

Não se pode ignorar, porém, que a invocação da LGPD pelos tribunais brasileiros ainda encontra forte correspondência com situações de fato nas quais, na verdade, aplica-se o Código de Defesa do Consumidor, cujo regime de responsabilidade, nos termos do art. 45 da LGPD, prevalece sobre as normas específicas da legislação de proteção de dados.

É isto, aliás, que esclarece a análise promovida no âmbito do painel LGPD nos Tribunais, estruturado pelo Centro de Direito, Internet e Sociedade (CEDIS-IDP), segundo o qual "No que se refere aos fundamentos das decisões, chamou a atenção

---

[28] MULHOLLAND, Caitlin. Responsabilidade civil por danos causados pela violação de dados sensíveis e a Lei Geral de Proteção de Dados Pessoais (lei 13.709/2018). *Revista de Direitos e Garantias Fundamentais*, v. 19, n. 3, p. 159-180, set./dez. 2018. p. 11.

dos pesquisadores que muitas citam a LGPD sem trazer uma fundamentação apro-fundada. A LGPD é aplicada nessas situações apenas como um reforço a alguma outra norma, como o Código de Defesa do Consumidor ou o Marco Civil da Internet".[29]

De toda sorte, a questão mais importante que se coloca na atualidade é se se qualquer violação aos direitos dos titulares de dados pode ser considerada *in re ipsa*. Se há determinadas hipóteses em que tal raciocínio parece ser muito adequado, diante dos prejuízos presumíveis, ainda que de difícil comprovação – como ocorre nos casos de incidentes de segurança –, em outras hipóteses pode haver questionamentos a esse respeito.

A dificuldade de aferição do dano individual pode, em larga medida, ser su-prida por intermédio do fortalecimento de mecanismos de ação coletiva, valendo salientar que o próprio § 3º do art. 42 da LGPD preceitua que "As ações de repa-ração por danos coletivos que tenham por objeto a responsabilização nos termos do *caput* deste artigo podem ser exercidas coletivamente em juízo, observado o disposto na legislação pertinente".

Dessa maneira, seria possível inclusive afirmar que, diante da necessidade de facilitação do acesso à justiça, a efetiva proteção de dados pessoais depende, em grande parte, de sua coletivização, sobretudo diante da tradição do direito brasileiro de proteger direitos difusos e coletivos por intermédio de instrumentos como a Ação Civil Pública e o Mandado de Segurança Coletivo.[30]

XVIII.4.3.Nexo causal na sistemática de responsabilidade civil estabelecida pela LGPD

Evidentemente que, com vistas a imputar a responsabilidade ao agente de tratamento, é necessário traçar o nexo de causalidade entre a conduta do agente de tratamento e o dano sofrido pelo titular. Nesse sentido, sobretudo a teor das excludentes previstas pelo art. 43 e das condicionantes previstas pelo art. 44, não se pode dispensar a formação de um liame de causalidade entre uma ação ou omissão do responsável pelo tratamento e do prejuízo perpetrado sobre a esfera jurídica do titular.

No que se refere especificamente ao tratamento de dados pessoais, certa-mente que a comprovação do nexo de causalidade ocorre de maneira bastante complexa, de forma que, como esclarece Anderson Schreiber,[31] "A fonte originária de dados pessoais expostos indevidamente nem sempre é passível de identificação

---

[29] Disponível em: https://www.jusbrasil.com.br/static/pages/lgpd-nos-tribunais.html. Acesso em: 10 mar. 2022.

[30] Ver: ZANATTA, Rafael A. F.; SOUZA, Michel R. O. A tutela coletiva na proteção de dados pessoais: tendências e desafios. In: DE LUCCA, Newton; ROSA, Cíntia. *Direito & Internet IV*: Proteção de Dados Pessoais. São Paulo: Quartier Latin, 2019; ROQUE, André. A tutela coletiva dos dados pessoais na Lei Geral de Proteção de Dados Pessoais (LGPD). *Revista eletrônica de direito processual*, v. 13, n. 20, p. 1-19, maio/ago. 2019.

[31] SCHREIBER, Responsabilidade civil na Lei Geral de Proteção de Dados. In: BIONI, Bruno et al. *Tratado de proteção de dados pessoais*. Rio de Janeiro: Forense, 2021. p. 339.

442 CURSO DE PROTEÇÃO DE DADOS PESSOAIS – *Frazão • Carvalho • Milanez*

(*trackable*) e o caminho percorrido pelos dados pessoais frequentemente restará demonstrado mais a título de efetiva probabilidade que de certeza matemática".

Não é sem motivo, aliás, que a LGPD conta com ferramentas como a inversão do ônus da prova, de sorte que estabelece o § 2º do art. 42 do aludido diploma que "O juiz, no processo civil, poderá inverter o ônus da prova a favor do titular dos dados quando, a seu juízo, for verossímil a alegação, houver hipossuficiência para fins de produção de prova ou quando a produção de prova pelo titular resultar-lhe excessivamente onerosa".

A dificuldade de comprovação do nexo de causalidade diante da inviabilidade de se demonstrar o caminho dos dados ou das circunstâncias que provocaram a violação legal, por conseguinte, tratar-se-ia de típica situação de inversão do ônus da prova.

Verdade seja dita, porém, que muitas das controvérsias sobre o assunto vêm sendo atualmente superadas pela ideia de que a causalidade é verdadeiramente mais um juízo de imputação jurídica, e não a demonstração naturalística do caminho feito pelos dados até o ponto culminante da violação a dever jurídico.[32]

Exatamente por isso, trata-se de questão essencialmente valorativa, que diz respeito à identificação dos danos que podem ser imputáveis a alguém, de acordo com diversos padrões jurídicos. Por conseguinte, também na LGPD o nexo de causalidade não deve ser buscado a partir de juízos exclusivamente naturalísticos, mas sim de juízo de imputação que decorre diretamente do papel exercido pelo agente de tratamento e do modo do tratamento de dados, como se depreende dos próprios dispositivos legais mencionados neste capítulo.

XVIII.5. EXTENSÃO DA RESPONSABILIDADE DOS AGENTES DE TRATAMENTO E RESPONSABILIDADE SOLIDÁRIA

O já mencionado art. 45 da LGPD trata de frisar a distinção entre o regime de responsabilidade previsto pela LGPD e aquele estabelecido pelo Código de Defesa do Consumidor. Dessa maneira, por mais que exista alguma sobreposição em determinadas situações, é relevante concluir que à LGPD não se aplicam soluções tradicionalmente associadas ao diploma consumerista como mecanismos de facilitação da reparação de danos causados ao consumidor, como hipóteses de responsabilidade objetiva ou mesmo da solidariedade dos agentes integrantes da cadeia de consumo.

De toda sorte, a LGPD estabelece suas próprias hipóteses de facilitação da reparação do titular de dados por danos perpetrados pelos agentes de tratamento. É o caso da responsabilidade solidária entre controlador e operador estabelecida pelo § 1º, I, do art. 42.

> **Art. 42. § 1º** A fim de assegurar a efetiva indenização ao titular dos dados: I – o operador responde solidariamente pelos danos causados pelo tratamento quando descumprir as obrigações da legislação de proteção de dados ou quando não tiver seguido as instruções lícitas do controlador, hipótese em que o operador equipara-se ao controlador, salvo nos casos de exclusão previstos no art. 43 desta Lei;

---

[32] FRAZÃO, Ana. Risco da empresa e caso fortuito externo. *Civilistica.com*, v. 5, n. 1, 2016.

Cap. XVIII • RESPONSABILIDADE CIVIL E RESSARCIMENTO DE DANOS | **443**

Como se pode observar, a lei é clara ao prever que o operador responde solidariamente com o controlador sempre que não tiver seguido as instruções lícitas deste, hipótese em que o operador se equipara inclusive ao controlador, salvo nos casos de exclusão previstos no art. 43 desta Lei". Da mesma maneira, há solidariedade igualmente entre os controladores que estiverem diretamente envolvidos no tratamento, salvo nos casos de exclusão previstos no art. 43 desta Lei.

A LGPD, por conseguinte, estabelece duas hipóteses de responsabilidade solidária por meio das quais pretende facilitar a obtenção de reparação pelo titular: (i) em primeiro lugar, a responsabilidade solidária entre controlador e operador, que se justifica evidentemente pela própria percepção quanto ao agente responsável que se produz perante o titular; e (ii) em segundo lugar, a responsabilidade solidária entre controladores na hipótese de controle compartilhado.

De toda sorte, evidentemente que falar em solidariedade não significa descartar qualquer juízo de proporcionalidade na contribuição para a reparação de danos. No entanto, no intuito de facilitar a obtenção de indenização pela vítima do evento danoso, estabelece-se a responsabilidade solidária, sem prejuízo do exercício de direito de regresso, como se depreende do § 4º do art. 42, segundo o qual "Aquele que reparar o dano ao titular tem direito de regresso contra os demais responsáveis, na medida de sua participação no evento danoso".

Nota-se, por conseguinte, que a extensão da responsabilidade do controlador ou do operador se verificará contextualmente, levando-se em consideração o seu grau de contribuição para a produção do resultado danoso e sobretudo a incidência de eventuais excludentes de responsabilidade sobre a conduta de qualquer dos agentes de tratamento.

Capítulo XIX

A AUTORIDADE NACIONAL DE PROTEÇÃO DE DADOS E A RESPONSABILIZAÇÃO ADMINISTRATIVA

XIX.1. ASPECTOS FUNDAMENTAIS

Autoridades de proteção de dados constituem elementos fundamentais nas estratégias contemporâneas de desenvolvimento de arcabouços jurídicos para a proteção de dados pessoais, desempenhando relevantes funções que vão muito além da fiscalização e aplicação de sanções, uma vez que abrangem a aplicação e interpretação das legislações de proteção à privacidade, a própria construção das normas de proteção de dados e a criação de incentivos para a consolidação de uma cultura de proteção de dados.

Ao mesmo tempo em que são encarregadas de regulamentar as legislações de proteção de dados e mesmo de aplicar sanções, tais autoridades administrativas verdadeiramente advogam pela difusão da proteção à privacidade e aos dados pessoais, sensibilizando a sociedade quanto à importância desses direitos e agem como efetivos representantes dos titulares de dados em prol da defesa de seus direitos.[1]

A ascensão das autoridades de proteção de dados, corolário direto do desenvolvimento do arcabouço institucional de proteção à privacidade no contexto europeu que, especialmente com a edição do RGPD, difundiu-se ao redor do mundo e inspirou diplomas como a própria LGPD, está baseada no princípio segundo o qual a supervisão independente dos processos de tratamento de dados é essencial à adequada aplicação da lei e, por conseguinte, a existência de uma autoridade supervisora está intimamente vinculada à observância efetiva das normas de proteção de dados.[2]

---

[1] Ver: JÓRI, András. Shaping vs applying data protection law: two core functions of data protection authorities. *International data protection law*, v. 5, n. 2, p. 133-143, maio 2015.

[2] HUSTINX, Peter. The role of data protection authorities. In: GUTWIRTH, Serge et al. *Reinventing data protection?* Bruxelas: Springer, 2009. p. 133.

CURSO DE PROTEÇÃO DE DADOS PESSOAIS – *Frazão* • *Carvalho* • *Milanez*

No contexto brasileiro, não é estranha a ideia de autoridades regulatórias que reúnam funções de normatização – no sentido de acompanhamento conjuntural da aplicação do diploma que motivou a sua criação com a emissão de normas voltadas a aprimorar a efetividade, no caso, da LGPD – e também sancionatórias – no sentido de garantir a adequada observância da lei de regência mediante a fiscalização constante de seu cumprimento, com a instauração de procedimentos administrativos sancionadores e eventualmente a aplicação de penalidades e/ou medidas preventivas.

Dessa maneira, a Autoridade Nacional de Proteção de Dados (ANPD) brasileira, por mais atribulados que tenham sido os passos que levaram à sua constituição, reúne umas série de atribuições (semelhantes às verificáveis nas autoridades europeias) que dificilmente a colocariam exclusivamente na categoria de agência reguladora, mas sim na de autoridade garante do cumprimento da legislação de proteção de dados.[3]

O presente capítulo, por conseguinte, terá por intuito brevemente expor as características institucionais da ANPD e delinear as principais características do processo sancionador conduzido no âmbito da Autoridade, de maneira a demonstrar os métodos de responsabilização administrativa disciplinados pela LGPD.

XIX.2. ESTRUTURA ORGANIZACIONAL E FUNÇÕES LEGAIS DA ANPD

A ANPD, mencionada inúmeras vezes ao longo da LGPD como entidade responsável por regulamentar dispositivos da lei de proteção de dados, tem sua estrutura e suas funções disciplinadas pelo art. 55-A e seguintes. A própria denominação do artigo, cabe notar, é sintoma das diversas idas e vindas que marcaram o longo e confuso processo de constituição da autoridade.

A ANPD, inicialmente seria criada como autarquia em regime especial vinculada ao Ministério da Justiça, porém o art. 55 foi objeto de veto presidencial justificado por vício de iniciativa, tendo em vista que, nos termos do art. 61, § 1º, II, "e", da Constituição Federal, é de iniciativa privativa do Presidente da República a lei que crie órgãos da Administração Pública.

---

[3]   Nesse sentido, Danilo Doneda sugere que não se poderia classificar a ANPD como autoridade regulatória, e sim "autoridade de garantia": "A distinção que pode ser feita quanto ao âmbito de atuação dessas autoridades, portanto, comporta que em uma taxonomia básica possam ser divididas entre "autoridades de regulação" e "autoridades de garantia". Às autoridades de regulação, cuja competência costuma ser ligada a um determinado serviço público, são destinadas funções similares àquelas da própria administração pública, com vantagens quanto à dinamicidade de sua estrutura e outras. Por sua vez, as autoridades de garantia possuem a missão de proteção de direitos ou situações subjetivas específicos, para cuja defesa foram constituídas11. Um organismo com a proposta de proteção de um direito como o da proteção de dados pessoais (a ANPD, por exemplo), estaria enquadrada, portanto, como uma autoridade de garantia" (DONEDA, Danilo. A Autoridade Nacional de Proteção de Dados e o Conselho Nacional de Proteção de Dados. In: BIONI, Bruno et al. *Tratado de proteção de dados pessoais.* Rio de Janeiro: Forense, 2021).

Cap. XIX • AUTORIDADE NACIONAL DE PROTEÇÃO DE DADOS E A RESPONSABILIZAÇÃO ADMINISTRATIVA

Primeiramente, por força da MP 869/2018 e, posteriormente, pela Lei 13.853/2019, a ANPD foi criada como órgão – portanto, sem personalidade jurídica própria – da Administração Pública Federal, integrando a Presidência da República. Não obstante, os §§ 1º e 2º do art. 55-A abrem janela de oportunidade para que, após até dois anos da entrada em vigor da estrutura regimental a ANPD, avalie o Poder Executivo a conveniência de transformação da autoridade em entidade da administração pública federal indireta, submetida a regime autárquico especial e vinculada à Presidência da República.

> **LGPD, Art. 55-A.** Fica criada, sem aumento de despesa, a Autoridade Nacional de Proteção de Dados (ANPD), órgão da administração pública federal, integrante da Presidência da República.
>
> § 1º A natureza jurídica da ANPD é transitória e poderá ser transformada pelo Poder Executivo em entidade da administração pública federal indireta, submetida a regime autárquico especial e vinculada à Presidência da República.
>
> § 2º A avaliação quanto à transformação de que dispõe o § 1º deste artigo deverá ocorrer em até 2 (dois) anos da data da entrada em vigor da estrutura regimental da ANPD.
>
> § 3º O provimento dos cargos e das funções necessários à criação e à atuação da ANPD está condicionado à expressa autorização física e financeira na lei orçamentária anual e à permissão na lei de diretrizes orçamentárias.

No que diz respeito aos cargos associados à ANPD, mesmo por não se tratar de órgão com autonomia administrativa ou com personalidade jurídica própria, a rigor, a autoridade não terá quadro de servidores próprios.[4]

No entanto, o Decreto 10.474/2020 atribuiu uma série de cargos em comissão – tanto de Direção e Assessoramento Superiores quanto Funções Comissionadas do Poder Executivo – que autorizam a nomeação de pessoal qualificado a exercer as atividades-fim da instituição. Curiosamente, é justamente no Decreto 10.474/2020 – e não na LGPD – que são expostas as funções e missões institucionais da ANPD.

> **Decreto 10.474/2020, Anexo I, Art. 1º** A Autoridade Nacional de Proteção de Dados – ANPD, órgão integrante da Presidência da República, dotada de autonomia técnica e decisória, com jurisdição no território nacional e com sede e foro no Distrito Federal, tem o objetivo de proteger os direitos fundamentais de liberdade e privacidade e o livre desenvolvimento da personalidade da pessoa natural, orientada pelo disposto na Lei nº 13.709, de 14 de agosto de 2018.

---

[4]   Nesse sentido: "Art. 55-H. Os cargos em comissão e as funções de confiança da ANPD serão remanejados de outros órgãos e entidades do Poder Executivo federal"; "Art. 55-I. Os ocupantes dos cargos em comissão e das funções de confiança da ANPD serão indicados pelo Conselho Diretor e nomeados ou designados pelo Diretor-Presidente".

448 | CURSO DE PROTEÇÃO DE DADOS PESSOAIS – *Frazão* • *Carvalho* • *Milanez*

Para além de estabelecer que a ANPD tem como missões institucionais a proteção dos direitos fundamentais de liberdade e privacidade e o livre desenvolvimento da personalidade da pessoa natural, o que ressalta, aliás, a dupla natureza da proteção de dados, que tanto tem por intuito proteger indivíduos quanto resguardar a sociedade.

O Decreto também estabelece questões operacionais importantes, notadamente a autonomia técnica e decisória, também prevista pelo art. 55-B da LGPD, atributos que são fundamentais para o desempenho das funções da autoridade com independência e desprendimento de eventuais ingerências políticas, notadamente da Presidência da República, órgão a que se vincula a ANPD.

É nesse contexto que se entende por que tanto se discutiu a natureza jurídica da ANPD, tendo em vista que a independência de um ente estatal não se constrói apenas a partir de princípios ou previsões normativas, mas sim a partir de garantias institucionais efetivas, muitas das quais acabaram não sendo acolhidas pela atual LGPD.

Tais funções da ANPD, cabe notar, são desempenhadas por diversos órgãos internos com atribuições próprias, nos termos do art. 55-C da LGPD, segundo o qual a autoridade é composta de:

- Conselho Diretor;
- Conselho Nacional de Proteção de Dados Pessoais e da Privacidade;
- Corregedoria;
- Ouvidoria;
- Órgão de assessoramento jurídico próprio;
- Unidades administrativas e unidades especializadas necessárias à aplicação do disposto na LGPD

Os dois principais órgãos internos à ANPD, nesse sentido, são o Conselho Diretor, órgão máximo de direção da instituição, e o Conselho Nacional de Proteção de Dados, órgão consultivo que também desempenha importantes funções de consolidação do arcabouço jurídico de proteção de dados pessoais no direito brasileiro.

XIX.2.1. O Conselho Diretor e suas atribuições

O Conselho Diretor, órgão máximo de direção da autoridade, é composto por cinco Diretores, incluindo o seu Diretor-Presidente, e são indicados pelo Presidente da República e aprovados pelo Senado Federal para exercício de mandato de quatro anos,[5] desde que cumpram os requisitos de reputação ilibada, nível

---

[5] Exceção a essa regra é a que se aplica aos primeiros membros do Conselho-Diretor, nos termos do § 4º do art. 55-D da LGPD: "Os mandatos dos primeiros membros do Conselho Diretor nomeados serão de 2 (dois), de 3 (três), de 4 (quatro), de 5 (cinco) e de 6 (seis) anos, conforme estabelecido no ato de nomeação". O § 5º, por sua vez, estabelece que "Na hipótese de vacância do cargo no curso do mandato de membro do Conselho Diretor, o prazo remanescente será completado pelo sucessor".

Cap. XIX • AUTORIDADE NACIONAL DE PROTEÇÃO DE DADOS E A RESPONSABILIZAÇÃO ADMINISTRATIVA | **449**

superior de instrução e "elevado conceito no campo de especialidade dos cargos para os quais serão nomeados" (LGPD, art. 55-D, § 2º).

Como costuma ocorrer em outras autoridades regulatórias, os Diretores não podem ser demitidos *ad nutum*, perdendo o cargo apenas em caso de renúncia, condenação criminal transitada em julgado ou demissão decorrente do devido processo administrativo disciplinar (LGPD, art. 55-E).

Nos termos do art. 12 da Estrutura Regimental da ANPD, criada pelo Decreto 10.474/2020, o Conselho Diretor reunir-se-á ordinariamente em periodicidade mensal, sem prejuízo do agendamento de sessões extraordinárias, e deliberará com quórum de instalação da maioria absoluta de seus membros e de deliberação de maioria simples, sendo que o Diretor-Presidente também tem a prerrogativa do voto de qualidade.

O Conselho-Diretor, nesse sentido, conta com diversas atribuições tanto sancionatórias quanto regulamentares, como se depreende do art. 55-J da LGPD, assim como do art. 4º da Estrutura Regimental da ANPD.

Nota-se que, ao passo que as atribuições previstas pela LGPD têm escopo mais amplo – por exemplo, determinando que cabe ao Conselho Diretor zelar pela proteção de dados pessoais, deliberar sobre a interpretação da LGPD, dentre outras atividades –, a Estrutura Regimental conta com comandos específicos, voltados inclusive a dar concretude às funções da ANPD previstas ao longo da LGPD.

> **Exemplos de atribuições da ANPD**
>
> - Zelar pela proteção dos dados pessoais e pela observância dos segredos comercial e industrial;
> - Elaborar as diretrizes da Política Nacional de Proteção de Dados Pessoais e da Privacidade;
> - Fiscalizar e aplicar sanções em caso de tratamento de dados realizado em descumprimento à LGPD, mediante processo administrativo que assegure o contraditório, a ampla defesa e o direito de recurso;
> - Apreciar petições de titular contra controlador após comprovada pelo titular a apresentação de reclamação ao controlador não solucionada no prazo estabelecido em regulamentação;
> - Promover ações de cooperação com autoridades de proteção de dados pessoais de outros países, de natureza internacional ou transnacional;
> - Editar regulamentos e procedimentos sobre proteção de dados pessoais e privacidade, bem como sobre relatórios de impacto à proteção de dados pessoais para os casos em que o tratamento representar alto risco à garantia dos princípios gerais de proteção de dados pessoais previstos na LGPD;
> - Celebrar compromisso com agentes de tratamento para eliminar irregularidade, incerteza jurídica ou situação contenciosa no âmbito de processos administrativos, de acordo com o previsto no Decreto-Lei 4.657/42;
> - Deliberar, na esfera administrativa, em caráter terminativo, sobre a interpretação da LGPD, as suas competências e os casos omissos; etc.

Exemplos de atribuições do Conselho Diretor da ANPD

- Solicitar ao controlador o relatório de impacto à proteção de dados pessoais, quando o tratamento tiver como fundamento seu interesse legítimo;
- Solicitar informações suplementares e realizar diligências de verificação quanto às operações de tratamento, no contexto da aprovação de transferências internacionais de dados;
- Regulamentar a comunicação ou o uso compartilhado de dados pessoais sensíveis entre controladores com o objetivo de obter vantagem econômica, permitida a sua vedação, ouvidos os órgãos públicos setoriais competentes;
- Regulamentar a portabilidade de dados pessoais entre fornecedores de serviços ou produtos, resguardadas as competências dos órgãos reguladores que possuem definição sobre tais procedimentos em suas áreas de atuação;
- Dispor sobre os padrões mínimos para a adoção de medidas de segurança, técnicas e administrativas de proteção de dados pessoais contra acessos não autorizados e situações acidentais ou ilícitas de destruição, perda, alteração, comunicação ou qualquer forma de tratamento inadequado ou ilícito;
- Determinar a realização de auditoria para verificação de aspectos discriminatórios em tratamento automatizado de dados pessoais, na hipótese de não atendimento ao disposto no § 1º do art. 20 da LGPD;
- Estabelecer prazos para o atendimento às requisições de que tratam os incisos I e II do *caput* do art. 19 da LGPD, para setores específicos, mediante avaliação fundamentada, observado o disposto no § 4º do art. 19 da LGPD;
- Autorizar a transferência internacional de dados pessoais, mediante fundamentação;
- Avaliar os requerimentos encaminhados à ANPD sobre o nível de proteção de dados pessoais conferido por outro País ou por organismo internacional; e
- Avaliar o nível de proteção de dados de país estrangeiro ou de organismos internacionais que proporcionem grau de proteção de dados pessoais e sua adequação às disposições da LGPD;
- Definir o conteúdo de cláusulas padrão e verificar, diretamente ou mediante designação de organismo de certificação, a garantia de cláusulas contratuais específicas, normas corporativas globais ou selos, certificados e códigos de conduta para transferência internacional por controlador de dados pessoais;
- Definir as metodologias que orientarão o cálculo do valor-base das sanções de multa previstas na LGPD, e publicá-las para ciência dos agentes de tratamento;

Cap. XIX • AUTORIDADE NACIONAL DE PROTEÇÃO DE DADOS E A RESPONSABILIZAÇÃO ADMINISTRATIVA | **451**

- Designar e fiscalizar organismos de certificação para a verificação da permissão para a transferência de dados internacional;
- Reconhecer e divulgar regras de boas práticas e de governança estabelecidas por controladores e operadores relacionadas ao tratamento de dados pessoais;
- Aplicar as sanções administrativas previstas no art. 52 da LGPD; etc.

O Conselho Diretor da ANPD, nesse sentido, é o órgão superior tanto de deliberação quanto de formação de políticas públicas e mesmo de edição de normas sobre proteção de dados, cabendo a este órgão não somente a aplicação de sanções decorrentes da violação às normas da LGPD, mas também a realização de auditorias e o desencadeamento de processos voltados a garantir – ainda que de maneira preventiva – a observância das disposições da lei.

XIX.2.2. O Conselho Nacional de Proteção de Dados e suas atribuições

O Conselho Nacional de Proteção de Dados (CNPD) é um órgão consultivo formado por sujeitos indicados por instituições diversas que tem por objetivo, em linhas gerais, propor as diretrizes estratégicas da Política Nacional de Proteção de Dados, elaborar estudos a respeito do tema da proteção ao direito de privacidade e sugerir ações a serem realizadas pela ANPD.

> **LGPD, Art. 58-B.** Compete ao Conselho Nacional de Proteção de Dados Pessoais e da Privacidade:
>
> **I** – propor diretrizes estratégicas e fornecer subsídios para a elaboração da Política Nacional de Proteção de Dados Pessoais e da Privacidade e para a atuação da ANPD;
>
> **II** – elaborar relatórios anuais de avaliação da execução das ações da Política Nacional de Proteção de Dados Pessoais e da Privacidade;
>
> **III** – sugerir ações a serem realizadas pela ANPD;
>
> **IV** – elaborar estudos e realizar debates e audiências públicas sobre a proteção de dados pessoais e da privacidade; e
>
> **V** – disseminar o conhecimento sobre a proteção de dados pessoais e da privacidade à população.

Cabe notar que, para além dessas funções gerais, a LGPD também atribui ao CNPD a função de órgão consultivo a ser necessariamente ouvido em determinadas situações como é o caso da elaboração de norma sobre padrões e técnicas de anonimização, nos termos do § 3º do art. 12, segundo o qual "A autoridade nacional poderá dispor sobre padrões e técnicas utilizados em processos de anonimização e realizar verificações acerca de sua segurança, ouvido o Conselho Nacional de Proteção de Dados Pessoais".

O CNPD, cabe notar, é formado por conselheiros não remunerados, indicados por diversos órgãos e entidades, a saber:

- 5 (cinco) do Poder Executivo federal;
- 1 (um) do Senado Federal;

452 CURSO DE PROTEÇÃO DE DADOS PESSOAIS – *Frazão • Carvalho • Milanez*

- 1 (um) da Câmara dos Deputados;
- 1 (um) do Conselho Nacional de Justiça;
- 1 (um) do Conselho Nacional do Ministério Público;
- 1 (um) do Comitê Gestor da Internet no Brasil;
- 3 (três) de entidades da sociedade civil com atuação relacionada a proteção de dados pessoais;
- 3 (três) de instituições científicas, tecnológicas e de inovação;
- 3 (três) de confederações sindicais representativas das categorias econômicas do setor produtivo;
- 2 (dois) de entidades representativas do setor empresarial relacionado à área de tratamento de dados pessoais; e
- 2 (dois) de entidades representativas do setor laboral.

Observa-se, por conseguinte, o intuito legislativo de compor um órgão consultivo formado por representantes não somente de entidades governamentais, mas também de entidades da sociedade civil com atuação relevância no campo da inovação e da tecnologia.

XIX.3. O PAPEL DOS INCENTIVOS NA ATUAÇÃO DA ANPD

Por mais que a ANPD conte com importantes ferramentas repressivas – de tal maneira que é fundamental estudar e analisar o processo sancionador perante a autoridade –, já se afirmou que a atuação da Autoridade Nacional de Proteção de Dados não se resume à simples replicação dos chamados modelos de comando-e-controle, que se estruturam na fiscalização e na imposição de sanções sempre que constatado determinado fato ilícito imputável a determinado agente.

O modelo de comando-e-controle, cabe notar, conta com uma série de insuficiências, especialmente em virtude de partir da premissa de que os agentes são movidos exclusiva ou prioritariamente pela lógica – que remonta à economia neoclássica[6] – de maximização de utilidades pessoais a partir de um cálculo de risco a respeito do cumprimento ou não da legislação, de sorte que o descumprimento deveria necessariamente redundar na aplicação de penalidades suficientemente duras para evitar a reincidência.

No entanto, as descobertas recentes de correntes como a economia comportamental têm ressaltado a importância dos padrões sociais de comportamento, das motivações sociais para a ação, de que é exemplo o efeito manada, e mesmo da percepção e da lembrança de valores, de tal maneira que concepções tradicionais de regulação baseadas em padrões ideais de racionalidade passam a abrir espaço para a regulação do comportamento por intermédio de incentivos,

---

[6] Exemplo lapidar do pensamento neoclássico sobre o tema é a obra de Gary Becker: BECKER, Gary. S. Crime and punishment: an economic approach. *Journal of Political Economy*, v. 76, n. 2, p. 169-217, 1968.

Cap. XIX • AUTORIDADE NACIONAL DE PROTEÇÃO DE DADOS E A RESPONSABILIZAÇÃO ADMINISTRATIVA | **453**

como os pequenos cutucões ou *nudges*, a fim de que os indivíduos cumpram os comportamentos socialmente esperados.[7]

A adoção de mecanismos alternativos à mera aplicação de sanções é relevante especialmente diante da circunstância de que os danos decorrentes da ação corporativa ilícita – que muitas vezes não decorre de um descumprimento deliberado da legislação, mas sim da replicação de práticas difundidas no mercado ou que não têm os adequados incentivos para a conformidade – são menos concretos e mais abstratos,[8] considerando que pequenas violações dificilmente serão percebidas pelo público em geral ou mesmo pelas autoridades, porém servirão para a perpetuação de um conjunto de práticas deletérias ao arcabouço legal de proteção de dados.

Não é por outro motivo que se pode afirmar que o regime de responsabilidade da LGPD não é meramente repressivo, mas sim *proativo*,[9] uma vez que privilegia a instituição de mecanismos que verdadeiramente sirvam à internalização de uma cultura corporativa de proteção à privacidade dos titulares de dados sujeitos ao tratamento pela organização em questão. É fundamental, assim, a função normativa e regulatória exercida também pela ANPD, que tem o potencial de criar os incentivos necessários e adequados para os comportamentos esperados dos agentes regulados, por meio dos diversos mecanismos.

Pode-se mencionar, nesse sentido, que a ANPD terá a capacidade de produzir substanciais transformações quanto ao *modus operandi* de tratamento de dados sem necessariamente instaurar grandes processos sancionadores, mas mediante um simples *nudge* ou "cutucão", como pela lembrança da importância ou do valor de determinado comportamento, a disseminação de determinada informação ou conhecimento, a contextualização, a comparação ou o ranqueamento do comportamento do administrado em relação aos demais agentes que atuam no mesmo mercado, a identificação e a apresentação das consequências positivas ou dos danos causados a terceiros em decorrência de determinadas ações ou omissões dos agentes econômicos, dentre várias outras.

Tal estratégia, logicamente, não parte de uma iniciativa exclusivamente estatal, na medida em que depende de um contexto em que os agentes regulados estejam predispostos a entender o valor e a importância dos comportamentos esperados, bem como a cooperar nesse sentido.

É por essa razão que, não obstante os esforços unilaterais de autoridades como a ANPD, é necessário compartilhar tais responsabilidades com os agentes regulados. É nesse contexto que se destaca não somente a importância da autorregulação, por meio dos programas de *compliance* – que a LGPD expressamente

---

[7] Ver: THALER, Richard; SUNSTEIN, Cass. *Nudge*. London: Penguin Books, 2009; THALER, Richard. Misbehaving. *The Making of Behavioral Economics*. New York: W.W Norton & Company, 2015; KAHNEMAN, Daniel. *Rápido e Devagar*. Duas formas de pensar. Tradução de Cassio Leite. São Paulo: Objetiva, 2011.

[8] Nesse sentido: SOLTES, Eugene. *Why they do it*: inside the mind of the white-collar criminal. New York: Public Affairs, 2016.

[9] Ver: MORAES, Maria Celina Bodin. LGPD: um novo regime de responsabilidade civil dito proativo. *Civilistica.com*, v. 8, n. 3, 2019.

454 CURSO DE PROTEÇÃO DE DADOS PESSOAIS – *Frazão • Carvalho • Milanez*

reconhece como medida a ser estimulada pela autoridade nacional, nos termos de seus arts. 50 e 51, além de ser possível considerar tais programas como condições atenuantes na eventualidade da aplicação de sanções –, como também o fato de que estes não existem no vazio, mas, pelo contrário, dependem de uma precisa integração e costura com a heterorregulação, a fim de que esta ofereça os incentivos necessários para o comportamento virtuoso por parte do regulado e para a mudança da cultura corporativa.

Dessa maneira, verifica-se que a atuação da ANPD é pautada por uma lógica *sui generis* de regulação do comportamento dos agentes de tratamento, considerando que, a teor do próprio espírito da LGPD, não é apenas através da aplicação de pesadas multas que se poderá aprimorar o contexto de proteção aos direitos de privacidade e proteção de dados pessoais, mas sim da alteração da cultura das organizações diante do tratamento de dados mediante o fornecimento dos incentivos adequados.

XIX.4. RESPONSABILIDADE ADMINISTRATIVA DA LGPD NO CONTEXTO DAS DISCUSSÕES SOBRE O DIREITO ADMINISTRATIVO SANCIONADOR

Ainda que a atuação da ANPD não possa ser pensada penas no contexto do modelo comando-controle, é certo que as suas funções fiscalizatória e sancionatória são de extrema importância. Daí encontrar-se, dentre as atribuições da ANPD, relevante competência punitiva, razão pela qual a LGPD dedica parte específica para disciplinar o processo administrativo sancionatório e as penas aplicáveis pela autoridade nacional de proteção de dados.

> **LGPD, Art. 52.** Os agentes de tratamento de dados, em razão das infrações cometidas às normas previstas nesta Lei, ficam sujeitos às seguintes sanções administrativas aplicáveis pela autoridade nacional:
>
> I – advertência, com indicação de prazo para adoção de medidas corretivas;
>
> II – multa simples, de até 2% (dois por cento) do faturamento da pessoa jurídica de direito privado, grupo ou conglomerado no Brasil no seu último exercício, excluídos os tributos, limitada, no total, a R$ 50.000.000,00 (cinquenta milhões de reais) por infração;
>
> III – multa diária, observado o limite total a que se refere o inciso II;
>
> IV – publicização da infração após devidamente apurada e confirmada a sua ocorrência;
>
> V – bloqueio dos dados pessoais a que se refere a infração até a sua regularização;
>
> VI – eliminação dos dados pessoais a que se refere a infração;
>
> VII a XII – VETADO;
>
> X – suspensão parcial do funcionamento do banco de dados a que se refere a infração pelo período máximo de 6 (seis) meses, prorrogável por igual período, até a regularização da atividade de tratamento pelo controlador;

Cap. XIX • AUTORIDADE NACIONAL DE PROTEÇÃO DE DADOS E A RESPONSABILIZAÇÃO ADMINISTRATIVA | **455**

> **XI** – suspensão do exercício da atividade de tratamento dos dados pessoais a que se refere a infração pelo período máximo de 6 (seis) meses, prorrogável por igual período;
>
> **XII** – proibição parcial ou total do exercício de atividades relacionadas a tratamento de dados. (...)
>
> § 3º O disposto nos incisos I, IV, V, VI, X, XI e XII do *caput* deste artigo poderá ser aplicado às entidades e aos órgãos públicos, sem prejuízo do disposto na Lei nº 8.112, de 11 de dezembro de 1990, na Lei nº 8.429, de 2 de junho de 1992, e na Lei nº 12.527, de 18 de novembro de 2011.
>
> § 4º No cálculo do valor da multa de que trata o inciso II do *caput* deste artigo, a autoridade nacional poderá considerar o faturamento total da empresa ou grupo de empresas, quando não dispuser do valor do faturamento no ramo de atividade empresarial em que ocorreu a infração, definido pela autoridade nacional, ou quando o valor for apresentado de forma incompleta ou não for demonstrado de forma inequívoca e idônea.
>
> § 5º O produto da arrecadação das multas aplicadas pela ANPD, inscritas ou não em dívida ativa, será destinado ao Fundo de Defesa de Direitos Difusos de que tratam o art. 13 da Lei nº 7.347, de 24 de julho de 1985, e a Lei nº 9.008, de 21 de março de 1995.
>
> § 6º As sanções previstas nos incisos X, XI e XII do *caput* deste artigo serão aplicadas:
>
> **I** – somente após já ter sido imposta ao menos 1 (uma) das sanções de que tratam os incisos II, III, IV, V e VI do *caput* deste artigo para o mesmo caso concreto; e
>
> **II** – em caso de controladores submetidos a outros órgãos e entidades com competências sancionatórias, ouvidos esses órgãos.
>
> § 7º Os vazamentos individuais ou os acessos não autorizados de que trata o *caput* do art. 46 desta Lei poderão ser objeto de conciliação direta entre controlador e titular e, caso não haja acordo, o controlador estará sujeito à aplicação das penalidades de que trata este artigo.

Em razão da natureza punitiva de suas normas, o Direito Administrativo Sancionador, em qualquer das suas searas, deve seguir, dentro do possível, as garantias típicas do Direito Penal, especialmente as relativas aos princípios da culpabilidade, da individualização e da proporcionalidade da pena, do devido processo legal, do contraditório e da ampla defesa.[10]

Conforme ensina Alejandro Nieto,[11] não se pode questionar a aplicação dos princípios constitucionais do Direito Penal ao Direito Administrativo Sancionador, até porque não há diferença substancial entre os dois, que formam, em seu conjunto, uma unidade superior, que corresponde ao Direito Punitivo do Estado.

---

[10] FRAZÃO, Ana. *Direito da concorrência*: pressupostos e perspectivas. São Paulo: Saraiva, 2017. p. 259.

[11] NIETO, Alejandro. *Derecho administrativo sancionador*. Madrid: Tecnos, 2006. p. 167-168

456 | CURSO DE PROTEÇÃO DE DADOS PESSOAIS – *Frazão • Carvalho • Milanez*

Nesse sentido, entende Fábio Medina Osório[12] que "a mais importante e fundamental consequência da suposta unidade do *ius puniendi* do Estado é a aplicação de princípios comuns ao Direito Penal e ao Direito Administrativo Sancionador, reforçando-se, nesse passo, as garantias individuais". Cumpre ressaltar que tal orientação vem sendo aceita por inúmeros outros doutrinadores.[13]

Dessa maneira, é forçosa a conclusão de que, diante das inegáveis semelhanças entre o Direito Administrativo Sancionador e o Direito Penal, faz-se necessária uma base principiológica comum entre os dois, ainda que esta base precise ser matizada e adaptada para ser aplicada ao primeiro, em face de sua maior flexibilidade.

Entretanto, a mencionada matização não pode comprometer o pressuposto essencial do exercício de qualquer poder punitivo por parte do Estado: a necessária culpabilidade, já que a sanção é, inclusive, a medida da reprovabilidade da conduta. Daí por que as discussões sobre a responsabilidade objetiva que já foram travadas ao longo da presente obra restringem-se à responsabilidade civil, mas não se estendem à responsabilidade administrativa, que tem como pressuposto necessário a ilicitude.[14]

Logo, apenas se cogita de delito quando estão presentes os elementos da tipicidade, da antijuridicidade e da culpabilidade,[15] não havendo qualquer razão para afastar tais conclusões em relação ao ilícito administrativo.

Daí estabelecer a LGPD um conjunto de parâmetros a serem levados em consideração na aplicação de sanções administrativas, que devem servir não somente para fins de modulação da dosimetria das penas, mas também para a adequada imputação do ilícito ao alegado infrator.

> **LGPD, Art. 52, § 1º** As sanções serão aplicadas após procedimento administrativo que possibilite a oportunidade da ampla defesa, de forma gradativa, isolada ou cumulativa, de acordo com as peculiaridades do caso concreto e considerados os seguintes parâmetros e critérios:

---

[12] MEDINA OSÓRIO, Fábio. *Direito administrativo sancionador*. 5. ed. São Paulo: Revista dos Tribunais, 2015. p. 113.

[13] Para Ada Pellegrini Grinover (As garantias constitucionais do processo administrativo sancionatório. *Revista do Advogado*, n. 125, p. 7-16, dez. 2014, p. 9) "todas as garantias constitucionais do devido processo legal se aplicam ao processo administrativo em que haja litigantes, em geral, e ao sancionatório em particular". Em sentido semelhante, Diogo de Figueiredo Moreira Neto e Flávio Amaral Garcia (A principiologia no direito administrativo sancionador. *Revista Eletrônica de Direito Administrativo Econômico*, n. 28, nov./jan. 2011/2012. p. 3-4) apontam que as garantias constitucionais do Direito Penal relacionam-se a toda e qualquer expressão do poder estatal sancionador, motivo pelo qual, ainda que não se fale em uma identidade entre o primeiro e o Direito Administrativo Sancionador, existe um núcleo principiológico que lhes é comum, por emanar dos direitos fundamentais constitucionalmente estabelecidos. Já Heraldo Garcia Vitta (VITTA, Heraldo Garcia. *A sanção no direito administrativo*. São Paulo: Malheiros, 2003. p. 67) chega a sustentar que as sanções penais e administrativas são ontologicamente iguais e homogêneas, o que reforça a principiologia comum a ambas as searas.

[14] Ver: FRAZÃO, Ana. *Direito da concorrência:* pressupostos e perspectivas. São Paulo: Saraiva, 2017. p. 266.

[15] ZAFFARONI, Eugenio Raúl; PIERANGELI, José Henrique. *Manual de direito penal brasileiro*: parte geral. 9. ed. São Paulo: Revista dos Tribunais, 2011. v. 1. p. 343.

> I – a gravidade e a natureza das infrações e dos direitos pessoais afetados;
>
> II – a boa-fé do infrator;
>
> III – a vantagem auferida ou pretendida pelo infrator;
>
> IV – a condição econômica do infrator;
>
> V – a reincidência;
>
> VI – o grau do dano;
>
> VII – a cooperação do infrator;
>
> VIII – a adoção reiterada e demonstrada de mecanismos e procedimentos internos capazes de minimizar o dano, voltados ao tratamento seguro e adequado de dados, em consonância com o disposto no inciso II do § 2º do art. 48 desta Lei;
>
> IX – a adoção de política de boas práticas e governança;
>
> X – a pronta adoção de medidas corretivas; e
>
> XI – a proporcionalidade entre a gravidade da falta e a intensidade da sanção.
>
> § 2º O disposto neste artigo não substitui a aplicação de sanções administrativas, civis ou penais definidas na Lei nº 8.078, de 11 de setembro de 1990, e em legislação específica.

Considerando a relevância dos bens jurídicos protegidos pela LGPD e tendo em vista a necessidade de equilíbrio entre a proporcionalidade das penas e a aplicação de medidas verdadeiramente dissuasórias diante de violações ao direito à privacidade e à proteção de dados pessoais, a ANPD conta com a possibilidade de aplicação tanto de medidas voltadas a fazer cessar imediatamente as infrações constatadas quanto a penalizar diretamente os agentes infratores, como ocorre com a pena de multa.

Na escalada das sanções aplicáveis administrativamente pela ANPD, pode-se inclusive cogitar na suspensão ou até na proibição de tratamento de dados, medida bastante gravosa que pode inviabilizar modelos de negócio. Observa-se, dessa maneira, que a ANPD tem preocupação com a proporcionalidade das penas que não se limita à base principiológica do processo sancionador, mas traduz-se em regras explícitas de aplicação de sanções.

Basta ver que, nos termos do § 7º do art. 52 da LGPD, as penas mais gravosas, que podem significar verdadeiramente o fim de modelos de negócios baseados em tratamento de dados, apenas podem ser aplicadas depois das penalidades "mais brandas", isto é, que, por mais que possam ter repercussão financeira, não serão suficientes para potencialmente encerrar as atividades do agente penalizado.

Evidentemente que tal raciocínio de proporcionalidade também deve aplicar-se à própria pena de multa, que deve ser suficiente para desestimular comportamentos antijurídicos, mas também não pode ser excessiva de tal maneira que inviabilize as atividades do acusado.

Tanto é assim que a própria LGPD, em seu art. 53, prevê a necessidade de que a ANPD defina, por meio de regulamento que deverá ser objeto de consulta pública, as metodologias que orientarão o cálculo do valor-base das sanções de multa, as situações em que se aplicarão as multas simples ou diárias, bem como os requisitos para a sua aplicação. A ideia é criar um ambiente de segurança jurídica para a aplicação das penas.

> **LGPD, Art. 53.** A autoridade nacional definirá, por meio de regulamento próprio sobre sanções administrativas a infrações a esta Lei, que deverá ser objeto de consulta pública, as metodologias que orientarão o cálculo do valor-base das sanções de multa.
>
> **§ 1º** As metodologias a que se refere o *caput* deste artigo devem ser previamente publicadas, para ciência dos agentes de tratamento, e devem apresentar objetivamente as formas e dosimetrias para o cálculo do valor-base das sanções de multa, que deverão conter fundamentação detalhada de todos os seus elementos, demonstrando a observância dos critérios previstos nesta Lei.
>
> **§ 2º** O regulamento de sanções e metodologias correspondentes deve estabelecer as circunstâncias e as condições para a adoção de multa simples ou diária.

> **LGPD, Art. 54.** O valor da sanção de multa diária aplicável às infrações a esta Lei deve observar a gravidade da falta e a extensão do dano ou prejuízo causado e ser fundamentado pela autoridade nacional.
>
> **Parágrafo único.** A intimação da sanção de multa diária deverá conter, no mínimo, a descrição da obrigação imposta, o prazo razoável e estipulado pelo órgão para o seu cumprimento e o valor da multa diária a ser aplicada pelo seu descumprimento.

Outro exemplo disso é o fato de que a atuação sancionatória da ANPD deve pautar-se pela lógica da lesividade a interesses coletivos, como se depreende do art. 55, § 7º, que destina à conciliação entre controladores e titulares de dados a respeito de vazamentos ou acessos não autorizados individuais.

Evidentemente que não se pode delegar exclusivamente aos juízos particulares do controlador e do titular a decisão definitiva, especialmente por se tratar de relação claramente assimétrica. Daí a razão pela qual, inexistindo acordo, aplicam-se as penalidades respectivas.

Cabe notar, nesse sentido, que, justamente diante da mencionada assimetria, os acordos firmados entre controlador e titular individualmente afetado por conduta ilícita devem ser observados com cautela, de tal maneira que, caso se verifiquem cláusulas abusivas, devem ser submetidos ou à ANPD ou mesmo ao Poder Judiciário.

Vale salientar, ainda – como já se abordou no Capítulo XVIII – que as entidades do Poder Público também estão sujeitas à jurisdição da ANPD, inclusive para efeitos da aplicação das sanções autorizadas pelo § 3º do art. 52 da LGPD.

XIX.5. ESTRUTURA PROCEDIMENTAL DO PROCESSO ADMINISTRATIVO SANCIONADOR NA ANPD

XIX.5.1. Aspectos gerais

Com vistas a dar concretude aos mecanismos de responsabilização mencionados anteriormente, a ANPD editou, por intermédio da Resolução CD/ANPD 1/2021, seu Regulamento do Processo de Fiscalização.

Cap. XIX • AUTORIDADE NACIONAL DE PROTEÇÃO DE DADOS E A RESPONSABILIZAÇÃO ADMINISTRATIVA | **459**

Inspirado na Lei 9.784/1999 (Lei do Processo Administrativo), tal Regulamento ganha especial relevância especialmente diante do fato de que – sem ficar livre de críticas e controvérsias – não somente estabelece uma estrutura procedimental e atribui as devidas competências para apreciação dos processos sancionadores instaurados diante da ANPD, mas também cria importantes definições operacionais que, em certa medida, condicionam a intepretação da LGPD.

Basta ver que, diferentemente da LGPD, que está constantemente preocupada com a articulação dos conceitos legais de controlador e operador para efeitos de atribuição de responsabilidades, o Regulamento cria a figura dos "agentes regulados", definidos como "agentes de tratamento e demais integrantes ou interessados no tratamento de dados pessoais", que detêm uma série de deveres perante a instituição, nos termos do art. 5º da norma:

> **Decreto 10.474/2020, Art. 5º** Os agentes regulados submetem-se à fiscalização da ANPD e têm os seguintes deveres, dentre outros:
>
> **I –** fornecer cópia de documentos, físicos ou digitais, dados e informações relevantes para a avaliação das atividades de tratamento de dados pessoais, no prazo, local, formato e demais condições estabelecidas pela ANPD;
>
> **II –** permitir o acesso às instalações, equipamentos, aplicativos, facilidades, sistemas, ferramentas e recursos tecnológicos, documentos, dados e informações de natureza técnica, operacional e outras relevantes para a avaliação das atividades de tratamento de dados pessoais, em seu poder ou em poder de terceiros;
>
> **III –** possibilitar que a ANPD tenha conhecimento dos sistemas de informação utilizados para tratamento de dados e informações, bem como de sua rastreabilidade, atualização e substituição, disponibilizando os dados e as informações oriundos destes instrumentos;
>
> **IV –** submeter-se a auditorias realizadas ou determinadas pela ANPD;
>
> **V –** manter os documentos físicos ou digitais, os dados e as informações durante os prazos estabelecidos na legislação e em regulamentação específica, bem como durante todo o prazo de tramitação de processos administrativos nos quais sejam necessários; e
>
> **VI –** disponibilizar, sempre que requisitado, representante apto a oferecer suporte à atuação da ANPD, com conhecimento e autonomia para prestar dados, informações e outros aspectos relativos a seu objeto.
>
> **§ 1º** Os documentos, dados e as informações requisitados, recebidos, obtidos e acessados pela ANPD nos termos deste Regulamento são aqueles necessários ao exercício efetivo das suas atribuições, bem como aqueles sujeitos às regras de acesso e classificação de sigilo previstas em regulamentação específica.
>
> **§ 2º** Cabe ao agente regulado solicitar à ANPD o sigilo de informações relativas à sua atividade empresarial, como dados e informações técnicas, econômico-financeiras, contábeis, operacionais, cuja divulgação possa representar violação a segredo comercial ou a industrial.
>
> **§ 3º** Os documentos apresentados sob a forma digitalizada deverão cumprir os requisitos estabelecidos pelo Decreto nº 10.278, de 18 de março de 2020.

> **§ 4º** O agente regulado, por intermédio de representante indicado, poderá acompanhar a auditoria da ANPD, ressalvados os casos em que a prévia notificação ou o acompanhamento presencial sejam incompatíveis com a natureza da apuração ou em que o sigilo seja necessário para garantir a sua eficácia.
>
> **Art. 6º** O não cumprimento dos deveres estabelecidos no art. 5º poderá caracterizar obstrução à atividade de fiscalização, sujeitando o infrator a medidas repressivas, sem prejuízo da adoção das medidas necessárias com o objetivo de concluir a ação de fiscalização obstruída por parte da ANPD.

Nota-se, nesse sentido, que a norma editada pela ANPD cria deveres que em momento algum foram previstos pela LGPD, como os incisos I e II, que obrigam os "agentes regulados" a fornecer documentos e permitir o acesso a instalações e equipamentos.

Trata-se de deveres extremamente controversos, seja em virtude de sua natureza infralegal, seja em razão do fato de que, considerando que os "agentes regulados" não são propriamente agentes regulados – isto é, não são sujeitos que se submetem às regras setoriais de determinado segmento de mercado caso queiram nele operar, e sim agentes de qualquer setor que realizem atividade que dependa de tratamento de dados –, mas em larga medida se apresentarão como acusados em processos sancionadores.

Significa dizer que, sem autorização legal, arroga-se a ANPD a requisitar documentos e inspecionar instalações de sujeitos acusados em processo no qual se lhes deve garantir o contraditório, a ampla defesa, bem como todos os direitos que são próprios ao exercício do direito de defesa, o que inclui a prerrogativa de não se produzir prova autoincriminatória. Trata-se, por conseguinte, de questão a ser verificada na prática e aprimorada a partir da observância da prática institucional da ANPD.

Em outras palavras, o Regulamento também fornece regras de direito material que orientarão a marcha do processo sancionador perante a ANPD, por mais que seus fundamentos e mesmo sua legitimidade possam ser questionados à luz dos princípios que orientam o Direito Administrativo Sancionador.

De toda sorte, destaca-se o Regulamento por suas disposições processuais, estabelecendo desde normas de citação e intimação até normas sobre a competência para apreciar denúncias. Chama atenção, no campo processual, o fato de que, em consonância com as normas processuais trazidas pelo Código de Processo Civil de 2015, os prazos na ANPD serão contados em dias úteis (art. 8º), além de dar preferência à comunicação de atos processuais por meio eletrônico.

Cabe notar, no entanto, que o Regulamento diz respeito a dois gêneros diferentes de procedimentos: (i) os processos de fiscalização e monitoramento; e (ii) o processo sancionador.

Não se pode esquecer, por fim, que uma violação a direitos de proteção de dados pessoais pode ensejar a responsabilização por diversas frentes que não simplesmente a produzida pelo processo sancionador perante a ANPD. A depender do caso, um mesmo fato pode ensejar, além das sanções previstas na LGPD,

Cap. XIX • AUTORIDADE NACIONAL DE PROTEÇÃO DE DADOS E A RESPONSABILIZAÇÃO ADMINISTRATIVA | **461**

outras sanções previstas por outras legislações, de que são exemplos o Código de Defesa do Consumidor e a Lei Antitruste.

Ademais, nada impede a cumulação da responsabilidade administrativa com a responsabilidade civil e com outras tutelas previstas em outras legislações, como o Marco Civil da Internet.

XIX.5.2. Processos de fiscalização e monitoramento

O processo de fiscalização da ANPD parte de ponto de partida teórico distinto daquele que tradicionalmente orienta autoridades regulatórias, fundadas de maneira rígida em modelagens regulatórias baseadas na lógica de comando--e-controle – isto é, na ideia de que é papel da autoridade procurar violações à legislação e simplesmente aplicar a sanção cabível, sem maiores considerações quanto a seus efeitos e quanto ao perfil do agente regulado.

No entanto, o Regulamento de Fiscalização da ANPD traz consigo a ideia de regulação responsiva, a partir da qual o comportamento dos "agentes regulados" será levado em consideração seja para efeitos da aplicação de sanções, seja para a definição do rigor dos atos de fiscalização a serem implementados, sempre seguindo a noção de pirâmide regulatória, segundo a qual, com o comportamento virtuoso dos regulados, podem ser implementadas medidas mais brandas e, na medida em que escalam as infrações, são adotadas medidas mais restritivas.[16]

Nesse sentido, o art. 17 do Regulamento estabelece as premissas a serem observadas no processo de fiscalização:

> **Art. 17** O processo de fiscalização da ANPD observará as seguintes premissas:
>
> **I** – alinhamento com o planejamento estratégico, com os instrumentos de monitoramento das atividades de tratamento de dados e com a Política Nacional de Proteção de Dados Pessoais e da Privacidade;
>
> **II** – priorização da atuação baseada em evidências e riscos regulatórios, com foco e orientação para o resultado;
>
> **III** – atuação integrada e coordenada com órgãos e entidades da administração pública;
>
> **IV** – atuação de forma responsiva, com a adoção de medidas proporcionais ao risco identificado e à postura dos agentes regulados;
>
> **V** – estímulo à promoção da cultura de proteção de dados pessoais;
>
> **VI** – previsão de mecanismos de transparência, de retroalimentação e de autorregulação;
>
> **VII** – incentivo à responsabilização e prestação de contas pelos agentes de tratamento;

---

[16] Ver: BRAITHWAITE, John. Enforced Self-Regulation: A New Strategy for Corporate Crime Control. *Michigan Law Review*, v. 80, n. 7, p. 1466-1507, jun. 1982; BRAITHWAITE, John; AYRES, Ian. *Responsive Regulation*: trascending the deregulation debate. Oxford: Oxford University Press, 1992.

462 CURSO DE PROTEÇÃO DE DADOS PESSOAIS – *Frazão* • *Carvalho* • *Milanez*

> **VIII** – estímulo à conciliação direta entre as partes e priorização da resolução do problema e da reparação de danos pelo controlador, observados os princípios e os direitos do titular previstos na LGPD;
>
> **IX** – exigência de mínima intervenção na imposição de condicionantes administrativas ao tratamento de dados pessoais; e
>
> **X** – exercício das atividades fiscalizatórias que melhor se adequem às competências da ANPD.

São estes, assim, os princípios que orientarão os ciclos de fiscalização da ANPD, que pode inclusive vire a identificar violações aptas a desencadear processos sancionadores. Daí asseverar o art. 16 do Regulamento que, no exercício de sua competência fiscalizatória, a ANPD poderá atuar de ofício, em decorrência de programas periódicos de fiscalização, de forma coordenada com outros entes públicos, ou em cooperação com autoridades de outros países.

O monitoramento das atividades de tratamento de dados pessoais, vale notar, não é realizado pelo Conselho-Diretor da ANPD, e sim pela Coordenação-Geral de Fiscalização, que agirá por intermédio do Relatório de Ciclo de Monitoramento e do Mapa de Temas Prioritários. Ao passo que o primeiro instrumento tem por intuito avaliar o ciclo de monitoramento que tem duração anual, servindo inclusive para subsidiar as diretrizes estratégicas da autoridade, o segundo tem periodicidade bianual e tem por objetivo estabelecer os temas prioritários a serem endereçados pela ANPD.

Trata-se, portanto, de instrumentos de planejamento estratégico relevantes para a definição dos caminhos a serem trilhados pela autoridade, notadamente diante do fato de que sua atuação, por mais que seja repressiva, também tem importantes feições seletivas, de tal forma que a instituição deve constantemente definir temas prioritários assim direcionar seus esforços nesse sentido.

Evidentemente, nesse sentido, que não se descarta a atuação "reativa" da ANPD, que pode ocorrer inclusive a partir do recebimento de requerimentos e denúncias pela mencionada Coordenação de Fiscalização. Nesse sentido, a Coordenação realizará a devida triagem dos requerimentos recebidos, de tal maneira a selecionar aqueles que tragam maior robustez fático-probatória e que tenham maior repercussão sobre interesses difusos e coletivos.

Por fim, na atividade de fiscalização, encontra-se também a relevantíssima função preventiva desempenhada pela ANPD a partir da identificação de potenciais contingências quanto à proteção de dados pessoais, sendo a autoridade munida de diversos instrumentos voltados a "reconduzir o agente de tratamento à plena conformidade ou evitar ou remediar situações que acarretem risco ou dano aos titulares de dados pessoais", nos termos do art. 30 do Regulamento. São medidas preventivas, nesse sentido:

- **Divulgação de informações**: consiste na disponibilização de dados setoriais e agregados pela ANPD em suas páginas eletrônicas, como taxas de resolução de problemas e pedidos atendidos;
- **Aviso**: encaminhado ao responsável pelo risco identificado e conterá a descrição da situação e informações suficientes para que o agente de tratamento tenha como identificar as providências necessárias;

Cap. XIX • AUTORIDADE NACIONAL DE PROTEÇÃO DE DADOS E A RESPONSABILIZAÇÃO ADMINISTRATIVA | **463**

- **Solicitação de regularização e Informe**: destinam-se a situações em que a regularização deva ocorrer em prazo determinado e cuja complexidade não justifique a elaboração de plano de conformidade, sob pena de progressão para outras medidas preventivas ou mesmo para o desencadeamento de atuação repressiva da ANPD;
- **Plano de conformidade**: documento que contenha um plano de ações previstas para a regularização da situação identificada, sob pena sob pena de progressão para atuação repressiva da ANPD.

Trata-se, portanto, de um conjunto de medidas preventivas a serem possivelmente impostas pela ANPD (ou, mais especificamente, pela Coordenação de Fiscalização) no intuito de corrigir riscos identificados em processos de tratamento de dados que permitem evitar o desencadeamento de atuação repressiva. No entanto, descumpridas as medidas ou não atingidos os objetivos por elas estabelecidos, autoriza-se não somente a imposição de outras medidas, mas também a instauração de processo sancionador.

XIX.5.3. Processo sancionador na ANPD e suas fases

O processo sancionador na ANPD, como já se adiantou, destina-se à apuração de infrações à LGPD e à aplicação de sanções administrativas, nos termos do art. 52 do diploma de proteção de dados. O processo sancionador poderá ser instaurado:

- de ofício pela Coordenação-Geral de Fiscalização;
- em decorrência do processo de monitoramento; ou
- diante de requerimento em que a Coordenação-Geral de Fiscalização, após efetuar a análise de admissibilidade, deliberar pela abertura imediata de processo sancionador.

Nota-se, por conseguinte, que a instauração de processo sancionador independe de processo de monitoramento prévio, bastando a análise de admissibilidade realizada pela Coordenação de Fiscalização.

O despacho de instauração, cabe notar, não desafia nenhum recurso, no entanto o processo sancionador comporta uma série de fases nas quais os acusados poderão exercer seu direito de defesa e assim evitar eventual condenação.

Cabe, assim, expor os principais aspectos de cada uma das fases do processo sancionador perante a ANPD:

- **Procedimento Preparatório**

O procedimento preparatório é a etapa procedimental no âmbito da qual a Coordenação-Geral de Fiscalização – de ofício ou mediante requerimento – poderá realizar apurações preliminares quando os indícios não forem suficientes para a instauração imediata do processo administrativo sancionador.

- **Instauração**

O processo administrativo sancionador será instaurado pela Coordenação-Geral de Fiscalização, garantindo-se ao acusado o contraditório e a ampla defesa.

464 | CURSO DE PROTEÇÃO DE DADOS PESSOAIS – *Frazão* • *Carvalho* • *Milanez*

A Coordenação lavrará auto de infração que enunciará a suposta conduta ilícita e o acusado poderá apresentar defesa no prazo de dez dias úteis após a sua intimação.

- **Instrução**

Por ocasião da instauração do processo administrativo sancionador, o acusado poderá produzir toda prova admitida em direito, inclusive solicitar prova pericial e utilizar prova emprestada.

- **Alegações finais**

É facultado prazo de dez dias úteis para manifestação do autuado antes da elaboração do Relatório de instrução, se entre a defesa e a instrução processual forem produzidas novas provas.

- **Relatório de instrução**

O relatório de instrução é o marco que encerra a fase instrutória, e servirá para subsidiar a decisão de primeira instância a ser proferida pela Coordenação de Fiscalização.

- **Decisão pela Coordenação de Fiscalização**

Finda a instrução processual, a Coordenação-Geral de Fiscalização proferirá a decisão fundamentada de primeira instância, cujo resumo será publicado no Diário Oficial da União. O acusado, nesse caso, será intimado para cumprir a decisão ou interpor recurso administrativo em até dez dias úteis ao Conselho Diretor da ANPD, com recurso suspensivo limitado à matéria contestada.

- **Recurso ao Conselho Diretor**

O recurso administrativo passará por juízo de admissibilidade perante a Coordenação de Fiscalização, e não será conhecido caso interposto fora do prazo, por parte ilegítima, após o exaurimento da esfera administrativa, sem interesse recursal, contra atos de mero expediente ou atos preparatórios a decisões. Admitido o recurso, Coordenação poderá exercer juízo de reconsideração ou remeter o feito para julgamento pelo Conselho Diretor. Na hipótese de reconsideração que exonere totalmente o acusado da sanção, o feito é também remetido ao Conselho Diretor para reexame necessário. O Conselho Diretor julgará o recurso de maneira colegiada, a partir de voto de Relator escolhido por sorteio.

São essas, por conseguinte, as fases do processo sancionador perante a ANPD, que invariavelmente conduzem ao trânsito em julgado administrativo e à produção de título consistente de ato administrativo que, em caso de condenação ao pagamento de multa, poderá ser inscrito em dívida ativa para posterior cobrança e execução.

Evidentemente que o término da fase administrativa não afasta a possibilidade de, na hipótese de constatação de invalidade do ato administrativo, a decisão ser contestada perante o Poder Judiciário.

REFERÊNCIAS

ACEMOGLU, Daron. Harms of AI. Disponível em: https://papers.ssrn.com/sol3/papers.cfm?abstract_id=3922521. Acesso em: 6 mar. 2022.

ALBERS, Marion. Privatheitsschutz als Grundrechtsproblem. In: HALFT, Stefan KRAH, Hans. *Privatheit*: Strategien umd Transformationen. Passau: Stutz, 2013.

AMSTUTZ, Marc. Dateneigentum: Funktion und Form. *Archi für die civilistische Praxis*, v. 218, n. 2-4, ago. 2018.

ANCEL, Pascal. La protection des données personnelles: aspects de droit privé français. *Revue internationale de droit comparé*, v. 39, n. 3, p. 609-626, 1987.

ANGWIN, Julia et al. Machine Bias. Disponível em: https://www.propublica.org/article/machine-bias-risk-assessments-in-criminal-sentencing. Acesso em: 6 mar. 2022.

ANPD. *Guia Orientativo de Tratamento de Dados Pessoais pelo Poder Público*. Brasília: ANPD, 2022.

ANPD. *Guia Orientativo para Definições dos Agentes de Tratamento de Dados Pessoais e do Encarregado*. Brasília: ANPD, 2021.

ARTICLE 29 DATA PROTECTION WORKING PARTY. *Guidelines on the right to data portability*.

ARTICLE 29 DATA PROTECTION WORKING PARTY. Opinion 03/2013 on purpose limitation, adopted in 2 April 2013, 2013.

ARTICLE 29 DATA PROTECTION WORKING PARTY. Opinion 06/2014 on the notion of the legitimate interests of the data controller under Article 7 of Directive 95/46/EC. 2014.

ARTICLE 29 DATA PROTECTION WORKING PARTY. *Opinion 1/2010 on the concepts of "controller" and "processor".* 2010.

ARTICLE 29 WORKING PARTY. *Guidelines on consent under Regulation 2016/679.* Adopted on 28 November 2017. As last Revised and Adopted on 10 April 2018.

BAIÃO, Renata Barros Souto Maior; TEIVE, Marcello Muller. O artigo 23 da LGPD como base legal autônoma para o tratamento de dados pessoais pelo poder judiciário. In: TEPEDINO, Gustavo (coord.); FRAZÃO, Ana (coord.); DONATO, Milena (coord.). *Lei Geral de Proteção de Dados Pessoais e suas repercussões no Direito Brasileiro*. 2. ed. São Paulo: Thomson Reuters, 2020.

BARBOZA, Heloisa Helena. O princípio do melhor interesse da criança. In: PEREIRA, Rodrigo da Cunha (org.). *Direito de família*: a família na travessia do milênio. Belo Horizonte: IBDFAM; OAB-MG; Del Rey, 2000.

BARBOZA, Heloísa Helena. Paternidade responsável: o cuidado como dever jurídico. In: PEREIRA, Tânia da Silva; OLIVEIRA, Guilherme de. *Cuidado e responsabilidade*. São Paulo: Atlas, 2011.

BARBOZA, Heloisa Helena et al. Contornos jurídicos do apadrinhamento no direito brasileiro: considerações à luz do melhor interesse de crianças e adolescentes. *RJLB*, ano 6, n. 3, p. 855-896, 2020. Disponível em https://www.cidp.pt/revistas/rjlb/2020/3/2020_03_0855_0896.pdf. Acesso em: 22 jul. 2020.

BARBOZA, Heloisa Helena; PEREIRA, Paula Moura Francesconi de Lemos; ALMEIDA, Vitor. Proteção dos dados pessoais da pessoa com deficiência. In: FRAZÃO, Ana; TEPEDINO, Gustavo; OLIVA, Milena Donato (coords.). *Lei Geral de Proteção de Dados e suas repercussões no Direito brasileiro*. São Paulo: Revista dos Tribunais, 2019.

BBC. Pegasus: o que é o sistema que espionou jornalistas, ativistas e advogados. Disponível em: https://www.bbc.com/portuguese/internacional-57885795. Acesso em: 6 mar. 2022.

BBC Newsnight. US Election: Facts vs conspiracy. Disponível em: https://www.youtube.com/watch?v=oWz-o4WuqhM. Acesso em: 6 mar. 2022.

BECKER, Gary. S. Crime and punishment: an economic approach. *Journal of Political Economy*, v. 76, n. 2, p. 169-217, 1968.

BIEGA, Asia; FINCK, Michèle. Reviving purpose limitation and data minimisation in personalisation, profiling and decision-making systems. Disponível em: https://poseidon01.ssrn.com/delivery.php? ID=79408900709101108012510703100211007704201400505900307008912711600702202280991030860971070390571040560390071221200090960650710090250100900510670881230210990731140290030140330471220950690180010040940090000810741130780800670840801140220150311160080260980098&EXT=pdf&INDEX=TRUE. Acesso em: 6 mar. 2022.

BINENBOJM, Gustavo. Da supremacia do interesse público ao dever de proporcionalidade: um novo paradigma para o direito administrativo. In: SARMENTO, Daniel (org.). *Interesses públicos* versus *interesses privados*: desconstruindo o princípio de supremacia do interesse público. Rio de Janeiro: Lumen Juris, 2007.

BIONI, Bruno Ricardo. Legítimo interesse: aspectos gerais a partir de uma visão obrigacional. In: DONEDA, Danilo (coord.); SARLET, Ingo Wolfgang (coord.); MENDES, Laura Schertel (coord.); RODRIGUES JUNIOR, Otavio Luiz (coord.) BIONI, Bruno Ricardo (coord.). *Tratado de Proteção de Dados Pessoais*. Rio de Janeiro: Forense, 2021.

BIONI, Bruno Ricardo. *Proteção de dados pessoais*: a função e os limites do consentimento. Rio de Janeiro: Forense, 2019.

BIONI, Bruno Ricardo; DIAS, Daniel. Responsabilidade civil na proteção de dados pessoais: construindo pontes entre a Lei Geral de Proteção de Dados Pessoais e o Código de Defesa do Consumidor. *Civilistica.com*, v. 9, n. 3, 2020.

REFERÊNCIAS | **467**

BIONI, Bruno Ricardo; LUCIANO, Maria. O consentimento como processo: em busca do consentimento válido. In: DONEDA, Danilo (coord.); SARLET, Ingo Wolfgang (coord.); MENDES, Laura Schertel (coord.); RODRIGUES JUNIOR, Otavio Luiz (coord.) BIONI, Bruno Ricardo (coord.). *Tratado de Proteção de Dados Pessoais.* Rio de Janeiro: Forense, 2021.

BIROLI, Flavia; MIGUEL, Luis Felipe. Gênero, raça, classe: opressões cruzadas e convergências na reprodução das desigualdades. *Mediações – Revista de Ciências Sociais*, Dossiê – Desigualdades e Interseccionalidades, Londrina, v. 20, n. 2, p. 27-55, 2015.

BORGES, Alice Gonzalez. Supremacia do interesse público: desconstrução ou reconstrução? *Interesse Público*, v. 8, n. 37, maio-jun. 2006.

BOTELHO, Marcos César. A LGPD e a Proteção ao Tratamento de Dados Pessoais de Crianças e Adolescentes. *Revista de Direitos Sociais e Políticas Públicas (UNIFAFIBE)*, v. 8, n. 2, p. 197-231, 2020.

BRAITHWAITE, John. Enforced self-regulation: a new strategy for corporate crime control. *Michigan Law Review*, v. 80, n. 7, p. 1.466-1.507, jun. 1982.

BRAITHWAITE, John; AYRES, Ian. *Responsive regulation*: trascending the deregulation debate. Oxford: Oxford University Press, 1992.

BRANCO, Sérgio. As hipóteses de aplicação da LGPD e as definições legais. In: MULHOLLAND, Caitlin. *A LGPD e o novo marco normativo no Brasil*. Porto Alegre: Arquipélago, 2020.

BRKAN, Maja. The Essence of the Fundamental Rights to Privacy and Data Protection: Finding the Way Through the Maze of the CJEU's Constitutional Reasoning. *German Law Journal*, v. 20, p. 864-883, 2019.

BUCCI, Maria Paula Dallari. Políticas públicas e direito administrativo. *Revista de Informação Legislativa*, 1997.

BURRI, Mira. *The governance of data and data flows in trade agreements: the pitfalls of legal adaptation*. University of California, Davis, v. 51, 2017.

BUSSANI, Mauro; PALMER, Vernon Valentine. *Pure economic loss in Europe*. Cambridge: Cambridge University Press, 2003.

CARVALHO, Vinicius Marques de; MATTIUZZO, Marcela; PONCE, Paula Pedigoni. Boas práticas e governança na LGPD. In: DONEDA, Danilo (coord.); SARLET, Ingo Wolfgang (coord.); MENDES, Laura Schertel (coord.); RODRIGUES JUNIOR, Otavio Luiz (coord.); BIONI, Bruno Ricardo (coord.). *Tratado de Proteção de Dados Pessoais*. Rio de Janeiro: Forense, 2021.

CASEY, Bryan; FARHANGI, Ashkon; VOGL, Roland. Rethinking explainable machines: the GDPR's "right to explanation" debate and the rise of algorithmic audits in enterprise. *IBerkeley Technology Law Journal*, v. 34, p. 143-188, 2019.

CAVOUKIAN, Ann. *Creation of a global privacy standard.* Disponível em: http://www.ehcca.com/presentations/privacysymposium1/cavoukian_2b_h5.pdf. Acesso em: 6 mar. 2022.

CAVOUKIAN, Ann; TAYLOR, Scott; ABRAMS, Martin E. Privacy by design: essential for organizational accountability and strong business practices. *Identity in the Information Society*, v. 3, n. 2, ago. 2010.

CNSAÚDE – Confederação Nacional da Saúde. *Código de Boas Práticas: Proteção de Dados para Prestadores Privados em Saúde.* 2021. p. 18.

CNSEG – Confederação Nacional das Empresas de Seguros Gerais, Previdência Privada e Vida, Saúde Suplementar e Capitalização. *Guia de Boas Práticas do Mercado Segurador Brasileiro sobre a Proteção de Dados Pessoais.* 2019.

COLLINS, Hugh. *The law of contract.* 4. ed. Londres: LexisNexis, 2003.

COMISSÃO EUROPEIA. Durante quanto tempo podem os dados ser conservados? É necessário atualizá-los? Disponível em: https://ec.europa.eu/info/law/law-topic/data-protection/reform/rules-business-and-organisations/principles-gdpr/how-long-can-data-be-kept-and-it-necessary-update-it_pt. Acesso em: 13 dez. 2021.

CONFEDERAÇÃO NACIONAL DOS TRANSPORTES. *Guia de Boas Práticas de Proteção de Dados no Setor de Transporte.* 2021.

CORDEIRO, António Barreto Menezes. Dados pessoais: conceito, extensão e limites. *Revista de Direito Civil*, v. 3, n. 2, p. 297-321, 2018.

CORDEIRO, António Barreto Menezes. Repercussões do RGPD sobre a responsabilidade civil. In: FRAZÃO, Ana; TEPEDINO, Gustavo; OLIVA, Milena Donato. *Lei Geral de Proteção de Dados Pessoais e suas repercussões no direito brasileiro.* São Paulo: Revista dos Tribunais, 2019.

CORDOVA, Yasodara. *Privacidade digital como direito do cidadão: o caso dos grupos indígenas do Brasil.* 2021.

COSTA, Mario Júlio de Almeida. *Direito das obrigações.* Coimbra: Almedina, 1999.

COUNCIL OF EUROPE. *Handbook on European Data Protection Law.* Luxembourg: Publications Office of the Europe Union, 2018.

CUKIER, Kenneth et al. *Framers*: human advantage in an age of technology and turmoil. Dutton, 2021.

DE MONTJOYE, Yves-Alexandre et al. Unique in the shopping mall: on the reidentifiability of credit card metadata. *Science*, v. 347, n. 6221, p. 536-539, jan. 2015.

DIAS, José de Aguiar. *Da responsabilidade civil.* Rio de Janeiro: Renovar, 2006.

DIMITROVA, Diana. The rise of the personal data quality principle. Is it legal and does it have an impact on the right to rectification? Disponível em: https://papers.ssrn.com/sol3/papers.cfm?abstract_id=3790602. Acesso em: 8 out. 2021.

DONEDA, Danilo. A Autoridade Nacional de Proteção de Dados e o Conselho Nacional de Proteção de Dados. In: BIONI, Bruno et al. *Tratado de proteção de dados pessoais.* Rio de Janeiro: Forense, 2021.

DONEDA, Danilo. *Da privacidade à proteção de dados pessoais.* Rio de Janeiro: Renovar, 2006.

DOVE, Edward. The EU general data protection regulation: implications for international scientific research in the digital era. *The Journal of Law, Medicien & Ethics*, v. 46, 2018.

DOWBOR, L. *A era do capital improdutivo.* 2. ed. São Paulo: Outras Palavras & Autonomia Literária, 2018.

DOWNS, George Wm. Enforcement and the evolution of cooperation. *Michigan Journal of International Law*, v. 19, 1998.

REFERÊNCIAS | **469**

DWORKIN, Ronald. *Terror & the attack on civil liberties*. The New York Review of Books. 06.11.2003.

EBERLIN, Fernando. *Direitos da criança na sociedade da informação*. São Paulo: Revista dos Tribunais, 2019.

EGER, John M. The global phenomenon of teleinformatics: an introduction. *Cornell International Law Journal*, v. 14, 1981.

ELLGER, Reinhard. *Der Datenschutz im grenzüberschreitenden Datenverkehr*. Berlim: Nomos Verlagsgesellschaft, 1990.

ENISA. *Privacy and data protection by design – From policy to* engineering. Heraklion: União Europeia, 2014.

ESAYAS, Samson Yoseph. A walk in to the cloud and cloudy it re-mains: the challenges and prospects of "processing" and "transferring" personal data. *Computer Law & Security Review*, v. 28, 2012.

ESTADOS UNIDOS. Preparing for the future of artificial intelligence. Disponível em: https://obamawhitehouse.archives.gov/sites/default/files/whitehouse_files/ microsites/ostp/. Acesso em: 6 mar. 2022.

EUROPEAN COMISSION. Proposal for a Regulation of the European Parliament and of the Council Laying Down Harmonised Rules On Artificial Intelligence (Artificial Intelligence Act) and Amending Certain Union Legislative Acts. Disponível em: https://digital-strategy.ec.europa.eu/en/library/proposal-regulation-laying-down-harmonised-rules-artificial-intelligence. Acesso em: 1º maio 2021.

EUROPEAN DATA PROTECTION BOARD. *Diretrizes 1/2019 relativas aos Códigos de Conduta e aos Organismos de Supervisão ao abrigo do Regulamento (UE) 2016/679*. 2019.

EUROPEAN DATA PROTECTION BOARD. *Guidelines 07/2020 on the concepts of controller and processor in the GDPR*. Set. 2020.

FEDERAL TRADE COMISSION. *Data Brokers. A Call for transparency and account-ability*. 2014. Disponível em: https://www.ftc.gov/system/files/documents/ reports/data-brokers-call-transparency-accountability-report-federal-trade-commission-may-2014/140527databrokerreport.pdf. Acesso em: 21 nov. 2021.

FERNANDES, Elora; MEDON, Filipe. Proteção de crianças e adolescentes na LGPD: desafios interpretativos. *Revista Eletrônica da Procuradoria-Geral do Estado do Rio de Janeiro*, v. 4, n. 2, 2021.

FISS, Owen. The war against terrorism and the rule of law. *Oxford Journal of Legal Studies*, v. 26, n. 2, 2006.

FOUCAULT, Michel. *Vigiar e punir.* Petrópolis: Vozes, 1999.

FRAJHOF, Isabella Z.; MANGETH, Ana Lara. As bases legais para o tratamento de dados pessoais. In: MULHOLLAND, Caitlin. *A LGPD e o novo marco normativo no Brasil.* Porto Alegre: Arquipélago, 2020.

FRAZÃO, Ana. A falácia da soberania do consumidor. Série. *Jota*. Disponível em: https://www.jota.info/opiniao-e-analise/colunas/constituicao-empresa-e-mercado/falacia-soberania-do-consumidor-08122021. Acesso em: 6 mar. 2022.

FRAZÃO, Ana. A indústria dos dados pessoais e os *data brokers*. Reflexões sobre os riscos da atuação de tais agentes no mercado de dados pessoais. *Jota*. Disponível em: https://www.jota.info/opiniao-e-analise/colunas/constituicao-empresa-e-mercado/a-industria-dos-dados-pessoais-e-os-data-brokers-20032019. Acesso em: 6 mar. 2021.

FRAZÃO, Ana. A recente multa que a autoridade de proteção de dados francesa aplicou ao Google. Reflexões sobre os parâmetros da avaliação da legalidade das políticas de privacidade. *Jota*. 2019. Disponível em: https://www.jota.info/opiniao-e-analise/colunas/constituicao-empresa-e-mercado/a-recente-multa-que-a-autoridade-de-protecao-de-dados-francesa-aplicou-ao-google-07032019. Acesso em: 2 mar. 2022.

FRAZÃO, Ana. Decisões algorítmicas e direito à explicação. Devemos refletir também sobre hipóteses nas quais as decisões totalmente automatizadas deveriam ser até mesmo banidas. *Jota*. Disponível em: https://www.jota.info/opiniao-e-analise/colunas/constituicao-empresa-e-mercado/decisoes-algoritmicas-e-direito-a-explicacao-24112021#_ftn8. Acesso em: 6 mar. 2022.

FRAZÃO, Ana. Devido processo digital. Em que medida o devido processo legal se aplica aos julgamentos online e às relações privadas na internet? *Jota*. Disponível em: https://www.jota.info/opiniao-e-analise/colunas/constituicao-empresa-e-mercado/devido-processo-digital-20102021.

FRAZÃO, Ana. *Direito da concorrência*: pressupostos e perspectivas. São Paulo: Saraiva, 2017.

FRAZÃO, Ana. Discriminação algorítmica: por que algoritmos preocupam quando acertam e erram? Mapeando algumas das principais discriminações algorítmicas já identificadas. *Jota*, 2021. Disponível em: https://www.jota.info/opiniao-e-analise/colunas/constituicao-empresa-e-mercado/discriminacao-algoritmica-por-que-algoritmos-preocupam-quando-acertam-e-erram-04082021. Acesso em: 6 mar. 2022.

FRAZÃO, Ana. *Função social da empresa:* repercussões sobre a responsabilidade civil de controladores e administradores de S/As. Rio de Janeiro: Renovar, 2011.

FRAZÃO, Ana. Fundamentos da proteção de dados pessoais – noções introdutórias para a compreensão da importância da Lei Geral de Proteção de Dados. In: TEPEDINO, Gustavo (coord.); FRAZÃO, Ana (coord.); DONATO, Milena (coord.). *Lei Geral de Proteção de Dados Pessoais e suas repercussões no Direito brasileiro.* 2. ed. São Paulo: Thomson Reuters, 2020.

FRAZÃO, Ana. Geo pricing e geo blocking. As novas formas de discriminação de consumidores e os desafios para o seu enfrentamento. *Jota*. Disponível em: http://www.professoraanafrazao.com.br/files/publicacoes/2018-08-15.geo_pricing_e_geo_blocking_As_novas_formas_de_discriminacao_de_consumidores_e_os_desafios_para_o_seu_enfrentamento.pdf. Acesso em: 6 mar. 2022.

FRAZÃO, Ana. Geopricing e geoblocking: as novas formas de discriminação de consumidores. Os desafios para o seu enfrentamento. *Jota*, 2018. Disponível em: https://www.jota.info/opiniao-e-analise/colunas/constituicao-empresa-e-mercado/geopricing-e-geoblocking-as-novas-formas-de-discriminacao-de-consumidores-15082018.

FRAZÃO, Ana. Marco da inteligência artificial em análise. Série. *Jota*. Disponível em: https://www.jota.info/opiniao-e-analise/colunas/constituicao-empresa-e-mercado/marco-inteligencia-artificial-15122021. Acesso em: 6 mar. 2022.

FRAZÃO, Ana. 'Neurocapitalismo' e o negócio de dados cerebrais. Disponível em: https://www.jota.info/opiniao-e-analise/colunas/constituicao-empresa-e-mercado/neurocapitalismo-e-o-negocio-de-dados-cerebrais-25092019. Acesso em: 6 mar. 2022.

FRAZÃO, Ana. Nova LGPD: as demais hipóteses de tratamento de dados pessoais. *Jota*. Disponível em: https://www.jota.info/paywall?redirect_to=//www.jota. info/opiniao-e-analise/colunas/constituicao-empresa-e-mercado/nova-lgpd-as-demais-hipoteses-de-tratamento-de-dados-pessoais-19092018. Acesso em: 6 mar. 2022.

FRAZÃO, Ana. Objetivos e alcance da Lei Geral de Proteção de Dados. In: TEPEDINO, Gustavo; FRAZÃO, Ana; OLIVA, Milena. *Lei Geral de Proteção de Dados Pessoais e suas repercussões no direito brasileiro*. São Paulo: Revista dos Tribunais, 2020.

FRAZÃO, Ana. Objetivos e alcance da Lei Geral de Proteção de Dados. In: TEPEDINO, Gustavo (coord.); FRAZÃO, Ana (coord.); DONATO, Milena (coord.). *Lei Geral de Proteção de Dados Pessoais e suas repercussões no Direito brasileiro*. 2. ed. São Paulo: Thomson Reuters, 2020.

FRAZÃO, Ana. Propósitos, desafios e parâmetros gerias dos programas de compliance e das políticas de proteção de dados. In: FRAZÃO, Ana (coord.); CUEVA, Ricardo Villas Bôas (coord.). Compliance *e políticas de proteção de dados*. São Paulo: Thomson Reuters Brasil, 2022.

FRAZÃO, Ana. Proteção de dados e democracia: a ameaça da manipulação informacional e digital. In: FRANCOSKI, Denise; TASSO, Fernando. *A Lei Geral de Proteção de Dados Pessoais*: aspectos práticos e teóricos relevantes no setor público e privado. São Paulo: Revista dos Tribunais, 2021.

FRAZÃO, Ana. Risco da empresa e caso fortuito externo. *Civilistica.com*, v. 5, n. 1, 2016.

FRAZÃO, Ana; MEDEIROS, Ana Rafaela Martinez. Desafios para a efetividade dos programas de compliance. In: CUEVA, Ricardo Villas Bôas; FRAZÃO, Ana. *Compliance*: perspectivas e desafios dos programas de conformidade. Belo Horizonte: Fórum, 2018.

FRAZÃO, Ana; OLIVA, Milena Donato; ABILIO, Vivianne da Silveira. *Compliance* de dados pessoais. In: TEPEDINO, Gustavo (coord.); FRAZÃO, Ana (coord.); DONATO, Milena (coord.). *Lei Geral de Proteção de Dados Pessoais e suas repercussões no Direito brasileiro*. 2. ed. São Paulo: Thomson Reuters, 2020.

FRAZÃO, Ana; PINTO, Mariana. Compliance de dados e incidentes de segurança. In: PINHEIRO, Caroline da Rosa (coord.). Compliance *entre a teoria e prática*: reflexões contemporâneas e análise dos programas de integridade das companhias listadas no novo mercado. São Paulo: Foco, 2022.

FRAZÃO, Ana; PRATA DE CARVALHO, Angelo Gamba. Corrupção, cultura e compliance: o papel das normas jurídicas na construção de uma cultura de respeito

472 CURSO DE PROTEÇÃO DE DADOS PESSOAIS – *Frazão • Carvalho • Milanez*

ao ordenamento. In: CUEVA, Ricardo Villas Bôas; FRAZÃO, Ana. *Compliance*: perspectivas e desafios dos programas de conformidade. Belo Horizonte: Fórum, 2018.

FRAZÃO, Ana; PRATA DE CARVALHO, Angelo. Economia movida a dados e alocação de riscos nos contratos. In: ROQUE, Andre Vasconcelos; OLIVA, Milena Donato. *Direito na era digital*: aspectos negociais, processuais e registrais. Salvador: JusPodivm, 2022.

FRAZÃO, Ana; PRATA DE CARVALHO, Angelo Gamba. Os gigantes da internet e a apropriação e exploração de dados pessoais: direitos fundamentais e direito ao esquecimento digital. In: VERONESE, Alexandre et al. *A efetividade do direito em face do poder dos gigantes da internet*: diálogos acadêmicos entre o Brasil e a França. Belo Horizonte: Fórum, 2018.

FRAZÃO, Ana; PRATA DE CARVALHO, Angelo Gamba. Responsabilidade social empresarial. In: FRAZÃO, Ana (org.). *Constituição, empresa e mercado*. Brasília: FD/UnB, 2017.

GARNACHO, Arturo. La protección de datos personales y la seguridad de la información. *Revista Jurídica de Castilla y León*, n. 16, set. 2008.

GEDIEL, José Antônio Peres; CORRÊA, Adriana Espíndola. Proteção de dados pessoais nos processos migratórios. In: DONEDA, Danilo (coord.); SARLET, Ingo Wolfgang (coord.); MENDES, Laura Schertel (coord.); RODRIGUES JUNIOR, Otavio Luiz (coord.) BIONI, Bruno Ricardo (coord.). *Tratado de Proteção de Dados Pessoais*. Rio de Janeiro: Forense, 2021.

GILLIS, Talia B. The Input Fallacy [no prelo]. *Minnesota Law Review*. 2022. Disponível em: https://papers.ssrn.com/sol3/papers.cfm?abstract_id=3571266. Acesso em: 6 mar. 2022.

GIMÉNEZ, Alfonso Ortega. El impacto de las uevas tecnologías en el derecho a la protección de datos desde la perspectiva del derecho internacional privado: redes sociales de internet y cloud computing. *Perfiles de las Ciências Sociales*, v. 16, n. 11, jul.-dez. 2018.

GODDYEAR, Michael P. A rising tide lifts all consumers: penumbras f foreign data protection laws in the United States. *Richmond Journal of Law & Technology*, v. 27, n. 2, 2020.

GOULART, Eduardo. Ao menos 79 pedidos negados com base na Lei de Proteção de Dados chegaram à CGU. Disponível em: https://fiquemsabendo.com.br/transparencia/lgpd-negativa-cgu/. Acesso em: 5 mar. 2022.

GRINOVER, Ada Pellegrini. As garantias constitucionais do processo administrativo sancionatório. *Revista do Advogado*, n. 125, p. 7-16, dez. 2014.

GRUPO DE TRABALHO DO ARTIGO 29º PARA A PROTEÇÃO DE DADOS. *Parecer 06/2014 sobre o conceito de interesses legítimos do responsável pelo tratamento dos dados na aceção do artigo 7º da Diretiva 95/46/CE*. 2014, p. 101.

GRUPO DE TRABALHO DO ARTIGO 29º PARA PROTEÇÃO DE DADOS. *Parecer 4/2007 sobre o conceito de dados pessoais, adotado em 20 de junho de 2007*. 2007.

GUEDES, Gisela Sampaio da Cruz; MEIRELES, Rose Melo Vencelau. Término do tratamento de dados. In: FRAZÃO, Ana; OLIVA; Milena Donato; TEPEDINO,

Gustavo. *Lei Geral de Proteção de Dados Pessoais e suas repercussões no Direito brasileiro*. São Paulo: Thomson Reuters Brasil, 2019.

GUNNINGHAM, Neil; KAGAN, Robert A.; THORNTON, Dorothy. Social license and environmental protection: why businesses go beyond compliance. *Law & Social Inquiry*, v. 29, 2004.

HALE, Thomas; HELD, David; YOUNG, Kevin. *Gridlock*: why global cooperation is failing when we need it most. Malden: Polity, 2013.

HANSCHKE, Inge. *Informationssicherheit und Datenschutz systematisch und nachhaltig gestalten*: Eine kompakte Einführung in die Praxis. Wiesbaden: Springer, 2019.

HARARI, Yuval. *21 Lições para o século XXI*. Trad. Paulo Geiger. São Paulo: Companhia das Letras, 2018.

HENRIQUES, Isabela; PITA, Mariana; HARTUNG, Pedro. A proteção de dados pessoais de crianças e adolescentes. In: DONEDA, Danilo (coord.); SARLET, Ingo Wolfgang (coord.); MENDES, Laura Schertel (coord.); RODRIGUES JUNIOR, Otavio Luiz (coord.); BIONI, Bruno Ricardo (coord.). *Tratado de Proteção de Dados Pessoais*. Rio de Janeiro: Forense, 2021.

HUSTINX, Peter. The role of data protection authorities. In: GUTWIRTH, Serge et al. *Reinventing data protection?* Bruxelas: Springer, 2009.

INFORMATION COMISSIONER'S OFFICE (ICO). *Data protection and journalism: a quick guide*. Londres: ICO, 2014.

INFORMATION COMISSIONER'S OFFICE. *What does it mean if you are joint controllers?*

IRAMINA, Aline. RGPD v. LGPD: Adoção estratégica da abordagem responsiva na elaboração da Lei Geral de Proteção de Dados do Brasil e do Regulamento Geral de Proteção de Dados da União Europeia. *Revista de Direito, Estado e Telecomunicações*, v. 12, n. 2, p. 91-117, 2020.

JANAL, Ruth. Data Portability – a Tale of Two Concepts. *Journal of Intellectual Property, Information Technology and E-Commerce Law*, v. 8, n. 1, 2017.

JIMENE, Camilla do Vale. Da segurança e das boas práticas. In: MALDONADO, Vivian Nóbrega (coord.); BLUM, Renato Opice (coord.). *LGPD*: Lei Geral de Proteção de Dados comentada. 2. ed. São Paulo: Thomson Reuters Brasil, 2019.

JÓRI, András. Shaping vs. applying data protection law: two core functions of data protection authorities. *International data protection law*, v. 5, n. 2, p. 133-143, maio 2015.

JUSTEN FILHO, Marçal. *Curso de direito administrativo*. São Paulo: Saraiva, 2008.

KAHNEMAN, Daniel. *Rápido e devagar*: duas formas de pensar. Trad. Cassio Leite. São Paulo: Objetiva, 2011.

KAMINSKI, M. E. Binary governance: Lessons from the GDPR'S approach to algorithmic accountability. *Southern California Law Review*, v. 92, n. 6, p. 1.529-1.616, 2019.

KONDER, Carlos Nelson. O tratamento de dados sensíveis à luz da Lei 13.709/2018. In: TEPEDINO, Gustavo (coord.); FRAZÃO, Ana (coord.); DONATO, Milena (coord.). *Lei Geral de Proteção de Dados Pessoais e suas repercussões no Direito brasileiro.* 2. ed. São Paulo: Thomson Reuters, 2020.

KOSINSKI, Michal; STILLWELL, David; GRAEPEL, Thore. Private traits and attributes are predictable from digital records of human behavior. *PNAS*, v. 110, n. 15, p. 5.802-5.805, abr. 2013.

KREMER, Bianca. Os agentes de tratamento de dados pessoais. In: MULHOLLAND, Caitlin. *A LGPD e o novo marco normativo no Brasil*. Porto Alegre: Arquipélago, 2020.

KUMM, Matias. The cosmopolitan turn in constitutionalism: an integrated conception of public law. *Indiana Journal of Global Legal Studies*, v. 20, n. 2, 2013.

KUNER, Christopher. Extraterritoriality and regulation of international data transfers in EU data protection law. *University of Cambridge Legal Studies Research Paper Series*, n. 49, ago. 2015.

KUNER, Christopher. Reality and illusion in EU data transfer regulation post Schrems. *German Law Journal*, v. 18, n. 4, 2017.

LEMOS, Ronaldo. Lei de Proteção de Dados está sendo usada contra transparência. Disponível em: https://www1.folha.uol.com.br/colunas/ronaldolemos/2022/02/lei-de-protecao-de-dados-esta-sendo-usada-contra-transparencia.shtml. Acesso em: 5 mar. 2022.

LEONARDI, Marcel. Legítimo interesse. *Revista do Advogado*, n. 144, dez. 2019.

LINDOSO, Maria Cristine. *Discriminação de gênero no tratamento automatizado de dados pessoais:* como a automatização incorpora vieses de gênero e perpetua a discriminação de mulheres. Rio de Janeiro: Processo, 2021.

MAIA, Daniel Azevedo de Oliveira. As hipóteses autorizativas de tratamento de dados pessoais nas relações de trabalho sob a ótica da LGPD e do GDPR. In: MIZIARA, Raphael (coord.).

MAIA, Roberta Mauro Medina. A titularidade de dados pessoais prevista no art. 17 da LGPD: direito real ou pessoal? In: TEPEDINO, Gustavo; FRAZÃO, Ana; OLIVA, Milena. *Lei Geral de Proteção de Dados Pessoais e suas repercussões no direito brasileiro.* São Paulo: Revista dos Tribunais, 2020.

MAIA, Roberta Medina. O legítimo interesse do controlador e o término do tratamento de dados pessoais. In: MULHOLLAND, Caitlin. *A LGPD e o novo marco normativo no Brasil*. Porto Alegre: Arquipélago, 2020.

MARCACINI, Augusto Tavares Rosa. As regras aplicadas ao tratamento de dados pessoais. In: LIMA, Cíntia Rosa Pereira de (coord.). *Comentários à Lei Geral de Proteção de Dados*: Lei n. 13.709/2018, com alteração da Lei n. 13.853/2019. São Paulo: Almedina, 2020.

MARQUES, Cláudia Lima. *Contratos no Código de Defesa do Consumidor*. São Paulo: Revista dos Tribunais, 2016.

MARTINS-COSTA, Judith. *A boa-fé no direito privado*: critérios para sua aplicação. São Paulo: Saraiva, 2018.

MATOS, Ana Carla Harmatiuk; RUZYK, Carlos Eduardo Pianovski. Diálogos entre a Lei Geral de Proteção de Dados e a Lei de Acesso à Informação. In: TEPEDINO,

Gustavo; FRAZÃO, Ana; OLIVA, Milena. *A Lei Geral de Proteção de Dados e suas repercussões no Direito brasileiro.* São Paulo: Revista dos Tribunais, 2020.

MAYER-SCHONEBERGER, Viktor; CUKIER, Kenneth. *Big Data*: a revolution will transform how we live, work and think. New York: Houghton Mifflin Publishing, 2013.

MEDAUAR, Odete. *Direito administrativo moderno.* São Paulo: Revista dos Tribunais, 2007.

MEDINA OSÓRIO, Fábio. *Direito administrativo sancionador.* 5. ed. São Paulo: Revista dos Tribunais, 2015.

MEIRELLES, Hely Lopes. A licitação nas entidades paraestatais. *Revista de Direito Administrativo*, v. 132, p. 32-40, abr.-jun. 1978.

MENDES, Laura Schertel; DONEDA, Danilo. Reflexões iniciais sobre a nova Lei Geral de Proteção de Dados. *Revista de Direito do Consumidor*, v. 27, n. 120, p. 469-483, nov.-dez. 2018.

MENDES, Laura Schertel; MATTIUZZO, Marcela; FUJIMOTO, Mônica Tiemy. Discriminação Algorítmica à luz da Lei Geral de Proteção de Dados. In: DONEDA, Danilo (coord.); SARLET, Ingo Wolfgang (coord.); MENDES, Laura Schertel (coord.); RODRIGUES JUNIOR, Otavio Luiz (coord.); BIONI, Bruno Ricardo (coord.). *Tratado de Proteção de Dados Pessoais.* Rio de Janeiro: Forense, 2021.

MENDES, Laura Schertel. A Lei Geral de Proteção de Dados Pessoais: um modelo de aplicação em três níveis. In: SOUZA, Carlos Affonso; MAGRANI, Eduardo; SILVA, Priscila (Coord.). *Lei Geral de Proteção de Dados – Caderno Especial.* São Paulo: Revista dos Tribunais, 2019.

MENDES, Laura Schertel. O direito fundamental à proteção de dados pessoais. *Revista de Direito do Consumidor*, v. 20, n. 79, jul.-set. 2011.

MENDES, Laura Schertel. *Privacidade, proteção de dados e defesa do consumidor*: linhas gerais de um novo direito fundamental. São Paulo: Saraiva, 2014.

MENEZES, Joyceane Bezerra de; COLAÇO, Hian Silva. Quando a Lei Geral de Proteção de Dados não se aplica? O tratamento de dados sensíveis à luz da Lei 13.709/2018. In: TEPEDINO, Gustavo; FRAZÃO, Ana; OLIVA, Milena Donato. *Lei Geral de Proteção de Dados e suas repercussões no direito brasileiro.* São Paulo: Thomson Reuters Brasil, 2019.

MENKE, Fabiano; GOULART, Guilherme. Segurança da informação e vazamento de dados. In: MENDES, Laura Schertel et al. *Tratado de proteção de dados pessoais.* Rio de Janeiro: Forense, 2021.

MIRANDA, Jorge; MEDEIROS, Rui. *Constituição Portuguesa anotada.* Coimbra: Coimbra Editora, 2005.

MOLLICONE, Bianca (coord.); PESSOA, André (coord.). *Reflexos da LGPD no Direito e no processo do trabalho.* São Paulo: Thomson Reuters Brasil, 2020.

MORAES, Maria Celina Bodin. LGPD: um novo regime de responsabilidade civil dito proativo. *Civilistica.com*, v. 8, n. 3, 2019.

MOREIRA NETO, Diogo de Figueiredo; GARCIA, Flávio Amaral. A principiologia no direito administrativo sancionador. *Revista Eletrônica de Direito Administrativo Econômico*, n. 28, nov.-jan. 2011-2012.

MULHOLLAND, Caitlin. O tratamento de dados pessoais sensíveis. In: MULHOLLAND, Caitlin. *A LGPD e o novo marco normativo no Brasil*. Porto Alegre: Arquipélago, 2020.

MULHOLLAND, Caitlin. Responsabilidade civil por danos causados pela violação de dados sensíveis e a Lei Geral de Proteção de Dados Pessoais (Lei 13.709/2018). *Revista de Direitos e Garantias Fundamentais*, v. 19, n. 3, p. 159-180, set.-dez. 2018.

NIETO, Alejandro. *Derecho administrativo sancionador*. Madrid: Tecnos, 2006.

NISSENBAUM, Helen. *Privacy in context*: technology, policy, and the integrity of social life. Palo Alto: Stanford University Press, 2010.

NOBLE, Safiya Umoja. *Algorithms of Opression. How Search Engines Reinforce Racism*. New York: New York University Press, 2018.

NORTH, Douglass. *Institutions, institutional change and economic performance*. Cambridge: Cambridge University Press, 1990.

O'NEIL, Cathy. *Weapons of math destruction*: how big data increases inequality and threatens democracy. Nova York: Crown, 2016.

OLIVA, Milena Donato; VIÉGAS, Francisco de Assis. Tratamento de dados para a concessão de crédito. In: TEPEDINO, Gustavo; FRAZÃO, Ana; DONATO, Milena. *Lei Geral de Proteção de Dados Pessoais e suas repercussões no Direito brasileiro*. 2. ed. São Paulo: Thomson Reuters, 2020.

OLIVEIRA, Marco Aurélio Bellizze; LOPES, Isabela Maria Pereira. Os princípios norteadores da proteção de dados pessoais no Brasil e sua otimização pela Lei 13/709/2018. In: TEPEDINO, Gustavo (coord.); FRAZÃO, Ana (coord.); DONATO, Milena (coord.). *Lei Geral de Proteção de Dados Pessoais e suas repercussões no Direito brasileiro*. 2. ed. São Paulo: Thomson Reuters, 2020.

PALMEIRA, Mariana; MULHOLLAND, Caitlin. As bases legais para tratamento de dados da criança e a abrangência dos parágrafos do artigo 14, da LGPD. Disponível em: https://www.migalhas.com.br/coluna/migalhas-de-protecao-de-dados/351794/as-bases-legais-para-tratamento-de-dados-da-crianca. Acesso em: 6 mar. 2022.

PASQUALE, Frank. *The black box society*. The secret algorithms that control money and information. Cambridge: Harvard University Press, 2015.

PEREIRA, Caio Mario da Silva. *Responsabilidade civil*. Rio de Janeiro: Forense, 2018.

PEREIRA, Tânia da Silva. O "melhor interesse da criança". In: PEREIRA, Tânia da Silva (coord.). *O melhor interesse da criança*: um debate interdisciplinar. Rio de Janeiro: Renovar, 1999.

PRATA DE CARVALHO, Angelo Gamba. A função regulatória dos contratos: regulação e autonomia privada na organização do poder econômico. *Revista de Direito Setorial e Regulatório*, v. 5, n. 1, 2019.

PRATA DE CARVALHO, Angelo; XAVIER, Vitor Boaventura. Seguro contra riscos cibernéticos: elementos dogmáticos para a construção de mecanismos securitários em face dos riscos oriundos das tecnologias da informação. In: TZIRULNIK, Ernesto et al. *Direito do seguro contemporâneo*. São Paulo: Contracorrente, 2021.

RICHARDSON, Neil. *Why privacy matters*. Oxford: Oxford University Press, 2021.

RODOTÀ, Stefano. *A vida na sociedade da vigilância*. A privacidade hoje. Trad. Danilo Doneda e Laura Cabral Doneda. Rio de Janeiro: Renovar, 2008.

ROQUE, André. A tutela coletiva dos dados pessoais na Lei Geral de Proteção de Dados Pessoais (LGPD). *Revista Eletrônica de Direito Processual*, v. 13, n. 20, p. 1-19, maio-ago. 2019.

ROSENVALD, Nelson. *As funções da responsabilidade civil*: a reparação e a pena civil. São Paulo: Saraiva, 2017.

ROWLAND, Diane; KOHL, Uta; CHARLESWORTH, Andrew. *Information Technology Law*. Nova York: Routledge, 2012.

RUBINSTEIN, Ira S. Regulating privacy by design. *Berkeley Technology Law Journal*, v. 26, 2011.

RULE, James B. *Privacy in peril*: how we are sacrificing a fundamental right in Exchange for security and convenience. Oxford: Oxford University Press, 2007.

RUOTSALAINEN, Pekka. A cross-platform model for secure electronic health record communication. *International Journal of Medical Informatics*, v. 73, 2004.

SABBAT, Arthur Pereira. Proteção de dados pessoais de idosos. Disponível em: https://www.linkedin.com/pulse/prote%25C3%25A7%25C3%25A3o-de-dados-pessoais-idosos-arthur-pereira-sabbat/?trackingId=oIilDG7hQKqzeV r9OzpFZQ%3D%3D. Acesso em: 6 mar. 2022.

SAMPEDRO, Javier. Pesquisa aponta que amigos do Facebook incentivam voto de usuários da rede social. Disponível em: https://noticias.uol.com.br/internacional/ultimas-noticias/el-pais/2012/09/16/pesquisa-aponta-que-amigos-do-facebook-incentivam-voto-de-usuarios-da-rede-social.htm. Acesso em: 6 mar. 2022.

SANSEVERINO, Paulo de Tarso Vieira. *Princípio da reparação integral*. São Paulo: Saraiva, 2011.

SANTOS, Isabela Maria Rosal. *As formas de autorregulação na LGPD a partir da regulação responsiva. No prelo*.

SARLET, Ingo Wolfgang. Fundamentos constitucionais: o direito fundamental à proteção de dados. In: DONEDA, Danilo (coord.); SARLET, Ingo Wolfgang (coord.); MENDES, Laura Schertel (coord.); RODRIGUES JUNIOR, Otavio Luiz (coord.) BIONI, Bruno Ricardo (coord.). *Tratado de Proteção de Dados Pessoais*. Rio de Janeiro: Forense, 2021.

SCHREIBER, Anderson. *Novos paradigmas da responsabilidade civil*: da erosão dos filtros da reparação à diluição dos danos. São Paulo: Atlas, 2009.

SCHREIBER, Responsabilidade civil na Lei Geral de Proteção de Dados. In: BIONI, Bruno et al. *Tratado de proteção de dados pessoais*. Rio de Janeiro: Forense, 2021.

SCHWAB, Klaus. *The fourth industrial revolution*. Genebra World Economics Forum, 2016.

SCHWARTZ, Paul M. European Data Protection Law and restrictions on international data flows. *Iowa Law Review*, v. 80, 1995.

SCUDIERO, Lucio. Bringing your data everywhere: a legal reading of the right to portability. *European Data Protection Law Review*, v. 3, n. 1, 2017.

SENACON. *Como proteger seus dados pessoais*: Guia do Núcleo de Proteção de Dados do Conselho Nacional de Defesa do Consumidor em parceria com a ANPD e a SENACON. Brasília: Senacon, 2021.

SENÉCAL, François. La protection des données de santé des athlètes dans le cadre de la lutte contre le dopage. *Lex Electronica*, v. 11, n. 2, 2006.

SERPRO. *Glossário LGPD*. Disponível em: https://www.serpro.gov.br/lgpd/menu/a-lgpd/glossario-lgpd.

SILVA, Tarcízio. Linha do tempo do racismo algorítmico: casos, dados e reações. Disponível em: https://tarciziosilva.com.br/blog/destaques/posts/racismo-algoritmico-linha-do-tempo/. Acesso em: 24 fev. 2022.

SIQUEIRA, Antonio Henrique Albani. Disposições preliminares. In: FEIGELSON, Bruno (coord.); SIQUEIRA, Antonio Henrique Albani (coord.). *Comentários à Lei Geral de Proteção de Dados*: Lei 13.709/2018. São Paulo: Thomson Reuters Brasil, 2019.

SOLOVE, Daniel. *Nothing to hide*: the false tradeoff between privacy and security. New Haven: Yale University Press, 2011.

SOLTES, Eugene. *Why they do it*: inside the mind of the white-collar criminal. New York: Public Affairs, 2016.

SOUZA, Carlos Affonso Pereira. Segurança e Sigilo dos Dados Pessoais: primeiras impressões à luz da Lei 13.709/2018. In: FRAZÃO, Ana; TEPEDINO, Gustavo; OLIVA, Milena Donato (coords). *Lei Geral de Proteção de Dados e suas repercussões no Direito Brasileiro* [edição eletrônica]. São Paulo: Revista dos Tribunais, 2019.

SOUZA, Carlos Affonso; MAGRANI, Eduardo; CARNEIRO, Giovana. Lei Geral de Proteção de Dados Pessoais: uma transformação na tutela dos dados pessoais. In: MULHOLLAND, Caitlin. *A LGPD e o novo marco normativo no Brasil*. Porto Alegre: Arquipélago, 2020.

SOUZA, Carlos Affonso; PERONE, Christian; MAGRANI, Eduardo. O direito à explicação: entre a experiência europeia e a sua positivação na LGPD. In: DONEDA, Danilo (coord.); SARLET, Ingo Wolfgang (coord.); MENDES, Laura Schertel (coord.); RODRIGUES JUNIOR, Otavio Luiz (coord.) BIONI, Bruno Ricardo (coord.). *Tratado de Proteção de Dados Pessoais*. Rio de Janeiro: Forense, 2021.

SOUZA, Eduardo Nunes; SILVA, Rodrigo da Guia. Tutela da pessoa humana na Lei Geral de Proteção de Dados Pessoais: entre a atribuição de direitos e a enunciação de remédios. *Pensar*, v. 24, n. 3, p. 1-22, jul.-set. 2019.

SRIRAM, Nivedita. Dating data: LGBT dating apps, data privacy, and data security. *Journal of Law, Technology & Policy*, n. 2, p. 507-528, 2020.

STIGLER COMMITTE ON DIGITAL PLATAFORMS. *Final Report*. 2019. Disponível em: https://www.chicagobooth.edu/research/stigler/news-and-media/committee-on-digital-platforms-final-report.

STRUGALA, Radoslaw. Art. 82 GDPR: Strict Liability or Liability Based on Fault? *European Journal of Privacy Law & Technologies*. Special Issue, p. 71-79, 2020.

SUBCOMMITTEE ON ANTITRUST, COMMERCIAL AND ADMINISTRATIVE LAW OF THE COMMITTEE ON THE JUDICIARY. *Investigation of Competition in Digital*

Markets Majority Staff Report and Recommendations. 2020. Disponível em: https://judiciary.house.gov/issues/issue/?IssueID=14921.

SUGIMOTO, Cassidy; EKBIA, Hamid; MATTIOLI, Michael. What if everything reveals everything? In: SUGIMOTO, Cassidy; EKBIA, Hamid; MATTIOLI, Michael. *Big data is not a monolith.* Cambridge: MIT Press, 2018.

TAMBOU, Olivia. L'introduction de la certification dans le règlement général de la protection des données personnelles: quelle valeur ajoutée? *Revue Lamy Droit de L'immatériel,* v. 125, 2016.

TAVARES, Giovanna Milanez. *A elaboração de Códigos de Conduta e de Boas Práticas setoriais à luz da Lei Geral de Proteção de Dados brasileira.* Monografia. Pós-Graduação Avançada em Direito da Proteção de Dados do Centro de Investigação em Direito Privado da Faculdade de Direito da Universidade de Lisboa. 2021.

TAVARES, Giovanna Milanez. *O tratamento de dados pessoais disponíveis publicamente e os limites impostos pela LGPD.* Rio de Janeiro: Processo, 2022.

TEIXEIRA, Ana Carolina Brochado; LEAL, Lívia Teixeira. *Herança digital*: controvérsias e alternativas. Indaiatuba: Foco, 2021.

TEIXEIRA, Ana Carolina Brochado; RETTORE, Anna Cristina de Carvalho. A autoridade parental e o tratamento de dados pessoais de crianças e adolescentes. In: TEPEDINO, Gustavo (coord.); FRAZÃO, Ana (coord.); DONATO, Milena (coord.). *Lei Geral de Proteção de Dados Pessoais e suas repercussões no Direito brasileiro.* 2. ed. São Paulo: Thomson Reuters, 2020.

TEPEDINO, Gustavo. A disciplina da filiação na perspectiva civil-constitucional. In: TEPEDINO, Gustavo. *Temas de direito civil.* Rio de Janeiro: Renovar, 1999.

TEPEDINO, Gustavo; TEFFÉ, Chiara Spadaccini de. Consentimento e proteção de dados pessoais na LGPD. In: TEPEDINO, Gustavo (coord.); FRAZÃO, Ana (coord.); DONATO, Milena (coord.). *Lei Geral de Proteção de Dados Pessoais e suas repercussões no Direito brasileiro.* 2. ed. São Paulo: Thomson Reuters, 2020.

TEPEDINO, Gustavo; TERRA, Aline de Miranda Valverde; GUEDES, Gisela Sampaio da Cruz. *Fundamentos do direito civil* – responsabilidade civil. Rio de Janeiro: Forense, 2021.

TEUBNER, Gunther. Transnational economic constitutionalism in the varieties of capitalism. *The Italian Law Journal,* v. 1, n. 2, 2015.

THALER, Richard. *Misbehaving.* The Making of Behavioral Economics. New York: W.W Norton & Company, 2015.

THALER, Richard; SUNSTEIN, Cass. *Nudge.* London: Penguin Books, 2009.

TRANSPARÊNCIA BRASIL. Uso de inteligência artificial pelo poder público. Disponível em: https://www.transparencia.org.br/downloads/publicacoes/Recomendacoes_Governanca_Uso_IA_PoderPublico.pdf. Acesso em: 24 fev. 2022.

VAN ALSENOY, Brendan. Liability under EU Data Protection Law: From Directive 95/46 to the General Data Protection Regulation. *JIPITEC,* v. 3, p. 271-288, 2016.

VAN LOON, Joost. *Risk and technological culture*: towards a sociology of virulence. Londres: Routledge, 2002.

VASCONCELLOS, Pedro Pais. *A participação social nas sociedades comerciais*. Coimbra: Almedina, 2006.

VÉLIZ, Carissa. *Privacy is power*: why and how you should take back control of your data. Londres: Bantam Press, 2020.

VIOLA, Mario; TEFFÉ, Chiara Spadaccini de. Tratamento de dados pessoais na LGPD: estudo sobre as bases legais dos artigos 7.º e 11. In: DONEDA, Danilo (coord.); SARLET, Ingo Wolfgang (coord.); MENDES, Laura Schertel (coord.); RODRIGUES JUNIOR, Otavio Luiz (coord.); BIONI, Bruno Ricardo (coord.). *Tratado de Proteção de Dados Pessoais*. Rio de Janeiro: Forense, 2021.

VITTA, Heraldo Garcia. *A sanção no direito administrativo*. São Paulo: Malheiros, 2003.

WACHTER, Sandra; MITTELSTADT, Brent. A right to reasonable inferences: rethinking data protection law in the age of big data and AI. *Columbia Business Law Review*, n. 2, p. 494-620, 2019.

WALDMAN, Ari Ezra. Designing without privacy. *Houston Law Review*, v. 55, n. 3, p. 659-727, 2018.

WARREN, Samuel. Brandeis, Louis. The right to privacy. *Harvard Law Review*, v. 4, n. 5, p. 193-220, dez. 1890.

WASHINGTON, Anne L. How to argue with an algorithm: lessons from the COMPAS-PROPUBLICA debate. *The Colorado Technology Journal*, v. 17, n. 1, p. 131-160, 2018.

WIMMER, Miriam. O regime jurídico do tratamento de dados pessoais pelo Poder Público. In: DONEDA, Danilo (coord.); SARLET, Ingo Wolfgang (coord.); MENDES, Laura Schertel (coord.); RODRIGUES JUNIOR, Otavio Luiz (coord.) BIONI, Bruno Ricardo (coord.). *Tratado de Proteção de Dados Pessoais*. Rio de Janeiro: Forense, 2021.

WIMMER, Miriam. Proteção de dados pessoais no Poder Público: incidência, bases legais e especificidades. In: ASSOCIAÇÃO DOS ADVOGADOS DE SÃO PAULO (AASP). Revista do Advogado. *Lei Geral de Proteção de Dados Pessoais*, n. 144, dez. 2019.

WU, Tim. *The attention merchants*: the epic scramble to get inside our heads. New York: Knopf, 2016.

YACOBAZZO, Juan Eduardo Gil; RODRÍGUEZ, María José Viega. Historia clínica electrónica: confidencialidad y privacidad de los datos clínicos. *Revista Médica Uruguaya*, v. 34, n. 4, 2018.

ZAFFARONI, Eugenio Raúl; PIERANGELI, José Henrique. *Manual de direito penal brasileiro*: parte geral. 9. ed. São Paulo: Revista dos Tribunais, 2011.

ZANATTA, Rafael A. F.; SOUZA, Michel R. O. A tutela coletiva na proteção de dados pessoais: tendências e desafios. In: DE LUCCA, Newton; ROSA, Cíntia. *Direito & Internet IV*: proteção de dados pessoais. São Paulo: Quartier Latin, 2019.

ZUBOFF, Shoshana. *The age of surveillance capitalism*: the fight for a human future at the new frontier of power. Nova York: Public Affairs, 2019.